MINIDICIONÁRIO RIDEEL

LÍNGUA PORTUGUESA

COORDENAÇÃO:
UBIRATAN ROSA

MINIDICIONÁRIO RIDEEL

LÍNGUA PORTUGUESA

2ª Edição

EXPEDIENTE

Editor	Italo Amadio
Coordenadora de Produção Editorial	Katia Fernandes Amadio
Assistente Editorial	Edna Emiko Nomura
Coordenação	Ubiratan Rosa
Revisão	Lígia Aparecida Ricetto e Alessandra Biral
Edição de Arte	Hulda Melo
Diagramação	Tânia Balsini e Carlos Eduardo de Souza
Capa	Antonio Carlos Ventura

Dados Internacionais de Catalogação na Publicação (CIP)
(Câmara Brasileira do Livro, SP, Brasil)

Minidicionário Rideel: língua portuguesa/ coordenação
Ubiratan Rosa. — 2ª. ed. rev. — São Paulo : Rideel.

1. Português - Dicionários
I. Rosa, Ubiratan, 1927-

03-4518 CDD-469.3

Índices para catálogo sistemático:
1. Português : Dicionários 469.3

ISBN: 978-85-339-0609-9

© Copyright - Todos os direitos reservados à

EDITORA RIDEEL

Av. Casa Verde, 455 - Casa Verde
CEP 02519-000 - São Paulo - SP
www.rideel.com.br
e-mail: sac@rideel.com.br

Proibida qualquer reprodução, seja mecânica
ou eletrônica, total ou parcial, sem prévia
permissão por escrito do editor.

11 12 13 15 14 12 10
0 3 0 8

APRESENTAÇÃO

Este dicionário teve como ponto de partida as ofertas lingüísticas do dia-a-dia, as quais foram tiradas do cinema, do rádio, dos jornais, dos *videogames*, da televisão, da inventividade popular, ou do acervo de palavras que cada geração, de uma forma ou de outra, acaba elencando.

Cuidamos também da inclusão de neologismos e expressões pertinentes às diversas disciplinas curriculares dos ensinos Fundamental e Médio.

Esta obra resultou simples e objetiva na posição dos verbetes, pretendendo, assim, ser útil e próxima ao leitor, que se satisfará recorrendo ao *Minidicionário Rideel – Língua Portuguesa* e ter suas dúvidas sanadas.

Para completar, no início do volume, o leitor encontrará um encarte colorido muito útil com *Regras básicas da Boa Comunicação, Comunique-se Corretamente* e um quadro *com Radicais Gregos e Latinos*.

O Editor

Abreviaturas e siglas usadas neste dicionário

abrev. = abreviadamente, abreviatura
abs. = absoluto
AC = Acre
acepç. = acepção, acepções
acid. = acidental
adit. = aditiva
adj. = adjetivo
adv. = advérbio, adverbial
advers. = adversativa
Aer. = Aeronáutica
Agr. = Agricultura
AL = Alagoas
Al. = Alemão
Álg. = Álgebra
altern. = alternativa
AM = Amazonas
Anat. = Anatomia
ant. = antigo(a)
Antrop. = Antropologia
AP = Amapá
arc. = arcaico(a), arcaísmo
Arquit. = Arquitetura
art. = artigo
Astr. = Astronomia
Astrol. = Astrologia
Astron. = Astronáutica
aum. = aumentativo
Autom. = Automobilismo
aux. = auxiliar
BA = Bahia
Biol. = Biologia
Bot. = Botânica
bras. = brasileiro
card. = cardinal
Cat. = Catolicismo
caus. = causal
CE = Ceará
Cir. = Cirurgia
colet. = coletivo
Com. = Comércio
comb. = combinação
comerc. = comercialmente
compar. = comparativo(a)
concess. = concessiva
cond. = condicional
conform. = conformativa
conj. = conjunção, conjuntiva
consec. = consecutiva
Constr. = Construção
Cont. = Contabilidade
contr. = contração
coord. = coordenativa
def. = definido
dem. = demonstrativo
deprec. = depreciativo
desus. = desusado
DF = Distrito Federal

Ecol. = Ecologia
Econ. = Economia
el. = elemento
Eletr. = Eletricidade
Eletrôn. = Eletrônica
enfat. = enfático(a)
Entomol. = Entomologia
erud. = erudito
ES = Espírito Santo
Escult. = Escultura
Esp. = esporte
espec. = especialmente
Estat. = Estatística
Etnol. = Etnologia
exclam. = exclamativo(a)
explet. = expletiva
explic. = explicativo(a)
express. = expressão
f. = feminino
fam. = familiar
fem. = feminino
fem. = fêmea
fig. = figuradamente, figurado
Filos. = Filosofia
fin. = final
Fís. = Física
flex. = flexão
FN = Fernando de Noronha
Fr. = Francês
frac. = fracionário
Fut. = Futebol
g. = gênero
Geog. = Geografia
Geol. = Geologia
Geom. = Geometria
gír. = gíria
GO = Goiás
gráf. = gráfico(a)
Gram. = Gramática
ger. = geralmente
Heráld. = Heráldica
Hist. = História
i. = intransitivo
id. = *idem*
impess. = impessoal
inclus. = inclusão
indef. = indefinido
indic. = indicativo
Inf. = Informática
Infan. = Infantil
Ingl. = Inglês
inic. = inicial
int. = intransitivo
integr. = integrante
intens. = intensivo(a), intensidade
interj. = interjeição
interrog. = interrogativo(a)
invar. = invariável
irôn. = irônico
irreg. = irregular
It. = Italiano
i.e. = *id est* (isto é)
Jap. = Japonês
joc. = jocoso
Jur. = jurídico
L. = Leste
Lat. = Latim

Ling. = Lingüística
liter. = literário(a)
Liter. = Literatura
loc. = locução, locuções
m. = masculino
MA = Maranhão
maiúsc. = maiúscula
Mat. = Matemática
Mec. = Mecânica
Med. = Medicina
Metal. = Metalurgia
Meteor. = Meteorologia
Métr. = Métrica
MG = Minas Gerais
Mil. = Militar, militarismo
Min. = Mineralogia
Mit. = Mitologia
MS = Mato Grosso do Sul
MT = Mato Grosso
multiplic. = multiplicativo
Mús. = Música
N. = Norte
n. = número(s), neutro
Náut. = Náutica
neg. = negativo(a), de negação
num. = numeral
O. = Oeste
obrig. = obrigatório, obrigatoriamente
obs. = observação
Odont. = Odontologia
opos. = oposição, oposto
Ópt. = Óptica

ord. = ordinal
origin. = original, originalmente
ort. = ortografia, ortográfico
p. = pronominal
PA = Pará
part. = particípio
partíc. = partícula
Pat. = Patologia
PB = Paraíba
PE = Pernambuco
perf. = perfeito
pess. = pessoa(s), pessoal
p.ex. = por exemplo
p.ext. = por extensão
PI = Piauí
pl. = plural
poét. = poético
Polít. = Política
pop. = popular
poss. = possessivo
PR = Paraná
preced. = precedido(a)
pred. = predicativo
pref. = prefixo, prefixal
prep. = preposição
pres. = presente
pret. = pretérito
Proc. Dados = Processamento de Dados
pron. = pronome, pronominal
prov. = província
Psic. = Psicanálise, Psicologia
p.us. = pouco usado
Propag. = Propaganda

Quím. = Química
q.v. = queira ver
red. = redução, reduzido(a)
refl. = reflexivo
rel. = relativo
Rel. = Religião
Ret. = Retórica
RJ = Rio de Janeiro
RN = Rio Grande do Norte
RO = Rondônia
RR = Roraima
RS = Rio Grande do Sul
S. = Sul
s. = substantivo
SC = Santa Catarina
s.2g. = substantivo de dois gêneros
s.2g.2n. = substantivo de dois gêneros e dois números
SE = Sergipe
séc. = século(s)
sent. = sentido
sf. = substantivo feminino
sf.2n. = substantivo feminino de dois números
sf.pl. = substantivo feminino plural
símb. = símbolo
sing. = singular
sinôn. = sinônimo(s)
sint. = sintético
sm. = substantivo masculino
sm.2n. = substantivo masculino de dois números
sm.pl. = substantivo masculino plural

Sociol. = Sociologia
SP = São Paulo
subord. = subordinativa
suf. = sufixo, sufixal
super. = superioridade
superl. = superlativo
t. = transitivo
tb. = também
Teat. = Teatro
Tecn. = Tecnologia
temp. = temporal
Teol. = Teologia
Tip. = Tipografia
TO = Tocantins
últ. = último
us. = usado(a)
v. = verbo
var. = variante(s)
Veter. = Veterinária
vi., v.int. = verbo intransitivo
vp. = verbo pronominal
v.pred. = verbo predicativo
vt. = verbo transitivo
vulg. = vulgarmente
Zool. = Zoologia

a *sm.* Primeira letra do alfabeto; vogal com diferentes valores: artigo definido, pronome oblíquo, pronome demonstrativo, preposição.

à Contr. da prep. *a* com o art. ou o pron. dem. *a*.

a.ba *sf.* Parte inferior de certas peças de roupa; borda, orla, margem, beirada; fralda, sopé.

a.ba.ça.nar *vt.* Tornar baço, escurecer, tostar.

a.ba.ca.te *sm.* Fruto comestível do abacateiro.

a.ba.ca.xi *sm.* Fruto comestível de planta da família das bromeliáceas; *fig.* trabalho complicado; problema.

a.ba.ci.al *adj.* Concernente a uma abadia ou a um abade.

a.ba.ci.nar *vt.* Escurecer; tirar a luz de.

á.ba.co *sm.* Calculador manual para aritmética.

a.ba.de *sm.* Pároco.

a.ba.di.a *sf.* Igreja; mosteiro.

a.ba.fa.do *adj.* Malventilado; tapado; sufocado.

a.ba.fa.dor *sm.* Dispositivo para reduzir a intensidade do som; coberta para reter o calor.

a.ba.fa.men.to *sm.* Sufocação; calor excessivo; *gír.* furto.

a.ba.far *vt.* Sufocar; ocultar; agasalhar; *gír.* furtar.

a.bai.xar *vt.* Pôr baixo; atenuar; inclinar.

a.bai.xo *adv.* Para a parte inferior; *interj.* grito de reprovação.

a.bai.xo-as.si.na.do *sm.* Qualquer escrito com assinatura coletiva em geral contendo reivindicação, protesto ou solidariedade.

a.ba.jur *sm.* Peça de forma e feitio variável que serve para diminuir a luz; quebra-luz.

a.ba.lar *vt.* Sacudir; estremecer; comover.

a.ba.li.zar *vt.* Marcar com balizas; assinalar, distinguir, marcar; *vp.* distinguir-se.

a.ba.lo *sm.* Tremor; comoção.

a.bal.ro.ar *vt.*e *vi.* Ir de encontro a, chocar-se; abordar; brigar, disputar com.

a.ba.na.dor *sm.* Abano; leque.

a.ba.na.na.do *adj.* Apalermado.

a.ba.nar *vt.* Refrescar, ventilar; agitar, balançar, sacudir; *vp.* refrescar-se com abano.

a.ban.car-se *vp.* Sentar-se.

a.ban.da.lhar-se *vp.* Tornar-se bandalho.

a.ban.do.ar *vt.* Ajuntar em bando, abandear; *vp.* aderir; transferir-se.

a.ban.do.na.do *adj.* Desamparado; desprezado.

a.ban.do.nar *vp.* Deixar, largar; desistir de, renunciar; desamparar.

a.ban.do.no *sm.* Ato de abandonar(-se); largado, desamparado; relaxamento.

a.ba.no *sm.* Leque; ventarola.

a.bar.ba.do *adj.* Sobrecarregado; próximo, encostado.

a.bar.car *vt.* Abranger, atingir; cingir com os braços, abraçar; entender.

a.bar.ra.car *vt.* Armar barracas em; *vp.* recolher-se em barraca.

a.bar.ro.tar *vt.* Encher de barrotes; encher em excesso; *vp.* fartar-se, empanturrar-se.

a.bas.ta.do *adj.* Opulento; rico.

a.bas.tan.ça *sf.* Fartura; riqueza; aquilo que basta.

a.bas.tar *vt.* Prover com fartura, com suficiência.

a.bas.tar.dar *vt.* Fazer degenerar; *vp.* degenerar.

a.bas.te.cer *vt.* Prover; fornecer; abastar.

a.ba.ta.ta.do *adj.* À feição de batata; grosso; rombo.

a.ba.ter *vt.* Derrubar; matar; *vi.* cair; descer; descontar; *vp.* enfraquecer-se.

a.ba.ti.men.to *sm.* Ato de abater; depressão.

a.ba.tu.ma.do *adj.* Diz-se do pão ou bolo pesado e duro por falta de fermentação.

a.ba.u.la.men.to *sm.* Convexidade; ato de abaular.

a.ba.u.lar *vt.* Tornar convexo; arquear; dar forma de baú.

ab.di.ca.ção *sf.* Ato de abdicar.

ab.di.car *vt.* Renunciar espontaneamente a; desistir de.

ab.do.me ou **ab.dô.men** *sm.* Barriga; ventre.

ab.do.mi.nal *adj.* Relativo ao abdome.

ab.du.zir *vt.* Desviar de um ponto; afastar, raptar.

a.be.a.tar *vt.* Tornar beato; *vp.* tornar-se beato.

a.be.be.rar *vt.* Dar de beber a.

a.be.ce.dá.rio *sm.* Alfabeto.

a.be.lha *sf.* Inseto produtor de mel e cera.

a.be.lhu.do *adj.* Curioso; intrometido; indiscreto.

a.be.mo.lar *vt.* Suavizar; abrandar; *vp.* amenizar-se.

a.ben.ço.ar *vt.* Dar bênção a.

a.ber.ra.ção sf. Ato de aberrar; defeito, deformidade; anomalia; delírio, desatino.

a.ber.rar vi. Desviar-se; apartar-se; vp. tornar-se diferente; esquisito.

a.ber.ta sf. Abertura; buraco, fenda.

a.ber.to adj. Que não está fechado; descoberto; vasto, amplo; largo; patente, claro; acessível.

a.ber.tu.ra sf. Fenda; orifício.

a.bes.pi.nhar-se vp. Irritar-se.

a.bes.ta.lha.do adj. Aparvalhado, atoleimado, tolo.

a.be.tu.mar vt. Cobrir com betume; calafetar.

a.bi.chor.na.do adj. Entediado.

a.bir.ri.ta.ção sf. Atonia, fraqueza.

a.bis.coi.tar vt. Conseguir; ganhar; obter; alcançar; roubar.

a.bis.mal adj. Relativo a abismo; o mesmo que abissal.

a.bis.mar vt. Lançar no abismo; causar espanto.

a.bis.mo sm. Precipício, voragem; lugar profundo.

a.bis.sal adj. Abismal; relativo às grandes profundidades do oceano.

ab.je.ção sf. Baixeza; humilhação; aviltamento.

ab.je.to adj. Ignóbil; desprezível; infame.

ab.jun.ção sf. Separação.

ab.ju.rar vt. Renunciar.

a.bla.ção sf. Ato de tirar, cortar, extirpar.

ab.le.gar vt. Desterrar, afastar.

ab.ne.ga.ção sf. Renúncia; desprendimento; devotamento.

ab.ne.ga.do adj. Desprendido, devotado.

a.bo.na.do adj. Que se abonou; pop. rico; provido de recursos.

a.bo.nan.çar vt. Serenar; acalmar; tranqüilizar.

a.bo.nar vt. Afiançar; garantir; confirmar.

a.bo.no sm. Fiança; crédito; relevação de ausência ao trabalho.

a.bor.dar vt. Chegar à beira de; abalroar; acercar-se; acometer, assaltar; tratar de, explanar.

a.bo.rí.gi.ne adj. Nativo.

a.bor.re.cer vi. Causar aversão; vp. enfastiar-se; causar aborrecimento; importunar.

a.bor.re.ci.do adj. Fastidioso; cansativo; enfadonho.

a.bor.tar vi. Dar à luz antes do tempo; malograr.

a.bor.to sm. Ato de abortar.

a.bo.to.a.du.ra sf. Botão removível, próprio para os punhos, o peito ou o colarinho da camisa.

a.bo.to.ar vt. Colocar os botões nas casas para fechar (peça do vestuário); vi. Fechar ou prender com botões.

a.bra sf. Ancoradouro, baía.

a.bra.çar vt. Cingir com os braços; vp. aferrar-se.

a.bra.ço sm. Ato de apertar com os braços.

a.bran.dar vt. Tornar brando; suavizar, acalmar.

a.bran.ger vt. Conter em si; compreender.

a.brá.quio adj. Sem braços.

a.bra.sa.dor adj. Ardente; muito quente.

a.bra.são sf. Desgaste por atrito; esfoladura.

a.bra.sar vt. Tornar em brasa; arder; incendiar.

a.bra.si.vo adj. e sm. Que ou o que pode produzir abrasão.

a.breu.gra.fi.a sf. Método para fixar por meio de máquina fotográfica especial a imagem observada pela radioscopia.

a.bre.vi.a.ção sf. Ato de abreviar, encurtar.

a.bre.vi.ar vt. Encurtar; apressar; resumir.

a.bre.vi.a.tu.ra sf. Modo de representar palavras usando apenas algumas de suas letras.

a.bri.dor sm. Instrumento para abrir latas, garrafas, etc.; gravador.

a.bri.gar vt. Dar abrigo a.

a.bri.go sm. Resguardo; agasalho; proteção.

a.bril sm. Quarto mês do ano.

a.bri.lhan.tar vt. Tornar brilhante; realçar.

a.brir vt. Descerrar; romper o invólucro de; inaugurar; instalar; gravar; vp. ser franco.

a.bro.char vt. Unir, ligar; abotoar, afivelar; apertar, franzir.

a.bro.lho sm. Planta rasteira e espinhosa; espinho; pl. escolhos; fig. dificuldades, obstáculos.

a.bru.mar vt. Cobrir de bruma, tornar escuro.

ab.rup.to adj. Íngreme; escarpado; repentino.

a.bru.ta.lhar vt. Tornar brutal; vp. embrutecer-se.

abs.ces.so sm. Acumulação de pus no organismo.

abs.con.der vt. Esconder, ocultar.

ab.sin.to sm. Planta aromática e de sabor amargo; bebida alcoólica preparada com essa planta.

ab.sol.to adj. Perdoado.

ab.so.lu.to adj. Independente; irrestrito, ilimitado.

ab.sol.ver vt. Inocentar.

ab.sol.vi.ção sf. Perdão.

ab.sor.ção sf. Ato de absorver.

ab.sor.to adj. Concentrado.

ab.sor.ver vt. Sorver; consumir; vp. concentrar-se.

abs.tê.mio adj. e sm. Que ou o que se abstém de bebidas alcoólicas.

abs.ten.ção sf. Privação.

abs.ter-se vp. Privar-se de.

abs.ter.ger vt. Limpar; purificar; lavar.

abs.ti.nên.cia sf. Jejum.

abs.ti.nen.te adj. Abstêmio; casto; penitente.

abs.tra.ção sf. Ato ou efeito de abstrair; alheamento.

abs.tra.ir vt. Separar; vp. alhear-se.

abs.tra.to adj. Resultante de abstração; absorto; distraído; sm. o que não tem base material.

abs.tru.so adj. Confuso; obscuro; ininteligível.

ab.sur.do adj. Oposto ao bom senso; sm. insensatez.

a.bu.li.a sf. Ausência de querer, de vontade.

a.bun.dân.cia sf. Fartura; grande quantidade.

a.bun.dan.te adj. Farto; copioso; rico; opulento.

a.bun.dar vi. Existir em grande quantidade; sobrar; vt. superabundar.

a.bu.sar vi. Fazer mau uso; enganar; usar exageradamente.

a.bu.si.vo adj. Em que há abuso.

a.bu.so sm. Uso exagerado.

a.bu.tre sm. Ave de rapina.

AC Sigla do Estado do Acre.

a.C. Antes de Cristo.

a.ca.ba.di.ço adj. Perecível; doentio; enfermiço.

a.ca.ba.men.to sm. Remate, conclusão; fim, termo, limite; morte; ruína.

a.ca.bar vt. Terminar; concluir; vi. morrer.

a.ca.bru.nhar vt. Oprimir; atormentar; entristecer.

a.ca.de.mi.a sf. Instituto de ensino onde se ministram ciências, artes ou conhecimentos técnicos; escola de instrução superior (universidade).

a.ca.dê.mi.co sm. Estudante de academia; estudante universitário; adj. deprec. muito convencional e artificial.

a.ça.frão sm. Planta cujos estigmas são usados como corante e tempero culinário.

a.ça.í sm. Certa palmeira amazônica de cujos frutos se faz refresco; o fruto dessa palmeira.

a.çai.mar vt. Pôr açaimo, reprimir.

a.çai.mo sm. Focinheira, mordaça.

a.ca.ju sm. A cor castanho-avermelhada do mogno.

a.cal.ca.nhar vt. Pisar; humilhar; vi. entortar o salto do sapato.

a.ca.len.tar vt. Amimar; embalar; sossegar.

a.cal.mar vt. Serenar; abrandar; sossegar.

a.ca.lo.ra.do adj. Excitado.

a.ca.lo.rar vt. Aquecer; excitar.

a.ca.mar vt. Ficar doente de cama; dispor em camadas.

a.cam.bar.car vt. Monopolizar; tomar para si, apoderar-se.

a.cam.pa.men.to sm. Ação de acampar; bivaque.

a.cam.par vt. e p. Assentar; tomar posição em algum lugar.

a.ca.na.lhar-se vp. Tornar-se canalha; aviltar-se.

a.ca.na.lar vt. Abrir canais.

a.ca.nha.do adj. Tímido; envergonhado; encolhido.

a.ca.nha.men.to sm. Timidez; pejo; falta de espaço.

a.ca.nhar-se vp. Envergonhar-se; acovardar-se.

a.can.to.ar vt. Pôr num canto.

a.ção sf. Movimento; energia; ato; influência.

a.car.du.mar vt. Aglomerar, reunir em cardume; vp. Reunir-se em cardume.

a.ca.re.ar vt. Confrontar.

a.ca.ri.ci.ar vt. Amimar; afagar.

a.ca.ri.dar vt. Ter caridade para com; vp. apiedar-se; compadecer-se.

a.ca.ri.nhar vt. Acariciar.

a.car.re.tar vt. Causar.

a.ca.sa.lar vt. Emparelhar; juntar macho e fêmea para reprodução.

a.ca.so sm. Casualidade; adv. talvez; porventura.

a.cas.te.la.do adj. Semelhante a castelo; defendido por castelo; protegido, defendido.

a.cas.te.lar vt. Fortificar, encastelar; defender, proteger; vp. encastelar-se; fortificar-se.

a.ca.tar vt. Respeitar; honrar.

a.ca.tar.ra.do adj. Cheio de catarro; com catarreira.

a.ca.tó.li.co adj. Não católico.

a.cau.te.la.do adj. Prudente.

a.cau.te.lar vt. Precaver, prevenir; defender, resguardar; vi. usar de cautela; vp. resguardar-se.

a.ce.dên.cia sf. Aquiescência.

a.ce.der vi. Aquiescer; anuir.

a.ce.di.a sf. Apatia; tibieza; preguiça.

a.cé.fa.lo adj. Sem cabeça; que não tem chefe ou direção.

a.cei.rar vt. Dar têmpera ao aço; cortar vegetação em volta da mata; andar à volta de, rondar.

a.cei.tar vt. Receber; aprovar; admitir.

a.cei.te sm. Ação de aceitar letra de câmbio.

a.ce.le.rar vt. Apressar; aumentar a velocidade.

a.cém sm. Carne do lombo da rês.

a.ce.nar vi. Chamar a atenção com acenos.

a.cen.da.lha sf. Gravetos para fazer fogo.

a.cen.de.dor sm. Isqueiro; coisa ou pessoa que acende.

a.cen.der vt. Pôr fogo em; entusiasmar.

a.cen.dra.do adj. Purificado.

a.ce.no sm. Gesto que se faz com as mãos, olhos ou cabeça para chamar a atenção.

a.cen.to sm. Expressão; sotaque; tom de voz; sinal gráfico que indica a intensidade e o timbre das vogais.

a.cen.tu.ar vt. Pôr acento; salientar; realçar.

a.cep.ção sf. Significação.

a.ce.pi.pe sm. Guloseima; pitéu.

a.ce.rar vt. Afiar; exacerbar.

a.cer.bar *vt.* Tornar áspero.

a.*cer*.bo *adj.* Áspero; severo.

a.*cer*.ca *adv.* Perto, vizinho; *loc. prep. acerca de:* a respeito de; sobre.

a.cer.*car* *vt.* e *p.* Aproximar(-se); avizinhar(-se); cercar(-se).

a.cer.*ta*.do *adj.* Sensato.

a.cer.*tar* *vt.* Achar ao certo; descobrir, encontrar; bater em, atingir; endireitar; *vi.* atingir o alvo; ajustar; dar, bater; atinar, deparar.

a.*cer*.to *sm.* Juízo, sensatez; acaso, sorte; ajuste, acordo.

a.*cer*.vo *sm.* Montão; cúmulo; conjunto de bens que formam um patrimônio; conjunto de obras de um museu; cabedal.

a.*ce*.so *adj.* Excitado; inflamado; acendido.

a.ces.são *sf.* Consentimento.

a.ces.*sí*.vel *adj.* A que se pode ter acesso; comunicativo.

a.*ces*.so *sm.* Ingresso; entrada; promoção; ataque, ímpeto.

a.ces.*só*.rio *adj.* e *sm.* Que, ou o que depende do principal.

a.*cé*.ti.co *adj.* Relativo ao vinagre.

a.ce.ti.*nar* *vt.* Tornar macio como o cetim.

a.cha *sf.* Pedaço de madeira cortado para o fogo.

a.cha.*car* *vt.* Roubar intimidando; *vi.* ter achaques; adoecer.

a.*cha*.do *sm.* Pechincha; invenção; invento.

a.cha.mor.*ra*.do *adj.* Achatado.

a.*cha*.que *sm.* Doença sem gravidade, mal-estar; vício; defeito.

a.char *vt.* Descobrir; supor; *vp.* estar; sentir-se.

a.cha.*tar* *vt.* Tornar chato.

a.che.*gar* *vt.* Pôr junto a; aproximar; unir.

a.*che*.go *sm.* Auxílio; ajuda.

a.chin.ca.*lhar* *vt.* Ridicularizar; humilhar; escarnecer.

a.ci.*ca*.te *sm.* Espora de um bico; incentivo; estímulo.

a.ci.cu.*la*.do *adj.* Em forma de agulha.

a.ci.den.*ta*.do *adj.* Com altos e baixos; desigual; irregular; *sm.* vítima de acidente.

a.ci.den.*tal* *adj.* Casual.

a.ci.den.*tar* *vt.* Provocar acidente; modificar; *vp.* sofrer acidente.

a.ci.*den*.te *sm.* Acontecimento casual; variação do terreno; desastre.

a.ci.*dez* *sf.* Qualidade do que é ácido.

a.ci.di.fi.*car* *vt.* Tornar ácido.

á.ci.do *adj.* De sabor azedo, picante.

a.*ci*.ma *adv.* Em lugar mais elevado; superior.

a.*cin*.te *sm.* Ação premeditada para desgostar alguém; teima.

a.cin.*to*.so *adj.* Feito com acinte; malévolo; pertinaz, teimoso.

a.ci.o.*nar* *vt.* Pôr em ação; demandar judicialmente; *vi.* gesticular.

a.cir.*ra*.do *adj.* Obstinado; contumaz; irritado.

a.cir.*rar* *vt.* Irritar; açular.

a.cla.*mar* *vt.* Aplaudir com brados; eleger com aplausos; proclamar.

a.cla.*rar* *vt.* Tornar claro; esclarecer.

a.cli.ma.*ção* *sf.* Acomodação a clima diverso; aclimatação.

a.cli.*mar*-se *vt.* e *p.* Habituar-se a um novo clima; afazer-se.

a.cli.ma.ta.*ção* *sf.* Aclimação.

a.*cli*.ve *sm.* Ladeira; *adj.* íngreme.

a.ço *sm.* Liga de ferro com carbono; *fig.* força; rijeza.

a.co.bar.*dar* *vt.* Amedrontar; *vp.* perder o ânimo.

a.co.ber.*tar* *vt.* Encobrir.

a.co.bre.*a*.do *adj.* Com a cor do cobre.

a.co.co.*rar* *vt.* Aninhar, esconder; *vp.* Pôr-se de cócoras; agachar-se.

a.ço.*da*.do *adj.* Acelerado; ativo; diligente.

a.ço.*dar* *vt.* Instigar.

a.co.gu.*lar* *vt.* Encher demais.

a.coi.*mar* *vt.* Castigar; punir; censurar.

a.coi.*tar* *vt.* Dar abrigo.

a.çoi.*tar* *vt.* Punir com açoite.

a.*çoi*.te *sm.* Látego; chicote.

a.co.*lá* *adv.* Naquele lugar.

a.col.che.*tar* *vt.* Prender ou unir com colchete.

a.col.cho.*a*.do *adj.* Estofado.

a.co.lhe.*dor* *adj.* Hospitaleiro.

a.co.*lher* *vt.* Receber, agasalhar; hospedar.

a.co.*lhi*.da *sf.* Recepção.

a.co.me.*ter* *vt.* Assaltar; atacar; agredir.

a.co.me.ti.*men*.to *sm.* Investida.

a.co.mo.*da*.do *adj.* Sossegado; conformado; sem ambição.

a.co.mo.*dar* *vt.* Arrumar; sossegar; alojar; hospedar; *vp.* adaptar-se; não ter ambições.

a.com.pa.*nhar* *vt.* Seguir; escoltar; fazer companhia a.

a.con.che.*gar* *vt.* Aproximar; pôr em contato.

a.con.*che*.go *sm.* Conforto, comodidade.

a.con.di.cio.*nar* *vt.* Pôr em boa condição; arrumar; embalar para transporte; restaurar.

a.con.se.*lhar* *vt.* Dar conselho; *vp.* pedir conselho.

a.con.te.*cer* *vi.* Suceder inesperadamente; sobrevir.

a.co.*plar* *vt.* Combinar; unir; acasalar.

a.ço.*rar* *vt.* Mostrar avidez por; provocar tentações em.

a.*cór*.dão *sm.* Sentença.

a.cor.*dar* *vt.* Despertar; *vi.* estar de acordo.

a.*cor*.de *sm.* Harmonia; *adj.* concorde; harmonioso.

a.cor.de.*ão* *sm.* Sanfona.

a.*cor*.do *sm.* Convenção; ajuste; conciliação.

a.co.ro.ço.*ar* *vt.* Inspirar ânimo; animar; encorajar.

a.cor.ren.*tar* *vt.* Prender com corrente; sujeitar, subjugar.

a.cor.*rer* *vi.* Acudir; socorrer.

a.cos.*sar* *vt.* Perseguir.

a.cos.ta.men.to sm. Ato de acostar; faixa que margeia as rodovias e serve como local de parada de veículos.

a.cos.tar vt. Encostar; arrimar.

a.cos.tu.mar vt. Adquirir hábito; vp. habituar-se.

a.co.to.ve.lar vt. Bater ou tocar com o cotovelo.

a.çou.gue sm. Estabelecimento onde se vende carne a varejo.

a.çou.guei.ro sm. Dono de açougue; carniceiro; homem sanguinário.

a.co.var.dar vt. Tornar covarde, intimidar.

a.co.vi.lhar vt. Dar agasalho; recolher em casa.

a.cra.var vt. Cravar com força; espetar; enterrar.

a.cre adj. Azedo; picante.

a.cre.di.tar vt. Dar crédito; crer; confiar; abonar.

a.cres.cen.tar vt. Aumentar, ampliar; adicionar, ajuntar.

a.cres.cer vi. Aumentar.

a.crés.ci.mo sm. Aumento.

a.cri.dez sf. Sabor amargo; azedume; aspereza.

a.cri.mô.nia sf. Acridez.

a.cri.so.lar vt. Purificar; depurar.

a.cri.tu.de sf. Acidez.

a.cro.ba.ci.a sf. Arte de acrobata; funambulismo.

a.cro.ba.ta sm. Malabarista; equilibrista; funâmbulo.

a.cro.fo.bi.a sf. Medo mórbido de lugares altos.

a.cro.ma.ni.a sf. Loucura incurável, caracterizada por grande atividade motora.

a.cro.mo adj. Incolor.

a.cró.po.le sf. Cidadela na parte mais elevadas das cidades gregas.

a.crós.ti.co sm. Tipo de composição poética em que as letras iniciais, mediais ou finais dos versos compõem verticalmente uma palavra ou frase.

a.cu.ar vt. Perseguir; entocar; encurralar; vi. recuar; retroceder.

a.çú.car sm. Nome vulgar da sacarose, substância doce extraída da cana-de-açúcar ou da beterraba.

a.çu.ca.rar vt. Adoçar com açúcar; tornar doce.

a.çu.ca.rei.ro sm. Recipiente para açúcar; adj. que fornece açúcar.

a.çu.ce.na sf. Lírio branco.

a.çu.dar vt. Represar em açude.

a.çu.de sm. Represa; dique.

a.cu.dir vt. Ir em auxílio.

a.cui.da.de sf. Agudeza; perspicácia.

a.çu.lar vt. Incitar; provocar; instigar.

a.cú.leo sm. Espinho; pua.

a.cul.tu.ra.ção sf. Interpenetração de culturas.

a.cul.tu.rar vt. Fazer assimilar traços de outra cultura; vp. adaptar-se a outra cultura.

a.cu.mi.nar vt. Aguçar.

a.cu.mu.la.ção sf. Ato de acumular; amontoamento; junção de cargos e respectivos rendimentos.

a.cu.mu.la.dor adj. e sm. Que, ou o que acumula; aparelho para armazenar eletricidade.

a.cu.mu.lar vt. Amontoar; exercer vários cargos ao mesmo tempo; vi. amontoar riquezas.

a.cu.pun.tu.ra sf. Picada feita com agulha; método terapêutico usado há milênios pelos japoneses e chineses que consiste na introdução de agulhas muito finas, em pontos cutâneos precisos, para aliviar dores.

a.cu.rar vt. Aprimorar.

a.cur.var vt. Dobrar; encurvar.

a.cu.sa.ção sf. Denúncia.

a.cu.sa.do sm. Réu; culpado.

a.cu.sa.dor adj. e sm. Que, ou o que acusa.

a.cu.sar vt. Denunciar; participar recebimento de carta, etc.; vp. confessar-se culpado.

a.cu.ta sf. Esquadria.

a.cu.ti.lar vt. Dar cutiladas; esfaquear.

a.da.ga sf. Arma branca.

a.dá.gio sm. Provérbio; rifão; trecho musical.

a.da.man.ti.no adj. Diamantino.

a.dâ.mi.co adj. Primitivo; relativo a Adão.

a.dap.ta.ção sf. Acomodação; transformação de obra literária em representação teatral, cinematográfica, televisiva ou radiofônica.

a.dap.tar vt. Adequar; ajustar; tornar apto; modificar o texto literário em obra teatral, cinematográfica, etc.

a.de.ga sf. Lugar, em geral subterrâneo, onde se guarda o vinho.

a.de.jar vi. Esvoaçar; voejar.

a.de.jo sm. Ato de adejar; adj. e sm. cavalo que vagueia sem cavaleiro nem carga.

a.del.ga.çar vt. Tornar fino, delgado; aguçar.

a.de.mais adv. Além disso.

a.den.do sm. Aquilo que se acrescenta a um livro, a uma obra, para completá-la; apêndice; suplemento; acréscimo.

a.den.sar vt. e p. Tornar denso; avolumar.

a.den.trar vt. Entrar.

a.dep.to sm. Partidário.

a.de.quar vt. Acomodar; apropriar; adaptar.

a.de.re.çar vt. Adornar com adereços, enfeitar.

a.de.re.ço sm. Adorno; enfeite.

a.de.rên.cia sf. União; tendência a aderir; vínculo; adesão.

a.de.ren.te adj. Que adere.

a.de.rir vi. Dar adesão a; vp. unir-se; colar-se.

a.der.na.do adj. Inclinado.

a.de.são sf. União; aprovação.

a.de.si.vo adj. Que adere; sm. qualquer objeto ou material colante.

a.des.*trar* *vt.* Tornar destro, hábil; ensinar; exercitar.

a.*deus* *interj.* Indicação de despedida; *sm.* despedida.

a.di.an.ta.*men*.to *sm.* Progresso; empréstimo de dinheiro.

a.di.an.*tar* *vt.* Antecipar; *vi.* progredir; *vp.* avançar.

a.di.*an*.te *adv.* Na frente; para a frente; em primeiro lugar.

a.di.*ar* *vt.* Transferir para outro dia; protelar.

a.di.*ção* *sf.* Acréscimo; soma.

a.di.ci.o.*nar* *vt.* Acrescentar.

a.*dic*.to *adj.* Afeiçoado; dedicado; adjunto.

a.*di*.do *sm.* Funcionário auxiliar de outro.

a.di.*po*.so *adj.* Gorduroso.

a.*dir* *vt.* Receber herança; acrescentar, adicionar.

a.di.vi.nha *sf.* Enigma; pergunta enigmática; vidente, pitonisa.

a.di.vi.nha.*ção* *sf.* Predição; prognóstico; enigma.

a.di.vi.nha.*dor* *sm.* O que adivinha o futuro.

a.di.vi.*nhar* *vt.* Predizer; decifrar; desvendar.

a.di.vi.*nho* *sm.* Adivinhador.

ad.ja.*cên*.cia *sf.* Vizinhança.

ad.ja.*cen*.te *adj.* Contíguo; vizinho; próximo.

ad.ja.*zer* *vi.* Estar junto.

ad.je.*ti*.vo *sm.* Palavra que se junta a um substantivo e o qualifica ou determina.

ad.ju.di.*car* *vt.* Entregar a posse de (qualquer bem) por sentença judicial.

ad.*jun*.to *adj.* Contíguo; *sm.* auxiliar; associado.

ad.ju.*tor* *sm.* O que ajuda; ajudante.

ad.ju.*tó*.rio *sm.* Auxílio; ajuda.

ad.mi.nis.tra.*ção* *sf.* Direção; governo; gerência.

ad.mi.nis.*trar* *vt.* Dirigir; governar; gerir.

ad.mi.ra.*ção* *sf.* Espanto; assombro; apreciação.

ad.mi.*rar* *vt.* Olhar com espanto; *vp.* sentir admiração.

ad.mis.*são* *sf.* Aceitação.

ad.mi.*tir* *vt.* Aceitar; receber; concordar.

ad.mo.es.ta.*ção* *sf.* Advertência.

ad.mo.es.*tar* *vt.* Advertir.

a.*do*.be *sm.* Tijolo cru, seco ao sol.

a.do.*çan*.te *adj.* Que adoça; *sm.* substância que serve para adoçar, substituindo o açúcar.

a.do.*ção* *sf.* Aceitação, voluntária e legal, de uma criança como filho; perfilhação.

a.do.*çar* *vt.* Tornar doce; *fig.* suavizar; abrandar; atenuar.

a.do.e.*cer* *vt.* Ficar doente.

a.do.en.*ta*.do *adj.* Um pouco doente, com mal-estar.

a.doi.*da*.do *adj.* Estouvado; amalucado.

a.do.les.*cên*.cia *sf.* Juventude; idade que vai dos 12 aos 18 anos.

a.do.les.*cen*.te *adj.* e *s.2g.* Quem, ou o que está na adolescência.

a.*dô*.nis *sm.* Moço galante, de formas perfeitas.

a.do.*rar* *vt.* Venerar; idolatrar.

a.do.*rá*.vel *adj.* Encantador.

a.dor.me.*cer* *vt.* Fazer dormir; *vi.* pegar no sono.

a.dor.*nar* *vt.* Ornar; enfeitar.

a.*dor*.no *sm.* Enfeite; atavio.

a.do.*tar* *vt.* Receber como filho; perfilhar; usar; assumir; aprovar.

a.do.*ti*.vo *adj.* Referente a adoção, perfilhado.

ad.qui.*ren*.te *sm.* Comprador.

ad.qui.*rir* *vt.* Conseguir, obter; comprar.

a.*dro* *sm.* Terreno diante ou ao lado de uma igreja.

ads.trin.*gen*.te *adj.* Que aperta; que produz na língua sensação de aperto, aspereza.

ads.trin.*gir* *vt.* Apertar; cerrar; contrair; ressecar; constranger.

ads.*tri*.to *adj.* Contraído; apertado; limitado.

a.du.a.*nei*.ro *adj.* Alfandegário.

a.du.*bar* *vt.* Fertilizar.

a.*du*.bo *sm.* Fertilizante.

a.du.*lar* *vt.* Bajular; lisonjear.

a.dul.te.*rar* *vt.* Corromper; falsificar; alterar.

a.dul.*té*.rio *sm.* Infidelidade conjugal.

a.*dúl*.te.ro *adj.* Infiel; alterado; falsificado; *sm.* que comete infidelidade conjugal.

a.*dul*.to *sm.* e *adj.* Chegado à idade vigorosa.

a.*dun*.co *adj.* Recurvado; curvo.

a.du.*ren*.te *adj.* Que queima; cáustico.

a.du.*rir* *vt.* Queimar.

a.du.*zir* *vt.* Trazer; expor.

ad.ven.*tí*.cio *adj.* e *sm.* Estrangeiro; casual; eventual.

ad.*ven*.to *sm.* Chegada; vinda.

ad.*vér*.bio *sm.* Palavra invariável que modifica um verbo, um adjetivo ou outro advérbio.

ad.ver.*sá*.rio *adj.* e *sm.* Antagonista; rival; competidor.

ad.ver.si.*da*.de *sf.* Má sorte.

ad.*ver*.so *adj.* Contrário.

ad.ver.*tên*.cia *sf.* Aviso; admoestação.

ad.ver.*tir* *vt.* Avisar; admoestar.

ad.vo.ca.*ci*.a *sf.* Profissão de advogado, de quem advoga.

ad.vo.*ga*.do *sm.* O que defende em juízo; patrono.

ad.vo.*gar* *vt.* Defender; patrocinar; interceder; *vi.* exercer profissão de advogado.

a.*é*.reo *adj.* Pertencente ao ar; sem fundamento; vão.

a.e.*ró*.bi.co *adj.* Aeróbio.

a.e.*ró*.bio *adj.* Que tem necessidade de oxigênio para viver; *sm.* microrganismo que só se desenvolve em presença do ar.

a.e.ro.di.*nâ*.mi.ca *sf.* Estudo do movimento do ar e de outros gases em movimento quanto às suas propriedades e às forças que exercem sobre corpos sólidos neles imersos.

a.e.ro.di.nâ.mi.co *adj.* Diz-se dos veículos e aeronaves cujas formas oferecem baixa resistência ao quando de seu deslocamento.

a.e.ró.li.to *sm.* Pedra que cai dos espaços interplanetários sobre a superfície dos planetas; meteorito.

a.e.ro.mo.ça *sf.* Funcionária de aviões comerciais; comissária de bordo.

a.e.ro.nau.ta *sm.* Navegador aéreo.

a.e.ro.náu.ti.ca *sf.* Ciência da navegação aérea.

a.e.ro.na.ve *sf.* Designação geral dos aparelhos usados para navegação aérea.

a.e.ro.pla.no *sm.* Avião.

a.e.ros.sol *sm.* Solução em que a fase dispersora é gasosa e a fase dispersa é gasosa ou líquida; embalagem de um produto (tinta, desodorante, etc.) usado sob forma de aerossol.

a.e.rós.ta.ta *s.2g.* Pessoa que dirige aeróstato; aeronauta.

a.e.rós.ta.to *sm.* Balão cheio de ar ou gás que se sustenta no ar; dirigível.

a.fã *sm.* Ânsia; diligência.

a.fa.di.gar *vt.* Causar fadiga; trabalhar com afã.

a.fa.gar *vt.* Acariciar; amimar.

a.fa.go *sm.* Carícia; meiguice.

a.fai.ma.do *adj.* Esfomeado.

a.fa.ma.do *adj.* Célebre; famoso; muito conhecido.

a.fa.mar *vt.* Tornar célebre.

a.fa.nar *vt.* Buscar, investigar; obter; *pop.* roubar; *vp.* trabalhar com afã.

a.fas.ta.men.to *sm.* Distância; ausência; remoção.

a.fas.tar *vt.* Pôr de lado; tirar do caminho, distanciar; desviar; expulsar.

a.fá.vel *adj.* Cortês no trato, meigo; agradável; benigno.

a.fa.zer *vt.* Acostumar.

a.fa.ze.res *sm. pl.* Ocupações.

a.fe.ar *vt.* Tornar feio.

a.fec.ção ou **a.fe.ção** *sf.* Doença; inflamação.

a.fei.ção *sf.* Afeto; amizade.

a.fei.ço.ar *vt.* Dar forma ou feição a, modelar; melhorar, aperfeiçoar; instruir, educar, formar; *vp.* tomar feição ou forma, moldar-se; habituar-se; adaptar-se; acomodar-se.

a.fei.to *adj.* Acostumado.

a.fe.ri.ção *sf.* Ato de aferir.

a.fe.rir *vt.* Conferir; cotejar; comparar; avaliar.

a.fer.rar-se *vt.* Agarrar, prender; segurar; firmar, fixar; atacar; *vp.* porfiar; teimar, agarrar-se.

a.fer.ro.lhar *vt.* Fechar com ferrolho; encarcerar.

a.fer.ven.tar *vt.* Pôr a ferver.

a.fe.ta.ção *sf.* Pedantismo.

a.fe.tar *vt.* Fingir; exagerar nos modos; ostentar; atingir, lesar.

a.fe.ti.vo *adj.* Relativo a afeto; afetuoso.

a.fe.to *sm.* Amizade; afeição.

a.fe.tu.o.so *adj.* Terno; afável.

a.fi.an.çar *vt.* Garantir; abonar.

a.fi.ar *vt.* Amolar; tornar mais cortante o gume; aguçar.

a.fi.ci.o.na.do *adj.* e *sm.* Entusiasta; partidário.

a.fi.gu.rar *vt.* Dar figura a; representar; *vp.* parecer.

a.fi.la.do *adj.* Delgado e agudo.

a.fi.lar *vt.* Adelgaçar; afiar.

a.fi.lha.do *sm.* Indivíduo em relação ao padrinho.

a.fi.li.ar *vt.* Filiar.

a.fim *adj.* Semelhante.

a.fi.na.ção *sf.* Ato de afinar.

a.fi.nal *adv.* Finalmente.

a.fi.nar *vt.* Tornar fino; apurar, aperfeiçoar; educar; *vt.* e *i.* ajustar, harmonizar, conciliar; *vp.* concordar, ajustar, aperfeiçoar-se.

a.fin.co *sm.* Apego; aferro.

a.fi.ni.da.de *sf.* Parentesco; semelhança; conformidade.

a.fir.ma.ção *sf.* Asseveração.

a.fir.mar *vt.* Asseverar; garantir.

a.fi.ve.lar *vt.* Prender com fivela.

a.fi.xar *vt.* Pregar; fixar.

a.flei.mar *vt.* e *p.* Afligir(-se), irritar(-se).

a.fli.ção *sf.* Angústia; mágoa; dor.

a.fli.gir *vt.* Angustiar, magoar; *vp.* mortificar-se; agoniar-se.

a.fli.to *adj.* Angustiado.

a.flo.rar *vt.* Nivelar; acariciar; *vi.* emergir à superfície; vir à tona.

a.flu.ên.cia *sf.* Convergência; concorrência; abundância.

a.flu.en.te *sm.* Rio que deságua em outro; *adj. 2g.* que aflui; abundante; rico.

a.flu.ir *vi.* Correr para.

a.fo.ba.ção *sf.* Precipitação.

a.fo.ba.do *adj.* Apressado.

a.fo.far *vt.* Tornar fofo.

a.fo.ga.di.ço *adj.* Abafadiço.

a.fo.ga.di.lho *sm.* Precipitação; às pressas.

a.fo.gar *vt.* Sufocar; *vp.* morrer por asfixia.

a.fo.go *sm.* Sufocação.

a.foi.te.za *sf.* Ousadia, arrojo.

a.foi.to *adj.* Sem medo, corajoso; precipitado.

a.fô.ni.co *adj.* Sem voz.

a.fo.ra *adv.* Além de; exceto.

a.fo.ris.mo *sm.* Máxima.

a.for.mo.se.ar *vt.* Embelezar; alindar; ornamentar.

a.for.tu.na.do *adj.* Feliz; ditoso.

a.fron.ta *sf.* Injúria; ultraje.

a.fron.tar *vt.* Injuriar; fatigar; arrostar; enfrentar.

a.frou.xar *vt.* Tornar frouxo; alargar; abrandar; relaxar.

af.ta *sf.* Pequena ulceração nas mucosas, principalmente na bucal.

af.to.sa *sf.* Doença eruptiva e contagiosa que ataca os animais; febre aftosa.

a.fu.gen.tar *vt.* Repelir; expulsar; pôr em fuga.

a.fun.dar *vt.* Meter no fundo; *vp.* submergir.

a.fu.são *sf.* Aspersão; banho.

a.ga.char-se *vp.* Abaixar-se; humilhar-se.

a.ga.da.nhar *vt.* Agatanhar.

AGAIATADO • AGUÇAR

a.gai.a.ta.do *adj.* Com modos de gaiato; malicioso; travesso.

a.ga.lo.ar *vt.* Guarnecer de galões.

á.ga.pe *sm.* Banquete; festa.

a.gar.ra.do *adj. fam.*Econômico; avarento, sovina; muito chegado a.

a.gar.rar *vt.* Segurar; apanhar.

a.ga.sa.lhar *vt.* Abrigar; acolher; proteger.

a.ga.sa.lho *sm.* Abrigo.

a.gas.ta.do *adj.* Irado, irritado, aborrecido.

a.gas.tar *vt.* Irritar; zangar-se, ressentir.

a.ga.ta.nhar *vt.* e *p.* Ferir(-se) com as unhas; arranhar(-se).

a.gên.cia *sf.* Escritório de negócios; diligência.

a.gen.ci.ar *vt.* Tratar de negócios alheios.

a.gen.da *sf.* Livrinho de apontamentos e lembranças.

a.gen.te *sm.* e *adj.* Que opera, age ou agencia; intermediário de negócios; causa; autor.

a.gi.gan.ta.do *adj.* Hercúleo.

a.gi.gan.tar *vt.* Tornar gigante; *vp.* crescer muito.

á.gil *adj.* Ligeiro; destro.

a.gi.li.da.de *sf.* Ligeireza.

á.gio *sm.* Diferença que o comprador paga a mais; nas taxas de câmbio, lucro sobre a diferença do valor real da moeda; juro de dinheiro emprestado; desconto feito num título de crédito quando o pagamento é à vista; acréscimo no preço de determinadas mercadorias escassas no mercado.

a.gi.o.ta *s.2g.* Usurário; aquele que pratica a agiotagem.

a.gi.o.ta.gem *sf.* Usura; empréstimo de dinheiro a juros exagerados.

a.gir *vi.* Operar; atuar.

a.gi.ta.ção *sf.* Alvoroço; comoção; motim.

a.gi.ta.do *adj.* Perturbado; alvoroçado; inquieto.

a.gi.ta.dor *sm.* Perturbador.

a.gi.tar *vt.* Abalar; alvoroçar; *vp.* inquietar-se.

a.glo.me.rar *vt.* Juntar; acumular; reunir.

a.glu.ti.na.ção *sf.* Ação de aglutinar, de colar, unir.

a.glu.ti.nan.te *adj.* Que aglutina.

a.glu.ti.nar *vt.* Unir com cola; unir; grudar.

a.go.ni.a *sf.* Ânsia; angústia; aflição; sofrimento.

a.go.ni.ar *vt.* Causar agonia; amargurar; mortificar.

a.go.ni.zan.te *adj.* Moribundo.

a.go.ni.zar *vi.* Estar à morte.

a.go.ra *adv.* Nesta hora; presentemente.

a.gos.to *sm.* Oitavo mês do ano.

a.gou.rar *vt.* Pressagiar; vaticinar; predizer.

a.gou.rei.ro *adj.* Que agoura.

a.gou.ren.to *adj.* De mau agouro.

a.gou.ro *sm.* Presságio; profecia; vaticínio.

a.gra.ci.ar *vt.* Conceder honraria, condecoração ou mercê a.

a.gra.dar *vt.* Satisfazer; *vi.* impressionar bem.

a.gra.dá.vel *adj.* Aprazível.

a.gra.de.cer *vt.* Mostrar gratidão; ser grato a.

a.gra.do *sm.* Prazer, satisfação; gosto.

a.grá.rio *adj.* Referente a coisas de campo.

a.gra.van.te *adj.* Que agrava; *sf.* circunstância que torna a situação mais grave.

a.gra.var *vt.* Tornar mais grave; piorar.

a.gra.vo *sm.* Ofensa; dano.

a.gre *adj.* Azedo; acre.

a.gre.dir *vt.* Atacar; assaltar.

a.gre.ga.ção *sf.* Aglomeração; associação; ajuntamento.

a.gre.gar *vt.* Reunir; aglomerar; associar.

a.gre.mi.a.ção *sf.* Associação.

a.gre.mi.ar *vt.* Reunir em grêmio, em sociedade.

a.gres.são *sf.* Ataque; ofensiva.

a.gres.si.vo *adj.* Ofensivo; *sm.* indivíduo agressivo.

a.gres.sor *sm.* e *adj.* Diz-se, ou aquele que agride.

a.gres.te *adj.* Inculto; rústico.

a.grí.co.la *adj.* Relativo à agricultura; *s. 2g.* agricultor.

a.gri.cul.tor *sm.* Lavrador; pessoa que cultiva a terra.

a.gri.cul.tu.ra *sf.* Arte de cultivar a terra; lavoura.

a.gri.lho.ar *vt.* Acorrentar.

a.gri.men.sor *sm.* Engenheiro que mede terras agrícolas.

a.gri.men.su.ra *sf.* Medição de terras.

a.gro *sm.* Campo cultivado; *adj.* azedo; árduo.

a.gro.no.mi.a *sf.* Ciência da agricultura e pecuária relacionada com a teoria e a prática da produção de culturas, da criação de animais e do manuseio do solo.

a.grô.no.mo *sm.* Indivíduo formado em agronomia.

a.gru.pa.men.to *sm.* Ajuntamento; reunião; grupo organizado.

a.gru.par *vt.* Reunir em grupos; *vp.* formar grupo.

a.gru.ra *sf.* Aspereza; amargura; dissabor.

á.gua *sf.* Líquido incolor e inodoro, composto de oxigênio e hidrogênio; chuva; lágrima.

a.gua.cei.ro *sm.* Chuva forte, repentina, de curta duração.

a.gua-com-a.çú.car *adj. 2g.* e *2 n.* Simples; ingênuo; romântico.

a.gua-de-chei.ro *sf.* Perfume; água-de-colônia; essência.

á.gua-fur.ta.da *sf.* Sótão.

a.guar *vt.* Regar; irrigar.

a.guar.dar *vt.* Esperar.

a.guar.den.te *sf.* Bebida alcoólica destilada de raízes, frutos, cereais, etc.; cachaça; pinga.

a.guar.rás *sf.* Essência de terebintina.

a.gu.çar *vt.* Afiar; amolar; excitar, estimular.

a.gu.de.za *sf.* Gume; perspicácia; esperteza.

a.gu.do *adj.* Pontiagudo, afiado; perspicaz.

a.güen.tar *vt.* Sustentar; suportar; manter.

a.guer.rir *vt.* Afazer-se à guerra; tornar valoroso.

á.guia *sf.* A maior e mais robusta ave de rapina; *bras.* pessoa esperta.

a.gui.lhão *sm.* Ferrão; bico de ferro; espécie de dardo.

a.gui.lho.ar *vt.* Picar com aguilhão; causa dor; incitar.

a.gu.lha *sf.* Instrumento de metal para costurar, bordar, etc.; ponteiro de relógio.

a.gu.lhar *vt.* Picar com agulha; dar aplauso.

ah! *interj.* Exprime dor; admiração, etc.

ai *sm.* Gemido; *interj.* designa dor, aflição, etc.

a.í *adv.* Nesse lugar; nesse caso, então; *interj.* para indicar aplauso; equivale a basta, pára, chega.

ai.a *sf.* Camareira.

ai.ar *vi.* Soltar ais; gritar de dor.

Ai.a.to.lá *sm.* Para os xiitas, líder eclesiástico.

ai.dé.ti.co *adj.* e *sm.* Portador do vírus da Aids; indivíduo soropositivo.

Aids *sf.* Sigla da Síndrome de Deficiência Imunológica Adquirida, doença viral que reduz a capacidade imunológica.

a.in.da *adv.* Até agora; além disso; apesar.

ai.o *sm.* Camareiro; preceptor; pajem.

ai.pim *sm.* Mandioca.

ai.ra.do *adj.* Leviano.

ai.ro.so *adj.* Elegante; esbelto.

a.ja.e.zar-se *vp.* Enfeitar-se.

a.jan.ta.ra.do *sm.* Refeição substancial servida no meio da tarde, com o fim de suprimir o jantar; *adj.* semelhante a um jantar.

a.jar.di.nar *vt.* Transformar em jardim; ornar de flores.

a.jei.tar *vt.* Adaptar; acomodar.

a.jo.e.lhar *vt.* Pôr de joelhos; *vp.* Pôr-se de joelhos; ajoelhar-se.

a.jor.na.lar *vt.* Pegar serviço por empreitada.

a.jou.jar *vt.* Amarrar com ajoujo; jungir; unir.

a.jou.jo *sm.* Jugo para emparelhar animais.

a.ju.da *sf.* Auxílio; assistência.

a.ju.dan.te *sm.* Auxiliar.

a.ju.dar *vt.* Auxiliar; socorrer; *vp.* valer-se.

a.ju.i.za.do *adj.* Que tem juízo; prudente.

a.ju.i.zar *vt.* Formar juízo de; dar juízo; demandar.

a.jun.tar *vt.* Reunir; acrescentar; *vi.* fazer cabedal.

a.jus.tar *vt.* Tornar justo, exato; combinar; adaptar, harmonizar.

a.jus.te *sm.* Pacto; acordo.

a.ju.tó.rio *sm.* Adjutório, auxílio.

AL Sigla do estado de Alagoas.

a.la *sf.* Fila; fileira; renque.

a.la.ba.rar *vt.* Queimar no fogo.

a.la.bar.da *sf.* Espécie de lança.

a.la.bas.tro *sm.* Mármore branco e pouco duro.

á.la.cre *adj.* Entusiasmado; alegre.

a.la.cri.da.de *sf.* Alegria; entusiasmo.

a.la.do *adj.* Que tem asas.

a.la.ga.di.ço *adj.* Lamacento; pantanoso; paludoso.

a.la.ga.men.to *sm.* Ato de alagar; cheia; aluvião.

a.la.gar *vt.* Encher de água.

a.la.mar *sm.* Cordão entrançado que guarnece e abotoa a frente de uma roupa.

a.lam.bi.ca.do *adj.* Presumido; presunçoso.

a.lam.bi.que *sm.* Aparelho para destilação, destilador.

a.lam.bra.do *sm.* Aramado; cerca de arame.

a.la.me.da *sf.* Rua arborizada.

á.la.mo *sm.* Olmeiro; choupo.

a.la.nhar *vt.* Golpear; ferir.

a.la.par *vt.* Esconder; ocultar.

a.lar *vt.* Içar; elevar-se; dar asas (ao espírito).

a.lar.de *sm.* Ostentação; pompa; aparato.

a.lar.de.ar *vt.* Fazer alarde.

a.lar.gar *vt.* Dilatar; aumentar.

a.la.ri.do *sm.* Algazarra.

a.lar.ma *sm.* Alarme.

a.lar.mar *vt.* Assustar; alvorotar; alvoroçar.

a.lar.me *sm.* Brado às armas; rebate; sinal usado para avisar de algum perigo; tumulto; alarma.

a.lar.ve *sm.* Glutão; *adj.* tolo.

a.las.trar *vt.* Espalhar; *vi.* estender-se; lavrar.

a.la.ú.de *sm.* Antigo instrumento de cordas.

a.la.van.ca *sf.* Barra que se usa para levantar pesos.

a.la.zão *sm.* Cavalo que tem a pelagem cor de canela.

al.ba *sf.* Madrugada.

al.ber.gar *vt.* Hospedar.

al.ber.gue *sm.* Hospedaria.

al.bor *sm.* Resplendor; alvor.

al.bu.gem *sf.* Mancha esbranquiçada na córnea.

ál.bum *sm.* Livro de lembranças ou para retratos.

al.ça *sf.* Argola; suspensório.

al.ça.da *sf.* Jurisdição; direito.

al.ca.güe.tar *vt.* Delatar.

al.ca.güe.te *s.2g.* Dedo-duro.

al.cai.de *sm.* Antigo governador de castelo ou província.

al.ca.li.ni.da.de *sf.* Qualidade de alcalino.

al.ca.li.no *adj.* Próprio de uma base forte em solução aquosa.

al.can.çar *vt.* Conseguir; abranger; obter.

al.can.çá.vel *adj.* Atingível; acessível.

al.can.ce *sm.* Distância atingível; capacidade; talento.

al.can.do.rar-se *vp.* Elevar-se; ufanar-se.

al.can.ti.la.do *adj.* Escarpado, íngreme.

al.can.ti.lar *vt.* Talhar a pique.

al.ça.pão sm. Abertura; armadilha.

al.ça.pre.ma sf. Alavanca; tenaz de dentista; fig. grande aflição.

al.çar vt. Erguer; levantar; edificar, erigir; celebrar, exaltar.

al.ca.téi.a sf. Bando de lobos.

al.ca.ti.fa.do adj. Atapetado.

al.ca.trão sm. Resíduo da destilação de diversas madeiras ou da hulha.

al.ca.tro.ar vt. Cobrir, misturar ou untar com alcatrão.

ál.co.ol sm. Substância líquida e inflamável, obtida por destilação; aguardente retificada.

al.co.ó.la.tra s.2g. Pessoa dada ao vício do álcool; alcoólico, etilista.

al.co.ó.li.co adj. Que contém álcool; sm. alcoólatra.

al.co.o.lis.mo sm. Vício do álcool; embriaguez.

al.co.o.li.zar vt. Misturar com álcool; embriagar.

al.co.rão sm. Livro sagrado da religião muçulmana.

al.co.va sf. Dormitório; quarto; esconderijo.

al.co.vi.tar vi. Intrigar; mexericar; facilitar relações amorosas.

al.co.vi.tei.ro sm. O que alcovita.

al.cu.nha sf. Apelido pelo qual fica sendo conhecida uma pessoa.

al.de.a.men.to sm. Povoamento.

al.de.ão sm. Homem de aldeia; camponês; campônio.

al.de.ar vt. Dividir em aldeias.

al.dei.a sf. Pequeno povoado; povoação rústica.

al.dra.va sf. Argola para bater às portas.

a.le.a.tó.rio adj. Sujeito às incertezas do acaso.

a.le.crim sm. Planta aromática usada como condimento.

a.le.ga.ção sf. Argumento; citação.

a.le.gar vt. Citar, referir, mencionar; relatar.

a.le.go.ri.a sf. Pensamento sob forma figurada.

a.le.gó.ri.co adj. Que encerra alegoria, ficção.

a.le.grar vt. Tornar alegre; embriagar; vp. folgar; sentir alegria.

a.le.gre adj. Satisfeito; contente; jubiloso.

a.le.gri.a sf. Júbilo; prazer; satisfação; contentamento.

a.léi.a sf. Fileira de árvores.

a.lei.jão sm. Deformidade física ou moral.

a.lei.jar vt. Estropiar; mutilar.

a.lei.tar vt. Amamentar.

a.lei.ve sm. Calúnia; aleivosia.

a.lei.vo.si.a sf. Traição; perfídia.

a.lei.vo.so adj. Pérfido, desleal.

a.le.lui.a sf. Cântico de alegria; louvor.

a.lém adv. Naquele lugar.

a.lém-mar adv. No ultramar; sm. terras do além-mar.

a.len.ta.dor adj. Animador.

a.len.tar vt. Animar; incitar.

a.len.to sm. Respiração; ânimo; vida; inspiração.

a.ler.ta adv. Atentamente; adj. vigilante, atento; interj. atenção! sentido!

a.les.tar vt. Desembaraçar.

al.fa sm. Primeira letra grega; começo.

al.fa.bé.ti.co adj. Que pertence ao alfabeto.

al.fa.be.ti.zar vt. Ensinar a ler.

al.fa.be.to sm. Abecedário.

al.fa.ce sf. Planta hortense de que se faz salada.

al.fai.a sf. Ornamento caseiro; baixela.

al.fai.a.ta.ri.a sf. Oficina de alfaiate.

al.fai.a.te sm. Indivíduo que faz roupa de homem ou de mulher.

al.fân.de.ga sf. Repartição pública onde se cobram direitos de entrada e saída de mercadorias de um país.

al.fan.de.gá.rio adj. Relativo à alfândega.

al.fan.je sm. Sabre de folha curta e larga.

al.far.rá.bio sm. Livro velho.

al.fa.ze.ma sf. Planta aromática cujas flores têm propriedades medicinais. É também dessa planta que se extrai o óleo de lavanda, usado em perfumes.

al.fi.ne.ta.da sf. Picada com alfinete.

al.fi.ne.tar vt. Picar com alfinete; dar alfinetada.

al.fi.ne.te sm. Haste aguda de metal com cabeça.

al.fom.bra.do adj. Atapetado.

al.for.je sm. Sacola fechada nas extremidades e aberta no meio, como que composta por dois bolsos.

al.for.ri.a sf. Liberdade concedida ao escravo.

al.for.ri.ar vt. Dar alforria; libertar.

al.ga sf. Plantas que vivem no fundo ou na superfície de águas doces ou salgadas.

al.ga.ço sm. Vegetação que o mar atira nas praias.

al.ga.ra.vi.a sf. Linguagem confusa; ruído de vozes.

al.ga.ris.mo sm. Símbolo que representa um número.

al.ga.zar.ra sf. Gritaria.

al.ge.ma sf. Argola de metal com fechadura, que serve para prender uma pessoa pelo pulso; grilheta.

al.ge.mar vt. Prender com algemas ou grilhetas.

al.gen.te adj. Glacial; muito frio.

al.gi.a sf. Sofrimento.

al.gi.bei.ra sf. Bolso.

al.gi.dez sf. Frialdade.

ál.gi.do adj. Muito frio.

al.go pron. indef. Alguma coisa; adv. um tanto.

al.go.dão sm. Penugem que envolve a semente do algodoeiro.

al.go.do.ei.ro sm. Planta que produz o algodão.

al.gor sm. Frio penetrante.

al.goz sm. Carrasco; verdugo.

al.guém pron. indef. Alguma pessoa.

al.gui.dar *sm.* Bacia de barro ou metal para uso doméstico.

al.gum *pron. indef.* Um entre dois ou mais.

al.gu.res *adv.* Em alguma parte; em algum lugar.

a.lhe.a.ção *sf.* Distração; esquecimento; desvairamento; alienação.

a.lhe.a.do *adj.* Absorto; distraído; cedido; transferido.

a.lhe.ar *vt.* Tornar alheio; *vp.* arrebatar-se.

a.lhei.o *adj.* Pertencente a outrem; distraído; estranho.

a.lho *sm.* Planta hortense cujo bulbo é usado como tempero.

a.lhu.res *adv.* Em outro lugar.

a.li *adv.* Naquele lugar.

a.li.a.do *adj.* Unido, ligado; coligado; *sm.* o que fez aliança; cúmplice, partidário.

a.li.an.ça *sf.* Ato de aliar(-se); acordo, pacto; união; anel de noivado ou casamento.

a.li.ar *vt.* e *i.* Reunir, juntar; combinar, associar; *vp.* unir-se, ligar-se; confederar-se; unir-se por matrimônio.

a.li.ás *adv.* De outro modo.

á.li.bi *sm.* Prova que o réu dá sobre o local em que estava, diferente daquele onde ocorreu o crime.

a.li.bil *adj.* Próprio para nutrição.

a.li.can.ti.na *sf.* Trapaça.

a.li.ca.te *sm.* Pequena torquês, cujas mandíbulas variam de tamanho e formato de acordo com o uso a que se destina, como cortar arames, segurar objetos, etc.

a.li.cer.çar *vt.* Basear; consolidar; cimentar.

a.li.cer.ce *sm.* Fundamento; base de um edifício.

a.li.ci.ar *vt.* Atrair; seduzir.

a.li.e.na.ção *sf.* Loucura; enlevo, arrebatamento; cessão de direitos.

a.li.e.nar *vt.* Transferir a outrem o domínio de; desviar, alhear; indispor, alucinar; perturbar; *vp.* enlouquecer; alhear-se.

a.li.e.ní.ge.na *adj.* e *s.2g.* Estrangeiro.

a.li.e.nis.ta *sm.* Médico especialista em doenças mentais.

a.li.gei.rar *vt.* Apressar.

a.li.jar *vt.* Deitar ao mar; livrar-se de, aliviar-se de; desconhecer; *vp.* desobrigar-se.

a.li.men.ta.ção *sf.* Alimento; nutrição.

a.li.men.tar *vt.* Sustentar, nutrir; fomentar; *adj.* relativo a alimentos.

a.li.men.tí.cio *adj.* Próprio para alimentar.

a.li.men.to *sm.* Sustento.

a.li.nha.do *adj.* Vestido com apuro.

a.li.nha.men.to *sm.* Direção do eixo de uma rua, canal, etc.

a.li.nhar *vt.* Pôr em linha reta.

a.li.nha.var *vt.* Costurar com alinhavos; delinear; preparar, aprontar.

a.li.nha.vo *sm.* Os pontos largos com que se alinhava; esboço.

a.lí.quo.ta *sf.* Percentual com que determinado tributo incide sobre o valor da coisa tributada.

a.li.sar *vt.* Aplanar; amaciar, abrandar.

a.lí.sio *sm.* Vento regular entre os trópicos.

a.lis.ta.men.to *sm.* Recrutamento.

a.lis.tar *vt.* Pôr em lista; assentar praça; arrolar.

a.li.vi.a.do *adj.* Livre de todo ou de parte de um peso ou encargo.

a.li.vi.ar *vt.* Dar alívio, serenar; acalmar; suavizar; tornar mais leve.

a.lí.vio *sm.* Desafogo; lenitivo.

al.jô.far *sm.* Pérola miúda; orvalho.

al.ma *sf.* Espírito; ânimo.

al.ma.ço *sm.* Papel encorpado próprio para requerimento, ofícios, etc.

al.ma.na.que *sm.* Publicação contendo calendário e leitura recreativa.

al.me.jar *vt.* Desejar ardentemente; ansiar.

al.mi.ran.te *sm.* Oficial superior das forças navais.

al.mís.car *sm.* Substância aromática extraída do rato almiscareiro e utilizada em perfumaria como fixador.

al.mo.çar *vi.* Tomar o almoço; *vt.* comer ao almoço.

al.mo.fa.da *sf.* Peça estofada para assento, encosto ou ornamento.

al.mo.fa.di.nha *sf.* Indivíduo que se veste com extremo apuro; janota.

al.mo.fa.riz *sm.* Gral; pilão.

al.môn.de.ga *sf.* Bolo de carne moída.

al.mo.xa.ri.fa.do *sm.* Depósito de materiais.

al.mo.xa.ri.fe *sm.* Encarregado do almoxarifado.

a.lô *interj.* Indica saudação ou apelo.

a.lo.cu.ção *sf.* Breve discurso.

a.ló.ge.no *adj.* De outra raça.

a.lo.gi.a *sf.* Absurdo; disparate.

a.ló.gi.co *adj.* Que é vidente.

a.lo.jar *vt.* Aquartelar; hospedar; armazenar.

a.lon.gar *vt.* Estender; dilatar.

a.lou.rar *vt.* e *p.* Tornar ou tornar-se louro.

al.pa.ca *sf.* Mamífero da família dos camelídeos, ruminante, que habita os Andes; liga metálica de cobre, zinco, prata e níquel.

al.par.ga.ta *sf.* Calçado feito de lona e solado de corda.

al.pen.dre *sm.* Parte saliente na entrada de um edifício; varanda; terraço.

al.per.ca.ta *sf.* Sandália; alpargata.

al.pi.nis.ta *s.2g.* e *adj. 2g.* Montanhista.

al.que.brar *vt.* Curvar pela espinha; enfraquecer.

al.quei.re *sm.* Medida agrária equivalente a 48.400 m² em MG, GO e RJ; a 24.200 m² em SP; e a 27.225 m² no Nordeste.

al.quei.ve *sm.* Terra lavrada que se deixou de pousio para que adquira força.

al.ta *sf.* Elevação de preço; aumento; licença para sair do hospital.

al.ta.nei.ro *adj.* Que se eleva muito; sobranceiro.

al.tar *sm.* Mesa onde é celebrada a missa.

al.te.ar *vt.* Tornar mais alto.

al.te.rar *vt.* Mudar; corromper; *vp.* zangar-se.

al.ter.car *vi.* Discutir ardorosamente; debater.

al.ter.nar *vt.* Revezar.

al.ter.na.ti.va *sf.* Escolha entre duas coisas; opção; alternação.

al.ter.na.ti.vo *adj.* Alternado; que permite escolha.

al.te.ro.so *adj.* Alto; majestoso.

al.te.za *sf.* Qualidade do que é alto; elevação; título de príncipe.

al.ti.lo.qüên.cia *sf.* Estilo elevado.

al.tí.lo.quo *adj.* Que fala com elevação, com eloqüência.

al.tí.me.tro *sm.* Instrumento para medir alturas.

al.ti.po.ten.te *adj.* Extremamente poderoso.

al.tis.so.nan.te *adj.* Que soa alto.

al.ti.to.nan.te *adj.* Estrondoso.

al.ti.tu.de *sf.* Altura acima do nível do mar.

al.ti.vez *sf.* Arrogância; presunção.

al.ti.vo *adj.* Orgulhoso.

al.to *adj.* Elevado; ilustre.

al.to-fa.lan.te *sm.* Ampliador de som; megafone.

al.to-mar *sm.* A porção do mar afastada da costa; a parte do mar que fica além das águas territoriais.

al.tru.ís.mo *sm.* Amor ao próximo, ao semelhante.

al.tru.ís.ta *adj., sm.* e *f.* Relativo ao altruísmo; que tem amor ao próximo.

al.tu.ra *sf.* Distância de baixo para cima; elevação; momento; ponto, lugar; importância, valia.

a.lu.a.do *adj.* Lunático; amalucado; adoidado.

a.lu.ar *vt.* Causar insensatez.

a.lu.ci.na.ção *sf.* Deslumbramento; ilusão; devaneio.

a.lu.ci.nan.te *adj.* Que faz perder a razão; empolgante, tentador.

a.lu.ci.nar *vt.* Privar da razão; desvairar; *vp.* perder a razão.

a.lu.dir *v. rel.* Referir-se a; reportar-se a; mencionar.

a.lu.gar *vt.* Dar ou tomar de aluguel.

a.lu.guel *sm.* Preço do usufruto de uma coisa por determinado prazo.

a.lu.ir *vt.* Abalar; sacudir.

a.lum.bra.men.to *adj.* Inspiração.

a.lu.me ou **a.lú.men** *sm.* Pedra-ume.

a.lu.mi.ar *vt.* Dar luz a; acender; clarear; iluminar.

a.lu.mí.nio *sm.* Metal branco e leve que resiste à corrosão.

a.lu.no *sm.* Pessoa que recebe instrução em instituto de ensino; estudante.

a.lu.são *sf.* Referência; menção.

a.lu.si.vo *adj.* Que faz alusão a.

a.lu.vi.ão *sf.* Depósito de terra, areia e pedra, trazidas pela enxurrada ou enchente; inundação, cheia; grande quantidade de pessoas.

al.va *sf.* Luz matinal.

al.va.cen.to *adj.* Esbranquiçado.

al.var *adj.* Esbranquiçado; néscio; parvo.

al.va.rá *sm.* Documento passado por autoridade constituída, a favor de alguém.

al.ve.á.rio *sm.* Colméia.

al.ve.jan.te *adj.* Branquejante.

al.ve.jar *vt.* Tornar alvo; acertar tiro em; *vi.* branquejar; branquear.

al.vé.o.lo *sm.* Célula do favo de mel; casulo.

al.vi.ão *sm.* Picareta ou enxadão.

al.vi.ni.ten.te *adj.* De brancura imaculada.

al.vi.no *adj.* Do baixo-ventre; intestinal.

al.vir.ru.bro *adj.* Branco e vermelho.

al.vís.sa.ras *sf. pl.* Prêmio; boas novas.

al.vi.trar *vt.* Sugerir.

al.vi.tre *sm.* Proposta; sugestão; palpite.

al.vo *sm.* Fito; objetivo; *adj.* muito branco.

al.vo.ra.da *sf.* Crepúsculo da manhã.

al.vo.re.cer *vi.* Amanhecer.

al.vo.ro.ça.do *adj.* Agitado; sobressaltado; alvorotado.

al.vo.ro.çar *vt.* Sobressaltar; agitar; comover.

AM Sigla do Estado do Amazonas.

a.ma *sf.* Doméstica que tem a seu encargo as crianças; mulher que amamenta; governanta.

a.ma-de-lei.te *sf.* Mulher que amamenta criança alheia.

a.ma.bi.li.da.de *sf.* Delicadeza.

a.ma.chu.car *vt.* e *p.* Machucar.

a.ma.ci.ar *vt.* Alisar; abrandar; suavizar.

a.ma.dor *sm.* Amante; apreciador; quem se dedica a alguma atividade sem ser profissional.

a.ma.do.ris.mo *sm.* Condição de amador; regime ou prática oposta ao profissionalismo.

a.ma.du.re.cer *vi.* Ficar maduro.

a.ma.du.re.ci.men.to *sm.* Ato de amadurecer; maturação.

â.ma.go *sm.* Íntimo.

a.mai.nar *vi.* Acalmar; abrandar.

a.mal.di.ço.ar *vt.* Lançar maldição a; maldizer.

a.mál.ga.ma *sm.* Liga de mercúrio com outro metal.

a.mal.ga.mar *vt.* Misturar; combinar-se.

a.ma.men.ta.ção *sf.* Alimentação por leite.

a.ma.men.tar *vt.* Dar de mamar.

a.man.ce.bar-se *vp.* Amasiar-se.

a.ma.nei.ra.do *adj.* Afetado.

a.ma.nhã *adv.* No futuro; *sm.* o dia seguinte; o futuro.

a.ma.nhar *vt.* Preparar; dispor; lavrar; cultivar.

a.ma.nhe.cer *vi.* Clarear o dia; acordar muito cedo; *sm.* o romper do dia.

a.ma.nho *sm.* Preparação, cultivo da terra; lavoura.

a.man.sa.dor *sm.* Domador.

a.man.sar *vt.* Tornar manso; domesticar.

a.man.te *adj. 2g.* Que ama; que gosta de uma pessoa ou coisa; apaixonado, amoroso; *s. 2g.* namorado; apaixonado; amador, apreciador; pessoa que tem relações extraconjugais, amásio, concubina.

a.ma.nu.en.se *sm.* Escrevente.

a.mar *vt.* Gostar; desejar muito; *vi.* ter amores.

a.ma.re.la.do *adj.* Com cor amarela; pálido; descorado.

a.ma.re.lão *sm.* Opilação; ancilostomíase.

a.ma.re.lar *vt.* Tornar amarelo; amadurecer.

a.ma.re.lo *sm.* A cor amarela; *adj.* da cor do ouro, etc.

a.mar.fa.nhar *vt.* Amarrotar.

a.mar.gar *vt.* Tornar amargo.

a.mar.go *adj.* De sabor acre; penoso; travoso.

a.mar.gor *sm.* Azedume; amargura.

a.mar.gu.ra *sf.* Gosto amargo; angústia.

a.mar.gu.rar *vt.* Angustiar; desgostar; provocar amargura.

a.ma.ro *adj.* Amargo.

a.mar.ra *sf.* Cabo que segura o navio à âncora.

a.mar.rar *vt.* Ligar; prender; *vp.* ligar-se; comprometer-se; *gír.* amasiar-se.

a.mar.ri.lho *sm.* Fio; cordel.

a.mar.ro.tar *vt.* Enrugar; amassar.

a.ma.ru.gem *sf.* Sabor ligeiramente amargo.

a.ma.ru.len.to *adj.* Muito amargo; cheio de amargor.

a.ma.si.ar-se *vp.* Ter relações extraconjugais; amancebar-se.

a.má.sio *sm.* Amante.

a.mas.sar *vt.* Misturar; esmagar; deprimir.

a.ma.ti.vi.da.de *sf.* Inclinação para o amor.

a.ma.ti.vo *adj.* Propenso às coisas do amor.

a.má.vel *adj.* Agradável.

a.ma.zo.na *sf.* Mulher aguerrida; mulher que monta a cavalo.

am.ba.ges *sm. pl.* Rodeios, voltas, evasivas.

âm.bar *sm.* Substância sólida de cheiro almiscarado proveniente do intestino do cachalote; resina fóssil.

am.bi.ção *sf.* Aspiração imoderada; cobiça.

am.bi.ci.o.nar *vt.* Procurar com ardor; cobiçar.

am.bi.ci.o.so *adj.* Que é cheio de ambição, de cobiça.

am.bi.en.te *sm.* Meio em que se vive; espaço; recinto; *adj. 2g.*Que cerca ou envolve os seres vivos.

am.bi.güi.da.de *sf.* Dúvida; duplo sentido.

am.bí.guo *adj.* Equivocado; incerto; duvidoso.

âm.bi.to *sm.* Circuito; redondeza; periferia; meio.

am.bos *num.* Um e outro; os dois.

am.bro.si.a *sf.* Manjar delicioso; alimento dos deuses; doce feito com leite e ovos.

am.bu.lân.cia *sf.* Carro para condução de doentes e feridos.

am.bu.lan.te *adj.* e *s.2g.* Errante; vendedor de bugigangas.

am.bu.la.tó.rio *adj.* Que se move de um lado para outro; casa hospitalar que atende doentes não internados.

a.me.a.ça *sf.* Palavra ou gesto para intimidar; promessa de castigo ou malefício.

a.me.a.ça.dor *adj.* Assustador.

a.me.a.çar *vt.* Amedrontar.

a.me.a.lhar *vt.* Economizar.

a.me.dron.tar *vt.* Atemorizar.

a.me.la.çar *vt.* Converter em melaço; adoçar.

a.mém *adv.* Assim seja; *sm.* consentimento.

a.me.ni.da.de *sf.* Bem-estar, deleite, agrado; qualidade de ameno.

a.me.ni.zar *vt.* Tornar ameno; abrandar.

a.me.no *adj.* Aprazível; suave.

a.mer.ce.ar-se *vp.* Ter compaixão de.

a.mes.qui.nhar *vt.* Tornar mesquinho; humilhar; deprimir; depreciar.

a.mes.trar *vt.* Tornar mestre; ensinar, instruir; adestrar.

a.me.tri.a *sf.* Falta de medida.

a.me.zi.nhar *vt.* Tratar com remédios caseiros.

a.mi.an.to *sm.* Asbesto.

a.mi.cal *adj. 2g.* Amigável.

a.mi.do *sm.* Fécula extraída de cereais.

a.mi.gar *vt.* Tornar amigo; *vp.* amancebar-se.

a.mi.gá.vel *adj.* Afável; amigo.

a.mi.go *adj.* Em que há amizade; afetuoso; benigno; *sm.* companheiro, colega; defensor.

a.mi.mar *vt.* Tratar com mimo.

a.mi.se.rar-se *vp.* Compadecer-se; condoer-se.

a.mis.são *sf.* Perda.

a.mis.to.so *adj.* Amigável.

a.mi.u.dar *vt.* Executar amiúde.

a.mi.ú.de *adv.* Repetidas vezes.

a.mi.za.de *sf.* Afeição; estima; dedicação.

am.né.sia *sf.* Falta de memória.

a.mo.der.nar *vt.* Modernizar.

a.mo.dor.rar vt. Provocar modorra; tornar sonolento.
a.mo.fi.nar vt. Afligir; vp. agastar-se; zangar-se.
a.mo.la.ção sf. Importunação.
a.mo.lar vt. Afiar; tornar cortante; aborrecer; importunar.
a.mol.dar vt. Ajustar; acostumar.
a.mo.le.cer vt. Tornar mole.
a.mol.gar vt. Contundir; vi. e p. ficar deformado.
a.mô.nia sf. Amoníaco líquido.
a.mo.ní.a.co sm. Combinação gasosa de azoto e hidrogênio.
a.mon.to.ar vt. Juntar em montão; vi. multiplicar-se.
a.mor sm. Afeição; afeto extremo; paixão.
a.mo.ral adj. Que não tem o senso da moral.
a.mor.da.çar vt. Aplicar mordaça em; açaimar.
a.mor.fo adj. Sem forma determinada.
a.mo.ri.co sm. Amor passageiro.
a.mor.nar vt. Aquecer de leve.
a.mo.ro.so adj. Carinhoso; afetuoso; suave.
a.mor.ta.lhar vt. Vestir ou envolver em mortalha.
a.mor.te.ce.dor sm. Abafador de som; que abranda ou afrouxa; peça para amortecer choques.
a.mor.te.cer vt. Tornar como morto; fazer perder a força; enfraquecer; entorpecer, adormecer.
a.mor.ti.zar vt. Pagar em parcelas.
am.pa.rar vt. Auxiliar, proteger.
am.pa.ro sm. Proteção; auxílio.
am.pli.ar vt. Aumentar; dilatar; tornar amplo.
am.pli.dão sf. Vastidão.
am.pli.fi.car vt. Ampliar; acrescentar; dilatar.
am.plo adj. Vasto; largo; espaçoso; extenso.
am.po.la sf. Bolha; pequeno tubo de vidro, sem abertura, para conter medicamentos.
am.pu.lhe.ta sf. Instrumento para medir o tempo.

am.pu.ta.ção sf. Corte de um membro ou de parte dele.
am.pu.tar vt. Fazer amputação de; cortar.
a.mu.ar vt. Ficar de mau humor; vp. agastar-se.
a.mu.le.to sm. Talismã.
a.mu.o sm. Mau humor; zanga.
a.mu.ra.da sm. Bordo de embarcação; muro; parede.
a.na.bo.li.zan.te sm. Substância que acelera a obtenção de energia necessária ao funcionamento do organismo; substância excitante administrada em atleta.
a.na.crô.ni.co adj. Que está fora de moda, época ou uso.
a.na.cro.nis.mo sm. Erro de cronologia; coisa que não está de acordo com a época.
a.na.fa.do adj. Bem-nutrido.
a.na.fro.di.ta adj. e s. 2g. Que, ou quem é indiferente ao amor; que, ou pessoa que não tem desejo sexual.
a.ná.gua sf. Saia usada sob o vestido; saiote.
a.nal adj. Relativo ao ânus.
a.na.lec.to sm. Antologia.
a.na.lép.ti.co adj. Que restaura as forças.
a.nal.fa.be.tis.mo sm. Falta de instrução; ignorância.
a.nal.fa.be.to adj. e sm. Que, ou o que não sabe ler nem escrever.
a.na.li.sar vt. Examinar; investigar; pesquisar.
a.ná.li.se sf. Decomposição de um todo em seus elementos.
a.na.lo.gi.a sf. Semelhança; comparação.
a.ná.lo.go adj. Semelhante.
a.não sm. Indivíduo de estatura inferior à normal; adj. pequeno.
a.nar.qui.a sf. Falta de governo; desordem; negação do princípio da autoridade.
a.nar.quis.mo sm. Teoria política fundada na convicção de que todas as formas de governo são nocivas à liberdade individual.

a.nar.quis.ta sm. Pessoa partidária do anarquismo.
a.nar.qui.zar vt. Provocar desordem e confusão.
a.ná.te.ma sm. Excomunhão.
a.na.to.mi.a sf. Ciência que trata da forma e estrutura dos seres vivos; dissecação de qualquer ser.
an.ca sf. Quadril; cadeiras.
an.ces.tral adj. Relativo a antepassados; antigo.
an.cho adj. Largo; amplo.
an.ci.ão sm. Indivíduo de idade avançada.
an.ci.los.to.mí.a.se ou **an.ci.los.to.mo.se** sf. Enfermidade parasitária; amarelão.
an.ci.nho sm. Instrumento de lavoura ou jardim.
ân.co.ra sf. Peça de ferro que mantém as embarcações fundeadas; s.2g. jornalista que conduz um telejornal, apresentando as reportagens e comentando-as.
an.co.ra.dou.ro sm. Lugar onde os navios deitam âncora.
an.co.rar vt. Fundear; vi. lançar âncora.
an.da.dor adj. Que anda muito; sm. aparelho provido de rodas e assento anatômico em que as crianças aprendem a andar.
an.da.men.to sm. Ato de andar; modo de se desenvolver; direção, rumo; grau de velocidade de execução de um trecho musical.
an.dar vi. Caminhar; mover-se; ocupar-se.
an.da.ri.lho sm. Pessoa que anda muito.
an.di.no adj. Relativo aos Andes.
an.dra.jo sm. Trapo; farrapo.
an.dra.jo.so adj. Esfarrapado.
an.dró.gi.no adj. Que reúne em si as características dos dois sexos; hermafrodita.
a.ne.di.ar vt. Tornar nédio, gordo; alisar.
a.ne.do.ta sf. Historieta jocosa.

a.ne.do.tá.rio sm. Coleção de anedotas ou piadas.

a.ne.do.ti.zar vi. Dizer anedotas; pilheriar.

a.nel sm. Aro de metal usado nos dedos; elo.

a.ne.lan.te adj. Ofegante; ansioso.

a.ne.lar vt. Desejar, aspirar a; ansiar, almejar; dar feitio de anel; encaracolar; int. respirar com dificuldade, ofegar; adj. anular.

a.ne.li.for.me adj. Com forma de anel.

a.ne.lo sm. Aspiração.

a.ne.mi.a sf. Escassez de hemoglobina do sangue.

a.nê.mi.co adj. Que sofre de anemia.

a.nes.te.si.a sf. Privação da sensibilidade; anestésico.

a.nes.te.si.ar vt. Provocar anestesia em.

a.ne.xar vt. Juntar; ligar.

a.ne.xo adj. Incorporado; unido; junto; sm. dependência.

an.fí.bio adj. Que vive na terra e na água.

an.fi.te.a.tro sm. Construção circular, com palco e arquibancadas para representações teatrais.

an.fi.tri.ão sm. O que recebe convidados; dono da casa.

ân.fo.ra sf. Vaso antigo.

an.ga.ri.ar vt. Angariar; atrair a si; alcançar; conseguir fundos.

an.gé.li.co adj. Próprio de anjo; gracioso; gentil.

an.gra sf. Pequena baía; enseada.

an.gu sm. Massa consistente de fubá, arroz, etc., água e sal, cozida ao fogo brando.

an.gu.la.do adj. Anguloso.

an.gu.lar adj. Anguloso; em forma de ângulo.

ân.gu.lo sm. Canto; aresta; figura geométrica.

an.gús.tia sf. Aflição; aperto.

an.gus.ti.ar vt. e i. Causar angústia a, afligir-se.

a.ni.a.gem sf. Tecido grosseiro de linho.

a.ni.char vt. Pôr em nicho; vp. agachar-se; esconder-se.

a.nil sm. Substância vegetal de cor azul utilizada como corante; adj. azul.

a.ni.li.na sf. Corante industrial.

a.ni.ma.ção sf. Vivacidade; vida; entusiasmo.

a.ni.ma.dor adj. Que dá ânimo, alento; estimulante.

a.ni.mal sm. Ser organizado que sente e que se move; adj. mate-rial; carnal.

a.ni.ma.li.zar vp. Tornar animal; embrutecer-se.

a.ni.mar vt. Dar ânimo; entusiasmar; alentar.

â.ni.mo sm. Disposição de espírito; alento; coragem.

a.ni.mo.si.da.de sf. Aversão.

a.ni.nar vt. Acalentar, embalar para adormecer.

a.ni.nhar vt. Pôr em ninho; vi. fazer ninho.

a.ni.nho sm. Tranqüilidade; sossego.

a.ni.qui.lar vt. Reduzir a nada; destruir totalmente; extinguir.

a.nis.ti.a sf. Perdão legal concedido a pessoa ou empresas; perdão, absolvição.

a.ni.ver.sa.ri.an.te adj. e s.2g. Que, ou pessoa que faz anos.

a.ni.ver.sá.rio sm. Dia de anos.

an.jo sm. Ente espiritual que habita o céu.

a.no sm. Período de 12 meses.

a.nó.di.no adj. Que suaviza as dores; inofensivo, insignificante.

a.noi.te.cer vi. Ir chegando a noite; vt. escurecer.

a.no.jar vt. Causar nojo a.

a.no-luz sm. Unidade de distância equivalente à distância percorrida pela luz, em um ano, no vácuo, à razão de 300.000 km/s.

a.no.ma.li.a sf. Desvio do normal; irregularidade.

a.nô.ma.lo adj. Anormal; irregular; desviado do normal.

a.no.ni.ma.to sm. Estado do que é anônimo, desconhecido.

a.nô.ni.mo adj. Sem nome; sem assinatura.

a.nor.mal adj. Sem norma; irregular; doente mental.

a.no.ta.ção sf. Apontamento.

a.no.tar vt. Fazer apontamentos; esclarecer.

an.sei.o sm. Aspiração.

ân.sia sf. Aflição; desejo veemente; pl. náuseas.

an.si.ar vt. Causar ânsia a; almejar; desejar.

an.si.e.da.de sf. Inquietação; angústia; impaciência.

an.ta.gô.ni.co adj. Contrário.

an.ta.go.nis.mo sm. Rivalidade; oposição.

an.tál.gi.co adj. Contrário à dor.

an.ta.nho adv. Nos tempos passados, pretéritos.

an.tár.ti.co adj. Oposto ao pólo ártico; do pólo sul.

an.te prep. Em presença de.

an.te.bra.ço sm. Parte do braço entre o cotovelo e o pulso.

an.te.câ.ma.ra sf. Ante-sala.

an.te.ce.dên.cia sf. Precedência.

an.te.ce.den.te adj. Precedente; sm. pl. fatos anteriores.

an.te.ce.der vt. Vir antes; preceder; antepor-se.

an.te.ces.sor sm. Predecessor.

an.te.ci.pa.ção sf. Ato de antecipar; previsão.

an.te.ci.par vt. Realizar antes do tempo devido; vp. adiantar-se.

an.te.fa.ce sf. Máscara.

an.te.go.zar vt. Deleitar-se na imaginação de um gozo.

an.te.guar.da sf. Vanguarda.

an.te.ló.quio sm. Prólogo.

an.te.mu.ro sm. Parapeito de fortaleza; proteção.

an.te.na sf. Parte de um sistema de recepção de rádio ou de ondas eletromagnéticas; pl. apêndices sensoriais da cabeça de alguns insetos.

an.te.on.tem adv. No dia anterior ao de ontem.

an.te.pa.ro sm. Biombo; quebra-luz; resguardo.

an.te.pas.sa.do sm. Ascendente.

an.te.pas.to sm. Aperitivo.

an.te.pe.núl.ti.mo adj. Que precede o penúltimo.

an.te.por vt. e p. Pôr antes.

an.te.pri.mei.ro adj. Preliminar, prévio; que antecede o primeiro.

an.te.pro.je.to sm. Esboço de projeto.

an.te.ri.or adj. Que está atrás; que vem antes.

an.te-ros.to sm. Página que precede o frontispício de uma obra.

an.tes adv. Em tempo anterior; pelo contrário.

an.te-sa.la sf. Sala de espera.

an.te.tem.po adv. Prematuramente; antes do tempo.

an.te.ver vt. Prever.

an.te.vés.pe.ra sf. Dia que precede a véspera.

an.te.vi.são sf. Previsão.

an.ti.cle.ri.cal adj. Contrário ao clero.

an.ti.con.cep.ci.o.nal adj. e sm. Que, ou que evita a concepção.

an.ti.cons.ti.tu.ci.o.nal adj. 2g. Contrário à constituição de um país.

an.ti.cor.po sm. Substância de origem celular que protege o organismo contra substâncias estranhas a ele.

an.ti.cris.tão adj. Contrário ao cristianismo.

an.ti.cris.to sm. Inimigo de Cristo.

an.tí.do.to sm. Contraveneno.

an.ti.es.té.ti.co adj. Contrário à estética.

an.ti.fe.bril adj. Contra a febre; antipirético.

an.tí.fo.na sf. Versículo que se entoa antes de um salmo; na missa, canto em que os coros se alternam.

an.ti.ga.lha sf. Tudo que é antigo ou velho.

an.ti.go adj. Velho; remoto.

an.ti.gui.da.de sf. O tempo do passado.

an.ti-hi.gi.ê.ni.co adj. Contrário à higiene.

an.tí.lo.pe sm. Mamífero ruminante comum na África; a pele deste animal, utilizada na confecção de roupas.

an.ti.mo.ral adj. Contrário à moral.

an.ti.o.fí.di.co adj. e sm. Substância que combate o veneno de cobras.

an.ti.pa.ti.a sf. Aversão.

an.ti.pá.ti.co adj. Que inspira antipatia; desagradável.

an.ti.pa.ti.zar vt. Sentir antipatia.

an.ti.pa.tri.o.ta sm. Indivíduo sem patriotismo.

an.ti.pi.ré.ti.co adj. e sm. Febrífugo; antifebril.

an.tí.po.da adj. Oposto.

an.ti.qua.do adj. Tornado antigo; obsoleto; desusado.

an.ti-se.mí.ti.co adj. Inimigos dos semitas, em especial os judeus.

an.ti-so.ci.al adj. Contrário à sociedade.

an.ti-sép.ti.co adj. e sm. Substância que impede a proliferação de micróbios; desinfetante.

an.tí.te.se sf. Oposição entre palavras ou idéias.

an.ti.tó.xi.co sm. Contraveneno.

an.tó.fi.lo adj. Diz-se dos insetos polinizadores.

an.to.jar vt. e p. Pôr diante dos olhos; desejar, apetecer.

an.to.lhos sm. pl. Abas de couro colocadas ao lado dos olhos das cavalgaduras para que não olhem para os lados.

an.to.lo.gi.a sf. Tratado de flores; coleção de trechos em verso ou prosa; analecto; seleta.

an.tô.ni.mo sm. Palavra de significação oposta.

an.tra.ci.to sm. Carvão fóssil de grande poder calorífico.

an.traz sm. Infecção caracterizada pela presença de furúnculos.

an.tro sm. Caverna; lugar de vícios e perdição.

an.tro.pó.fa.go adj. e sm. Que, ou o que come carne humana.

an.tro.pói.de adj. Semelhante ao homem.

an.tro.po.lo.gi.a sf. História natural do homem.

a.nu.al adj. Que dura um ano.

a.nu.á.rio adj. sm. Publicação anual.

a.nu.ên.cia sf. Consentimento; aprovação, aplauso.

a.nu.i.da.de sf. Prestação anual.

a.nu.ir vi. Concordar.

a.nu.la.ção sf. Eliminação; supressão.

a.nu.lar vt. Invalidar; suprimir; adj. em forma de anel.

a.nun.ci.an.te adj. e s.2g. Que, ou pessoa que anuncia.

a.nun.ci.ar vt. Tornar público por anúncio; notificar.

a.nún.cio sm. Aviso público de qualquer coisa; notícia.

a.nu.ro adj. e sm. Desprovido de cauda; batráquio; espécime dos anuros.

â.nus sm. 2n. Orifício exterior do reto, por onde se expelem os excrementos.

a.nu.vi.ar vt. Cobrir de nuvens.

an.ver.so sm. Face anterior de qualquer coisa.

an.zol sm. Pequeno gancho farpado, para pescar.

a.on.de adv. A que lugar; lugar ao qual; interj. indica descrença ou dúvida diante de uma afirmativa.

a.or.ta sf. Artéria que nasce no ventrículo esquerdo do coração.

AP Sigla do estado do Amapá.

a.pa.dri.nhar vt. Ser padrinho de; proteger.

a.pa.gar vt. Extinguir (luz, fogo); obscurecer; embaciar; destruir; extinguir; suprimir; bras. gír. perder os sentidos; vp. acabar-se; extinguir-se; morrer.

a.pai.xo.nar *vt.* Inspirar paixão em; arrebatar; *vp.* encher-se de paixão; irar-se, enfurecer-se.

a.pa.la.dar *vt.* Dar bom sabor a.

a.pa.la.vrar *vt.* Ajustar sob palavra; combinar.

a.pa.ler.ma.do *adj.* Que tem modos de palerma.

a.pal.pa.ção *sf.* Palpação.

a.pal.par *vt.* Tatear com a mão; sondar.

a.pa.ná.gio *sm.* Propriedade característica, atributo, dom, privilégio.

a.pa.nhar *vt.* Colher; agarrar.

a.pa.ni.guar *vt.* Proteger.

a.pa.ra *sf.* Fragmento.

a.pa.ra.dor *adj.* e *sm.* Que apara; espécie de bufete.

a.pa.rar *vt.* Tirar aparas de; aguçar; apontar.

a.pa.ra.tar *vt.* Guarnecer com aparato, estardalhaço.

a.pa.ra.to *sm.* Ostentação pública; magnificência.

a.pa.re.cer *vi.* Tornar-se visível; manifestar-se.

a.pa.re.lhar *vt.* Preparar; aprestar; guarnecer.

a.pa.re.lho *sm.* Máquina, instrumento; aparelhamento; organização; conjunto de mecanismos com fim específico; grupo de órgãos que agem em conjunto no organismo; guarnição.

a.pa.rên.cia *sf.* Aspecto; figura.

a.pa.ren.tar *vi.* Parecer; fingir; *vt.* estabelecer parentesco entre.

a.pa.ren.te *adj.* Que se vê; fingido.

a.pa.ri.ção *sf.* Aparecimento; visão; fantasma.

a.pa.ro *sm.* Ato de aparar; pena metálica.

a.par.ta.men.to *sm.* Conjunto de cômodos para residência.

a.par.tar *vt.* Pôr de parte; separar.

a.par.te *sm.* Interrupção feita a um orador.

a.par.te.ar *vt.* Dirigir apartes.

a.par.va.lhar *vt.* Tornar parvo; desorientar; atrapalhar.

a.pas.cen.tar *vt.* Levar ao pasto.

a.pa.te.ta.do *adj.* Aparvalhado.

a.pa.ti.a *sf.* Insensibilidade.

a.pá.ti.co *adj.* Insensível.

a.pá.tri.da *adj.* e *s.2g.* Que ou quem não tem pátria.

a.pa.vo.ran.te *adj.* Assustador; terrível; aterrador.

a.pa.vo.rar *vt.* Amedrontar.

a.pa.zi.guar *vt.* Acalmar; conciliar; sossegar.

a.pe.ar *vt.* Desmontar; fazer descer.

a.pe.dre.jar *vt.* Perseguir com pedradas.

a.pe.ga.di.ço *adj.* Contagioso.

a.pe.gar *vt.* Fazer criar afeição a; ficar gostando de.

a.pe.go *sm.* Adesão; aferro; constância; tenacidade.

a.pe.la.ção *sf.* Recurso.

a.pe.lan.te *s.2g.* A parte que apela de uma sentença de tribunal.

a.pe.lar *vt.* Recorrer para instância superior.

a.pe.li.dar *vt.* Alcunhar.

a.pe.li.do *sm.* Alcunha; sobrenome de família.

a.pe.lo *sm.* Invocação; convite; rogo; pedido de auxílio.

a.pe.nas *adv.* Unicamente; *conj.* logo que.

a.pên.di.ce *sm.* Suplemento; parte de um órgão principal.

a.pen.di.ci.te *sf.* Inflamação do apêndice.

a.pen.sar *vt.* Anexar; juntar.

a.pen.so *adj.* Junto a outro.

a.pe.que.nar *vt.* Diminuir.

a.per.ce.ber *vt.* Aprestar, preparar; avisar, prevenir; notar, ver, distinguir, perceber.

a.per.fei.ço.ar *vt.* Concluir com esmero; desenvolver.

a.pe.ri.en.te ou **a.pe.ri.ti.vo** *adj.* Que abre o apetite.

a.pe.ro.lar *vt.* Imitar as pérolas.

a.per.re.ar *vt.* Oprimir; apertar.

a.per.ta.da *sf.* Desfiladeiro.

a.per.tão *sm.* Aperto.

a.per.tar *vt.* Comprimir; cingir; estreitar.

a.per.ti.nen.te *adj.* Conciliador.

a.per.to *sm.* Compressão; pressa; urgência; aflição.

a.per.tu.ra *sf.* Aperto.

a.pe.sar *adv.* Não obstante.

a.pes.so.a.do *adj.* De boa estatura; de aparência agradável.

a.pe.te.cer *vt.* e *i.* Ter apetite de; cobiçar.

a.pe.te.cí.vel *adj.* Desejável.

a.pe.ten.te *adj.* Que apetece.

a.pe.ti.te *sm.* Vontade de comer; desejo.

a.pe.ti.to.so *adj.* Atraente; gostoso; saboroso.

a.pe.tre.char *vt.* Prover, munir de apetrechos.

a.pe.tre.cho *sm.* Petrechos.

a.pi.á.rio *adj.* e *sm.* Relativo a abelhas; *sm.* lugar onde se criam abelhas.

á.pi.ce *sm.* Cume; vértice.

a.pi.cu.la.do *adj.* Terminado em extremidade aguda.

a.pi.cul.tor *sm.* Criador de abelhas.

a.pi.cul.tu.ra *sf.* Arte de criar abelhas.

a.pi.men.ta.do *adj.* Picante.

a.pi.nhar *vt.* Amontoar.

a.pi.tar *vi.* Soar como apito; tocar apito.

a.pi.to *sm.* Pequeno instrumento para assobiar, etc.

a.pla.car *vt.* Sossegar; abrandar; satisfazer.

a.plai.nar *vt.* Alisar com plaina; aplanar.

a.pla.nar *vt.* Tornar plano; nivelar; igualar.

a.plás.ti.co *adj.* Sem plasticidade; que não é plástico.

a.plau.dir *vt.* Bater palmas a; elogiar; louvar.

a.plau.so *sm.* Aclamação; louvor; elogio público.

a.pli.ca.ção *sf.* Emprego; utilização, uso; atenção ou assiduidade na escola, trabalho, etc.; ato de ministrar medicamento.

a.pli.car vt. Pôr em prática; adaptar; empregar.

a.pó.cri.fo adj. Que não é autêntico ou verdadeiro.

a.po.dar vt. Dirigir apodos; zombar; escarnecer.

á.po.de adj. Sem pés.

a.po.do sm. Motejo; zombaria.

a.po.dre.cer vi. Ficar podre; putrefazer; estragar.

a.po.geu sm. O mais alto grau.

a.poi.a.do sm. Aprovação, plauso; adj. que recebeu apoio; aprovado; defendido; favorecido; fundado; interj. muito bem!

a.poi.ar vt. Dar apoio; amparar; sustentar.

a.poi.o sm. Esteio; arrimo.

a.pó.li.ce sf. Ação de companhia; documento de seguro.

a.po.lo.gi.a sf. Elogio.

a.pó.lo.go sm. Fábula em que animais e coisas falam.

a.pon.ta.men.to sm. Lembrança; nota; registro.

a.pon.tar vt. Mencionar; indicar; fazer pontaria; fazer ponta, aguçar.

a.po.ple.xi.a sf. Parada abrupta de todas as funções cerebrais.

a.po.quen.tar vt. e p. Afligir; importunar; aborrecer.

a.por vt. Pôr junto; aplicar.

a.por.tar vt. e i. Ancorar.

a.pós adv. Depois; prep. depois de; atrás de.

a.po.sen.ta.do.ri.a sf. Ato de aposentar; jubilação; reforma; direito do trabalhor, após trabalhar certo número de anos, de se fastar do emprego recebendo um vencimento; vencimento que o aposentado recebe.

a.po.sen.tar vt. Conceder aposentadoria; hospedar.

a.po.sen.to sm. Quarto; cômodo.

a.po.si.ção sf. Junção; ligação.

a.pos.ta sf. Ajuste entre pessoas de opiniões diferentes, devendo a que estiver correta em seus pontos de vista receber um pagamento.

a.pos.tar vt. Fazer aposta.

a.pos.ta.si.a sf. Abjuração, renúncia.

a.pós.ta.ta sm. O que cometeu apostasia, o que abjurou.

a.pos.ti.la sf. Notas postas à margem; comentário; anotações de aulas distribuídas em cópias aos alunos ou ouvintes.

a.pos.ti.lar vt. Anotar à margem; fazer apostilas.

a.pos.to adj. Posto junto; sobreposto; adjunto; sm. explicação do termo anterior.

a.pos.to.la.do sm. Missão de apóstolo.

a.pós.to.lo sm. Cada um dos 12 discípulos de Cristo; missionário; pessoa que trabalha para o bem comum.

a.pos.tro.far vt. Dirigir apóstrofes a; criticar.

a.pós.tro.fe sf. Interpelação direta.

a.po.te.o.se sf. Deificação; glorificação.

a.po.te.ó.ti.co adj. Relativo à apoteose.

a.pou.car vt. Diminuir.

a.pra.zar vt. Marcar prazo a.

a.pra.zer vt. Ser agradável; agradar.

a.pra.zí.vel adj. Que dá prazer; ameno.

a.pre.çar vt. Fazer preço; avaliar; determinar o valor.

a.pre.ci.a.ção sf. Avaliação; manifestação de apreço.

a.pre.ci.ar vt. Avaliar; ter em apreço; estimar.

a.pre.ço sm. Consideração; estima; respeito.

a.pre.en.der vt. Lançar mão de; compreender; perceber; apropriar-se judicialmente de.

a.pre.en.são sf. Ato ou efeito de apreender; preocupação.

a.pre.en.si.vo adj. Que apreende; preocupado, receoso.

a.pre.go.ar vt. Fazer pregões; anunciar; divulgar.

a.pren.der vt. Reter no entendimento; ficar sabendo.

a.pren.diz s.2g. Principiante.

a.pren.di.za.do sm. Aprendizagem; ato de aprender.

a.pren.di.za.gem sf. Ato ou efeito de aprender qualquer ofício, arte ou ciência; aprendizado.

a.pre.sar vt. Capturar.

a.pre.sen.ta.ção sf. Exibição; colocação em presença.

a.pre.sen.tar vt. Exibir; mostrar; expor.

a.pres.sar vt. Acelerar; precipitar; estimular.

a.pres.su.rar vt. Apressar; acelerar.

a.pres.tar vt. Tornar presto; aprontar; preparar.

a.pres.to sm. Preparativo; petrechos.

a.pri.mo.rar vt. Aperfeiçoar.

a.pris.co sm. Curral; redil.

a.pri.si.o.nar vt. Prender; encarcerar; apresar.

a.pro.ar vt. Pôr a proa em rumo; bras. melhorar de vida.

a.pro.fun.dar vt. e p. Tornar fundo ou mais fundo; escavar; investigar ou examinar a fundo; indagar; pesquisar; entender; penetrar.

a.pron.tar vt. Tornar pronto; aparelhar; arrumar.

a.pro.po.si.ta.do adj. Oportuno.

a.pro.pri.a.ção sf. Acomodação; adaptação; posse.

a.pro.pri.ar vt. Adaptar; adequar; vp. tomar para si.

a.pro.va.ção sf. Consentimento; autorização; aplauso.

a.pro.var vt. Sancionar; autorizar; ratificar.

a.pro.vei.ta.men.to sm. Bom emprego ou aplicação.

a.pro.vei.tar vt. Tirar proveito de; lucrar; vp. valer-se.

a.pro.vi.si.o.nar vt. Abastecer de provisões, víveres.

a.pro.xi.ma.ção sf. Avizinhação.

a.pro.xi.mar vt. Pôr perto de; entrar em contato.

a.pru.ma.do *adj.* Vertical; direito; teso; melhorado de saúde ou finanças; bem-vestido.

a.pru.mar *vt.* Pôr na vertical.

ap.ti.dão *sf.* Capacidade.

ap.to *adj.* Capaz; idôneo.

a.pu.nha.lar *vt.* Ferir com punhal.

a.pu.par *vt.* Vaiar; assuar; escarnecer.

a.pu.po *sm.* Vaia.

a.pu.ra.ção *sf.* Averiguação; contagem.

a.pu.rar *vt.* Averiguar; contar.

a.pu.ro *sm.* Esmero; aperto.

a.qua.re.la *sf.* Tinta que se dilui em água; pintura feita com essa tinta.

a.quá.rio *sm.* Viveiro de plantas e/ou animais aquáticos.

a.quar.te.lar *vt.* Alojar em quartéis; aboletar.

a.quá.ti.co *adj.* Que pertence à água ou que nela vive.

a.que.cer *vt.* Tornar quente; dar calor a.

a.que.le *pron. dem.* Indica ser ou coisa que está ali ou além.

a.quém *adv.* Do lado de cá; menos.

a.qui *adv.* Neste lugar; nesta ocasião.

a.qui.es.cer *vi.* Consentir.

a.qui.e.tar *vt.* Pacificar; apaziguar; serenar.

a.qui.la.tar *vt.* Determinar o quilate de; avaliar.

a.qui.li.no *adj.* Relativo a águia; aduncto; penetrante.

a.qui.lo *pron. dem.* Aquela coisa.

a.qui.nho.ar *vt.* Partilhar; dotar.

a.qui.si.ção *sf.* Obtenção; compra; ato de adquirir.

ar *sm.* Aragem; aparência.

a.ra *sf.* Altar de sacrifícios.

a.rac.ní.deo *adj.* e *sm.* Espécime da classe dos aracnídeos (aranhas, escorpiões, etc.).

a.ra.do *sm.* Instrumento de lavrar a terra.

a.ra.gem *sm.* Vento brando; brisa; viração.

a.ra.me *sm.* Fio metálico.

a.ra.nha *sf.* Inseto aracnídeo.

a.ra.pu.ca *sf.* Armadilha.

a.ra.que *sm. bras. gír.* Acaso; casualidade; *de araque:* por acaso; casualmente; de qualidade inferior, ordinário.

a.rar *vt.* Lavrar; sulcar a terra.

a.ra.ra *sf.* Espécie de ave sul-americana de grande porte, cauda longa, penas de coloração muito viva, bico forte e recurvado.

a.rau.to *sm.* Pregoeiro; mensageiro.

ar.bi.tra.gem *sf.* Julgamento feito por árbitro.

ar.bi.trar *vt.* Julgar como árbitro; decidir.

ar.bi.tra.ri.e.da.de *sf.* Despotismo; injustiça.

ar.bi.trá.rio *adj.* Caprichoso; despótico.

ar.bí.trio *sm.* Resolução dependente só da vontade; opinião; parecer.

ár.bi.tro *sm.* Juiz; modelo.

ar.bo.ri.za.do *adj.* Cheio de árvores.

ar.bus.to *sm.* Planta lenhosa, de menor tamanho que uma árvore.

ar.ca *sf.* Grande caixa; cofre.

ar.ca.da *sf.* Abóbada.

ar.cai.co *adj.* Muito antigo.

ar.ca.no *sm.* Que encerra mistério; oculto; cabalístico.

ar.ção *sm.* Parte superior da sela.

ar.car *vt.* Curvar; arquear; assumir a responsabilidade.

ar.ce.bis.po *sm.* Prelado superior a bispo.

ar.cho.te *sm.* Facho; tocha.

ar.co *sm.* Fragmento de círculo; arma para atirar flechas; curvatura.

ar.dên.cia *sm.* Ardor; veemência; impaciência.

ar.den.te *adj.* Que arde; vivo.

ar.der *vi.* Estar em chamas; inflamar-se; queimar-se.

ar.di.do *adj.* Picante; ousado.

ar.dil *sm.* Astúcia; estratagema; manha.

ar.di.lo.so *adj.* Astucioso.

ar.dor *sm.* Calor intenso; vivacidade; veemência.

ar.do.ro.so *adj.* Cheio de ardor; veemente.

ar.dó.sia *sf.* Pedra cinzento-escura ou azulada, empregada na construção de casas e móveis.

ár.duo *adj.* Penoso; áspero; difícil.

a.re *sm.* Unidade de medida agrária equivalente a 100 m^2.

á.rea *sf.* Medida de uma superfície; extensão de terreno; espaço.

a.re.a.do *adj.* Esfregado com areia.

a.re.al *sm.* Lugar de muita areia; praia.

a.re.ar *vt.* Cobrir com areia; polir, esfregar com areia ou outra substância abrasiva para que se torne brilhante.

a.rei.a *sf.* Pedra pulverizada que se acumula nas praias.

a.re.jar *vt.* Ventilar; expor ao ar; *vp.* espairecer.

a.re.na *sf.* Lugar de contenda; área central em circos, picadeiro.

a.ren.ga *sf.* Palavrório.

a.ren.gar *vt.* Dirigir arenga a.

a.re.no.so *adj.* Cheio de areia.

a.res.ta *sf.* Quina; saliência aguda.

a.res.to.so *adj.* Com arestas.

ar.fa.gem *sf.* Ondulação; palpitação.

ar.far *vi.* Balancear; oscilar; estar ofegante.

ar.ga.mas.sa *sf.* Reboco de areia, água, cal ou cimento.

ar.gen.tar *vt.* Pratear; embranquecer.

ar.gên.teo *adj.* Feito de, ou semelhante à prata.

ar.gi.la *sf.* Barro; greda.

ar.go.la *sf.* Aro de metal.

ar.gú.cia *sf.* Agudeza; sutileza; perspicácia.

ar.gu.ci.o.so *adj.* Que usa de argúcia.

ar.guei.ro *sm.* Partícula, grânulo, cisco.

ar.güi.ção *sf.* Argumentação; acusação; censura; exame.

ar.güir *vt.* Censurar; acusar; *vi.* argumentar; examinar interrogando.

ar.gu.men.ta.ção *sf.* Discussão; controvérsia.

ar.gu.men.tar *vi.* Servir-se de argumentos; raciocinar.

ar.gu.men.to *sm.* Raciocínio; prova; assunto.

ar.gu.to *adj.* Engenhoso; esperto; ativo.

á.ria *sf.* Peça melódica geralmente composta para uma única voz; cantiga; modinha.

a.ri.dez *sf.* Qualidade do que é árido; esterilidade; secura.

á.ri.do *adj.* Seco; estéril.

a.rí.e.te *sm.* Antiga máquina de guerra para derrubar muralhas.

a.ris.co *adj.* Esquivo; fugidio.

a.ris.to.cra.ci.a *sf.* A classe da nobreza.

a.ris.to.cra.ta *adj. e s.2g.* Nobre.

a.rit.man.ci.a *sf.* Adivinhação por meio de números.

a.rit.mé.ti.ca *sf.* Ciência dos números.

ar.le.quim *sm.* Personagem da antiga comédia italiana, de traje de losangos coloridos; bufão; palhaço.

ar.ma *sf.* Instrumento de ataque ou defesa; recurso; meio; trunfo.

ar.ma.ção *sf.* Tudo o que serve para armar; aparelho; estrutura.

ar.ma.da *sf.* Marinha de guerra.

ar.ma.di.lha *sf.* Cilada; laço.

ar.ma.men.to *sm.* Conjunto de armas.

ar.mar *vt.* Fornecer armamentos; maquinar; equipar.

ar.má.rio *sm.* Peça de mobília provida de prateleiras.

ar.ma.zém *sm.* Depósito de mercadorias; mercearia.

ar.ma.ze.nar *vt.* Pôr em armazém, em depósito.

ar.mei.ro *sm.* Pessoa que vende ou fabrica armas.

ar.men.to *sm.* Rebanho de gado.

ar.mis.tí.cio *sm.* Suspensão das hostilidades entre beligerantes devido a acordo, sem, contudo, pôr fim à guerra; trégua.

ar.mo.ri.al *sm.* Livro onde se registram os brasões e armas.

ar.ne.la *sf.* Resto de dente na gengiva.

ar.nês *sm.* Armadura; arreios de cavalo.

a.ro *sm.* Círculo de metal ou madeira; argola; anel.

a.ro.ma *sm.* Perfume; fragrância; essência odorífera.

a.ro.má.ti.co *adj.* Que tem bom aroma; odorífero.

a.ro.ma.ti.zan.te *adj.* Que aromatiza, perfuma.

a.ro.ma.ti.zar *vt.* Perfumar.

ar.pão *sm.* Fisga para pesca de peixes de grande porte.

ar.pe.ar *vt.* Fisgar com arpão.

ar.pe.jo *sm.* Acorde de sons sucessivos.

ar.po.ar *vt.* Cravar o arpão em; *fig.* seduzir.

ar.que.ar *vt.* Dar forma de arco; curvar; dobrar.

ar.quei.ro *sm.* Fabricante ou vendedor de arcos; aquele que atira com arcos; goleiro.

ar.que.jan.te *adj.* Ofegante.

ar.que.jar *vi.* Ofegar; respirar com dificuldade.

ar.que.o.lo.gi.a *sf.* Estudo da vida e cultura dos povos antigos.

ar.que.ó.lo.go *sm.* Cultor da arqueologia ou nela versado.

ar.qué.ti.po *sm.* Modelo; padrão; exemplar.

ar.qui.ban.ca.da *sf.* Assento com fila de cadeiras em ordem de plano cada vez mais elevado.

ar.qui.du.que *sm.* Título superior ao de duque.

ar.qui.e.pis.co.pal *adj.* Concernente ao arcebispo.

ar.qui.mi.li.o.ná.rio *adj.* Que é muitas vezes milionário.

ar.qui.pé.la.go *sm.* Grupo de ilhas pouco afastadas entre si.

ar.qui.te.tar *vt.* Traçar planos; maquinar.

ar.qui.te.to *sm.* Profissional de arquitetura.

ar.qui.te.tu.ra *sf.* Arte de edificar.

ar.qui.var *vt.* Guardar em arquivo; conservar.

ar.qui.vo *sm.* Lugar onde são guardados documentos.

ar.ra.bal.de *sm.* Subúrbio.

ar.rai.al *sm.* Acampamento; festa de romeiros; povoação menor que a vila.

ar.rai.ga.do *adj.* Enraizado; radicado; obstinado; aferrado.

ar.rai.gar *vt.* Fixar; enraizar; fazer durável, permanente; criar raízes, estabelecer-se em algum lugar; fixar moradia.

ar.ran.car *vt.* Extrair com violência; separar.

ar.ran.co *sm.* Puxão violento.

ar.ra.nha-céu *sm.* Edifício de grande altura.

ar.ra.nha.du.ra *sf.* Leve ferimento na epiderme.

ar.ra.nhão *sm.* Arranhadura.

ar.ra.nhar *vt.* Ferir com as unhas.

ar.ran.jar *vt.* Pôr em ordem; obter; preparar.

ar.ran.jo *sm.* Ordem; preparo.

ar.ra.sar *vt.* Demolir; destruir.

ar.ras.tão *sm.* Arrastamento violento; rede de pescaria.

ar.ras.ta-pé *sm.* Baile popular.

ar.ras.tar *vt.* Levar de rastos; puxar; atrair.

ar.ra.zo.ar *vt. e i.* Raciocinar; argumentar.

ar.re *interj.* Exprime enfado ou impaciência.

ar.re.ar *vt.* Pôr arreios; enfeitar; mobiliar.

ar.re.ba.nhar *vt.* Reunir em rebanho; recolher.

ar.re.ba.ta.dor *adj.* Encantador; que causa êxtase.

ar.re.ba.tar *vt.* Tirar com violência; elevar.

ar.re.ben.tar *vt.* Estourar.

ar.re.bi.tar *vt.* Revirar para cima; entortar.

ar.re.bi.te *sm*. Prego a que se revira o bico para cima.

ar.re.ca.da.ção *sf*. Cobrança.

ar.re.ca.dar *vt*. Cobrar; receber; guardar.

ar.re.da *interj*. Afaste-se!, suma!, saia daí!

ar.re.dar *vt*. Afastar; mandar para longe.

ar.re.di.o *adj*. Esquivo.

ar.re.don.dar *vt*. Dar forma redonda; completar.

ar.re.fe.cer *vt*. Fazer esfriar.

ar.re.fe.ci.men.to *sm*. Perda de calor; abrandamento.

ar.re.ga.çar *vt*. Puxar ou enrolar para cima.

ar.re.ga.lar *vt*. Abrir escancaradamente os olhos.

ar.re.ga.nhar *vt*. Mostrar os dentes em expressão de cólera ou riso.

ar.re.gi.men.tar *vt*. Alistar ou reunir em regimento; reunir ou associar em partido, bando, etc.

ar.rei.o *sm*. Guarnição de montaria ou de atrelagem.

ar.re.li.a *sf*. Zanga; alvoroto; azucrinação.

ar.re.li.ar *vt*. Irritar.

ar.re.ma.tar *vt*. Dar remate a; comprar em leilão.

ar.re.ma.te *sm*. Ato de arrematar; acabamento.

ar.re.me.dar *vt*. Imitar.

ar.re.me.do *sm*. Imitação.

ar.re.mes.sar *vt*. Atirar para longe, para fora.

ar.re.mes.so *sm*. Lanço; arrojo; investida.

ar.re.me.ter *vi*. Investir com violência; assaltar.

ar.re.me.ti.da *sf*. Investida; assalto; acometimento.

ar.ren.dar *vt*. Tomar de renda; guarnecer com rendas; *dir.* colocar alguma coisa para alugar.

ar.ren.da.tá.rio *sm*. Aquele que toma de arrendamento.

ar.re.ne.gar *vt*. Detestar; amaldiçoar; renegar.

ar.re.pe.lar *vt*. Puxar, arrancar (pêlos, penas, etc.).

ar.re.pen.der-se *vp*. Ter pesar; mudar de opinião.

ar.re.pen.di.men.to *sm*. Ato de arrepender-se; pesar do que se fez ou pensou; contrição.

ar.re.pi.ar *vt*. Causar arrepios em; *vp*. tremer com frio ou medo.

ar.re.pi.o *sm*. Calafrio.

ar.res.to *sm*. Apreensão judicial de bens ou objetos; embargo.

ar.re.ve.sa.do *adj*. Confuso.

ar.re.ve.sar *vt*. Pôr de revés; inverter; tornar obscuro.

ar.ri.ar *vt*. Abaixar; descer.

ar.ri.ba.ção *sf*. Ato de arribar; chegada de aves migratórias.

ar.ri.bar *vi*. Refugiar-se num porto durante um temporal (um navio); largar.

ar.ri.mar *vi*. Apoiar; amparar.

ar.ri.mo *sm*. Amparo; encosto.

ar.ris.ca.do *adj*. Perigoso.

ar.ris.car *vt*. Aventurar; pôr em jogo; *vp*. atrever-se.

ar.rit.mi.a *sf*. Falta de ritmo; irregularidade no ritmo das batidas cardíacas.

ar.ro.ba *sf*. Peso de 15 quilos.

ar.ro.char *vt*. Apertar muito.

ar.ro.cho *sm*. Pau para apertar cargas, fardos; situação difícil; dificuldade; apertura; dificuldade econômica.

ar.ro.gân.cia *sf*. Orgulho; insolência; altivez.

ar.ro.gan.te *adj*. Pretensioso; altivo; orgulhoso.

ar.roi.o *sm*. Regato, ribeiro.

ar.ro.jar *vt*. Lançar para longe; *vp*. atrever-se.

ar.ro.jo *sm*. Audácia; intrepidez; denodo.

ar.ro.lar *vt*. Pôr no rol; fazer inventário.

ar.ro.lhar *vt*. Fechar com rolha.

ar.rom.bar *vt*. Abrir violentamente; romper; abrir à força.

ar.ros.tar *vt*. Afrontar; encarar sem medo.

ar.ro.tar *vi*. Soltar arrotos.

ar.ro.te.ar *vt*. Cultivar (terreno inculto); roçar; educar, instruir.

ar.ro.to *sm*. Eructação gasosa feita pela boca.

ar.rou.bo *sm*. Êxtase; enlevo.

ar.roz *sm*. Planta gramínea cuja semente serve como alimento.

ar.ru.a.ça *sf*. Desordem de rua.

ar.ru.a.cei.ro *sm*. Desordeiro.

ar.ru.a.men.to *sm*. Divisão em ruas; ato de arruar.

ar.ru.ar *vt*. Dividir em ruas.

ar.ru.fo *sm*. Briga de namorados; agastamento, amuo.

ar.ru.gar *vt*. Enrugar.

ar.ru.i.nar *vt*. Estragar; *vp*. ficar na miséria.

ar.rui.va.do *adj*. De cor ruiva.

ar.ru.lhar *vi*. Imitar a voz dos pombos.

ar.ru.lho *sm*. Gemido ou canto de rola ou pombo; carícia.

ar.ru.ma.ção *sf*. Boa disposição; arranjo; acomodação.

ar.ru.ma.dei.ra *sf*. Criada de quarto.

ar.ru.mar *vt*. Colocar em boa disposição, em ordem.

ar.se.nal *sm*. Depósito de material bélico.

ar.te *sf*. Execução prática de uma idéia; profissão; habilidade.

ar.te.fa.to *sm*. Produção industrial; coisa artificial.

ar.tei.ro *adj*. Astuto; sagaz; manhoso; velhaco.

ar.te.lho *sm*. Tornozelo; *pop.* dedo do pé.

ar.te.má.gi.co *sm*. Feiticeiro.

ar.té.ria *sf*. Vaso que conduz o sangue do coração a todas as partes do corpo; via de comunicação.

ar.te.ri.os.cle.ro.se *sf*. Endurecimento das paredes arteriais.

ar.te.sa.na.to *sm*. Obra de artesão.

ar.te.são *sm*. Indivíduo que se dedica a ofício manual; artífice.

ar.te.si.a.no *adj.* Diz-se do poço cuja água provém de lençol subterrâneo e que jorra com muita força.

ár.ti.co *adj.* Do Norte; boreal.

ar.ti.cu.la.ção *sf.* Juntura de dois ou mais ossos; pronúncia distinta das palavras.

ar.ti.cu.lar *vt.* Unir pelas articulações; pronunciar.

ar.ti.cu.lis.ta *sm.* Autor de artigos de jornal.

ar.tí.fi.ce *sm.* Artista; operário.

ar.ti.fi.ci.al *adj.* Não natural; postiço; falso.

ar.ti.fí.cio *sm.* Astúcia; recurso engenhoso.

ar.ti.go *sm.* Escrito de jornal; matéria; assunto; *Gram.* palavra que precede e determina o substantivo indicando seu gênero e número.

ar.ti.lha.ri.a *sf.* Tropa de artilheiros; uma das armas do Exército.

ar.ti.lhei.ro *sm.* Soldado de artilharia; *Fut.* jogador que marca a maioria dos gols de uma equipe, campeonato ou partida.

ar.ti.ma.nha *sf.* Artifício; astúcia; trapaça.

ar.tis.ta *s.2g.* Cultor de alguma arte; artífice.

ar.tís.ti.co *adj.* Referente às artes; feito com arte.

ar.trí.ti.co *adj.* Reumático.

ar.vo.rar *vt.* Arborizar; pôr a prumo; hastear; içar.

ár.vo.re *sf.* Grande vegetal lenhoso; eixo.

ar.vo.re.do *sm.* Grupo compacto de árvores; bosque.

ás *sm.* Carta de baralho; campeão; pessoa importante.

a.sa *sf.* Membro com que as aves e os insetos voam.

a.sa-del.ta *sf.* Armação triangular, coberta de tecido, na qual se apóia o praticante de vôo livre.

as.bes.to *sm.* Mineral fibroso incombustível.

as.cen.dên.cia *sf.* Superioridade; genealogia; subida.

as.cen.den.te *s.2g.* De quem se descende; antepassado.

as.cen.der *vi.* Subir; elevar-se; ser promovido.

as.cen.são *sf.* Subida; promoção; festa cristã.

as.cen.sor *sm.* Elevador.

as.cen.so.ris.ta *sm.* Encarregado da manobra do elevador.

as.ce.ta *s.2g.* Místico; penitente.

as.ce.tis.mo *sm.* Doutrina pela qual se aperfeiçoa a alma por meio de orações, meditação e penitência.

as.co *sm.* Aversão; repugnância; náusea; nojo.

as.fal.to *sm.* Variedade de betume.

as.fi.xi.a *sf.* Falta de ar; sufocação.

as.fi.xi.ar *vt.* Sufocar.

a.si.á.ti.co *adj.* Da Ásia.

a.si.lar *vt.* Dar asilo a.

a.si.lo *sm.* Instituição assistencial que abriga idosos, indigentes, crianças desamparadas ou doentes incuráveis; proteção.

as.ne.ar *vi.* Fazer asneiras.

as.nei.ra *sf.* Coisa de asno; disparate; tolice.

as.nei.ren.to *adj.* Reincidente no dizer ou fazer asneiras.

as.no *sm.* Burro; jumento; estúpido.

as.pa *sf.* Instrumento de suplício em forma de X; *pl.* vírgulas dobradas (").

as.par *vt.* Crucificar na aspa; pôr entre aspas.

as.pec.to *sm.* Aparência; ponto de vista; presença.

as.pe.re.za *sf.* Dureza; severidade; rigor; austeridade.

as.per.gir *vt.* Borrifar; respingar; salpicar.

ás.pe.ro *adj.* Rugoso; azedo; ríspido.

as.per.são *sf.* Ação de aspergir; borrifo; respingo.

as.pi.ra.ção *sf.* Inalação; ambição; ideal; desejo.

as.pi.ran.te *adj.* Que aspira; *s.2g.* pretendente.

as.pi.rar *vt.* Absorver; desejar ardentemente.

as.que.ro.so *adj.* Repugnante.

as.sa.car *vt.* Atribuir caluniosamente; imputar.

as.sa.do *adj.* Que se assou; *sm.* carne que assou.

as.sa.du.ra *sf.* Pedaço de carne assada; queimadura.

as.sa.la.ri.ar *vt.* Dar salário a.

as.sal.tar *vt.* Investir com ímpeto; atacar; ocorrer a.

as.sal.to *sm.* Ataque impetuoso.

as.sa.nha.do *adj.* Furioso; zangado; metediço; irrequieto.

as.sa.nhar *vt.* Enfurecer; irritar; excitar.

as.sar *vt.* Queimar; crestar; preparar alimento ao calor do fogo.

as.sas.si.nar *vt.* Matar; extinguir; destruir; aniquilar.

as.sas.si.na.to *sm.* Assassínio.

as.sas.sí.nio *sm.* Homicídio.

as.sas.si.no *sm.* Indivíduo que assassina, mata alguém.

as.saz *adv.* Bastante; muito.

as.se.a.do *adj.* Limpo; que tem asseio.

as.se.di.ar *vt.* Sitiar; perseguir; importunar, molestar.

as.sé.dio *sm.* Cerco; sítio; *fig.* insistência importuna (com perguntas, propostas, etc.).

as.se.gu.rar *vt.* Garantir; asseverar; afirmar.

as.sei.o *sm.* Limpeza.

as.sem.bléi.a *sf.* Congresso.

as.se.me.lhar *vt.* Imitar; parecer, semelhar; assimilar.

as.se.nho.re.ar-se *vp.* Apossar-se; apoderar-se; *vt.* dominar como senhor ou dono.

as.sen.ta.men.to *sm.* Registro.

as.sen.tar *vt.* Pôr em assento; registrar; concordar; instalar; ajustar; ficar bem.

as.sen.te *adj.* Estabelecido; determinado; resolvido.

as.sen.tir *vi.* Consentir; aprovar; concordar; anuir.

as.sen.to *sm.* Lugar em que se senta; base; apoio.

as.ser.ção *sf.* Afirmação.

as.ses.sor *sm.* Assistente.

as.ses.so.rar *vt.* Auxiliar tecnicamente.

as.ses.so.ri.a *sf.* Cargo ou função de assessor.

as.ses.tar *vt.* Fazer pontaria.

as.se.ve.ra.ção *sf.* Afirmação.

as.se.ve.rar *vt.* Afirmar com certeza; certificar.

as.si.du.i.da.de *sf.* Freqüência.

as.sí.duo *adj.* Freqüente.

as.sim *adv.* Deste modo.

as.si.me.tri.a *sf.* Falta de simetria, de proporção.

as.si.mé.tri.co *adj.* Sem simetria.

as.si.mi.la.ção *sf.* Absorção.

as.si.mi.lar *vt.* Compenetrar-se de; apreender, aprender; produzir a assimilação de; assemelhar.

as.si.na.lar *vt.* Marcar com sinal; apontar; indicar.

as.si.nan.te *adj.* Que assina; *s.2g.* subscritor.

as.si.nar *vt.* Pôr assinatura em; firmar; assinalar; apontar, indicar; aprazar; ser assinante de.

as.si.sa.do *adj.* Ajuizado.

as.sis.tên.cia *sf.* Ato ou efeito de assistir; corpo de assistentes; proteção, arrimo; auxílio; socorro médico; ambulância; hospital de pronto-socorro..

as.sis.ten.te *adj.* Que assiste; *s.2g.* pessoa que dá assistência a um doente; auxiliar (de médico, professor, etc.); ouvinte; espectador.

as.sis.tir *vt.* Comparecer; estar presente; ver; testemunhar; notar; residir, morar; estar; permanecer; auxiliar, ajudar; socorrer; assessorar.

as.so.a.lhar *vt.* Cobrir de soalho; expor ao sol.

as.so.a.lho *sm.* Soalho; piso.

as.so.ar *vt.* Limpar o nariz; *vp.* limpar-se do muco nasal.

as.so.ber.bar *vt.* Tratar com soberba; humilhar; dominar; sobrecarregar de serviço.

as.so.bi.ar ou **as.so.vi.ar** *vi.* Silvar; apitar; escarnecer; vaiar.

as.so.bi.o ou **as.so.vi.o** *sm.* Apito; silvo.

as.so.ci.a.ção *sf.* Sociedade; ato de associar.

as.so.ci.a.do *sm.* Sócio; *adj.* que se associou.

as.so.ci.ar *vt.* e *p.* Juntar(-se); agrega(-se)r; reunir(-se) em sociedade.

as.so.lar *vt.* Devastar; arrasar.

as.so.mar *vt.* Atingir o cume; surgir ao alto; mostrar-se, aparecer; revelar-se.

as.som.bra.ção *sf.* Fantasma; aparição.

as.som.brar *vt.* Cobrir de sombra; espantar; pasmar; *intr.* causar assombro, admiração; atemorizar.

as.som.bro *sm.* Espanto; maravilha; admiração; terror.

as.som.bro.so *adj.* Que causa assombro; admirável.

as.so.prar *vt. d.* e *i.* e *intr.* Soprar.

as.so.re.ar *vt.* Encher com areia (rios, praias, etc.).

as.su.a.da *sf.* Reunião de gente armada para promover desordem; motim; arruaça; gritaria; vozerio; vaia.

as.su.ar *vt.* Vaiar.

as.su.mir *vt.* Tomar para si; entrar no exercício de; adotar; tomar; ostentar; vir a ter; atingir; tomar.

as.sun.ção *sf.* Ato ou efeito de assumir; galgar a um cargo ou dignidade mais elevada; *Rel.* subida do corpo e da alma da Virgem Maria ao céu; festa católica correspondente a essa data (15 de agosto).

as.sun.tar *vi.* Observar, prestar atenção a; espreitar.

as.sun.to *sm.* Matéria tratada; argumento; objeto; tema.

as.sus.ta.dor *adj.* Que infunde terror; alarmante.

as.sus.tar *vt.* Intimidar; amedrontar; sobressaltar.

as.te.ris.co *sm.* Sinal gráfico empregado para remissão (*); para substituir nome que não se pode ou quer revelar (***); e para a separação de períodos (***).

as.tral *adj.* Sideral, relativo aos astros; que depende dos astros; *sm.* segundo a teosofia, plano intermediário entre o físico e o espiritual; *fig.* estado de espírito (alto-astral, baixo-astral).

as.tro *sm.* Nome dado a qualquer corpo celeste; *fig.* ator de cinema.

as.tro.lo.gi.a *sf.* Arte de adivinhar o futuro pelos astros.

as.tro.ló.gi.co *adj.* Concernente à astrologia.

as.tró.lo.go *sm.* Indivíduo versado em astrologia.

as.tro.nau.ta *s.2g.* Pessoa que pilota, navega ou viaja de astronave; navegador do espaço.

as.tro.náu.ti.ca *sf.* Ciência que trata da construção e manobra de veículos destinados a viagens interplanetárias; navegação no espaço.

as.tro.na.ve *sf.* Cosmonave; veículo tripulado destinado a viagens interplanetárias.

as.tro.no.mi.a *sf.* Ciência do movimento e constituição dos astros.

as.tro.nô.mi.co *adj.* Relativo à astronomia; *fig.* muito elevado (preço, quantia).

as.trô.no.mo *sm.* Indivíduo que professa a astronomia.

as.tú.cia *sf.* Esperteza; perícia em enganar; artifício.

as.tu.ci.o.so *adj.* Manhoso; arteiro; sagaz; espertalhão.

a.ta.ca.dis.ta *s.2g.* Negociante por atacado.

a.ta.can.te *adj.* Que ataca; *s.2g.* pessoa que ataca; *fut.* jogador da linha de ataque.

a.ta.car *vt.* Investir; agredir.

a.ta.do *sm.* Embrulho; trouxa; *adj.* ligado; preso; tolhido.

a.ta.du.ra *sf.* Ligadura; atilho.

a.ta.lai.a *sf.* Sentinela; posto de observação.

a.ta.lhar *vt.* Encurtar caminho; interromper.

a.ta.lho *sm.* Caminho que se desvia da estrada comum.

a.ta.pe.tar *vt.* Cobrir com tapetes; alcatifar.

a.**ta**.que *sm.* Investida; assalto; agressão.

a.**tar** *vt.* Apertar com nó; amarrar; ligar; unir.

a.ta.**ran**.*tar* *vt.* Estontear.

a.ta.re.**far** *vt.* Dar tarefa a; sobrecarregar de tarefas.

a.ta.**ú**.de *sm.* Esquife; caixão.

a.ta.vi.**ar** *vt.* Adornar; enfeitar.

a.**tá**.vi.co *adj.* Herdado ou transmitido por atavismo.

a.ta.**vis**.mo *sm.* Semelhança com avoengos; hereditariedade.

a.**té** *adv.* Ainda, mesmo; também; *prep.* indica termo, prazo.

a.te.**ar** *vt.* Pôr fogo; incendiar; queimar.

a.te.**ís**.mo *sm.* Descrença na existência de Deus.

a.te.li.**ê** *sm.* Oficina de pintor, escultor, fotógrafo, etc.

a.te.mo.ri.**zar** *vt.* Assustar; *vp.* sentir medo.

a.ten.**ção** *sf.* Cuidado; estudo; consideração; cortesia.

a.ten.**der** *vt.* Dar atenção a; escutar; considerar.

a.ten.**ta**.do *sm.* Ato criminoso.

a.ten.**tar** *vt.* Reparar em; considerar; perpetrar (atentado).

a.**ten**.to *adj.* Que presta atenção; aplicado.

a.te.nu.**an**.te *adj.* Que atenua; *sf.* circunstância atenuante.

a.te.nu.**ar** *vt.* Tornar tênue; diminuir; adelgaçar; enfraquecer.

a.**ter** *vt.* Fazer parar, deter; *vp.* Encostar-se em; acostar-se a; prender-se; apoiar-se; fiar-se.

a.ter.ra.**dor** *adj.* Que causa terror.

a.ter.**rar** *vt.* Causar terror a; encher de terra.

a.ter.**ris**.sar *v. int.* Descer à terra (avião, helicóptero).

a.**ter**.ro *sm.* Terra acumulada num terreno; lugar que se aterrou.

a.ter.ro.ri.**zar** *vt.* Infundir terror.

a.tes.**ta**.do *sm.* Declaração idônea sobre qualquer fato.

a.tes.**tar** *vt.* Passar atestado; testemunhar.

a.**teu** *sm.* Pessoa que não crê em Deus; descrente.

a.ti.**çar** *vt.* Atear (fogo); provocar; incitar.

a.ti.**lar** *vt.* Executar com cuidado; aprimorar; tornar vivo, esperto.

a.**ti**.lho *sm.* Barbante; cordel.

á.ti.mo *el. da loc. adv. num átimo:* num instante.

a.ti.**nar** *vt.* e *i.* Achar pelo tino; acertar; dar com.

a.tin.**gir** *vt.* Chegar a; alcançar; conseguir; perceber.

a.ti.ra.**dei**.ra *sf.* Estilingue.

a.ti.**rar** *vt.* Arremessar; *vi.* dar tiros; ser ousado.

a.ti.**tu**.de *sf.* Posição; situação; ar; propósito; postura.

a.ti.**var** *vt.* Dar atividade; impulsionar; tornar mais intenso.

a.ti.vi.**da**.de *sf.* Vivacidade; conjunto de tarefas; cargo, função.

a.**ti**.vo *adj.* Diligente; vivo; *sm.* conjunto de bens e crédito que constituem o patrimônio de uma empresa comercial ou industrial; capital em circulação.

a.tlas *sm.* Coleção de cartas geográficas.

a.**tle**.ta *sm.* Pessoa que pratica esportes; pessoa forte, musculosa.

a.**tlé**.ti.co *adj.* Relativo a atleta; forte; vigoroso.

at.mos.**fe**.ra *sf.* Camada fluida que envolve a Terra.

a.to *sm.* Ação; obra; parte de uma peça teatral.

à-**to**.a *adj.* Impensado; irrefletido; sem préstimo; inútil; que não exige trabalho ou esforço; fácil; desprezível; abjeto; vil; insignificante; sem importância; de nada; de vida fácil; perdido.

a.to.a.**lhar** *vt.* Cobrir com toalhas; dar forma de toalha.

a.to.**char** *vt.* Apertar; encher à força; atulhar.

a.to.**lar** *vt.* e *i.* Meter ou afundar em atoleiro.

a.to.**lei**.ro *sm.* Lamaçal; lodaçal; aguaçal; charco.

a.**tô**.mi.co *adj.* Referente a átomos; forte; portentoso.

á.to.mo *sm.* Partícula mínima de qualquer coisa.

a.to.**ni**.a *sf.* Fraqueza geral dos órgãos; enfraquecimento.

a.**tô**.ni.to *adj.* Estupefato; pasmado; espantado.

á.to.no *adj.* Não acentuado.

a.**tor** *sm.* Artista.

a.tor.do.**ar** *vt.* Estontear; causar vertigem.

a.tor.men.**tar** *vt.* Mortificar.

a.tra.**ção** *sf.* Ato de atrair; simpatia fascínio; propensão; distração, divertimento; pessoa ou coisa que causa grande interesse.

a.tra.**car** *vt.* Amarrar um navio ao cais; agarrar-se a.

a.tra.**en**.te *adj.* Que atrai; agradável; fascinante.

a.trai.ço.**ar** *vt.* Ser infiel; denunciar; trair.

a.tra.**ir** *vt.* Arrastar para si; persuadir; seduzir.

a.tra.pa.**lhar** *vt.* Provocar confusão; embaraçar.

a.**trás** *adv.* Detrás; anteriormente.

a.tra.**sar** *vt.* Retardar; *vp.* ficar para trás.

a.**tra**.so *sm.* Demora; retardamento.

a.tra.**ti**.vo *sm.* Sedução; isca; incentivo estímulo.

a.tra.van.**car** *vt.* Obstruir.

a.tra.**vés** *adv.* De lado a lado.

a.tra.ves.**sa**.do *adj.* Posto de través; cruzado; trespassado.

a.tra.ves.**sar** *vt.* Passar através de; cruzar; trespassar.

a.tre.**lar** *vt.* Pôr trelas; prender animais a veículos.

a.tre.**ver**-se *vp.* Ousar.

a.tre.vi.**men**.to *sm.* Ousadia; arrojo; audácia.

a.tri.bu.i.**ção** *sf.* Ato de atribuir; prerrogativa; competência; *pl.* direitos; prerrogativas; poderes.

a.tri.bu.**ir** *vt.* Considerar como origem ou causa, considerar como autor, imputar; dar, conceder; arrogar; lançar.

a.tri.bu.lar vt. Inquietar; afligir; martirizar.

a.tri.bu.to sm. Predicado; qualidade própria.

á.trio sm. Pátio; saguão.

a.tri.to sm. Fricção entre dois corpos; desinteligência.

a.tro.ar vt. Fazer tremer com estrondo; int. retumbar; trovejar.

a.tro.a.da sf. Estrondo.

a.tro.ci.da.de sf. Crueldade.

a.tro.fi.a sf. Emagrecimento gradual; degenerescência, depauperamento.

a.tro.fi.ar vt. Causar atrofia.

a.tro.pe.lar vt. Lançar por terra, fazer cair, derrubar; dar encontrão violento em; desprezar, preterir; torturar, afligir.

a.tro.pe.lo sm. Precipitação.

a.troz adj. Cruel; desumano.

a.tu.a.ção sf. Desempenho.

a.tu.al adj. Que existe no presente; hodierno; moderno.

a.tu.a.li.zar vt. Tornar atual.

a.tu.ar vt. Exercer atividade influir; vi. agir.

a.tu.lhar vt. Encher até o cimo; obstruir.

a.tu.ra.do adj. Continuado; perseverante, suportado.

a.tu.rar vt. Suportar; agüentar; sustentar; persistir.

a.tur.dir vt. Perturbar; causar espanto; surpreender.

au.dá.cia sf. Ousadia; coragem.

au.daz adj. Audacioso.

au.di.ção sf. Percepção de som; concerto musical.

au.di.ên.cia sf. Entrevista; sessão de tribunal; conjunto de ouvintes.

au.di.ti.vo adj. Referente ao ouvido; ótico.

au.di.tor sm. O que ouve; ouvidor judicial; perito encarregado de examinar contas.

au.di.to.ri.a sf. Cargo de auditor; exercício da função pericial de auditor.

au.di.tó.rio sm. Recinto onde os ouvintes se reúnem.

au.dí.vel adj. Que se ouve.

au.fe.rir vt. Obter; tirar.

au.ge sm. O grau mais elevado.

au.gu.rar vt. Pressagiar.

áu.gu.re sm. Adivinho; profeta.

au.gú.rio sm. Agouro.

au.la sf. Lição, preleção.

au.men.tar vt. Tornar maior em número, extensão, etc.; ampliar, fazer parecer maior; acrescentar; agravar; adicionar.

au.men.ta.ti.vo adj. Que aumenta; sm. grau que indica tamanho maior ou qualidade intensificada.

áu.reo adj. De ouro.

au.rí.cu.la sf. Pavilhão de ouvido, orelha; cada uma da cavidades superiores do coração.

au.ro.ra sf. Claridade que antecede o nascer do sol; fig. juventude; início.

aus.cul.tar vt. Aplicar o ouvido ao peito e costas para escutar ruídos, com fins de diagnóstico.

au.sên.cia sf. Falta; carência.

au.sen.tar-se vp. Afastar-se, sair, retirar-se.

au.sen.te adj. Não presente; s.2g. pessoa que se ausentou; omisso.

aus.pi.ci.ar vt. Predizer.

aus.pí.cio sm. Profecia; patrocínio.

aus.pi.ci.o.so adj. Promissor.

aus.te.ri.da.de sf. Severidade; rigidez de caráter.

aus.te.ro adj. Severo; rígido; rigoroso.

aus.tral adj. Do lado do Sul.

aus.tro sm. O vento sul.

au.tar.qui.a sf. Independência de poder; poder absoluto; governo de um Estado pelos seus concidadãos; entidade autônoma, auxiliar e descentralizada da administração pública, sujeita à fiscalização e tutela do Estado, com patrimônio constituído de recursos próprios e cujo fim é executar serviços de caráter estatal ou interessantes à coletividade, p. ex., caixas econômicas.

au.ten.ti.car vt. Tornar autêntico; legalizar.

au.tên.ti.co adj. Merecedor de fé; verdadeiro; legalizado.

au.to sm. Ato público; solenidade; peça teatral, em geral dramática, oriunda da Idade Média; f. red. de automóvel; pl. Jur. conjunto das peças de um processo.

au.to.bi.o.gra.fi.a sf. História de alguém, escrita por ele mesmo.

au.to.cla.ve sf. Aparelho usado para esterilização, cozimento, indução de reações químicas que requerem temperaturas acima do ponto normal de ebulição das substâncias, sem que se dê ebulição.

au.tóc.to.ne adj. e sm. Indígena.

au.to.de.ter.mi.na.ção sf. Polít. Direito de um país decidir o próprio destino político, sem interferência externa.

au.to.di.da.ta s.2g. Indivíduo que aprendeu sozinho.

au.tó.dro.mo sm. Pista para corridas de automóvel.

au.to-es.tra.da sf. Estrada para veículos automóveis; autopista.

au.tó.gra.fo sm. Escrito do próprio autor; assinatura de pessoa notável.

au.to.ma.ção sf. Sistema automático de controle, sem a interferência do homem.

au.to.má.ti.co adj. De, ou próprio de autômato; maquinal.

au.to.ma.tis.mo sm. Ausência de vontade própria; movimento maquinal.

au.to.ma.ti.za.ção sf. Substituição de operários por máquinas que lhes imitem os movimentos.

au.tô.ma.to sm. Boneco mecânico que imita ações humanas; bonifrate; fantoche.

au.to.mo.bi.lis.mo sm. Prática de esporte com automóveis.

au.to.mó.vel adj. Que se move por si; sm. veículo que se move mecanicamente.
au.to.no.mi.a sf. Independência; governo de si mesmo.
au.tô.no.mo adj. Governado por leis próprias; livre; sm. trabalhador autônomo.
au.tóp.sia sf. Exame de cadáver, para estudo médico ou conclusões judiciais, necropsia.
au.tor sm. Escritor; inventor; causador.
au.to.ri.da.de sf. Poder; domínio; prestígio.
au.to.ri.tá.rio adj. Que tem caráter de autoridade; arrogante; despótico.
au.to.ri.zar vt. Dar autoridade; permitir.
au.tu.ar vt. Processar; lavrar auto de multa ou apreensão.
au.xi.li.ar vt. Ajudar; adj. que auxilia; s.2g. ajudante.
au.xí.lio sm. Ajuda; socorro; assistência.
a.va.ca.lha.ção sf. bras. Desmoralização; relaxamento.
a.va.ca.lhar vt. bras. Desmoralizar.
a.val sm. Garantia; apoio.
a.va.lan.cha ou **a.va.lan.che** sf. Massa de neve que rola das montanhas; invasão de gente.
a.va.li.a.ção sf. Apreciação; estima; cálculo.
a.va.li.ar vt. Estimar a valia; fazer idéia de.
a.va.lis.ta sm. Fiador.
a.va.li.zar vt. Afiançar; ser fiador; abonar.
a.van.ça.da sf. Investida; acometida.
a.van.çar vt. e i. Marchar com ímpeto; progredir.
a.van.ço sm. Adiantamento; vantagem; dianteira.
a.van.ta.jar-se vp. Ser superior; sobressair; exceder.
a.van.te adv. Adiante; por diante; interj. para frente.
a.va.ren.to adj. Sovina.
a.va.re.za sf. Apego desmedido a dinheiro; sovinice.

a.va.ri.a sf. Dano sofrido por navio ou sua carga; estrago; dano.
a.va.ri.ar vt. Causar avaria; vp. sofrer avaria.
a.va.ro adj. Avarento; pão-duro.
a.vas.sa.la.dor adj. Dominador.
a.vas.sa.lar vt. Dominar; vp. tornar-se vassalo.
a.ve sf. Animal vertebrado possuidor de asas, pele recoberta de penas; boca prolongada em bico e sem dentes, pulmões com sacos aéreos e ovíparo; interj. salve!
a.ve.lhen.tar vt. Fazer envelhecer antes do tempo.
a.ve.lu.dar vt. Dar aparência de veludo; amaciar.
a.ven.ça sf. Pacto; ajuste; combinação.
a.ve.ni.da sf. Rua larga e arborizada; alameda.
a.ven.tal sm. Peça de tecido, couro ou plástico usada para resguardar a roupa.
a.ven.tar vt. Expor ao vento; ventilar; lembrar; sugerir.
a.ven.tu.ra sf. Sucesso imprevisto; perigo; risco; acaso; sorte; experiência amorosa fortuita.
a.ven.tu.rar vt. arriscar; expor ao acaso; vp. arriscar-se; lançar-se à aventura.
a.ven.tu.rei.ro sm. O que busca aventuras; explorador; adj. que gosta de aventuras.
a.ver.bar vt. Registrar; arrolar; increpar.
a.ve.ri.guar vt. Verificar; investigar; informar-se de.
a.ver.me.lhar vt. Tornar vermelho ou um pouco vermelho.
a.ver.são sf. Antipatia.
a.ves.so adj. Contrário; sm. lado oposto ao direito.
a.vi.a.ção sf. Navegação aérea.
a.vi.a.dor sm. Piloto de avião.
a.vi.a.men.to sm. Execução; pl. miudezas usadas no acabamento de uma costura ou bordado.

a.vi.ão sm. Aparelho mais pesado que o ar usado em navegação aérea: helicópteros, aeroplanos, etc..
a.vi.ar vt. Executar; despachar.
a.vi.á.rio sm. Viveiro de aves; adj. referente a aves.
a.vi.cul.tor sm. Criador de aves.
a.vi.dez sf. Sofreguidão; cobiça.
á.vi.do adj. Sequioso; sôfrego.
a.vil.ta.do adj. Humilhado; abatido; envilecido.
a.vil.tar vt. Tornar vil; envilecer; vilipendiar.
a.vin.do adj. Concorde; ajustado; combinado.
a.vir vt. Conciliar; concordar; vp. entender-se.
a.vi.sa.do adj. Prevenido; prudente; ajuizado; precavido.
a.vi.sar vt. Prevenir; vp. acautelar-se.
a.vi.so sm. Notícia; conselho; advertência.
a.vis.tar vt. Ver ao longe; vp. ver-se mutuamente.
a.vi.var vt. Animar; entusiasmar; excitar.
a.vi.zi.nhar vt. Aproximar; vp. chegar mais perto.
a.vó sf. A mãe do pai ou da mãe.
a.vô sm. O pai do pai ou da mãe.
a.vós sm. pl. Ascendentes, antepassados.
a.vo.en.go adj. Relativo aos avós, aos antepassados.
a.vo.lu.mar vt. Aumentar o volume de; vp. tornar-se volumoso.
a.vul.são sf. Extração violenta; arranco.
a.vul.so adj. Arrancado à força; separado; solto.
a.vul.tar vt. Dar vulto; sobressair; aumentar.
a.xi.al adj. Relativo ao eixo.
a.xi.la sf. Cavidade na parte inferior da junção do braço ao tronco; sovaco.
a.xi.o.ma sm. Proposição evidente; provérbio; máxima; anexim.

a.xi.o.má.ti.co *adj.* Evidente; incontestável.

az *sm.* Ala do exército.

a.zá.fa.ma *sf.* Muita pressa.

a.za.fa.mar *vt.* Dar pressa; alvoroçar; apressurar.

a.za.gai.a *sf.* Lança curta de arremesso; zagaia.

a.zar *sm.* Sorte adversa; infortúnio.

a.za.ra.do *adj.* Abandonado pela sorte; azarento.

a.za.rar *vt.* Dar azar; ter insucesso.

a.ze.dar *vt.* Tornar azedo.

a.ze.do *adj.* De sabor ácido; que tem azedume.

a.ze.du.me *sm.* Acidez; *fig.* irritação, exasperação.

a.zei.te *sm.* Óleo de azeitona; óleo extraído de outras frutas, de certas plantas ou da gordura de certos animais.

a.zei.to.na *sf.* Fruto da oliveira.

a.ze.nha *sf.* Moinho acionado por água.

a.zi.a *sf.* Azedume e ardor do estômago; pirose.

a.zi.a.go *adj.* De mau presságio.

á.zi.mo *adj.* Sem fermento.

a.zo *sm.* Ensejo; ocasião; jeito.

a.zoi.nar *vt.* Estontear; importunar; aborrecer.

a.zor.ra.gue *sm.* Chicote; açoite.

a.zou.gar *vt.* Misturar com azougue; amalgamar.

a.zou.gue *sm.* Nome comum do mercúrio; indivíduo vivo, esperto.

a.zu.cri.nar *vt.* Apoquentar; molestar; importunar.

a.zul *sm.* A cor azul; *adj.* da cor do céu sem nuvens.

a.zu.lar *vt.* Dar cor azul a; *vi.* desaparecer; fugir.

a.zu.le.jo *sm.* Ladrilho, vidrado, liso ou em relevo.

a.zum.bra.do *adj.* Um tanto corcovado, curvado.

a.zur.rar *vi.* Zurrar; ornejar.

b *sm.* Segunda letra do alfabeto, primeira consoante.

BA Sigla do Estado da Bahia.

ba.ba *sf.* Saliva; mucosidade de certos animais; espuma.

ba.bá *sf.* Ama-seca.

ba.ba.do *adj.* Cheio de baba; *fam.* apaixonado; *sm.* Tira em pregas para guarnição de saias, cortinas, etc.

ba.ba.dor *sm.* Peça de pano ou borracha que se ata ao pescoço das crianças para evitar que molhem ou sujem a roupa com baba ou comida.

ba.bar *vt.* Molhar com baba.

ba.bel *sf.* Algazarra; gritaria; confusão; balbúrdia.

ba.bo.sei.ra *sf.* Palavra ou expressão de baboso; tolice; disparate.

ba.bu.gem *sf.* Baba; espuma suja que se forma na superfície da água.

ba.bu.jar *vt.* Babar; sujar de baba ou babugem.

ba.ca.lhau *sm.* Peixe dos mares do Norte, cuja carne seca e salgada é muito utilizada em culinária.

ba.ca.nal *sf.* Orgia; libertinagem.

ba.ca.rá *sm.* Cristal lavrado; jogo de cartas.

ba.cen.to *adj.* Embaciado; fosco; baço.

ba.cha.rel *sm.* Pessoa formada em Direito; *p. ext.* pessoa formada em outras ciências; falador, tagarela.

ba.cha.re.la.do *sm.* Grau de bacharel.

ba.cha.re.lan.do *sm.* Aquele que vai colar grau de bacharel.

ba.cha.re.lar *vi.* Tagarelar; *vp.* colar grau de bacharel.

ba.ci.a *sf.* Vaso redondo e largo, usado em lavagens; depressão de terreno rodeada de montes.

ba.ci.lo *sm.* Bactéria em forma de bastonete; micróbio.

ba.ço *adj.* Embaciado; que tem pouco ou nenhum brilho; *sm.* víscera glandular.

bac.té.ria *sf.* Microrganismo unicelular.

bac.te.ri.ci.da *adj. 2g.* Que destrói bactérias.

bac.te.ri.o.lo.gi.a *sf.* Microbiologia.

ba.da.lar *vi.* Dar badaladas; *bras.* bajular.

ba.da.lo *sm.* Peça de metal, com ponta em bola, posta no interior do sino e que se destina a fazê-lo soar.

ba.der.na *sf.* Grupo de rapazes; súcia, corja; pândega; desordem.

ba.du.la.que *sm.* Guisado de miúdos; berloque; penduricalho.

ba.e.ta *sf.* Tecido grosso de lã.

ba.fa.fá *sm.* Tumulto; confusão.

ba.fa.gem *sf.* Aragem; bafejo.

ba.fe.ja.do *adj.* Protegido; inspirado.

ba.fe.jar *vt.* Aquecer com o bafo; acalentar; incitar; incentivar; favorecer; proteger; inspirar.

ba.fe.jo *sm.* Leve sopro; proteção; inspiração.

ba.fo *sm.* Hálito; bafejo.

ba.fo.ra.da *sf.* Expiração de mau hálito; emanação de fumaça de cigarro, cachimbo, etc.

ba.fo.rar *vt.* Expelir o bafo; soltar fumaça; *int.* vangloriar-se.

ba.ga *sf.* Fruto carnoso; pingo de suor.

ba.ga.cei.ra *sf.* Tulha onde se junta o bagaço da uva; aguardente do bagaço da uva.

ba.ga.ço *sm.* Resíduo de frutos e outros vegetais depois de retirado o suco; coisa velha e surrada.

ba.ga.gei.ro *sm.* Condutor de bagagem; lugar onde são colocadas bagagens; carro de bagagens.

ba.ga.gem *sf.* Conjunto de objetos de uso pessoal que o viajante leva consigo em malas; equipagem; soma de conhecimentos.

ba.ga.te.la *sf.* Trivialidade; coisa sem importância.

ba.go *sm.* Baga de uva; grão de chumbo.

ba.gue.te *sf.* Tipo de pão francês longo e fino.

ba.gun.ça *sf.* Desordem; desorganização; confusão.

ba.gun.cei.ro *sm.* Aquele que promove bagunça.

bai.a *sf.* Boxe para o qual se recolhe o cavalo.

ba.í.a *sf.* Pequeno golfo, de entrada estreita, que se alarga para o interior.

bai.la.do *sm.* Qualquer dança.

bai.lar *vi.* Dançar.

bai.la.ri.no *sm.* Dançarino profissional.

bai.le *sm.* Reunião festiva onde se dança.

ba.i.nha *sf.* Estojo onde vai guardada a espada; dobra cosida na orla de um tecido para evitar que desfie.

bai.o *sf.* Cor de ouro desmaiado; castanho-torrado (cavalo); amulatado; *sm.* cavalo baio.

bair.ris.mo *sm.* Qualidade de bairrista; nativismo.

bair.ris.ta *s. 2g.* Defensor dos interesses do seu bairro ou da sua terra; *adj. 2g.* Diz-se daquele que menospreza qualquer outra terra que não a sua.

bair.ro *sm.* Parte de uma cidade ou vila; arrabalde.

bai.ú.ca *sf.* Taberna vulgar.

bai.xa *sf.* Redução de preços; que nas bolsas de valores ou na cotação de ações ou outros valores negociáveis; a parte plana de um vale; perda sofrida por um efetivo militar (mortos, feridos, etc.).

bai.xa.da *sf.* Planície rodeada de montanhas.

bai.xa-mar *sf.* Maré vazante, maré baixa.

bai.xar *vt.* Pôr embaixo; abaixar; *vi.* descer, expedir ordens; *vp.* curvar-se.

bai.xe.la *sf.* Utensílios que compõem o serviço de mesa.

bai.xe.za *sf.* Posição baixa; inferioridade; vileza.

bai.xi.o *sm.* Banco de areia.

bai.xo *adj.* De pouca altura; barato; vil; grosseiro; *sm.* nome de instrumentos e vozes de som grave.

bai.xo-as.tral *sm.* Tristeza; depressão; desânimo.

ba.ju.la.ção *sf.* Adulação.

ba.ju.lar *vt.* Adular.

ba.la *sf.* Projétil de arma de fogo; doce de chupar.

ba.la.da *sf.* Poesia narrativa; peça musical sentimental, romântica.

ba.lai.o *sm.* Cesto de vime.

ba.lan.ça *sf.* Aparelho para determinar o peso das coisas.

ba.lan.çar *vt.* Contrapesar; equilibrar; *vi.* oscilar.

ba.lan.ce.ar *vt. e i.* Balançar; extrair balanço comercial.

ba.lan.ço *sm.* Oscilação, abalo, balouço; brinquedo que serve para crianças balançarem; verificação ou resumo de contas comerciais.

ba.lão *sm.* Artefato de papel ou tecido impermeável que, cheio de um gás mais leve que o ar ou de ar quente, se eleva na atmosfera; aeróstato; globo de vidro para experiências químicas.

ba.lan.gan.dã *sm.* Ornato de ouro e prata usado pelas baianas; enfeite.

ba.lar *vi.* Dar balidos (falando-se de ovelha).

ba.las.tro *sm.* Cascalho que se lança sobre os dormentes de uma linha férrea, para lhes servir de lastro.

ba.la.ús.tre *sm.* Cada um dos pilares que formam o resguardo de um terraço, de uma escada, etc.

bal.bu.ci.an.te *adj.* Que balbucia.

bal.bu.ci.ar *vt. e i.* Falar imperfeitamente; gaguejar.

bal.bu.ci.o *sm.* Ação ou efeito de balbuciar; ensaio, tentativa.

bal.búr.dia *sf.* Grande confusão; desordem.

bal.cão *sm.* Varanda; mesa comprida onde nas lojas se servem os fregueses; galeria de teatro.

bal.da *sf.* Mania, veneta; carta incômoda num jogo de baralho.

bal.dar *vt.* Fazer malograr; *vp.* descartar-se.

bal.de *sm.* Vaso cilíndrico de plástico, porcelana ou metal para usos diversos.

bal.de.a.ção *sf.* Ato ou efeito de baldear; transferência.

bal.de.ar *vt.* Fazer baldeação de; transferir.

bal.di.o *adj.* Inculto; inútil; *sm.* terreno por cultivar.

bal.do *adj.* Carente; falho.

ba.le.ar *vt.* Ferir ou atingir com bala.

ba.le.ei.ra *sf.* Embarcação para pescar baleias.

ba.lei.a *sf.* Mamífero cetáceo marinho que não possui membros posteriores externos e os anteriores transformaram-se em nadadeiras.

ba.le.la *sf.* Notícia sem fundamento; boato.

ba.li.do *sm.* Voz de ovelha.

ba.lir *vi.* Balar; dar balidos.

ba.lís.ti.ca *sf.* Ciência que se ocupa dos projéteis.

ba.li.za *sf.* Marco; sinal indicador de trânsito.

ba.li.zar *vt.* Demarcar; limitar.

bal.ne.á.rio *sm.* Lugar onde se tomam banhos.

ba.lo.fo *adj.* Fofo; mais volumoso que denso; vão.

ba.lou.çar *vt.* Balançar; mover para um e outro lado.

bal.sa *sf.* Jangada de tábuas ou toros; certa madeira mais leve que a cortiça; porção de carne salgada para charquear.

bal.sâ.mi.co *adj.* Aromático.

bál.sa.mo *sm.* Resina aromática; perfume; alívio, consolo.

ba.lu.ar.te *sm.* Fortaleza; lugar seguro; sustentáculo.

bam.be.ar *vt. e i.* Afrouxar; fazer ou ficar bambo.

bam.bo *adj.* Frouxo; desapertado; lasso.

bam.bo.le.ar *vt.* Menear; *i.* Saracotear; requebrar.

bam.bo.lei.o *sm.* Requebro sinuoso do corpo no andar.

bam.bu *sm.* Planta graminea de grande altura; taquara.

bam.búr.rio *sm.* Êxito inesperado; casualidade feliz.

ba.nal *adj.* Corriqueiro; comum; vulgar; trivial.

ba.na.li.da.de *sf.* Coisa sem importância; vulgaridade.

ba.na.li.zar *vt.* Tornar banal.

ba.na.na *sf.* Fruto comestível da bananeira; pacova.

ban.ca *sf.* Mesa de trabalho; junta examinadora; escritório ou profissão de advocacia; mesa de jogo de azar.

ban.ca.da *sf.* Fileira de bancos ou banco comprido para várias pessoas; o grupo de pessoas que ocupam a bancada; representação de um Estado na Câmara dos Deputados ou no Senado Federal.

ban.car *vt.* Representar o papel de; fingir; financiar; *vi.* responder por banca de jogo.

ban.cá.rio *sm.* Funcionário de banco.

ban.car.ro.ta *sf.* Falência; quebra fraudulenta.

ban.co *sm.* Móvel que serve para se estar sentado ou para executar trabalhos mecânicos; estabelecimento comercial de crédito.

ban.da *sf.* Lado; parte; corporação de músicos.

ban.da.gem *sf.* Atadura; faixa.

ban.da.lhei.ra *sf.* Ação ou modos de bandalho; indecência.

ban.de.ar *vt.* e *p.* Reunir em bando; unir-se a um partido; passar para o outro lado.

ban.dei.ra *sf.* Pano retangular com uma ou mais cores, às vezes acompanhado de legendas e insígnias que é distintivo de nação ou corporação; estandarte; pavilhão; penão; lábaro; *fig.* divisa ou lema que serve como inspiração a um partido, agremiação, etc.; entre os sécs. XVI e XVIII, expedição enviada para desbravar os sertões.

ban.dei.ra.da *sf.* Preço inicial, mínimo, em corrida de táxi; sinal dado com bandeira.

ban.dei.ran.te *sm. bras. ant.* Indivíduo pertencente a uma bandeira; *sf.* menina ou moça que, integrando a Federação de Bandeirantes do Brasil, pratica o bandeirantismo.

ban.dei.ran.tis.mo *sm.* Sistema de educação extraescolar, voluntário, baseado no método do escotismo.

ban.dei.ri.nha *sf.* Pequena bandeira; *sm.* juiz de linha nos jogos de futebol.

ban.de.ja *sf.* Tabuleiro para diversas finalidades.

ban.di.do *sm.* Malfeitor.

ban.di.tis.mo *sm.* Vida ou ação de bandido.

ban.do *sm.* Grupo; partido.

ban.dó *sm.* Penteado feminino.

ban.do.lei.ra *sf.* Correia usada a tiracolo para preder arma.

ban.do.lei.ro *sm.* Bandido.

ban.do.lim *sm.* Instrumento musical de corda com caixa abaulada; espécie de guitarra.

ban.du.lho *sm.* Barriga; ventre; pança.

ban.ga.lô *sm.* Construção de arquitetura ligeira e caprichosa, em geral avarandada.

ban.gue-ban.gue *sm.* Filme que retrata cenas da conquista do Oeste norteamericano; *gír.* tiroteio.

ba.nha *sf.* Gordura animal, especialmente de porco.

ba.nhar *vt.* Dar banho; molhar; *vp.* tomar banho.

ba.nhei.ra *sf.* Grande recipiente em que se toma banho.

ba.nhis.ta *s.2g.* Pessoa que se banha em rio, praia, piscina, etc.

ba.nho *sm.* Ação de banhar; *pl.* proclamas de casamento.

ba.nho-ma.ri.a *sm.* Processo de cozer ou aquecer lentamente qualquer substância, mergulhando o recipiente que a contém em água fervendo; *levar em banho-maria:* agüentar; tolerar; suportar.

ba.ni.men.to *sm.* Ação de banir, desterrar.

ba.nir *vt.* Expulsar; desterrar; suprimir; afugentar.

ban.jo *sm.* Instrumento musical com caixa de ressonância semelhante a um pequeno tambor.

ban.quei.ro *sm.* O que faz operações bancárias; o que, no jogo, distribui cartas e se incumbe dos pagamentos.

ban.que.ta *sf.* Pequena banca ou mesa.

ban.que.te *sm.* Refeição solene e muito formal, em que participam muitos convidados; ágape; festim.

ban.que.te.ar *vt.* Oferecer banquete em honra de; *vp.* regalar-se comendo.

ban.zé *sm.* Barulheira; tumulto; festa popular.

ban.zo *sm.* Nostalgia, saudade; *adj.* triste, abatido.

ba.que *sm.* Ruído de coisa que cai; queda; tombo.

ba.que.ar *vi.* Cair com baque, repentinamente; arruinar-se.

ba.que.ta *sf.* Varinha de percutir tambor; varinha de guarda-sol.

bar *sm.* Lugar onde se vendem e tomam bebidas.

ba.ra.ço *sm.* Corda, cordel; laço para estrangular.

ba.ra.fun.da *sf.* Algazarra; desordem; confusão.

ba.ra.fus.tar *vi.* Bracejar, espernear; *vt.* entrar ou meter-se com violência.

ba.ra.lhar *vt.* Misturar; pôr em desordem.

ba.ra.lho *sm.* Coleção de cartas para jogar.

ba.rão *sm.* Título de nobreza logo abaixo de visconde.

ba.ra.ta *sf.* Inseto caseiro.

ba.ra.te.ar *vi.* Ficar mais barato; baixar o preço.

ba.ra.to *adj.* Que é de preço baixo; que não causa grande despesa; vulgar, banal; *sm.* porcentagem sobre lucros de jogo; permissão, concessão; *gír.* coisa muito bonita ou boa; curtição; *adv.* por preço baixo; moderadamente.

bá.ra.tro *sm.* Abismo; inferno.

bar.ba *sf.* Cabelos do rosto do homem; pêlos do focinho de alguns animais.

bar.ba-a.zul *sm.* Personagem de um conto de Perrault que assassinava as esposas; homem várias vezes viúvo; homem que conquista ou tem várias mulheres.

bar.ba.da *sf.* Qualquer competição que se tem como fácil de vencer.

bar.ban.te *adj.* Cordel; fio para amarrar.

bar.bar *vt.* Criar barba.

bar.ba.ri.da.de *sf.* Crueldade.

bar.bá.rie *sf.* Falta de civilização.

bar.ba.ri.zar *vt. e i.* Embrutecer; tornar bárbaro.

bár.ba.ro *adj.* Não civilizado; selvagem; cruel; rude; inculto; entre os antigos romanos, dizia-se dos estrangeiros; *gír.* bacana; *sm.* indivíduo dos povos que invadiram o Império Romano do Ocidente.

bar.be.ar-se *vp.* Fazer a barba.

bar.be.a.ri.a *sf.* Estabelecimento de barbeiro.

bar.bei.ro *sm.* Profissional que faz barbas e cabelos; mau condutor de veículos; inseto que transmite a doença de Chagas.

bar.bu.do *adj. e sm.* Que, ou aquele que tem muita barba.

bar.ca *sf.* Embarcação larga e pouco funda.

bar.ca.ça *sf.* Barca de grandes dimensões.

bar.co *sm.* Qualquer embarcação; pequeno bote.

bar.do *sm.* Poeta; trovador.

bar.ga.nha *sf.* Troca; trapaça.

ba.rí.to.no *sm.* Tom de voz entre o tenor e o baixo; cantor que tem essa voz.

bar.la.ven.to *sm.* Lado do navio que recebe o vento.

ba.rô.me.tro *sm.* Instrumento que mede a pressão atmosférica.

bar.quei.ro *sm.* Condutor de barco; remador.

bar.ra *sf.* Bloco de metal fundido ainda por ser trabalhado; *p. ext.* bloco de certas mercadorias que constitui uma unidade comercial (barra de chocolate, de sabão, etc.); acabamento que circunda determinadas peças de roupa; traço oblíquo usado para separar versos de um poema, números, em abreviaturas, etc. (/); entrada estreita de porto; orla.

bar.ra.ca *sf.* Abrigo de lona, plástico ou náilon usado por excursionistas, soldados, etc.; construção ligeira, de fácil manuseio, em geral usada em feiras.

bar.ra.cão *sm.* Construção provisória, em geral de madeira, para depósito ou oficina.

bar.ra.co *sm.* Construção tosca, feita de materiais improvisados coberta de palha ou zinco, onde vivem favelados.

bar.ra.gem *sf.* Obstáculo para represamento de rios.

bar.ran.co *sm.* Lugar cavado por enxurradas; precipício.

bar.rar *vt.* Cobrir de barro; impedir o avanço.

bar.rei.ra *sf.* Terreno argiloso; limite; trincheira; posto fiscal.

bar.rei.ro *sm.* Sítio de onde se extrai barro; lamaceiro.

bar.re.la *sf.* Lixívia.

bar.re.te *sm.* Cobertura quadrangular de cabeça, para padres; carapuça; gorro.

bar.ri.ca *sf.* Pipa; tonel.

bar.ri.ga *sf.* Ventre; abdôme.

bar.ri.gu.do *adj.* Pançudo.

bar.ril *sm.* Pequena barrica.

bar.rir *vi.* Emitir o elefante sua voz.

bar.ri.to *sm.* Grito do elefante.

bar.ro *sm.* Argila; greda.

bar.ro.ca *sf.* Barranco; monte de barro; grota.

bar.ro.co *adj.* Extravagante; *sm.* pérola desigual; estilo exagerado.

bar.ro.te *sm.* Trava curta e grossa.

ba.ru.lhei.ra *sf.* Grande alarido; confusão; motim.

ba.ru.lho *sm.* Balbúrdia; confusão de ruídos e sons.

ba.sal.to *sm.* Espécie de mármore preto.

bas.ba.que *sm.* Palerma; parvo.

bas.ba.qui.ce *sf.* Qualidade de basbaque.

bás.cu.la *sf.* Balança decimal.

bas.cu.lan.te *adj. e sm.* Diz-se de, ou tipo de janela com vidraças móveis; diz-se de, ou tipo de caminhão com carroceria móvel.

bas.cu.lho *sm.* Vassoura de cabo comprido.

ba.se *sf.* Tudo o que serve de apoio; fundamento.

ba.se.ar *vt. e p.* Firmar; apoiar-se; fundamentar.

bá.si.co *adj.* Fundamental; essencial.

ba.si.lar *adj.* Básico.

ba.sí.li.ca *sf.* Templo principal.

bas.que.te.bol *sm.* Jogo disputado por duas equipes, com cinco integrantes cada, que tentam colocar a bola em uma cesta o maior número de vezes, em 40 minutos divididos em dois tempos.

bas.ta *interj.* Chega! não mais!

bas.tan.te *adj.* Suficiente; muito; *adv.* suficientemente.

bas.tão *sm.* Bordão; bengala.

bas.tar *vi.* Ser bastante; satisfazer.

bas.tar.di.a *sf.* Ilegitimidade.

bas.tar.do *adj.* Ilegítimo; *sm.* filho ilegítimo.

bas.ti.ão *sm.* Trincheira avançada; baluarte.

bas.ti.dor *sm.* Parte do palco situada por detrás dos cenários; caixilho de madeira ao qual se prende o pano em que se borda.

bas.ti.lha *sf.* Fortaleza.

bas.to *adj.* Espesso; abundante; copioso.

bas.to.na.da *sf.* Golpe de bastão.

ba.ta.lha *sf.* Peleja; combate; luta; liça.

ba.ta.lha.dor *sm.* Homem ativo e diligente.

ba.ta.lhão *sm.* Divisão de regimento militar.

ba.ta.lhar *vi.* Dar batalha ou entrar nela; lutar.

ba.ta.ta *sf.* O tubérculo comestível da batata-inglesa; *p ext.* qualquer tubérculo.

ba.te.ar *vt.* Lavar na bateia.

ba.te-bo.ca *sm.* Discussão.

ba.te-bo.la *sm.* Partida de futebol informal; troca de passes para aquecimento.

ba.te-co.xa *sm.* Baile, dança, arrasta-pé.

ba.te.dei.ra *sf.* Aparelho manual ou elétrico que serve para bater massas, ovos, etc.; *pop.* palpitações do coração.

bá.te.ga *sf.* Aguaceiro; chuva.

ba.tei.a *sf.* Gamela de madeira para lavagem de areia que contém ouro.

ba.tel *sm.* Barco; bote.

ba.te.la.da *sf.* Grande quantidade de alguma coisa.

ba.te.lão *sm.* Barco de transporte militar.

ba.ten.te *sm.* Ombreira de porta; *bras.* serviço; ocupação.

ba.te-pa.po *sm.* Conversação simples e despretensiosa.

ba.ter *vt.* Dar pancadas em; malhar.

ba.te.ri.a *sf.* Unidade tática elementar d e um corpo de artilharia; conjunto dos utensílios de cozinha; agrupamento de pilhas elétricas; conjunto de instrumentos de percussão.

ba.ti.da *sf.* Ato ou efeito de bater; batimento; colisão de veículos; marcha ininterrupta; exploração de terreno; diligência policial; *bras.* bebida preparada com pinga, algum tipo de fruta e açúcar; ato de bater; rastro, pista.

ba.ti.do *adj.* Corriqueiro; comum; muito usado; pisado; trombado.

ba.ti.men.to *sm.* Embate; pulsação.

ba.ti.na *sf.* Veste de padre ou religioso; roupeta.

ba.tis.mo *sm.* Iniciação religiosa; ato de dar nome a uma pessoa ou coisa; adulteração do vinho ou do leite adicionando-lhes água.

ba.tis.té.rio *sm.* Pia batismal; *pop.* certidão de batismo.

ba.ti.za.do *sm.* Solenidade do batismo.

ba.ti.zar *vt.* Administrar o batismo; pôr nome; misturar o vinho ou o leite com água.

ba.tom *sm.* Cosmético que serve para colorir os lábios.

ba.to.que *sm.* Boca de pipa; a rolha que a fecha.

ba.tu.ca.da *sf.* Ritmo ou canção do batuque; batida repetida.

ba.tu.car *vi.* Dançar e cantar o batuque; bater repetidamente.

ba.tu.ma.do *adj.* Encarapinhado (falando-se dos cabelos).

ba.tu.que *sm.* Designação comum a certas danças afro-brasileiras.

ba.tu.ta *sf.* Varinha de maestro; *adj.* expedito; ativo; notável.

ba.ú *sm.* Caixa comprida com tampa convexa.

bau.ni.lha *sf.* Flor aromática; planta trepadeira.

ba.zar *sm.* Loja com sortimento variado, sobretudo louças e brinquedos; empório.

ba.zó.fia *sf.* Fanfarronada; jactância; valentia.

ba.zo.fi.ar *vi.* Contar façanhas; gabar-se; bravatear-se.

bê-a-bá *sm.* Abecedário, noções básicas.

be.a.ti.ce *sf.* Devoção fingida; hipocrisia religiosa.

be.a.ti.fi.ca.ção *sf.* Inclusão de pessoa virtuosa, já falecida, no rol dos santos.

be.a.ti.fi.car *vt.* Tornar beatos; fazer feliz; santificar.

be.a.ti.tu.de *sf.* Eterna felicidade; bem-aventurança.

be.a.to *sm.* Pessoa devota; *adj. deprec.* hipócrita.

bê.ba.do *sm. e adj.* Bêbedo.

be.bê *sm.* Criança recém-nascida; nenê.

be.be.dei.ra *sf.* Embriaguez.

bê.be.do *sm.* Viciado na embriaguez; ébrio; *adj.* embriagado.

be.be.dou.ro *sm.* Tanque em que os animais vão beber; aparelho com água encanada e filtrada em que se bebe direto da torneira.

be.ber *vt.* Ingerir líquidos.

be.be.ra.gem *sf.* Poção medicamentosa; bebida desagradável; mistura de bebida.

be.be.ri.car *vt.* Beber aos pouquinhos e freqüentemente.

be.ber.rão *sm.* Bebedor imoderado; pau-d'água.

be.bi.da *sf.* Qualquer coisa que se bebe.

be.bí.vel *adj.* Que pode ser bebido; potável.

be.ca *sf.* Toga de magistrados.

be.co *sm.* Ruazinha estreita e curta.

be.del *sm.* Porteiro ou contínuo de estabelecimento de ensino.

be.de.lho *sm.* Ferrolho de porta; *meter o bedelho:* intrometer-se.

be.du.í.no *sm.* Árabe do deserto.

be.ge *adj. 2g. e 2n.* Da cor natural da lã; *sm.* essa cor.

bei.ço *sm.* Lábio.

bei.çu.do *adj. e sm.* (Indivíduo) de beiços grossos.

bei.ja-flor *sm.* Colibri.

bei.jar *vt.* Dar beijo em; oscular; tocar de leve.

bei.jo *sm.* Aposição dos lábios a coisa ou pessoa que se vai beijar; ósculo.

bei.jo.quei.ro *adj. e sm.* Aquele que é dado a beijar.

bei.ra *sf.* Margem; borda.

bei.ra.da *sf.* Beira.

bei.ra.do *sm.* Protuberância do telhado de uma casa; beiral.

bei.ral *sm.* Parte do telhado que se projeta além do prumo das paredes externas; beirada; beirado.

bei.ra-mar *sf.* Borda do mar.

bei.rar *vi.* Ir pela beira.

bei.ru.te *sm.* Sanduíche com pão sírio e recheio variado.

be.las-ar.tes *sf.* As artes plásticas, em especial a pintura, a escultura e a arquitetura.

be.las-le.tras *sf.* A gramática e a literatura; o estudo da gramática e da literatura especialmente pelo prazer estético.

bel.chi.or *sm.* Mercador de objetos velhos e usados.

bel.da.de *sf.* Mulher bonita.

be.le.léu *el. sm. us. na loc. ir para o beleléu:* sumir, morrer, fracassar.

be.le.za *sf.* Qualidade do que é belo; coisa bela.

be.li.che *sm.* Camarote de navio; móvel com duas ou três camas superpostas.

bé.li.co *adj.* Pertencente à guerra.

be.li.co.so *adj.* Guerreiro.

be.li.ge.ran.te *adj.* Que está em guerra; que faz guerra.

be.lis.cão *sm.* Beliscadura; ação de beliscar.

be.lis.car *vt.* Dar beliscões; morder qualquer coisa; comer muito pouco.

be.lo *adj.* Formoso; lindo; excelente; *sm.* o que enleva o espírito; perfeição.

be.lo.na.ve *sf.* Navio de guerra.

bel-pra.zer *sm.* Vontade; capricho.

bem *sm.* Virtude; felicidade; pessoa querida; *adv.* muito.

bem-a.ma.do *sm.* Pessoa estimada acima de todas.

bem-a.ven.tu.ra.do *adj.* Ditoso.

bem-a.ven.tu.ran.ça *sf.* A felicidade perfeita, a glória; *teol.* a felicidade eterna, que os santos alcançam no céu.

bem-bom *sm. bras.* Comodidade, conforto.

bem-cri.a.do *adj.* Bem-educado.

bem-e.du.ca.do *adj.* Polido, cortês, delicado.

bem-es.tar *sm.* Comodidade.

bem-fa.da.do *adj.* Afortunado.

bem-na.do *adj.* Bem-nascido.

bem-pa.re.ci.do *adj.* Bonito.

bem-que.rer *sm.* Pessoa a quem se ama, benquerença, carinho, estima; *vt.* querer bem.

bem-vin.do *adj.* Bem acolhido.

bên.ção *sf.* Ato de benzer ou abençoar; favor divino; graça concedida por Deus.

ben.di.to *adj.* Abençoado.

ben.di.zer *vt.* Dizer bem de; abençoar; louvar.

be.ne.fi.cên.cia *sf.* Prática de fazer o bem; caridade.

be.ne.fi.ci.ar *vt.* Fazer benefício; limpar; descascar (café, etc.).

be.ne.fi.ci.á.rio *adj.* Herdeiro.

be.ne.fí.cio *sm.* Serviço gratuito; proveito; melhoria.

be.ne.me.rên.cia *sf.* Merecimento, mérito.

be.ne.mé.ri.to *adj.* Ilustre; distinto; benemerente.

be.ne.plá.ci.to *sm.* Aprovação.

be.ne.vo.lên.cia *sf.* Estima; afeto; bondade.

be.ne.vo.len.te *adj.* Bondoso.

ben.fa.ze.jo *adj.* Caritativo.

ben.fei.tor *sm.* Aquele que pratica a caridade.

ben.fei.to.ri.a *sf.* Obra efetuada em propriedade para lhe aumentar o valor.

ben.ga.la *sf.* Bastão de apoio para andar, passear.

be.nig.no *adj.* Brando; não perigoso.

ben.ja.mim *sm.* Filho querido, geralmente o caçula; peça de instalação elétrica.

ben.quis.to *adj.* Muito estimado; querido.

ben.to *adj.* Que foi benzido.

ben.zer *vt.* Fazer rezas; *vp.* fazer o sinal da cruz.

be.que *sm.* Ponta da proa de uma embarcação; *fut.* zagueiro.

ber.cá.rio *sm.* Compartimento destinado aos recém-nascidos.

ber.ço *sm.* Leito de criança; *fig.* origem.

be.rin.je.la *sf.* Planta solanácea, originária da Índia, cujos frutos são empregados em culinária.

ber.lin.da *sf.* Pequena carruagem fechada; coche; pequeno armário ou redoma para se pôr imagens de santos; *estar na berlinda:* ser alvo de comentários.

ber.lo.que *sm.* Enfeite pendente de corrente.

ber.mu.da *sf.* Calça que chega até os joelhos.

ber.ne *sm.* Larva de mosca que penetra a pele dos animais e do homem.

ber.ran.te *adj.* Que dá muito na vista; que berra; *sm.* buzina de chifre.

ber.rar *vi.* Dar berros; xingar.

ber.ro *sm.* Grito de vários animais; bramido; grito de pessoa; brado.

bes.ta *sf.* Animal quadrúpede; *fig.* pessoa estúpida; *fig.* pessoa pedante; arma antiga em forma de arco para arremessar setas.

bes.tei.ra *sf.* Asneira; tolice.

bes.ti.al *adj.* Brutal; grosseiro.

bes.ti.a.li.zar *vt.* Tornar besta.

bes.ti.fi.car *vt.* Tornar besta; embrutecer; bestializar; causar pasmo a, embasbacar.

be.sun.tar *vt.* Lambuzar, sujar.
be.to.nei.ra *sf.* Máquina de preparar concreto.
be.tu.mar *vt.* Tapar ou ligar com betume.
be.tu.me *sm.* Pez natural.
be.xi.ga *sf.* Bolsa membranosa onde se acumula a urina; *pl.* varíola.
be.xi.guen.to *sm.* Que tem sinais de varíola.
be.zer.ro *sm.* Novilho; vitelo.
bi.an.gu.lar *adj.* Que apresenta dois ângulos.
bi.be.lô *sm.* Pequenos enfeites domésticos.
***bí*.blia** *sf.* A Sagrada Escritura.
***bí*.bli.co** *adj.* Concernente à Bíblia.
bi.bli.ó.fi.lo *sm.* Amador ou colecionador de livros.
bi.bli.o.gra.fi.a *sf.* Ciência de bibliógrafo; relação de obras consultadas.
bi.bli.ó.gra.fo *sm.* O que é versado em bibliografia.
bi.bli.o.te.ca *sf.* Coleção de livros; edifício onde há livros para leitura, consulta ou empréstimo.
bi.bli.o.te.cá.rio *sm.* O encarregado de uma biblioteca.
bi.bo.ca *sf.* Taverna; casebre.
***bí*.ca** *sf.* Torneira; fonte natural.
bi.ca.da *sf.* Picada com o bico; calha; bica de grandes dimensões.
bi.car *vt.* Dar bicada em.
bi.cé.fa.lo *adj.* Com duas cabeças; dicéfalo.
***bí*.ceps** *sm.* Músculo com dupla inserção na parte superior.
bi.cha *sf.* Lombriga; *gír.* homossexual.
bi.cha.do *adj.* Atacado pelos bichos; que contém bichos.
bi.cha.no *sm.* Gato.
bi.char *vt.* Criar bicho; apodrecer.
bi.cha.ra.da *sf.* Multidão de bichos.

bi.cha.ro.co *sm.* Bicho grande e/ou asqueroso.
bi.chei.ra *sf.* Ferida com larvas.
***bí*.cho** *sm.* Qualquer animal irracional; pessoa intratável; calouro; *gír.* sujeito, indivíduo.
bi.cho-car.pin.tei.ro *adj.* Travesso, traquinas.
bi.cho-de-se.te.ca.*be*.ças *sm.* Coisa muito difícil, complicada.
bi.cho-pa.pão *sm.* Monstro imaginário com que se faz medo às crianças.
bi.ci.cle.ta *sf.* Velocípede de duas rodas iguais.
bi.*cí*.pi.te *adj.* Que tem duas cabeças, dois cumes, etc.
***bí*.co** *sm.* Extremidade córnea do bico das aves e de alguns animais; ponta.
bi.co-do.ce *sm.* Astúcia, manha.
bi.co.lor *adj.* Que tem duas cores.
bi.côn.ca.vo *adj.* Côncavo pelos dois lados.
bi.con.ve.xo *adj.* Convexo pelos dois lados.
bi.co.tar *vt.* Beijocar.
bi.cu.do *adj.* Que tem bico; pontiagudo; difícil.
bi.dê *sm.* Bacia oblonga para lavagem das partes inferiores do tronco.
bi.e.nal *adj.* Que se realiza de dois em dois anos.
bi.ê.nio *sm.* O espaço de dois anos; que dura dois anos.
***bi*.fe** *sm.* Fatia de carne bovina, preparada para se comer.
bi.fen.di.do *adj.* Separado em duas partes.
bi.for.me *adj.* Com duas formas, dois braços ou ramos.
bi.fur.ca.ção *sf.* Separação em dois ramos.
bi.fur.car *vt.* e *p.* Separar em dois ramos.
bi.ga.mi.a *sf.* Estado de bígamo.
***bí*.ga.mo** *sm.* O que tem simultaneamente dois cônjuges.

bi.go.de *sm.* Parte da barba que cobre o lábio superior.
bi.gor.na *sf.* Utensílio de ferro para bater e amoldar metais.
bi.ju.te.ri.a *sf.* Objeto de adorno pessoal feito com esmero e perfeição.
***bí*.lha** *sf.* Vaso bojudo, de gargalo estreito, para conter água; moringa.
bi.*lhe*.te *sm.* Carta simples e breve; cartão de ingresso.
bi.li.o.so *adj.* De mau gênio.
***bí*.lis** *sf.* Líquido amargo segregado pelo fígado.
***bil*.tre** *sm.* Homem vil; tratante; ordinário.
bi.lu-bi.*lu* *sm.* Agrado que se faz com os dedos nos lábios de uma criança.
bim.ba.lhar *vt.* Repicar (sinos); soar.
bi.men.sal *adj.* Quinzenal.
bi.mes.tral *adj.* Que se realiza de dois em dois meses.
bi.*ná*.rio *adj.* Composto de duas unidades; que tem duas faces, dois lados, dois modos de ser; *mus.* que tem dois tempos iguais.
bin.go *sm.* Jogo semelhante ao loto.
bi.nó.cu.lo *sm.* Óculo duplo, para se ver ao longe.
bi.o.co *sm.* Capuz; mantilha.
bi.o.de.gra.dá.vel *adj.* Relativo à substância suscetível de decomposição por microrganismos.
bi.o.gra.far *vt.* Fazer a biografia de; estudar a vida de.
bi.o.gra.fi.a *sf.* Descrição da vida de alguém.
bi.ó.gra.fo *sm.* O que se ocupa em escrever biografias.
bi.o.lo.gi.a *sf.* Ciência que estuda os seres vivos.
bi.o.lo.gis.ta *sm.* Pessoa que estuda Biologia; biólogo.
bi.om.bo *sm.* Anteparo móvel utilizado para dividir um aposento.
bi.par.tir *vt.* e *p.* Partir ao meio; bifurcar-se.

bí.pe.de *adj. 2g.* Que tem ou anda sobre dois pés; *sm.* animal que anda sobre dois pés.

bi.pla.no *sm.* Aeroplano com dois planos de apoio.

bi.po.lar *adj.* Com dois pólos.

bi.quei.ra *sf.* Ponteira.

bir.ra *sf.* Teima; arrufo; zanga.

bir.rar *vi.* Ter birra; teimar com insistência.

bi.ru.ta *sf.* Aparelho usado nos aeródromos para indicar a direção do vento; *adj.* (indivíduo) amalucado, adoidado.

bis *adj.* Duas vezes; *interj.* outra vez!

bi.sar *vt.* Repetir.

bi.sa.vó *sm.* Mãe do avô ou avó.

bi.sa.vô *sm.* Pai do avô ou avó.

bis.bi.lho.tar *vi.* Mexericar.

bis.bi.lho.tei.ro *sm.* Intrigante.

bis.ca *sf.* Jogo de cartas; *fam.* pessoa falsa; patife.

bis.ca.te *sm.* Serviço avulso; *sf. gír.* meretriz.

bis.ca.te.ar *vi.* Fazer ou viver de biscate.

bis.coi.to *sm.* Bolacha.

bis.na.ga *sf.* Tubo de folha de chumbo ou plástico usado como embalagem de pasta dentifrícia, cosméticos em pasta, etc.

bis.ne.to *sm.* Filho de neto ou neta.

bi.so.nho *adj.* Inexperiente.

bis.pa.do *sm.* Diocese.

bis.par *vt.* Lobrigar; *vp.* fugir; escapar.

bis.po *sm.* Prelado de uma diocese; peça de xadrez.

bis.sex.to *adj.* Diz-se do ano de 366 dias, que acontece de quatro em quatro anos.

bis.se.xu.al *adj.* Hermafrodita.

bis.tu.ri *sm.* Instrumento para operações cirúrgicas.

bi.tá.cu.la *sf.* Caixa de bússola.

bi.te *sm. inform.* Unidade de medida de informação, igual à menor quantidade de informação que pode ser transmitida por um sistema; unidade de medida de informação igual a esta quantidade; dígito binário.

bi.to.la *sf.* Padrão; modelo; largura da via férrea.

bi.zar.ro *adj.* Garboso; gentil; elegante; extravagante, esquisito.

bla.bla.blá *sm. gír.* Conversa fiada; conversa sem conteúdo.

blas.fe.mar *vt. e i.* Dizer blasfêmias.

blas.fê.mia *sf.* Palavras que ofendem a divindade ou a religião; ofensa dirigida contra pessoa ou coisa respeitável.

bla.so.nar *vt. e i.* Alardear, ostentar.

bla.te.rar *vt.* Apregoar; vociferar; xingar; soltar a voz (o camelo).

ble.cau.te *sm.* Escurecimento completo; expediente para deixar tudo às escuras como precaução contra ataques aéreos.

ble.far *vi.* Enganar no jogo, simulando ter boas cartas.

ble.fe *sm.* Logro, engano.

blin.dar *vt.* Revestir de chapas de aço.

blo.co *sm.* Porção sólida de substância pesada; conjunto de folhas de papel unidas na margem superior; grupo carnavalesco; reunião de pessoas com objetivo comum; cada um dos prédios de um conjunto residencial.

blo.que.ar *vt.* Cercar; sitiar.

blu.sa *sf.* Peça do vestuário feminino.

bo.a.te *sf.* Casa noturna com bar e pista de dança.

bo.a.to *sm.* Notícia falsa.

bo.a-fé *sf.* Sinceridade, modo de agir bem-intencionado; certeza de agir sem ofender a lei.

bo.a-pin.ta *adj.* Pessoa elegante, que causa boa impressão.

bo.a-vi.da *s.2g.* Pessoa pouco dada ao trabalho, mas que gosta de viver com conforto.

bo.as-fes.tas *sf. us. pl.* Cumprimentos e felicitações por ocasião do Natal ou do início do ano.

bo.as-vin.das *sf. us. pl.* Expressão de contentamento pela chegada de alguém.

bo.ba.gem *sf.* Tolice; fato ou palavra inconveniente.

bo.be.ar *vi.* Portar-se como bobo; deixar-se lograr.

bo.bi.na *sf.* Grande rolo de papel usado para impressão; fio metálico enrolado em um carretel ou outra estrutura para oferecer resistência à passagem de corrente; pequeno cilindro de plástico ou madeira, com rebordos, onde se enrolam fios sintéticos, de algodão, etc. para trabalhos manuais.

bo.bo *sm.* Tolo; palerma.

bo.ca *sf.* Cavidade por onde se ingerem alimentos; abertura.

bo.ca-de-si.ri *sf.* Silêncio; discrição; reserva; *interj.* serve para pedir silêncio.

bo.ca.do *sm.* Porção que cabe na boca; pedaço.

bo.cal *sm.* Abertura de frasco, vaso, etc.; peça de metal que serve de embocadura para certos instrumentos de sopro.

bo.çal *adj.* Grosseiro; estúpido.

bo.ca-li.vre *s. 2g.* Reunião de entrada livre e na qual se servem comidas e bebidas.

bo.ce.jar *vi.* Dar bocejos.

bo.ce.jo *sm.* Abrimento involuntário da boca.

bo.che.cha *sf.* Parte mais saliente do rosto.

bo.che.char *vt.* Agitar líquido (medicamentoso ou não) na boca movimentando as bochechas.

bo.che.cho *sm..* Ato de bochechar; o líquido com que se faz bochecho.

bó.cio *sm.* Hipertrofia da glândula tireóide; *pop.* papo; papeira.

bo.có *adj.* Parvo; simplório.

bo.da *sf. tb. us. no pl.* Celebração de casamento; banquete para celebrar um casamento.

bo.de *sm.* O macho da cabra; matula, farnel; *pop.* confusão; situação embaraçosa; homem muito feio; indivíduo libidinoso; *bode expiatório:* pessoa sobre quem recaem as culpas alheias.

bo.de.ga *sf.* Taberna; pequeno armazém de secos e molhados; *fam.* comida grosseira.

bo.do.que *sm.* Arco para atirar bolas de barro ou pedras; atiradeira.

bo.ê.mia *sf.* Vida airada; vadiagem; pândega, estroinice.

bo.ê.mio *adj.* Da ou relativo à Boêmia (antiga Tcheco-Eslováquia); que leva vida desregrada; estróina, doidivanas.

bo.fe.ta.da *sf.* Tapa desferido na face.

bo.fe.tão *sm.* Grande bofetada; sopapo.

boi *sm.* Raça de animal quadrúpede, ruminante, mamífero, provido de par de chifres ocos e permanentes; o touro castrado.

bói *sm.* Menino ou rapaz que trabalha em empresas, executando serviços externos.

bói.a *sf.* Corpo flutuante, preso ao fundo, para servir de baliza; *bras.* comida.

boi.a.da *sf.* Manada de bois.

boi.a.dei.ro *sm.* Condutor de boiada; negociante de gado.

bói.a-fri.a *adj. e s.2g.* Trabalhador rural sem vínculo empregatício, que presta serviços temporários e come fria a comida que leva para o local de trabalho.

boi.ar *sf.* Flutuar; sobrenadar.

boi.co.tar *vt.* Recusa sistemática de relações sociais ou comerciais como forma de punição.

boi.na *sf.* Boné chato sem pala.

bo.jar *vt. e i. Fazer bojo;* tornar bojudo.

bo.jo *sm.* Convexidade de qualquer coisa; barriga.

bo.ju.do *adj.* Barrigudo; enfunado.

bo.la *sf.* Qualquer corpo esférico; objeto esférico de plástico, borracha, couro, etc., maciço ou inflado de ar comprimido, para ser usado em jogos ou modalidades esportivas.

bo.la.cha *sf.* Bolo chato e seco de farinha; *fam.* bofetada.

bo.la.da *sf.* Pancada com bola; monte de dinheiro, no jogo; grande soma de dinheiro.

bo.lar *vt. e i. pop.* Planejar; arquitetar; imaginar.

bo.le.ar *vt.* Dar forma de bola.

bo.léi.a *sf.* Assento de cocheiro; assento ou cabina do motorista.

bo.le.ro *sm.* Dança espanhola; a música dessa dança; espécie de casaco curto usado por cima da blusa.

bo.le.tim *sm.* Notícia resumida; publicação periódica; registro de currículo escolar.

bo.lha *sf.* Empola na pele; bola de ar nos líquidos em movimento, ebulição ou fermentação.

bo.li.che *sm.* Jogo de origem espanhola, que hoje consiste em tentar derrubar com uma bola, através de uma pista longa, 10 pinos.

bó.li.de *sf.* Aerólito.

bo.lo *sm.* Massa de farinha, ovos, leite, sal ou açúcar, etc., a qual é cozida ou frita; soma em dinheiro; ajuntamento de pessoas; rolo, confusão.

bo.lor *sm.* Mofo; bafio.

bo.lo.ren.to *adj.* Cheio de bolor.

bo.lo.ta *sf.* Fruto de carvalho.

bol.sa *sf.* Saquinho de trazer o dinheiro; recipiente de plástico, lona, pano, couro, etc. com fechamento (em zíper, botão, etc.) utilizado para diversos fins; instituição autorizada pelo governo, onde se reúnem corretores para tratarem de operações financeiras.

bol.so *sm.* Algibeira.

bom *adj.* Benévolo, salutar.

bom.ba *sf.* Projétil; máquina para elevar líquidos; *pop.* reprovação em exame; *fig.* acontecimento inesperado e sensacional; certo doce feito com farinha, açúcar, ovos e leite e recheado com creme.

bom.bar.de.ar *vt.* Lançar bombas contra.

bom.bar.dei.o *sm.* Ataque com bombas.

bom.bar.dei.ro *sm.* Avião de bombardeio.

bom.bás.ti.co *adj.* Estrondoso; pretensioso (discurso, estilo).

bom.bei.ro *sm.* Pessoa que trabalha em uma instituição de assistência pública encarregada de combater incêndios e fazer salvamentos em todo tipo de catástrofe pública.

bom.bo *sm.* Tambor grande; bumbo.

bom-bo.ca.do *sm.* Doce preparado com gemas de ovos, açúcar, leite de coco e fubá.

bom.bom *sm.* Doce de chocolate; bala confeitada.

bom.bo.nei.ra *sf.* Recipiente com tampa onde se guardam doces, balas, bombons, etc.

bom.bor.do *sm.* Lado esquerdo do navio.

bo.na.chão *adj.* Complacente.

bo.nan.ça *sf.* Bom tempo no mar; serenidade.

bon.da.de *sf.* Benevolência.

bon.de *sm.* Antigo veículo elétrico de transporte coletivo, sobre trilhos.

bo.né *sm.* Peça para cobertura da cabeça sem abas e de copa redonda.

bo.ne.ca sf. Brinquedo feito de plástico, celulóide, pano, etc., que imita um ser humano em pequenas dimensões (em geral um bebê ou uma criança); bola de algodão envolta em tecido, usada para espalhar tinta ou verniz.

bo.ne.co sm. Brinquedo de criança, imitando menino ou rapaz; projeto gráfico de um livro.

bo.ni.fi.ca.ção sf. Gratificação.

bo.ni.fi.car vt. Gratificar.

bo.ni.fra.te sm. Títere; pessoa que se deixa manipular pelos outros.

bo.ni.to adj. Agradável à vista, lindo, belo, formoso.

bo.no.mi.a sf. Qualidade do que é bom, simples, complacente.

bô.nus sm. Prêmio extra.

bon.zo sm. Sacerdote budista.

bo.que.jar vt. e i. Proferir entre dentes; falar, contar; falar mal; bocejar.

bor.bo.tão sf. Jorro, golfada de líquido saindo de um lugar.

bor.qui.a.ber.to adj. Pasmado.

bor.bu.lha sf. Empola; bolha.

bor.bu.lhar vt. e i. Sair em borbulhas ou bolhas; sair com ímpeto.

bor.da sf. Margem; orla.

bor.da.dei.ra sf. Mulher que faz bordados.

bor.da.do sm. Lavor feito em relevo, sobre tecido, à mão ou máquina.

bor.da.du.ra sf. Efeito de bordar; ornato; vinheta.

bor.dão sm. Cajado; fig. proteção, arrimo; frase ou palavra que se costuma repetir muitas vezes.

bor.dar vt. e i. Trabalhar em bordados; fazer desenhos em relevo, à máquina ou agulha.

bor.del sm. Prostíbulo.

bor.de.rô sm. Relação de títulos de crédito que o cliente entrega aos bancos para operações de desconto, cobrança, etc.

bor.do sm. Costado de navio.

bor.do.a.da sf. Golpe de bordão.

bo.re.al adj. Ao lado do Norte; ártico.

bo.res.te sm. Estibordo.

bor.la sf. Ornamento pendente, de passamanaria, usado no vestuário, em cortinas, etc., tufo redondo de fios; barrete de doutor.

bor.nal sm. Saco de provisões que se leva a tiracolo.

bor.ra sf. Sedimento.

bor.ra-bo.tas sm. Indivíduo desprezível, indigno, sem caráter.

bor.ra.cha sf. Goma-elástica obtida do látex de muitas plantas tropicais; pequeno bloco dessa substância que serve para apagar traços da escrita ou do desenho.

bor.ra.chei.ra sf. Bebedeira.

bor.ra.chei.ro sm. Consertador de pneus.

bor.ra.cho sm. Ébrio; filhote de pombo.

bor.ra.dor sm. Livro comercial; caderno de rascunho.

bor.ra.lho sm. Brasas acesas cobertas de cinza.

bor.rão sm. Mancha de tinta; rascunho; esboço.

bor.rar vt. Sujar de tinta.

bor.ras.ca sf. Tempestade de vento e chuva; furacão.

bor.re.gar vi. Soltar (o carneiro) seu vagido.

bor.re.go sm. Cordeiro de um ano.

bor.ri.far vt. Molhar com borrifos; salpicar com água.

bos.que sm. Mata; arvoredo espesso e de grande extensão.

bos.que.jar vt. Fazer esboço; delinear; planear.

bos.sa sf. Corcova, corcunda; inchação resultante de pancada; propensão, aptidão, jeito.

bo.ta sf. Calçado de cano alto.

bo.ta-fo.ra sm. Festa de despedida; lançamento de um navio na água; local onde são jogados restos de materiais de construção.

bo.tâ.ni.ca sf. Ciência que estuda o reino vegetal.

bo.tâ.ni.co sm. Cientista que se dedica à Botânica.

bo.tão sm. Estado da flor antes de desabrochar; peça de aviamento usada em vestuário.

bo.tar vt. Deitar; lançar; pôr.

bo.te sm. Pequeno barco a remo; cutilada; ataque.

bo.te.co sm. Pequeno botequim.

bo.te.lha sf. Garrafa.

bo.te.quim sm. Café; bar.

bo.ti.ca sf. Farmácia.

bo.ti.cão sm. Tenaz para extração de dente.

bo.ti.cá.rio sm. Dono de botica.

bo.ti.ja sm. Vaso de barro.

bo.ti.jão sm. Bujão.

bo.ti.na sf. Bota de cano curto.

bo.to sm. Grande mamífero da família dos botídeos, marinho ou fluvial.

bo.vi.no adj. Próprio do boi.

bo.xe sm. Pugilismo; cada um dos compartimentos de uma cavalariça; compartimento do banheiro destinado ao banho de chuveiro.

bo.xe.a.dor sm. Lutador de boxe.

bra.bo adj. Bravo.

bra.ça sf. Antiga medida de comprimento equivalendo a 10 palmos ou 2,2 m.

bra.ça.da sf. O que os braços podem conter; movimento de natação.

bra.ça.dei.ra sf. Correia por onde se enfia o braço; presilha.

bra.çal adj. Diz-se da atividade que se faz com a força dos braços.

bra.ce.jar vi. Movimentar os braços; agitar, movimentar.

bra.ce.le.te sm. Pulseira.

bra.ço sm. Membro superior do corpo humano; fig. poder; sustentáculo.

bra.dar vi. Exclamar em brados; gritar; protestar.

bra.do sm. Grito veemente; clamor; reclamação enérgica em voz alta.

bra.gan.te.ar vi. Levar vida de libertinagem.

bra.gas sf. pl. Calções.

bra.gui.lha sf. Abertura à frente de calças, calções, ceroulas, etc.

brai.le sm. Sistema de escrita em relevo para os cegos lerem.

brâ.ma.ne sf. Sacerdote hindu, membro da mais elevada casta hindu.

bra.mi.do sm. Rugido de feras; grito ou som forte.

bra.mir sm. Soltar bramidos.

bran.co adj. A cor da neve; alvo; sm. a cor branca.

bran.cu.ra sf. A cor branca; alvura.

bran.dir vt. Agitar com a mão; sacudir; mover.

bran.do adj. Mole; tenro.

bran.du.ra sf. Suavidade.

bran.que.ar vt. Tornar branco; alvejar; envelhecer.

bran.que.jar vi. Alvejar.

brân.quia sf. Guelra; aparelho respiratório dos animais aquáticos.

bran.qui.dão sf. Brancura.

bra.sa sf. Carvão incandescente; ardor.

bra.são sm. Escudo de armas.

bra.sei.ro sm. Fogareiro.

bra.si.lei.ris.mo sm. Expressão usada por brasileiro.

bra.si.lei.ro sm. O natural do Brasil; adj. relativo ao Brasil.

bra.si.li.a.na sf. Coleção de estudos, livros ou publicações acerca do Brasil.

bra.si.li.da.de sf. Amor patriótico ao Brasil.

bra.si.no adj. Cor de brasa.

bra.va.ta sf. Fanfarronada.

bra.va.te.ar vt. Ameaçar; vi. contar bravatas; blasonar.

bra.ve.jar vi. Esbravejar.

bra.ve.za sf. Ferocidade.

bra.vi.o adj. Selvagem; feroz.

bra.vo adj. Valente; arrojado; interj. exprime aplauso.

bra.vu.ra sf. Valentia.

bre.car vt. Frear; fazer parar.

bre.cha sf. Rombo produzido em muralha; lacuna.

bre.chó sm. Loja onde se vendem roupas, sapatos e bijuterias usados.

bre.jei.ro sm. Vadio; velhaco; adj. malicioso; arteiro.

bre.jo sm. Pântano; terreno alagadiço.

bre.nha sf. Floresta espessa; fig. confusão, complicação; segredo; recesso.

bre.que sm. Freio.

breu sm. Substância semelhante ao pez negro.

bre.ve adj. De pouca duração; rápido, transitório; pequeno, curto; conciso; resumido; sm. bras. escapulário que contém uma oração, bentinho; adv. em pouco tempo; cedo.

bre.vê sm. Diploma conferido aos que terminam o curso de aviação.

bre.vi.á.rio sm. Livro de orações.

bri.ca.bra.que sm. Conjunto de velhos objetos de arte, artesanato, mobília, louça, etc.; casa comercial onde se vendem e compram tais objetos.

bri.da sf. Rédea; freio.

bri.dar vt. Pôr brida em; reprimir; refrear.

bri.ga sf. Luta; discussão.

bri.ga.da sf. Corpo militar formado por dois ou mais regimentos.

bri.ga.dei.ro sm. Comandante de uma brigada; doce feito à base de leite condensado e chocolate em pó.

bri.gar vi. Ter brigas; lutar.

bri.lhan.te adj. Que brilha; ilustre; magnífico; sm. diamante lapidado.

bri.lhar vi. Irradiar luz, fulgurar; reluzir; distinguir-se; sobressair.

bri.lho sm. Luz viva do fogo; esplendor; vivacidade.

brim sm. Tecido muito resistente de algodão ou linho.

brin.ca.dei.ra sf. Ação de brincar, brinquedo; zombaria.

brin.ca.lhão adj. e sm. Que, ou o que é amigo de brincar.

brin.car vi. Divertir-se infantilmente; entreter-se, folgar; não levar as coisas a sério; zombar; .

brin.co sm. Pingente para as orelhas; objeto para as crianças brincarem, brinquedo; fig. pessoa ou coisa bem feita, elegante, bonita.

brin.dar vt. e i. Beber à saúde de; presentear.

brin.de sm. Ação de brindar; palavras de saudação a alguém no ato de beber; presente.

brin.que.do sm. Objeto que serve para as crianças brincarem; divertimento; passatempo.

bri.o sm. Orgulho; senso de dignidade; respeito íntimo.

bri.sa sf. Aragem; vento ameno.

bri.ta.dei.ra sm. Máquina para quebrar pedras.

bri.tâ.ni.co adj. e sm. Inglês.

bri.tar vt. Quebrar pedras em fragmentos; triturar.

bro.a sf. Pão de milho.

bro.ca sf. Verruma grossa; doença do café.

bro.ca.do sm. Tecido de seda com bordados em relevo.

bro.car vi. Furar com broca.

bro.car.do *sm.* Provérbio.

bro.cha *sf.* Certo prego de cabeça chata e larga.

bro.char *vt.* Pregar com brochas; costurar os cadernos de um livro.

bro.che *sm.* Jóia com presilha, usada pelas damas.

bro.chu.ra *sf.* Arte de brochar livros; livro brochado; capa de livro, em papel cartolina.

bró.co.lis ou **bró.co.los** *sm.* Planta hortense, semelhante à couve-flor.

bro.ma *adj.* Grosseiro; de má qualidade; *sm.* homem estúpido.

bro.mar *vt.* Estragar; deitar a perder.

bron.co *adj.* Tosco; grosseiro.

brôn.quio *sm.* Cada um dos canais em que se bifurca a traquéia e que se ramificam nos pulmões levando-lhes o ar.

bron.qui.te *sf.* Inflamação dos brônquios.

bron.ze *sm.* Liga de cobre, zinco e estanho; qualquer obra feita com essa liga; *fig.* sino.

bron.ze.ar *vt.* Dar cor de bronze; amorenar a pele.

brôn.zeo *adj.* De bronze; duro como ele ou da sua cor.

bro.que.ar *vt.* Brocar.

bro.tar *vt.* e *i.* Produzir; lançar; desabrochar, germinar; surgir.

bro.to *sm.* Rebento; gomo; *bras.* moça nova, bonita.

bro.to.e.ja *sf.* Erupção da pele.

bro.xa *sf.* Pincel grosseiro para caiação.

bru.a.ca *sf.* Mala de couro cru; *pop.* mulher feia e má; prostituta.

bru.ços *el.* da *loc.* de bruços: com o ventre e os olhos voltados para o chão.

bru.ma *sf.* Atmosfera chuvosa; cerração; neblina; mistério; incerteza.

bru.mal *adj.* Nevoento; brumoso; sombrio.

bru.ni.do *adj.* Polido; lustroso.

bru.nir *vt.* Tornar brilhante; polir.

bru.no *adj.* Sombrio; escuro; pardo, infeliz.

brus.co *adj.* Áspero; súbito; imprevisto.

bru.tal *adj.* Grosseiro, rude, selvagem; violento.

bru.ta.li.zar *vt.* e *vp.* Tornar(-se) bruto ou estúpido; embrutecer(-se); *vt.* tratar com brutalidade, seviciar.

bru.to *adj.* Rude; grosseiro; sem desconto.

bru.xa *sf.* Feiticeira.

bru.xa.ri.a *sf.* Feitiçaria.

bru.xo *sm.* Feiticeiro.

bru.xu.le.an.te *adj.* Que bruxuleia; tremeluzente.

bru.xu.le.ar *vi.* Tremeluzir; brilhar fracamente.

bu.cal *adj.* Concernente à boca.

bu.cha *sf.* Pano para apertar a carga das armas de fogo; tampão; peça de plástico para aumentar o poder de fixação de um parafuso, prego, etc.; esponja usada para banho.

bu.cho *sm.* Estômago de animais; mulher repulsiva.

bu.cle *sm.* Anel de cabelo.

bu.ço *sm.* Penugem sobre o lábio superior.

bu.có.li.co *adj.* Pastoril.

bu.dis.mo *sm.* Doutrina religiosa e social de Buda.

bu.dis.ta *sm.* Adepto do budismo.

bu.ei.ro *sm.* Cano para água de esgoto; respiradouro.

bu.fão *sm.* Fanfarrão; bobo.

bu.far *vt.* e *i.* Soprar com força.

bu.fa.ri.nhei.ro *sm.* Mascate.

bu.fé ou **bu.fe.te** *sm.* Aparador; serviço de bebidas e de iguarias.

bu.fo *sm.* Sopro forte; *adj.* burlesco; grotesco.

bu.fo.ne.ar *vi.* Gracejar; fazer papel de bufão.

bu.ga.lho *sm.* Galha de carvalho; globo ocular.

bu.gi.a *sf.* Vela de cera.

bu.gi.gan.ga *sf.* Bagatela; coisa de pouco valor.

bu.gi.o *sm.* Mono; feio e engraçado; imitador.

bu.gre *sm.* Índio selvagem.

bu.jão *sm.* Recipiente para armazenamento de produtos voláteis; recipiente para entrega de gás em domicílio.

bu.la *sf.* Carta com decreto papal; explicação impressa que acompanha medicamento.

bu.le *sm.* Vaso esferoidal, em geral com asa e bico, para o serviço de chá ou café.

bu.le.var *sm.* Rua larga, com árvores; avenida.

bu.lha *sf.* Barulho; desordem.

bu.lhu.fas ou **bu.lu.fas** *pron. indef.* Coisa nenhuma, nada.

bu.lí.cio *sm.* Rumor prolongado; movimento ativo.

bu.li.ço.so *adj.* Inquieto.

bu.lir *vt.* e *i.* Agitar de leve; mexer; excitar.

bum.bo *sm.* Tambor grande, zabumba.

bu.quê *sm.* Punhado de flores em ramalhete.

bu.ra.co *sm.* Abertura; orifício.

bur.bu.ri.nho *sm.* Tumulto.

bu.rel *sm.* Tecido grosseiro de lã; hábito de frade.

bur.go *sm.* Vila; aldeia.

bur.guês *sm.* Representante da classe média; *adj.* próprio da burguesia.

bur.gue.si.a *sf.* A classe média.

bu.ril *sm.* Instrumento com pontas de aço para trabalhos de gravura.

bu.ri.lar *vt.* Trabalhar com buril; *fig.* rendilhar frases.

bur.la *sf.* Fraude; logro.

bur.lar *vt.* Enganar; lograr.

bur.les.co *sm.* Caricato.

bu.ro.cra.ci.a *sf.* A classe do funcionalismo público; administração com excesso de formalidades, papelada, etc.

bu.ro.cra.ta *sm.* Empregado público.

bur.ra *sf.* Fêmea de burro; cofre de guardar dinheiro.

bur.ra.da *sf.* Quantidade de burros; asneira.

bur.ri.ce *sf.* Disparate.

bur.ro *sm.* Jumento; asno; *adj.* estúpido; ignorante.

bus.ca *sf.* Procura; pesquisa.

bus.ca-pé *sm.* Dispositivo pirotécnico que, após ziguezaguear rente ao chão, estoura.

bus.car *vt.* Procurar; investigar; recorrer a.

bu.sí.lis *sm.* O ponto difícil de qualquer coisa.

bús.so.la *sf.* Agulha magnética para orientação.

bus.ti.ê *sm.* Corpete sem alça.

bus.to *sm.* Parte superior do corpo desde a cintura.

bu.tim *sm.* Aquilo de que o vencedor se apropria, após derrotar o inimigo; o produto do roubo; o que foi roubado ou saqueado; o que foi caçado; lucro.

bu.ti.que *sf.* Pequena loja, requintada, onde são vendidas roupas e bijuterias.

bu.zi.na *sf.* Trombeta curva usada em caçada; aparelho para sinalização acústica.

bu.zi.nar *vi.* Tocar buzina.

bú.zio *sm.* Concha de molusco; trombeta; mergulhador.

bu.zu.go *sm. bras.* Coisa mal-acabada.

byte *sm.* Seqüência constituída de um número fixo de *bites* adjacentes, considerada unidade básica de informação, cujo comprimento geralmente é constituído por 8 *bites*.

C

c *sm.* Terceira letra do alfabeto.

cá *adv.* Aqui; neste lugar.

cã *sf.* Cabelo branco.

ca.a.*tin*.ga *sf.* Tipo de vegetação característico do nordeste, cujas árvores são pequenas, espinhosas, que perdem as folhas durante o período de seca; terra estéril; catinga.

ca.*ba*.ça *sf.* Fruto do cabaceiro que, depois de seco e livre das sementes se presta como recipiente de líquidos, utensílio doméstico, etc.

ca.*bal* *adj.* Perfeito; completo; pleno; idôneo; suficiente.

ca.*ba*.la *sf.* Ciência oculta tradicional dos israelitas; conluio; intriga.

ca.*ba*.na *sf.* Choça; choupana.

ca.ba.*ré* *sm.* Casa de diversões onde se dança e bebe; clube noturno.

ca.*baz* *sm.* Cesto de vime ou junco, com asa arqueada e tampa.

ca.*be*.ça *sf.* Parte superior do corpo humano que contém os olhos, orelhas, boca e nariz; parte correspondente, superior, do corpo dos animais bípedes, e anterior do dos outros vertebrados, artrópodes, moluscos e vermes; a parte do crânio coberta de cabelos; inteligência memória; bom senso, juízo; pessoa inteligente; coisas, pessoas ou animais considerados numericamente; *sm.* chefe.

ca.be.*ça*.da *sf.* Pancada com a cabeça; mau passo.

ca.be.ça-de-*ven*.to *s.2g.* Pessoa leviana, imprudente, doidivanas.

ca.be.ça-*du*.ra *s.2g.* Pessoa rude, de pouca inteligência; teimosa.

ca.be.*ça*.lho *sm.* Título de livro ou capítulo; parte superior da primeira página de um jornal ou de outra publicação, formada por data, número, periodicidade, etc.; título destacado de artigo, notícia, etc.

ca.be.ce.*ar* *vi.* Menear a cabeça; deixar pender a cabeça por efeito de sono.

ca.be.*cei*.ra *sf.* Lugar em que se descansa a cabeça (na cama); nascente de rio.

ca.be.*ci*.lha *sm.* Chefe do bando.

ca.be.*ço* *sm.* Cume arredondado de um monte; colina.

ca.be.*çu*.do *adj.* Que tem cabeça grande; teimoso.

ca.be.*dal* *sm.* Conjunto de bens que formam o patrimônio de alguém; capital; riqueza; acervo; *fig.* conjunto dos bens morais ou intelectuais.

ca.be.*lei*.ra *sf.* Cabelo crescido; cabelo postiço.

ca.be.lei.*rei*.ro *sm.* Profissional de penteados.

ca.*be*.lo *sm.* Pêlos que crescem na cabeça humana.

ca.be.*lu*.do *adj.* Que tem muito cabelo; complicado, intrincado; imoral, obsceno; *sm.* indivíduo que tem muito cabelo ou o traz comprido.

ca.*ber* *vt.* Poder estar dentro, poder ser contido; poder entrar; ser compatível; competir, pertencer; tocar em partilha ou quinhão.

ca.*bi*.de *sm.* Dispositivo de madeira, plástico ou arame onde são penduradas roupas; móvel para pendurar chapéus, casacos, etc.

ca.bi.*men*.to *sm.* Aceitação; admissão; ensejo; conveniência.

ca.*bi*.na *sf.* Camarote; compartimento para passageiros em navios ou trens; boxe; guarita; compartimento fechado de um avião, para tripulação, carga ou passageiros; compartimento destinado a comunicações telefônicas.

ca.bis.*bai*.xo *adj.* Com a cabeça baixa; pesaroso.

ca.*bo* *sm.* Parte de um instrumento por onde ele é empunhado ou manejado; corda grossa de navio; feixe de fios metálicos isolados usado em telecomunicações; extremidade de terra que avança mar adentro; posto do exército.

ca.*bo*.clo *sm.* Indígena; mestiço de branco com índio.

ca.bo.*gra*.ma *sm.* Telegrama remetido por cabo submarino.

ca.bor.*tei*.ro *adj. e sm.* Diz-se do, ou o indivíduo velhaco.

ca.bo.*ta*.gem *sf.* Navegação costeira.

ca.bo.*ti*.no *adj. e sm.* Que, ou quem se autopromove; mau comediante; charlatão; hipócrita.

ca.*bra* *sf.* Fêmea do bode; pequeno guindaste; *sm.* mestiço de mulato e negra; capanga; cangaceiro.

ca.bra-*ce*.ga *sf.* Jogo infantil.

ca.bra-*ma*.cho *sm.* Valentão.

ca.*brei*.ro *sm.* Pastor de cabras; *adj.* esperto; desconfiado.

ca.bres.to *sm.* Couro de amarrar cavalgaduras pela cabeça; freio.

ca.bril *sm.* Curral de cabras; *adj.* áspero; agreste.

ca.brim *sm.* Pele curtida de cabra.

ca.bri.o.la *sf.* Cambalhota.

ca.bri.o.lar *vi.* Pular; saltar.

ca.bri.to *sm.* Pequeno bode.

cá.bu.la *sm.* Colegial que faz gazeta; mau aluno; *adj.* astucioso; manhoso.

ca.bu.lar *vi.* Faltar às obrigações escolares.

ca.bu.lo.so *adj.* Azarento.

ca.bu.ré *sm.* Mestiço de índio e negro; espécie de coruja pequena.

ca.ça *sf.* Ação de caçar; os animais caçados; busca, perseguição; *sm. f. red. de* avião de caça.

ca.ça-bom.bar.dei.ro *sm.* Avião de bombardeio que transporta bombas.

ca.ça.da *sf.* Excursão de caçadores; caça.

ca.ça.dor *adj. e sm.* Que, ou aquele que caça por prazer ou profissão.

ca.ça-do.tes *sm. 2n.* Indivíduo pobre que procura enriquecer casando com moça rica.

ca.çam.ba *sf.* Balde para tirar água dos poços.

ca.ça-mi.nas *sm.* Navio de guerra que localiza e destrói minas submarinas lançadas pelo inimigo, rolo compressor colocado à frente de um carro de combate com o fim de destruir minas anticarro postas no caminho pelo inimigo.

ca.ça-ní.queis *sm.* Máquina que proporciona, ou não, prêmio àquele que lhe introduziu uma moeda.

ca.ção *sm.* Tubarão.

ca.ça.po *sm.* Coelho novo.

ca.çar *vt.* Perseguir ou apanhar (aves e outros animais); procurar.

ca.ca.re.co *sm.* tb. us. *no pl.* Trastes velho e/ou muito usado.

ca.ca.re.jar *vi.* Cantar (a galinha); tagarelar, enfadando; fazer muito alarde de coisa de pouca monta; dar gargalhada.

ca.ca.re.jo *sm.* Canto da galinha; *fig.* tagarelice.

ca.ca.ri.a *sf.* Monte de cacos.

ca.ça.ro.la *sf.* Panela; frigideira com tampa.

ca.ça-sub.ma.ri.no *sm.* Pequeno navio de combate para patrulha, escolta ou defesa costeira.

ca.cau *sm.* Fruto do cacaueiro; pó obtido a partir dos extratos desse fruto e utilizado na alimentação.

ca.ce.ta.da *sf.* Pancada com cacete; bordoada.

ca.ce.te *sm.* Pedaço de pau com uma das pontas mais grossa; *bras. pop.* pênis; *adj.2g.* maçante, aborrecedor, importuno.

ca.ce.te.ar *vt.* Espancar com cacete; importunar, chatear.

ca.cha.ça *sf.* Aguardente feita da borra do melaço fermentada e destilada.

ca.cha.cei.ro *sm.* Aquele que é dado ao uso abusivo da cachaça.

ca.cha.ço *sm.* A parte posterior do pescoço; reprodutor suíno.

ca.cha.lo.te *sm.* Espécie de baleia.

ca.chê *sm.* Pagamento feito a artista ou pessoa que participe de algum espetáculo público ou comercial.

ca.che.ar *vi.* Cobrir-se de cachos; produzir cachos; tornar-se cacheado (os cabelos).

ca.che.col *sm.* Agasalho longo e estreito para o pescoço.

ca.chim.bar *vi.* Fumar cachimbo.

ca.chim.bo *sm.* Aparelho para fumar, com fornilho para colocar tabaco e um tubo por onde se aspira o fumo.

ca.chi.nar *vi.* Rir às gargalhadas, por desprezo.

ca.cho *sm.* Conjunto de flores ou frutos pedunculados e dispostos num eixo comum; anel de cabelo.

ca.cho.ar *vi.* Formar cachoeira.

ca.cho.ei.ra *sf.* Queda d'água; catarata.

ca.cho.la *sf.* Juízo;

ca.chor.ra.da *sf.* Bando de cachorros; súcia, malta; má ação; canalhice.

ca.chor.ro *sm.* Cão novo e pequeno; *bras.* qualquer cão; *pop.* canalha.

ca.chor.ro-do-ma.to *sm.* Certo mamífero carnívoro, da família dos canídeos, de coloração pardo-cinzenta, tem o dorso, cauda, focinho e garganta negros.

ca.chor.ro-quen.te *sm.* Sanduíche feito com pão macio, salsicha quente, purê de batata e condimentos.

ca.ci.fe *sm.* No jogo, quantia equivalente à entrada de cada jogador; competência; trunfo; recurso; condição.

ca.cim.ba *sf.* Cova feita no leito de um rio temporário ou de terrenos úmidos, na qual a água se acumula como num poço.

ca.ci.que *sm.* Chefe de índios; *fig.* e *pej.* mandachuva.

ca.co *sm.* Pedaço de louça quebrada; traste sem valor; pessoa envelhecida, encarquilhada; *gír. teat.* frase ou palavra que o ator introduz de improviso em suas falas.

ca.ço.a.da *sf.* Zombaria; troça.

ca.ço.ar *vt. e i.* Zombar.

ca.co.é.pia *sf.* Pronúncia viciada; erro de pronúncia.

ca.co.e.te *sm.* Contrações repetidas e involuntárias dos músculos do corpo; tique; mania; vício renitente.

ca.có.fa.to *sm.* Palavra obscena ou descabida resultante do encontro de fonemas ou sílabas.

ca.co.gra.fi.a *sf.* Erro de grafia.

cac.to *sm.* Designação dada às plantas da família das cactáceas, de caule suculento, esférico ou anguloso, em geral coberto por espinhos, com poucas folhas ou sem elas, que dão flores e são extremamente resistentes às secas.

ca.çu.la *sm.* O mais moço dos filhos.

ca.cun.da *sf.* Dorso; costas.

ca.da *pron. indef.* Qualquer.

ca.da.fal.so *sm.* Patíbulo.

ca.dar.ço *sm.* Fita estreita; cordão.

ca.das.tro *sm.* Registro; censo.

ca.dá.ver *sm.* O corpo morto do homem e dos animais em geral; defunto.

ca.dê *(f. red. de que é feito de?) contr.* Empregada no sentido de onde está?

ca.de.a.do *sm.* Fecho portátil.

ca.dei.a *sf.* Corrente de elos ou de anéis; algema; prisão; sucessão, série não interrompida de elementos semelhantes.

ca.dei.ra *sf.* Assento com encosto; função de professor; cátedra; matéria; *sf. pl.* quadris.

ca.de.la *sf.* A fêmea do cão.

ca.dên.cia *sf.* Ritmo.

ca.der.ne.ta *sf.* Livrinho de lembranças; livrinho para registro das notas escolares.

ca.der.no *sm.* Folhas de papel cosidas em forma de livro.

ca.de.te *sm.* Aluno da escola militar.

ca.di.nho *sm.* Vaso que serve para fundir metais; crisol.

ca.du.car *vt.* Tornar-se caduco; envelhecer; tornar-se desassisado em conseqüência de idade avançada; cair em desuso; desaparecer; prescrever (lei, contrato, etc.) por extinção do prazo estabelecido ou falta de cumprimento das condições.

ca.du.co *adj.* Que está prestes a cair; que perdeu as forças ou a capacidade mental, decrépito; frágil; prescrito.

ca.fa.jes.te *sm.* Indivíduo sem escrúpulos, desprezível, vulgar.

ca.far.na.um *sm.* Lugar de desordem ou confusão; depósito de coisas velhas; cafundó.

ca.fé *sm.* Fruto do cafeeiro; infusão preparada com esse fruto, depois de torrado e moído; porção dessa infusão que se serve em xícara, caneca, etc.; botequim; bar.

ca.fe.ei.ro *sm.* Planta que produz o café; *adj.* relativo a café.

ca.fe.zal *sm.* Plantação de cafeeiros.

ca.fi.fa *s.2g..* Pessoa de má sorte no jogo.

ca.fi.te *sm.* Série de contrariedades; mal-estar.

cá.fi.la *sf.* Caravana; grande quantidade de camelos que transportam mercadorias; *fig.* corja, súcia, bando.

cáf.ten *sm.* Aquele que vive à custa de prostitutas; aquele que explora a prostituição; rufião; proxeneta.

caf.ti.na *sf.* Mulher que explora o comércio de meretrizes.

ca.fun.dó *sm.* Lugar ermo e distante, de difícil acesso, em geral entre montanhas.

ca.fu.né *sm.* Ato de coçar levemente a cabeça de alguém para fazê-lo adormecer.

ca.fu.zo *sm.* Mestiço de negro e índio.

cá.ga.do *sm.* Espécie de tartaruga de água-doce; indivíduo moleirão.

cai.a.que *sm.* Pequena embarcação que se amarra à cintura do remador, usada em certo tipo de esporte.

cai.ar *vt.* Pintar com água de cal; dar cor branca.

cãi.bra ou **câim.bra** *sf.* Contração dolorosa dos músculos.

cai.bro *sm.* Barrote que sustenta as ripas do telhado.

cai.ça.ra *sm.* Caipira do litoral paulista; malandro.

ca.í.da *sf.* Queda; decadência.

ca.í.do *adj.* Abatido; triste.

cai.ei.ra *sf.* Fábrica de cal; forno de olaria.

ca.í.nho *adj.* Próprio de cão; *sm.* e *adj.* avarento.

cai.pi.ra *s.2g.* Habitante do campo, em particular o de pouca instrução e modos rudes ou canhestros; *adj.2g.* roceiro; matuto; jeca; serta-nejo; *bras.* diz-se do indivíduo sem traquejo social.

cai.pi.ri.nha *sf.* Bebida feita com limão, açúcar e cachaça.

cai.po.ra *adj. 2g* Diz-se do indivíduo sem sorte e/ou que dá azar; azarado; *s.2g.* indivíduo azarado, infeliz.

ca.í.que *sm.* Pequena embarcação de dois mastros.

ca.ir *vi.* Ir ao chão; descer sobre a terra; descer, abaixar, arriar; sucumbir, morrer; fraquejar, decair; desvalorizar-se (título, moeda); ser vítima de engodo, deixar-se iludirentregar-se à prostituição; combinar, harmonizar, condizer, ir.

cai.rel *sm.* Orla; debrum.

cais *sm.* Lugar de um porto onde se faz embarque e desembarque de passageiros e cargas.

cai.xa *sf.* Receptáculo de madeira, papelão, plástico, etc., com ou sem tampa, nos mais variados tamanhos e formatos, destinado a conter ou resguardar quaisquer objetos ou mercadorias; seção de estabelecimento encarregada de efetuar recebimento e pagamento de dinheiro; arca; cofre; *sm.* livro onde se registram entradas e saídas de fundos; *s.2g.* pessoa encarregada de recebimento e pagamento de dinheiro.

cai.xa-al.ta *sf.* Letra maiúscula; *s.2g. bras. gír.* pessoa riquíssima.

cai.xa-bai.xa *sf.* Letra minúscula.

cai.xa-de-fós.fo.ros *sf. bras.* Recinto muito pequeno.

cai.xa-dois *sm.* Controle de recursos desviados da escrituração legal, com o objetivo de sonegá-los à tributação fiscal.

cai.xa-for.te *sf.* Dependência resistente ao fogo e a roubos onde se guardam dinheiro, documentos e outros valores.

cai.xão *sm.* Caixa grande; esquife para defunto.

cai.xei.ro *sm.* Empregado de casa de comércio que atende ao balcão; balconista; entregador.

cai.xei.ro-vi.a.jan.te *sm.* Empregado que vende os produtos de um estabelecimento comercial de localidade em localidade.

cai.xi.lho *sm.* Moldura para quadros ou vidros de janela.

cai.xo.te *sm.* Caixa pequena; *bras.* caixa de madeira destinada a embalagem; caixa; caixão.

ca.ja.do *sm.* Bordão de pastor; bastão; báculo.

cal *sf.* Óxido de cálcio que constitui a base das pedras calcárias; substância branca, granulada, obtida pela calcinação do carbono de cálcio e com uso na indústria farmacêutica, na indústria cerâmica, em argamassas, etc.

ca.la *sf.* Abertura em fruto, queijo, etc. para prova.

ca.la.bou.ço *sm.* Prisão subterrânea; cárcere.

ca.la.bre.ar *vt.* Adulterar; misturar; mudar para pior.

ca.la.da *sf.* Silêncio absoluto.

ca.la.do *adj.* Silencioso; *sm.* profundidade de navio.

ca.la.fa.te *sm.* Obreiro de calafetagem; vento leste.

ca.la.fe.tar *vt.* Vedar com estopa alcatroada (as junturas das embarcações); vedar, de qualquer modo, frestas ou buracos de.

ca.la.fri.o *sm.* Arrepio de frio.

ca.la.mi.da.de *sf.* Grande infortúnio público; desgraça que persegue uma pessoa ou família.

ca.la.mis.trar *vt.* Frisar, encrespar, encaracolar (cabelos).

ca.la.mi.to.so *adj.* Desgraçado; funesto; trágico.

ca.lan.dra *sf.* Máquina com cilindros rotativos para alisar e acetinar papel, tecido, etc.

ca.lan.drar *vt.* Passar por calandra tecido, papel, borracha, etc.

ca.lão *sm.* Gíria caracterizada por linguagem chula.

ca.lar *vi.* Não falar, estar em silêncio; cessar de falar, calar-se; não contar o que sabe; não ter voz ativa; penetrar fundo; gravar; *vt.* impor silêncio, fazer calar; abrir cala em (fruto, queijo, etc.); encaixar baioneta no fuzil.

cal.ça *sf.* Peça do vestuário, masculino ou feminino, que cobre a parte inferior do tronco, partindo da cintura ou um pouco abaixo dela, circunda os quadris e, logo abaixo da virilha, divide-se em duas partes que irão circundar as pernas separadamente; peça do vestuário feminino, parecida com a descrita anteriormente, mas que vai apenas até à virilha ou até o início das coxas; calcinha; calcinhas.

cal.ça.da *sf.* Caminho de pedras ou cimento para o trânsito de pedestres.

cal.ça.do *sm.* Sapato; qualquer resguardo para os pés.

cal.ça.men.to *sm.* Pavimentação de rua.

cal.ca.nhar *sm.* A parte posterior do pé; tacão.

cal.ção *sm.* Calça apertada que não passa da altura do joelho.

cal.car *vt.* Pisar com os pés; esmagar; apertar; oprimir; reproduzir exatamente.

cal.çar *vt.* Meter os pés em sapatos, ou em meias; vestir calça; pôr luva.

cal.cá.rio *adj.* Que contém cal, ou que é da natureza da cal.

cal.ças *sf. pl.* O mesmo que calça.

cal.ce.tar *vt.* Calçar ou revestir com pedras justapostas.

cal.ci.fi.ca.ção *sf.* Deposição de cálcio no esqueleto durante o processo de ossificação.

cal.ci.fi.car *vt.* Dar consistência de cal a; *vp.* sofrer processo de calcificação.

cal.ci.nar *vt.* Reduzir a cal viva a carbonato de cálcio por meio de temperatura elevada; *p. ext.* aquecer a temperaturas muito elevadas; reduzir a cinzas ou carvão.

cal.ci.nha *sf. tb. us. no pl.* Vide calça.

cal.ço *sm.* Cunha, pedaço de madeira, pedra, etc., que se coloca debaixo de um objeto para levantá-lo ou nivelá-lo.

cal.cu.la.do.ra *sf.* Máquina de calcular.

cal.cu.lar *vt.* Determinar por meio de cálculo; computar; contar; avaliar, estimar; fazer idéia, imaginar; presumir, supor; .

cal.cu.lis.ta *adj.* e *s.2g.* Interesseiro; especialista em cálculos matemáticos, calculador.

cál.cu.lo *sm.* Resolução de uma operação ou combinação de operações sobre números algébricos; avaliação, conjetura; *fig.* sentimento de cobiça, interesse; pedra que se forma em certos orgãos como vesícula e rins.

cal.da *sf.* Dissolução de açúcar em água a ferver até o ponto de xarope; *sf. pl.* fonte de águas termais.

cal.de.ar *vt.* Converter em calda ou massa; pôr (o ferro) em brasa; mestiçar.

cal.dei.ra *sf.* Qualquer recipiente de metal para aquecer água, produzir vapor, cozinhar alimentos, etc.

cal.dei.rão *sm.* Panela de cozinha; grande caldeira.

*cal.*do *sm.* A água nutriente em que se cozeu carnes, legumes, etc.

ca.le.fa.ção *sf.* Aquecimento.

ca.le.fa.tor *sm.* Aquecedor.

ca.lei.dos.có.pio *sm.* Calidoscópio.

ca.le.ja.do *adj.* Cheio de calos; experimentado.

ca.le.jar *vt.* Tornar caloso, formar calos; tornar insensível ao sofrimento.

ca.lem.bur *sm.* Jogo de palavras que dá lugar a equívocos e trocadilhos.

ca.len.dá.rio *sm.* Tabela de dias do ano, com indicação de semanas, meses e, às vezes, feriados, festas religiosas e fases da lua; folhinha, almanaque.

*ca.*lha *sf.* Cano para escoamento fácil de água dos telhados.

ca.lha.ma.ço *sm. pop.* Livro grande e antigo, alfarrábio.

ca.lham.be.que *sm.* Pequena embarcação costeira; carro velho.

ca.lhar *vi.* Convir, ser próprio; *vt.* acontecer, suceder; coincidir.

ca.lhau *sm.* Fragmento de rocha; seixo; pedra.

ca.lhor.da *sm.* Homem desprezível; sem-vergonha.

ca.li.brar *vt.* Medir o calibre.

ca.li.bre *sm.* Diâmetro interior das armas de fogo; capacidade; tamanho.

*cá.*li.ce *sm.* Copinho com pé; vaso sagrado; invólucro externo da flor, que contém a corola e os órgãos sexuais.

ca.li.ci.da *sm.* Remédio para destruir calos.

*cá.*li.do *adj.* Quente; sangüíneo.

ca.li.dos.có.pio *sm.* Tubo com espelhos no interior que refletem em múltiplas combinações as imagens de pequenos objetos coloridos, presos ao fundo.

ca.li.fa *sm.* Chefe muçulmano.

ca.li.gra.fi.a *sf.* Arte de escrever à mão com letra bonita.

ca.li.gra.fo *sm.* Pessoa especialista em caligrafia.

ca.lis.ta *s.2g.* Profissional que remove calos; pedicuro.

*cal.*ma *sf.* Serenidade; quietação; sossego.

cal.man.te *adj.* Que acalma; *sm.* remédio que acalma determinados distúbios, como ansiedade, tosse, etc.; sedativo.

cal.mar *vt. e i.* Acalmar.

cal.ma.ri.a *sf.* Cessação do vento; calor sem vento.

*cal.*mo *adj.* Em que há calma; quente; sossegado.

*ca.*lo *sm.* Concreção dura num ponto da pele.

ca.lom.bo *sm.* Inchaço duro.

ca.lor *sm.* Quentura, ardor.

ca.lo.ri.a *sf.* Unidade para medir a quantidade de calor; quantidade de calor necessária para elevar de 14,5°C a 15,5°C a temperatura de um grama de água.

ca.lo.ro.so *sf.* Cheio de calor; entusiástico; carinhoso.

ca.lo.te *sm. fam.* Dívida não paga.

ca.lo.te.ar *vt.* Não pagar o que se deve a; passar calote em.

ca.lou.ro *sm.* Novato em qualquer atividade; indivíduo tímido.

ca.lu.da *interj.* Silêncio!, psiu!

ca.lú.nia *sf.* Ato ou efeito de caluniar; imputação falsa.

ca.lu.ni.ar *vt.* Difamar, fazendo acusações falsas.

*cal.*va *sf.* Parte da cabeça desprovida de cabelos.

cal.ví.cie *sf.* Calva; perda de cabelos.

*cal.*vo *adj.* Que não tem cabelos; careca.

*ca.*ma *sf.* Leito de dormir.

ca.ma.da *sf.* Porção de matéria estendida sobre uma superfície.

ca.ma.feu *sm.* Pedra fina com figura ou busto em relevo.

ca.ma.le.ão *sm.* Lagarto dotado da faculdade de mudar de cor para confundir-se com o ambiente e passar despercebido de possíveis predadores.

*câ.*ma.ra *sf.* Quarto; corporação de deputados, vereadores ou comerciantes; edifício onde funciona essa corporação; aparelho para fotografar; aparelho para captar as imagens da televisão e transmiti-las; *s.2g.* pessoa que opera a câmara de cinema ou de televisão.

ca.ma.ra.da *sm.* Companheiro; colega.

ca.ma.rão *sm.* Nome comum de diversas espécies de crustáceos, muito apreciados em culinária; *ant.* nome que se dava ao bonde fechado, em São Paulo.

ca.ma.rei.ra *sf.* Criada; aia.

ca.ma.rei.ro *sm.* Empregado de navio que se ocupa da limpeza e arrumação dos camarotes.

ca.ma.rim *sm.* Compartimento no teatro onde os atores se caracterizam.

ca.ma.ri.nha *sf.* Aposento.

ca.ma.ro.te *sm.* Aposento em navio; compartimento, num teatro, para assistentes.

cam.ba.da *sf.* Porção de objetos ou animais enfiados ou pendurados em alguma coisa; *fig.* súcia, corja.

cam.ba.do *adj.* Que tem as pernas tortas.

cam.bai.o *adj.* Cambado; cambeta; trôpego.

cam.ba.la.cho *sm.* Tramóia; conluio; trapaça.

cam.ba.le.ar *vi.* Andar com passo inseguro.

cam.ba.lho.ta *sf.* Reviravolta; queda; salto; cambota.

cam.be.ta *adj.* Cambaio; coxo; manco; *sm.* índio do Pará.

cam.be.te.ar *vi.* Andar coxeando.

cam.bi.al sf. Papel representativo de valor em moeda estrangeira; adj.2g. referente a títulos endossáveis de efeitos jurídicos (cheque, nota promissória, etc.); relativo a câmbio.

cam.bi.an.te adj.2g. Que varia gradualmente a cor; furta-cor; sm. a cor que varia com a luz.

cam.bi.ar vt. e i. Trocar uma moeda por outra; alterar, mudar; permutar; vi. mudar de opinião, sistema, partido, etc.

câm.bio sm. Troca de moedas, valores, etc. de um país pelos do outro; troca, permuta; nos veículos, mecanismo que permite alterar as engrenagens, a fim de se obter diferentes condições de rodagem.

cam.bis.ta s.2g. O que opera transações de câmbio; pessoa que vende ingressos com ágio, fora das bilheterias dos teatros, estádios, etc.

cam.bi.to sm. Pernil de porco; perna fina.

cam.bo.ta sf. Cambalhota.

cam.brai.a sf. Tecido muito fino de algodão ou de linho.

ca.me.lo sm. Quadrúpede ruminante com duas bossas no dorso; indivíduo estúpido.

ca.me.lô sm. Comerciante que vende na rua, em geral nas calçadas.

câ.me.ra sf. Var. de câmara.

ca.mi.nha.da sf. Longo percurso feito a pé; jornada.

ca.mi.nhão sm. Veículo de carga, com quatro ou mais rodas.

ca.mi.nhar vt. Andar; percorrer; marchar; seguir; vi. percorrer caminho a pé; pôr-se em movimento; rodar, seguir; progredir; dirigir-se.

ca.mi.nho sm. Estrada; rumo, direção, destino; norma de proceder; tendência; .

ca.mi.nho.nei.ro sm. Motorista profissional de caminhão.

ca.mi.nho.ne.te ou **ca.mi.o.ne.te** ou **ca.mi.o.ne.ta** sf. Veículo automóvel para transporte de passageiros ou pequena carga.

ca.mi.sa sf. Peça do vestuário, de linho, algodão ou outro tecido leve.

ca.mi.sa-de-vê.nus sf. Envoltório de borracha utilizado para recobrir o pênis durante a relação sexual, impedindo, com a retenção do esperma, a fecundação da mulher e protegendo os parceiros de contrair doenças sexualmente transmissíveis como sífilis e aids.

ca.mi.sa.ri.a sf. Loja ou fábrica de camisas.

ca.mi.sei.ra sf. Móvel onde se guardam roupas brancas.

ca.mi.si.nha sf. Camisa-de-vênus.

ca.mi.so.la sf. Vestimenta feminina usada para dormir, semelhante a um vestido, com ou sem mangas; camisa comprida, para dormir.

cam.pa sf. Pedra de sepulcro; sepultura.

cam.pa.i.nha sf. Pequena sineta de mão, dispositivo elétrico que se instala na porta de residências, em relógios despertadores, telefones, etc. e que emite som característico quando acionado.

cam.pa.ná.rio sm. Torre de igreja onde estão os sinos.

cam.pa.nha sf. Campo extenso, campina; série de operações militares durante uma guerra; série de esforços para obtenção de um resultado específico.

cam.pâ.nu.la sf. Vaso de vidro em forma de sino; redoma.

cam.pe.ão sm. Defensor; paladino; vencedor.

cam.pe.ar vt. Procurar gado no mato; procurar; ostentar.

cam.pei.ro adj. Afeito aos labores do campo; sm. o encarregado de cuidar do gado.

cam.pe.si.no adj. Relativo ao campo; rural; agreste.

cam.pes.tre adj. Campesino.

cam.pi.na sf. Campo extenso destituído de árvores.

cam.po sm. Terreno extenso e mais ou menos plano, próprio para cultivo ou pastagem de gado; local preparado e demarcado para a prática de certos esportes; área, espaço; matéria, assunto; domínio, esfera, campo de ação; ocasião, ensejo.

cam.po.nês adj. Próprio do campo; sm. homem que vive no campo; trabalhador do campo.

cam.pus sm. Conjunto de edifícios de uma universidade; pl. campi.

ca.mu.flar vt. Ocultar sob falsas aparências; dissimular.

ca.mun.don.go sm. Mamífero roedor de coloração clara e porte pequeno, comum em todas as regiões do Brasil.

ca.mur.ça sf. Espécie de cabra montês; a pele desse animal.

ca.na sm. Caule de certas espécies de gramíneas (bambu, taquara, etc.); gír. cadeia; cachaça.

ca.na-de-a.çú.car sf. Planta da família das gramíneas e da qual se extrai o açúcar, o álcool e a aguardente.

ca.nal sm. Estreito; cano; tubo.

ca.na.lha sf. Gente reles, infame; s.2g. pessoa reles, infame; adj.2g. velhaco, vil, infame, reles.

ca.na.li.za.ção sf. Rede de canais; ação de canalizar.

ca.na.li.zar vt. Abrir canais em; convergir para canais; pôr canos de esgoto em; vi. dirigir, encaminhar.

ca.na.pé sm. Espécie de sofá com costas e braços.

ca.na.pé sm. Pequena fatia de pão servida como aperitivo e guarnecida de patê, maionese, frios, etc.

ca.ná.rio *sm.* Ave passeriforme, originária das ilhas Canárias, de coloração variando do amarelo alaranjado até o branco.

ca.nas.tra *sf.* Cesta larga e de pouca altura.

can.cã *sm.* Bailado tradicional dos cabarés de Paris.

can.ção *sf.* Composição musical para ser cantada.

can.ce.la *sf.* Porteira.

can.ce.lar *vt.* Anular; eliminar; riscar, inutilizar; não levar a efeito, desistir de; excluir, suprimir.

cân.cer *sm.* Doença em que as células se multiplicam sem controle e produzem uma massa de tecido chamada tumor maligno, que invade, comprime e por fim destrói o tecido são que o cerca. Além disso, as células doentes podem se separar do tumor e ser transportadas pelo sangue ou pela linfa para outras parte do corpo, onde continuam a multiplicar-se, formando novos tumores. A quarta constelação do Zodíaco, caranguejo.

can.ce.rí.ge.no *adj.* Que produz ou é capaz de produzir câncer.

can.cha *sf.* Terreno preparado para o exercício de vários esportes; *pop.* experiência.

can.ci.o.nei.ro *sm.* Coleção de canções e modinhas.

can.cro *sm.* Tumor ulceroso e maligno; úlcera venérea; *fig.* centro e fonte de corrupção.

can.de.ei.ro *sm.* Utensílio de iluminação, alimentado por azeite ou gás, com mecha ou camisa incandescente; lampião.

can.dei.a *sf.* Vela de cera.

can.de.la.bro *sm.* Castiçal de vários braços; lampadário.

can.den.te *adj.* Incandescente.

can.di.da.tar-se *vp.* Apresentar-se como candidato; concorrer.

can.di.da.to *sm.* Pretendente.

cân.di.do *adj.* Puro; inocente.

can.dom.blé *sm.* Religião dos negros iorubas na Bahia; canzuá.

can.don.ga *sf.* Carinho fingido; lisonja, afago.

can.don.guei.ro *sm.* Lisonjeiro.

can.du.ra *sf.* Alvura; inocência; singeleza; candor.

ca.ne.ca *sf.* Pequeno vaso com asa, de metal, porcelana, vidro, etc. para conter líquidos.

ca.ne.co *sm.* Caneca comprida; *pop.* taça (de competições esportivas).

ca.ne.la *sf.* Árvore cuja casca aromática se emprega como condimento; a tíbia da perna.

ca.ne.ta *sf.* Haste em que se encaixa a pena ou a ponta com que se escreve à tinta.

can.ga *sf.* Jugo de bois.

can.ga.cei.ro *sm.* Bandoleiro.

can.ga.lhas *sf. pl.* Peça para equilibrar a carga das bestas.

can.go.te *sm.* Cogote.

can.gu.ru *sm.* O maior mamífero da ordem dos marsupiais.

câ.nha.mo *sm.* Designação de várias plantas têxteis.

ca.nhão *sm.* Peça de artilharia; *bras.* mulher feia.

ca.nhes.tro *adj.* Desajeitado.

ca.nho *adj.* Canhoto; inábil.

ca.nho.ne.ar *vt.* Atacar com tiros de canhão; bombardear.

ca.nho.nei.o *sm.* Bombardeio.

ca.nho.ta *sf.* A mão esquerda.

ca.nho.to *adj.* Que é mais hábil com a mão esquerda, esquerdo; inábil; desastrado.

ca.ni.bal *s.2g.* Antropófago; *sm.* homem cruel, bárbaro, feroz.

ca.ni.ba.lis.mo *sm.* Antropofagia; ferocidade de canibal.

ca.ni.ço *sm.* Cana delgada e comprida; vara de pescar.

ca.ní.cu.la *sf.* A fase mais aguda do verão; pequena cana.

ca.nil *sm.* Lugar onde se guardam ou criam cães.

ca.ni.no *adj.* Concernente a cão; *sm.* dente entre os incisivos e os molares.

ca.ni.ve.te *sm.* Pequena faca portátil e dobradiça.

can.ja *sf.* Caldo de galinha; *fig.* coisa muito fácil.

can.ji.ca *sf.* Sopa de milho com leite, coco ralado e açúcar.

ca.no *sm.* Qualquer tubo.

ca.no.a *sf.* Pequena embarcação.

ca.no.ei.ro *sm.* Aquele que dirige ou fabrica canoas.

câ.non *ou* **câ.no.ne** *sm.* Regra ou preceito; decisão de concílio sobre matéria de fé ou de disciplina eclesiástica; parte da missa entre o prefácio e o pai-nosso; lista de santos reconhecidos pela Igreja.

ca.no.ni.za.ção *sf.* Elevação à categoria de santo.

ca.no.ni.zar *vt.* Proclamar como santo.

ca.no.ro *adj.* De canto harmonioso e suave.

can.sa.ço *sm.* Fadiga.

can.sar *vt.* Causar cansaço; fatigar; aborrecer.

can.tar *vt.* Emitir com a voz notas musicais; celebrar em versos; *pop.* seduzir.

can.ta.ri.a *sf.* Pedra lavrada para construções.

cân.ta.ro *sm.* Vaso grande e bojudo, com duas asas.

can.ta.ro.lar *vt. e i.* Cantar baixinho ou sem afinação.

can.ta.ta *sf.* Composição poética para ser cantada.

can.tei.ro *sm.* Operário que lavra pedras de cantaria; porção de terreno destinada para o cultivo de plantas; espaço perto de uma construção destinado à preparação de argamassa, confecção de fôrmas, etc.

cân.ti.co *sm.* Hino; salmo; canto dedicado à divindade.

can.ti.ga *sf.* Poesia cantada, em versos pequenos, dividida em estrofes iguais; canção.

can.til sm. Recipiente de metal, plástico, couro, etc. em que são transportados líquidos em viagem.

can.ti.le.na sf. Cantiga monótona; arenga; ladainha.

can.ti.na sf. Espécie de café em escolas, quartéis, etc.

can.to sm. Esquina; ângulo; música vocal.

can.tor sm. Pessoa que canta por gosto ou por profissão.

ca.nu.do sm. Tubo; fam. diploma.

can.zar.rão sm. Cão enorme; canaz.

cão sm. Cachorro; percutidor em arma de fogo.

ca.o.lho sf. Zarolho; que não tem um olho.

caos sm. sing. e pl. As trevas primitivas e a confusão dos elementos, antes da criação do mundo; desordem; confusão.

ca.ó.ti.co adj. Em que há caos; confuso; desordenado.

ca.pa sf. Capote; manto; cobertura; proteção.

ca.pa.ce.te sm. Armadura defensiva da cabeça; elmo.

ca.pa.cho sm. Tapete para limpar os pés; homem servil.

ca.pa.ci.da.de sf. Volume interno de um recipiente; conteúdo cúbico; número de unidades (coisas, pessoas, etc.) que podem ser acomodadas num recinto, recipiente, etc.; poder, aptidão ou possibilidade de fazer ou produzir qualquer coisar; pessoa de grande aptidão; a quantidade de carga elétrica ou de energia que um condutor, condensador ou qualquer outro dispositivo pode armazenar.

ca.pa.ci.tar vt. Tornar capaz; persuadir; convencer.

ca.pan.ga sm. Valentão assalariado; guarda-costas.

ca.par vt. Fazer ablação das glândulas seminais.

ca.pa.taz sm. Chefe de trabalhadores; feitor.

ca.paz adj. Apto; competente; idôneo; interj. nunca!

cap.ci.o.so adj. Enganador.

ca.pe.ar vt. Revestir com capa; esconder; disfarçar.

ca.pe.la sf. Ermida; templo com um único altar.

ca.pe.lão sm. Sacerdote encarregado de uma capela ou que acompanha regimentos militares.

ca.pe.lo sm. Capuz de frade; grau de doutor; dossel.

ca.pen.ga adj. Coxo; manco.

ca.pen.gar vi. Coxear; mancar.

ca.pe.ta sm. O diabo; menino traquinas, endiabrado.

ca.pi.au sm. Matuto; caipira.

ca.pi.lar adj. Relativo ao cabelo; tênue como o cabelo; sm. vaso capilar.

ca.pim sm. Designação de várias plantas da família das gramíneas, usadas em geral para forragem.

ca.pi.nar vt. Limpar de capim; mondar; carpir.

ca.pi.tal adj.2g. Relativo a cabeça; principal, fundamental; maiúsculo; sf. a principal cidade de um país, estado, etc.; sm. riqueza ou valores disponíveis; fundo de dinheiro ou patrimônio de uma empresa.

ca.pi.ta.lis.mo sm. Regime sócioeconômico em que há influência ou predomínio do capital.

ca.pi.ta.lis.ta s.2g. Aquele que fornece capital a empresas ou vive do rendimento de um capital; adj.2g. relativo a capital.

ca.pi.ta.li.zar vt. Converter em capital.

ca.pi.ta.ne.ar vt. Comandar como capitão; governar.

ca.pi.ta.ni.a sf. Qualidade ou dignidade de capitão; comando; sede da administração de um porto; designação das primeiras circunscrições administrativas e territoriais do Brasil colônia.

ca.pi.tâ.nia sf. Numa esquadra, Navio em que viaja o comandante.

ca.pi.tão sm. Oficial militar; comandante; chefe.

ca.pi.to.so adj. Que sobe à cabeça; inebriante.

ca.pi.tu.la.ção sf. Rendição.

ca.pi.tu.lar vt. Descrever por capítulos; vi. render-se; ceder; adj. relativo a capítulo; maiúsculo.

ca.pí.tu.lo sm. Divisão de livro, lei ou tratado; assembléia de ordens religiosas.

ca.pi.xa.ba adj. Espírito-santense; do Estado do Espírito Santo.

ca.pô sm. Tampa que protege o motor de um automóvel.

ca.po.ei.ra sf. Gaiola grande para alojar aves; vegetação que cresceu em local da mata que foi desmatado ou queimado, certo jogo atlético de destreza.

ca.po.ta sf. Cobertura de veículo; espécie de touca.

ca.po.tar vi. Virar; tombar.

ca.po.te sm. Capa comprida munida de capuz.

ca.pri.char vi. Ter capricho; fazer com grande zelo.

ca.pri.cho sm. Esmero; desejo inopinado; extravagância.

ca.pri.cho.so adj. Que capricha; fantasioso; teimoso.

ca.prí.deo adj. Relativo ou semelhante à cabra.

ca.pri.no adj. De cabra.

cáp.su.la sf. Invólucro das sementes; cilindro que envolve a massa explosiva das balas de armas de fogo; camada fina de massa ou gelatina com que se envolvem certos medicamentos; comprimido, drágea, pílula; compartimento estanque em foguete espacial.

cap.tar sf. Atrair capciosamente; aproveitar ou colher nas nascentes (águas); receber (mensagens radiotelegráficas); apreender.

cap.tor sm. O que captura.

cap.tu.ra sf. Aprisionamento.

cap.tu.rar vt. Prender.

ca.pu.chi.nho sm. Pequeno capuz; frade franciscano.

ca.puz sm. Peça para cobrir a cabeça; capelo.

ca.qui sm. Fruto comestível do caquizeiro, de cor amarela ou vermelho-escura.

cá.qui adj.2g. e 2n. Cor de barro; sm. brim dessa cor.

ca.ra sf. Rosto; fisionomia; sm. gír. indivíduo.

ca.ra.bi.na sf. Espingarda curta; fuzil.

ca.ra.col sm. Certo molusco; anel de cabelo.

ca.rac.te.res sm. pl. Tipos de imprensa; caráter; elementos que distinguem uma pessoa.

ca.rac.te.rís.ti.co adj. Que caracteriza ou distingue; sm. aquilo que caracteriza; distintivo, característica.

ca.rac.te.ri.za.ção sf. Ato ou efeito de caracterizar(-se); arte técnica que consiste na alteração na fisionomia de um ator por meio de maquilagem, máscara, roupas, etc.

ca.rac.te.ri.zar vt. Imprimir caráter em; assinalar; distinguir.

ca.ra.cu adj.2g. Diz-se de raça bovina de pêlo curto e arruivado; sm. animal dessa raça; a medula dos ossos.

ca.ra-de-pau s.2g. Caradura; adj. cínico, sem-vergonha.

ca.ra.du.ra s.2g. Pessoa cínica, impudente, sem-vergonha, desinibida.

ca.ra.man.chão sm. Armação em canto de jardim, feita de canas, ripas ou estacas e revestida de plantas trepadeiras.

ca.ra.me.lo sm. Floco de gelo; certa guloseima à base de açúcar, leite e aromatizante.

ca.ra-me.ta.de sf. A esposa em relação ao marido; a pessoa amada.

ca.ra.mi.nho.la sf. Trufa; intriga; arenga; enredo.

ca.ran.gue.jo sm. Designação comum de vários crustáceos, terrestres ou aquáticos, de água doce ou marinhos, muito utilizados como alimento; câncer.

ca.ran.to.nha sf. Careta; esgar.

ca.rão sm. Cara grande e feia; repreensão.

ca.ra.pa.ça sf. Proteção calcária ou quitinosa que protege o tronco de certos animais.

ca.ra.pa.nã sm. Mosquito.

ca.ra.pi.nha sf. Cabelo crespo e lanoso dos negros.

ca.ra.pu.ça sf. Barrete; dito crítico; alusão; indireta.

ca.ra.tê sm. Método de ataque e defesa pessoal difundido pelos japoneses.

ca.rá.ter sm. Marca, sinal convencional; especialidade; cunho; qualidade inerente a; o conjunto dos traços particulares; índole; natureza; temperamento; o conjunto das qualidades de um indivíduo que lhe determinam a conduta moral; humor, temperamento.

ca.ra.va.na sf. Grande comitiva em viagem.

ca.ra.ve.la sf. Embarcação a vela usada nos sécs. XV e XVI; animal celenterado, marinho, flutuante que tem filamentos vesicantes.

car.bo.i.dra.to sm. Glucídio, hidrato de carbono; substâncias com composição semelhante à do açúcar.

car.bo.ní.fe.ro adj. Que contém ou produz carvão.

car.bo.ni.zar vt. Reduzir a carvão.

car.bún.cu.lo sm. Antraz; pústula maligna.

car.bu.ra.dor sm. Aparelho onde o combustível se mistura ao ar para depois ser utilizado no funcionamento de um motor de explosão.

car.ca.ça sf. Esqueleto de animal; casco de navio.

car.ca.rá sm. Ave predadora.

cár.ce.re sm. Calabouço.

car.ce.rei.ro sm. Guarda de cárcere.

car.co.ma sf. Caruncho.

car.co.mer vt. Roer madeira; corroer; fig. arruinar, destruir.

car.da sf. Instrumento de cardar; ato de cardar; ação de desembaraçar e limpar fibras têxteis.

car.dá.pio sm. Lista de iguarias de uma refeição; lista com a relação dos pratos servidos e seus preços, em restaurantes e similares.

car.dar vt. Pentear com a carda (lã etc.).

car.de.al sm. Prelado do Sacro Colégio pontifício, título de honra; adj. fundamental.

cár.dia sf. Orifício superior do estômago.

car.dí.a.co adj. Do coração; sm. doente do coração.

car.di.al adj. Relativo à cárdia; cardíaco.

car.di.gã sm. Casaco de malha aberto na frente, sem gola e de decote redondo ou em V.

car.di.nal adj. Principal; (numeral) que indica quantidade absoluta.

car.dio.vas.cu.lar adj. Referente ao coração e aos vasos sangüíneos.

car.du.me sm. Bando de peixes.

ca.re.ca adj. e s.2g. Diz-se de, ou pessoa calva.

ca.re.cer vt. Necessitar; não ter.

ca.re.nar vt. Limpar a carena (de uma embarcação); vi. tombar (a embarcação) para um lado, à ação do vento.

ca.rên.cia sf. Falta; precisão; necessidade.

ca.res.ti.a sf. Alta de preços.

ca.re.ta *sf.* Contorção de rosto; esgar; máscara; *adj.* e *s.2g.* pessoa presa aos padrões tradicionais; conservador.

car.ga *sf.* Peso; fardo; grande quantidade; encargo.

car.go *sm.* Exercício de funções; emprego.

car.guei.ro *adj.* De carga; (navio ou caminhão) que transporta carga; *sm.* condutor de animais; navio destinado ao transporte de cargas.

ca.ri.ar *vi.* Criar cárie.

ca.ri.bo.ca *sm.* Caboclo.

ca.ri.ca.to *adj.* Ridículo; grotesco; burlesco.

ca.ri.ca.tu.ra *sf.* Reprodução burlesca de uma pessoa.

ca.ri.ca.tu.rar *vt.* Reproduzir em caricatura.

ca.ri.ca.tu.ris.ta *s.2g.* Indivíduo que faz caricaturas.

ca.ri.cia *sf.* Afago; carinho.

ca.ri.da.de *sf.* Amor a Deus e ao próximo; benevolência, compaixão; beneficência; esmola.

cá.rie *sf.* Ulceração de ossos ou dentes.

ca.rim.bar *vt.* Marcar com carimbo; selar.

ca.rim.bo *sm.* Instrumento de metal, madeira, marfim, borracha, com logotipo ou dizeres em relevo, que serve para marcar papéis.

ca.ri.nho *sm.* Expressão de afeto; afago; carícia.

ca.ri.o.ca *adj.* Natural da cidade do Rio de Janeiro; *s.2g.* o natural ou habitante dessa cidade.

car.me.sim *adj.* e *sm.* Cor vermelha viva; vermelho.

car.mim *sm.* Tinta vermelha vivíssima.

car.na.ção *sf.* A cor natural do corpo humano.

car.nal *adj.* Relativo a carne; sensual; lascivo.

car.na.val *sm.* Os três dias de folia que precedem a quarta-feira de cinzas; escândalo; confusão, desordem.

car.ne *sf.* O tecido muscular do homem e dos animais; a matéria.

car.nê *sm.* Talão contendo os dados relativos ao pagamento de compra feita a prazo.

car.ne-de-sol *sf.* Carne ligeiramente salgada e seca ao sol.

car.ne-se.ca *sf.* Charque, carne de vaca salgada e curada ao sol; jabá.

car.ne.gão *sm.* Carnicão.

car.nei.ro *sm.* Quadrúpede mamífero, ruminante e lanígero; Áries.

car.ni.ça *sf.* Carne de animal morto; carne podre.

car.ni.cão *sm.* Porção endurecida que sai dos furúnculos.

car.ni.cei.ro *adj.* Carnívoro; feroz, cruel; *sm.* o que mata reses; *pop.* cirurgião inábil.

car.ni.fi.ci.na *sf.* Mortalidade; matança de muita gente.

car.ní.vo.ro *adj.* Que se nutre de carne.

car.nu.do *adj.* Que tem muita carne; musculoso.

ca.ro *adj.* De preço elevado; querido; estimado; *adv.* por alto preço.

ca.ro.ço *sm.* Núcleo lenhoso de certos frutos; semente cujo envoltório é caracterizado por sua dureza; glândula inflamada e endurecida; porção compactada de farinha que se forma em cremes e mingaus que não foram mexidos de forma adequada ao cozer.

ca.ro.la *adj.* e *s.2g.* Que, ou pessoa que é muito assídua à igreja, muito beata.

ca.ro.na *sf.* Condução gratuita em qualquer veículo; *s.2g.* pessoa que viaja sem pagar passagem.

ca.ró.ti.da *sf.* Cada uma das duas grandes artérias que levam sangue da aorta ao cérebro.

car.pe.te *sm.* Tapete que cobre um cômodo, por completo, colado ou fixado.

car.pi.dei.ra *sf.* Mulher que, por dinheiro, acompanhava funerais, carpindo os mortos.

car.pin.ta.ri.a *sf.* Trabalho ou oficina de carpinteiro.

car.pin.tei.ro *sm.* Artífice que trabalha em obras grosseiras de madeira.

car.pir *vt.* Chorar; lastimar; lamentar; arrancar, colher; limpar o solo de vegetações rasteiras usando a enxada, capinar, mondar.

car.po *sm.* O pulso ou a parte dos membros dianteiros entre o antebraço e o metacarpo.

car.ran.ca *sf.* Cara feia; máscara; figura de proa de embarcações do rio São Francisco.

car.ran.cu.do *adj.* Com o semblante ameaçador; sombrio.

car.ran.que.ar *vt.* Fazer carranca; tornar carrancudo.

car.ra.pa.to *sm.* Aracnídeo que se alimenta do sangue dos animais que parasita; semente do rícino.

car.ra.pi.cho *sm.* Cabelo atado no alto ou na parte posterior da cabeça, coque, birote; envólucro espinhoso de certas sementes cujos espinhos têm as pontas em forma de gancho, com os quais grudam no pêlo de animais e peças de roupa.

car.ras.co *sm.* Algoz; verdugo.

car.ras.pa.na *sf.* Bebedeira; repreensão.

car.rê *sm.* Lombo de porco.

car.re.ar *vt.* Conduzir em carro; guiar carros.

car.re.a.ta *sf.* Comboio realizado por partidários de um candidato, em campanha eleitoral.

car.re.ga.ção *sf.* Carga; doença; *de carregação:* de qualidade inferior; malfeito.

car.re.ga.do *adj.* Nublado e ameaçador (o tempo); carrancudo; que tem eletricidade (bateria, etc.).

car.re.gar *vt.* Pôr carga em; pesar sobre; exagerar.

car.*rei*.ra *sf.* Corrida; curso; profissão; fileira.

car.*rei*.ro *sm.* Condutor de carros de boi; atalho.

car.re.*tel* *sm.* Pequeno cilindro em que vai enrolado fio, arame, etc.; retrós.

car.*re*.to *sm.* Transporte de carga; frete.

car.ri.*lhão* *sm.* Grupo de sinos com que se tocam peças de música.

car.ro *sm.* Veículo de rodas para transporte de carga ou pessoas; automóvel.

car.*ro*.ça *sf.* Carro de tração animal para transporte de cargas.

car.ro.ça.*ri*.a ou **car.ro.ce.*ri*.a** *sf.* Carcaça de chapa metálica, nos carros de passeio e utilitários; nos caminhões e utilitários, a parte traseira, geralmente aberta, destinada a cargas.

car.ro.*cei*.ro *sm.* Condutor de carroça.

car.ro-*che*.fe *sm.* O principal carro alegórico de um desfile; aquilo que num conjunto ressalta de maneira especial; o que se considera o principal, o mais importante, o de maior interesse numa obra, empreendimento, etc.

car.ro.*ci*.nha *sf.* Veículo para recolhimento de cães vadios, abandonados ou perdidos.

car.ro-*pi*.pa *sm.* Caminhão equipado com reservatório fechado para transporte de água.

car.ros.sel *sm.* Aparelho onde, em rodízio, cavalinhos de madeira, carrinhos, etc. são suspensos, ao mesmo tempo em que giram ao redor de um eixo fixo.

car.*ta* *sf.* Bilhete; mapa; cada um dos cartões que compõem o baralho.

car.tão *sm.* Papelão; bilhete de visita.

car.tão-pos.*tal* *sm.* Cartão que tem numa das faces uma ilustração, geralmente de paisagem turística, ficando a outra reservada a anotações.

car.taz *sm.* Anúncio fixado em lugar público; fama.

car.te.*a*.do *adj.* e *sm.* Diz-se de, ou qualquer dos jogos de baralho.

car.te.*ar* *vi.* Marcar na carta a posição de um navio; dar as cartas no jogo de baralho.

car.*tei*.ra *sf.* Bolsa de couro para guardar notas; mesa de escrever; seção de estabelecimento bancário; documento oficial, em forma de caderneta.

car.*tei*.ro *sm.* Funcionário postal; estafeta.

car.tel *sm.* Carta de desafio; provocação; rótulo; acordo realizado entre empresas produtoras ou grupos econômicos para controlar preços e mercadorias; acordo entre chefes militares durante a guerra.

car.ti.*la*.gem *sf.* Tecido elástico, que envolve as articulações.

car.ti.lha *sf.* Livro em que se aprende a ler.

car.to.gra.*fi*.a *sf.* Arte de traçar mapas geográficos.

car.*to*.la *sf.* Chapéu alto; homem importante; dirigente de clube ou entidade esportiva.

carto.man.*ci*.a *sf.* Adivinhação por carta de baralho.

car.to.*man*.te *s.2g.* Pessoa que pratica a cartomancia.

car.to.*na*.gem *sf.* Encadernação em cartão.

car.to.nar *vt.* Encadernar em cartão.

car.*tó*.rio *sm.* Escritório de tabelião ou escrivão.

car.tu.*chei*.ra *sf.* Bolsa para cartuchos.

car.*tu*.cho *sm.* Carga de arma de fogo; invólucro de papel; *gír.* pessoa influente.

car.*tum* *sm.* Desenho caricatural, satírico ou humorístico, com ou sem legendas.

car.tu.*nis*.ta *s.2g.* Pessoa que faz cartum.

ca.run.char *vi.* Criar caruncho; ser carcomido.

ca.*run*.cho *sm.* Inseto roedor de madeira; *fig.* velhice.

car.*vão* *sm.* Madeira queimada para combustível.

car.vo.a.*ri*.a *sf.* Fábrica ou loja de carvão.

car.vo.*ei*.ro *sm.* Fabricante ou vendedor de carvão.

cãs *sf. pl.* Cabelos brancos.

ca.sa *sf.* Edifício de poucos andares destinado a moradia; habitação, vivenda, residência; estabelecimento comercial; fenda no vestuário para enfiar botões.

ca.*sa*.ca *sf.* Vestuário de cerimônia para homem.

ca.*sa*.co *sm.* Sobretudo; paletó.

ca.sa-*gran*.de *sf.* Casa do proprietário da fazenda ou do engenho.

ca.sal *sm.* Par, composto de macho e fêmea, ou de marido e mulher.

ca.sa.*ma*.ta *sf.* Abrigo subterrâneo, de grossas paredes, para proteção de pessoas e materiais ou instalação de baterias.

ca.sa.*men*.to *sm.* União legal entre homem e mulher.

ca.sar *vt.* e *i.* Contrair matrimônio ou ligar-se pelo casamento.

ca.sa.*rão* *sm.* Casa muito vasta.

ca.sa.*ri*.o *sm.* Conjunto de casas.

cas.ca *sf.* Camada exterior de troncos de árvores, frutos, ovos, pão, etc.; *fig.* aparência.

cas.ca-*gros*.sa *adj.* e *s.2g.* Diz-se de, ou pessoa que é grosseira, mal-educada; caipira.

cas.ca.*lhar* *vi.* Dar gargalhada.

cas.*ca*.lho *sm.* Pedra britada.

cas.*cão* *sm.* Casca grossal; crosta endurecida de qualquer substância pastosa; calo; crosta de sujidade na pele.

cas.ca.ta *sf.* Cachoeira.

cas.ca.te.ar *vi.* Formar, fazer correr em cascata.

cas.ca.vel *sf.* Serpente venenosa; *fig.* pessoa de mau gênio e má língua; *sm.* chocalho, guizo.

cas.co *sm.* O couro cabeludo; o conjunto de ossos do crânio; unha de cavalo; costado de navio; garrafa vazia.

ca.se.ar *vt.* Abrir e pontear casa para os botões em.

ca.se.bre *sm.* Cabana; habitação humilde; choupana.

ca.se.í.na *sf.* Proteína existente no leite.

ca.sei.ro *adj.* Relativo a casa; aquele que gosta de ficar em casa; *sm.* encarregado de uma casa na ausência do dono mediante ordenado.

ca.ser.na *sf.* Quartel.

ca.si.mi.ra *sf.* Tecido fino de lã.

cas.mur.ro *adj.* e *sm.* Teimoso; obstinado; cabeçudo.

ca.so *sm.* Acontecimento; feito; aventura amorosa.

cas.pa *sf.* Escamação do couro cabeludo.

cas.que.te *sm.* Boné; chapéu flexível, sem aba, de couro ou tecido; chapéu velho; chapéu pequeno usado por mulheres em festas.

cas.qui.na.da *sf.* Risada de escárnio; zombaria.

cas.sa *sf.* Tecido transparente.

cas.sa.ção *sf.* Anulação.

cas.sar *vt.* Anular; inutilizar.

cas.se.te *sm.* Estojo equipado com fitas magnéticas, filmes, etc.; gravador; *adj.* que está preparado em cassete.

cas.se.te.te *sm.* Cacete curto, de madeira ou borracha, usado por policiais.

cas.si.no *sm.* Jogo de carta; salão ou edifício onde há jogos de azar.

cas.ta *sf.* Cada uma das classes hereditárias nas quais é dividida a sociedade na Índia; raça; natureza; descendência.

cas.ta.nha *sf.* Fruto do castanheiro e do cajueiro.

cas.ta.nhei.ro *sm.* Árvore que produz a castanha.

cas.te.lo *sm.* Fortaleza; praça ou habitação fortificada.

cas.ti.çal *sm.* Suporte para vela de iluminação.

cas.ti.ço *adj.* Puro, de boa casta.

cas.ti.da.de *sf.* Virtude de pureza.

cas.ti.gar *vt.* Dar castigo a; punir; *vp.* fazer penitência.

cas.ti.go *sm.* Punição; emenda.

cas.to *adj.* Puro; inocente.

cas.tor *sm.* Mamífero roedor.

cas.trar *vt.* Capar; eliminar os órgãos reprodutores.

ca.su.al *adj.* Acidental.

ca.su.ís.ta *s.2g.* Teólogo que se dedica a resolver casos de consciência, segundo as regras da religião e da razão; aquele que explica a moral por meio de casos.

ca.su.lo *sm.* Invólucro de larva de certos insetos, invólucro filamentoso da larva do bicho-da-seda; cápsula que envolve as sementes.

ca.ta.ce.go *adj.* De vista curta; que não vê bem.

ca.ta.clis.mo *sm.* Grande inundação, dilúvio; transformação brusca e ampla da crosta terrestre, alteração sísmica, convulsão social, revolta; desastre, derrocada.

ca.ta.cum.ba *sf.* Cripta; gruta com ossuário; *sf. pl.* subterrâneos, em Roma, que serviam de refúgio aos primeiros cristãos.

ca.ta.du.pa *sf.* Queda-d'água com estrondo; catarata.

ca.ta.du.ra *sf.* Semblante; estado de ânimo.

ca.ta.fal.co *sm.* Estrado de madeira sobre o qual se coloca o caixão, o esquife.

ca.ta.lec.to *sm.* Coleção de autores clássicos antigos.

ca.ta.lo.gar *vt.* Inscrever em catálogo; classificar.

ca.tá.lo.go *sm.* Lista descritiva.

ca.ta.plas.ma *sf.* Emplastro com papa medicamentosa.

ca.ta.po.ra *sf.* Varicela.

ca.ta.pul.ta *sf.* Antiga máquina de guerra.

ca.tar *vt.* Procurar; pesquisar.

ca.ta.ra.ta *sf.* Cachoeira; opacidade do cristalino.

ca.tar.ro *sm.* Secreção das mucosas; defluxo, constipação.

ca.tar.se *sf.* Purgação, purificação, limpeza; evacuação; tratamento psicológico para eliminação de lembrança traumática reprimida; no teatro, efeito moral da peça.

ca.tás.tro.fe *sm.* Desgraça.

ca.ta.tau *adj.* e *s.2g.* (Pessoa) de pequena estatura.

ca.ta-ven.to *sm.* Instrumento utilizado para determinar a velocidade e a direção do vento; ventoinha; certo mecanismo montado em torre metálica que utiliza a força eólica para tirar água de poço.

ca.te.cis.mo *sm.* Livro elementar de instrução religiosa cristã; doutrinação.

cá.te.dra *sf.* Cadeira de catedrático; cadeira pontifícia.

ca.te.dral *sf.* Igreja principal.

ca.te.drá.ti.co *sm.* Professor de universidade.

ca.te.go.ri.a *sf.* Classificação; série; qualidade.

ca.te.gó.ri.co *adj.* De categoria; claro; explícito; positivo.

ca.te.gu.te *sm.* Fio de origem animal, em geral feito da tripa de carneiro, empregado em cirurgia.

ca.te.que.se *sf.* Instrução de doutrina religiosa.

ca.te.qui.zar *vt.* Instruir pela catequese; doutrinar.

ca.ter.va *sf.* Multidão de pessoas ou de animais; bando.

ca.te.ter *sm.* Espécie de sonda.

ca.te.to *sm.* Cada um dos lados do triângulo retângulo.

ca.tin.ga *sf.* Terra estéril; caatinga; suor fétido; fartum.

ca.tin.gar *vi.* Exalar mau cheiro; cheirar a bode.

cá.tion *sm.* Íon com carga positiva.

ca.ti.ta *adj.2g.* Vestido com elegância; garrido; formoso.

ca.ti.var *vt.* Fazer cativo; prender; ganhar a simpatia de; seduzir.

ca.ti.vei.ro *sm.* Qualidade ou caráter de cativo; escravidão.

ca.ti.vo *adj.* Prisioneiro; seduzido; subjugado.

ca.to.do *sm.* Eletrodo negativo.

ca.to.li.cis.mo *sm.* Doutrina dos cristãos que reconhecem o Papa como autoridade máxima da Igreja.

ca.tó.li.co *adj.* Universal; que pertence ao, ou professa o catolicismo; *fig.* perfeito, certo; bem-disposto.

ca.tor.ze *num.* Quatorze.

ca.tra.ca *sf.* Peça para cobrança de passagem em ônibus e outros veículos.

ca.trai.a *sm.* Pequeno barco.

ca.tra.pus *sm.* O galopar do cavalo; *interj.* voz imitativa do galopar; voz imitativa de queda repentina e ruidosa.

ca.tre *sm.* Pequeno leito portátil; cama pobre.

ca.tur.ra *sm.* Pessoa teimosa sempre disposta a discutir.

ca.tur.rar *vi.* Teimar; insistir; discutir como caturra.

cau.bói *sm.* Vaqueiro.

cau.ção *sf.* Garantia; fiança; depósito de garantia.

cau.cho *sm.* Árvore cujo látex dá uma borracha de qualidade inferior.

cau.ci.o.nar *vt.* Afiançar.

cau.ci.o.ná.rio *adj.* Relativo a caução; *s.2g.* fiador.

cau.da *sf.* Rabo; o traço luminoso de um cometa.

cau.dal *adj.* Concernente à cauda; *s.2g.* torrente.

cau.da.lo.so *adj.* Abundante de água (falando-se de rio).

cau.di.lho *sm.* Cabo de guerra; chefe de facção; *fig.* ditador.

cau.im *sm.* Bebida preparada com a mandioca cozida e fermentada.

cau.le *sm.* Haste das plantas.

cau.lim *sm.* Argila branca com que se fabrica porcelana.

cau.sa *sf.* Origem; princípio; motivo; razão.

cau.sa.dor *adj.* e *sm.* Que, ou o que é causa de.

cau.sa.li.da.de *sf.* Relação entre a causa e seu efeito.

cau.sar *vt.* Ser a causa de; produzir; gerar.

cau.sí.di.co *sm.* Advogado.

caus.ti.can.te *adj.* Que caustica.

caus.ti.car *vt.* Aplicar cáustico; queimar; importunar; molestar.

cáus.ti.co *adj.* Que queima; cauterizante; irritante; *sm.* substância que cauteriza; cautério.

cau.tchu *sm.* Substância elástica e resistente, resultante da coagulação do látex de diversas plantas.

cau.te.la *sf.* Cuidado, prudência; senha de objeto penhorado; caução.

cau.te.lo.so *adj.* Prudente; precavido; cuidadoso.

cau.te.ri.zar *vt.* Aplicar Agente causticante ou cautério a; queimar.

cau.to *adj.* Prudente; precavido; cauteloso.

ca.va *sf.* Operação de cavar; fosso; vala; abertura no vestuário, no ponto que corresponde à axila.

ca.va.ção *sf.* Ato ou efeito de cavar; *pop.* procedimento hábil e pouco lícito de conseguir lucros ou vantagens.

ca.va.co *sm.* Lasca de madeira; palestra de amigos.

ca.va.dei.ra *sf.* Ferramenta para abrir buracos.

ca.va.lar *adj.* Relativo a cavalo; brutal; grosseiro.

ca.va.la.ri.a *sf.* Tropa a cavalo; equitação; instituição nobre e militar na Idade Média.

ca.va.la.ri.ça *sf.* Cocheira.

ca.va.la.ri.ço *sm.* Moço, empregado de cavalariça.

ca.va.lei.ro *sm.* Homem montado a cavalo; *adj.* que cavalga ou sabe cavalgar.

ca.va.le.te *sm.* Armação de suporte para telas de pintor, suporte para apoiar as peças em que trabalham marceneiros, mecânicos, etc.

ca.val.ga.da *sf.* Marcha ou passeio de grupo de cavaleiros.

ca.val.ga.du.ra *sf.* Besta de montaria; *fig.* pessoa estúpida.

ca.val.gar *vi.* Montar a cavalo; *vt.* passar por cima; galgar; encavalar; montar.

ca.va.lhei.res.co *adj.* Nobre; distinto; brioso.

ca.va.lhei.ris.mo *sm.* Procedimento digno; ação nobre.

ca.va.lhei.ro *sm.* Homem de sentimentos elevados e esmerada educação; *adj.* distinto, nobre.

ca.va.lo *sm.* Quadrúpede mamífero herbívoro do gênero Equuus; peça de jogo de xadrez.

ca.va.lo-de-pau *sm.* Manobra que consiste em fazer um veículo inverter o rumo, mediante a aplicação súbita dos freios.

ca.va.lo-va.por *sm.* Unidade de medida de potência igual a 735,5 watts.

ca.va.nha.que *sm.* Barba no queixo, aparada em ponta.

ca.va.que.ar *vi.* Conversar singelamente, em intimidade.

ca.va.qui.nho *sm.* Pequeno violão de quatro cordas.

ca.*var* vt. Fazer buraco ou furo em; fazer escavação em; fig. trabalhar para arranjar.

ca.*ver*.na sf. Gruta; cova.

ca.*ver*.no.so adj. Cheio de cavernas; rouco e profundo (som); gír. muito ruim.

ca.vi.*ar* sm. Iguaria feita das ovas do esturjão.

ca.vi.la.*ção* sf. Astúcia.

ca.vi.*lar* vt. e i. Fraudar.

ca.vo adj. Côncavo; cavernoso (voz ou som).

ca.vou.*car* vt. Abrir cavoucos, abrir buracos.

ca.vou.co sm. Escavação para alicerces de uma construção; cova, vala; fosso; buraco.

ca.vu.*car* vi. Trabalhar com pertinácia, lutar pela subsistência; cavar.

ca.*xi*.as adj. e s.2g. Diz-se de, ou pessoa extremamente escrupulosa no cumprimento de suas obrigações.

ca.*xum*.ba sf. Inflamação das parótidas de feição epidêmica.

CD sm. Aparelho que reproduz, a laser, som gravado em código digital; disquete que contém gravação em código digital.

CE Sigla do Estado do Ceará.

ce.*ar* vt. e i. Comer a ceia.

ce.*bo*.la sf. Hortaliça usada como tempero.

ce.ce.*ar* vi. Falar com afetação pronunciando os ss e os zz como ç.

cê-ce.*di*.lha sm. Cê marcado com cedilha.

cê-dê-e.fe s.2g. Cu-de-ferro; adj.2g. diz-se da pessoa que leva muito a sério seus estudos, trabalhos, compromissos, etc.

ce.*dên*.cia sf. Cessão.

ce.*den*.te adj. Que cede.

ce.*der* vt. Dar; renunciar; passar a outrem; anuir.

ce.*di*.ço adj. Corrompido; estagnado, parado; muito velho; sabido de todos.

ce.*di*.lha sf. Sinal gráfico que indica valor sibilante de c antes de a, o, u.

ce.do adv. Em breve tempo; logo; de manhã.

cé.du.la sf. Apólice; nota de papel-moeda.

ce.fa.*léi*.a sf. Dor de cabeça.

ce.*fá*.li.co adj. Que se refere à cabeça.

ce.*gar* vt. Privar da vista; fig. fascinar; deslumbrar.

ce.go adj. Privado da vista; fig. alucinado, transtornado; sm. indivíduo que não vê.

ce.*go*.nha sf. Ave pernalta de arribação; bras. caminhão especial para transporte de carros..

ce.*guei*.ra sf. Falta de vista; estado de quem tem o discernimento obscurecido; fig. afeição extremada a alguém ou a alguma coisa; fig. falta de lucidez ou de bom senso.

cei.a sf. Refeição da noite.

cei.fa sf. Colheita de cereais, sega; fig. grande destruição ou carnificina.

cei.*far* vt. Cortar; extinguir.

cei.*fei*.ro sm. Aquele que faz a ceifa; segador.

ce.la sf. Quarto de convento ou de penitenciária.

ce.le.bra.*ção* sf. Comemoração.

ce.le.*brar* vt. Comemorar; vi. dizer missa.

cé.le.bre adj. De grande renome; ilustre; insigne.

ce.le.bri.*zar* vt. Tornar célebre; vi. adquirir renome; vp. notabilizar-se.

ce.*lei*.ro sm. Depósito de cereais, provisões.

ce.le.ra.do adj. Criminoso; sm. facínora; perverso.

cé.le.re adj. Muito veloz.

ce.*les*.te adj. Do céu; divino.

ce.les.ti.*al* adj. Celeste.

ce.*leu*.ma sf. Algazarra; controvérsia; discussão.

ce.li.ba.*tá*.rio adj. e sm. Diz-se de, ou homem solteiro.

ce.li.*ba*.to sm. O estado de solteiro.

cé.lu.la sf. Unidade fundamental dos seres vivos.

cé.lu.la-o.vo sf. A célula feminina dos animais e vegetais; óvulo.

ce.lu.*lar* adj. Que tem células; telefone móvel.

ce.lu.*li*.te sf. med. Inflamação do tecido celular.

ce.lu.*lói*.de sm. Mistura de cânfora e algodão-pólvora.

ce.lu.*lo*.se sf. Polímero natural, encontrado nos tecidos vegetais, e que se utiliza na fabricação de papel, raiom, etc.

cem num. Dez dezenas.

ce.mi.*té*.rio sm. Terreno em que se sepultam os mortos.

ce.na sf. Divisão de ato em peça teatral; lugar onde ocorre fato notável; ato inconveniente que ocorre em público.

ce.*ná*.cu.lo sm. Sala em que se comia a ceia; fig. ajuntamento de pessoas que têm as mesmas idéias.

ce.*ná*.rio sm. Decoração de palco; adj. relativo a ceia.

ce.nho sm. O rosto carrancudo.

cê.ni.co adj. De cena; teatral.

ce.no.*tá*.fio sm. Monumento fúnebre erigido à memória de alguém enterrado em outro lugar.

ce.*nou*.ra adj. Hortaliça de raiz comestível.

cen.so sm. Recenseamento geral da população.

cen.sor sm. Aquele que censura o comportamento e as ações de outrem; crítico.

cen.su.ra sf. Ato de censurar; exame crítico de obras literárias.

cen.su.*rar* vt. Fazer censura de; repreender, desaprovar.

cen.*ta*.vo sm. Moeda divisionária de alguns países.

cen.*tau*.ro *sm.* Monstro mitológico, metade homem, metade cavalo; constelação austral.

cen.*tei*.o *sm.* Planta gramínea de cuja farinha se faz pão.

cen.*te*.lha *sf.* Faísca luminosa.

cen.te.*lhar* *vi.* Luzir como centelha; cintilar.

cen.*te*.na *sf.* Cem unidades.

cen.te.*ná*.rio *sm.* O que tem cem anos; comemoração secular; *adj.* relativo a cem ou a século.

cen.*té*.si.mo *sm.* A centésima parte de alguma coisa.

cen.ti.*gra*.do *sm.* A centésima parte do grau.

cen.*tí*.gra.do *sm.* Um grau, na escala de temperatura; *adj.* que tem cem graus.

cen.ti.*gra*.ma *sm.* A centésima parte de um grama.

cen.ti.*li*.tro *sm.* Unidade de capacidade, equivalente à centésima parte do litro.

cen.*tí*.me.tro *sm.* A centésima parte do metro.

cen.to *sm.* Centena.

cen.to.*péi*.a *sf.* Artrópodo miriápode, têm um par de patas em cada segmento do corpo, sendo o primeiro par provido de queliceras para inoculação de peçonha; lacraia; *fig.* mulher feia, horrorosa.

cen.*tral* *adj.* Que se acha no centro; principal.

cen.tra.li.*zar* *vt.* Reunir no mesmo centro; *vp.* concentrar-se.

cen.*trar* *vt.* Localizar no centro.

cen.*trí*.fu.go *adj.* Que se afasta ou procura se afastar do centro.

cen.*trí*.pe.to *adj.* Que tende para o centro.

cen.tro *sm.* Ponto situado a igual distância de todos os pontos de uma circunferência ou da superfície de uma esfera; meio de qualquer objeto; meio de uma linha reta que divide uma figura ou espaço em duas partes iguais; fundo, interior, profundeza; parte situada no meio de uma cidade, região, país, etc.; lugar mais ativo da cidade onde se concentram os setores financeiros e comerciais; ponto de convergência.

cen.tro.a.*van*.te *sm.* Jogador que ocupa a posição central; entre o meia-direita e o meia-esquerda; jogador que se desloca pelo centro do seu campo de ataque.

cen.tu.pli.*car* *vt.* Aumentar cem vezes; avolumar.

***cên*.tu.plo** *adj.* e *sm.* Centuplicado; o produto da multiplicação por cem.

cen.*tú*.ria *sf.* Centena; o espaço de cem anos; século; entre os antigos romanos, companhia de cem soldados.

cen.tu.ri.*ão* *sm.* Comandante de centúria.

CEP *sm.* Sigla de Código de Endereçamento Postal.

Cen.tro-O.*es*.te *sm.* Uma das cinco grandes regiões em que se divide o Brasil.

ce.pa *sf.* Tronco de videira; tronco de linhagem ou família.

ce.po *sm.* Toro de madeira.

cep.ti.*cis*.mo ou **ce.ti.*cis*.mo** *sm.* Doutrina filosófica dos que duvidam de tudo e afirmam que a verdade não existe ou, se existe, o homem não tem capacidade para entendê-la; estado de quem duvida de tudo.

***cép*.ti.co** ou ***cé*.ti.co** *adj.* Diz-se daquele que segue o cepticismo; descrente; *sm.* aquele que duvida de tudo que não está provado.

ce.ra *sf.* Substância mole e muito fusível produzida por abelhas.

ce.*râ*.mi.ca *sf.* Arte de fabricar utensílios de utilidade doméstica ou ornamentais de barro ou argila moldando-os e cozendo-os a altas temperaturas.

ce.*râ*.mi.co *adj.* Relativo a cerâmica.

cer.ca *sf.* Sebe, muro ou valado com que se circunda e fecha um terreno; *adv.* perto.

cer.*ca*.do *sm.* Terreno circundado de muro, sebe, valado, etc.

cer.ca.*ni*.as *sf. pl.* Arredores.

cer.*car* *vt.* Fechar com cerca; rodear; sitiar; cingir.

cer.ce.*ar* *vt.* Cortar ao rente, pela base ou raiz; aparar em volta; cortar, suprimir, desfazer; destruir; diminuir; restringir; depreciar.

***cer*.co** *sm.* Sítio; assédio.

cer.da *sf.* Pêlo mais espesso e resistente de certos animais.

ce.re.*al* *adj.2g.* Nome genérico das gramíneas cujas sementes servem para alimento do homem e dos animais (arroz, aveia, trigo, etc.); referente a pão; *sm.* seara; messe.

ce.re.*be*.lo *sm.* Porção posterior do encéfalo.

ce.re.*bral* *adj.* Concernente ao cérebro.

***cé*.re.bro** *sm.* Porção anterior do encéfalo; principal órgão do sistema nervoso; inteligência.

ce.*re*.ja *sf.* Fruto da cerejeira, vermelho e em forma de baga.

ce.ri.*mô*.nia *sf.* Solenidade; reunião de caráter solene; ritual; formalidade; etiqueta; timidez, acanhamento.

ce.ri.mo.ni.*al* *sm.* As práticas seguidas em certas solenidades; *adj.* relativo a cerimônia.

ce.ri.mo.ni.*o*.so *adj.* Cheio de cerimônias; mesureiro.

***cer*.ne** *sm.* Parte central do lenho das árvores; *fig.* âmago, a parte mais íntima e essencial; indivíduo rijo, duro.

ce.*rou*.las *sf. pl.* Peça íntima do vestuário masculino.

cer.ra.ção *sf.* Neblina densa.

cer.ra.do *sm.* Formação vegetal predominante no centro-oeste; local murado ou cercado; *adj.* fechado, vedado; denso, espesso; unido, apertado.

cer.rar *vt.* Fechar; apertar; unir; *vi.* encobrir-se.

cer.ro sm. Pequena colina.

cer.ta el.sf. us. na loc. na certa: com certeza, sem dúvida.

cer.ta.me *sm.* Pugna; combate; disputa literária.

cer.tei.ro *adj.* Bem dirigido.

cer.te.za *sf.* Coisa certa; convicção; segurança.

cer.ti.*dão* *sf.* Documento legal expedido por pessoa que tem fé pública e no qual são certificados atos ou fatos de que se tem provas; atestado; certificado.

cer.ti.fi.*ca.do* *sm.* Certidão.

cer.ti.fi.*car* *vt.* Afirmar a certeza de; asseverar; fazer ciente de; passar certidão de; *vp.* procurar a certeza de.

cer.to adj. Infalível; exato; *sm.* coisa certa; *pron. indef.* qualquer; *adv.* certamente.

ce.rú.leo *adj.* Da cor do céu.

ce.ru.me ou **ce.rú.men** *sm.* Cera dos ouvidos ou das orelhas.

cer.ve.ja *sf.* Bebida fermentada, obtida da fermentação do lúpulo e cevada ou outros cereais.

cer.ve.ja.ri.a *sf.* Lugar onde se faz ou vende cerveja.

cer.ve.jei.ro *sm.* Fabricante ou vendedor de cerveja.

cer.*viz* *sf.* A parte posterior do pescoço, cachaço.

cer.vo sm. Veado.

cer.zi.*dei.ra* *sf.* Mulher que se ocupa de cerzir; agulha de cerzir.

cer.zir *vt.* Fazer remendos invisíveis em tecido.

ce.sa.ri.a.na *sf.* Operação que consiste em abrir o abdome materno, para extrair o feto.

ces.sa.ção *sf.* Parada; trégua.

ces.*são* *sf.* Cedência.

ces.*sar* *vt.* Fazer parar; interromper; *vi.* acabar.

ces.sar-*fo.go* *sm.* Cessação de hostilidades bélicas.

ces.si.o.*ná.rio* *sm.* Aquele a quem se faz cessão; aquele que aceita a cessão; *adj.* que faz cessão.

ces.ta *sf.* Receptáculo com alças, de vime trançado, em que se transporta frutas, legumes, pequenas mercadorias, etc.; *p. ext.* qualquer receptáculo de plástico, couro, etc. usado para o mesmo fim.

ces.to sm. Cabaz feito de vime.

ce.su.ra *sf.* Incisão de lanceta; corte; pausa em verso.

ce.su.rar *vt.* Abrir cesura em.

ce.*tá.ceo* *sm.* Qualquer dos grandes mamíferos completamente aquáticos e pisciformes.

ce.*tá.ceos* *sm. pl.* Ordem dos animais mamíferos adaptados à vida aquática, que têm os membros anteriores transformados em nadadeiras, sem membros posteriores externos e nadadeira caudal horizontal.

ce.tim *sm.* Tecido de seda macio e brilhante.

ce.ti.*no.so* *adj.* Macio e lustroso como o cetim.

ce.tro sm. Bastão de reis e generais; fig. poder real.

céu *sm.* Espaço ilimitado em que giram os astros; *céu da boca*: palato.

ce.*var* *vt.* Engordar; nutrir.

chá *sm.* Infusão de folhas de certo arbusto.

chã *sf.* Terreno plano, planície; carne da coxa do boi.

cha.bu *sm.* Falha na explosão de busca-pé ou de foguete por defeito de fabricação; *dar chabu*: malograr; não dar certo.

chá.ca.ra sf. Pequena fazenda.

cha.ca.*rei.ro* *sm.* Administrador ou dono de chácara.

cha.*ci.na* *sf.* Matança de gado; carnificina; morticínio; assassinio com mutilação do cadáver.

cha.ci.*nar* *vt.* Partir em postas; assassinar mutilando, assassinar várias pessoas ao mesmo tempo.

cha.co.ta *sf.* Caçoada; zombaria; troça.

cha.co.te.*ar* *vt.* Fazer chacota; zombar; motejar.

chá-de-co.*zi.*nha ou **chá-de-pa.ne.la** *sf.* Reunião oferecida a uma noiva para presenteá-la com objetos de utilidade doméstica.

cha.fa.*riz* *sm.* Fonte pública provida de bicas.

cha.fur.*dar* *v. rel.* Tornar-se imundo; atolar-se (em vícios); *vt.* macular, enodoar.

cha.ga sf. Ferida aberta; dor.

cha.gar *vt.* Fazer chaga em.

cha.la.ça *sf.* Caçoada; zombaria; gracejo.

cha.lé *sm.* Casa de moradia em estilo suíço.

cha.lei.ra *sf.* Vaso de metal para pôr água e ferver.

chal.rar *vi.* Falar à toa.

chal.re.*ar* *vi.* Chalrar; palrar.

cha.lu.pa *sf.* Embarcação de um só mastro.

cha.ma *sf.* Labareda; *fig.* paixão; ardor.

cha.ma.*men.to* *sm.* Chamada; convite; convocação.

cha.*mar* *vt.* Invocar; convocar para reunião; atrair.

cha.ma.*riz* *sm.* Coisa que atrai; engodo.

chá-*ma.te* *sm.* Erva-mate, mate; bebida feita com a infusão de folhas de mate.

cham.bre sm. Roupão comprido para banho.

cha.*me.go* *sm.* Excitação para atos libidinosos; paixão; amizade estreita; namoro.

cha.me.*jan.te* *adj.* Ardente.

cha.me.*jar* *vi.* Lançar chamas; arder; flamejar.

cha.mi.né sf. Tubo que expele os produtos da combustão.

cham.pa.nha ou **cham.pa.nhe** sm. Vinho espumante, branco ou rosado, fabricado na região de Champanhe, França.

cha.mus.car vt. Queimar ligeiramente; tostar.

chan.ce sf. Ocasião favorável; oportunidade.

chan.ce.la sf. Selo pendente; rubrica, carimbo.

chan.ce.la.ri.a sf. Repartição por onde correm assuntos diplomáticos.

chan.ce.ler sm. Ministro das Relações Exteriores de um país.

chan.cha.da sf. Filme ou peça teatral de humorismo barato.

chan.frar vt. Recortar; entalhar; aplainar as arestas.

chan.ta.gem sf. Extorsão de dinheiro sob ameaça de revelações escandalosas.

chan.ta.gis.ta s.2g. O que faz chantagem.

chan.ti.li sm. Creme de leite batido com açúcar, usado para acompanhar sobremesas, recheio ou cobertura de bolos.

chão adj. Plano; liso; simples; sincero; sm. solo.

cha.pa sf. Qualquer peça lisa e pouco espessa, feita de metal, madeira, vidro, etc.; sm. pop. companheiro, camarada, amigo.

cha.pa.da sf. Planalto; pancada; bofetada.

cha.pa.dão sm. Terreno que se estende em chapadas.

cha.pe.ar vt. Revestir ou forrar com chapa.

cha.pe.la.ri.a sf. Loja em que se vendem chapéus.

cha.pe.lei.ra sf. Caixa ou loja de chapéus.

cha.pe.lei.ro sm. Aquele que faz ou vende chapéus.

cha.péu sm. Cobertura para resguardo da cabeça.

cha.pi.nhar vt. Bater com as mãos na água; vt. e i. agitar-se na água com as mãos ou com os pés; escorregar na lama; atolar-se.

cha.ra.da sf. Enigma cuja solução está em uma palavra, ou frase.

cha.ran.ga sf. Pequena banda de música, formada sobretudo por instrumentos de sopro; orquestra mais ou menos desafinada; automóvel velho.

char.co sm. Água estagnada.

char.ge sf. Desenho de natureza caricatural, satírica ou humorística, em que se representa pessoa, fato ou idéia corrente, em especial de caráter político.

char.lar vi. Falar à toa.

char.la.tão sm. Vendedor público de drogas, cujas virtudes exagera ao apregoar; explorador da boa-fé alheia; impostor, embusteiro.

char.me sm. Atração, encanto, sedução, simpatia.

char.pa sf. Suspensório em que se apóia o braço doente; tipóia.

char.que sm. Carne de vaca salgada e curada ao sol; carne-seca.

char.que.a.da sf. Estabelecimento onde se charqueia a carne.

char.que.ar vt. e i. Preparar ou fazer o charque.

char.ru.a sf. Arado grande.

cha.ru.ta.ri.a sf. Loja onde se vendem artigos de fumante.

cha.ru.to sm. Rolo de folhas de tabaco, para fumar-se.

chas.que.ar vt. e i. Ridicularizar; burlar; motejar.

chas.si sm. Quadro de aço sobre o qual se monta a carroçaria de veículo motorizado.

cha.ta sf. Barcaça larga e pouco funda; embarcação para transporte de carga pesada; embarcação própria para navegação na época da estiagem.

cha.te.ar vt. Importunar; aborrecer; maçar.

cha.to adj. Sem relevo, liso, plano; importuno, maçante, desagradável; sm. espécie de piolho pubiano; situação, pessoa ou coisa chata.

cha.tô sm. Cômodo; habitação; quarto de solteiro.

chau.vi.nis.mo sm. Nacionalismo exagerado; procedimento ou atitude de chauvinista.

chau.vi.nis.ta adj. e s.2g. Pessoa que manifesta chauvinismo; que assume posições radicais.

cha.vão sm. Molde; padrão; tipo; fórmula de escrever muito usada; lugar-comum, clichê.

cha.vas.co adj. Tosco; grosseiro.

cha.ve sf. Instrumento de metal para abrir e fechar fechaduras, etc.; utensílio que serve para aparafusar, desaparafusar, fixar, etc; ponto estratégico; aquilo que dá o meio, a solução para se entender um assunto obscuro ou enigma.

cha.vei.ro sm. O que guarda ou faz chaves; carcereiro; objeto para guardar chaves.

cha.ve.lho sm. Chifre; corno.

chá.ve.na sf. Xícara para chá.

che.ca.pe sm. Um completo exame de saúde, seja para verificação de algum sintoma, seja por profilaxia; exame de saúde geral; diagnóstico; análise de situação; organização; revisão.

che.car vt. e i. Testar; conferir.

che.fa.tu.ra sf. Chefia.

che.fe sm. O principal em qualquer coisa; o dirigente.

che.fi.ar vt. Dirigir; comandar.

che.ga.da sf. Ato de chegar; aproximação.

che.ga.do adj. Próximo; contíguo; ligado.

che.gar vt. Pôr ao alcance; aproximar; avançar; vi. Vir; alcançar; vp. avizinhar-se; aproximar-se.

chei.a sf. Inundação; invasão; fase lunar.

chei.o adj. Repleto, abundante.

chei.rar vt. Tomar o cheiro de; vi. exalar cheiro.

chei.ro sm. Impressão produzida no olfato pelas partículas odoríferas; perfume, aroma, odor, fragrância, olor.

chei.ro-ver.de sm. Temperos verdes, como salsa, cebolinha e coentro.

che.que sm. Ordem de pagamento à vista, sobre banco ou casa bancária, para pagar certa soma, nominalmente ou ao portador, por conta dos fundos pertencentes a quem dá a ordem.

chi.ar vi. Fazer chio; fam. reclamar.

chi.ba.ta sf. Vara de junco; vara para fustigar.

chi.ba.tar vt. Dar chibatadas.

chi.ca.na sf. Trapaça; sofisma.

chi.ca.nar vi. Usar de chicanas.

chi.cle sm. O látex do sapotizeiro, usado como matéria-prima da goma-de-mascar ou chiclete.

chi.cle.te sm. Goma-de-mascar, chicle.

chi.có.ria sf. Planta hortense comestível.

chi.co.ta.da sf. Pancada com chicote.

chi.co.te sm. Correia de couro atada a um cabo de madeira; relho; guasca.

chi.co.te.ar vt. Dar chicotadas em; relhar.

chi.frar vt. Dar chifrada; atacar com o chifre; gír. ser infiel.

chi.fre sm. Corno.

chi.li.que sm. Desmaio.

chil.rar vi. Pipilar; gorjear.

chil.re.ar vi. Chilrar.

chil.rei.o sm. Gorjeio.

chil.ro sm. Chilreio.

chi.mar.rão sm. Mate preparado sem açúcar.

chim.pan.zé sm. Grande macaco antropóide, originário da África, e o mais inteligente animal depois do homem.

chin.chi.la sf. Pequeno mamífero roedor dos Andes, cuja pele é usada na confecção de agasalhos; certa raça de coelhos.

chi.ne.la sf. Chinelo.

chi.ne.la.da sf. Ação de bater com chinelo.

chi.ne.lo sm. Calçado sem salto para uso doméstico.

chin.fra sf. gír. Onda, curtição, barato; empáfia, pose.

chin.frim sm. Algazarra; adj. insignificante.

chi.nó sm. Cabeleira postiça.

chi.o sm. Som agudo das rodas dos carros; guincho.

chip sm. Nos circuitos miniaturizados, plaqueta de silício de dimensões reduzidas e que contém elementos semicondutores como transistores, diodos, circuitos integrados, etc.

chi.que adj. Elegante; de bom gosto; esmerado; apurado.

chi.quei.ro sm. Pocilga de porcos; lugar imundo.

chis.pa sf. Faísca; lampejo.

chis.par vi. Expelir faíscas; correr em disparada.

chis.te sm. Pilhéria; dito engraçado; chalaça.

chi.ta sf. Tecido barato de algodão; estampado a cores.

cho.ça sf. Choupana; cabana.

cho.ca.dei.ra sf. Aparelho para chocar ovos.

cho.ca.lhar vt. Agitar, sacudir, emitindo som semelhante ao do chocalho; vi. tocar chocalho.

cho.ca.lho sm. Campainha que se põe em pescoço de animais; cabaça com pedrinhas para chocalhar.

cho.car vi. Ir de encontro; vt. pôr no choco ou chocadeira; vp. escandalizar-se.

cho.cho adj. Sem suco, seco; sem miolo; engelhado; choco; sem espírito, sem graça; sem sal.

cho.co sm. Tempo de incubação das aves; adj. estragado; podre; goro.

cho.co.la.te sm. Produto alimentar obtido das amêndoas de cacau torradas e moídas, em pó ou pasta; guloseima à base desse produto.

cho.fer sm. Motorista.

cho.frar vt. Dar de chofre, ir de encontro a.

cho.fre sm. Choque repentino; de chofre repentinamente, sem se esperar.

cho.pe sm. Cerveja fresca de barril.

cho.que sm. Encontrão; refrega; conflito.

cho.ra.dei.ra sf. Lamentação com choro.

cho.ra.min.gar vi. Chorar por qualquer pretexto banal.

cho.ra.min.gas sm. O que chora por qualquer coisa.

cho.rão sm. O que chora muito; salgueiro.

cho.rar vt. Lastimar; deplorar; vi. verter lágrimas.

cho.ro sm. Pranto; composição musical popular.

cho.ru.me sm. Banha.

cho.ru.me.la sf. Bagatela.

chou.pa.na sf. Choça; cabana. Habitação humilde.

chou.ri.ço sm. Lingüiça cujo recheio é misturado com sangue e curado ao fumo.

cho.ve-não-mo.lha sm. Situação que não se resolve; indecisão.

cho.ver vi. Cair chuva.

chu.ca-chu.ca sm. Mecha de cabelo de bebê ou de criança que é penteada de modo que forme uma espécie de caracol.

chu.chu sm. Variedade de hortaliça.

chu.cru.te *sm.* Repolho picado e fermentado em salmoura, usado como acompanhamento de vários pratos de salsicharia.

chu.é *adj.* Imprestável; insignificante; mal trajado.

chu.lé *sm.* Mau cheiro dos pés.

chu.le.ar *vt.* Coser a orla de um tecido.

chu.lo *adj.* Grosseiro, baixo, rude; usado pela ralé; ordinário.

chu.ma.ço *sm.* Porção de algodão para estofar; porção de algodão, gaze ou outro material usado em curativos ou na toalete.

chum.bar *vt.* Soldar; tapar; fixar com substância que, após certo tempo, endurece; ferir com chumbo.

chum.bo *sm.* Metal cinza-prateado muito pesado.

chu.pa.do *adj.* Muito magro; seco; sugado.

chu.par *vt.* Sugar; absorver.

chu.pe.ta *sf.* Mamilo de borracha para crianças.

chu.pim *sm.* Ave passeriforme cuja fêmea põe seus ovos no ninho do tico-tico que lhe cria os filhotes; *gír.* pessoa que vive à custa de outrem.

chur.ras.co *sm.* Posta de carne assada sobre brasas.

chus.ma *sf.* Multidão de gente; acumulação de coisas.

chu.tar *vt.* Dar pontapé na bola; *pop.* mandar embora; tentar acertar uma resposta.

chu.te *sm.* Pontapé dado na bola; pontapé.

chu.tei.ra *sf.* Botina de cano curto e travas no solado apropriada para o futebol.

chu.va *sf.* A água que cai das nuvens.

chu.va.ra.da *sf.* Chuva forte e continuada.

chu.vei.ro *sm.* Chuva passageira; aparelho para banho.

chu.vis.car *vi.* Chover miúdo.

chu.vis.co *sm.* Chuva miúda.

Cia. Abreviatura de Companhia.

ci.á.ti.ca *adj.* e *sf.* Diz-se de, ou dor aguda no nervo maior da coxa.

ci.ber.né.ti.ca *sf.* Ciência que estuda as comunicações e o sistema de controle dos organismos vivos e das máquinas.

ci.ca *sf.* Travo, sabor amargo e áspero de fruta verde.

ci.ca.triz *sf.* Sinal que deixa a ferida depois de curada.

ci.ca.tri.zar *vt., i.* e *p.* Fazer fechar as feridas; formar-se a cicatriz; curar.

cí.ce.ro *sm.* O corpo doze do tipo de imprensa; medida tipográfica; quadratim.

ci.ce.ro.ne *sm.* Guia que acompanha turistas.

ci.ci.ar *vi.* Pronunciar as palavras em ciciо; rumorejar; *vt.* dizer em voz baixa.

ci.ci.o *sm.* Murmúrio, rumor leve.

ci.clis.mo *sm.* O esporte de andar de bicicleta.

ci.clis.ta *s.2g.* Pessoa que anda de bicicleta.

ci.clo *sm.* Série de fenômenos que se sucedem.

ci.clo.ne *sm.* Furacão que gira em torno de um centro de baixa pressão atmosférica.

ci.clo.pe *sm.* Na mitologia grega, gigante com um só olho na testa.

ci.clo.vi.a *sf.* Pista exclusiva para bicicletas; pista para a prática do ciclismo.

ci.cu.ta *sf.* Planta venenosa.

ci.da.da.ni.a *sf.* Dignidade ou qualidade de cidadão.

ci.da.dão *sm.* Habitante de cidade; o que goza dos direitos políticos e civis de um Estado.

ci.da.de *sf.* Povoação de importância superior a vila.

ci.da.de.la *sf.* Fortaleza.

ci.da.de-sa.té.li.te *sf.* Cidade com autonomia administrativa ou sem ela, e cuja vida depende doutra cidade mais desenvolvida, mais ou menos próxima.

ci.dra *sf.* Fruto da cidreira, muito usado para doces.

ci.drei.ra *sf.* Árvore que dá a cidra.

ci.ên.cia *sf.* Conhecimento; instrução, erudição; sabedoria; soma dos conhecimentos humanos considerados em conjunto, segundo sua natureza e progresso.

ci.en.te *adj.* Que é sabedor.

ci.en.ti.fi.car *vt.* Informar; *vp.* tomar conhecimento.

ci.en.tí.fi.co *adj.* Relativo à ciência.

ci.en.tis.ta *s.2g.* Pessoa que cultiva alguma ciência em particular.

ci.fra *sf.* Zero; importância ou número total; escrita enigmática ou secreta; a chave para decifrá-la.

ci.frão *sm.* Sinal usado para expressar unidades monetárias em vários países.

ci.frar *vt.* Escrever em cifra ou código secreto; resumir; *vp.* resumir-se; reduzir-se.

ci.ga.no *sm.* Indivíduo de um povo nômade, talvez originário da Índia, que possui código ético próprio, vive de artesanato, de ler a sorte e fazer negócios com cavalos, carros, etc.

ci.gar.ra *sf.* Inseto que produz som estrídulo e monótono.

ci.gar.rei.ra *sf.* Carteira para cigarros.

ci.gar.ro *sm.* Tabaco picado e enrolado para se fumar.

ci.la.da *sf.* Emboscada; traição.

ci.lha *sf.* Tira de couro para apertar a sela.

ci.lhar *vt.* Apertar com cilha.

ci.lí.cio *sm.* Pequena túnica; cinto ou cordão grosseiro usado como penitência; sacrifício voluntário; martírio a que alguém se submete com resignação; tortura, tormento, aflição.

ci.**lín**.dri.co *adj.* Em forma de cilindro.

cí.**lio** *sm.* Pestana.

ci.**ma** *sf.* A parte mais elevada; cume; cimo; topo; cimeira.

cím.**ba**.lo *sm.* Antigo instrumento de cordas.

cim.**bar** *vt.* Dobrar; curvar.

ci.**mei**.ra *sf.* Cume; pino; penacho de capacete.

ci.men.**tar** *vt.* Unir com cimento; consolidar.

ci.**men**.to *sm.* Mistura de cal, sílica, alumina, óxido de ferro e magnésio queimados em forno e transformados em pó, utilizada como aglomerante ou para ligar certos materiais.

ci.**mo** *sm.* Cume; pino.

cin.**char** *vt.* Apertar no cincho.

cin.**cho** *sm.* Molde de queijo.

cin.**dir** *vt.* Cortar; separar.

ci.ne.**as**.ta *s.2g.* Técnico de cinema.

ci.**ne**.ma *sm.* Sala de exibições de filmes; arte da cinematografia.

ci.ne.ma.to.gra.**fi**.a *sf.* Conjunto dos processos de filmagem.

ci.ne.ma.**tó**.gra.fo *sm.* Aparelho que permite a projeção de imagens ou cenas em movimento.

ci.ne.ra.**ção** *sf.* Redução a cinzas; incineração.

ci.ne.**rar** *vi.* Reduzir a cinzas.

cin.**gir** *vt.* Rodear; cercar; ligar em volta; prender; pôr à cintura; pôr na cabeça; apertar; comprimir; reprimir; *vp.* chegar-se; unir-se; limitar-se.

cí.**ni**.co *adj.* Desavergonhado.

ci.**nis**.mo *sm.* Falta de vergonha, descaro.

cin.**qüen**.ta *num.* Cinco vezes dez.

cin.qüen.te.**ná**.rio *sf.* Qüinquagésimo aniversário.

cin.**ta** *sf.* Faixa de tecido, couro, metal, etc. para cingir.

cin.ti.la.**ção** *sf.* Brilho.

cin.ti.**lan**.te *adj.* Que cintila.

cin.ti.**lar** *vi.* Brilhar; luzir.

cin.**to** *sm.* Cinta; cós.

cin.**tu**.ra *sf.* A parte média do corpo humano.

cin.tu.**rão** *sm.* Grande cinta.

cin.**za** *sf.* Resíduo em pó de substância queimada; *pl.* restos mortais; *adj.* cinzento.

cin.**zei**.ro *sm.* Recipiente para cinzas de cigarro.

cin.**zel** *sm.* Instrumento de escultores e gravadores.

cin.ze.**lar** *vt.* Trabalhar com cinzel; aprimorar.

ci.o *sm.* Apetite sexual dos animais em determinadas épocas.

ci.**o**.so *adj.* Cuidadoso, zeloso.

ci.**pó** *sm.* Planta trepadeira que pende das árvores.

ci.**ran**.da *sf.* Dança e cantiga infantil; peneira grossa.

cir.**cen**.se *adj.* Relativo a circo.

cir.**co** *sm.* Pavilhão circular onde se apresentam espetáculos.

cir.**cui**.to *sm.* Circunferência; linha que limita qualquer área fechada; perímetro; o que circunda; giro, volta; ciclo; trajetória completa de uma corrente elétrica.

cir.cu.la.**ção** *sf.* Ação de circular; movimento do sangue e da linfa através dos vasos, induzido pelo coração; curso; trânsito.

cir.cu.**lar** *vt.* Mover-se em círculo ou circuito; percorrer ao redor; percorrer; *adj.* em forma de círculo, relativo a círculo; *sf.* ofício.

cír.**cu**.lo *sm.* Cinto; anel; giro; grêmio.

cir.cu.na.ve.**gar** *vi.* Rodear navegando; viajar por mar ao redor da Terra.

cir.cun.**dar** *vt.* Cercar; rodear.

cir.cun.fe.**rên**.cia *sf.* O contorno exterior de um círculo.

cir.cun.gi.**rar** *vt.* Girar em torno, em volta de.

cir.cun.ja.**zer** *vi.* Estar ao redor; ao lado de.

cir.cun.**ló**.quio *sm.* Rodeio de palavras; perífrase.

cir.**cuns**.cre.**ver** *vt.* Abranger, conter; descrever uma linha ao redor de; limitar; isolar; restringir; *vp.* limitar-se.

cir.**cuns**.cri.**ção** *sf.* Designação de divisão territorial.

cir.**cuns**.cri.to *adj.* Restringido.

cir.**cuns**.pec.**ção** *sf.* Atenção; prudência; ponderação.

cir.**cuns**.**pec**.to *adj.* Que olha à volta de si; ponderado; prudente.

cir.**cuns**.**tân**.cia *sf.* Condição; acidente; requisito.

cir.cuns.tan.ci.**ar** *vt.* Pormenorizar; esmiuçar.

cir.**cuns**.**tan**.te *adj.* Que está em redor; *s.2g.* pessoa que está presente.

cir.cun.vo.lu.**ção** *sf.* Movimento ao redor de um eixo comum.

cí.**rio** *sm.* Vela grande de cera; procissão que, partindo de determinado lugar, vai levar um círio a outro.

cir.**ro** *sm.* Respiração ruidosa dos moribundos; tipo de nuvem; tipo de câncer.

cir.ro-**cú**.mu.lo *sm.* Nuvem fina e branca, situada a grandes altitudes, com aspecto de pequenos grãos enfileirados.

cir.ro-**es**.**tra**.to *sm.* Nuvem que lembra um véu esbranquiçado, situada a grandes altitudes.

ci.rur.**gi**.a *sf.* Parte da medicina que trata de operações.

ci.rur.gi.**ão** *sm.* O que exerce a cirurgia.

ci.**são** *sf.* Divisão.

cis.**car** *vt.* Esgaravatar (a galinha) o chão à procura de alimento; limpar cisco.

cis.**co** *sm.* Lixo caseiro; resíduo; partícula leve.

cis.**ma** *sf.* Preocupação; mania; desconfiança; *sm.* separação, dissidência de doutrina religiosa.

cis.**mar** *vi.* Pensar; ter pressentimentos.

cis.ne *sm.* Ave aquática.

cis.**ter**.na *sf.* Poço.

cis.ti.cer.co.se *sf.* Afecção contraída ao se ingerir carne de porco ou boi mal cozida ou crua e infestada de cisticercos, adquirindo-se, assim, a solitária.

cis.ti.te *sf.* Inflamação da bexiga.

ci.ta.ção *sf.* Ato de citar.

ci.ta.di.no *sm.* Habitante de cidade; *adj.* de cidade.

ci.tar *vt.* Transcrever ou mencionar como exemplo; mencionar o nome de; intimar para comparecer em juízo.

cí.ta.ra *sf.* Instrumento musical de cordas.

cí.tri.co *adj.* Diz-se do ácido extraído de limões, etc., relativo a plantas do gênero Citrus ao qual pertencem o limão, a laranja, etc.

ci.ú.me *sm.* Zelo amoroso; desconfiança; inveja.

cí.vel *adj.* Referente a Direito Civil.

cí.vi.co *adj.* Relativo à vida pública do cidadão.

ci.vil *adj.* Relativo a cidadão; cortês; social.

ci.vi.li.za.ção *sf.* Estado de progresso e cultura social.

ci.vi.li.zar *vt.* Tornar civilizado; aperfeiçoar.

ci.vis.mo *sm.* Qualidade de bom cidadão; patriotismo.

clã *sm.* Grei; partido.

cla.mar *vt.* e *i.* Proferir em voz alta; bradar; vociferar; reclamar; protestar; implorar; rogar.

cla.mor *sm.* Grito; queixa.

clan.des.ti.no *adj.* Feito às escondidas; ilegal.

clan.gor *sm.* Som rijo.

cla.que *sf.* Grupo de assistentes pagos para aplaudir.

cla.ra *sf.* Albumina que envolve a gema do ovo.

cla.ra.bói.a *sf.* Abertura com vidro num telhado.

cla.rão *sm.* Grande claridade; jorro de luz.

cla.re.ar *vt.* Aclarar; *vi.* tornar-se lúcido.

cla.rei.ra *sf.* Espaço sem árvores numa floresta.

cla.re.za *sf.* Transparência; limpidez; bom timbre.

cla.ri.da.de *sf.* Luz viva; esplendor; fulgor.

cla.rim *sm.* Pequena trombeta.

cla.ri.vi.dên.cia *sf.* Visão clara.

cla.ri.vi.den.te *adj.* Que vê nitidamente; prudente; vidente.

cla.ro *adj.* Límpido; evidente; *sm.* lacuna.

clas.se *sf.* Categoria; aula; alunos de uma aula.

clás.si.co *adj.* Modelar; famoso; consagrado; *sm.* autor de obra consagrada.

clas.si.fi.car *vt.* Pôr em ordem; atribuir valores a.

clau.di.car *vt.* Coxear; errar.

claus.tro *sm.* Convento; a vida monástica.

cláu.su.la *sf.* Preceito; disposição; condição.

clau.su.lar *vt.* Estabelecer cláusula; concluir.

clau.su.ra *sf.* Vida em claustro.

clau.su.rar *vt.* Encerrar em clausura.

cla.va *sf.* Pau mais grosso numa das extremidades, usado como arma; maça.

cla.ví.cu.la *sf.* Osso da parte anterior do ombro.

cle.mên.cia *sf.* Indulgência; bondade; amenidade.

cle.men.te *adj.* Indulgente; bondoso.

cle.ri.cal *adj.* Do clero.

clé.ri.go *sm.* Padre.

cle.ro *sm.* A classe dos sacerdotes.

cli.chê *sm.* Matriz metálica para impressão; lugar-comum; chavão; sentença ou provérbio muito batido pelo uso; frase feita.

cli.en.te.la *sf.* Freguesia.

cli.ma *sm.* Condições meteorológicas de certa região; ambiente.

clí.max *sm.* Gradação; grau máximo, supremo.

clí.ni.ca *sf.* A prática da medicina; estabelecimento hospitalar.

cli.ni.car *vi.* Exercer a clínica.

clí.ni.co *sm.* Médico especializado em clínica geral.

cli.pe *sm.* Pequena peça de metal ou plástico para prender papéis; *f. red.* de videoclipe.

cli.que *interj.* Onomatopéia que exprime estalido seco ou crepitação; *sm.* ruído seco.

clis.ter *sm.* Injeção de água ou líquido medicamentoso no reto, por meio de seringa ou clisório; lavagem intestinal.

cli.tó.ris *sm.* Protuberância carnuda e erétil, situada na parte superior da vulva e de estrutura análoga à do pênis.

cli.vo *sm.* Colina; encosta.

clo.ro *sm.* Gás pesado, irritante e tóxico, produzido pela hidrólise de solução aquosa de cloreto de sódio e poderoso agente branqueador.

clo.ro.fi.la *sf.* Substância que dá às plantas a cor verde.

clo.ro.fór.mio *sm.* Líquido incolor, anestésico.

clo.se *sm.* Fotografia de um objeto muito próximo à máquina; tomada.

CLT Sigla de Consolidação das Leis do Trabalho.

cm *fís.* Símbolo de centímetro.

clu.be *sm.* Grêmio; assembléia.

co.a.bi.tar *vt.* Viver em comum com outra pessoa.

co.a.ção *sf.* Constrangimento.

co.ad.ju.var *vt.* Auxiliar mutuamente; ajudar; cooperar.

co.a.dor *adj.* Que coa; *sm.* filtro; peça de pano ou papel para coar café.

co.a.du.nar *vt.* Juntar; incorporar; *vp.* combinar-se.

co.a.gir *vt.* Forçar.

co.a.gu.la.ção *sf.* Ato de coagular, de coalhar.

co.a.gu.lar *vt.* Promover a coagulação ou solidificação de; coalhar; tomar consistência.

co.á.gu.lo *sm.* A parte coagulada de um líquido.

co.a.lha.da *sf.* Leite coalhado.

co.a.lhar *vt.* Coagular; *fig.* encher totalmente; talhar (o leite).

co.a.li.zão *sf.* União de partidos.

co.ar *vt.* Passar um líquido pelo coador; filtrar.

co-au.tor *sm.* Colaborador.

co.a.xar *vi.* Emitir a voz (a rã, o sapo, etc.).

co.bai.a *sf.* Pequeno animal usado em experiências.

co.bar.de *adj. e sm.* Covarde.

co.bar.di.a *sf.* Covardia.

co.ber.ta *sf.* Colcha de cama; pavimento de navio.

co.ber.to *adj.* Tapado; protegido, dissimulado; oculto; *sm.* alpendre.

co.ber.tor *sm.* Peça de roupa de cama para frio.

co.ber.tu.ra *sf.* Aquilo que cobre; capote; apartamento de luxo construído sobre a laje de cobertura de um edifício.

co.bi.ça *sf.* Desejo violento de possuir; ambição.

co.bi.çar *vt.* Desejar com veemência; ambicionar.

co.bra *sf.* Nome geral dos ofídios; serpente.

co.bra.dor *sm.* O encarregado de receber dinheiro.

co.bran.ça *sf.* Ato de cobrar.

co.brar *vt.* Receber (dívidas); *vp.* reanimar-se.

co.bre *sm.* Metal dúctil, de cor avermelhada; *gír.* dinheiro.

co.brir *vt.* Resguardar; proteger; ocultar; dissimular.

co.bro *sm.* Fim; termo.

co.ca.da *sf.* Doce de coco.

co.ca.í.na *sf.* Alcaloíde empregado como anestésico; substância entorpecente.

co.çar *vt.* Passar as unhas onde se sente coceira.

coc.ção *sf.* Ação ou efeito de cozer.

cóc.cix *sm.* Osso terminal da coluna vertebral.

có.ce.gas *sf. pl.* Sensação especial, espécie de espasmo; acompanhada de riso convulsivo.

co.cei.ra *sf.* Comichão; prurido.

co.che *sm.* Antiga carruagem.

co.chei.ra *sf.* Alojamento para coches ou cavalos.

co.chei.ro *sm.* Condutor de coche.

co.chi.char *vi.* Falar baixinho; murmurar ao ouvido.

co.chi.cho *sm.* Ato de cochichar.

co.chi.lar *vi.* Dormir ligeiramente.

co.chi.lo *sm.* Ação de cochilar; *fig.* descuido.

co.chi.nar *vi.* Grunhir.

co.cho *sm.* Comedouro de animais em fazendas.

co.ci.en.te *sm.* Quociente.

co.co *sm.* Fruto do coqueiro; *pop.* cabeça; certa dança popular de roda originária de Alagoas.

co.có *sm.* Modalidade de penteado feminino.

co.cô *sm.* Excremento, fezes.

có.co.ras *sf. pl. el. da loc. de cócoras:* agachado sobre os calcanhares.

co.cu.ru.to *sm.* Vértice; cimo; o alto da cabeça.

có.dea *sf.* Parte exterior dura; casca, crosta; sujeira solidificada na roupa; casca de pão, rosca, etc.

có.dex *sm.* Códice; *ant.* código farmacêutico.

co.di.fi.ca.ção *sf.* Reunião de leis em código.

co.di.fi.car *vt.* Reunir em código; coligir.

có.di.go *sm.* Coleção de leis; coleção de regras e preceitos; norma, regra, lei.

co-di.re.ção *sf.* Direção que é exercida juntamente com outrem.

co-e.du.ca.ção *sf.* Educação em comum; educação conjunta de indivíduos de ambos os sexos.

co-e.du.car *vt.* Educar em comum.

co.e.lho *sm.* Mamífero roedor da família dos leporídeos.

co.er.ção *sf.* Ato de coagir; coação; repressão; coibição.

co.e.rên.cia *sf.* Conexão racional entre duas idéias.

co.e.ren.te *adj.* Conexo; lógico.

co.e.são *sf.* Ligação; harmonia; associação íntima.

co.e.so *adj.* Ligado; unido.

co.e.vo *adj.* Contemporâneo.

co.e.xis.tir *vi.* Existir simultaneamente, conviver.

co.fi.ar *vt.* Alisar, afagar (falando-se de barba).

co.fre *sm.* Caixa de metal resistente, com fecho e segredo, onde se guardam documentos ou dinheiro, jóias, etc.

co-ges.tão *sf.* Gestão em comum; administração ou gerência em sociedade.

co.gi.ta.ção *sf.* Reflexão; pensar profundo.

co.gi.tar *vt. e i.* Refletir demoradamente; imaginar.

cog.na.ção *sf.* Parentesco pelo lado materno.

cog.no.me *sm.* Apelido; alcunha.

cog.no.mi.nar *vt.* Apelidar.

co.go.te *sm.* Região occipital; nuca; cachaço; cangote.

co-her.dar *vt.* Herdar em comum.

co.i.bi.ção *sf.* Repressão.

co.i.bir *vt.* Reprimir; fazer cessar; *vp.* privar-se.

coi.ce *sm.* Pancada que os eqüinos dão com as patas de trás; recuo de arma de fogo; ingratidão; brutalidade, má-criação ou agressão moral.

coi.fa *sf.* Rede ou touca para envolver os cabelos das mulheres; chaminé, em alvenaria ou industrializada, usada sobre fogões ou aquecedores a gás.

co.in.ci.dên.cia *sf.* Simultaneidade de dois ou mais acontecimentos.

co.in.ci.dir *vt.* Ser idêntico; igual; acontecer ao mesmo tempo; ajustar-se.

coi.o *sm.* Esconderijo; abrigo ou refúgio de malfeitor; covil.

coi.ó *sm.* Bobalhão.

coi.o.te *sm.* Lobo norte-americano.

co.ir.mão *adj.* Membro, sócio, filiado.

coi.sa *sf.* O que existe; qualquer objeto; realidade, fato; negócio, interesse; acontecimento.

coi.sa-ru.im *sm.* Diabo.

coi.sís.si.ma *sf. el. da loc. adv. e loc. pron. coisíssima nenhuma:* de modo algum; de maneira nenhuma.

coi.ta.do *adj.* Infeliz; *interj.* exprime comiseração.

co.la *sf.* Substância adesiva; *bras.* cópia ilegal que se faz em exames escritos.

co.la.bo.ra.ção *sf.* Trabalho em comum; ajuda; cooperação.

co.la.bo.rar *vi.* Prestar colaboração; cooperar.

co.la.gem *sf.* Operação de colar; técnica artística que consiste em colar pedaços de material heterogêneo sobre um suporte.

co.lan.te *adj.2g.* Que cola; roupa muito chegada ao corpo, muito apertada ou justa; *sm.* esse tipo de roupa.

co.lap.so *sm.* Falência do estado geral; alteração súbita e danosa.

co.lar *vt.* Grudar; *vi.* copiar (nos exames escritos); *sm.* adorno para o pescoço.

co.la.ri.nho *sm.* Gola de pano cosida à camisa, em volta do decote; a espuma de um copo de cerveja ou chope.

co.la.te.ral *adj.* Que está ao lado; paralelo.

col.cha *sf.* Cobertura de cama.

col.chão *sm.* Espécie de almofada que se põe por cima do estrado da cama.

col.che.te *sm.* Gancho de metal; sinal ortográfico.

col.cho.ne.te *sm.* Colchão portátil, de menor espessura.

co.le.ar *vi.* Mover-se como a serpente; descrever curvas.

co.le.ção *sf.* Reunião de coisas ou objetos.

co.le.ci.o.na.dor *sm.* Indivíduo que faz coleção.

co.le.ci.o.nar *vt.* Fazer coleção de; reunir objetos (moedas, selos, etc.) e classificá-los; coligir, compilar.

co.le.ga *s.2g.* Pessoa da mesma escola, profissão, corporação, etc.

co.le.gi.al *s.2g.* Estudante de colégio; *adj.* referente a colégio.

co.lé.gio *sm.* Estabelecimento de ensino primário ou secundário; reunião ou associação de colegas, grêmio; corporação; conjunto de pessoas reunidas para fins eleitorais.

co.lei.ra *sf.* Pequena tira de couro que se põe no pescoço de certos animais.

có.le.ra *sf.* Ira, fúria, sanha; raiva; ímpeto, agitação; *sf.* ou *m.* Doença infecciosa aguda, contagiosa, que pode se manifestar sob forma epidêmica, caracterizada por diarréia abundante, prostração e câimbras.

co.les.te.rol *sm.* Substância lipossolúvel encontrada em todas as gorduras e óleos animais, no fígado, no sangue, etc. e tida como responsável pela arteriosclerose.

co.le.ta *sf.* Quantia que se paga de imposto; quota para obra de caridade ou despesa comum.

co.le.tâ.nea *sf.* Excertos tirados de diversas obras; coleção de várias obras ou coisas.

co.le.tar *vt.* Fazer coleta.

co.le.te *sm.* Peça de vestuário masculino.

co.le.ti.vo *adj.* Que abrange muitas pessoas ou coisas; pertencente a muitas pessoas ou coisas.

co.le.to.ri.a *sf.* Repartição fiscal onde se pagam impostos.

co.lhei.ta *sf.* Ato de colher os produtos agrícolas; safra.

co.lher *sf.* Utensílio para levar à boca os alimentos líquidos; *vt.* apanhar frutos, flores, etc.; obter.

co.li.bri *sm.* Beija-flor; pequena ave que se alimenta do néctar das flores.

có.li.ca *sf.* Dor abdominal aguda; dor nos órgãos ocos; *pl.* medo, receio, aflição; dificuldade.

co.li.dir *vt.* Causar choque em; *vi.* contradizer-se.

co.li.ga.ção *sf.* Aliança de vários indivíduos para um fim comum; trama.

co.li.gar *vt.* Formar coligação; *vt.* confederar-se.

co.li.gir *vt.* Reunir em coleção; deduzir; concluir.

co.li.na *sf.* Outeiro; monte.

co.lí.rio *sm.* Medicamento para moléstias dos olhos.

co.li.são *sf.* Choque entre corpos; batida; abalroamento; luta; oposição; divergência.

co.li.seu *sm.* Anfiteatro; circo.

col.mei.a ou **col.méi.a** *sf.* Cortiço de abelhas; porção de abelhas; enxame.

col.mi.lho *sf.* Dente canino.

col.mo *sm.* Caule de gramíneas.

co.lo *sm.* Pescoço; regaço.

co.lo.ca.ção *sf.* Emprego; venda; distribuição; apresentação, exposição (de idéias).

co.lo.car *vt.* Pôr em certo lugar; aplicar, empregar; dispor, pôr; dar emprego a; estabelecer; instalar; pôr à venda; apresentar; expor.

co.lô.nia *sf.* Grupo de pessoas estabelecidas em país estrangeiro; protetorado; povoação de colonos.

co.lo.ni.al *adj.* De colônia.
co.lo.ni.zar *vt.* Estabelecer colônia; povoar de colonos.
co.lo.no *sm.* Membro de colônia.
co.ló.quio *sm.* Palestra.
co.lo.rar *vt.* Dar cor a.
co.lo.ri.do *adj.* Feito a cores; que tem cores; expressivo, vivo; *sm.* combinação de cores.
co.lo.rir *vt.* Dar cor; matizar.
co.los.sal *adj.* Enorme; imenso.
co.los.so *sm.* Estátua de tamanho descomunal; grande poderio; pessoa de excepcional poder; coisa excelente.
co.lu.na *sf.* Pilar cilíndrico; divisão vertical de página de jornal ou livro.
co.lu.nar *adj.* Em forma de coluna; *vt.* dispor em colunas.
co.lu.vi.ão *sf.* Solo das encostas dos morros formado por detritos provindos dos altos; enxurrada, inundação, aluvião; multidão ou confusão de coisas.
com *prep.* Em companhia de; entre.
co.ma *sf.* Penacho; juba; cabeleira; *s.2g.* estado de inconsciência em que o doente conserva apenas as funções respiratória e circulatória.
co.man.dan.te *sm.* Chefe; *adj.* que comanda.
co.man.dar *vt.* Exercer o comando; dirigir; governar.
co.man.do *sm.* Ação de comandar; direção; governo.
co.mar.ca *sf.* Divisão territorial.
com.ba.lir *vt.* Causar enfraquecimento; abalar.
com.ba.te *sm.* Choque entre forças militares; batalha.
com.ba.ter *vt.* Sustentar combate contra; bater-se com; opor-se a; impugnar; contestar.
com.bi.na.ção *sf.* Associação química de elementos; reunião de coisas dispostas em certa ordem; acordo, ajuste; plano, projeto; roupa íntima feminina.
com.bi.nar *vt.* Fazer combinação; unir; ligar.
com.boi.ar *vt.* Escoltar.
com.boi.o *sm.* Conjunto de navios de esquadras; trem ferroviário; conjunto de carros orientados na mesma direção.
com.bus.tão *sf.* Decomposição pelo fogo; ato de queimar.
com.bus.tí.vel *sm.* Material para queimar; *adj.* que queima.
co.me.çar *vt.* Dar começo; princi-piar; ter início.
co.me.ço *sm.* Início; origem.
co.mé.dia *sf.* Peça para teatro onde predomina a sátira ou a graça; dissimulação; fingimento.
co.me.di.an.te *s.2g.* O que representa comédias.
come.di.do *adj.* Moderado; sóbrio; discreto; prudente.
co.me.dir *vt.* Moderar, conter; medirr; *vp.* conter-se; moderar-se.
co.me-e-dor.me *sm.* Indivíduo que vive à custa dos favores de alguém.
co.me.mo.ra.ção *sf.* Festa ou solenidade em que se comemora algo.
co.me.mo.rar *vt.* Lembrar; fazer recordar; solenizar, recordando; festejar, celebrar.
co.men.da *sf.* Condecoração ou distinção de ordem honorífica.
co.men.da.dor *sm.* Aquele que recebeu comenda.
co.men.sal *sm.* Cada um dos que comem juntos.
co.men.su.rar *vt.* Medir pela mesma unidade duas ou mais grandezas; comparar.
co.men.ta.dor *adj.* e *sm.* Aquele que faz comentários; comentarista.
co.men.tar *vt.* Fazer comentário; explicar.
co.men.tá.rio *sm.* Crítica; nota explicativa; análise.
co.men.ta.ris.ta *s.2g.* Ator de comentários; comentador.
co.me-qui.e.to *sm.* Indivíduo discreto, que não alardeia as suas aventuras amorosas.
co.mer *vt.* Ingerir alimento; *vi.* tomar refeição.
co.mer.ci.al *adj.2g.* Do comércio; mercantil; *sm.* refeição barata, que já vem servida; prato feito; propaganda comercial.
co.mer.ci.a.li.zar *vt.* Tornar comercial; colocar no comércio.
co.mer.ci.an.te *s.2g.* Negociante.
co.mer.ci.ar *vt.* Fazer comércio; permutar valores.
co.mer.ci.á.rio *sm.* Empregado em casa ou firma comercial.
co.mér.cio *sm.* Operações de compra e venda.
co.mes.tí.vel *adj.* e *sm.* Que, ou o que se come.
co.me.ta *sm.* Astro de cauda luminosa que descreve órbitas muito longas ao redor do Sol.
co.me.ter *vt.* Fazer; praticar; perpetrar; oferecer; propor; acometer; atacar; afrontar; tentar; empreender.
co.me.zi.nho *adj.* Bom para se comer; fácil de entender; simples; caseiro.
co.mi.chão *sf.* Coceira; *fig.* vontade irresistível de fazer algo.
co.mí.cio *sm.* Reunião pública de cidadãos para tratar de assuntos de interesse geral, ou em que um candidato a cargo eletivo divulga seu programa.
có.mi.co *adj.* Que faz rir; *sm.* ator de comédias.
co.mi.da *sf.* Alimento; refeição.
co.mi.go *pron. pess.* Na minha companhia; de mim para mim.
co.mi.lan.ça *sf.* Ato de comer muito.

co.mi.lão *sm.* Glutão.

co.mi.se.ra.ção *sf.* Compaixão.

co.mi.se.rar *vt.* Inspirar compaixão em; *vp.* compadecer-se.

co.mis.são *sf.* Incumbência; pessoas encarregadas de tratar conjuntamente de um assunto; percentagem de negócio; gratificação; cargo temporário.

co.mis.sá.rio *sm.* O que exerce comissão; o que representa o Governo ou outra entidade junto de uma companhia ou em funções de administração; delegado.

co.mis.si.o.nar *vt.* Encarregar de comissão; incumbir.

co.mi.tê *sm.* Grupo de pessoas com funções especiais, ou incumbidas de tratar de determinado assunto; local em que se reúnem um candidato político, seus assessores e simpatizantes.

co.mi.ti.va *sf.* Cortejo; acompanhamento; séquito.

co.mo *conj.* Porque; *adv.* de que maneira.

co.mo.ção *sf.* Abalo; perturbação; agitação.

có.mo.da *sf.* Pequeno armário com gavetões.

co.mo.di.da.de *sf.* Aquilo que contribui para o bem-estar físico; conforto; ocasião, oportunidade; meio fácil de usufruir alguma coisa.

co.mo.dis.mo *sm.* Sistema que leva a atender à própria comodidade acima de tudo.

có.mo.do *adj.* Útil; vantajoso; conveniente; *sm.* acomodação; posento.

co.mo.ver *vt.* Abalar; agitar; impressionar; emocionar; enternecer; *vp.* sentir comoção; enternecer-se; decidir-se.

com.pac.to *adj.* Sólido; espesso; denso; comprimido.

com.pa.de.cer *vt.* Ter compaixão de; deplorar; *vp.* condoer-se.

com.pai.xão *sf.* Dó; piedade.

com.pa.nhei.ro *sm.* O que acompanha; colega; camarada.

com.pa.nhi.a *sf.* Comitiva; conjunto de artistas; corpo militar; sociedade comercial.

com.pa.rar *vt.* Confrontar simultaneamente; examinar.

com.pa.re.cer *vi.* Apresentar-se; fazer-se presente.

com.par.ti.lhar *vt.* Tomar parte em; participar de.

com.par.ti.men.to *sm.* Divisão; aposento.

com.pas.si.vo *adj.* Que sente compaixão; compadecido.

com.pas.so *sm.* Instrumento para desenhar círculos; movimento em marcha cadenciada; medida musical.

com.pa.tí.vel *adj.* Que pode ser exercido ao mesmo tempo.

com.pa.tri.o.ta *s.2g.* Que é da mesma pátria.

com.pe.lir *vt.* Obrigar; forçar.

com.pen.di.ar *vt.* Resumir em compêndio; sintetizar.

com.pên.dio *sm.* Síntese; livro de texto escolar.

com.pe.ne.tra.ção *sf.* Convicção íntima; arraigamento.

com.pe.ne.trar *vt.* Convencer profundamente; arraigar; *vp.* convencer-se; assenhorar-se; persuadir-se.

com.pen.sa.ção *sf.* Indenização; equilíbrio; operação contábil com que se facilita a cobrança e pagamento de cheques de outros bancos em um banco oficial.

com.pen.sar *vt.* Fazer compensação; equilibrar; indenizar; remunerar.

com.pe.tên.cia *sf.* Aptidão; idoneidade; capacidade.

com.pe.ti.ção *sf.* Rivalidade; concurso; concorrência.

com.pe.tir *vi.* Rivalizar; fazer concorrência.

com.pi.la.ção *sf.* Ato ou efeito de compilar.

com.pi.lar *vt.* Coligir; reunir numa obra as opiniões de vários autores a respeito de dado assunto.

com.pla.cên.cia *sf.* Benevolência; condescendência.

com.plei.ção *sf.* Constituição física; temperamento; caráter; índole.

com.ple.men.tar *adj.* Que serve de complemento; *vt.* fazer complemento.

com.ple.men.to *sm.* O que completa; remate; acabamento.

com.ple.tar *vt.* Tornar completo; acabar; concluir.

com.ple.to *adj.* Inteiro; total.

com.ple.xi.da.de *sf.* Qualidade do que é complexo.

com.ple.xo *adj.* Complicado; *sm.* conjunto de coisas ou fatos ligados por um nexo; *psic.* conjunto de sentimentos recalcados.

com.pli.ca.ção *sf.* Confusão; embaraço; dificuldade.

com.pli.car *vt.* Tornar confuso ou difícil; dificultar a resolução ou o entendimento de; implicar, envolver; *vp.* tornar-se confuso, intrincado, difícil; enredar-se.

com.plô *sm.* Conspiração contra o Estado ou a autoridade constituída; conluio contra instituição ou pessoa(s).

com.po.nen.te *adj.* e *s.2g.* Que, ou coisas que compõem.

com.por *vt.* Reunir muitas partes num todo; inventar.

com.por.ta.men.to *sm.* Procedimento; maneira de agir.

com.por.tar *vt.* Admitir; conter; *vp.* proceder.

com.po.si.ção *sf. tip.* Ato ou efeito de compor; coordenação, constituição; redação; produção literária ou artística; acordo; conjunto de carros de um trem.

com.po.si.tor *sm.* Aquele que compõe (música).

com.pos.to *adj.* Que consta de vários elementos; *sm.* corpo composto.

com.pra *sf.* Ato de comprar.

com.pra.dor *sm.* Aquele que compra.

com.prar *vt.* Adquirir por dinheiro; subornar.

com.pra.zer *vt.* Ser agradável; *vp.* deleitar-se.

com.pre.en.der *vt.* Conter em si; constar de; incluir; abranger; entender; atinar com; saber apreciar; *vp.* estar incluído; encerrar-se.

com.pre.en.são *sf.* Faculdade de conceber; percepção.

com.pre.en.sí.vel *adj.* Que pode ser compreendido.

com.pre.en.si.vo *adj.* Que revela compreensão; que pode compreender.

com.pres.são *sf.* Ato ou efeito de comprimir(-se).

com.pres.sor *sm.* Aquele ou aquilo que comprime; *adj.* que comprime.

com.pri.do *adj.* Extenso; longo; alto.

com.pri.men.to *sm.* Extensão em linha; distância.

com.pri.mi.do *adj.* Que sofreu compressão; contido refreado; *sm.* o que sofreu compressão; pastilha medicamentosa.

com.pri.mir *vt.* Reduzir a menor volume, mediante pressão; apertar; premer; reprimir; oprimir; encolher; contrair; afligir.

com.pro.me.ter *vt.* Sujeitar por compromisso; dar como garantia; arriscar, aventurar; pôr alguém em má situação; *vp.* obrigar-se; assumir responsabilidade.

com.pro.mis.so *sm.* Obrigação ou promessa a ser cumprida; dívida com data certa para ser quitada; obrigação de caráter social.

com.pro.va.ção *sf.* Prova adicional, corroboração.

com.pro.van.te *adj.* Que comprova; *sm.* recibo.

com.pro.var *vt.* Apresentar prova adicional; demonstrar.

com.pul.são *sf.* Ato ou efeito de compelir; *psic.* tendência à repetição.

com.pul.sar *vt.* Manusear; examinar olhando; folhear (livros, documentos) consultando.

com.pul.si.vo *adj.* Que compele.

com.pul.só.rio *adj.* Obrigatório.

com.pun.gir *vt.* Magoar; afligir; enternecer; *vp.* arrepender-se.

com.pu.ta.dor *adj.* e *sm.* Que, ou quem faz cômputos, cálculos; calculista; *sm.* aparelho eletrônico capaz de armazenar, analisar e processar dados.

com.pu.tar *vt.* Calcular; contar.

côm.pu.to *sm.* Cálculo.

co.mum *adj.* e *s.2g.* Pertencente ou comum a todos; geral, universal; habitual; vulgar; mediocre; depouco valor; *sm.* a maioria, o geral.

co.mum-de-dois *adj.* Substantivo que tem só uma forma para os dois gêneros; sobrecomum.

co.mun.gar *vi.* Receber a comunhão; estar de acordo.

co.mu.nhão *sf.* Sacramento da Eucaristia.

co.mu.ni.ca.ção *sf.* Aviso; informação; ligação.

co.mu.ni.car *vt.* Transmitir; *vp.* corresponder-se.

co.mu.ni.da.de *sf.* Comunhão; concordância, conformidade; identidade; a sociedade; qualquer conjunto populacional considerado como um todo em seus aspectos geográficos, econômicos e culturais em comum; grupo de pessoas que se vivem sob uma mesma orientação religiosa ou civil.

co.mu.nis.mo *sm.* Doutrina social que aspira à propriedade coletiva.

co.mu.nis.ta *adj.* e *s.2g.* Diz-se do, ou o partidário do comunismo.

co.mu.ta.ção *sf.* Atenuação de pena; permutação.

co.mu.tar *vt.* Trocar; atenuar.

con.ca.te.nar *vt.* Encadear; ligar; prender; relacionar.

côn.ca.vo *adj.* Mais elevado nas bordas que no centro; escavado.

con.ce.ber *vt.* Gerar; idear; inventar; perceber.

con.ce.der *vt.* Consentir; permitir; anuir.

con.cei.to *sm.* O que o espírito concebe; opinião; juízo; reputação.

con.cei.tu.ar *vt.* Formar conceito de; avaliar.

con.ce.lho *sm.* Circunscrição administrativa inferior ao distrito; município; divisão administrativa.

con.cen.trar *vt.* Centralizar; *vp.* absorver-se.

con.cên.tri.co *adj.* Que tem o mesmo centro.

con.cep.ção *sf.* Percepção; trabalho de imaginação.

con.cer.nen.te *adj.* Relativo.

con.cer.nir *vi.* Dizer respeito.

con.cer.tar *vt.* Harmonizar; combinar; concordar; *int.* soar harmoniosamente.

con.cer.tis.ta *s.2g.* Pessoa que dá concertos.

con.cer.to *sm.* Espetáculo musical; acordo; combinação; harmonia.

con.ces.são *sf.* Autorização; permissão.

con.ces.si.o.ná.rio *sm.* O que obteve uma concessão.

con.cha *sf.* Invólucro calcário de moluscos; colher grande para servir caldos.

con.cha.var *vt.* Combinar.

con.cha.vo *sm.* Acordo; conluio; combinação.

con.che.gar *vt.* Pôr perto; aproximar; *vp.* agasalhar-se; aconchegar.

con.che.go *sm.* Bem-estar doméstico; proteção; aconchego.

con.ci.da.dão *sm.* Habitante da mesma cidade ou país.

con.ci.li.á.bu.lo *sm.* Assembléia secreta com objetivos malévolos.

con.ci.li.a.ção *sf.* Ato ou efeito de conciliar; harmonização.

con.ci.li.ar *vt.* Harmonizar.

con.ci.são *sf.* Exposição de idéias em poucas palavras; precisão; brevidade.

con.ci.so *sf.* Breve; exato.

con.ci.tar *vt.* Incitar; excitar; estimular à desordem.

con.cla.mar *vt.* Bradar, clamar; gritar em tumulto; *vi.* vozear.

con.cla.ve *sm.* Reunião de cardeais para eleição de Papa; assembléia; reunião.

con.clu.ir *vt.* Acabar; terminar; pôr fim; deduzir.

con.clu.são *sf.* Dedução; fim; termo; epílogo.

con.co.mi.tan.te *adj.* Que acompanha; simultâneo; acessório.

con.cor.dar *vt.* Fazer acordo; *vi.* estar de acordo.

con.cor.da.ta *sf.* Benefício concedido por lei ao negociante insolvente e de boa-fé para evitar ou suspender a declaração de sua falência, ficando ele obrigado a liquidar suas dívidas segundo estipular a sentença que conceder o benefício.

con.cor.de *adj.* Que é da mesma opinião ou pensamento.

con.cór.dia *sf.* Paz; harmonia; concordância.

con.cor.rên.cia *sf.* Comparecimento de muitas pessoas; disputa de clientela.

con.cor.rer *vi.* Contribuir; disputar; ir a concurso.

con.cre.ti.zar *vt.* Tornar concreto; realizar.

con.cre.to *adj.* Determinado; que existe de forma material; *sm.* mistura de cimento, areia e pedra para construções.

con.cu.bi.na *sf.* Amante; amásia.

con.cu.bi.na.to *sm.* Estado de quem é ou tem concubina.

con.cu.pis.cên.cia *sf.* Desejo intenso de bens ou gozos materiais; apetite sexual.

con.cur.so *sm.* Ação de concorrer; concorrência; a circunstância de se encontrarem juntas duas ou mais coisas; encontro; certame; provas documentais ou práticas prestadas pelos candidatos a certo cargo público ou a certas concessões.

con.cus.são *sf.* Choque violento; abalo; extorsão cometida por funcionário público no exercício de suas funções.

con.dão *sm.* Dom; faculdade; poder mágico ou sobrenatural.

con.de *sm.* Título de nobreza, entre marquês e visconde.

con.de.co.rar *vt.* Conferir título honorífico, de honra.

con.de.co.ra.ção *sf.* Ação ou efeito de condecorar; insígnia honorífica, de honra.

con.de.na.ção *sf.* Imposição de pena ou castigo.

con.de.nar *vt.* Impor pena; declarar culpado; reprovar.

con.den.sar *vt.* Tornar mais denso; engrossar; resumir.

con.des.cen.dên.cia Ato de condescendente; benevolência.

con.des.cen.der *vi.* Anuir; fazer a vontade alheia.

con.di.ção *sf.* Posição social; cláusula para opção.

con.di.ci.o.nal *adj.* Dependente de condição.

con.di.ci.o.nar *vt.* Submeter a condições; regular.

con.dig.no *adj.* Proporcional ao mérito; merecido.

con.di.men.to *sm.* Tempero.

con.di.zen.te *adj.* Adequado.

con.di.zer *vi.* Estar em harmonia, em proporção.

con.do.er *vt.* Inspirar dó; *vp.* compadecer-se.

con.do.lên.cia *sf.* Pesar; *pl.* pêsames.

con.du.ção *sf.* Ato ou efeito de conduzir; meio de transporte.

con.du.í.te *sm.* Tubo rígido ou flexível, que pode, ou não, ser embutido, de uso em instalações elétricas para passagem de fios condutores de energia.

con.du.ta *sf.* Comportamento.

con.du.tor *sm.* O que conduz; guia; meio de transmissão.

con.du.zir *vt.* Guiar; dirigir; *vi.* terminar em.

co.ne *sm.* Sólido de base circular e extremidade aguda.

co.nec.ti.vo *adj.* Que une ou liga; palavra que liga orações no período.

cô.ne.go *sm.* Clérigo secular de catedral.

co.ne.xão *sf.* Ligação; nexo.

co.ne.xo *adj.* Intimamente relacionado com outra coisa.

con.fa.bu.lar *vt. e i.* Conversar familiarmente; falar.

con.fec.ção *sf.* Ato ou efeito de confeccionar; roupa feita ou confeccionada em fábrica, que se adquire pronta; fábrica de roupas.

con.fec.ci.o.nar *vt.* Executar; preparar; organizar.

con.fei.ta.ri.a *sf.* Loja de doces.

con.fe.rên.cia *sf.* Verificação; preleção; discurso.

con.fe.ren.ci.ar *vi.* Deliberar em conferência.

con.fe.ren.cis.ta *s.2g.* Pessoa que faz conferências.

con.fe.ren.te *adj.* Que confere; *sm.* conferencista.

con.fe.rir *vt.* Comparar; verificar; examinar.

con.fes.sar *vt.* Revelar; dizer a verdade; contar os pecados a um confessor.

con.fes.si.o.ná.rio *sm.* Lugar onde o padre ouve a confissão; o sacramento da penitência.

con.fe.te *sm.* Rodelinhas de papel colorido.

con.fi.a.do *adj.* Atrevido.

con.fi.an.ça *sf.* Segurança; crédito; atrevimento.

con.fi.ar *vi.* Ter fé; esperar; acreditar; *vt.* entregar em confiança.

con.fi.dên.cia *sf.* Comunicação em segredo.

con.fi.den.te *s.2g.* Pessoa a quem se confia segredo.

con.fi.gu.rar *vt.* Dar figura de; conformar.

con.fim *adj.* Que confina; *sm. pl.* limites; fronteiras.

con.fir.mar *vt.* Afirmar categoricamente; comprovar.

con.fis.car *vt.* Apreender em proveito do fisco.

con.fis.co *sm.* Apreensão pelo fisco; confiscação.

con.fis.são *sf.* Ato de confessar-se.

con.fla.gra.ção *sf.* Grande incêndio; revolução; guerra; viva excitação de ânimo; veemência de sentimentos ou paixões.

con.fla.grar *vt.* Incendiar; excitar; abrasar; convulsionar.

con.fli.to *sm.* Choque entre pessoas que lutam; desavença; disputa; guerra; luta; colisão.

con.flu.ir *vi.* Correr para o mesmo ponto, convergir, afluir.

con.for.ma.ção *sf.* Forma; aspecto; configuração.

con.for.mar *vt.* Afeiçoar; amoldar; *vp.* resignar-se.

con.for.me *adj.* Semelhante; resignado; *conj.* segundo; consoante.

con.for.mis.mo *sm.* Atitude de conformar-se com tudo.

con.for.tar *vt.* Dar forças; revigorar; consolar.

con.for.tá.vel *adj.* Cheio de conforto; cômodo.

con.for.to *sm.* Consolo em hora angustiosa; bem-estar.

con.fra.de *sm.* Colega.

con.fran.ger *vt.* Afligir.

con.fra.ri.a *sf.* Irmandade.

con.fra.ter.ni.zar *vt.* Viver em amizade fraterna; concordar em idéias.

con.fron.tar *vt.* Comparar.

con.fron.to *sm.* Comparação.

con.fun.dir *vt.* Misturar.

con.fu.são *sf.* Desordem.

con.ge.la.ção *sf.* Ato de gelar; entorpecimento por frio.

con.ge.la.do *adj.* Que se congelou; frio como gelo; em economia, os créditos que não se podem transferir para o exterior em virtude de medidas restritivas do Governo; *sm.* refeição preparada para ser acondicionada em refrigerador.

con.ge.la.men.to *sm.* Ato ou efeito de congelar(-se); congelação; em economia, estado de uma dívida, em geral externa, que temporariamente não pode ser satisfeita, nem ser objeto de exigência, por falta de divisas; em economia, fixação de valores, preços, etc., em certo nível, com o fim de proteger a economia popular em épocas de crise.

con.ge.lar *vt.* Transformar em gelo; solidificar; estabelecer o congelamento de valores.

con.gê.ne.re *adj.* Do mesmo gênero; semelhante; igual.

con.gê.ni.to *adj.* Gerado ao mesmo tempo; nascido com o indivíduo; inato, apropriado, acomodado.

con.ges.tão *sf.* Afluência anormal de sangue aos vasos de um órgão.

con.ges.ti.o.na.men.to *sm.* Ato ou efeito de congestionar; acúmulo de veículos, que dificulta o trânsito.

con.ges.ti.o.nar *vt.* Produzir congestão; produzir congestionamento.

con.glo.me.ra.do *sm.* Amontoado; *adj.* que se conglomerou.

con.glo.me.rar *vt.* Amontoar.

con.gra.çar *vt.* Reunir em boa paz; reconciliar.

con.gra.tu.lar *vt.* Felicitar; dar os parabéns.

con.gre.ga.ção *sf.* Assembléia; corporação religiosa.

con.gre.gar *sf.* Reunir; juntar.

con.gres.so *sm.* Assembléia de delegados; conclave.

con.gru.en.te *adj.* Proporcionado; conveniente.

co.nhe.cer *vt.* Entender; perceber; saber.

co.nhe.ci.men.to *sm.* Experiência; nota de despacho de mercadoria.

cô.ni.co *adj.* Em forma de cone.

co.ni.vên.cia *sf.* Cumplicidade.

co.ni.ven.te *adj.* Que finge não ver ou encobre o mal praticado por outrem; cúmplice, conluiado.

con.jec.tu.ra *sf.* Juízo ou opinião sem fundamento preciso; suposição, hipótese.

con.jec.tu.rar *vt.* Presumir.

con.ju.ga.ção *sf.* Ação de conjugar; reunião; o conjunto das formas verbais.

con.ju.gar *vt.* Reunir; expor os modos e tempos verbais.

côn.ju.ge *sm.* Cada um dos esposos relativamente ao outro consorte.

con.jun.ção *sf.* Concurso de circunstâncias; conjuntura; união; encontro; *gram.* partícula gramatical que liga duas orações ou dois termos semelhantes da mesma oração.

con.jun.to *adj.* Ligado; conjuntura; contíguo; próximo; *sm.* reunião das partes que formam um todo; grupo; quadro; equipe; grupo de músicos.

con.jun.tu.ra *sf.* Encontro de acontecimentos; situação difícil; ensejo.

con.lui.ar *vt.* Reunir em conluio; *vp.* formar conluio.

con.lui.o *sm.* Conspiração.

con.ju.rar *vt.* Conspirar; maquinar.

co.nos.co *pron. pess.* Em nossa companhia; a nosso respeito.

co.no.ta.ção *sf.* Relação entre coisas que se comparam; sentido secundário que se soma à significação básica das palavras; sentido figurado.

con.quan.to *conj.* Não obstante; ainda que; embora.

con.quis.ta.dor *adj.* e *sm.* Que ou o que conquista; que ou aquele que faz conquistas amorosas.

con.quis.tar *vt.* Tomar pela força; dominar; namorar.

con.sa.gra.ção *sf.* Aclamação.

con.sa.grar *vt.* Tornar sagrado; eleger; aclamar.

con.san.güí.neo *adj.* Que é do mesmo sangue.

con.san.güi.ni.da.de *sf.* Parentesco do lado paterno.

cons.ci.ên.cia *sf.* Lucidez; faculdade de estabelecer julgamentos morais dos atos realizados; conhecimento, noção; idéia; senso de responsabilidade; honestidade, retidão, probidade.

cons.ci.en.ti.zar *vt.* Tomar consciência de; dar consciência; *vp.* adquirir consciência de.

côns.cio *adj.* Que está ciente do que faz; consciente.

con.se.cu.ção *sf.* Ato de conseguir, alcançar.

con.se.cu.ti.vo *adj.* Sucessivo.

con.se.guir *vt.* Alcançar; obter.

con.se.lhei.ro *adj.* Que aconselha; *sm.* membro de junta consultiva.

con.se.lho *sm.* Parecer, juízo ou opinião; admoestação; aviso; senso do que convém; tino; prudência; corpo de jurados.

con.sen.so *sm.* Concordância de idéias.

con.sen.tâ.neo *adj.* Apropriado, adequado; congruente, coerente.

con.sen.tir *vt.* Permitir; concordar com; aprovar.

con.se.qüên.cia *sf.* Dedução; conclusão; resultado; efeito.

con.ser.tar *vt.* Reparar; remendar; arranjar.

con.ser.to *sm.* Remendo; reparação; arranjo.

con.ser.va *sf.* Líquido em que se conservam alimentos.

con.ser.va.ção *sf.* Ato de conservar, guardar.

con.ser.var *vt.* Preservar; guardar; lembrar-se de; resistir à idade; ficar.

con.ser.va.tó.rio *sm.* Escola pública destinada ao ensino de belas-artes.

con.si.de.ra.ção *sf.* Exame; raciocínio; deferência.

con.si.de.rar *vt.* Ponderar; apreciar; *vp.* julgar-se.

con.sig.na.ção *sf.* Ato ou efeito de consignar.

con.sig.nar *vt.* Fazer consignação de; pôr em escrito; entregar (mercadoria) por depósito ou comissão.

con.si.go *pron. pess.* Com a sua própria pessoa.

con.sis.tên.cia *sf.* Solidez.

con.sis.ten.te *adj.* Sólido.

con.sis.tir *vi.* Ser composto de; ter por objetivo.

con.so.an.te *sf.* Fonema que geralmente não forma sílaba senão pela adjunção de uma vogal; *prep.* conforme.

con.so.ci.ar *vt.* e *p.* Associar; conciliar; unir.

con.so.lar *vt.* Suavizar; dar ânimo; confortar.

con.so.li.dar *vt.* Tornar sólido; *vp.* firmar-se.

con.so.lo *sm.* Alívio; mitigação.

con.so.nân.cia *sf.* Rima; acordo; conformidade.

con.sor.ci.ar *vt.* Unir em consórcio; casar.

con.sór.cio *sm.* Associação, ligação, união; reunião de empresas, de interesses; casamento.

con.sor.te *s.2g.* Cônjuge.

cons.pi.cu.i.da.de *sf.* Qualidade de conspícuo.

cons.pí.cuo *adj.* Notável, eminente; distinto; ilustre; sério, grave, respeitável.

cons.pi.ra.ção *sf.* Maquinação secreta contra o governo.

cons.pi.rar *vi.* Maquinar; entrar em conluio.

cons.pur.car *vt.* Sujar, manchar, macular; infamar; corromper, perverter; aviltar.

cons.tân.cia *sf.* Tenacidade; firmeza; paciência.

cons.tan.te *adj.* Imutável; que consta.

cons.tar *vi.* e *imp.* Passar por certo; constituir-se.

cons.ta.tar *vt.* Verificar.

con.têi.ner *sm.* Grande caixa ou cofre para acondicionamento de carga, facilitando seu embarque, transporte, desembarque, etc.

cons.te.la.ção *sf.* Grupo de estrelas.

cons.ter.na.ção *sf.* Angústia; desgosto.

cons.ter.nar *vt.* Angustiar; *vp.* perder o ânimo, ficar prostrado pela dor; horrorizar-se.

cons.ti.pa.ção *sf.* Defluxo; prisão de ventre; resfriado.

cons.ti.pa.do *adj.* Que sofre de constipação.

cons.ti.tu.ci.o.nal *adj.* Conforme à constituição.

cons.ti.tu.i.ção *sf.* Organização; conjunto de leis de um país.

cons.ti.tu.in.te *s.2g.* Pessoa que outorga uma procuração a outra; *adj.* que constitui.

cons.ti.tu.ir *vt.* Ser o fundamento de; organizar; nomear; compor.

cons.tran.gir *vt.* Apertar; incomodar; compelir.

cons.trin.gir *vt.* Cingir, apertando; apertar em volta; contrair-se, apertar-se.

cons.tru.ção *sf.* Edificação.

cons.tru.ir *vt.* Edificar; organizar; traçar.

cons.tru.tor *adj.* e *sm.* Que, ou aquele que constrói.

con.su.e.tu.di.ná.rio *adj.* Fundado nos costumes; costumado, habitual.

côn.sul *sm.* Agente diplomático em país estrangeiro.

con.su.la.do *sm.* Dignidade de cônsul; local onde o cônsul exerce suas funções.

con.su.len.te *s.2g.* Pessoa que consulta.

con.sul.ta *sf.* Ato de consultar; conselho; orientação; pesquisa.

con.sul.tar *vt.* Pedir conselho; fazer-se examinar.

con.sul.tó.rio *sm.* Lugar onde se dão consultas.

con.su.ma.ção *sf.* Ato ou efeito de consumar; conclusão; fim; quantia mínima que os clientes são obrigados a consumir em algumas casas de diversão.

con.su.mar *vt.* Completar; ultimar; executar.

con.su.mir *vt.* Gastar; absorver; destruir.

con.su.mo *sm.* Ato ou efeito de consumir; gasto; extração de mercadorias; aplicação das riquezas na satisfação das necessidades econômicas do homem; aproveitamento dos produtos.

con.ta *sf.* Ação ou efeito de contar; cálculo; operação aritmética; soma dos gastos a pagar; informação; notícia; interesse; competência; consideração; responsabilidade; justificação; crédito de depósito em conta corrente; cada um dos glóbulos que se enfiam em colar, rosário, etc.; *pl.* rosário.

con.ta-gi.ros *sm. pl.* Tacômetro; instrumento para medir velocidades, especialmente as de rotação de um motor ou de um eixo.

con.ta-go.tas *sm. pl.* Aparelho ou dispositivo com que se pingam as gotas de um líquido.

con.ta.bi.li.da.de *sf.* Arte de escriturar livros comerciais.

con.ta.gi.ar *vt. rel.* Pegar por contágio; viciar; corromper.

con.tá.gio *sm.* Transmissão de doença por contato.

con.tar *vt.* Verificar o número de; ter confiança; narrar; *vi.* esperar.

con.tac.to *sm.* Estado de corpos que se tocam; ligação; aproximação; comunicação; profissional que fornece as primeiras informações sobre os serviços prestados pela empresa, objetivando angariar novos clientes.

con.tem.pla.ção *sf.* Meditação.

con.tem.plar *vt.* Observar com atenção; olhar; mirar; dar como prêmio ou em consideração.

con.tem.po.râ.neo *adj.* Que é do mesmo tempo.

con.tem.po.ri.zar *vt.* Acomodar-se ao tempo; condescender.

con.ten.ção *sf.* Meios práticos para se imobilizar ossos fraturados; conjunto de meios a que se recorre para manter no abdome as vísceras herniadas.

con.ten.da *sf.* Altercação; disputa; briga; debate; controvérsia; guerra; luta; combate; peleja; esforço para conseguir alguma coisa.

con.ten.der *vi.* Discutir; brigar; competir.

con.ten.são *sf.* Esforço ou tensão considerável; grande aplicação intelectual.

con.ten.ta.men.to *sm.* Satisfação; alegria.

con.ten.tar *vt.* Agradar; *vp.* ficar contente.

con.ter *vt.* Encerrar em si; reprimir; *vp.* dominar-se.

con.ter.râ.neo *adj.* Compatrício; da mesma terra.

con.tes.ta.ção *sf.* Ação de contestar; discussão; polêmica.

con.tes.tar *vt.* Contradizer.

con.te.ú.do *sm.* O que é contido; assunto.

con.tex.to *sm.* Encadeamento das idéias de um escrito; o que constitui um texto no seu todo; conjunto; totalidade.

con.tex.tu.ra *sf.* Ligação entre as partes de um todo.

con.ti.go *pron. pess.* Em tua companhia.

con.tí.guo *adj.* Próximo; vizinho.

con.ti.nên.cia *adj.* Castidade; cumprimento militar; moderação.

con.ti.nen.tal *sf.* Relativo a continente.

con.ti.nen.te *adj.* Que contém alguma coisa; *sm.* cada uma das cinco grandes divisões da Terra.

con.tin.gên.cia *sf.* Incerteza na realização de uma coisa.

con.tin.gen.te *adj.* Incerto; eventual; *sm.* auxílio; cota; grupo.

con.ti.nu.a.ção *sf.* Sucessão ininterrupta de coisas.

con.ti.nu.ar *vt.* Levar avante; prosseguir; não parar.

con.tí.nuo *adj.* Ininterrupto; *sm.* funcionário servente em repartições.

con.to *sm.* Narração escrita ou falada; fábula; embuste.

con.tor.ção *sf.* Ato de contorcer; torcedura muscular.

con.tor.cer *vt.* Sofrer contorção; *vp.* torcer-se.

con.tor.ci.o.nis.ta *s.2g.* O que faz contorções, levando o corpo a tomar determinadas posições.

con.tor.nar *vt.* Ladear; desviar.

con.tor.no *sm.* Linha que determina uma figura.

con.tra *prep.* Em oposição a; *adv.* contrariamente; *sm.* objeção; impugnação.

con.tra-a.ta.que *sm.* Ação ofensiva temporária e local, desencadeada por uma força encarregada da defesa de uma posição; ataque em resposta a outro.

con.tra.bai.xo *sm.* O maior e mais grave instrumento de cordas da família do violino; voz mais grave; cantor com essa voz.

con.tra.ba.lan.çar *vt.* Compensar; equilibrar.

con.tra.ban.dis.ta *s.2g.* Pessoa que faz contrabando.

con.tra.ban.do *sm.* Comércio clandestino.

con.tra.ção *sf.* Ato de contrair; redução.

con.tra.che.que *sm.* Documento emitido por firma comercial, repartição pública, etc., no qual se especifica o ordenado bruto do funcionário, as respectivas deduções, ou acréscimos, e mediante o qual se acha ele autorizado a receber o que lhe é devido.

con.tra.di.ção *sf.* Afirmação contrária.

con.tra.di.zer *vt.* Dizer o contrário; *vp.* estar em contradição.

con.tra.fa.zer *vt.* Produzir imitando; *vp.* reprimir-se.

con.tra.fé *sf.* Intimação judicial.

con.tra.fei.to *adj.* Contrariado; falsificado.

con.tra.fi.lé *sm.* A parte média do dorso do boi, utilizada, em geral, para bifes ou rosbifes, por ser macia.

con.tra.for.te *sm.* Reforço; montanha fronteira a outra; couro que reforça o calcanhar do calçado.

con.tra.gos.to *sm.* Falta de vontade, de gosto; aversão, repulsa, antipatia.

con.tra.in.di.ca.ção *sf.* Ato de contra-indicar; indicação que anula outra, ou que a ela se opõe; qualquer condição ou sintoma que torna desaconselhável o uso de uma medicação ou de uma intervenção cirúrgica.

con.tra.ir *vt.* Tornar apertado; celebrar contrato; adquirir.

con.tral.to *sm.* A voz feminina ou infantil mais grave que a do soprano; pessoa que possui essa voz.

con.tra.mão *sf.* Direção contrária àquela em que o veículo deve transitar, numa via pública; *adj.* que está fora das facilidades normais; difícil; desajeitado.

con.tra.mar.cha *sf.* Marcha em direção contrária.

con.tra-or.dem *sf.* Ordem oposta a outra já dada.

con.tra.pe.sar *vt.* Equilibrar.

con.tra.por *vt.* Pôr contra; apresentar em oposição.

con.tra.pro.du.cen.te *adj.* Que produz resultado contrário, oposto.

con.tra.pro.va *sf.* Prova em juízo para impugnar outra.

con.tra-re.gra *s.2g.* No teatro, no cinema e na televisão, o encarregado de indicar aos atores as entradas e saídas de cena, de cuidar do cenário, etc.

con.tra.ri.ar *vt.* Fazer oposição; estorvar; desagradar.

con.trá.rio *adj.* Que é contra; oposto; inverso; *sm.* adversário.

con.tra-sen.so *sm.* Disparate.

con.tras.tar *vt.* Opor-se ou resistir a.

con.tras.te *sm.* Oposição entre duas coisas.

con.tra.tar *vt.* Fazer contrato.

con.tra.tem.po *sm.* Acidente inesperado que causa dano.

con.tra.to *sm.* Ajuste.

con.tra.tor.pe.dei.ro *sm.* Navio de guerra para caçar torpedeiros.

con.tra.ven.ção *sf.* Infração.

con.tra.ve.ne.no *sm.* Antídoto.

con.tra.vir *vt.* Transgredir; *vp.* redargüir; retrucar.

con.tri.bu.i.ção *sf.* Quota; ajuda, colaboração.

con.tri.bu.in.te *adj.* e *s.2g.* Que, ou pessoa que contribui ou paga contribuição.

con.tri.bu.ir *vt.* Concorrer para; pagar imposto; cooperar.

con.tri.ção *sf.* Arrependimento.

con.tris.tar *vt.* Afligir; *vp.* penalizar-se.

con.tri.to *adj.* Pesaroso.

con.tro.lar *vt.* Fiscalizar.

con.tro.vér.sia *sf.* Polêmica.

con.tro.ver.ter *vt.* Questionar, discutir.

con.tu.do *conj.* Todavia.

con.tu.má.cia *sf.* Teimosia.

con.tu.maz *adj.* Teimoso.

con.tun.dir *vt.* Causar contusão, *vp.* sofrer contusão.

con.tur.bar *vt.* Perturbar.

con.tu.são *sf.* Lesão superficial produzida por impacto.

con.va.les.cen.ça *sf.* Período de restabelecimento de saúde.

con.va.les.cer *vi.* Readquirir forças, saúde.

con.ven.ção *sf.* Acordo; ajuste; pacto; o que é geralmente admitido ou está tacitamente estabelecido nos usos sociais; encontro; reunião ou assembléia de indivíduos ou representações de classe, de associações, etc., onde é deliberado sobre determinados assuntos; conferência; congresso; em ciências políticas, assembléia partidária em que se escolhem candidatos e adotam a plataforma e as regras do partido; assembléia extraordinária que se reúne para estabelecer ou modificar uma constituição.

con.ven.cer *vt.* Persuadir; *vp.* adquirir certeza.

con.ven.ci.o.nal *adj.* Formal.

con.ven.ci.o.nar *vt.* Ajustar.

con.ve.ni.ên.cia *sf.* Vantagem; proveito.

con.vê.nio *sm.* Convenção; acordo; contrato.

con.ven.to *sm.* Clausura de religiosos.

con.ver.gên.cia *sf.* Ato de convergir, tender para um ponto.

con.ver.gir *vi.* Tender para o mesmo ponto.

con.ver.sa *sf.* Diálogo; ajuste de contas; palestra; conversação; *pop.* mentira.

con.ver.sa.ção *sf.* Conversa.

con.ver.são *sf.* Mudança.

con.ver.sar *vi.* Falar com alguém; palestrar.

con.ver.sí.vel *adj.* Que se pode converter; que se pode trocar por outros valores; que tem a capota dobrável ou removível (automóvel, barco, etc.); *sm.* automóvel, barco, etc. de capota dobrável ou removível.

con.ver.ter *vt.* Mudar; *vp.* mudar de religião, etc.

con.vés *sm.* O tombadilho dos navios.

con.ve.xo *adj.* Arqueado para fora; bojudo.

con.vic.ção *sf.* Persuasão íntima; certeza de alguma coisa.

con.vi.da.do *adj.* Que recebeu convite; *sm.* hóspede.

con.vi.dar *vt.* Pedir a presença de; atrair; provocar.

con.vin.cen.te *adj.* Que convence.

con.vir *vi.* Ser conveniente; *vt.* concordar; admitir.

con.vi.te *sm.* Solicitação escrita ou verbal para o comparecimento de alguém.

con.vi.vên.cia *sf.* Convívio; trato diário; familiaridade; intimidade.

con.vi.ver *vi.* Viver junto; ter convivência.

con.ví.vio *sm.* Convivência.

con.vo.ca.ção *sf.* Ato de convocar; chamamento; convite.

con.vo.car *vt.* Chamar; reunir.

con.vos.co *pron. pess.* Em vossa companhia.

con.vul.são *sf.* Contração involuntária dos músculos; abalo; cataclismo.

con.vul.si.o.nar *vt.* Pôr em convulsão; revolucionar.

con.vul.so *adj.* Trêmulo.

co.o.nes.tar *vt.* Dar aparência de honestidade; fazer que pareça honesto, decente.

co.o.pe.ra.ção *sf.* Esforço coletivo para finalidade comum.

co.o.pe.rar *vt.* Contribuir; colaborar; ajudar.

co.o.pe.ra.ti.va *sf.* Sociedade capitalizada pelos associados para seu próprio benefício.

co.op.tar *vt.* Agregar; associar; admitir numa sociedade com dispensa das formalidades de praxe.

co.or.de.na.ção *sf.* Disposição em ordem e mérito; arranjo; organização.

co.or.de.nar *vt.* Organizar.

co.or.te *sf.* Tropa de infantaria entre os antigos romanos; tropa; gente armada; multidão de pessoas; magote; *col.* de anjo.

co.pa *sf.* Aposento da casa para lavar e guardar louça, etc.; parte superior da ramagem das árvores; torneio esportivo em que se disputa uma taça.

co.pei.ra *sf.* Feminino de copeiro.

co.pei.ro *sm.* Empregado doméstico que trabalha na copa e serve à mesa.

có.pia *sf.* Reprodução exata de qualquer coisa; imitação; grande quantidade.

co.pi.ar *vt.* Fazer cópia; *sm.* varanda; alpendre.

co.pi.des.car *vt.* Fazer o trabalho de copidesque.

co.pi.des.que *sm.* Redator; corpo de redatores que fazem o trabalho de copidesque; redação adaptada, reescrita, para publicar (em livro, em jornal, etc.).

co.pi.o.so *adj.* Farto.

co.pir.rai.te *sm.* Direito exclusivo de imprimir, reproduzir ou vender obra literária, científica ou artística.

co.po *sm.* Vaso para beber, geralmente de forma cilíndrica.

co.po-de-lei.te *sm.* Planta ornamental; palma-de-são-josé; açucena.

có.pu.la *sf.* União, ligação.

co.pu.la.ti.vo *adj.* Que liga.

co.que *sm.* Pancada na cabeça; tipo de penteado feminino; carvão resultante da destilação da hulha.

co.que.lu.che *sf.* Doença infecciosa aguda peculiar à infância e que se manifesta por acessos de tosse violenta; tosse convulsa; tosse comprida; pessoa, coisa ou hábito que desfruta momentaneamente da preferência ou atenção popular; hábito ou vício dominador; paixão; mania.

co.que.te *sf.* Mulher faceira.

co.que.tel *sm.* Bebida preparada com a mistura de duas ou mais bebidas alcoólicas e suco de tomate ou de frutas, gelo, etc.; reunião social, ordinariamente com muitos convidados, onde se servem coquetéis, salgadinhos, canapés, etc.

cor *sf.* Matéria corante; aparência; partido.

cor (ó) *sm. el. na loc. adv. de cor:* de memória, de cabeça.

co.ra.ção *sm.* Órgão principal da circulação do sangue; *fig.* afeição; ternura.

co.ra.do *adj.* Que tem cor.

co.ra.gem *sf.* Ousadia.

co.ra.jo.so *adj.* Ousado.

co.ral *sm.* Canto em coro; animal marinho; *adj.* relativo a coro.

co.ran.te *adj.* Que dá cor.

co.rar *vt.* Dar cor; tingir.

cor.be.lha *sf.* Cesto delicado, em geral de vime ou madeira, o qual se enche de doces, frutas, flores, etc.; lugar onde se expõem os presentes de núpcias.

cor.co.va.do *adj.* Corcunda.

cor.co.vo *sm.* Salto do cavalo.

cor.cun.da *adj.* e *s.2g.* Que, ou pessoa que tem deformidade nas costas.

cor.da *sf.* Cabo de fios vegetais torcidos.

cor.dão *sm.* Corda fina.

cor.da.to *adj.* Que se dispõe a concordar com o que é razoável; prudente.

cor-de-car.ne *adj.* Cor bege rosada, como a pele das pessoas brancas.

cor.dei.ro *sm.* Filhote de ovelha.

cor.del *sm.* Corda muito delgada; barbante; *f. red.* de *literatura de cordel:* cancioneiro popular nordestino impresso em folhetos, expostos à venda em feiras e mercados, dependurados em cordel.

cor-de-ro.sa *adj.* Da cor vermelho-clara de certas rosas; rosado; róseo; risonho; próspero; feliz; *sm.* a cor vermelho-clara.

cor.di.al *adj.* Afetuoso.

cor.di.a.li.da.de *sf.* Afeição cordial, sincera.

co.re.o.gra.fi.a *sf.* Arte de dançar.

co.ris.car *vi.* Relampejar.

co.ris.co *sm.* Faísca elétrica.

co.ris.ta *s.2g.* Pessoa pertencente ao coro teatral.

co.ri.za *sf.* Inflamação das mucosas do nariz; defluxo.

cor.ja *sf.* Súcia; canalha.

cór.nea *sf.* A membrana anterior e transparente do olho.

cor.ne.ta *sf.* Trombeta; buzina.

cor.no *sm.* Chifre; chavelho; *chulo* marido de mulher adúltera.

co.ro *sm.* Canto de muitas vozes reunidas.

co.ro.a *sf.* Ornato para ser colocado na cabeça; *fig.* o poder ou a dignidade real; a realeza; a pessoa do monarca; prêmio, recompensa, glória, distinção; tonsura; calvície no alto ou no meio da cabeça; cume, cimo, alto; parte do dente que fica fora do alvéolo; a face superior do diamante; arranjo de flores, em forma de coroa, oferecidas aos mortos; revestimento metálico que envolve o dente danificado; *gír.* pessoa madura ou idosa.

co.ro.ar *vt.* Pôr coroa em; premiar; encimar.

co.ro.i.nha *sm.* Menino que presta serviço nas igrejas como ajudante de missas e ladainhas.

co.ro.la *sf.* Invólucro de flor, composto de folhas chamadas pétalas.

co.ro.lá.rio *sm.* Proposição que se deduz de outra já demonstrada; conseqüência; dedução; resultado.

co.ro.nel *sm.* Comandante de regimento; chefe político no interior.

co.ro.nha *sf.* A parte inferior da espingarda ou revólver.

cor.po *sm.* A figura humana; consistência; classe; a parte central de um texto; grupo de pessoas consideradas numa universidade.

cor.po-a-cor.po *sm.* Luta de corpo a corpo.

cor.po.ra.ção *sf.* Associação, grêmio.

cor.po.ra.li.zar *vt.* Dar corpo; materializar.

cor.po.ra.ti.vis.mo *sm.* Sistema econômico baseado na organização das classes produtoras em corporações, sob a fiscalização do Estado.

cor.pó.reo *adj.* Relativo a corpo, que tem corpo.

cor.pu.lên.cia *sf.* Grossura ou grandeza de corpo.

cor.pús.cu.lo *sm.* Corpo muito pequeno; molécula.

cor.re.ção *sf.* Retificação de coisa errada; castigo.

cor.re-cor.re *sm.* Correria; debandada; grande afã; azáfama.

cor.re.di.ço *adj.* Corredio; liso; que desliza com facilidade.

cor.re.dor *adj.* Que corre muito; *sm.* o que corre; passagem estreita e comprida no interior das casas.

cor.re.ge.dor *sm.* Magistrado encarregado de fiscalizar o andamento da Justiça.

cor.re.ge.do.ri.a *sf.* Cargo de corregedor; repartição onde o corregedor exerce suas funções.

cór.re.go *sm.* Pequeno curso de água; riacho.

cor.rei.a *sf.* Tira de couro.

cor.rei.ção *sf.* Ato ou efeito de corrigir; correção; função administrativa, via de regra, exercida pelo corregedor; visita do corregedor às comarcas; certa formiga de vida nômade, extremamente predadora; fileira de formigas.

cor.rei.o *sm.* Repartição pública incumbida do serviço de correspondência.

cor.re.la.ção *sf.* Analogia.

cor.re.la.tar *vt.* Pôr em mútua correlação, dependência.

cor.re.la.ti.vo ou **cor.re.la.to** *adj.* Que apresenta mútua dependência.

cor.re.li.gi.o.ná.rio *sm.* Confrade em religião ou política.

cor.ren.te *adj.* Que corre; comum; *sf.* cadeia; água fluente de rio; fluxo de eletricidade.

cor.ren.te.za *sf.* Corrente; série; fluência.

cor.rer *vt.* e *i.* Ir com velocidade; deslizar; viajar; fechar (cortinas).

cor.re.ri.a *sf.* Corrida desordenada, apressada.

cor.res.pon.dên.cia *sf.* Permutação de mensagens escritas.

cor.res.pon.den.te *adj.* Respectivo; *s.2g.* pessoa que troca cartas com outra; jornalista que envia notícias do lugar onde está para a sede do jornal em que trabalha.

CORRESPONDER • COURAÇA

cor.res.pon.der *vi.* Retribuir; *vp.* trocar missivas.

cor.re.ta.gem *sf.* Comissão e serviços de corretor.

cor.re.ti.vo *adj.* Que corrige; *sm.* castigo.

cor.re.to *adj.* Sem erros.

cor.re.tor *sm.* Agente entre compradores e vendedores; o que corrige.

cor.ri.da *sf.* Carreira; competição esportiva; rivalidade; preço a pagar pelo transporte em carros de aluguel.

cor.ri.gir *vt.* Emendar; assinalar erros; punir.

cor.ri.mão *sm.* Peça de apoio ao longo de uma escada.

cor.ri.o.la *sf.* Arruaça; motim de rua; bando; quadrilha; grupo.

cor.ri.quei.ro *adj.* Banal.

cor.ro.bo.rar *vt.* Confirmar.

cor.ro.er *vt.* Roer lentamente; *vp.* consumir-se.

cor.rom.per *vt.* Perverter; estragar; *vp.* apodrecer.

cor.ro.são *sf.* Destruição lenta e gradual; estrago; desgaste.

cor.ro.si.vo *adj.* Que corrói.

cor.rup.ção *sf.* Apodrecimento; depravação; suborno; desmoralização.

cor.ru.pi.o *sm.* Redemoinho; nome de várias brincadeiras de criança.

cor.rup.te.la *sf.* Corrupção; adulteração.

cor.rup.to *adj.* Adulterado; pervertido; subornado; alterado.

cor.rup.tor *sm.* O que corrompe.

cor.sá.rio *sm.* Pirata.

cor.so *sm.* Pirataria; desfile de carros.

cor.tan.te *adj.* Que corta.

cor.tar *vt.* Dividir com lâmina afia-da; suprimir.

cor.te (ó) *sm.* Maneira de cortar; supressão; ferimento com objeto cortante; talho; secção de uma planta.

cor.te (ô) *sf.* Residência real; galanteio; tribunal.

cor.te.jar *vt.* Namorar; tratar com cortesia.

cor.te.jo *sm.* Comitiva.

cor.tês *adj.* Delicado; civil.

cor.te.sã *sf.* Prostituta de luxo; favorita de um soberano.

cor.te.são *sm. e adj.* Freqüentador da corte; palaciano.

cor.te.si.a *sf.* Delicadeza.

cór.tex ou **cór.ti.ce** *sm.* Casca de árvore; envoltório de órgãos.

cor.ti.ça *sf.* Casca de certas árvores lenhosas.

cor.ti.ço *sm.* Casa de habitação coletiva; casa de abelhas.

cor.ti.na *sf.* Resguardo de pano, plástico, etc. para janelas.

cor.ti.so.na *sf.* Hormônio produzido pelas supra-renais, utilizado em medicina.

co.ru.ja *sf.* Ave noturna.

co.rus.can.te *adj.* Fulgurante.

co.rus.car *vi.* Fulgurar.

cós *sm.* Tira de pano que remata peças do vestuário na cintura; parte do vestuário a que se ajusta o cós; cintura.

co.ser *vt.* Costurar.

cos.mé.ti.co *sm.* Ingrediente para limpeza, tratamento ou maquilagem da pele.

cos.mo *sm.* O universo.

cos.mo.gra.fi.a *sf.* Astronomia descritiva.

cos.mo.po.li.ta *adj.* Que é de todos os países.

cos.sa.co *sm.* Soldado de cavalaria do sul da Rússia, recrutado entre os povos, outrora nômades, das estepes.

cos.ta *sf.* Litoral; *pl.* a parte posterior do corpo.

cos.te.ar *vt. e i.* Navegar ao longo da costa.

cos.tei.ro *adj.* Que navega junto à costa.

cos.te.la *sf.* Cada um dos ossos da cavidade torácica.

cos.tu.mar *vt.* Usar; ter por costume; *vp.* habituar-se.

cos.tu.me *sm.* Prática usual; hábito; vestuário.

cos.tu.ra *sf.* Ligação de peças por meio de linha.

cos.tu.rar *vi.* Fazer costura.

cos.tu.rei.ra *sf.* Mulher que trabalha em costura.

co.ta ou **quo.ta** *sf.* Quinhão; porção determinada; quantia de contribuição.

co.ta.ção *sf.* Ação ou efeito de cotar; determinação do preço de ações, mercadorias, etc., na bolsa de valores; indicação de preços no comércio; conceito; apreço.

co.tar *vt.* Marcar por cota; fixar taxa de; avaliar.

co.te.jar *vt.* Fazer cotejo de.

co.te.jo *sm.* Confronto.

co.ti.di.a.no ou **quo.ti.di.a.no** *adj.* De todos os dias; diário; *sm.* o que se faz diariamente, o habitual.

co.tis.ta ou **quo.tis.ta** *adj. e s.2g.* (Pessoa) que tem cotas integrantes do capital de sociedade mercantil de responsabilidade limitada.

co.ti.zar ou **quo.ti.zar** *vt.* Distribuir por cotas; reunir-se a outros para pagar despesa comum.

co.to *sm.* O que resta de alguma coisa (vela, braço, etc.).

co.to.ne.te *sm.* Palito, geralmente plástico, com pequenos chumaços de algodão nas pontas, para limpeza das orelhas e outros fins higiênicos.

co.to.ve.la.da *sf.* Pancada com o cotovelo.

co.to.ve.lo *sm.* Parte exterior do braço; esquina; qualquer peça cujo movimento lembra o de um cotovelo.

cou.ra.ça *sf.* Armadura para o peito; resguardo.

cou.ra.ça.do *sm.* Navio de guerra; *adj.* revestido de couraça.

cou.ra.çar *vt.* Revestir de couraça; blindar.

cou.ro *sm.* Pele curtida de animal; pele.

cou.ve *sf.* Planta hortense de folhas comestíveis.

cou.ve-flor *sf.* Variedade de couve de pedúnculos.

co.va *sf.* Buraco; sepultura.

co.var.de *adj.* Cobarde.

co.var.di.a *sf.* Medo; falta de coragem; cobardia.

co.vei.ro *sm.* O encarregado de abrir covas em cemitério.

co.vil *sm.* Cova de feras; toca.

co.xa *sf.* Parte da perna que vai desde a virilha até o joelho e cujo esqueleto é o fêmur.

co.xe.ar *vi.* Mancar; claudicar.

co.xo *adj.* e *sm.* Manco.

co.zer *vt.* Preparar ao fogo.

co.zi.do *sm.* Aquilo que se cozeu; prato de carnes cozidas com legumes e verduras.

co.zi.nha *sf.* Lugar da casa onde se prepara a comida.

co.zi.nhar *vt.* Cozer ao fogo; *vi.* preparar alimentos.

cra.chá *sm.* Insígnia honorífica que se costuma trazer ao peito; distintivo; cartão que serve como identificação e permite o livre acesso às dependências de certas empresas, repartições, etc., usado ao peito por todos os empregados e visitantes.

cra.ck *sm.* Substância alucinógena elaborada a partir da pasta-base da cocaína.

CPI *sf.* Comissão Parlamentar de Inquérito.

crâ.nio *sm.* Caixa óssea que encerra o encéfalo.

crá.pu.la *sf.* Devassidão; libertinagem; *s.2g.* pessoa devassa, canalha; sujeito sem caráter, da pior espécie.

cra.que *sm.* Onomatopéia de coisa que se quebra com ruído; série de falências bancárias; jogador de futebol com qualidades excepcionais; *s.2g.* pessoa exímia em determinada atividade ou ramo do conhecimento.

cras.so *adj.* Grosseiro.

cra.te.ra *sf.* Abertura por onde sai a lava do vulcão; depressões do terreno; *pop.* grande buraco.

cra.var *vt.* Engastar pedras preciosas; fazer penetrar com força e profundamente; fixar.

cra.ve.jar *vt.* Pregar com cravos; engastar.

cra.vo *sm.* Prego de ferradura; certa flor; instrumento musical; pequena elevação cutânea produzida por obstrução do poro.

cra.vo-da-ín.dia *sm.* Planta cujos botões secos são usados como condimento.

cre.che *sf.* Estabelecimento para abrigo de crianças.

cre.den.ci.al *adj.* Que dá crédito; *sf. pl.* documento que acredita diplomatas junto a governos.

cre.di.á.rio *sm.* Sistema de vendas a crédito.

cre.di.tar *vt.* Dar crédito a; garantir, segurar; inscrever como credor; depositar, lançar uma certa quantia em conta corrente; levar a crédito.

cré.di.to *sm.* Confiança; reputação; dinheiro em haver.

cre.do *sm.* Oração; símbolo dos apóstolos; doutrina.

cre.dor *sm.* Pessoa a quem se deve algum dinheiro.

cré.du.lo *adj.* Que crê facilmente em tudo; *sm.* indivíduo crédulo.

crei.om *sm.* Lápis de grafita; desenho feito com esse lápis.

cre.ma.ção *sf.* Incineração de cadáveres.

cre.mar *vt.* Incinerar cadáveres.

cre.ma.tó.rio *adj.* e *sm.* Em que se faz cremação.

cre.me *sm.* A nata do leite; cor branco-amarelada.

cren.ça *sf.* Convicção; fé.

cren.te *adj.* Que crê; *sm.* adepto da seita religiosa; protestante.

cren.di.ce *sf.* Crença absurda, superstição.

cre.pe *sm.* Tecido fino, transparente ou não, feito com fio torcido, de seda ou lã natural ou sintética; laço preto de luto.

cre.pi.tar *vi.* Estalar.

cre.pom *sm.* Papel de seda enrugado usado na confecção de flores artificiais e de outros objetos de adorno; tecido de aspecto semelhante ao papel crepom.

cre.pús.cu.lo *sm.* Ocaso.

crer *vt.* e *i.* Acreditar.

cres.cen.te *adj.* Que vai crescendo; *sf.* enchente de rio; quarto crescente (fase da Lua).

cres.cer *vi.* Desenvolver-se.

cres.ci.men.to *sm.* Desenvolvimento; aumento.

cres.po *adj.* Rugoso; agitado; ondulado.

cres.tar *vt.* Queimar de leve.

cre.ti.no *sm.* Imbecil; pacóvio.

cri.a *sf.* Animal de mama.

cri.a.ção *sf.* Ato ou efeito de criar; invenção; educação; conjunto de seres criados.

cri.a.do *adj.* Que se criou; *sm.* empregado doméstico.

cri.a.do-mu.do *sm.* Mesa-de-cabeceira.

cri.a.dor *sm.* Inventor; autor; *adj.* que cria.

cri.an.ça *sf.* Ser humano no começo da existência.

cri.an.ço.la *sm.* Rapaz que ainda age como criança.

cri.ar *vt.* Dar existência a; gerar; inventar; educar.

cri.a.ti.vo *adj.* Inventivo.

cri.a.tu.ra *sf.* Indivíduo.

cri.cri sm. Voz imitativa do canto do grilo; adj. e s.2g. pessoa muito tediosa, chatíssima.

cri.me sm. Infração grave contra a lei ou a moral.

cri.mi.nal adj. De crime.

cri.mi.nar vt. Imputar crime a.

cri.mi.no.so sm. O que cometeu crime; adj. condenável.

cri.na sf. Pêlos compridos de animal cavalar.

cri.no.li.na sf. ant. Tecido feito de crina; anágua de crinolina, usada para armar ou entufar a saia; tecido resistente, próprio para forro.

crip.ta sf. Catacumba; caverna.

cri.sá.li.da sf. Ninfa; casulo de onde sai a borboleta.

cri.se sf. Ataque de nervos; situação crítica.

cris.ma sf. Sacramento da confirmação; sm. óleo bento para unção na ministração de certos sacramentos religiosos.

cris.mar vt. Administrar a crisma a; apelidar.

cri.sol sm. Cadinho.

cris.par sf. Encrespar.

cris.ta sf. Excrescência carnosa na cabeça de algumas aves.

cris.tal sm. Corpo sólido de forma regular poliédrica; vidro brilhante.

cris.ta.lei.ra sf. Móvel com paredes de vidro onde se guardam os aparelhos de vidro ou cristal de uma casa.

cris.ta.li.no adj. Límpido como cristal; sm. corpo lenticular e transparente do olho.

cris.ta.li.zar vt. Converter em, dar forma de cristal a; não mudar.

cris.ta.li.za.ção sf. Transformação em cristal; extração do açúcar sob forma cristalizada e livre de impurezas.

cris.tan.da.de sf. Conjunto dos países cristãos; qualidade de cristão.

cris.tão sm. Sectário da religião de Cristo.

cris.tão-no.vo sm. Judeu convertido à fé cristã.

cris.ti.a.nis.mo sm. Doutrina de Cristo.

cri.té.rio sm. Norma de julgamento; raciocínio.

cri.te.ri.o.so adj. Ponderado.

crí.ti.ca sf. Arte de apreciar obras literárias, etc.; análise; censura.

cri.ti.car vt. Fazer crítica.

crí.ti.co adj. Perigoso; sm. o que faz críticas.

cri.var vt. Encher de furos como um crivo.

cri.vel adj. Que se pode acreditar; plausível.

cri.vo sm. Peneira de arame; certo tipo de bordado feito à mão, labirinto; fig. julgamento; opinião.

cro.chê sm. Malha ou renda feita com uma só agulha.

cro.ci.tar vi. Soltar a voz (o corvo); grasnar.

cro.co.di.lo sm. Grande réptil anfíbio dos trópicos.

cro.mos.so.mo sm. Estrutura hereditária contida em cada célula animal ou vegetal.

crô.ni.ca sf. A história apresentada na ordem dos tempos; artigo de imprensa.

crô.ni.co adj. Que dura muito tempo; inveterado.

cro.nis.ta s.2g. Autor de crônicas.

cro.nô.me.tro sm. Relógio de precisão.

cro.que.te sm. Bolinho à base de carne moída (de galinha, camarão, etc.), ovo, temperos, passado em clara de ovo, farinha de rosca e frito.

cro.qui sm. Esboço, em breves traços, de desenho ou de pintura.

cros.ta sf. Casca; invólucro; camada de substância espessa que se forma sobre um corpo.

cru adj. Não cozido; que não teve preparação; sem disfarce; áspero, duro, cruel.

cru.ci.al.2g. Em forma de cruz; difícil, árduo, duro; categórico, decisivo; de suma importância, decisivo.

cru.ci.an.te adj. Penoso.

cru.ci.ar vt. Crucificar; afligir muito; torturar.

cru.ci.fi.ca.ção sf. Ação de crucificar; suplício da cruz.

cru.ci.fi.car vt. Pregar na cruz.

cru.ci.fi.xo sm. Imagem de Cristo pregado na cruz.

cru.el adj. Desumano; doloroso; penoso.

cru.e.za sf. Estado de cru, do que não está cozido; crueldade.

cru.pi.ê sm. Empregado que, especialmente nos cassinos, dirige o jogo, paga e recolhe as apostas.

crus.tá.ceo adj. Coberto de crosta; relativo aos crustáceos.

crus.tá.ceos sm. Classe de animais aquáticos, de respiração branquial, exosqueleto calcário e cefalotórax (cabeça e tórax fundidos numa só peça), como o caranguejo, o camarão, etc.).

cruz sf. Antigo instrumento de suplício; tormento; símbolo do cristianismo.

cru.za.da sf. Na Idade Média, expedição militar contra os infiéis; fig. campanha em defesa de certas idéias.

cru.za.do adj. Disposto em cruz; sm. participante das cruzadas.

cru.za.dor sm. Navio de guerra.

cru.za.men.to sm. Mistura de duas raças de animais; intersecção de duas vias de circulação.

cru.zar vt. Pôr em forma de cruz; atravessar; misturar.

cru.zei.ro sm. Antiga unidade monetária do Brasil, substituída, em 1994, pelo real.

cu.ba sf. Tina; tonel.

cu.ba.gem *sf.* Avaliação do volume de um corpo.

cu.bar *vt.* Calcular a cubagem.

cú.bi.co *adj.* Em forma de cubo.

cu.bí.cu.lo *sm.* Aposento exíguo.

cu.bis.mo *sm.* Escola de pintura, surgida, por volta de 1910, através das obras de Pablo Picasso, Georges Bracque e André Lhote, e caracterizada pela decomposição e geometrização das formas naturais, negando o realismo visual e as leis da perspectiva, tentando, assim, representar os objetos em sua totalidade, como se fossem contemplados simultaneamente por todos os lados.

cú.bi.to *sm.* Osso do antebraço.

cu.bo *sm.* Sólido de seis faces quadradas iguais.

cu.co *sm.* Ave da família dos cuculídeos capaz de imitar a voz de outros pássaros e põe ovos nos ninhos de outras aves..

cu-de-fer.ro *adj.* e *s.2g.* Cê-dê-efe.

cu.e.ca *sf. tb.us.no pl.* Ceroula curta, peça íntima do vestuário masculino.

cu.ei.ro *sm.* Pano com que se envolve as nádegas dos bebês.

cu.í.ca *sf.* Instrumento que emite um ronco característico.

cui.da.do *sm.* Precaução; diligência; inquietação.

cui.dar *vi.* Ter cuidado; pensar em; tratar; *vt.* supor.

cu.in.char *vi.* Grunhir como o porco.

cu.jo *pron. adj.* De quem, de que, do qual, dos quais; *sm. fam.* nome que substitui outro que não se quer dizer.

cu.la.tra *sf.* Parte posterior do cano da arma de fogo.

cu.li.ná.ria *sf.* A arte de cozinhar.

cu.li.ná.rio *adj.* Concernente a cozinha.

cul.mi.na.ção *sf.* Elevação máxima; culminância.

cul.mi.nân.cia *sf.* O ponto mais elevado; zênite; auge.

cul.mi.nan.te *adj.* O mais alto; máximo.

cul.mi.nar *vi.* Elevar-se ao ponto culminante.

cu.lo.te *sm.* Calça de montaria larga na parte de cima e justa a partir dos joelhos; calça para recém-nascidos; parte externa das coxas onde há depósito de gordura.

cul.pa *sf.* Transgressão voluntária de um princípio ou regra; pecado.

cul.par *vt.* Acusar de culpa; *vp.* confessar-se culpado.

cul.ti.var *vt.* Lavrar; promover o desenvolvimento de; *vp.* adquirir conhecimentos.

cul.to *sm.* Homenagem a divindade; veneração; *adj.* cultivado, instruído.

cul.tu.ra *sf.* Lavoura; plantação; instrução; saber.

cul.tu.ral *adj.* Da cultura.

cum.bu.ca *sf.* Vaso feito com cabaça, com uma abertura circular na parte superior.

cu.me *sm.* O cimo; vertente; o mais alto grau.

cu.me.ei.ra *sf.* Parte mais alta do telhado.

cúm.pli.ce *s.2g.* Pessoa que toma parte num delito ou crime; colaborador; conivente.

cum.pri.men.tar *vt.* Saudar; dar parabéns; elogiar.

cum.pri.men.to *sm.* Saudação; execução.

cum.prir *vt.* Realizar; desempenhar; *v. imp.* ser necessário.

cú.mu.lo *sm.* Conjunto de coisas sobrepostas; montão; acréscimento, aumento; o ponto mais alto; auge; designação comum às nuvens que lembram flocos de algodão.

cu.nha *sf.* Peça de ferro ou madeira para rachar lenha; pessoa influente.

cu.nhar *vt.* Imprimir o cunho em; reduzir a moedas; evidenciar; adotar; inventar.

cu.nho *sm.* Peça de ferro, gravada e temperada, usada para marcar moedas, medalhas, etc.; *fig.* marca, selo, feição.

cu.pão *sm.* Cupom.

cu.pi.dez *sf.* Cobiça; ambição.

cu.pi.do *sm.* O deus do amor.

cú.pi.do *adj.* Ávido.

cu.pin.cha *s.2g.* Companheiro; camarada; comparsa; protegido de político; favorito.

cu.pom *sm.* Tíquete descartável que dá direito a participar de eventos, concorrer a prêmios, receber descontos, etc.; título de juro anexo à ação ou obrigação, descartável na hora do pagamento; cupão.

cú.pu.la *sf.* Abóbada.

cu.ra *sf.* Recuperação da saúde; ação ou processo de secar ao sol, ao fogo ou ao fumeiro; *sm.* pároco.

cu.ra.dor *sm.* Administrador de bens de menores.

cu.ran.dei.ro *sm.* Charlatão.

cu.rar *vt.* Livrar de doença; secar ao sol, ao fogo ou ao fumeiro.

cu.ra.ti.vo *adj.* Referente a cura; *sm.* remédio.

cú.ria *sf.* A corte do papa; senado romano.

cu.rin.ga *sm.* Carta de baralho que, em certos jogos, muda de valor segundo a combinação que o jogador tem em mão; pessoa esperta, sem escrúpulos, que tira proveito de qualquer situação; jogador que joga em muitas posições.

cu.ri.o.sa *sf.* Parteira.

cu.ri.o.si.da.de *sf.* Aflição de ver e saber o que se passa; objeto raro; raridade.

cur.ral *sm.* Lugar onde se recolhe o gado.

cur.rí.cu.lo *sm.* Ato de correr; atalho; corte; parte de um curso literário; as matérias constantes de um curso; *f. abrev. e aport. de curriculum vitae*: conjunto de dados concernentes ao estado civil, ao preparo profissional e às atividades anteriores de quem se candidata a um emprego.

cur.sar *vt.* Seguir o programa de estudos de; freqüentar, visar; percorrer, andar.

cur.so *sm.* Direção de corrente; série de matérias que se estudam numa aula.

cur.ta *sf. f. abrev. de* Curta-metragem.

cur.ta-me.tra.gem *sf.* Filme com a duração média de 10 minutos, rodado para fins artísticos, educativos, comerciais, etc., e que trata em geral de um único assunto; filme de curta metragem; curta.

cur.tir *vt.* Preparar couros para não apodrecerem; *gír.* gozar, fruir.

cur.to *adj.* De pouco comprimento; de breve duração; escasso; *f. red. de* curto-circuito.

cur.to-cir.cui.to *sm.* Conexão de resistência muito baixa entre dois pontos de potencial diferente, num circuito elétrico.

cur.tu.me *sm.* Ação ou efeito de curtir; curtimento; estabelecimento onde se curte o couro.

cu.ru.mim ou **cu.ru.mi** *sm.* Menino, rapaz.

cu.ru.pi.ra *sm.* Ente imaginário que, segundo superstição popular, é um índio cujos pés têm o calcanhar virado para a frente e os dedos para trás e defende os animais e as matas.

cur.va *sf.* Volta.

cur.var *vt.* Arquear.

cur.va.tu.ra *sf.* Estado do que é curvo.

cur.vi.lí.neo *adj.* Em forma de linha curva.

cur.vo *adj.* Arqueado.

cus.cuz *sm.* Bolo de farinha de milho ou arroz, cozido no vapor, com ingredientes variados (coco, peixe, camarão, etc.).

cus.pe *sm.* Cuspo.

cus.pir *vi. e t.* Expelir cuspo; salivar.

cus.po *sm.* Saliva.

cus.ta *sf.* Despesa; *pl.* despesas com processo judicial.

cus.tar *vt. e i.* Ter o valor de; ser difícil.

cus.te.ar *vt.* Prover a despesa; ficar com o custo.

cus.to *sm.* Preço de aquisição; dificuldade.

cus.tó.dia *sf.* Segurança; proteção; lugar onde se guarda alguma coisa em segurança; lugar onde se conserva alguém detido; detenção; relicário onde se expõe a hóstia consagrada.

cus.to.di.ar *vt.* Guardar.

cus.to.so *adj.* Trabalhoso.

cu.tâ.neo *adj.* Relativo à pele.

cu.te.lo *sm.* Faca com lâmina em forma de semicírculo.

cu.tí.cu.la *sf.* Película, sobretudo a que se forma na base da unha.

cu.ti.la.da *sf.* Golpe de cutelo.

cú.tis *sf.* Pele; epiderme.

czar *sm.* Título do imperador da Rússia.

d *sm.* Quarta letra do alfabeto.

da *contr. da prep.* de com o *art.* ou o *pron. dem.* a.

dac.ti.*li*.no ou **da.ti.*li*.no** *adj.* Semelhante a um dedo.

dac.ti.lo.gra.*far* ou **da.ti.lo.gra.*far*** *vt.* Escrever à máquina.

dac.ti.lo.gra.*fi*.a ou **da.ti.lo.gra.*fi*.a** *sf.* Arte de escrever à máquina.

***dá*.di.va** *sf.* Presente; graça, dom.

***da*.do** *adj.* Que se deu; oferecido; gratuito; permitido, facultado; habituado, acostumado; amigável, afável; *sm.* pequeno cubo numerado, para jogar; princípio em que se baseia uma discussão; *sm. pl. inform.* informação codificada para uso dos meios automáticos.

da.*í* *contr. da prep.* de com o *adv.* aí.

da.lai-*la*.ma *sm.* Chefe supremo da religião budista, soberano espiritual dos lamas.

da.*li* *contr. da prep.* de com o *adv.* ali.

dal.to.*nis*.mo *sm.* Incapacidade congênita para distinguir certas cores, principalmente o verde do vermelho.

***da*.ma** *sf.* Mulher nobre; atriz; figura feminina no baralho; peça de jogo de xadrez; *pl.* certo jogo que utiliza tabuleiro igual ao do xadrez e 24 peças iguais (12 brancas e 12 pretas) divididas entre dois jogadores.

da.*mas*.co *sm.* Certo fruto.

da.na.*ção* *sf.* Ato ou efeito de danar; hidrofobia; condenação às penas eternas; desgraça; fúria, raiva.

da.*na*.do *adj.* Maldito, condenado; hidrófobo; endiabrado; furioso.

da.*nar* *vt.* Causar dano a, estragar, prejudicar; tornar hidrófobo; causar irritação ou raiva a; corromper física ou moralmente; *vp.* desesperar-se; irritar-se; ser atacado de hidrofobia.

dan.*ça* *sf.* Série de movimentos corporais executados em conformidade com uma música; a arte da dança.

dan.*çar* *vi.* Mover o corpo de forma ritmada em conformidade com uma música, bailar; balançar, sacudir-se; *bras. gír.* sair-se mal; ser preso.

dan.ça.*ri*.na *sf.* Mulher que dança por profissão; bailarina.

dan.ça.*ri*.no *sm.* Homem que dança por profissão; bailarino.

***dân*.di** *sm.* Homem que se veste com extremo apuro; janota; almofadinha.

da.ni.fi.ca.*ção* *sf.* Estrago; dano.

da.ni.fi.*car* *vt.* Causar dano.

da.*ni*.nho *adj.* Nocivo.

da.no *sm.* Estrago; mal.

da.*no*.so *adj.* Que causa dano.

dan.tes *adv.* Antigamente.

dar *vt.* Fazer presente; presentear; doar; conceder, prestar; produzir, criar; emitir, enunciar; bater, soar; resultar em; ditar, prescrever; admitir, supor; manifesta; praticar, cometer; soltar, emitir; publicar, divulgar, abrir, franquear; realizar, oferecer; desfazer-se; vender muito barato; lançar deitar, brotar; dedicar; infundir, inspirar.

dar.de.*jan*.te *adj.* Que dardeja.

dar.de.*jar* *vt.* e *i.* Lançar dardos contra; mover ou vibrar à maneira de dados; ferir com dados; lançar de si, desferir; emitir; cintilar.

***dar*.do** *sm.* Pequena lança.

dar.wi.ni.*a*.no *adj.* Relativo a Charles Darwin, naturalista inglês (1809-1882).

dar.wi.*nis*.mo *sm.* Sistema de história natural cuja conclusão extrema é o parentesco fisiológico e a origem comum de todos os seres vivos, com a formação de novas espécies por um processo de seleção natural.

***da*.ta** *sf.* Indicação precisa do ano, mês ou dia em que determinado fato ocorreu ou irá ocorrer; tempo, época, período.

da.*tar* *vt.* Pôr data em.

DDT *sm.* Diclorodifeniltricloroetano, inseticida poderoso, cujo emprego foi proibido pelos efeitos nocivos que causa ao organismo animal.

de *prep.* Indica origem, posse, lugar, modo, meio, situação, estado inicial, alvo, meta, dimensão, tamanho, medida, valor, número, etc.

de.al.*bar* *vt.* Branquear.

de.am.bu.*lar* *vi.* Vaguear.

de.*ão* *sm.* Cônego que preside ao cabido; decano.

de.bai.xo *adv.* Em lugar inferior; por baixo; *el. da loc.* **debaixo de:** em lugar inferior a, sob.

de.bal.de *adv.* Em vão.

de.ban.da.da *sf.* Fuga; correria desordenada.

de.ban.dar *vt.* Pôr em fuga.

de.ba.te *sm.* Discussão.

de.ba.ter *sm.* Discutir.

de.be.lar *vt.* Vencer; curar.

de.bên.tu.re *sf.* Título de dívida emitido por pessoa jurídica, amortizável a longo prazo.

de.bi.car *vt.* Provar; escarnecer; *vi.* comer pouco.

dé.bil *adj.* Fraco; frouxo.

de.bi.li.da.de *sf.* Fraqueza.

de.bi.li.ta.ção *sf.* Enfraquecimento; perda de forças.

de.bi.li.tar *vt.* Enfraquecer.

de.bi.tar *vt.* Lançar a débito.

dé.bi.to *sm.* Dívida.

de.bla.te.rar *vi.* Discutir, gritar.

de.bo.char *vt.* zombar; corromper.

de.bo.che *sm.* Devassidão; zombaria.

de.bru.ar *vt.* Guarnecer com debrum; orlar.

de.bru.çar *vt.* Pôr de bruços; *vp.* inclinar-se.

de.brum *sm.* Fita com que se orla um pedaço de pano.

de.bu.lha.do.ra *sm.* Máquina para debulhar cereais.

de.bu.lhar *vt.* Separar os grãos das espigas.

de.bu.tan.te *sf.* Moça que estréia oficialmente na sociedade, de ordinário com baile de gala.

de.bu.te *sm.* Estréia, começo.

de.bu.xar *vt.* Esboçar.

de.bu.xo *sm.* Esboço.

dé.ca.da *sf.* Série de dez; dezena; espaço de dez dias ou de dez anos.

de.ca.dên.cia *sf.* Estado de decadente; corrupção; declínio, ruína.

de.ca.den.te *adj.* Que decai; que está em decadência.

de.cá.go.no *sm.* Figura geométrica de dez lados iguais.

de.ca.ir *vi.* Ir-se arruinando; cair a situação inferior; declinar; sofrer diminuição.

de.cal.car *vt.* Reproduzir (desenho) calcando sobre papel ou outro material; copiar servilmente; plagiar.

de.cal.co.ma.ni.a *sf.* Processo de transportar imagens ou desenhos, de papel especialmente preparado, para uma superfície, calcando-os com a mão, após molhá-los.

de.ca.li.tro *sm.* Medida de dez litros; quantodade de dez litros.

de.cá.lo.go *sm.* Os dez mandamentos da lei de Deus.

de.cal.que *sm.* Ação ou efeito de decalcar; reprodução; cópia; plágio.

de.cam.par *vt.* Levantar acampamento; partir do acampamento, retirar-se.

de.ca.no *sm.* O membro mais antigo de uma classe ou corporação.

de.can.ta.ção *sf.* Ação ou efeito de decantar (líquidos).

de.can.tar *vt.* Cantar em versos; celebrar, engrandecer; separar líquidos e sólidos após deposição do elemento mais denso.

de.ca.pê *sm.* Processo de tratar a madeira à base de gesso; peça tratada por esse processo.

de.ca.pi.tar *vt.* Degolar.

de.cên.cia *sf.* Decoro; compostura, recato; honestidade.

de.cen.te *adj.* Decoroso; recatado; honesto.

de.ce.par *vt.* Separar do tronco, por meio de instrumento cortante; amputar; mutilar; interromper; abater.

de.cep.ção *sf.* Desilusão.

de.cep.ci.o.nar *vt.* Causar decepção; desiludir.

de.ces.so *sm.* Morte, óbito, passamento; diminuição, rebaixamento; redução de alguém a cargo (ou função) de classe inferior ao que se ocupa.

de.cer.to *adv.* Com certeza; certamente; por certo.

de.ci.di.do *adj.* Resoluto.

de.ci.dir *vt.* Determinar, resolver; solucionar, desatar; julgar, sentenciar; convencer, induzir; *vi.* resolver, dispor, deliberar; emitir juízo, opinar; *vp.* determinar-se; inclinar-se; dar preferência; optar.

de.cí.duo *adj.* Que cai; caduco.

de.ci.frar *vt.* Adivinhar; interpretar; compreender.

de.ci.gra.ma *sm.* Unidade de massa, décima parte de um grama, *símb.* dg.

de.ci.li.tro *sm.* Décima parte do litro; *símb.* dl.

de.ci.mal *sf.* Fração decimal; *sm.* número decimal.

de.cí.me.tro *sm.* Décima parte do metro, *símb.* dm.

dé.ci.mo *num.* Dez numa série de números.

de.ci.são *sf.* Resolução; determinação; deliberação; sentença, julgamento; disposição, coragem.

de.ci.si.vo *adj.* Que decide; definitivo; enérgico.

de.cla.ma.ção *sf.* Arte de declamar.

de.cla.mar *vt.* Recitar em voz alta, utilizando-se de gestos e da entonação apropriada; dizer com ênfase; proclamar, pregar; .

de.cla.ra.ção *sf.* Ato ou efeito de declarar(-se); aquilo que se declara; prova escrita; depoimento; inventário, rol; confissão de amor.

de.cla.rar *vt.* Manifestar, expor, dizer; esclarecer, explicar; anunciar, comunicar, publicar; confessar, revelar; referir, mencionar; resolver, decretar.

de.cli.na.ção *sf.* Ato de declinar; inclinação; diminuição de intensidade; decadência.

de.cli.nar *vi.* Desviar-se do rumo; descer, decair, inclinar-se; aproximar-se do fim, decair; baixar, cair, descer; afrouxar, ceder; *vt.* eximir-se; recusar, rejeitar; desviar, apartar; nomear.

de.clí.nio *sm.* Decadência.

de.cli.ve *sm.* Ladeira.

de.co.la.gem *sf.* Ato de decolar; o partir do avião.

de.co.lar *vi.* Levantar vôo (aeronave).

de.com.por *vt.* Separar as partes constitutivas de um todo.

de.com.po.si.ção *sf.* Separação dos elementos constitutivos de um corpo; alteração, putrefação.

de.co.ra.ção *sf.* Ornamentação.

de.co.rar *vt.* Ornamentar; enfeitar; aprender de cor.

de.co.ra.ti.vo *adj.* Ornamental.

de.co.ro *sm.* Decência.

de.co.ro.so *adj. adj.* Decente, honesto, digno.

de.cor.rer *vi.* Passar; escoar-se (o tempo); suceder, acontecer.

de.co.tar *vt.* Fazer decote em peça do vestuário; aparar, cortar (ramos de árvore).

de.co.te *sm.* Ação ou efeito de decotar; abertura na parte superior do vestuário, para deixar o colo descoberto.

de.cré.pi.to *adj.* Muito velho ou gasto; caduco; senil.

de.cre.pi.tu.de *sf.* Velhice extrema; caducidade.

de.cres.cen.te *adj.* Que diminui.

de.cres.cer *vi.* Ir diminuindo.

de.cre.tar *vt.* Ordenar, determinar por decreto.

de.cre.to *sm.* Decisão, resolução de chefe de Estado; mandado judicial; desígnio; sentença.

de.cre.to-lei *sm.* Decreto com força de lei.

de.cú.bi.to *sm.* Posição do corpo deitado.

dé.cu.plo *num.* Que é dez vezes maior.

de.cur.so *sm.* Ato de decorrer; *adj.* que decorreu.

de.dal *sm.* Cápsula metálica que se enfia no dedo para empurrar a agulha.

dé.da.lo *sm.* Lugar de difícil saída; labirinto; encruzilhada; coisa obscura ou complicada; emaranhamento.

de.dar *vt. gír.* Delatar, incriminar, alcagüetar.

de.de.ti.za.ção *sf.* Ato ou efeito de dedetizar; processo empregado para proteção contra insetos.

de.de.ti.za.do *adj.* Em que se fez dedetização.

de.de.ti.zar *vt.* Usar DDT ou outros inseticidas em.

de.di.ca.ção *sf.* Afeto profundo.

de.di.car *vt.* Oferecer com afeto ou dedicação; consagrar, votar, devotar; aplicar, empregar, destinar; *vp.* sacrificar-se; aplicar-se.

de.di.ca.tó.ria *sf.* Frase ou texto escrito, no qual se oferece a alguém uma publicação, um retrato, um CD, etc.

de.di.lhar *vt.* Fazer vibrar com os dedos.

de.do *sm.* Cada um dos prolongamentos articulados pelos quais terminam as mãos e os pés.

de.do-du.rar *vt. e i. gír.* Dedar.

de.do-du.ro *s.2g.* Delator; alcagüete.

de.du.ção *sf.* Conclusão; conseqüência de raciocínio.

de.du.rar *vi.* Dedar.

de.du.ti.vo *adj.* Que procede por dedução.

de.du.zir *vt.* Fazer dedução; subtrair, abater.

de.fei.to *sm.* Falha.

de.fei.tu.o.so *adj.* Que tem defeito, deformidade.

de.fen.der *vt.* Proteger; *vp.* resistir a um ataque.

de.fen.si.va *sf.* Postura de quem se defende.

de.fe.rên.cia *sf.* Condescendência atenciosa; consideração.

de.fe.rir *vt.* Atender, anuir (ao que se pede ou requer); despachar favoravelmente; outorgar.

de.fe.sa *sf.* Resistência contra agressão; resguardo.

de.fe.so *adj.* Proibido; *sm.* época do ano em que é proibido pescar.

de.fi.ci.ên.cia *sf.* Falha; insuficiência; falta.

de.fi.ci.en.te *adj.* Falho, incompleto.

dé.fi.cit *sm.* O que falta para a receita igualar o montante da despesa; o que falta para completar uma conta, um orçamento, uma quantidade, etc.

de.fi.nha.men.to *sm.* Emagrecimento; perda de energias.

de.fi.nhar *vt.* Extenuar; *vp.* consumir-se lentamente.

de.fi.ni.ção *sf.* Explicação concisa e clara de uma coisa.

de.fi.nir *vt.* Dar a definição de; fixar; explicar.

de.fi.ni.ti.vo *adj.* Decisivo.

de.fla.ção *sf.* Diminuição do excesso de papel-moeda em circulação.

de.fla.grar *vi.* Arder com intensidade, lançando chamas; atear.

de.flu.xo *sm.* Inflamação da mucosa nasal, com corrimento de humores; coriza.

de.for.ma.ção *sf.* Modificação de forma.

de.for.mar *vt.* Alterar a forma; *vp.* perder a forma.

de.for.me *adj.* Disforme.

de.for.mi.da.de *sf.* Defeito; desfiguração.

de.frau.dar *vt.* Enganar; burlar; lograr; espoliar com fraude.

de.fron.tar *vi.* Encarar.

de.fron.te *adv.* Em frente; face a face.

de.fu.ma.ção *sf.* Ato ou efeito de defumar; submeter alimentos à ação da fumaça de certas madeiras aromáticas; queima de ervas e raízes aromáticas para afastar maus espíritos e vibrações negativas e atrair bons fluidos.

de.fu.mar *vt.* Expor, cura ou secar ao fumo; perfumar com o fumo de substâncias aromáticas; incensar.

de.fun.to *adj.* Falecido; morto; *sm.* cadáver.

de.ge.lar *vt.* Derreter.

de.ge.lo *sm.* Descongelação.

de.ge.ne.ra.ção *sf.* Corrupção; depravação; perversão.

de.ge.ne.rar *vi.* Modificar-se para pior, deteriorar-se; corromper-se, aviltar-se; depravar-se; *vt.* deturpar, alterar; corromper.

de.glu.tir *vt.* Engolir.

de.go.lar *vt.* Decapitar.

de.gra.da.ção *sf.* Corrupção; aviltamento.

de.gra.dan.te *adj.* Infamante; aviltante.

de.grau *sm.* Cada um dos pisos de uma escada.

de.gre.da.do *adj.* e *sm.* Desterrado; exilado; expatriado.

de.gre.dar *vt.* Exilar; desterrar; expatriar; banir.

de.gre.do *sm.* Pena de desterro; banimento; exílio; expatriação; lugar onde se cumpre essa pena.

de.grin.go.lar *vi.* Ruir, cair; arruinar.

dei.da.de *sf.* Divindade.

dei.fi.car *vt.* Divinizar.

dei.tar *vt.* e *p.* Estender-se ao comprido; expelir, produzir; pôr; entornar.

dei.xar *vt.* Sair de, desviar-se; afastar-se; retirar-se; ausentar-se; abandonar; permitir; desistir, renunciar; afastar, desviar, repelir; adiar; largar, abandonar; omitir; perder.

de.je.ção *sf.* Defecação, evacuação; dejeto.

de.je.jum *sm.* Desjejum.

de.jú.rio *sm.* Juramento solene.

de.la.ção *sf.* Denúncia; acusação.

de.lam.bi.do *adj.* Presumido; atrevido; cínico; sem vivacidade ou expressão; *sm.* indivíduo presumido, afetado.

de.la.tar *vt.* Fazer delação.

de.la.tor *adj.* e *sm.* Aquele que delata.

de.le *contr. da prep.* de *com o pron.* ele.

de.le.ga.ci.a *sf.* Jurisdição ou repartição de delegado.

de.le.ga.do *sm.* Enviado; comissário; autoridade policial.

de.le.gar *vt.* Transmitir poderes; incumbir.

de.lei.tar *vt.* Causar deleite; *vp.* recrear-se.

de.lei.te *sm.* Prazer intenso.

de.le.té.rio *adj.* Nocivo à saúde.

del.ga.do *adj.* Fino; magro.

de.li.be.ra.ção *sf.* Resolução.

de.li.be.rar *vt.* Resolver após exame.

de.li.ca.de.za *sf.* Cortesia.

de.li.ca.do *adj.* Meigo; cortês.

de.lí.cia *sf.* Prazer voluptuoso.

de.li.ci.ar *vt.* Causar delícia; *vp.* deleitar-se.

de.li.ci.o.so *adj.* Saboroso.

de.li.mi.tar *vt.* Demarcar.

de.li.ne.ar *vt.* Esboçar; projetar; demarcar.

de.lin.qüên.cia *sf.* Qualidade ou condição de delinqüente; criminalidade.

de.lin.qüen.te *adj.* e *sm.* Que, ou o que cometeu delito.

de.lí.quio *sm.* Desmaio; desfalecimento; síncope.

de.lin.qüir *vi.* Cometer delito.

de.lir *vt.* Dissolver, diluir; apagar, desvanecer; fazer desaparecer; destruir; desfazer; gastar, consumir.

de.li.rar *vi.* Estar ou cair em estado de delírio; estar ou ficar fora de si; variar; disparatar; dizer incoerências.

de.lí.rio *sm.* Perturbação mental de curta duração; alienação; êxtase, arrebatamento; exaltação extrema; excitação.

de.li.to *sm.* Crime; infração da lei; contravenção.

de.lon.ga *sf.* Demora.

del.ta *sm.* Foz ramificada de um rio; letra do alfabeto grego que corresponde à letra "D", sendo a maiúscula em forma de triângulo.

de.ma.go.gi.a *sf.* Domínio ou governo das facções populares; atitude política caracterizada por promessas vãs, ou por explorar paixões populares.

de.ma.go.go *sm.* Partidário da demagogia, político que usa de demagogia.

de.mais *adv.* Excessivamente; em demasia; além disso; *adj.* excessivo; *pron. adj. indef.* outros(as), restantes.

de.man.da *sf.* Ação judicial; litígio.

de.man.dar *vt.* Intentar ação judicial contra; pedir; requerer; exigir; precisar de, necessitar; procurar; *vi.* propor demanda; disputar; perguntar.

de.mão *sf.* Cada camada de tinta ou outro material, que se passa.

de.mar.ca.ção *sf.* Delimitação.

de.mar.car *vt.* Marcar; delimitar; definir; determinar; fixar.

de.ma.si.a *sf.* O que é demais; o que excede; excesso, abuso.

de.ma.si.a.do *adj.* Supérfluo; excessivo; desregrado, imoderado; *adv.* excessivo.

DEMÊNCIA • DEPORTAR

de.mên.cia sf. Loucura, insensatez.

de.men.te adj. e s.2g. Louco; imbecil; desassisado; insensato.

de.mis.são sf. Ato ou efeito de demitir; exoneração.

de.mi.tir vt. Exonerar; afastar de cargo ou função.

de.mo sm. fam. Demônio.

de.mo.cra.ci.a sf. Governo em que a soberania é exercida pelo povo.

de.mo.cra.ta adj. e s.2g. Partidário da democracia.

de.mo.crá.ti.co adj. Relativo à democracia.

de.mo.cra.ti.zar vt. Tornar democrático; popularizar.

de.mo.gra.fi.a sf. Estudo estatístico das populações.

de.mo.li.ção sf. Destruição; ação de pôr abaixo.

de.mo.lir vt. Deitar abaixo; destruir; desfazer; derrubar.

de.mo.ní.a.co adj. Diabólico.

de.mô.nio sm. Diabo.

de.mo.nó.la.tra s.2g. Adorador de demônios.

de.mons.tra.ção sf. Prova; manifestação; sinal.

de.mons.trar vt. Provar; apresentar; exibir.

de.mons.tra.ti.vo adj. Que demonstra, que serve para demonstrar.

de.mons.trá.vel adj. Que se pode demonstrar.

de.mo.ra sf. Atraso; tardança.

de.mo.ra.do adj. Tardio; lento.

de.mo.rar vt. Retardar; deter; vp. estar parado.

de.mo.ver vt. Dissuadir; fazer mudar de idéia.

de.mu.dar vt. Modificar; tornar diferente do que era; perturbar; transtornar; alterar; comover.

den.dê sm. Fruto de uma palmeira, o dendezeiro, do qual se extrai óleo.

de.ne.gar vt. Negar; dizer que não é verdadeiro; abjurar; renegar.

den.go sm. Dengue; afetação; birra.

de.ne.grir vt. Tornar negro; escurecer; infamar.

den.go.so adj. Cheio de dengues; denguice.

den.gue sm. Afetação feminina; requebro; manha, treta; birra ou manha de criança; sf. doença infecciosa produzida por vírus, transmitida por mosquito e caracterizada por febre, dores musculares e ósseas e erupção cutânea.

den.gui.ce sf. Afetação nas maneiras; faceirice.

de.no.da.do adj. Ousado.

de.no.dar vt. Desatar; cortar o nó.

de.no.do sm. Coragem.

de.no.mi.na.ção sf. Designação.

de.no.mi.nar vt. Dar nome; designar; nomear; pôr nome a; chamar; vp. intitular-se; apelidar-se; dizer-se.

de.no.ta.ção sf. Designação; ling. parte básica, constante e coletiva, na significação das palavras; o sentido próprio das palavras.

de.no.tar vt. Indicar; significar; simbolizar.

den.si.da.de sf. Qualidade do que é denso; concentração de população.

den.so adj. Espesso; compacto; fig. escuro, carregado.

den.ta.da sf. Mordedura.

den.ta.do adj. Guarnecido de dentes.

den.ta.du.ra sf. O conjunto dos dentes da boca; prótese com dentes artificiais.

den.tal adj. Dos dentes; dentário.

den.tá.rio adj. Dental.

den.te sm. Cada um dos órgãos que guarnecem os maxilares, do homem e de outros animais.

den.te.ar vt. Recortar com saliências pontiagudas.

den.te-de-lei.te sm. Categoria de jogador de futebol entre os sete e os doze anos; jogador dessa categoria.

den.ti.ção Formação e rompimento de dentes.

den.ti.for.me adj. Em forma de dente.

den.tis.ta s.2g. Profissional que trata dos dentes; odontologista.

den.tre prep. No meio de.

den.tro adv. Na parte interior.

den.tu.ça sf. Dentes volumosos e protraídos.

de.nu.dar vt. Despir.

de.nún.cia sf. Acusação.

de.nun.ci.an.te sm. O que denuncia, delata.

de.nun.ci.ar vt. Delatar; acusar.

de.pa.rar vi. Achar casualmente; encontrar; topar.

de.par.ta.men.to sm. Repartição administrativa; seção.

de.pau.pe.rar vt. Empobrecer; extenuar; esgotar.

de.pe.nar vt. Tirar as penas de; bras. tirar até o último centavo de alguém.

de.pen.dên.cia sf. Subordinação; extensão de uma casa.

de.pen.den.te adj. Que está sujeito a alguém.

de.pen.der vi. Estar na dependência; ser dependente.

de.pen.du.rar vt. Pendurar.

de.pi.lar vt. Arrancar os pêlos.

de.plo.rar vt. Lamentar.

de.plo.rá.vel adj. Digno de lástima, comiseração.

de.po.i.men.to sm. Narração de testemunhas; testemunho.

de.pois adv. Em seguida.

de.por vt. Pôr de lado; deixar; destituir; colocar abaixo, abaixar; abandonar; perder; jur. declarar em juízo; desistir de; abdicar; exprimir, expressar; depositar, colocar; vi. prestar declarações.

de.por.tar vt. Desterrar.

83

de.po.si.tar *vt.* Pôr em depósito; guardar; confiar; *vp.* ficar no fundo.

de.pó.si.to *sm.* Sedimento; borra; lugar onde se deposita algo; armazém.

de.pra.va.ção *sf.* Perversão.

de.pra.var *vt.* Corromper.

de.pre.ca.ção *sf.* Súplica de perdão.

de.pre.car *vi.* Rogar; suplicar implorar.

de.pre.ci.a.ção *sf.* Diminuição de valor ou preço; *fig.* desprezo; desdém; desmerecimento.

de.pre.ci.ar *vt.* Abaixar o preço de; desvalorizar; rebaixar; desprezar.

de.pre.da.ção *sf.* Saque; pilhagem; dano; estrago.

de.pre.dar *vt.* Estragar; arruinar; saquear; devassar.

de.pre.en.der *vt.* Perceber, compreender; concluir; inferir; deduzir.

de.pres.sa *adv.* Com pressa; rapidamente.

de.pres.são *sf.* Abaixamento de nível; diminuição, redução; abatimento.

de.pres.si.vo *adj.* Que deprime; deprimente.

de.pri.men.te *adj.* Depressivo; aviltante; humilhante.

de.pri.mir *vt.* Causar depressão e; abaixar; abater; debilitar; angustiar.

de.pu.rar *vt.* Purificar.

de.pu.ta.do *sm.* Membro de assembléia legislativa.

de.ri.va.ção *sf.* Origem.

der.ma *sm.* Espessura de pele; a segunda camada da pele.

der.me *sf.* Derma.

dér.mi.co *adj.* Referente ao derma.

der.ra.ba.do *adj.* Com o rabo cortado.

der.ra.dei.ro *adj.* Último.

der.ra.ma *sf.* Tributo local, repartido em proporção aos rendimentos de cada contribuinte; no séc. XVII, no Brasil, na região das minas, cobrança dos quintos em atraso ou de um imposto extraordinário.

der.ra.mar *vt.* Verter; espalhar espargir; entornar; emitir; espalhar; difundir; tornar conhecido, divulgar, distribuir, repartir.

der.ra.me *sm.* Acúmulo de líquido ou gás em cavidade natural ou acidental; hemorragia (esp. cerebral); extravasamento de lava (nos vulcões).

der.ra.par *vi.* Escorregar (o automóvel) de lado.

der.re.ar *vt.* Prostrar; maltratar; vergar; curvar; arriar; enfraquecer; cansar, extenuar; desacreditar.

der.re.dor *adv.* Em volta.

der.re.ter *vt.* Liquefazer; descongelar.

der.ri.bar *vt.* Deitar abaixo.

der.ri.são *sf.* Escárnio.

der.ro.ca.da *sf.* Desmoronamento; aniquilamento.

der.ro.car *vt.* Desmoronar, destruir, arrasar; remover rochas; cair por terra; destituir, depor; humilhar.

der.ro.gar *vt.* Anular; abolir.

der.ro.ta *sf.* Ato de derrotar; desbarato de tropas; ruína; revés.

der.ro.tar *vt.* Destroçar; vencer em discussão, jogo, etc.; exaurir; prostrar.

der.ro.tis.mo *sm.* Pessimismo.

der.ro.tis.ta *adj.* e *s.2g.* (Pessoa) que pressagia mal a tudo.

der.ru.ba.da *sf.* Demolição em massa.

der.ru.bar *vt.* Derribar; prostrar; cortar.

der.ru.ir *vt.* Desmoronar.

der.vi.xe *sm.* Religioso muçulmano.

de.sa.ba.far *vt.* Desagasalhar;tornar livre a respiração; desimpedir, descobrir; desafogar; *vp.* desafogar-se; dizer francamente o que se pensa.

de.sa.ba.fo *sm.* Ato ou efeito de desabafar(-se); expansão, desafogo.

de.sa.ba.men.to *sm.* Desmoronamento; ato de desabar.

de.sa.bar *vi.* Cair por terra; desmoronar.

de.sa.bi.li.tar *vt.* Tornar incapaz.

de.sa.bi.ta.do *adj.* Deserto; sem habitantes.

de.sa.bi.tu.ar *vt.* Desacostumar.

de.sa.bo.nar *sf.* Desacreditar.

de.sa.bo.no *sm.* Descrédito.

de.sa.bo.to.ar *vt.* Tirar os botões das casas.

de.sa.bri.do *adj.* Violento.

de.sa.bri.gar *vt.* Abandonar; desamparar.

de.sa.bri.men.to *sm.* Aspereza nas maneiras; grosseria.

de.sa.brir *vt.* Abandonar.

de.sa.bro.char *vi.* Fazer abrir; desabrolhar; abrir, mostrar; desvendar; revelar.

de.sa.bu.sa.do *adj.* Atrevido.

de.sa.bu.sar *vt.* Enfrentar; desafiar.

de.sa.ca.tar *vt.* Desrespeitar; ofender.

de.sa.ca.to *sm.* Falta de respeito ou acatamento.

de.sa.cau.te.lar *vt.* Não ter cautela, não tomar cuidado.

de.sa.cer.to *sm.* Erro.

de.sa.co.lher *vt.* Receber mal.

de.sa.co.mo.dar *vt.* Tirar do seu lugar; tornar incômodo.

de.sa.com.pa.nhar *vt.* Deixar de acompanhar; desamparar.

de.sa.con.se.lhar *vt.* Dissuadir.

de.sa.cor.ço.ar *vt.* Tirar a coragem de; desencorajar; desalentar; *vi.* perder a coragem; desanimar.

de.sa.cor.da.do *adj.* Que perdeu os sentidos; desmaiado.

de.sa.cor.dar vt. e i. Pôr em desacordo; perder os sentidos.

de.sa.cor.de adj. Discordante.

de.sa.cor.do sm. Divergência; discordância.

de.sa.cor.ren.tar vt. Soltar da corrente; desprender.

de.sa.cos.tu.mar vt. e p. Desabituar; perder o hábito.

de.sa.cre.di.tar vt. Difamar.

de.sa.fei.ção sf. Falta de afeição, falta de amizade.

de.sa.fei.to adj. Desacostumado.

de.sa.fer.ro.lhar vt. Correr o ferrolho; soltar.

de.sa.fe.to adj. Sem afeto; sm. inimigo.

de.sa.fi.ar vt. Provocar.

de.sa.fi.na.ção sf. Desarmonia.

de.sa.fi.nar vt. Fazer perder a afinação; perturbar; fig. ser diferente; destoar.

de.sa.fi.o sm. Provocação.

de.sa.fo.gar vt. Desabafar.

de.sa.fo.go sm. Alívio; desabafo.

de.sa.fo.ra.do adj. Insolente.

de.sa.fo.ro sm. Insolência.

de.sa.for.tu.na.do adj. Infeliz.

de.sa.fron.ta sf. Satisfação exigida por uma afronta.

de.sa.fron.tar vt. Desagravar.

de.sá.gio sm. Perda de ágio; desvalorização da moeda.

de.sa.gra.dar vt. Desgostar.

de.sa.gra.dá.vel adj. Que causa desagrado.

de.sa.gra.do sm. Desprazer.

de.sa.gra.var vt. Desafrontar; reparar (ofensa).

de.sa.gra.vo sm. Reparação de agravo, ofensa.

de.sa.gre.gar vt. Desunir.

de.sa.guar vt. e i. Tirar a água de; enxugar, secar; desembocar (rio).

de.sai.re sm. Falta de elegância ou decoro; descrédito.

de.sai.ro.so adj. Indecoroso.

de.sa.jei.tar vt. Desarrumar; deformar.

de.sa.ju.i.za.do adj. Insensato.

de.sa.jus.tar vt. Desordenar.

de.sa.len.ta.dor adj. Que desalenta, desanima.

de.sa.len.tar vt. Desanimar.

de.sa.len.to sm. Desânimo.

de.sa.li.nho sm. Falta de ordem; descuido no traje.

de.sal.ma.do adj. Desumano.

de.sa.lo.jar vt. Fazer sair do alojamento.

de.sa.mar.rar vt. Desprender; desatar; soltar (o que estava amarrado).

de.sa.mas.sar vt. Alisar.

de.sa.mor sm. Desprezo.

de.sam.pa.rar vt. Abandonar.

de.sam.pa.ro sm. Abandono.

de.san.car vt. Bater muito em; maltratar; criticar severamente.

de.san.co.rar vt. Levantar âncora; deixar o porto.

de.san.dar vt. e i. Fazer andar para trás; retroceder; soltar; desatar; dar em resultado, redundar; entrar em decadência; ter diarréia.

de.sa.ne.xar vt. Desligar; desunir; desmembrar.

de.sa.ni.mar vt. fazer perder o ânimo; vi. desistir.

de.sâ.ni.mo sm. Falta de ânimo; esmorecimento.

de.sa.nu.vi.ar vt. Limpar de nuvens; serenar; fig. alegrar.

de.sa.pa.ra.fu.sar vt. Tirar os parafusos.

de.sa.pa.re.cer vi. Deixar de ser visto; sumir-se; ocultar-se, esconder-se; perder-se; morrer; retirar-se; afastar-se.

de.sa.pa.re.ci.do ad. e sm. Que ou aquele que desapareceu.

de.sa.pe.go sm. Desamor; falta de afeição; indiferença.

de.sa.per.tar vt. Alargar.

de.sa.pon.ta.do adj. Decepcionado; desiludido.

de.sa.pon.ta.men.to sm. Decepção; desilusão.

de.sa.pon.tar vt. Causar desapontamento a.

de.sa.pos.sar vt. Despojar; desapropriar.

de.sa.pren.der vt. Esquecer-se do que se aprendeu.

de.sa.pro.pri.ar vt. Fazer perder a propriedade.

de.sa.pro.va.ção sf. Reprovação.

de.sa.pro.var vt. Reprovar.

de.sa.pru.mo sm. Desvio da linha perpendicular.

de.sar.ma.men.to sm. Redução ou privação de armas.

de.sar.mar vt. Tirar o armamento; desmanchar.

de.sar.mo.ni.a sf. Falta de harmonia; divergência.

de.sar.mo.ni.zar vt. Causar desarmonia ou divergência.

de.sar.rai.gar vt. Arrancar pela raiz; extirpar ou extinguir de todo.

de.sar.ran.jar vt. Pôr em desordem; desfazer.

de.sar.ran.jo sm. Desordem; contratempo; diarréia.

de.sar.ra.zo.a.do adj. Despropositado; sem razão.

de.sar.ri.mar vt. Desamparar.

de.sar.ri.mo sm. Desamparo.

de.sar.ro.char vt. Fazer cessar o arrocho; desapertar.

de.sar.ru.mar vt. Desarranjar.

de.sar.ti.cu.lar vt. Desunir.

de.sas.sei.o sm. Falta de asseio.

de.sas.si.sa.do adj. e sm. Que, ou quem não tem siso; louco; desatinado.

de.sas.si.sar vt. Desatinar.

de.sas.so.ci.ar v. Desligar.

de.sas.som.bro sm. Intrepidez.

de.sas.sos.se.go sm. Inquietação; intranqüilidade.

de.sas.tre sm. Desgraça; sinistro; acidente.

de.sas.tro.so adj. Em que há desastre, acidente.

de.sa.tar vt. Soltar o que estava atado.

de.sa.ten.ção sf. Descortesia; distração.

de.sa.ten.ci.o.so adj. Descortês; distraído.

de.sa.ten.der vt. Não dar atenção; faltar ao respeito.

de.sa.ten.to adj. Distraído.

de.sa.ti.nar vt. Enlouquecer.

de.sa.ti.no sm. Disparate.

de.sa.to.lar vt. Tirar do atoleiro.

de.sa.tra.car vt. e i. Desamarrar a embarcação.

de.sau.to.rar vt. Privar do cargo ou dignidade, por castigo.

de.sau.to.ri.zar vt. Tirar a autoridade; desacreditar.

de.sa.ven.ça sf. Discórdia.

de.sa.ver.go.nha.do adj. Descarado; insolente.

de.sa.vin.do adj. Em desavença.

de.sa.vir vt. Indispor.

de.sa.vi.sa.do adj. Imprudente; indiscreto; leviano.

de.sa.za.do adj. Maljeitoso; inapto; desmazelado; descuidado; impróprio, descabido.

de.sa.zo sm. Falta de jeito, inaptidão; desmazelo, desleixo; descuido.

des.ban.car vt. Vencer; suplantar.

des.ba.ra.tar vt. Derrotar; destruir.

des.ba.ra.to sm. Derrota militar; dissipação.

des.bas.tar vt. Tornar mais ralo; aparar; adelgaçar.

des.bo.ca.do adj. Que profere palavras obscenas.

des.bo.ta.do adj. Sem brilho.

des.bo.tar vt. e i. Esmaecer; alterar a cor de; deslustrar-se.

des.bra.ga.do adj. Indecoroso.

des.bra.var vt. Explorar (terras desconhecidas).

des.bu.ro.cra.ti.zar vt. Tirar ou simplificar o caráter ou a feição burocrática.

des.ca.be.ça.do adj. Diz-se do indivíduo sem juízo; maluco.

des.ca.be.çar vt. Cortar a cabeça; perder o juízo.

des.ca.be.la.do adj. Sem cabelo; despenteado.

des.ca.bi.do adj. Impróprio.

des.ca.ir vt. Deixar cair; vi. ir em decadência.

des.ca.la.bro sm. Ruína; perda; desgraça; derrota.

des.cal.çar vt. Tirar os sapatos, as meias, etc.

des.cal.ço adj. Com os pés nus.

des.cam.bar vt. Cair para o lado; resvalar.

des.ca.mi.sa.do adj. e sm. Que não tem camisa; maltrapilho; pobre.

des.cam.pa.do sm. Planície extensa e desabitada.

des.can.sar vt. e i. Aliviar da fadiga; pôr em descanso; morrer.

des.can.so sm. Repouso; folga.

des.ca.ra.do adj. Desavergonhado; desbriado.

des.ca.ra.men.to sm. Falta de vergonha; atrevimento.

des.car.ga sf. Explosão; descarregamento; ato ou efeito de descarregar.

des.car.nar vt. Tirar a carne dos ossos.

des.ca.ro sm. Atrevimento; falta de vergonha.

des.ca.ro.çar vt. Tirar o caroço.

des.car.re.ga.men.to sm. Ato de descarregar.

des.car.re.gar vt. Tirar a carga de; despejar.

des.car.ri.la.men.to ou **des.car.ri.lha.men.to** sm. Ação de descarrilar.

des.car.ri.lar ou **des.car.ri.lhar** vt. Fazer sair dos trilhos; vi. sair dos trilhos; sair do bom caminho.

des.car.tar vt. Rejeitar (carta que não serve); afastar, pôr de parte; jogar fora após o uso; livrar-se de pessoa ou coisa importuna, indesejável.

des.car.tá.vel adj. Que pode ser descartado; que se joga fora depois de usado (p. ex.: garrafa, copo, isqueiro, lenço de papel, caneta).

des.cas.car vt. Tirar a casca.

des.ca.so sm. Desprezo.

des.ca.var vt. Escavar.

des.cen.dên.cia sf. Linhagem.

des.cen.den.te adj. Que desce ou que descende.

des.cen.der vt. Proceder por geração; originar-se.

des.cen.são sf. Descida.

des.cen.si.o.nal adj. Relativo à descensão.

des.cen.so sm. Descida; rebaixamento.

des.cen.tra.li.zar vt. Afastar do centro geométrico.

des.cer vi. Vir para baixo; declinar; rebaixar-se.

des.cer.rar vt. Abrir; desapertar.

des.ci.da sf. Declive; ladeira; diminuição.

des.clas.si.fi.car vt. Tirar de uma classe; desonrar; desqualificar.

des.co.ber.ta sf. Invenção.

des.co.ber.to adj. Que se descobriu; inventado.

des.co.bri.dor sm. Explorador; o que faz descobertas.

des.co.bri.men.to sm. Ato de descobrir.

des.co.brir vt. Tirar a cobertura (véu, tampa, capa, etc.), deixando à vista o que estava oculto; deixar ver; mostrar; encontrar pela primeira vez; solucionar; decifrar; manifestar; dar a conhecer; denunciar; divisar, avistar.

des.co.lar vt. Despregar (o que estava colado); desgrudar; gír. conseguir; arranjar (trabalho, dinheiro, ingressos, etc.).

des.co.lo.ra.ção sf. Perda de cor.

des.co.me.di.do adj. Exagerado.

des.co.me.di.men.to sm. Excesso.

des.co.me.*dir*-se *vp.* Exceder-se; mostrar-se inconveniente.

des.com.pas.*sar* *vt.* Tirar do compasso.

des.com.*por* *vt.* Pôr fora do lugar; desarranjar; censurar; *vp.* desnudar-se.

des.com.pos.*tu*.ra *sf.* Palavras de injúria; repreensão; censura.

des.co.mu.*nal* *adj.* Enorme.

des.con.cei.tu.*ar* *vt.* Desacreditar.

des.con.cen.*trar* *vt.* Tirar a concentração.

des.con.cer.*ta*.do *adj.* Embaraçado; contrafeito; perturbado; sem jeito; desorientado; confuso, atrapalhado.

des.con.cer.*tan*.te *adj.* Desorientador, perturbador.

des.con.cer.*tar* *vt.* confundir, atrapalhar; desorientar; discordar; perturbar.

des.con.cer.to *sm.* Desarmonia; discordância; discórdia; desacordo.

des.con.*ne*.xo *adj.* Incoerente.

des.con.fi.a.do *adj.* Receoso.

des.con.fi.*an*.ça *sf.* Falta de confiança; suspeita; receio; temor; ciúme.

des.con.fi.*ar* *vt.* Suspeitar.

des.con.fi.*ô*.me.tro *sm. gír.* Suposto aparelho que dá a capacidade de perceber quando se é inoportuno, inconveniente ou maçante; semancol.

des.con.*for*.me *adj.* Desproporcionado; contrário.

des.con.for.mi.*da*.de *sf.* Divergência; discordância.

des.con.*for*.to *sm.* Falta de conforto; desânimo.

des.con.ges.ti.o.*nar* *vt.* Desembaraçar; desobstruir.

des.co.nhe.*cer* *vt.* Ignorar.

des.co.nhe.*ci*.do *adj.* Que não é conhecido; ignorado.

des.con.jun.ta.*men*.to *sm.* Desarticulação; deslocação.

des.con.jun.*tar* *vt.* Desarticular.

des.con.ser.*tar* *vt.* Desmontar; estragar; desarranjar.

des.con.ser.*ta*.do *adj.* Desmontado; estragado.

des.con.*ser*.to *sm.* Desarranjo; desordem; estrago; enguiço; confusão.

des.con.si.de.*rar* *vt.* Não considerar; não ter respeito.

des.con.so.la.*dor* *adj.* Desanimador; entristecedor.

des.con.so.*lar* *vt.* Causar tristeza; afligir; desanimar.

des.con.*so*.lo *sm.* Falta de consolo; aflição; tristeza.

des.con.*tar* *vt.* Deduzir; abater.

des.con.ten.ta.*men*.to *sm.* Desagrado; aborrecimento.

des.con.ten.*tar* *vt.* Causar desagrado; desgostar.

des.con.*ten*.te *adj.* Desgostoso.

des.con.*tí*.nuo *adj.* Não contínuo; interrompido.

des.*con*.to *sm.* Abatimento.

des.co.*rar* *vt.* e *i.* Fazer perder a cor; esquecer-se de.

des.co.ro.*ço*.ar* *vt.* Tirar a coragem; perder o ânimo.

des.cor.*tês* *adj.* Grosseiro; incivil; indelicado.

des.cor.te.*si*.a *sf.* Indelicadeza.

des.cor.ti.*nar* *vt.* Mostrar, abrindo a cortina; abrir; patentear a vista; avistar; descobrir.

des.co.*ser* *vt.* Desmanchar a costura; descosturar; rasgar, dilacerar; desabafar.

des.co.*si*.do *adj.* Descosturado.

des.*cré*.di.to *sm.* Desonra.

des.*cren*.ça *sf.* Incredulidade.

des.*crer* *vt.* Deixar de crer.

des.cre.*ver* *vt.* Representar, contar, explicar minuciosamente; retratar; figurar.

des.cri.*ção* *sf.* Ação ou efeito de descrever; representação; narração.

des.cri.mi.na.*ção* *sf.* Ação ou efeito de descriminar, de inocentar.

des.cri.mi.*nar* *vt.* Inocentar; absolver de crime.

des.cri.*ti*.vo *adj.* Em que há descrição; que apresenta descrições; próprio para descrever; relativo a descrições.

des.cui.*dar* *vt.* Tratar sem cuidado; não fazer caso de; desprezar; *vp.* distrair-se.

des.*cui*.do *sm.* Falta de cuidado; distração.

des.*cul*.pa *sf.* Escusa.

des.cul.*par* *vt.* Perdoar; relevar; *vp.* justificar-se.

des.cu.*rar* *vt.* e *i.* Não ter cuidado; desprezar.

***des*.de** *prep.* A começar de.

des.*dém* *sm.* Desprezo; altivez; menosprezo.

des.de.*nhar* *vt.* Desprezar.

des.de.*nho*.so *adj.* Que desdenha; soberbo; altivo.

des.den.*ta*.do *adj.* Sem dentes.

des.*di*.ta *sf.* Infelicidade; desgraça; desventura; infortúnio.

des.di.*to*.so *adj.* Infeliz.

des.di.*zer* *vt.* Desmentir.

des.do.*brar* *vt.* Abrir o que estava dobrado.

des.*dou*.ro *sm.* Desonra.

de.se.*jar* *vt.* Querer; ambicionar; *vi.* pretender.

de.*se*.jo *sm.* Vontade de possuir; cobiça; apetite.

de.se.le.*gan*.te *adj.* Sem elegância; desairoso.

de.sem.bai.*nhar* *vt.* Tirar da bainha; tirar da bainha; descoser.

de.sem.ba.ra.*çar* *vt.* Tirar o embaraço; desimpedir.

de.sem.ba.*ra*.ço *sm.* Agilidade; presteza; facilidade.

de.sem.ba.ra.*lhar* *vt.* Pôr em ordem; desembaraçar.

de.sem.bar.*car* *vi.* Descer de bordo; saltar em terra.

de.sem.bar.ga.*dor* *sm.* Juiz de tribunal superior de apelação.

de.sem.bar.*gar* *vt.* Despachar.

de.sem.*bar*.que *sm.* Ato de desembarcar; descer.

de.sem.bo.car vi. Desaguar; ir terminar em.

de.sem.bol.sar vt. Tirar da bolsa; gastar.

de.sem.bru.lhar vt. Tirar do embrulho; desenredar.

de.sem.bu.char vi. Tirar o que embucha; expandir; expor com franqueza; desabafar, falando.

de.sem.pa.nar vt. Tirar os panos; restituir o polimento.

de.sem.pa.re.lhar vt. Desunir, separar a parelha.

de.sem.pa.tar vt. Resolver o empate; decidir.

de.sem.pa.te sm. Cessação de empate.

de.sem.pe.der.nir vt. Desempedrar; enternecer.

de.sem.pe.drar vt. Tirar as pedras; desempedrnir.

de.sem.pe.nhar vt. Resgatar o penhor; exercer; cumprir.

de.sem.pe.nho sm. Representação de papel teatral; performance.

de.sem.pe.no sm. Desembaraço.

de.sem.pre.go sm. Falta de emprego, ocupação.

de.sen.ca.de.ar vt. Soltar; desatar; vi. romper com ímpeto, com força, fúria.

de.sen.cai.xar vt. Tirar do encaixe ou da caixa.

de.sen.cai.xo.tar vt. Tirar do caixote.

de.sen.ca.lhar vt. Tirar do encalhe; desimpedir.

de.sen.ca.mi.nhar vt. Afastar do verdadeiro caminho.

de.sen.can.tar vt. Livrar do encanto; desiludir.

de.sen.can.to sm. Desilusão; decepção.

de.sen.ca.dir vt. Limpar; lavar; clarear.

de.sen.car.qui.lhar vt. Alisar o que estava enrugado.

de.sen.con.trar vt. Fazer com que duas ou mais pessoas não se encontrem.

de.sen.co.ra.jar vt. Tirar a coragem; desanimar.

de.sen.cor.par vt. Fazer diminuir o corpo.

de.sen.cos.tar vt. Afastar do encosto, do assento.

de.sen.cra.var vt. Despregar.

de.sen.ner.var vt. Tonificar.

de.sen.fa.dar vt. Distrair.

de.sen.fa.do sm. Passatempo; divertimento; distração.

de.sen.fai.xar vt. Tirar as faixas.

de.sen.fas.ti.ar vt. Tirar o fastio; vp. distrair-se.

de.sen.fei.ti.çar vt. Livrar de feitiço; desencantar.

de.sen.fer.ru.jar vt. Tirar a ferrugem; exercitar.

de.sen.fi.ar vt. Tirar o fio ou tirar do fio.

de.sen.fre.ar vt. Tirar o freio; soltar.

de.sen.ga.nar vt. Desiludir.

de.sen.gan.char vt. Soltar do gancho; desprender.

de.sen.ga.no sm. Desilusão.

de.sen.ga.ti.lhar vt. Desfechar; disparar (arma de fogo); alterar.

de.sen.gui.çar vt. Tirar o enguiço a.

de.se.nhar vt. Representar por meio de linhas.

de.se.nho sm. Esboço; plano.

de.sen.la.çar vt. Soltar do laço; dar solução.

de.sen.la.ce sm. Desfecho; solução; falecimento.

de.sen.le.ar vt. Desembaraçar.

de.sen.le.var vt. Desiludir.

de.sen.qua.drar vt. Tirar do quadro ou da moldura.

de.sen.ras.car vt. Livrar de enrascadas, embaraços.

de.sen.re.dar vt. Desembaraçar; desemaranhar; livrar de enredos, mexericos.

de.sen.re.do sm. Ação ou efeito de desenredar; desenlace, desfecho.

de.sen.ri.jar vt. Amolecer.

de.sen.ro.lar vt. Estender o que estava enrolado.

de.sen.ros.car vt. Tirar a rosca; desaparafusar.

de.sen.ru.gar vt. Desmanchar as rugas ou pregas.

de.sen.ta.lar vt. Livrar de dificuldades, embaraços.

de.sen.te.di.ar vt. Distrair.

de.sen.ten.der vt. Não entender; vp. desavir-se.

de.sen.ten.di.men.to sm. Desinteligência; incompreensão.

de.sen.to.ar vi. Desafinar.

de.sen.tor.pe.cer vi. Sair do entorpecimento.

de.sen.tra.nhar vt. Tirar das entranhas, do íntimo.

de.sen.tra.var vt. Tirar o entrave; desimpedir.

de.sen.tu.lhar vt. Remover o entulho; desobstruir.

de.sen.tu.pir vt. Desobstruir.

de.sen.ven.ci.lhar vt. Desvencilhar.

de.sen.vol.to adj. Desembaraçado; expedito; desacanhado; libertino.

de.sen.vol.tu.ra sf. Desembaraço; viveza.

de.sen.vol.ver vt. Expor minuciosamente; fazer crescer.

de.sen.vol.vi.men.to sm. Crescimento; progresso.

de.sen.xa.bi.do ou **de.sen.xa.vi.do** adj. Sem sabor; insípido; insulso; sem graça ou sem animação; monótono; envergonhado.

de.se.qui.li.bra.do adj. Que não está em equilíbrio; que perdeu o equilíbrio mental; irrefletido; descontrolado; sm. louco; demente.

de.se.qui.li.brar vt. Tirar o equilíbrio, a proporção.

de.se.qui.lí.brio sm. Falta de equilíbrio; ausência das qualidades normais de um organismo; insanidade mental.

de.ser.ção sf. Ação ou efeito de desertar.

de.ser.dar vt. Privar da herança.

de.ser.tar vi. Ausentar-se; afastar-se; fugir de serviços ou deveres assumidos; tornar-se desertor; vt. deixar; abandonar.

de.ser.ti.fi.ca.ção sf. Processo pelo qual uma região vai se assemelhando a um deserto, no que se refere aos aspectos do solo e clima.

de.ser.to sm. Lugar solitário; terreno árido.

de.ser.tor sm. Militar que abandona a milícia sem licença; pessoa que foge ao dever ou ao serviço assumido.

de.ses.pe.ran.ça sf. Falta de esperança.

de.ses.pe.ra.do adj. Desanimado; arrebatado.

de.ses.pe.rar vt. Desanimar; irritar; desalentar.

de.ses.pe.ro sm. Perda de esperança; aflição cruel.

de.ses.ta.ti.za.ção sf. Medidas governamentais que promovem a venda de empresas estatais à iniciativa privada.

de.ses.ta.ti.zar vt. Executar a desestatização.

des.fa.ça.tez sf. Descaramento; falta de vergonha; impudência; cinismo.

des.fal.car vt. Diminuir; defraudar.

des.fa.le.cer vi. Perder as forças; desmaiar.

des.fa.le.ci.men.to sm. Desmaio; fraqueza.

des.fal.que sm. Ato ou efeito de desfalcar; roubo.

des.fa.vo.rá.vel adj. Não favorável; adverso.

des.fa.vo.re.cer vt. Ser desfavorável; contrariar.

des.fa.zer vt. Desmanchar; anular; dissolver.

des.fe.char vt. Tirar o selo ou fecho a; descarregar, disparar arma de fogo; lançar.

des.fe.cho sm. Desenlace.

des.fei.ta sf. Falta de consideração, respeito, atenção.

des.fei.tar vt. Fazer desfeita.

des.fei.to adj. Desmanchado.

des.fe.rir vt. Fazer vibrar; atirar; soltar.

des.fi.brar vt. Separar as fibras; enfraquecer.

des.fi.gu.ra.ção sf. Mudança de figura ou de feição.

des.fi.la.dei.ro sm. Passagem estreita entre montanhas.

des.fi.lar vt. Marchar em fila.

des.fi.le sm. Ato de desfilar.

des.fo.lhar vt. Tirar as folhas.

des.for.ço sm. Desagravo.

des.for.ra sf. Represália.

des.for.rar-se vp. Tirar desforra.

des.fral.dar vt. Tirar a fralda a; soltar velas ao vento; despregar; soltar; apresentar ideal político, religioso, etc.; tremular (bandeira).

des.fru.tar vt. Usufruir; apreciar; gozar.

des.ga.lhar vt. Cortar, tirar os galhos.

des.gar.rar vt. Perder o rumo; extraviar.

des.gas.tar vt. e vp. Gastar(-se) pelo atrito; destruir(-se); consumir(-se).

des.gos.tar vt. Desagradar; magoar; melindrar.

des.gos.to sm. Pesar.

des.gos.to.so adj. Que tem desgosto; aborrecido.

des.go.ver.nar vt. Governar mal.

des.go.ver.no sm. Mau governo; desnorteamento.

des.gra.ça sf. Infelicidade.

des.gra.ça.do adj. Infeliz.

des.gra.çar vt. Tornar infeliz.

des.gru.dar vt. Descolar.

des.guar.ne.cer vt. Tirar os enfeites; tirar as defesas.

de.si.de.ra.to sm. Aquilo que se deseja; aspiração; meta.

de.sí.dia sf. Preguiça, indolência, negligência, falta de moral; desleixo, descaso, incúria.

de.si.dra.ta.ção sf. Ato ou efeito de desidratar; perda de líquidos.

de.si.dra.tar vt. Extrair a água; retirar ou perder líquidos orgânicos.

de.sig.na.ção sf. Nomeação.

de.sig.nar vt. Indicar; nomear.

de.síg.nio sm. Intenção, propósito; plano projeto; destino.

de.si.gual adj. Diferente.

de.si.gua.lar vt. Tornar desigual.

de.si.gual.da.de sf. Falta de igualdade; diferença.

de.si.lu.dir vt. Desenganar.

de.si.lu.são sf. Desengano.

de.sim.pe.dir vt. Tirar o impedimento.

de.sin.char vt. Diminuir a inchação, o inchaço.

de.sin.cor.po.rar vt. Desmembrar; desanexar.

de.sin.cum.bir-se vp. Realizar uma incumbência.

de.sin.de.xa.ção sf. Ato de desindexar; suspensão da aplicação de índices econômicos.

de.sin.de.xar vt. Eliminar o reajuste relacionado com determinados índices econômicos; extinguir a correção monetária automática de preços e salários.

de.sin.fe.tan.te adj. e sm. Que, ou o que desinfeta.

de.sin.fe.tar vt. Sanear.

de.sin.fla.mar vt. Fazer diminuir a inflamação a.

de.sin.qui.e.tar vt. Desassossegar; perturbar.

de.sin.te.grar vt. Tirar a integração; vp. dividir-se.

de.sin.tei.rar vt. Tirar partes de um todo.

de.sin.te.li.gên.cia sf. Desacordo; divergência.

de.sin.te.res.san.te *adj.* Que não é interessante.

de.sin.te.res.se *vt.* Tirar o interesse.

de.sin.trin.car *vt.* Desemaranhar.

de.sis.tên.cia *sf.* Renúncia.

de.sis.tir *vi.* Renunciar.

des.je.jum ou **de.je.jum** *sm.* Primeira refeição do dia; quebra do jejum.

des.lam.bi.do *adj.* Delambido.

des.la.va.do *adj.* Descarado.

des.le.al *adj.* Infiel.

des.le.al.da.de *sf.* Traição.

des.lei.xo *sm.* Relaxamento; negligência; descuido.

des.li.ar *vt.* Desatar.

des.li.gar *vt.* Desfazer a ligação; desprender; separar.

des.lin.dar *vt.* Esclarecer; demarcar.

des.li.zar *vi.* Escorregar suavemente; resvalar; incorrer em falta; cometer lapsos ou senões.

des.li.ze *sm.* Ação ou efeito de deslizar; ligeira falha ou falta moral; engano; lapso; senão; erro; quebra de bom procedimento.

des.lo.car *vt.* Tirar do lugar competente.

des.lum.bran.te *adj.* Que deslumbra; ofuscante.

des.lum.brar *vt.* Assombrar; fascinar.

des.lus.trar *vt.* Tirar o lustre; desacreditar.

des.mai.ar *vi.* Perder os sentidos; desbotar.

des.mai.o *sm.* Vertigem.

des.man.cha-pra.ze.res *s.2g. e 2n.* Pessoa que perturba o divertimento dos outros.

des.man.char *vt.* Desarranjar.

des.man.do *sm.* Infração de ordens; abuso; desregramento; ato de indisciplina.

des.man.te.lar *vt.* Demolir; desmanchar; desarranjar.

des.mas.ca.rar *vt.* Tirar a máscara; desmoralizar.

des.ma.ze.lo *sm.* Desleixo; relaxamento; negligência.

des.me.di.do *adj.* Que excede as medidas; imenso; enorme; excessivo.

des.mem.brar *vt.* Separar os membros de um corpo.

des.me.mo.ri.a.do *adj.* Falto de memória.

des.me.su.ra.do *adj.* Desmedido; imenso; enorme.

des.me.su.rar *vt.* Exceder as medidas.

des.mi.o.la.do *adj.* Falto de juízo, de critério, de senso.

des.mo.bi.li.zar *vt.* Desfazer a mobilização de.

des.mon.tar *vt. e i.* Apear do cavalo, etc.; desarmar.

des.mo.ra.li.za.ção *sf.* Corrupção de costumes.

des.mo.ra.li.zar *vt.* Tornar imoral; corromper.

des.mo.ro.nar *vt.* Demolir; derrubar; cair.

des.na.ta.dei.ra *sf.* Aparelho para fabricar manteiga.

des.na.tu.ra.do *adj.* Desumano.

des.ne.ces.sá.rio *adj.* Supérfluo.

des.ní.vel *sm.* Diferença de nível; desnivelamento.

des.nor.te.ar *vi. e p.* Desorientar-se; perder o rumo.

des.nu.dar *vt.* Despir.

des.nu.do *adj.* Nu; despido.

des.nu.tri.ção *sf.* Falta de nutrição; emagrecimento.

des.nu.trir *vt.* Nutrir mal.

de.so.be.de.cer *vi.* Não obedecer.

de.so.be.di.ên.cia *sf.* Falta de obediência; infração.

de.so.bri.gar *vt.* Exonerar de obrigação.

de.sobs.tru.ir *vt.* Desimpedir.

de.so.cu.par *vt.* Tornar vago.

de.so.la.ção *sf.* Grande tristeza.

de.so.lar *vt.* Causar desolação.

de.so.nes.ti.da.de *sf.* Falta de honestidade.

de.so.nes.to *adj.* Sem honestidade; desleal.

de.son.ra *sf.* Falta de honra; opróbrio; descrédito.

de.son.rar *vt.* Causar desonra.

de.son.ro.so *adj.* Que desonra; aviltante.

de.so.pi.lar *vt.* Desobstruir; aliviar.

de.so.pri.mir *vt.* Aliviar.

de.so.ras *sf. pl. el. da loc. a desoras* ou *por desoras:* fora de hora; tarde da noite.

de.sor.dei.ro *adj.* Que pratica desordem; *sm.* arruaceiro.

de.sor.dem *sf.* Confusão.

de.sor.ga.ni.zar *vt.* Pôr em desordem, em confusão.

de.so.ri.en.tar *vt.* Desnortear.

des.pa.chan.te *sm.* O que despacha mercadorias.

des.pa.char *vt.* Dar despacho; resolver; expedir.

des.pa.cho *sm.* Ato de despachar; desfecho.

des.pau.té.rio *sm.* Tolice; disparate; despropósito.

des.pe.da.çar *vt.* Fazer em pedaços; esmigalhar.

des.pe.di.da *sf.* Ato de despedir ou despedir-se.

des.pe.dir *vt.* Mandar sair; *vp.* dizer adeus.

des.pei.ta.do *adj.* Ressentido.

des.pei.tar *vt.* Causar despeito a; *vp.* amuar-se.

des.pei.to *sm.* Desgosto por ofensa ou desconsideração; ressentimento; *el. da loc. prep. a despeito de:* apesar de; em que pese a.

des.pe.jar *vt.* Esvaziar.

des.pe.jo *sm.* Ato de despejar; desocupação de imóvel por decisão judicial.

des.pen.der *vt.* Gastar; consumir; *vi.* fazer despesas.

des.pe.nha.dei.ro *sm.* Precipício.

des.pe.nhar *vt.* Fazer cair de grande altura.

des.pen.sa *sf.* Compartimento de casa onde são guardados os mantimentos.

des.pen.te.ar *vt.* Desmanchar os cabelos, o penteado.

des.per.ce.bi.do *adj.* Que não foi percebido; não notado; desprevenido; desacautelado; desatento.

des.per.di.çar *vt.* Esbanjar.

des.per.dí.cio *sm.* Esbanjamento.

des.per.ta.dor *sm.* Relógio com dispositivo para soar em hora certa.

des.per.tar *vt.* Acordar.

des.pe.sa *sf.* Dispêndio.

des.pi.do *adj.* Nu; sem roupa.

des.pi.que *sm.* Desforra; vingança; revanche.

des.pir *vt.* Tirar a roupa do corpo; *vp.* desnudar-se.

des.pis.tar *vt.* Fazer perder a pista, o rumo, o objetivo.

des.po.jar *vt.* Espoliar; esbulhar; *vp.* privar-se.

des.po.jo *sm.* Espólio; presa.

des.po.lu.ir *vt.* Tirar ou fazer cessar a poluição.

des.pon.tar *vt.* Gastar a ponta; *vi.* começar a aparecer.

des.por.te ou **des.por.to** *sm.* Esporte.

des.po.sar *vt.* Casar; contrair matrimônio.

dés.po.ta *s.2g.* Tirano, opressor.

des.po.tis.mo *sm.* Sistema de governo absolutista; tirania.

des.po.vo.a.do *adj.* Sem habitante; *sm.* lugar solitário.

des.po.vo.ar *vt.* Tornar despovoado, desabitado.

des.pra.zer *sm.* Desagrado; *vt.* e *i.* desagradar.

des.pre.ca.ver *vt.* e *p.* Descautelar; desprevenir.

des.pre.gar *vt.* Soltar o que está seguro.

des.pren.der *vt.* Soltar, separar (o que estava preso); despregar; desatar; libertar; ter desprendimento, desapego (dos bens materiais); *vp.* desafeiçoar-se; abnegar-se; soltar-se; libertar-se.

des.pren.di.men.to *sm.* Ação ou efeito de desprender-se; desapego dos bens materiais; abnegação.

des.pre.o.cu.par *vt.* Isentar de preocupações.

des.pres.su.ri.zar *vt.* Fazer cessar a pressurização de.

des.pres.ti.gi.ar *vt.* Tirar o prestígio, a fama, o renome.

des.pres.tí.gio *sm.* Falta de prestígio, fama.

des.pre.ten.são *sf.* Falta de pretensão; modéstia; singeleza.

des.pre.ten.si.o.so *adj.* Sem pretensão; singelo; modesto.

des.pre.ve.ni.do *adj.* Desacautelado; *Pop.* sem dinheiro.

des.pre.zar *vt.* Tratar com desprezo, indiferença.

des.pre.zo *sm.* Desdém.

des.pri.mor *sm.* Falta de primor; indelicadeza.

des.pro.por.ção *sf.* Falta de proporção; desconformidade.

des.pro.pó.si.to *sm.* Disparate.

des.pro.te.ger *vt.* Desamparar.

des.pro.vi.do *adj.* Sem provisões; desprevenido.

des.pu.dor *sm.* Falta de pudor.

des.qua.li.fi.car *vt.* Tirar a qualificação; inabilitar.

des.qui.tar *vt.* Separar os cônjuges por ação de desquite; *vp.* separar-se.

des.qui.te *sm.* Dissolução judicial da sociedade conjugal, pela qual se separam corpos e bens, sem quebra do vínculo matrimonial.

des.re.grar *vt.* Afastar da regra; *vp.* exceder-se.

des.res.pei.tar *vt.* Desacatar.

des.se.car *vt.* Secar.

des.se.den.tar *vt.* e *p.* Matar a sede.

des.se.me.lhan.ça *sf.* Diferença.

des.ta.ca.men.to *sm.* Porção de tropa que exerce incumbência fora de sede.

des.ta.car *vt.* e *p.* Enviar em destacamento; realçar; ressaltar; distinguir-se.

des.tam.par *vt.* Tirar a tampa.

des.ta.par *vt.* Tirar a cobertura.

des.ta.que *sm.* Qualidade daquilo que sobressai; realce.

des.te.mi.do *adj.* Arrojado.

des.te.mor *sm.* Audácia.

des.tem.pe.rar *vt.* Diluir; fazer perder a têmpera.

des.tem.pe.ro *sm.* Desconcerto; descomedimento.

des.ter.rar *vt.* Condenar a desterro; banir; exilar.

des.ter.ro *sm.* Degredo; lugar onde vive o desterrado.

des.ti.la.ção *sf.* Ato de destilar.

des.ti.lar *vt.* Fazer passar do estado líquido ao gasoso pela ação do calor e novamente ao líquido por condensação; derramar gota a gota; insinuar.

des.ti.nar *vt.* Determinar previamente; reservar.

des.ti.na.tá.rio *sm.* Aquele a quem se destina alguma coisa.

des.ti.no *sm.* Fado; sina.

des.tin.to *adj.* Destingido.

des.ti.tu.ir *vt.* Depor; privar de.

des.to.nan.te *adj.* Discordante.

des.to.ar *vi.* Desafinar.

des.tor.cer *vt.* Desfazer a torção de; torcer em sentido contrário.

des.tra *sf.* A mão direita.

des.tra.var *vt.* Tirar as travas a; desembaraçar; soltar, desentravar.

des.tre.za *sf.* Qualidade de quem é destro; agilidade; aptidão; habilidade; arte; sagacidade.

des.trin.çar *vt.* Esmiuçar.

des.tro *adj.* Ágil; lépido; hábil; habilidoso; direito; sagaz; que fica do lado direito.

des.tro.çar *vt.* Dispersar; desbaratar; debandar; derrotar, destruindo; quebrar, despedaçar.

des.tro.ço *sm.* Aquilo que está destroçado, partidodo.

des.trói.er *sm.* Contratorpedeiro.

des.tron.car *vt.* Separar do tronco; torcer.

des.tru.ir *vt.* Exterminar.

de.su.ma.ni.da.de *sf.* Falta de humanidade; crueldade.

de.su.ma.no *adj.* Cruel.

de.su.ni.ão *sf.* Divisão, separação; discordância; desavença.

de.su.nir *vt.* Separar.

de.su.so *sm.* Falta de uso.

des.vai.rar *vt.* Desnortear; enlouquecer; endoidecer.

des.va.li.dar *vt.* Invalidar.

des.va.li.do *adj.* Desprotegido.

des.va.lor *sm.* Falta de valor.

des.va.lo.ri.zar *vt.* Tirar o valor; depreciar.

des.va.ne.cer *vt.* Fazer sumir, passar ou desaparecer; extinguir; dissipar; apagar; causar orgulho ou presunção a; envaidecer; perder a viveza da cor.

des.va.ne.ci.men.to *sm.* Esmorecimento; desânimo; esvaecimento; vaidade; orgulho; presunção; exagero nos modos; espevitamento.

des.van.ta.gem *sf.* Inferioridade, dano, prejuízo.

des.van.ta.jo.so *adj.* Inconveniente; prejudicial.

des.vão *sm.* Lugar escuro; sótão; esconderijo.

des.va.ri.o *sm.* Ato de loucura; desvairamento.

des.ve.lar *vt.* Descobrir o que estava velado.

des.ve.lo *sm.* Dedicação; zelo; carinho; cuidado.

des.ven.ci.lhar *vt.* Soltar; desatar; desprender.

des.ven.dar *vt.* Descobrir.

des.ven.tu.ra *sf.* Infortúnio.

des.vi.ar *vt.* Apartar do caminho, do rumo.

des.vi.o *sm.* Mudança de direção, caminho.

des.vir.tu.ar *vt.* Desprestigiar.

des.vi.ta.li.zar *vt.* Tirar a vitalidade, a saúde, a força.

de.ta.lhar *vt.* Expor minuciosamente; delinear.

de.ta.lhe *sm.* Minúcia; pormenor; particularidade.

de.tec.ção *sf.* Ato ou efeito de detectar; percepção.

de.tec.tar ou **de.te.tar** *vt.* Captar; perceber; sentir; revelar.

de.tec.ti.ve ou **de.te.ti.ve** *sm.* Agente secreto da polícia.

de.tec.tor ou **de.te.tor** *sm.* Qualquer aparelho ou sistema capaz de revelar a existência de um fenômeno.

de.ten.ção *sf.* Ato de deter; prisão provisória.

de.ter *vt.* Fazer parar; ter em prisão.

de.te.ri.o.ra.ção *sf.* Ato ou efeito de deteriorar; dano; ruína; degeneração.

de.ter.mi.nar *vt.* Demarcar; fixar; ordenar.

de.ter.mi.nis.mo *sm.* Teoria que condiciona os fenômenos naturais ou as decisões da vontade humana a certas condições anteriores; fatalidade.

de.tes.tar *vt.* Odiar.

de.ti.do *adj.* Que se deteve.

de.to.na.ção *sf.* Ruído causado por explosão.

de.to.nar *vi.* Fazer detonação.

de.tra.ir *vt.* Difamar.

de.trás *adv.* Na parte posterior; depois; posteriormente.

de.tri.men.to *sm.* Prejuízo.

de.tri.to *sm.* Resíduo de corpo desorganizado; resto.

de.tur.par *vt.* Desfigurar; estragar; corromper, viciar; tornar feio.

Deus *sm.* O Ser supremo; o espírito infinito e eterno, perfeito, criador do universo.

deus-da.rá *sm. el. da loc. adv. ao deus-dará:* à toa; a esmo; ao acaso; à ventura.

deus-me-li.vre *sm.* Cafundó; lugar ermo e afastado; de acesso difícil.

deus-nos-a.cu.da *sm.* Desordem, confusão, tumulto, balbúrdia.

de.va.gar *adv.* Lentamente, vagarosamente; sem pressa.

de.va.ne.ar *vi.* Imaginar; fantasiar; sonhar; meditar.

de.va.nei.o *sm.* Capricho da imaginação; sonho.

de.vas.sa *sf.* Inquirição sobre ato criminoso.

de.vas.sar *vt.* Desvendar; invadir; penetrar; submeter a devassa; inquirir.

de.vas.si.dão *sf.* Corrupção.

de.vas.so *sm.* Libertino.

de.vas.tar *vt.* Assolar; destruir.

de.ver *vt.* Ter obrigação de; *sm.* obrigação.

de.ve.ras *adv.* Verdadeiramente; realmente; a valer; muito.

de.vo.ção *sf.* Dedicação.

de.vo.lu.ção *sf.* Restituição.

de.vo.lu.to *adj.* Desocupado; vago; baldio (terreno).

de.vol.ver *vt.* Restituir.

de.vo.rar *vt.* Comer vorazmente; consumir.

de.vo.tar *vt.* Dedicar.

de.vo.to *adj.* Dedicado; beato; *sm.* admirador.

dez *num.* Uma dezena.

de.zem.bro *sm.* Décimo segundo e último mês do ano.

de.ze.na *sf.* Dez unidades; espaço de dez dias, decênio.

de.ze.no.ve *num.* Uma dezena mais nove unidades.

de.zes.seis *num.* Uma dezena mais seis unidades.

de.zes.se.te *num.* Uma dezena mais sete unidades.

de.zoi.to *num.* Uma dezena mais oito unidades.

DF Sigla do Distrito Federal.

di.a *sm.* Espaço de vinte e quatro horas.

di.a-a-di.a *sm.* Cotidiano, rotina.

di.a.*be*.te ou **di.a.*be*.tes** *sm.* Doença causada por insuficiência de insulina e caracterizada pela emissão de urina abundante e rica em glicose.

di.*a*.bo *sm.* Gênio do mal.

di.*á*.co.no *sm.* Clérigo com as segundas ordens sacras.

di.a.*de*.ma *sf.* Ornato para cingir a fronte; tiara.

di.*á*.fa.no *adj.* Transparente.

di.a.*frag*.ma *sm.* Músculo que separa o peito do abdôme.

di.ag.*nós*.ti.co *sm.* Determinação de doença por sintomas.

di.a.go.*nal* *sf.* Segmento de reta que une os vértices de ângulos opostos.

di.a.*gra*.ma *sm.* Gráfico.

di.*al* *sm.* Dispositivo para trocar a sintonia em um rádio receptor; *adj.* diário; cotidiano.

di.a.*le*.to *sm.* Variante regional de uma língua.

di.*á*.lo.go *sm.* Conversa entre duas pessoas.

di.a.*man*.te *sm.* Pedra preciosa de grande brilho.

di.*â*.me.tro *sm.* Segmento de reta que une dois pontos da circunferência, passando pelo centro.

di.*an*.te *adv.* Em frente.

di.an.*tei*.ro *adj.* Que vai adiante; *sm. fut.* atacante.

di.a.pa.*são* *sm.* Lâmina de metal com que se dá o tom.

di.a.po.si.*ti*.vo *sm.* Reprodução fotográfica em uma chapa transparente.

di.*á*.ria *sf.* Receita ou despesa de cada dia; preço cobrado por dia de hospedagem.

di.*á*.rio *adj.* Cotidiano; *sm.* livro comercial; jornal; relação do que se faz ou acontece diariamente.

di.ar.*réi*.a *sf.* Evacuação intestinal líquida, freqüente; disenteria.

di.*ás*.po.ra *sf.* Dispersão coletiva dos judeus, no decorrer dos séculos; dispersão de povos por motivo religiosos ou políticos.

di.a.*tri*.be *sf.* Crítica violenta; matéria ou discurso injurioso.

di.ca *sf.* Indicação; informação; sugestão.

di.*ção* ou **dic.*ção*** *sf.* Maneira de pronunciar as palavras.

di.*caz* *adj.* Mordaz.

di.*cé*.fa.lo *adj.* Que tem duas cabeças.

di.ci.o.*ná*.rio *sm.* Coleção alfabética dos vocábulos de uma língua, etc., com sua significação.

di.*dá*.ti.ca *sf.* A arte de ensinar.

di.*dá*.ti.co *adj.* Próprio do ensino ou das escolas.

die.sel *sm.* Designação comum aos motores inventados pelo engenheiro alemão Rudolf Diesel, os quais se caracterizam por funcionar sob alta pressão, alimentados a óleo; *adj.* diz-se do óleo usado nesses motores.

di.e.ta *sf.* Regime alimentar receitado por médico; modo de alimentação ou normas alimentares seguidos por uma pessoa ou grupo de pessoas; privação total ou parcial de alimentação; regime alimentar; regime para emagrecer; assembléia política ou legislativa de alguns países.

di.e.*té*.ti.ca *sf.* Ramo da medicina que trata da dieta.

di.e.*té*.ti.co *adj.* Relativo à dieta; orientado pela dietética.

di.fa.ma.*ção* *sf.* Calúnia.

di.fa.*man*.te *adj.* Que difama.

di.fa.*mar* *vt.* Caluniar.

di.fe.*ren*.ça *sf.* Falta de semelhança; diversidade.

di.fe.ren.*çar* *vt.* Fazer diferença entre; distinguir.

di.fe.ren.ci.*ar* *vt.* Diferençar.

di.fe.*ren*.te *adj.* Desigual.

di.fe.*rir* *vt.* Adiar; *vi.* ser diferente; divergir.

di.*fí*.cil *adj.* Que não é fácil; custoso; laborioso.

di.fi.cul.*da*.de *sf.* Obstáculo; situação crítica.

di.fi.cul.*tar* *vt.* Opor obstáculo; tornar difícil.

di.fun.*dir* *vt.* Espalhar.

di.fu.*são* *sf.* Derramamento de fluido; propagação.

di.*fu*.so *adj.* Derramado; espalhado.

di.ge.*rir* *vt.* Fazer a digestão de; suportar.

di.ges.*tão* *sf.* Transformação dos alimentos em substâncias assimiláveis.

di.ges.*ti*.vo *adj.* Que auxilia a digestão.

di.gi.*ta*.do *adj.* Em forma de dedos.

di.gi.ta.*dor* *adj.* e *sm.* Que digita; operador de teclado.

di.gi.*tal* *adj.* Relativo a dedos; relativo a dígito.

di.gi.*tar* *vt. int.* Introduzir dados num computador por meio de um teclado.

dí.gi.to *sm.* Qualquer dos algarismos arábicos de 0 a 9.

di.gla.di.*ar* *v. int.* Combater com a espada, corpo a corpo; lutar; brigar; discutir com veemência.

dig.*nar*-se *vp.* Haver por bem; fazer favor; ser servido; ter a bondade, a condescendência.

dig.ni.*da*.de *sf.* Decoro, autoridade; cargo honorífico.

dig.ni.fi.*car* *vt.* Nobilitar.

dig.ni.*tá*.rio *sm.* O que exerce altas funções do Estado.

dig.no *adj.* Merecedor; honrado; adequado.

di.gres.*são* *sf.* Desvio de um assunto; evasiva; subterfúgio; divagação; passeio; excursão.

di.la.*ção* *sf.* Demora; delonga; adiamento; prorrogação; prazo.

di.la.ce.*ran*.te *adj.* Compungente.

di.la.ce.rar vt. Rasgar em pedaços; despedaçar.

di.la.pi.da.ção sf. Ruína; desperdício; esbanjamento.

di.la.pi.dar vt. Arruinar, dissipar (fortunas, haveres); esbanjar; desbaratar.

di.la.ta.ção sf. Aumento de volume ou dimensões; expansão; prorrogação.

di.la.tar vt. e p. Ampliar; aumentar de volume ou dimensão; expandir; prorrogar; adiar.

di.le.ma sm. Situação embaraçosa; complicação.

di.le.tan.te sm. Apreciador apaixonado de música; quem se ocupa de um assunto não por ofício, mas por gosto (amador).

di.le.tan.tis.mo sm. Amadorismo.

di.le.to adj. Muito querido.

di.li.gên.cia sf. Cuidado; zelo; aplicação; atividade; rapidez; presteza; providência; medida; investigação; pesquisa; busca; execução de serviço judicial fora do respectivo tribunal ou cartório; carruagem que transportava passageiros antes dos trens de ferro e do automóvel.

di.li.gen.ci.ar vt. Esforçar-se por; empenhar-se por.

di.li.gen.te adj. Ativo.

di.lu.i.ção sf. Dissolução.

di.lu.ir vt. Fazer diluição.

di.lú.vio sm. Grande chuva.

di.ma.nar vi. Fluir; brotar.

di.men.são sf. Tamanho.

di.mi.nu.i.ção sf. Subtração.

di.mi.nu.ir vt. Tornar menor; encurtar; vi. rebaixar.

di.mi.nu.to adj. Muito pequeno.

di.nâ.mi.co adj. Ativo; enérgico; empreendedor.

di.na.mis.mo sm. Atividade, energia; diligência; espírito empreendedor.

di.na.mi.tar vt. Fazer explodir com dinamite.

di.na.mi.te sf. Matéria explosiva de grande potência.

di.nas.ti.a sf. Sucessão de soberanos da mesma família.

di.nhei.ro sm. A moeda corrente; gír. gaita; numerário.

di.nhei.ro-pa.pel sm. Papel-moeda; cédula; nota.

di.o.ce.se sf. Território sob jurisdição de um bispo.

di.plo.ma sm. Título oficial de cargo, dignidade, etc.

di.plo.ma.ci.a sf. Ciência das relações internacionais.

di.plo.mar-se vp. Receber diploma.

di.plo.ma.ta sm. O que exerce funções diplomáticas.

di.plo.má.ti.co adj. Pertinente à diplomacia.

di.que sm. Construção sólida, destinada a represar águas correntes; represa; barragem; açude; barreira; obstáculo.

di.re.ção sf. Ato de dirigir; governo; rumo.

di.rei.ta sf. A mão direita; o lado direito; política conservadora.

di.rei.to adj. Reto; justo; adj. em linha reta.

di.re.to adj. Que vai em linha reta; evidente; sem rodeios.

di.re.tor sm. O que dirige; guia; mentor.

di.re.to.ri.a sf. Direção; o cargo de diretor.

di.re.tó.rio adj. Que dirige; sm. comissão diretora.

di.re.triz sf. Norma de procedimento, ação.

di.ri.gen.te adj. e sm. Que, ou o que dirige; diretor.

di.ri.gir vt. Administrar; encaminhar; guiar.

di.ri.gí.vel adj. Que se pode dirigir; sm. balão dirigível.

di.ri.men.te vt. Que dirime.

di.ri.mir adj. Anular; dissolver.

dis.car vi. Girar o disco de telefone para fazer a ligação.

dis.cen.te adj. Que aprende; relativo a alunos.

dis.cer.ni.men.to sm. Capacidade de discernir, de julgar as coisas clara e sensatamente; critério; apreciação, análise; penetração, sagacidade, perspicácia.

dis.cer.nir vt. Conhecer, perceber distintamente; distinguir; discriminar; separar; distinguir.

dis.ci.pli.na sf. Matéria de estudos; boa ordem; observância de preceitos e normas; ensino; instrução, educação.

dis.ci.pli.nar vt. Sujeitar à disciplina, à ordem; adj. relativo a disciplina.

dis.cí.pu.lo sm. O que aprende com professor; adepto.

disc-jó.quei sm. Aquele que nas rádios apresenta programas música popular; aquele que nas danceterias apresenta a programação musical.

dis.co sm. Objeto circular e chato.

dis.cor.dân.cia sf. Divergência; contradição.

dis.cor.dar vi. Não estar de acordo; divergir.

dis.cór.dia sf. Desarmonia; desinteligência; desavença.

dis.cor.rer vt. e i. Percorrer; expor; falar.

dis.cre.par vi. Diversificar, diferir; divergir de opinião; não concordar.

dis.cre.ti.vo adj. Que distingue; discernente.

dis.cre.to adj. Que sabe guardar segredo.

dis.cri.ção sf. Qualidade de discreto; circunspecção; reserva; modéstia; prudência; silêncio mantido a respeito de algum segredo.

dis.cri.ci.o.ná.rio adj. Que procede ou é feito por arbítrio ou capricho; arbitrário.

dis.cri.mi.nar vt. Diferenciar; distinguir; discernir; separar; especificar; segregar.

dis.cur.sar vt. e i. Fazer discurso; discorrer.

dis.cur.so sm. Exposição oral; palavreado.

dis.cus.são sf. Disputa; polêmica; controvérsia.

dis.cu.tir vt. Debater uma questão; entrar em discussão, em controvérsia.

di.sen.te.ri.a sf. Inflamação do intestino grosso, acompanhada de cólica e evacuações mucosas; diarréia.

dis.far.çar vt. Encobrir; dissimular; fingir; ocultar.

dis.far.ce sm. Máscara; dissimulação; fingimento.

dis.for.me adj. Fora de proporções, de formas.

dís.par adj. Desigual, diferente, dessemelhante, único.

dis.pa.ra.da sf. Corrida impetuosa.

dis.pa.rar vt. Descarregar arma de fogo; desfechar; arremessar; correr desabaladamente.

dis.pa.ra.te sm. Absurdo; despropósito.

dis.pa.ri.da.de sf. Desigualdade.

dis.pa.ro sm. Ação ou efeito de disparar; tiro.

dis.pên.dio sm. Despesa; gasto.

dis.pen.di.o.so adj. Caro.

dis.pen.sa sf. Isenção de serviço ou dever; desobrigação; licença.

dis.pen.sar vt. Isentar; desobrigar; conceder.

dis.pen.sá.rio sm. Estabelecimento beneficente onde os doentes são atendidos gratuitamente.

dis.pep.si.a sf. Dificuldade em digerir; má digestão.

dis.per.sar vt. Causar dispersão; vp. espalhar-se.

dis.pli.cên.cia sf. Falta de interesse; descaso; negligência.

dis.pli.cen.te adj. Que revela descaso; negligente; desleixado; descuidado.

disp.néi.a sf. Dificuldade em respirar.

dis.por vt. Pôr em ordem; colocar nos lugares próprios, adequados; aplicar, assentar, arrumar; preparar; organizar; planejar; programar; imaginar; criar; conceber; determinar; estabelecer; promover.

dis.po.si.ção sf. Distribuição metódica; ânimo.

dis.po.si.ti.vo sm. Prescrição; preceito; norma.

dis.pu.ta sf. Altercação, briga; discussão; debate; competição, rivalidade.

dis.pu.tar vt. e i. Questionar; altercar; pleitear; lutar por obter algo; competir; concorrer a; pleitear; sustentar em discussão.

dis.que.te sm. Pequeno disco magnético flexível, com capa de proteção, no qual se armazenam informações a serem utilizadas em computadores.

dis.rit.mi.a sf. Perturbação do ritmo (cardíaco, cerebral, etc.).

dis.sa.bor sm. Falta de sabor; contrariedade.

dis.se.car vt. Examinar minuciosamente.

dis.se.mi.nar vt. Espalhar; difundir; propagar.

dis.sen.são sf. Divergência de opiniões ou de interesses; desavença; discrepância; contraste, oposição, discórdia; dissídio.

dis.sen.so sm. Arrependimento de um dos contratantes antes de vencido o contrato.

dis.sen.tir vi. Discordar; ter opinião diferente.

dis.se-que-dis.se sm. Diz-que-diz-que.

dis.ser.tar vi. Fazer dissertação; discorrer.

dis.si.den.te adj. s.2g. Quem se separou de uma doutrina, partido ou corporação por divergência de opiniões.

dis.sí.dio sm. Divergência; dissensão; divergência individual ou coletiva entre empregado(s) e empregador(es) submetida à Justiça do Trabalho; pacto coletivo entre empregado(s) e empregador(es) sobre reajuste salarial.

dis.si.par vt. Dispersar; esbanjar; gastar à toa.

dis.so.ci.ar vt. Desfazer a sociedade; desagregar.

dis.so.lu.ção sf. Liquefação; extinção de contrato.

dis.so.lu.to adj. e sm. Pervertido, devasso, libertino.

dis.sol.ver vt. Derreter; desagregar; desorganizar.

dis.so.nân.cia sf. Desafinação; desarmonia.

dis.su.a.dir vt. Afastar de um propósito; fazer mudar de idéia, de opinião.

dis.su.a.si.vo adj. Próprio para dissuadir.

dis.tân.cia sf. O espaço entre dois lugares.

dis.tan.ci.ar vt. Pôr distante.

dis.tan.te adj. Afastado; longínquo; remoto; fig. calado, frio.

dis.tar vi. Estar distante.

dis.ten.der vt. Estender; estirar; alongar; prolongar.

dis.ten.são sf. Estiramento violento de tendões, articulações, músculos.

dis.tin.ção sf. Diferença; nobreza de porte.

dis.tin.guir vt. Diferenciar; vp. salientar-se.

dis.tin.to adj. Diferente; ilustre; claro.

dis.tor.ção sf. Reprodução alterada, deformada de imagens (em fotografia, óptica, televisão); interpretação falsa do que se afirmou; desvirtuamento; deturpação.

dis.tor.cer vt. Deturpar; deformar; desvirtuar.

dis.tra.ção sf. Desatenção; alheamento; receio.

dis.tra.ir vt. Entreter; vp. não prestar atenção.

dis.tri.bu.i.ção sf. Repartição; classificação; disposição.

dis.tri.bu.ir vt. Repartir; classificar; dispor.

dis.tri.to sm. Divisão territorial.

dis.túr.bio sm. Perturbação.

di.ta sf. Boa sorte; felicidade; ventura; fortuna.

di.ta.do sm. O que se dita para que outro escreva.

di.ta.dor sm. Tirano; caudilho.

di.ta.du.ra sf. Forma de governo em que o poder legislativo e, até certo ponto, o judiciário se concentram no Poder Executivo; tirania; despotismo; autoritarismo.

di.ta.me sm. Norma; regra.

di.tar vt. Dizer (o que outrem há de escrever).

di.to-cu.jo sm. Pessoa de quem não se quer mencionar o nome; cujo.

di.to.so adj. Venturoso; próspero; feliz.

DIU sm. Sigla de Dispositivo Intra-Uterino, contraceptivo de plástico ou metal que se coloca no útero.

di.u.re.se sf. Secreção de urina.

di.u.ré.ti.co adj. e sm. Medicamento ou alimento que facilita a secreção da urina.

di.ur.no adj. De dia; de cada dia; de dia a dia.

di.va sf. Deusa; mulher muito bonita; beldade; cantora notável.

di.vã sm. Espécie de sofá sem encosto.

di.va.gar vi. Caminhar sem destino; vaguear; devanear.

di.ver.gên.cia sf. Desacordo.

di.ver.gir vi. Discordar.

di.ver.são sf. Distração; passatempo.

di.ver.so adj. Diferente; alterado; pl. pron. indef. vários; alguns.

di.ver.ti.do adj. Engraçado.

di.ver.ti.men.to sm. O que distrai o espírito; recreio.

di.ver.tir vt. Distrair; vp. recrear-se.

dí.vi.da sf. O que se deve; obrigação; dever.

di.vi.dir vt. Separar por partes; repartir.

di.vin.da.de sf. Essência divina; Deus.

di.vi.no adj. Que diz respeito a Deus; encantador.

di.vi.sa sf. Sinal divisório; baliza; marco; limite de municípios, Estados, distintivo; disponibilidade cambial de um país em praças estrangeiras.

di.vi.são sf. Operação de dividir; partilha.

di.vi.sar vt. Avistar; perceber; delimitar.

di.vór.cio sm. Separação de corpos e bens, com dissolução do vínculo matrimonial, e possibilidade de contrair-se novo casamento; separação; desunião.

di.vul.ga.ção sf. Vulgarização.

di.vul.gar vt. Tornar público.

di.zer vt. Externar por palavras; discursar; afirmar.

di.zi.mar vt. Destruir; aniquilar; exterminar.

diz-que-diz-que sm. Boato; falatório; intriga; mexerico; fofoca; disse-não-disse, disse-que-disse, diz-que, diz-que-diz.

do contr. da prep. de com o art. o.

dó sm. Compaixão; pena; primeira nota da escala musical.

do.a.ção sf. Ato de doar.

do.ar vt. Deixar por legado; transmitir gratuitamente a outrem objeto ou valor que constituía propriedade.

do.brar vt. Duplicar; vi. tocar (o sino).

do.bro sm. O duplo.

do.ca sf. Parte do porto ladeada de cais, onde se abrigam, carregam e descarregam navios.

do.ce adj. De sabor semelhante ao do mel e do açúcar; não salgado; não acre; suave; meigo; afável; sm. produto culinário em que entra açúcar ou mel; bala; guloseima.

do.cen.te adj. Que ensina; relativo a professores.

dó.cil adj. Brando de gênio.

do.cu.men.tá.rio adj. Relativo a documentos; que tem valor documental; sm. coleção de documentos; filmes, fotografias, etc, que documentam um fato.

do.cu.men.to sm. Declaração para servir de prova; escritura; contrato; certificado, comprovante; escrito oficial de identificação pessoal.

do.dói sm. inf. Doença; dor ou local dolorido; alguém ou algo muito querido.

do.en.ça sf. Enfermidade; moléstia; falta de saúde.

do.en.te adj. Enfermo.

do.er vi. Causar dor; vt. causar pena; dó.

dog.ma sm. Princípio de fé indiscutível de doutrina religiosa; qualquer doutrina ou sistema.

doi.di.va.nas s.2g. e 2n. Pessoa leviana; estróina.

doi.do e sm. Louco; demente; alienado; que perdeu o uso da razão.

dois num. Um mais um.

dó.lar sm. Unidade monetária e moeda dos Estados Unidos, do Canadá, da Austrália e outros países.

do.la.ri.za.ção sf. Sistema de aferição de preços, ou de sua cobrança, baseado na cotação, em moeda local, do dólar norte-americano.

do.la.ri.zar vt. Praticar ou sofrer dolarização.

do.lei.ro adj. e sm. Instituição ou agente de câmbio que transaciona no chamado mercado paralelo (câmbio negro), comprando ou vendendo dólares americanos.

dól.mã *sm.* Casaco militar curto.

dól.men *sm.* Monumento pré-histórico formado de uma grande pedra chata pousada sobre duas outras verticais.

do.lo *sm.* Fraude; má-fé.

do.lo.ro.so *adj.* Que causa dor.

dom *sm.* Dádiva; prenda.

do.mar *vt.* Subjugar; domesticar; amansar.

do.mes.ti.car *vt.* Tornar doméstico; amansar.

do.més.ti.co *adj.* Manso; caseiro; *sm.* criado familiar.

do.mi.cí.lio *sm.* Casa de habitação; residência; morada.

do.mi.nar *vt.* Exercer domínio; influenciar; subjugar.

do.min.go *sm.* O primeiro dia da semana.

do.mí.nio *sm.* Poder; atribuição; competência.

dom-ju.an *sm.* Homem a quem as mulheres não resistem; sedutor; conquistador.

do.na *sf.* Senhora.

do.na-de-ca.sa *sf.* Mulher que dirige e/ou administra o lar.

do.nai.re *sm.* Graça; elegância; garbo; gentileza; adorno, enfeite.

do.na.tá.rio *sm.* O que recebeu doação; senhor de capitania hereditária, no Brasil colonial.

do.na.ti.vo *sm.* Dádiva; oferta.

do.no *sm.* Proprietário.

don.ze.la *sf.* Mulher solteira; virgem; senhorita.

do.par *vt.* Administrar substância excitante ou entorpecente (em cavalo ou em atleta); intoxicar com drogas.

dor *sf.* Sofrimento físico ou moral; mágoa.

do.ra.van.te *adv.* De agora em diante; para o futuro.

dor-de-co.to.ve.lo *sf.* Ciúme; despeito; inveja.

dor.mi.nho.co *adj.* Que dorme muito; que gosta de dormir.

dor.mir *vi.* Entregar-se ao sono; repousar.

dor.mi.tó.rio *sm.* Salão para repouso coletivo; quarto.

dor.so *sm.* Costas.

do.sar *vt.* Misturar nas devidas proporções; combinar a mistura de.

do.se *sf.* Porção de medicamento que se toma de uma vez; porção de bebida servida de cada vez; quantidade; porção.

dos.sel *sm.* Armação existente em cima da cama, trono, altar, etc.; sobrecéu.

dos.si.ê *sm.* Coleção de documentos relativos a um processo, indivíduo, etc.

do.tar *vt.* Dar dote; estabelecer uma renda a; prendar.

do.te *sm.* Bens que leva a pessoa que se casa.

dou.ra.do *sm.* Camada aderente de ouro que reveste um objeto; peixe de água doce; *adj.* da cor do ouro; ornado de ouro; revestido de ouro.

dou.rar *vt.* Revestir com uma camada de ouro.

dou.tor *sm.* O que terminou curso universitário e defendeu tese; *fig.* pessoa muito entendida em um assunto.

dou.tri.na *sf.* Teoria sobre qualquer assunto; sistema.

dou.tri.nar *vt.* Instruir; ensinar; *vi.* pregar.

do.ze *num.* Duas vezes seis.

dra.ga *sf.* Máquina para limpar o fundo de rios, etc.

dra.gão *sm.* Monstro fabuloso representado com corpo de serpente, garras e asas; *fig.* pessoa de má índole; soldado de cavalaria.

dra.gar *vt.* Limpar ou desobstruir com draga.

drá.gea *sf.* Pastilha medicamentosa revestida de substância endurecida, geralmente adocicada; pílula.

dra.go.na *sf.* Distintivo militar usado nos ombros.

dra.ma *sm.* Composição teatral com gênero misto de tragédia e comédia; acontecimento de intensa emoção.

dra.má.ti.co *adj.* Pertencente ou relativo a drama; que representa dramas; comovente; patético.

dra.ma.ti.zar *vt.* Dar forma dramática.

dra.ma.tur.go *sm.* Autor de dramas.

drás.ti.co *adj.* Enérgico; rigoroso; *sm.* purgante enérgico.

dri.blar *vt.* e *intr.* Enganar o adversário com movimentos de corpo; fintar; fraudar.

dri.ble *sm.* Ação ou efeito de driblar; finta; dolo; fraude.

drin.que *sm.* Bebida alcoólica; aperitivo.

dro.ga *sf.* Substância empregada como ingrediente em farmácia, química, etc.; entorpecente; coisa ruim, sem valor; *interj.* indicativo de frustração ou desânimo.

dro.ga.ria *sf.* Loja onde se vendem drogas.

dro.me.dá.rio *sm.* Camelo de giba única.

dro.pe *sm.* ou **dro.pes** *sm.2n.* Bala, pastilha.

dú.bio *adj.* Duvidoso; vago.

du.bla.dor *adj.* e *sm.* Que, ou quem faz dublagem em filmes.

du.bla.gem *sf.* Ato ou efeito de dublar.

du.blar *vt.* Substituir, num filme, a parte falada ou cantada por outra, na mesma língua ou em outra; fazer gestos de falar ou cantar, acompanhando fielmente o som gravado.

du.blê *s.2g.* Pessoa que substitui o ator nas cenas perigosas de um filme.

du.cha *sf.* Jorro de água aplicado sobre o corpo com finalidade higiênica, terapêutica, estética, etc.; aquilo que acalma a excitação.

dúc.til *adj.* Maleável; flexível.

du.e.lo *sm.* Combate entre dois homens.

du.en.de *sm.* Espírito sobrenatural ou ente fantástico que, segundo a superstição fazia supor, surgia à noite nas casas, fazendo travessuras; espectro; ser sobrenatural que se liga à fauna e à flora.

du.na *sf.* Monte de areia no deserto.

dun.ga *sm.* Indivíduo corajoso, valentão; o dois de paus de certos jogos; curinga; homem importante, influente; chefe, cabeça.

du.o.dé.ci.mo *num.* Décimo segundo.

dú.plex ou **du.plex** *adj.* e *sm.* Apartamento construído em dois pavimentos.

du.pli.car *vt.* Multiplicar por dois.

du.pli.ca.ta *sf.* Cópia; duplicação; título comercial.

du.plo *num.* Dobrado; *sm.* o dobro.

du.ra.ção *sf.* O tempo que uma coisa dura; permanência.

du.ra-má.ter *sf.* A mais forte membrana exterior que envolve o cérebro e a medula espinhal.

du.ran.te *prep.* Enquanto.

du.rar *vt.* Ter duração; viver.

du.re.za *sf.* Qualidade de duro.

du.ro *adj.* Que não é tenro; rijo; forte; árduo; penoso; rigoroso; cruel; insensível; *bras.* resistente.

dú.vi.da *sf.* Incerteza.

du.vi.dar *vt.* e *i.* Ter dúvida; desconfiar; hesitar em.

du.zen.tos *num.* Duas vezes cem.

dú.zia *sf.* Série de doze objetos da mesma natureza.

e *sm.* A quinta letra do alfabeto; *conj. adit.* une orações ou palavras; *conj. advers.* mas, porém.

é.ba.no *sm.* Árvore de madeira quase negra, rija e de grande duração; essa madeira.

é.brio *adj.* e *sm.* Embriagado; bêbado; beberrão; que está em estado anormal produzido por grande sentimento ou paixão.

e.bu.li.ção *sf.* Efervescência, agitação; excitação; fervura; vaporização de um líquido ao estado de vapor.

e.bu.lir *vi.* Entrar em ebulição.

e.búr.neo *adj.* De marfim.

e.char.pe *sf.* Faixa de tecido que se usa, geralmente, ao redor do pescoço, como agasalho ou como adorno.

e.cle.si.ás.ti.co *adj.* Da Igreja; *sm.* sacerdote.

e.clé.ti.co *adj.* Diz-se de, ou pessoa que não segue nenhum sistema, partido, método, etc., mas se reserva o direito de escolher o que julga melhor em todos.

e.clip.sar *vt.* Interceptar a luz de; esconder; encobrir.

e.clip.se *sm.* Desaparecimento aparente de um astro.

e.clo.são *sf.* Ato de brotar ou de desabrochar.

e.co *sm.* Repetição de som.

e.co.ar *vt.* Repetir; fazer eco.

e.co.lo.gi.a *sf.* Estudo das relações entre os seres vivos e o ambiente.

e.co.no.mi.a *sf.* Parcimônia; ciência das leis que regulam a produção, a distribuição e o consumo dos bens.

e.co.nó.mi.co *adj.* Pouco dispendioso; que gasta pouco.

e.co.no.mi.zar *vt.* Ajuntar dinheiro; poupar.

e.cos.sis.te.ma *sm.* Sistema que se forma pela influência ou ação recíproca que ocorre entre os fatores físicos e químicos de determinado ambiente e os organismos vivos (plantas, animais, bactérias, etc.) nele existentes.

e.daz *adj.* Voraz; devorador.

é.den *sm.* O paraíso terrestre.

e.di.ção *sf.* Impressão e publicação de uma obra literária, científica ou artística; conjunto dos exemplares de uma obra, impressos em uma mesma tiragem.

e.di.fi.car *vt.* Construir.

e.di.fí.cio *sm.* Construção destinada a ser habitada.

e.dil *sm.* Vereador municipal.

e.di.tal *sm.* Impresso afixado em lugares públicos; ordem oficial afixada em lugares públicos ou veiculada na imprensa periódica.

e.di.tar *vt.* Fazer edição de.

e.di.tor *sm.* O que edita e imprime livros, etc.

e.di.to.ri.al *adj.* Relativo a editor e a edições; *adj.* e *sm.* diz-se do artigo principal e inicial de um jornal.

e.dre.dom *sm.* Cobertura acolchoada para cama.

e.du.ca.ção *sf.* Desenvolvimento de todas as faculdades humanas; civilidade; cortesia; polidez.

e.du.ca.dor *sm.* O que educa.

e.du.car *vt.* Dar educação; instruir; ensinar.

é.du.lo *adj.* Bom para comer.

e.du.zir *vt.* Deduzir.

e.fei.to *sm.* Resultado; conseqüência.

e.fe.mé.ri.de *sf.* Tabela que fornece, em intervalos regulares de tempo, as coordenadas sobre a posição de um astro.

e.fe.mé.ri.des *sf. pl.* Livro em que se registram fatos de cada dia; diário; registro dos acontecimentos realizados no mesmo dia do ano em épocas diferentes; *bras.* notícia diária.

e.fê.me.ro *adj.* Que dura um dia; de pouca duração; passageiro.

e.fe.mi.nar *vt.* Tornar semelhante ao que é feminino.

e.fer.ves.cên.cia *sf.* Ebulição; agitação; excitação.

e.fer.ves.cen.te *adj.* Que está em efervescência.

e.fe.ti.var *vt.* Tornar efetivo.

e.fe.ti.vo *adj.* Positivo; real; em serviço ativo.

e.fe.tu.ar *vt.* Realizar; executar.

e.fi.cá.cia *sf.* Qualidade do que é eficaz.

e.fi.caz *adj.* Que produz efeito; que dá resultado.

e.fi.ci.ên.cia *sf.* O poder de efetuar; eficácia.

e.fi.ci.en.te *adj.* Que tem eficiência; eficaz.

e.fí.gie *sf.* Figura representativa; imagem; retrato.

e.flu.ir *vi.* Emanar; proceder; irradiar de um ponto.

e.flú.vio *sm.* Emanação sutil.

e.fu.si.vo *adj.* Expansivo; comunicativo; fervoroso; veemente; caloroso.

é.gi.de *sf. fig.* Escudo; proteção; abrigo, amparo, arrimo.

e.go *sm.* A individualidade, o eu de cada indivíduo; sentimento da própria importância; *psic.* a parte mais superficial do *id*, a qual, modificada, por influência direta do mundo exterior, por meio dos sentidos, e, em conseqüência, tornada consciente, tem por funções a comprovação da realidade e a aceitação, mediante seleção e controle, de parte dos desejos e exigências procedentes dos impulsos que emanam do *id*.

e.go.ís.mo *sm.* Amor exclusivo de si próprio.

e.go.ís.ta *adj. e sm.* Que, ou o que só pensa em si.

e.gré.gio *adj.* De qualidade nobre; ilustre, insigne.

e.gres.são *sf.* Saída; afastamento.

é.gua *sf.* A fêmea do cavalo.

ei.ra.do *sm.* Terraço.

eis *adv.* Aqui está; *interj.* vede!

ei.var *vt.* Contaminar; *vp.* começar a apodrecer.

ei.xo *sm.* Linha que atravessa um globo pelo meio.

e.ja.cu.lar *vt.* Expelir com força; lançar de si.

e.la *pron. pess. fem.* Da terceira pessoa do singular.

e.la.bo.ra.ção *sf.* Preparação gradual de um trabalho.

e.la.bo.rar *vt.* Preparar gradualmente e com trabalho; formar, organizar; pôr em ordem; *vp.* formar-se.

e.lan.gues.cer *vi. e p.* Tornar-se lânguido; delibitar-se.

e.lás.ti.co *adj.* Flexível; *sm.* artefato de borracha.

e.le *pron. pess.* Designa a terceira pessoa do masculino singular.

e.le.fan.te *sm.* Animal da ordem dos proboscídeos, de tromba preênsil e com orifícios nasais abertos na extremidade dela; é o maior mamífero terrestre atual, variando seu peso, de acordo com a espécie, de três a cinco toneladas; *fem.* elefanta ou aliá; *bras. pej.* pessoa muito gorda; .

e.le.gân.cia *sf.* Graça e distinção de maneiras.

e.le.gan.te *adj.* Gracioso; esbelto; donairoso.

e.le.gi.a *sf.* Pequeno poema de luto e tristeza.

e.lei.ção *sf.* Escolha por meio de votação.

e.lei.to *adj.* Escolhido; designado.

e.lei.tor *sm.* O que tem direito de eleger pelo voto.

e.lei.to.ra.do *sm.* O conjunto de eleitores.

e.le.men.tar *adj.* Rudimentar; simples; primário.

e.le.men.to *sm.* Cada parte de um todo; tudo que entra na composição de alguma coisa; princípio; meio ou grupo social; indivíduo considerado como parte de um gripo; meio, recurso; parte de um todo lingüístico (palavra, frase, etc.) que se pode separar por meio de análise.

e.len.co *sm.* Catálogo; índice; conjunto de artistas.

e.le.ti.vo *adj.* De eleição; feito por eleição.

e.le.tri.ci.da.de *sf.* Forma de energia natural, relacionada aos elétrons; que se manifesta por fenômenos luminosos, químicos, mecânicos, etc.

e.lé.tri.co *adj.* Que tem eletricidade; que se move ou se põe em movimento pela eletricidade; *fig.* diz-se de quem vive agitado ou nervoso.

e.le.tri.fi.car *vt.* Aplicar a força motriz elétrica.

e.le.tri.zar *vt.* Excitar as propriedades elétricas em; carregar de eletricidade; exaltar; entusiasmar; arrebatar.

e.le.tro.car.di.o.gra.ma *sf.* Gráfico feito por um eletrocardiógrafo, usado para medir as oscilações elétricas resultantes da atividade do músculo cardíaco.

e.le.tro.cu.tar *vt.* Matar com descarga elétrica.

e.le.tro.do *sm.* Peça condutora usada para estabelecer contato elétrico com uma parte não-metálica de um circuito.

e.le.tro.do.més.ti.co *adj. e sm.* Diz-se de, ou aparelho elétrico de uso caseiro (liquidificador, batedeira, lavadora, enceradeira, etc.).

e.le.tro.e.le.trô.ni.co *adj. e sm.* Diz-se de, ou aparelho eletrônico doméstico (CD, televisor, videocassete, etc.).

e.le.tro.en.ce.fa.lo.gra.ma *sm.* Gráfico das oscilações elétricas associadas à atividade do córtice cerebral.

e.le.va.ção *sf.* Ação de elevar; exaltação; aumento.

e.le.va.do *adj.* Nobre; distinto; alto.

e.le.va.dor *sm.* Aparelho para fazer subir; ascensor.

e.le.var *vt.* Levantar; aumentar; engrandecer.

e.lí.ci.to *adj.* Atraído; aliciado.

e.li.dir *vt.* Suprimir; eliminar.

e.li.mi.nar *vt.* Excluir; fazer sair; *vp.* matar-se.

e.li.mi.na.tó.rio *adj.* Que elimina.

e.li.te *sf.* O que há de melhor numa sociedade.

e.li.xir *sm.* Preparado medicamentoso com álcool e substâncias aromáticas.

el.mo *sm.* Capacete com viseira.

e.lo *sm.* Argola de corrente; gavinha; ligação.

e.lo.gi.o *sm.* Louvor; aplauso.

e.lo.qüên.cia *sf.* Arte de falar com expressividade.

e.lu.ci.da.ção *sf.* Esclarecimento.

e.lu.ci.dar *vt.* Fazer elucidação.

em *prep.* Indica relação de tempo, estado, lugar, etc.

e.ma.ci.ar *vt.* Tornar macilento ou magro; emagrecer; extenuar.

e.ma.gre.cer vt. Ficar magro; definhar.

e.ma.na.ção sf. Ato de emanar; exalação; origem.

e.ma.nar vi. Proceder, sair, originar-se; desprender-se; exalar.

e.man.ci.pa.ção sf. Libertação; tornar-se independente.

e.man.ci.pa.do adj. e sm. Que, ou quem se emancipou; maior de idade.

e.man.ci.par vt. Eximir do pátrio poder; tornar independente; dar liberdade; livrar, libertar.

e.ma.ra.nha.do adj. e sm. Ato ou efeito de emaranhar; mistura confusa; confusão; embaraço; enredo; complicação.

e.ma.ra.nhar vt. Complicar (um negócio, um assunto, uma explicação, etc.); embaraçar; misturar; confundir; envolver.

em.ba.çar vt. Empanar; tirar o brilho; lograr.

em.ba.ci.ar vt. Tornar baço.

em.ba.ir vt. Seduzir; iludir.

em.bai.xa.dor sm. Representante diplomático.

em.ba.la.gem sf. O invólucro ou recipiente usado para acondicionar mercadorias ou objetos; seção de fábricas, lojas, etc., onde são embaladas mercadorias.

em.ba.lar vt. Balançar a criança no berço, acalentar, ninar; balançar; acarinhar, entreter; iludir; encantar; impulsionar, acelerar; acondicionar em pacotes, caixas, etc. para protegê-los e simplificar o seu transporte.

em.ba.lo sm. Balanço; impulso.

em.bal.sa.mar vt. Impregnar de aromas; perfumar; preparar cadáver contra decomposição.

em.ba.ra.çar vt. Causar embaraço, empecilho.

em.ba.ra.ço sm. Estorvo; empecilho; obstáculo.

em.bar.ca.ção sf. Qualquer barco ou navio.

em.bar.ca.dou.ro sm. Cais de embarque.

em.bar.car vt. Pôr ou entrar a bordo de barco.

em.bar.gar vt. Impedir.

em.bar.go sm. Impedimento; oposição.

em.bar.que sm. Ato de embarcar.

em.bas.ba.car vt. Causar espanto, estupefação a.

em.ba.te sm. Choque impetuoso; oposição.

em.be.be.dar vi. Embriagar(-se).

em.be.ber vt. Ensopar, molhar.

em.be.le.cer vt. Tornar belo.

em.be.le.zar vt. Tornar belo; ornamentar.

em.be.ve.cer vt. Enlevar; extasiar; arrebatar.

em.bir.rar vi. Teimar; obstinar-se; antipatizar.

em.ble.ma sm. Figura simbólica; distintivo; símbolo; insígnia.

em.bo.ca.du.ra sf. Foz de rio; parte do instrumento de sopro que se introduz na boca.

em.bo.car vt. e i. Meter na boca; fazer entrar por uma abertura estreita.

em.bo.la.da sf. Cantiga chistosa regional.

êm.bo.lo sm. Cilindro móvel de bombas, maquinismos, seringas; med. partícula que pode obstruir os vasos.

em.bol.sar vt. Meter na bolsa ou no bolso; pagar; indenizar.

em.bo.ra conj. Ainda que.

em.bos.ca.da sf. Cilada.

em.bo.tar vt. Tirar o gume a; fazer perder a sensibilidade; tirar a energia a.

em.bran.que.cer vt. Tornar branco; vp. encanecer.

em.bre.nhar-se vp. Meter-se, internar-se (nas brenhas, no mato).

em.bri.a.ga.do adj. Bêbado.

em.bri.a.ga.dor adj. Que embriaga; inebriante.

em.bri.a.gar vt. Turvar a razão com bebida alcoólica; tornar ébrio; embebedar, alcoolizar; inebriar, extasiar, maravilhar; vp. ingerir bebidas alcoólicas.

em.bri.a.guez sf. Bebedeira.

em.bri.ão sm. Germe.

em.bro.mar vt. e i. Enganar.

em.bru.lha.da sf. Trapalhada; confusão; mixórdia.

em.bru.lhar vt. Empacotar; enganar, lograr.

em.bru.lho sm. Pacote; coisa embrulhada.

em.bru.te.cer vt. e i. Tornar bruto; ficar estúpido.

em.bu.çar vt. Cobrir o rosto até os olhos; velar.

em.bur.rar vt. Embrutecer; vi. estacar obstinadamente.

em.bus.te sm. Mentira artificiosa; ardil.

em.bu.tir vt. Meter à força; entalhar; tauxiar.

e.men.da sf. Correção de falta, defeito ou erro; errata.

e.men.dar vt. Corrigir; modificar; reparar.

e.men.ta sf. Apontamento; lembrança; resumo.

e.mer.gên.cia sf. Ação de emergir; circunstância crítica.

e.mer.gir vi. Vir à tona.

e.mé.ri.to adj. Insigne.

e.mer.so adj. Que saiu de onde estava mergulhado.

e.mi.gra.ção sf. Ato de emigrar; mudança voluntária de um país; mudança periódica que certas aves efetuam de uma região para outra.

e.mi.grar vt. Sair de um país para estabelecer-se em outro.

e.mi.nên.cia sf. Altura; elevação; saliência; relevo; tratamento dado aos cardeais.

e.mi.nen.te adj. Elevado; distinto; importante.

e.mis.são sf. Ação de emitir ou expelir de si.

e.mis.sá.rio sm. Mensageiro; encarregado; espião.

e.mis.so.ra sf. Estação transmissora de programas de rádio ou televisão; empresa que produz e transmite esses programas.

e.mi.tir vt. Lançar fora de si; enviar; expedir; pôr em circulação (moeda); exprimir, enunciar; soltar, lançar; desferir.

e.mo.ção sf. Abalo moral, comoção.

e.mo.ci.o.nar vt. Causar emoção.

e.mol.du.rar vt. Colocar em moldura; rodear de algum enfeite.

e.mo.lu.men.to sm. Retribuição pecuniária; lucro; proveito; rendimento de um cargo, além do ordenado fixo.

e.mo.ti.vo adj. Que tem ou revela emoção.

em.pa.char vt. Encher muito; obstruir, impedir; empanturrar, abarrotar.

em.pa.co.tar vt. Acondicionar em pacote; enfardar; embalar; embrulhar; vi. gír. morrer.

em.pa.da sf. Espécie de pequena torta feita de massa com recheio de palmito, frango, etc., assada em fôrmas ao forno.

em.pá.fia sf. Orgulho vão.

em.pa.lha.ção sf. Ato de empalhar; fig. embromação.

em.pa.lhar vt. Estofar com palha; fig. embromar.

em.pa.li.de.cer vt. Fazer-se pálido; perder o viço.

em.pa.nar vt. Cobrir com panos; deslustrar, deslustrar; escurecer; turvar; ocultar, encobrir; cul. passar (carne, peixe, etc.) no ovo e na farinha para, em seguida, fritar.

em.pa.par vt. Cobrir de papas; tornar mole; encharcar; ensopar.

em.pa.pe.lar vt. Revestir com papel; envolver em papel, embrulhar.

em.pa.re.lhar vt. Pôr em parelha ou de par em par; unir; ligar; tornar igual, equiparar; ser igual, condizer.

em.pas.ta.do adj. Que forma pasta; diz-se do cabelo muito unido ou colado.

em.pas.tar vt. Converter em pasta; ligar como pasta; cobrir de pasta.

em.pas.te.lar vt. Destruir as oficinas de um jornal.

em.pa.tar vt. Atrapalhar o seguimento de; tolher; embaraçar; sustar; ocupar, tomar; igualar em número.

em.pa.te sm. Efeito de empatar.

em.pe.ci.lho sm. Impedimento; estorvo; obstáculo.

em.pe.ci.men.to sm. Estorvo; dano; impedimento.

em.pe.der.nir vt. Petrificar; endurecer.

em.pe.drar vt. Calçar com pedras; tapar com pedras; petrificar.

em.pe.nar vt. e i. Entortar; enfeitar com penas.

em.pe.nhar vt. Penhorar; hipotecar; vp. pôr todo o empenho; esforçar-se.

em.pe.nho sm. Ato de dar a palavra em penhor; compromisso; insistência.

em.per.rar vt. Não poder mover-se; vi. estacar.

em.per.ti.gar vt. Tornar direito, teso; vp. endireitar-se; aprumar-se; afetar altivez.

em.pes.tar vt. Contaminar com peste; tornar pestilento.

em.pi.lhar vt. Dispor em pilha; acumular.

em.pi.nar vt. Pôr a pino; erguer; fazer sobressair, ressaltar; fazer subir; elevar.

em.pí.ri.co adj. Guiado pela experiência, pela prática.

em.plas.trar vt. Pôr emplastro.

em.plas.tro sm. Medicamento para uso externo que amolece com o calor e adere ao corpo; pop. pessoa maçante, importuna.

em.po.ar vt. Cobrir com pó; polvilhar; empoeirar.

em.po.bre.cer vt. e i. Reduzir à pobreza.

em.po.la sf. Bolha aquosa na pele; recipiente de injeção; ampola.

em.po.la.do adj. Exageradamente enfeitado (estilo, linguagem).

em.po.lar vt. e i. Levantar empolas.

em.po.lei.rar vt. e p. Pôr em poleiro.

em.pol.gan.te adj. Que empolga.

em.pol.gar vt. Agarrar; prender a atenção.

em.pó.rio sm. Mercearia.

em.pos.sar vt. Dar posse a; vp. apossar-se; tomar posse; apoderar-se.

em.pra.zar vt. Estabelecer prazo.

em.pre.en.der vt. Pôr em execução; tentar; propor-se.

em.pre.en.di.men.to sm. Ato ou efeito de empreender; empresa.

em.pre.ga.do adj. Usado; aplicado; sm. funcionário.

em.pre.ga.dor sm. Aquele que emprega; patrão.

em.pre.gar vt. Dar ocupação; aplicar; utilizar.

em.pre.go sm. Ocupação; cargo.

em.prei.ta.da sf. Trabalho ajustado com indivíduos ou firma, mediante retribuição global, previamente combinada; tarefa.

em.prei.tar vt. Fazer ou tomar por empreitada.

em.prei.tei.ra sf. Empresa ou firma que ajusta obras de empreitada.

em.prei.tei.ro sm. O que toma de empreitada.

em.pre.sa sf. Tentativa árdua; firma comercial.

em.pre.sá.rio sm. Aquele que é responsável pelo bom funcionamento de uma empresa; aquele que dirige uma empresa; aquele que se ocupa dos interesses da vida profissional de pessoas que se distinguem por seu desempenho perante o público (cantores, atores, etc.).

em.pres.tar *vt.* Ceder temporariamente uma coisa.

em.prés.ti.mo *sm.* Coisa cedida temporariamente.

em.pro.ar *vt.* e *i.* Dirigir a proa; abordar.

em.pu.nhar *vt.* Segurar pelo punho; tomar; pegar em.

em.pur.rar *vt.* e *i.* Afastar com ímpeto; impelir com violência; empuxar; dar encontrões em; for;car a aceitar, impingir; introduzir à força.

e.mu.de.cer *vt.* e *i.* Fazer calar; ficar mudo.

e.mu.lar *vt.* Entrar em competição, em concorrência.

ê.mu.lo *sm.* Competidor; rival; *adj.* que tem emulação.

e.mul.são *sf.* Líquido no qual se acha em suspensão uma substância gordurosa sob a forma de gotículas minúsculas.

e.nal.te.cer *vt.* Elevar; engrandecer; exaltar.

e.na.mo.rar *vt.* Apaixonar; *vp.* ficar apaixonado.

en.ca.be.çar *vt.* Vir à frente de; dirigir.

en.ca.bu.lar *vt.* Envergonhar; acanhar; deixar perplexo.

en.ca.de.ar *vt.* Ligar ou prender com cadeia; ligar, coordenar (idéias, frases, etc.); cativar, afeiçoar, prender; *vp.* ligar-se a outros; formar série.

en.ca.der.na.ção *sf.* Ação de encadernar.

en.ca.der.nar *vt.* Formar cadernos com; coser os cadernos em livro, cobrindo-os depois com capa resistente.

en.cai.xar *vt.* Meter em caixa ou em caixote; encaixotar; meter uma peça em outra preparada para recebê-la; colocar no encaixe; *fig.* colocar entre outras coisas ou pessoas; intercalar, inserir; *intr.* encaixar-se; ser oportuno; calhar; *vp.* introduzir-se, intrometer-se.

en.cai.xe *sm.* Juntura; cavidade destinada a receber peça saliente.

en.cai.xo.tar *vt.* Meter; colocar em caixote.

en.cal.ço *sm.* Pegada; rastro; pista.

en.ca.lhar *vt.* Fazer dar em seco uma embarcação; dar (um veículo) num lamaçal, não podendo prosseguir; *fig.* parar, não vender, não ter saída.

en.ca.lhe *sm.* Estorvo; obstrução; embaraço; exemplares de revistas, livros ou jornais não vendidos que foram devolvidos à editora.

en.ca.mi.nhar *vt.* Guiar; conduzir; dirigir; orientar; mostrar o caminho; pôr no caminho certo; fazer seguir os trâmites legais; *vp.* dispor-se, resolver-se; guiar-se.

en.cam.pa.ção *sf.* Ato ou efeito de encampar; encampamento.

en.cam.par *vt.* Tomar (o governo) posse de empresa mediante ajuste da indenização a ser paga; rescindir (contrato de arrendamento).

en.ca.na.men.to *sm.* Canalização.

en.ca.nar *vt.* Canalizar.

en.ca.ne.cer *vt.* Tornar branco.

en.can.ta.do *adj.* Enlevado; seduzido; arrebatado.

en.can.tar *vt.* Enfeitiçar; seduzir; cativar; maravilhar, arrebatar; causar prazer a.

en.can.to *sm.* Enlevo; influência mágica.

en.can.to.ar *vt.* Pôr num canto.

en.ca.par *vt.* Cobrir com capa.

en.ca.pe.lar *vt.* e *i.* Encrespar (mar); revoltar.

en.ca.ra.co.lar *vt.* Enrolar em espiral; dar forma de caracol a.

en.ca.rar *vt.* Olhar de cara; fitar; considerar.

en.car.ce.rar *vt.* Prender em cárcere; aprisionar.

en.car.di.do *adj.* Sujo; imundo.

en.car.dir *vt.* Sujar.

en.ca.re.cer *vt.* Tornar caro; enfatizar; *vi.* subir de preço.

en.car.go *sm.* Incumbência; obrigação; operação.

en.car.na.ção *sf.* Ato de encarnar; *teol.* ato pelo qual Deus se fez homem; segundo o espiritismo, cada uma das existências do espírito quando renasce.

en.car.nar *vt.* Dar cor de carne; representar; penetrar (espírito em corpo); *vi.* tomar corpo; fazer-se carne.

en.car.ni.çar *vt.* Açular; excitar; irritar; *vp.* enraivecer-se.

en.ca.ro.çar *vi.* Criar caroços; intumescer.

en.car.qui.lhar *vt.* Enrugar.

en.car.re.ga.do *adj.* e *sm.* Que, ou aquele que tem sobre si qualquer encargo.

en.car.re.gar *vt.* Incumbir; *vp.* tomar encargo.

en.car.rei.rar *vt.* Encaminhar; dirigir; abrir caminho.

en.car.tar *vt.* Inserir; intercalar em livro, revista, folheto ou jornal um impresso à parte, de papel ou cor diferente.

en.car.te *sm.* Ação ou efeito de encartar; o impresso encartado.

en.cas.que.tar *vt.* e *p.* Meter na cabeça; persuadir-se.

en.cas.te.lar *vt.* Guarnecer de castelos; amontoar.

en.cas.to.ar *vt.* Engastar; pôr castão em.

en.ca.va.car *vi.* Ficar amuado; zangar-se; envergonhar-se.

en.cé.fa.lo *sm.* A massa nervosa do cérebro.

en.ce.gue.cer *vt.* e *p.* Cegar.

en.ce.na.ção *sf.* Ato ou efeito de pôr em cena.

en.ce.nar *vt.* Pôr em cena; fazer representar no palco.

en.ce.ra.dei.ra *sf.* Aparelho para encerar os soalhos.

en.ce.ra.do *adj.* Coberto de cera; *sm.* lona impermeabilizada.

en.ce.rar *vt.* Lustrar com cera.

en.cer.rar *vt.* Pôr em lugar seguro; fechar; concluir.

en.ce.tar *vt.* Iniciar.

en.char.car vt. Converter em charco; alagar; inundar.

en.chen.te sf. Cheia; inundação; alagamento.

en.cher vt. Completar; vi. tornar-se cheio; gír. aborrecer.

en.chi.men.to sm. O que serve para encher; recheio.

en.cí.cli.ca sf. A carta pontifícia.

en.ci.clo.pé.dia sf. Tratado sobre as ciências; obra que abrange todos os ramos do conhecimento.

en.ci.mar vt. Pôr em cima; rematar.

en.ci.u.mar vt. Encher (-se) de ciúme; vp. tomar-se de ciúmes.

en.claus.trar vt. Encerrar em claustro; enclausurar.

en.clau.su.rar vt. Enclaustrar.

én.cli.se sf. gram. Na pronúncia, junção de um vocábulo átono ao que o precede, subordinando-se o átono ao acento tônico do outro.

en.co.brir vt. Esconder à vista; dissimular.

en.co.le.ri.zar vt. Causar cólera; vp. irritar-se; zangar-se.

en.co.lher vt. Encurtar; vp. fazer-se pequeno.

en.co.men.da sf. Incumbência; o que se encomenda.

en.co.men.dar vt. Mandar fazer; vp. confiar-se.

en.co.mi.ar vt. Dirigir encômios.

en.cô.mio sm. Elogio de ação notável; louvor.

en.com.pri.dar vt. Tornar comprido; aumentar a duração.

en.con.trão sm. Choque; embate; empurrão.

en.con.trar vt. Achar; descobrir; ver casualmente; topar com; defrontar-se com; achegar; unir; chocar-se; ir ter com alguém.

en.con.tro sm. Ação ou efeito de encontrar-se; choque; confluência; fut. partida.

en.co.ra.jar vt. Dar coragem; animar; estimular.

en.cor.par vt. Dar mais corpo.

en.cor.ti.nar vt. Guarnecer com cortinas.

en.cos.ta sf. Ladeira; rampa.

en.cos.tar vt. Apoiar; firmar; vp. reclinar-se.

en.cos.to sm. Coisa em que se encosta; espaldar.

en.cou.ra.çar vt. Resguardar com couraça; blindar.

en.co.var vt. Meter em cova; vp. ocultar-se; tornar-se encovado (rosto, olhos).

en.cra.var vt. Fixar com pregos ou cravos; embutir; incrustar, engastar; fazer parar; embair, enganar; vp. embutir-se; fixar-se, penetrando; meter-se em dívidas; encalacrar-se.

en.cren.ca sf. Situação complicada, problemática; embaraço; intriga, desavença;.

en.cren.car vt. Tornar difícil uma situação; embaraçar, complicar; armar encrenca.

en.cres.par vt. Tornar crespo; agitar (o mar); vp. arrepiar-se, eriçar-se (animais); irritar-se, irar-se; enfatuar-se.

en.cru.ar vt. Enrijar, tornar cru o que estava cozendo; calejar, endurecer, tornar cruel; vi. tornar-se cruel; não ter crescimento.

en.cru.zar vt. Dispor em forma de cruz; cruzar.

en.cru.zi.lha.da sf. Lugar onde se cruzam caminhos.

en.cu.bar vt. Pôr em cuba; envasilhar.

en.cur.ra.lar vt. Meter em curral; encerrar; encantoar.

en.cur.tar vt. Tornar curto; diminuir; reduzir.

en.cur.var vt. Tornar curvo.

en.de.mi.a sf. Diz-se da doença endêmica, que existe de forma constante em determinada região e ataca certo número da população.

en.dê.mi.co adj. Relativo a endemia; peculiar a determinada região ou população.

en.de.mo.ni.nha.do adj. Possesso do demônio; diabólico; endiabrado; fig. muito travesso; levado; sm. o que é ou está endemoninhado.

en.de.re.çar vt. Pôr endereço em; dirigir; enviar.

en.de.re.ço sm. Nome e residência; direção.

en.deu.sar vt. Colocar entre os deuses; deificar.

en.di.a.bra.do adj. Endemoninhado; mau, terrível; sm. aquele que é traquinas.

en.di.nhei.ra.do adj. Que tem muito dinheiro; rico.

en.di.rei.tar vt. Pôr direito; corrigir.

en.di.vi.dar vt. Fazer contrair dívidas.

en.doi.dar vt. Tornar doido; vi. enlouquecer.

en.dos.sa.do ou **en.dos.sa.tá.rio** adj. Em que há endosso; sm. indivíduo a quem se endossou uma letra.

en.dos.san.te adj. e s.2g. Que(m) endossa; responsável.

en.dos.sar vt. Pôr endosso em (letra, título, etc.); assumir uma responsabilidade por outrem; apoiar; solidarizar-se com.

en.dos.so sm. Ação ou efeito de endossar; declaração escrita no verso de letra ou título, pela qual o declarante se responsabiliza a pagar, caso o endossatário não o possa fazer.

en.du.re.cer vt. e i. Tornar duro.

e.ne.gre.cer vt. Tornar negro; escurecer; denegrir; difamar.

é.neo adj. De bronze.

e.ner.gi.a sf. Capacidade dos corpos de produzir trabalho; maneira como se exerce uma força; resolução nos atos, firmeza, vigor; força física ou moral.

e.nér.gi.co adj. Que tem energia, firmeza.

e.ner.gú.me.no *sm.* Endemoninhado; possesso; pessoa que, dominada por suas paixões, pratica loucuras; *pop.* imbecil.

e.ner.van.te *adj. 2g.* Que enerva; que irrita.

e.ner.var *vt.* e *vp.* Perder ou fazer perder o vigor, a energia; afrouxar; irritar os nervos de; suprimir a ação de um nervo ou feixe de nervos (mediante seção); debilitar(-se).

e.né.si.mo *adj. num. ord. indef.* Que ocupa a ordem *n*; que corresponde ao número inteiro *n*; que corresponde a número muito grande; indefinido.

e.ne.vo.ar *vt.* Cobrir de névoas.

en.fa.dar *vt.* Enfastiar; aborrecer; *vp.* agastar-se.

en.fa.do *sm.* Mal-estar; tédio.

en.fa.do.nho *adj.* Fastidioso; trabalhoso; aborrecido.

en.fai.xar *vt.* Envolver em faixas; em panos.

en.far.dar *vt.* Fazer fardos; embrulhar; empacotar.

en.far.tar *vt.* Causar enfarte a; encher de comida; fartar; obstruir; entupir.

en.far.te *sm.* Ação ou efeito de enfartar; infarto.

ên.fa.se *sf.* Vigor na pronúncia para impressionar; destaque.

en.fas.ti.ar *vt.* Causar fastio; aborrecer.

en.fá.ti.co *adj.* Com ênfase.

en.fa.tu.ar *vt.* e *p.* Tornar-se fátuo; orgulhar-se.

en.fei.tar *vt.* Adornar; *vp.* embelezar-se.

en.fei.te *sm.* Adorno; ornamento; atavio.

en.fei.ti.çar *vt.* Fazer feitiço a; encantar; seduzir.

en.fei.xar *vt.* Atar em feixe; reunir; entroncar.

en.fer.mar *vt.* e *i.* Cair enfermo.

en.fer.ma.ri.a *sf.* Sala destinada a enfermos.

en.fer.mei.ro *sm.* O que cuida de enfermos.

en.fer.mi.da.de *sf.* Doença; moléstia.

en.fer.mo *adj.* e *sm.* Doente.

en.fer.ru.ja.do *adj.* Coberto de ferrugem.

en.fe.za.do *adj.* Raquítico; acanhado; irritado.

en.fe.zar *vt.* Tornar raquítico; enfadar; irritar.

en.fi.ar *vt.* Vestir, calçar; introduzir.

en.fi.lei.rar *vt.* Dispor em fileiras; alinhar.

en.fim *adv.* Afinal; finalmente.

en.fo.car *vt.* Pôr em foco; focar; focalizar.

en.for.car *vt.* Suplicar em forca; estrangular.

en.fra.que.cer *vt.* Tornar fraco.

en.fra.que.ci.do *adj.* Fraco.

en.fre.ar *vt.* Pôr freios em; domar; refrear.

en.fren.tar *vt.* Encarar; defrontar; atacar de frente.

en.fro.nhar *vt.* Revestir de fronha; *vp.* pôr-se a par de um assunto.

en.fu.ma.çar *vt.* Encher de fumaça.

en.fu.nar *vt.* Inflar; *vp.* encher-se de vento.

en.fu.re.cer *vt.* Encher de furor; irar, enraivecer.

en.fur.nar *vt.* Meter em furna; esconder; *pop.* ausentar-se do convívio social; isolar-se.

en.ga.be.lar ou **en.gam.be.lar** *vt. bras.* Engodar; enganar com falsa promessa; iludir.

en.gai.o.lar *vt.* Prender em gaiola; encarcerar.

en.ga.ja.men.to *sm.* Ação ou efeito de engajar; contrato para certos serviços; alistamento militar; comprometimento (com as circunstâncias sociais, históricas e nacionais em que vive).

en.ga.jar *vt.* Aliciar para certos serviços; obrigar-se a serviço por engajamento; comprometer-se.

en.ga.la.nar *vt.* Pôr galas em; embelezar.

en.gal.fi.nhar-se *vp.* Brigar corpo a corpo.

en.ga.na.do *adj.* Que está em engano ou erro; iludido.

en.ga.nar *vt.* Iludir; *vp.* cometer erro.

en.gan.char *vt.* Prender com gancho; *vp.* enlaçar-se.

en.ga.no *sm.* Erro; equívoco.

en.ga.no.so *adj.* Ilusório; falaz.

engar.ra.fa.men.to *sm.* Ação ou efeito de engarrafar; trânsito congestionado.

en.gar.ra.far *vt.* Pôr em garrafas; provocar engarrafamento em.

en.gas.gar *vt.* Produzir engasgo a; embaraçado; *vp.* ficar entalado; embaraçar-se; sufocar-se.

en.gas.go *sm.* O que impede a articulação das palavras.

en.gas.tar *vt.* Embutir.

en.ga.tar *vt.* Prender com engate; engrenar.

en.ga.te *sm.* Gancho para ligar entre si os vagões.

en.ga.ti.lhar *vt.* Armar o gatilho; preparar.

en.ga.ti.nhar *vi.* Andar de gatinhas.

en.ga.ve.tar *vt.* Guardar em gaveta; arquivar.

en.ge.lhar *vt.* Enrugar; *vi.* secar; murchar.

en.gen.drar *vt.* Gerar; inventar.

en.ge.nhar *vt.* Idear; maquinar.

en.ge.nha.ri.a *sf.* A arte de aplicar conhecimentos empíricos e científicos para o aperfeiçoamento de processos e dispositivos que convertem os recursos naturais em formas adequadas à utilização e ao consumo humano; ciência ou arte de construções civis; classe dos engenheiros.

en.ge.nhei.ro *sm.* Formado em Engenharia.

en.ge.nho *sm.* Talento; astúcia; qualquer máquina.

en.ges.sar *vt.* Cobrir ou rebocar com gesso; envolver membros fraturados ou luxados com tiras de gaze embebidas em gesso.

en.glo.bar *vt.* Dar feitio de globo; reunir em um todo; *vp.* juntar-se.

en.go.do *sm.* Isca; ardil.

en.go.lir *vt.* Fazer passar da boca para o estômago.

en.go.mar *vt.* Meter em goma e passar a ferro quente.

en.gor.dar *vt.* Tornar gordo; *vi.* tornar-se gordo.

en.gor.du.rar *vt.* Sujar de gordura; untar com gordura.

en.gra.ça.do *adj.* Espirituoso; cômico; chistoso.

en.gra.da.do *adj.* Que se engradou; *sm.* armação de grades destinada a servir de proteção à coisa transportada.

en.gra.dar *vt.* Cercar de grades; acondicionar em engradados.

en.gran.de.cer *vt.* Tornar grande; enaltecer.

en.gra.xar *vt.* Lustrar com graxa; lustrar.

en.gra.xa.te *sm.* Indivíduo que engraxa sapatos.

en.gre.na.gem *sf.* Mecanismo dentado.

en.gre.nar *vt. e i.* Entrosar; engatar.

en.gros.sar *vt.* Tornar grosso.

en.gui.çar *vt.* Sofrer desarranjo (a máquina); agourar; causar mau olhado a; encrencar; implicar com alguma coisa; discutir.

en.gui.ço *sm.* Mau-olhado; quebranto; desarranjo, pane.

en.gu.lho *sm.* Ânsia; náusea.

e.nig.ma *sm.* Tudo o que é difícil de compreender.

e.nig.má.ti.co *adj.* Misterioso.

en.jei.ta.do *adj.* Recusado; *sm.* criança abandonada.

en.jei.tar *vt.* Recusar; abandonar; desprezar.

en.jo.a.men.to *sm.* Enjôo.

en.jo.ar *vt.* Causar enjôo a; enfastiar; entediar.

en.jô.o *sm.* Ânsia de vômito; náusea; engulho.

en.la.çar *vt.* Prender com laços; *vp.* abraçar-se.

en.la.ce *sm.* Nexo; união matrimonial; casamento.

en.la.me.ar *vt.* Sujar de lama.

en.lan.gues.cer *vt. e i.* Tornar lânguido, enfraquecer.

en.la.tar *vt.* Pôr em lata.

en.le.ar *vt.* Entrelaçar; *vp.* ficar perturbado; implicar-se

en.lei.o *sm.* Liame; perturbação.

en.le.var *vt.* Encantar(-se).

en.lou.que.cer *vt. e i.* Desvairar; perder a razão.

en.lu.tar *vt.* Cobrir de luto.

e.no.bre.cer *vt.* Tornar nobre.

e.no.jar *vt.* Causar nojo ou enjôo; enjoar; nausear.

e.nor.me *adj.* Muito grande, que sai da norma; que ultrapassa as regras; desmedido; extraordinário.

e.nor.mi.da.de *sf.* Qualidade de enorme; dito descabido, absurdo.

e.no.ve.lar *vt.* Fazer em novelo.

en.qua.drar *vt.* Emoldurar.

en.quan.to *conj.* Ao passo que.

en.que.te *sf.* Reunião de testemunhos sobre determinado assunto, geralmente organizada por jornal, rádio, etc.

en.rai.ve.ci.do *adj.* Tomado de raiva; irado.

en.ra.i.zar *vt. e i.* Lançar raízes.

en.ras.ca.da *sf.* Situação difícil.

en.re.dar *vt.* Prender na rede; enlear; envolver; complicar; *vt. e i.* fazer enredo; mexericar.

en.re.do *sm.* Ação ou efeito de enredar; intriga; mexerico; trama, urdidura; a trama de uma obra de ficção.

en.re.ge.lar *vt.* Congelar; regelar; tornar muito frio.

en.ri.jar *vt.* Tornar rijo; robustecer; enrijecer.

en.ro.lar *vt.* Envolver em forma de rolo; encaracolar; envolver, cingir; agasalhar, abrigar; lograr, enganar.

en.ros.car *vt.* Pôr em forma de rosca; *vi.* enrolar.

en.ru.bes.cer *vt. e i.* Fazer corar; ruborizar-se.

en.ru.gar *vt.* Fazer rugas.

en.sa.bo.ar *vt.* Lavar com sabão.

en.sai.ar *vt.* Experimentar; fazer ensaio.

en.sai.o *sm.* O ato de ensaiar; esboço; tentativa.

en.san.de.cer *vt. e i.* Tornar demente; enlouquecer.

en.san.güen.tar *vt.* Manchar de sangue.

en.se.a.da *sf.* Pequena baía.

en.se.jar *vt.* Oferecer ensejo a.

en.se.jo *sm.* Ocasião propícia.

en.si.na.men.to *sm.* Ensino; doutrina; lição.

en.si.nar *vt.* Dar ensino; adestrar; treinar; instruir; educar; castigar.

en.si.no *sm.* Lição; instrução; educação.

en.so.ber.be.cer *vt. e p.* Tornar ou tornar-se soberbo.

en.so.pa.do *adj.* Encharcado, muito molhado; *sm.* preparado culinário em as carnes, legumes ou hortaliças são cozidas lentamente em molho abundante.

en.so.par *vt.* Encharcar, empapar; converter em sopa; preparar ensopado.

en.sur.de.cer *vt.* Tornar surdo; *vi.* ficar surdo.

en.ta.lar *vt.* Meter em talas; meter em lugar estreito.

en.ta.lhar *vt.* Esculpir, gravar em madeira.

en.ta.lhe ou **en.ta.lho** *sm.* Corte em madeira, metal, pedra, gravura, escultura em madeira; ranhura.

en.tan.to *adv.* Nesse meio tempo; *el.da loc. conj.* no entanto: contudo.

en.tão *adv.* Nesse ou naquele tempo; nesse caso.

en.tar.de.cer *vi.* Fazer-se tarde; ir caindo a tarde.

en.te *sm.* Tudo o que existe; ser; substância.

en.te.a.do *sm.* Indivíduo em relação aos pais adotivos.

en.te.di.ar *vt.* Causar tédio.

en.ten.der *vt.* Ter idéia clara; compreender; concluir; julgar; achar; ter experiência ou conhecimento; considerar oportuno; combinar; perceber; *sm.* opinião; juízo; entendimento.

en.ten.di.men.to *sm.* Capacidade de conceber e entender as coisas; inteligência; razão; juízo; opinião; acordo; ajuste.

en.ter.ne.cer *vt.* Tornar terno; *vp.* comover-se.

en.ter.rar *vt.* Meter debaixo da terra; sepultar.

en.ter.ro *sm.* Enterramento; sepultamento.

en.te.sar *vt.* Tornar teso; esticar; enrijar.

en.ti.da.de *sf.* Ente; associação.

en.to.ar *vt.* Dar o tom; cantar com afinação.

en.to.jar *vt.* Causar nojo; repugnar; enojar.

en.to.nar *vt.* e *p.* Erguer com entono, altivez (a fronte); mostrar-se altivo, soberbo, arrogante.

en.to.no *sm.* Altivez; orgulho.

en.ton.te.cer *vt.* Deixar tonto; *vp.* ficar tonto.

en.tor.nar *vt.* Derramar.

en.tor.pe.cer *vt.* Causar torpor a; enfraquecer, debilitar.

en.tor.pe.ci.men.to *sm.* Inação dos membros; falta de ação; preguiça, desalento.

en.tor.tar *vt.* Tornar torto.

en.tra.da *sf.* Lugar por onde se entra; ingresso; admissão.

en.tran.çar *vt.* Dispor em forma de trança; entrelaçar.

en.tra.nhas *sf. pl.* As vísceras.

en.trar *vi.* e *p.* Passar de fora para dentro.

en.tra.var *vt.* Travar; obstruir.

en.tra.ve *sm.* Travão; obstáculo.

en.tre *prep.* No meio de; dentro de.

en.tre.a.ber.to *adj.* Aberto a meio.

en.tre.a.brir *vt.* Abrir um pouco ou devagar.

en.tre.a.to *sm.* Intervalo entre dois atos.

en.tre.cho *sm.* Enredo.

en.tre.cho.car-se *vp.* Embater um no outro.

en.tre.ga *sf.* Ato de entregar; cessão.

en.tre.gar *vt.* Pôr em poder de outro; dar.

en.tre.la.çar *vt.* Entretecer.

en.tre.li.nha *sf.* Espaço entre duas linhas; aquilo que se escreve nesse espaço; comentário; sentido implícito (*ler nas entrelinhas*); aquilo que não é escrito nem falado, mas pode ser entendido.

en.tre.me.ar *vt.* Pôr de permeio; intervalar.

en.tre.mei.o *sm.* O espaço entre dois pontos; renda.

en.tre.men.tes *adv.* Durante esse tempo; enquanto isso sucedia; nesse meio-tempo; entretanto.

en.tre.pos.to *sm.* Grande depósito de mercadorias; armazém onde se guardam ou vendem mercadorias de um estado ou de uma companhia, exclusivamente; loja onde se vendem produtos naturais (macrobióticos, vegetarianos, etc.).

en.tre.tan.to *conj.* Todavia.

en.tre.te.ni.men.to ou **en.tre.ti.men.to** *sm.* Passatempo; divertimento.

en.tre.ter *vt.* Deter; distrair com divertimento.

en.tre.tom *sm.* Meia-tinta; matiz.

en.tres.sa.fra *sf.* Espaço entre duas safras.

en.tre.va.do *adj.* e *sm.* Paralítico.

en.tre.var *vt.* e *i.* Ficar tolhido dos membros.

en.tre.ver *vt.* Ver, perceber indistintamente.

en.tre.vis.ta *sf.* Encontro combinado; conferência entre duas ou mais pessoas em local previamente combinado; conferência em que uma ou mais pessoas expressam suas opiniões, para divulgação na imprensa.

en.tre.vis.tar *vt.* Ter entrevista com.

en.trin.chei.rar *vt.* Fortificar com trincheiras.

en.tris.te.cer *vt.* Causar tristeza; ficar triste.

en.tron.car-se *vp.* Ligar-se um caminho a outro.

en.tro.ni.zar *vt.* Colocar em trono; exaltar.

en.tro.sar *vt.* e *i.* Organizar; ambientar; engrenar; encaixar.

en.tu.lhar *vt.* Encher de entulho; pôr em tulha.

en.tu.lho *sm.* Conjunto de fragmentos de demolição.

en.tu.pi.do *adj.* Tapado; obstruído; fechado.

en.tu.pir *vt.* Tapar; obstruir.

en.tu.si.as.mar *vt.* Comunicar entusiasmo a; arrebatar; animar.

en.tu.si.as.mo *sm.* Exaltação; arrebatamento; dedicação ardente; veemência; inspiração.

en.tu.si.as.ta *adj.* e *sm.* Possuído de entusiasmo.

e.nu.me.ra.ção *sf.* Exposição minuciosa; especificação.

e.nu.me.rar *vt.* Citar um por um; narrar com minúcia.

e.nun.ci.a.do *sm.* Exposição, proposição; *adj.* expresso por palavras, declarado.

e.nun.ci.ar *vt.* Expor, exprimir; manifestar.

en.vai.de.cer *vt.* Encher de vaidade.

en.ve.lhe.cer *vt.* Tornar velho; *vi.* ficar velho.

en.ven.ci.lhar *vt.* Enlear; emaranhar; enredar.

en.ve.ne.nar *vt.* e *i.* Dar veneno a; misturar veneno em; *vp.* suicidar-se

en.ver.de.cer *vt.* e *i.* Tornar verde; fazer-se verde.

en.ve.re.dar *vi.* Seguir deliberadamente para um lugar; dirigir-se; encaminhar-se; *vt.* guiar, conduzir (alguém).

en.ver.ga.du.ra *sf.* Ato ou efeito de envergar; aptidão, competência, capacidade; distância de uma ponta à outra das asas abertas de uma ave; distância de uma ponta à outra das asas de um avião; *p. ext.* importância, peso.

en.ver.gar *vt.* Curvar; vestir.

en.ver.go.nhar *vt.* Causar vergonha, pejo, humilhação.

en.ver.ni.zar *vt.* Cobrir de verniz; lustrar.

en.vi.ar *vt.* Expedir; mandar; endereçar.

en.vi.dar *vt.* Empregar com empenho; desafiar, provocar; *vp.* empenhar-se; esforçar-se.

en.vi.dra.ça.do *adj.* Guarnecido de vidraças.

en.vi.e.sa.do *adj.* Posto de viés; cortado obliquamente.

en.vi.le.cer *vt.* e *p.* Tornar-se vil; aviltar.

en.vi.o *sm.* Remessa.

en.vi.u.var *vi.* Ficar viúvo.

en.vol.ta *sf.* Confusão; mistura; desordem.

en.vol.to *adj.* Envolvido.

en.vol.ver *vt.* Abranger; conter; enredar; seduzir; *vp.* cobrir-se; intrometer-se; deixar-se seduzir.

en.xa.da *sf.* Instrumento para cavar ou mondar.

en.xa.dris.ta *s.2g.* Jogador ou jogadora de xadrez.

en.xa.guar *vt.* Passar por água.

en.xa.me *sm.* As abelhas de uma colméia; *p. ext.* multidão de gente ou animais; quantidade, abundância.

en.xa.me.ar *vt.* e *p.* Reunir em enxame; encher, inundar com grande número; *vi.* pulular; formigar; *vp.* aglomerar-se.

en.xa.que.ca *sf.* Dor de cabeça periódica acompanhada de náuseas e vômito, freqüentemente unilateral.

en.xer.ga *sf.* Catre, cama pobre; colchão rústico.

en.xer.gão *sm.* Estrado de arame nas camas; certo tipo de colchão de palha que se usa embaixo do colchão da cama.

en.xer.gar *vt.* Entrever; vislumbrar ao longe.

en.xer.tar *vt.* Fazer enxerto.

en.xer.to *sm.* Introdução de partes vivas de um vegetal no tronco de outro; transplante.

en.xo.fre *sm.* Elemento químico.

en.xo.tar *vt.* Expulsar; afugentar; pôr para fora.

en.xo.val *sm.* Guarnição de roupas.

en.xo.va.lhar *vt.* Deslustrar; amarrotar.

en.xo.vi.a *sf.* Cárcere; masmorra; prisão.

en.xu.gar *vt.* Secar.

en.xur.ra.da *sf.* Torrente de chuvas.

en.xu.to *adj.* Seco; magro.

é.pi.co *adj.* De epopéia; heróico.

e.pi.de.mi.a *sf.* Doença contagiosa que ataca muitas pessoas ao mesmo tempo.

e.pi.der.me *sf.* Camada celular não irrigada que cobre a derme e com ela forma a pele.

e.pí.gra.fe *sf.* Inscrição; título ou frase que serve de tema a um assunto; frase ou divisa posta no frontispício ou capítulo de um livro, no início de um discurso.

e.pi.la.ção *sf.* Remoção dos pêlos pela raiz; perda ou remoção dos pêlos ou cabelos por qualquer motivo.

e.pi.lep.si.a *sf.* Afecção nervosa crônica caracterizada por breves ataques convulsivos, com perda dos sentidos.

e.pí.lo.go *sm.* Conclusão; desfecho; fim.

e.pis.co.pal *adj.* Próprio ou relativo a bispo.

e.pi.só.dio *sm.* Fato acessório; incidente.

e.pís.to.la *sf.* Carta; missiva.

e.pi.tá.fio *sm.* Inscrição tumular.

e.pi.te.tar *vt.* Aplicar epíteto.

e.pí.te.to *sm.* Cognome; apelido.

e.pí.to.me *sm.* Sinopse; compêndio; abreviação; resumo.

é.po.ca *sf.* Era; período; data.

e.po.péi.a *sf.* Poema longo acerca de tema grandioso e heróico.

e.qua.ção *sf.* Expressão de igualdade.

e.qua.dor *sm.* Círculo máximo da esfera terrestre.

e.quâ.ni.me *adj.* Reto; imparcial.

e.qües.tre *adj.* Concernente a cavalaria ou cavaleiro.

e.qüi.da.de ou **e.qui.da.de** *sf.* Igualdade.

e.qüí.deo *adj.* Relativo ou semelhante a cavalo.

e.qüi.dis.tan.te *adj.* Que dista igualmente.

e.qui.li.bra.do *adj.* Que está em equilíbrio; sensato.

e.qui.li.brar *vt.* e *vp.* Pôr(-se) ou manter(-se) em equilíbrio; contrabalançar, compensar; sustentar(-se); agüentar(-se).

e.qui.lí.brio *sm.* Estado de um corpo sustido por forças opostas e iguais.

e.qüi.no *adj.* Cavalar.

e.qui.nó.cio *sm.* Ponto da órbita terrestre em que a duração da noite é igual à do dia.

e.qui.pa.gem *sf.* Aprestos; bagagem; comitiva; tripulação de navio ou avião.

e.qui.pa.men.to *sm.* Ato de equipar(-se); equipagem.

e.qui.par *vt.* Guarnecer, prover do necessário; aprestar, apetrechar.

e.qui.pa.rar *vt.* Comparar; igualar.

e.qui.pe *sf.* Conjunto de pessoas para um mesmo fim.

e.qui.va.ler *vt.e p.* Ser igual no valor, peso, força, natureza, finalidade.

e.qui.vo.car vt. e p. Enganar-se.

e.quí.vo.co sm. Engano; adj. duvidoso; suspeito.

e.ra sf. Época; período.

e.rá.rio sm. O tesouro público.

e.re.ção sf. Ato de erigir, de erguer(-se); restr. estado do pênis ereto.

e.re.mi.ta s.2g. Pessoa que vive em retiro no ermo; solitário.

e.re.to adj. Erguido; levantado; aprumado.

er.guer vt. Levantar; pôr em pé; erigir.

er.gui.do adj. Levantado; alto.

e.ri.çar vt. Arrepiar; ouriçar.

e.ri.gir vt. Erguer um edifício ou uma estátua.

er.mar vt. Reduzir a ermo; despovoar.

er.mi.da sf. Capela em lugar ermo; igreja rústica.

er.mo sm. Lugar sem habitantes; deserto; descampado; adj. solitário, desabitado, deserto.

e.ro.si.vo adj. Que corrói; corrosivo; causticante.

e.ró.ti.co adj. Do amor; sensual; lúbrico.

er.ra.do adj. Que está em erro.

er.ran.te adj. Que erra; vagabundo; que vagueia.

er.rar vt. e i. Cometer erro; enganar-se; vaguear.

er.ra.ta sf. Num livro, relação dos erros e devidas correções; corrigenda.

er.ro sm. Ilusão; engano.

er.rô.neo adj. Errado; falso.

e.ruc.ta.ção sf. Arroto.

e.ru.di.ção sf. Instrução variada e profunda.

e.ru.di.to sm. O que tem grande saber.

e.rup.ção sf. Emissão violenta.

er.va sf. Planta vivaz de caule tenro.

ES Sigla do Estado do Espírito Santo.

es.ba.fo.ri.do adj. Ofegante.

es.ba.fo.rir-se vp. Ficar ofegante; sem alento.

es.ban.da.lhar vt. Fazer em trapos, esfarrapar; fazer em pedaços; despedaçar; vp. dispersar; perverter-se.

es.ban.ja.dor adj. e sm. Gastador; perdulário.

es.ban.jar vt. Dissipar.

es.bar.rar vt. Fazer parar (o cavalo); atirar; lançar; topar; ir de encontro; tropeçar; encontrar por acaso.

es.bel.to adj. Elegante; airoso.

es.bo.çar vt. Delinear.

es.bo.ço sm. Primeiro delineamento de um desenho, pintura, gravura, escultura, etc.

es.bo.fe.te.ar vt. Dar bofetadas.

es.bor.do.ar vt. Espancar com bordão.

es.bo.ro.ar vt. Reduzir a pó.

es.bor.ra.char vt. Esmagar; pisar; rebentar.

es.bra.ce.jar vt. Agitar muito os braços; bracejar.

es.bran.qui.ça.do adj. Quase branco; alvacento.

es.bra.se.ar vt. Pôr em brasa; inflamar-se.

es.bra.ve.jar vi. Vociferar.

es.bu.ga.lha.do adj. Diz-se dos olhos muito salientes ou arregalados.

es.bu.ga.lhar vt. Arregalar os olhos.

es.bu.lhar vt. Despojar; espoliar; roubar.

es.bu.ra.car vt. Abrir buracos em.

es.ca.be.la.do adj. Despenteado.

es.ca.be.lo sm. Banquinho para descansar os pés.

es.ca.bro.so adj. Áspero; difícil; pedregoso; imoral.

es.ca.da sf. Série de degraus para subir ou descer.

es.ca.da.ri.a sf. Série de escadas.

es.ca.la sf. Ato ou efeito de escalar; medida graduada; a indicação das proporções entre as medidas e distâncias de um desenho, mapa ou planta e as medidas e distâncias reais correspondentes; Apontamento que indica a ordem de serviço para cada indivíduo; pontos, graus, níveis sucessivos numa série; graduação; categoria; hierarquia; paradas sucessivas de navio ou avião em determinados portos ou aeroportos; sucessão de sons; notas musicais.

es.ca.la.da sf. Ação de escalar.

es.ca.lão sm. Degraus (de escada); plano; nível; categoria.

es.ca.lar vt. Subir montanha ou elevação íngreme; subir por etapas; designar para serviço em hora ou lugar determinados; designar para integrar uma equipe.

es.cal.dar vt. Queimar com líquido fervente.

es.ca.ler sm. Pequeno barco para serviço de navio.

es.cal.pe.lar vt. Dissecar com escalpelo; arrancar a pele do crânio.

es.cal.pe.lo sm. Instrumento para operações.

es.ca.ma sf. Lâmina óssea de muitos peixes e mamíferos.

es.ca.mar vt. Tirar as escamas.

es.ca.mo.te.ar vt. Furtar com sutileza; fazer desaparecer sem que se perceba.

es.can.ca.rar vt. Abrir completamente.

es.can.da.li.zar vt. Causar escândalo; melindrar.

es.cân.da.lo sm. Coisa contrária à moral, vergonha.

es.can.ga.lhar vt. Estragar.

es.ca.nho.ar vt. Barbear pela segunda vez contra o pêlo.

es.ca.ni.fra.do adj. Muito magro.

es.can.tei.o sm. Córner; cada um dos cantos do campo.

es.can.ti.lhão sm. Medida.

es.ca.pa.da sf. Fuga precipitada.

es.ca.par vi. Livrar-se de perigos; fugir.

es.ca.pa.tó.ria *sf.* Subterfúgio.

es.ca.pe *sm.* Evasão; refúgio.

es.ca.pu.lir *vi.* Fugir; escapar.

es.ca.ra.fun.char *vt.* Remexer.

es.ca.ra.mu.ça *sf.* Desordem; contenda; briga.

es.car.céu *sm.* Alarido; gritaria; barulho.

es.car.men.tar *vt.* Repreender rigorosamente; castigar.

es.car.ne.cer *vt.* Fazer escárnio; zombar de; troçar.

es.cár.nio *sm.* Zombaria; mofa; troça.

es.car.pa *sf.* Ladeira íngreme.

es.car.par *vt.* Tornar íngreme.

es.car.ra.dei.ra *sf.* Vaso em que se escarra.

es.car.ra.pa.char *vt.* Abrir muito as pernas.

es.car.rar *vt.* e *i.* Expelir o escarro.

es.car.ro *sm.* Mucopurulência eliminada pela boca.

es.cas.se.ar *vi.* Minguar; faltar.

es.cas.sez *sf.* Míngua; falta.

es.ca.to.lo.gi.a *sf.* Ramo da Teologia que trata sobre a morte, o Juízo Final, o Paraíso e o Inferno; tratado sobre os excrementos.

es.ca.var *vt.* Fazer escavação; cavar à volta; tirar terra de; esburacar; *fig.* escarafunchar, pesquisar.

es.cla.re.cer *vt.* Tornar claro; tornar compreensível; elucidar; dar esclarecimento a; .

es.co.ar *vt.* Filtrar; coar; *vp.* esvaziar-se.

es.coi.ce.ar *vt.* Dar coices.

es.col *sm.* O mais distinto; elite.

es.co.la *sf.* Estabelecimento de ensino; doutrina.

es.co.la.do *adj.* Sabido; ladino.

es.co.lar *sm.* Concernente à escola; aluno.

es.co.lha *sf.* Eleição; seleção.

es.co.lher *vt.* Eleger; preferir; selecionar; optar.

es.co.lho *sm.* Rochedo à flor d'água; perigo; obstáculo.

es.col.ta *sf.* Acompanhamento (policiais, guarda-costas, etc.)

designado para acompanhar ou defender pessoas ou coisas.

es.col.tar *vt.* Acompanhar para defender ou guardar; seguir junto de.

es.com.bros *sm. pl.* Ruínas, destroços.

es.con.der *vt.* Pôr em lugar oculto; disfarçar.

es.con.de.ri.jo *sm.* Sítio onde são ocultadas pessoas ou coisas.

es.con.ju.rar *vt.* Desconjurar; amaldiçoar; exorcismar.

es.con.so *adj.* Escondido; inclinado; abscôndito.

es.co.po *sm.* Alvo; objetivo.

es.co.ra *sf.* Arrimo; amparo.

es.co.rar *vt.* Apoiar; sustentar.

es.cor.char *vt.* Tirar a casca; esfolar; cobrar preço excessivo, explorar.

es.co.re *sm.* Contagem; placar.

es.có.ria *sf.* Resíduo de fusão; borra; ralé.

es.co.ri.ar *vt.* Esfolar; purificar.

es.cor.ra.çar *vt.* Expulsar.

es.cor.re.ga.dor *adj.* Que escorrega; *sm.* plano inclinado para as crianças se divertirem escorregando.

es.cor.re.gão *sm.* Ato de escorregar; escorregadela.

es.cor.re.gar *vi.* Resvalar; cometer erros.

es.cor.rei.to *adj.* São; sem defeito; correto.

es.cor.rer *vt.* Deixar correr um líquido; *vi.* pingar.

es.co.tei.ris.mo ou **es.co.tis.mo** *sm.* Associação educativa, instituída em 1908 pelo general inglês Baden Powell (1857-1941), visando estimular os jovens a uma vida sadia e a um comportamento baseado em valores éticos.

es.co.va *sf.* Utensílio de madeira guarnecido de pêlos.

es.co.va.de.la *sf.* Ato de escovar

es.co.var *vt.* Limpar com escova.

es.cra.vi.dão *sf.* Condição de escravo; cativeiro.

es.cra.vi.zar *vt.* Reduzir a escravo; oprimir.

es.cra.vo *adj.* e *sm.* Que, ou o que está sob o absoluto domínio de outrem.

es.cre.te *sm. fut.* Seleção.

es.cre.ver *vt.* Representar por letras; redigir cartas.

es.cri.ta *sf.* Representação de palavras por meio de sinais; ato de escrever; caligrafia.

es.cri.to *sm.* Papel com escrita; documento; título; escritura; *adj.* representado por letras ou pela escrita.

es.cri.tor *sm.* Autor de obras literárias ou científicas.

es.cri.tó.rio *sm.* Gabinete; sala de trabalho.

es.cri.tu.ra *sf.* Documento autêntico de um contrato.

es.cri.tu.ra.ção *sf.* Conjunto de registros da contabilidade de uma casa comercial.

es.cri.tu.rar *vt.* Fazer a escrituração.

es.cri.tu.rá.rio *sm.* Guarda-livros; funcionário.

es.cri.va.ni.nha *sf.* Mesa para escrever; secretária.

es.cri.vão *sm.* Oficial civil.

es.cro.to *sm.* Pele que envolve os testículos.

es.crú.pu.lo *sm.* Receio de errar; cuidado minucioso.

es.cru.tar *vt.* Investigar; sondar; pesquisar.

es.cru.tí.nio *sm.* Ação de escrutinar; votação de urna.

es.cu.dar *vt.* Defender; proteger; apoiar-se.

es.cu.de.ri.a *sf.* Empresa proprietária de carros de corrida, com equipes de pilotos e técnicos; equipe que participa de corrida de automóvel, gincana, etc.

es.cu.do *sm.* Arma defensiva; peça de brasão; moeda portuguesa.

es.cul.pir *vt.* Entalhar.

es.cul.tor *sm.* Artista que faz esculturas.

es.cul.tu.ral *adj.* De formas perfeitas.

es.cu.ma *sf.* Espuma; baba.

es.cu.mar *vt.* e *vi.* Espumar.

es.cu.re.cer *vt.* Tornar escuro; fazer diminuir a luz; apagar o brilho de; turvar; transtornar; *vi.* anoitecer.

es.cu.ri.dão *sf.* Falta de claridade.

es.cu.ro *adj.* Sem luz; sombrio.

es.cu.sa *sf.* Desculpa; razão.

es.cu.sar *vt.* Desculpar.

es.cu.so *adj.* Escondido; secreto; desonesto.

es.cu.ta *sf.* Ato de escutar; pessoa que escuta; lugar onde se escuta; pessoa encarregada de escutar as conversas alheias; *sm.* dispositivo para interceptar conversas telefônicas.

es.cu.tar *vt.* Dar atenção.

es.drú.xu.lo *adj.* Proparoxítono; *pop.* esquisito, extravagante.

es.fa.ce.lar *vt.* Causar esfacelo a; destruir; estragar.

es.fa.ce.lo *sm.* Ruína; estrago.

es.fai.mar *vt.* Atormentar com fome; esfomear.

es.fal.far *vt.* e *p.* Cansar muito; extenuar.

es.fa.que.ar *vt.* Ferir com faca.

es.fa.re.lar *vt.* Esmigalhar; *vp.* esboroar-se.

es.far.ra.pa.do *adj.* Roto.

es.far.ra.par *vt.* Rasgar; dilacerar.

es.fe.ra *sf.* Bola; globo.

es.fé.ri.co *adj.* Redondo.

es.fe.ro.grá.fi.ca *adj.* e *sf.* Diz-se de, ou caneta que tem na ponta uma esfera de metal.

es.fin.ge *sf.* Monstro lendário com cabeça humana e corpo de leão.

es.fo.lar *vt.* Tirar a pele a; arranhar.

es.fo.lhar *vt.* Tirar as folhas a.

es.fo.me.a.do *adj.* Cheio de fome.

es.for.ça.do *adj.* Trabalhador.

es.for.çar *vt.* Dar forças a; fazer esforço.

es.fre.ga *sf.* Ato de esfregar; *pop.* repreensão.

es.fre.gão *sm.* Pano para esfregar, limpar ou lustrar.

es.fre.gar *vt.* Fazer fricção; coçar.

es.fri.ar *vt.* Arrefecer; *vi. fig.* perder o entusiasmo.

es.fu.ma.çar *vt.* Encher de fumaça; enegrecer.

es.fu.zi.ar *vt.* Sibilar; zumbir.

es.ga.nar *vt.* Estrangular; sufocar; asfixiar.

es.ga.ni.çar *vt.* Tornar a voz esganiçada, aguda.

es.gar *sm.* Careta; trejeito.

es.gra.va.tar *vt.* Remexer a terra; esgaravatear.

es.gar.çar *vi.* Desfiar(-se).

es.ga.ze.a.do *adj.* Espantado como louco (os olhos).

es.go.ta.men.to *sm.* Extenuação.

es.go.tar *vt.* Esvaziar até a última gota; consumir.

es.go.to *sm.* Cano de despejo.

es.gri.ma *sm.* Jogo de florete.

es.gri.mir *vt.* e *i.* Jogar esgrima.

es.guei.rar-se *vp.* Retirar-se sorrateiramente.

es.gue.lha *sf.* Viés.

es.gui.char *vt.* e *i.* Fazer jorrar por um orifício.

es.gui.cho *sm.* Jato de líquido.

es.gui.o *adj.* Alto; delgado.

es.ma.e.cer *vi.* Perder a cor.

es.ma.gar *vt.* Comprimir, achatando; aniquilar.

es.mal.te *sm.* A substância branca dos dentes; substância vítrea.

es.me.ral.da *sf.* Pedra preciosa de cor verde.

es.me.rar *vt.* e *p.* Fazer com esmero; apurar; extremar.

es.me.ro *sm.* Apuro; requinte.

es.mi.ga.lhar *vt.* Reduzir a migalhas, a partes ínfimas.

es.mi.u.çar *vt.* Dividir em partes pequeninas.

es.mo *sm.* Cálculo aproximado; *el. da loc. adv. a esmo:* ao acaso.

es.mo.la *sf.* O que se dá por caridade, compaixão.

es.mo.lar *vi.* Mendigar.

es.mo.ler *sm.* e *adj.* Caridoso; caritativo; que dá esmolas; *pop.* mendigo.

es.mo.re.cer *vt.* e *i.* Fazer perder o ânimo.

es.mur.rar *vt.* Dar murros.

es.no.bar *v. int.* Proceder com esnobismo; exibir-se.

es.no.bis.mo *sm.* Admiração excessiva pelo que está em voga; exagerado sentido de superioridade; sofisticação exagerada; exagero em demonstrar o que possui; exibição; ostentação.

e.sô.fa.go *sm.* Canal que vai da faringe ao estômago.

es.pa.çar *vt.* Deixar espaço.

es.pa.ço *sm.* Intervalo; duração; amplidão.

es.pa.da *sf.* Lâmina de ferro comprida e pontiaguda.

es.pa.da.ú.do *adj.* Encorpado.

es.pa.gue.te *sm.* Macarrão delgado e sem furo.

es.pai.re.cer *vt.* Distrair.

es.pal.dar *sm.* Costas altas de assento (cadeira, etc.).

es.pa.lha.fa.to *sm.* Barulho; ostentação; estardalhaço.

es.pa.lhar *vt.* Dispersar; divulgar; difundir.

es.pal.mar *vt.* Aplanar; dilatar; distender.

es.pa.na.dor *sm.* Utensílio para limpeza de pó, feito de penas ou tiras de pano, plástico, etc.

es.pa.nar *vt.* Sacudir o pó de.

es.pan.car *vt.* Agredir com pancadas; bater.

es.pan.ta.do *adj.* Admirado.

es.pan.ta.lho *sm.* Boneco para afugentar aves, nas plantações; judas.

es.pan.tar *vt.* Afugentar; *vp.* ficar admirado.

es.pan.to *sm.* Susto; pasmo.

es.pa.ra.dra.po *sm.* Fita ou faixa adesiva usada para conservar o curativo no lugar.

es.par.gir vt. Difundir; espalhar; borrifar.

es.par.ra.mar vt. Espalhar; dispersar.

es.par.re.la sf. Logro; cilada.

es.par.so adj. Disperso; espargido; esparramado.

es.par.ti.lho sm. Colete armado com barbatanas.

es.pas.mo sm. Contração convulsiva dos músculos.

es.pas.mó.di.co adj. Relativo a espasmo.

es.pa.ti.far vt. Espedaçar.

es.pá.tu.la sf. Espécie de faca larga e sem corte.

es.pa.ven.tar vt. Assustar.

es.pa.ven.to sm. Susto; temor.

es.pa.vo.ri.do adj. Aterrado.

es.pa.vo.rir vt. e p. Causar pavor; assustar.

es.pe.ci.al adj. Exclusivo; particular; excelente.

es.pe.ci.a.li.da.de sf. Trabalho ou profissão de cada um.

es.pe.ci.a.li.za.ção sf. Ato de especializar.

es.pe.ci.a.li.zar-se vp. Adotar uma especialidade.

es.pé.cie sf. Divisão de gênero; qualidade; natureza.

es.pe.ci.fi.car vt. Pormenorizar.

es.pe.cí.fi.co adj. Exclusivo; sm. remédio especial.

es.pé.ci.me sm. Exemplar representativo de uma espécie; amostra; modelo; exemplo.

es.pec.ta.dor sm. Indivíduo que assiste a um espetáculo ou que vê qualquer ato; testemunha.

es.pec.tro sm. Fantasma; aparição.

es.pe.cu.la.ção sf. Ação ou efeito de especular; investigação; sondagem; pesquisa, exploração.

es.pe.cu.lar vt. Observar; analisar atenta e minuciosamente; averiguar; pesquisar; prevalecer-se de certa posição ou circunstância para tirar partido ou proveito; int. meditar; refletir; explorar os negócios, visando apenas lucros; adj. relativo a espelho.

es.pe.da.çar vt. Despedaçar.

es.pe.lhar vt. Refletir como um espelho.

es.pe.lho sm. Vidro polido e estanhado que reflete a imagem de objetos.

es.pe.lun.ca sf. Caverna; lugar imundo.

es.pe.ra sf. Ato de esperar; cilada.

es.pe.ran.ça sf. Confiança.

es.pe.rar vt. Estar à espera de; vi. demorar-se.

es.per.di.çar vt. Desperdiçar.

es.per.dí.cio sm. Desperdício.

es.per.ma sm. Líquido fecundante produzido pelos órgãos genitais masculinos; sêmen.

es.per.ne.ar vi. Agitar com violência as pernas.

es.per.ta.lhão sm. Ladino; velhaco; malandro.

es.per.tar vt. Tornar esperto; despertar; animar; reanimar.

es.per.te.za sf. Astúcia; agudeza.

es.per.to adj. Vivo; ladino; entendido; sabido.

es.pes.sar vt. Engrossar.

es.pes.su.ra sf. Grossura.

es.pe.ta.cu.lar adj. Aparatoso.

es.pe.tá.cu.lo sm. Representação teatral; escândalo.

es.pe.tar vt. Furar com espeto.

es.pe.to sm. Vareta pontuda de ferro ou madeira com que se assa frango, carne, etc.

es.pe.vi.ta.do adj. Vivo; loquaz.

es.pe.vi.tar vt. Aparar a torcida do candeeiro; ativar, avivar.

es.pe.zi.nhar vt. Humilhar.

es.pi.a sm. Agente secreto; espião.

es.pi.ão sm. Agente secreto especialmente contratado para observar o que se passa e dar informações; espia.

es.pi.ar vt. Observar ocultamente; espionar; esperar; bras. observar; olhar.

es.pi.ca.çar vt. Ferir com o bico (as aves); picar com instrumento pontudo; furar; instigar; magoar.

es.pi.char vt. Estender.

es.pí.cu.lo sm. Ponta; ferrão.

es.pi.ga sf. Parte das gramíneas onde se formam os grãos; fig. maçada.

es.pi.ga.do adj. Crescido; alto.

es.pi.na.frar vt. Repreender asperamente.

es.pi.na.fre sm. Hortaliça comestível.

es.pin.gar.da sf. Arma de fogo de cano longo, portátil.

es.pi.nha sf. A coluna vertebral, ossos peixe; borbulha na pele, em especial no rosto.

es.pi.nho sm. A parte aguda de qualquer vegetal; fig. dificuldade.

es.pi.o.na.gem sf. Ato de espionar; serviço de espião.

es.pi.o.nar vt. Investigar como espião; espreitar às ocultas.

es.pi.ral sf. Curva cujos pontos, obedecendo a determinadas leis matemáticas, afastam-se contínua e uniformemente de um ponto fixo; adj. em forma de espiral ou caracol; espiralado.

es.pi.ri.tei.ra sf. Fogareiro a álcool.

es.pi.ri.tis.mo sm. Crença nas comunicações com as almas dos mortos.

es.pí.ri.to sm. Alma; entidade sobrenatural ou imaginária; engenho; graça, humor; ânimo, índole, idéia, pensamento.

es.pi.ri.tu.al adj. Místico.

es.pi.ri.tu.o.so adj. Que tem espírito ou graça; que (bebida) contém álcool.

es.pir.rar vt. Dar espirros.

es.pir.ro sm. Expiração súbita e estrepitosa.

es.pla.na.da sf. Terreno plano e descoberto; terraço.

es.plan.de.cer vi. Resplandecer.

es.plên.di.do adj. Suntuoso; grandioso; magnífico.

es.plen.dor *sm.* Grande brilho.

es.plim *sm.* Tédio de tudo; melancolia.

es.po.le.ta *sf.* Artefato que detona a carga de uma arma de fogo.

es.po.li.a.ção *sf.* Ato ou efeito de espoliar; esbulho; saque; roubo; fraude.

es.pó.lio *sm.* Conjunto de bens, posses, etc., deixados por alguém que morreu; o que foi espoliado de alguém; esbulho; desapropriação; roubo; saque.

es.po.li.ar *vt.* Privar alguém de bens ou direitos legítimos; esbulhar; despojar; roubar; desapropriar por violência ou por fraude.

es.pon.ja *sf.* Substância leve e porosa proveniente de certos animais marinhos ou de água doce; substância artificial análoga à da esponja; *pop.* beberrão.

es.pon.sais *sm. pl.* Promessa recíproca de casamento.

es.pon.tâ.neo *adj.* Feito voluntariamente.

es.po.ra *sf.* Peça pontiaguda para instigar a montaria.

es.po.re.ar *vt.* Excitar com as esporas; estimular.

es.por.te *sm.* Prática de exercícios físicos.

es.por.tis.ta *adj.* e *s.2g.* Cultor de esportes.

es.po.sa *sf.* A mulher em relação ao marido.

es.po.sar *vt.* Desposar; adotar.

es.po.so *sm.* Marido.

es.prai.ar *vt.* Lançar à praia; alastrar; derramar; estender.

es.pre.gui.çar *vp.* Estirar os braços, bocejando.

es.prei.tar *vt.* Vigiar; espiar.

es.pre.mer *vt.* Extrair o suco; apurar.

es.pu.ma *sf.* Escuma.

es.pu.ma.dei.ra *sf.* Utensílio de cozinha.

es.qua.dra *sf.* Divisão de uma companhia de infantaria; número total de navios de guerra que um país possui; grupamento de navios de guerra em missão de guerra.

es.qua.drão *sm.* Seção de regimento de cavalaria; grupamento de navios de guerra ou de aviões do mesmo tipo.

es.qua.drar *vt.* Pôr em esquadro.

es.qua.dri.a *sf.* Ângulo reto; corte ou construção feita em ângulo reto; conjunto de obras de marcenaria.

es.qua.dri.lha *sf.* Flotilha; grupamento de aeronaves.

es.qua.dri.nhar *vt.* Pesquisar.

es.qua.dro *sm.* Instrumento para tirar perpendiculares.

es.quá.li.do *adj.* Sujo, sórdido; macilento; lívido.

es.quar.te.jar *vt.* Dilacerar.

es.que.cer *vt.* e p. Olvidar; omitir; descuidar-se.

es.que.le.to *sm.* Armação óssea que forma o corpo dos animais vertebrados.

es.que.ma *sm.* Resumo.

es.quen.tar *vt.* Aquecer; irritar; enfurecer.

es.quer.da *sf.* Lado oposto ao direito; mão esquerda; canhota; *polít.* conjunto ou coalizão de grupos empenhados na defesa ou instituição de uma ordem social baseada em princípios de igualdade, ampla participação e reforma.

es.quer.do *adj.* Oposto ao direito; canhoto; desajeitado.

es.qui *sm.* Patim comprido para deslizar sobre neve ou água; esporte praticado com esquis.

es.qui.fe *sm.* Certo tipo de embarcação pequena; ataúde; caixão.

es.qui.mó *s.2g.* Habitante de terras árticas (em especial do Canadá setentrional, Alasca, Groenlândia e Sibéria oriental); *sm.* cada uma das línguas faladas pelos esquimós; *adj.* relativo aos esquimós ou às suas línguas.

es.qui.na *sf.* Cunha; canto exterior; canto onde duas vias públicas se encontram.

es.qui.si.ti.ce *sf.* Excentricidade.

es.qui.si.to *adj.* Extravagante; excelente; rabugento.

es.qui.var *vt.* Evitar com desprezo ou receio; *vp.* afastar-se por desprezo ou receio; escapar-se.

es.qui.vo *adj.* Arredio.

es.sa *pron. dem.* Feminino de esse; *sf.* catafalco.

es.se *pron. dem.* Designa pessoa próxima daquele com quem falamos.

es.sên.cia *sf.* Natureza das coisas; substância; idéia principal (de um artigo, ensaio, etc.); espírito; a existência; óleo aromático.

es.sen.ci.al *adj.2g.* Relativo a essência; importante; indispensável; *sm.* o ponto mais importante.

es.ta *pron. dem.* Feminino de este.

es.ta.ba.na.do *adj.* Estouvado.

es.ta.be.le.cer *vt.* Instituir; fundar; determinar.

es.ta.be.le.ci.men.to *sm.* Instituição; casa comercial.

es.ta.bi.li.da.de *sf.* Qualidade de estável; firmeza; consolidação; garantia de permanência no emprego.

es.ta.bi.li.zar *vt.* Tornar estável.

es.tá.bu.lo *sm.* Estrebaria.

es.ta.ca *sf.* Peça alongada de madeira, metal, concreto, etc., com uma das extremidades aguçadas, que se crava no chão e se presta a diversos fins.

es.ta.ção *sf.* Lugar onde param os trens; quadra do ano.

es.ta.car *vt.* Firmar com estacas; *vi.* quedar imóvel.

es.ta.ci.o.nar *vt.* Permanecer; *vi.* não progredir.

es.ta.da *sf.* Permanência; tempo no qual alguém se demora em algum lugar.

es.ta.di.a sf. Prazo de parada dos navios em um porto, para carga e descarga; permanência de avião no aeroporto ou hangar, de automóvel, ônibus, etc., em garagem ou estacionamento; estada permanência.

es.tá.dio sm. Campo para jogos esportivos; estágio; fase; etapa.

es.ta.dis.ta sm. Homem ou mulher de Estado; diplomata.

es.ta.do sm. Situação; conjunto de poderes políticos de um país; governo; divisão territorial.

es.ta.du.al adj. Aquilo que pertence ao Estado.

es.ta.fa sf. Cansaço; fadiga; esgotamento nervoso.

es.ta.far vt. Cansar; fatigar; importunar; enfastiar excessivamente.

es.ta.fer.mo sm. Basbaque; inútil; estorvo.

es.ta.fe.ta sm. Entregador de telegramas, cartas, etc.

es.tag.fla.ção sf. Palavra que designa a estagnação das atividades econômicas de um país e a consequente inflação dos preços.

es.tá.gio sm. Aprendizado de especialização; situação transitória, de preparação.

es.tag.nar vt. Fazer estancar (qualquer líquido); tornar inerte; paralisar; empoçar (a água); vp. não circular; não correr.

es.ta.la.gem sf. Hospedaria.

es.ta.lar vi. Provocar estalos; crepitar; fender-se; frigir (ovos).

es.ta.lei.ro sm. Lugar onde se constroem ou reparam navios.

es.ta.lo sm. Crepitação, pequeno estampido; som breve e seco de algo que se quebra de repente.

es.ta.me sm. bot. Órgão masculino da flor.

es.tam.pa sf. Imagem impressa, figura; desenho; fig. aparência; aspecto.

es.tam.par vt. Lavrar; gravar; modelar; marcar, assinalar.

es.tam.pi.do sm. Detonação.

es.tam.pi.lha sf. Selo do Tesouro para recibos, etc.

es.tam.pi.lhar vt. Afixar estampilha em documentos.

es.tan.car vt. Fazer cessar o corrimento de um líquido; vedar; pôr fim a; exaurir, esgotar.

es.tân.cia sf. Fazenda de criação; sítio; estação de água mineral; lugar onde se permanece por algum tempo; residência; mansão; conjunto de versos que, em geral, têm sentido completo; estrofe.

es.tan.ci.ar vi. Fazer estância; parar para descanso.

es.tan.dar.te sm. Bandeira militar; distintivo; insígnia.

es.tan.de sm. Área onde se expõem produtos ou artigos para vendas, nas feiras de exposição.

es.ta.nho sm. Metal branco-prateado, maleável e dúctil; símbolo: Sn.

es.tan.te sf. Armário com prateleiras.

es.ta.pa.fúr.dio adj. Esquisito; excentrico; singular.

es.tar v. pred. Ser; permanecer; existir; ficar ; permanecer; vestir; dedicar-se; envolver-se; comparecer; vt. circuns. achar-se; encontrar-sepresenciar; ter disposição; haver; existir; vt. consistir, resistir; basear-se; atingir certo preço; concordar; assentar; ajustar-se.

es.tar.da.lha.ço sm. Espalhafato.

es.tar.re.cer vt. Apavorar, assustar.

es.ta.tal adj.2g. Do Estado (país); sf. empresa pertencente ao Estado.

es.ta.te.la.do adj. Estendido no chão; imobilizado; parado; imóvel; espantado, admirado.

es.ta.te.lar vt. Deixar atônito, espantado; atirar ou estender no chão; vp. estender-se ao comprido no chão.

es.tá.ti.co adj. Em repouso; imóvel; firme.

es.ta.tís.ti.ca sf. Conjunto de elementos numéricos relativos a um fato social.

es.tá.tua sf. Peça de escultura representativa da figura humana, de animais, etc.

es.ta.tu.á.ria sf. Arte de modelar estátuas.

es.ta.tu.ir vt. Decretar; ordenar; regulamentar.

es.ta.tu.ra sf. Tamanho de um ser vivo; fig. altura; grandeza; altitude.

es.ta.tu.to sm. Regulamento de uma associação.

es.tá.vel adj. Sólido; firme.

es.te (é) sm. Oriente.

es.te pron. dem. Designa pessoa ou objeto mais próximo de quem fala.

es.tei.o sm. Peça para escorar; arrimo.

es.tei.ra sf. Tapete feito de junco; porção de água revolvida que as embarcações deixam atrás de si; fig. rastro, trilha.

es.tên.cil sm. Papel parafinado destinado a reproduzir desenhos e textos, usado em mimeógrafos.

es.ten.der vt. Esticar; vp. alastrar-se.

es.te.no.gra.fi.a sf. Arte de escrever por abreviaturas.

es.te.nó.gra.fo O que escreve por estenografia.

es.ten.tó.reo adj. Muito forte (voz).

es.te.pe sf. Nome genérico da vegetação onde predominam plantas de pequeno porte, em especial gramíneas, que se encontram em zonas frias e secas; pneu sobressalente.

es.ter.co sm. Estrume; sujeira.

es.té.reo adj. Forma reduzida de estereofônico.

es.te.re.o.fô.ni.co adj. Relativo à técnica de reproduzir sons que se caracteriza por causar no ouvinte a impressão de que som provém da fonte sonora que o originou (personagem de um filme, etc.).

es.te.re.o.ti.par vt. Imprimir pelo processo de estereotipia; reproduzir fielmente; tornar fixo, inalterável.

es.te.re.o.ti.pi.a sf. Processo de conversão de uma composição tipográfica numa chapa metálica inteiriça.

es.te.re.ó.ti.po sm. Clichê estereotípico; chavão; lugar-comum; clichê.

es.té.ril adj. Improdutivo; infértil; infecundo; árido; inútil; vão.

es.te.ri.li.za.ção sf. Ato ou efeito de esterilizar.

es.te.ri.li.zar vt. Tornar estéril; livrar de micróbios; desinfetar.

es.ter.li.no adj. Relativo à libra (moeda inglesa); sm. a libra esterlina.

es.ter.no sm. Osso anterior do tórax e que se articula com as costelas.

es.ter.tor sm. Respiração rouca de moribundos.

es.té.ti.co adj. Belo; harmonioso nas formas.

es.ti.a.gem sf. Escassez de águas em rios e fontes.

es.ti.ar vi. Cessar a chuva.

es.ti.bor.do sm. Lado direito do navio.

es.ti.car vt. Retesar; puxar.

es.tig.ma sm. Cicatriz que deixa uma ferida; marca; sinal; nota infamante; mancha na reputação; ferrete; biol. parte receptora dos grãos de pólen.

es.ti.le.te sm. Punhal de lâmina muito fina.

es.ti.lha.çar vt. Despedaçar.

es.ti.lha.ço sm. Lasca; fragmento; pedaço.

es.ti.lis.ta sm. Escritor notável pelo estilo; pessoa que desenha ou cria modelos ao gosto da moda.

es.ti.li.zar vt. Dar estilo a; redesenhar, modificando ou suprimindo determinadas linhas do desenho original.

es.ti.lo sm. Maneira de dizer, escrever, pintar, etc.

es.ti.ma sf. Apreço; amizade.

es.ti.mar vt. Ter estima a; avaliar o preço de.

es.ti.ma.ti.va sf. Avaliação.

es.ti.mu.lan.te adj. Excitante; sm. estímulo.

es.ti.mu.lar vt. Incitar; ativar; incentivar.

es.tí.mu.lo sm. Incentivo.

es.ti.o sm. Verão.

es.ti.o.lar vt. e i. Desfalecer.

es.ti.pen.di.ar vt. Assalariar.

es.ti.pên.dio sm. Salário; soldo.

es.ti.pu.lar vt. Convencionar; estabelecer condições.

es.ti.rão sm. Longo caminho.

es.ti.rar vt. Alongar; vp. deitar-se ao comprido.

es.tir.pe sf. Raiz; linhagem.

es.ti.va sf. Serviço de carga e descarga de navios.

es.ti.va.dor sm. Carregador do cais.

es.to.ca.da sf. Golpe com a ponta da espada.

es.to.car vt. Formar estoque de; golpear com estoque.

es.to.far vt. Guarnecer de estofo; encher.

es.to.fo sm. Material de enchimento para sofás, etc.; bras. energia, fibra, firmeza.

es.toi.cis.mo sm. Rigidez de princípios.

es.tói.co adj. Austero; rígido.

es.to.jo sm. Caixa onde se guardam objetos ou jóias.

es.to.ma.cal adj.2g. Relativo a estômago, bom para o estômago.

es.tô.ma.go sm. Órgão músculo-membranoso para quimificação de alimentos, que se situa entre o esôfago e o duodeno.

es.ton.te.ar vt. Perturbar.

es.to.pa sf. A parte mais grosseira do linho.

es.to.pa.da sf. Quantidade de estopa; fig. maçada.

es.to.que sm. Depósito de mercadorias; quantidade de mercadorias armazenadas em depósito, loja, etc.; espada longa e pontiaguda.

es.tor.cer vi. e i. Torcer com força.

es.tor.nar vt. Lançar em crédito (o que se lançava em débito) e vice-versa.

es.tor.no sm. Retificação de erro cometido pelo lançamento indevido de uma parcela em crédito ou débito e assentamento de quantia igual na conta oposta.

es.tor.ri.car vt. Torrar a ponto de queimar.

es.tor.var vt. Embaraçar.

es.tor.vo sm. Embaraço.

es.tou.rar vt. Estalar; vi. explodir; fig. zangar-se.

es.tou.va.do adj. Adoidado; imprudente.

es.trá.bi.co adj. e sm. Vesgo.

es.tra.ça.lhar vt. Dilacerar.

es.tra.da sf. Caminho público.

es.tra.do sm. A parte da cama onde é posto o colchão.

es.tra.gar vt. Destruir; desperdiçar; perverter.

es.tra.go sm. Deterioração; dano; avaria.

es.tran.gei.ro sm. e adj. Quem, ou o que procede de outra nação.

es.tran.gu.lar vt. Esganar; enforcar; sufocar.

es.tra.nhe.za sf. Admiração.

es.tra.nho adj. Esquisito; misterioso; alheio.

es.tra.ta.ge.ma sm. Ardil de guerra; astúcia.

es.tra.té.gia sf. Arte militar no traçado dos grandes planos de guerra.

es.tra.to sm. Disposição de nuvens em camadas.

es.tra.tos.fe.ra sf. A região mais alta da atmosfera.

es.tre.ar vt. Inaugurar, iniciar.

es.tre.ba.ri.a sf. Cavalariça.

es.tre.bu.char vi. Mover convulsivamente as pernas e os braços; debater-se.

es.tréi.a sf. Inauguração.

es.trei.tar vt. Tornar estreito; apertar.

es.trei.to *adj.* Apertado; *sm.* canal que liga dois mares.

es.tre.la *sf.* Astro que tem luz própria; destino; atriz.

es.tre.la.do *adj.* Coberto, cheio de estrelas; enfeitado; ornado

es.tre.lar *vt.* Ornar de estrela; frigir (ovos); atuar (em filmes, etc.).

es.tre.ma.do *adj.* Demarcado.

es.tre.me.ção *sm.* Abalo súbito.

es.tre.me.cer *vt.* e *i.* Fazer tremer; abalar.

es.tré.pi.to *sm.* Estrondo; pompa.

es.tre.po.li.a *sf.* Peraltagem; desordem; conflito.

es.tres.sa.do *adj.* Com estresse; cansado, esgotado; debilitado; irritado; estafado.

es.tres.se *sm.* Conjunto de reações do organismo a agressões de ordem física, psíquica, infecciosa e outras que são capazes de perturbar-lhe o equilíbrio; esgotamento nervoso; estafa.

es.tri.a *sf.* Traço; aresta; sulco; *pop.* bruxa.

es.tri.ar *vt.* Fazer estrias em.

es.tri.bar *vt.* e *i.* Firmar o pé no estribo.

es.tri.bi.lho *sm.* Verso repetido no fim de cada estrofe; refrão.

es.tri.bo *sm.* Peça que pende de cada lado da sela.

es.tri.den.te *adj.* Penetrante; sibilante.

es.tri.dor *sm.* Silvo; estrondo.

es.tri.du.lo *adj.* Vibrante; estridente; sibilante.

es.tri.lar *vi.* Zangar-se.

es.trin.gir *vt.* Apertar.

es.tri.to *adj.* Exato; rigoroso.

es.tro *sm.* Inspiração.

es.tro.fe *sf.* Grupo de versos.

es.trói.na *adj.* e *s.2g.* Extravagante; boêmio.

es.tron.car. *vt.* e *i.* Separar do tronco; destroncar.

es.tron.de.ar *vi.* Fazer estrondo; retumbar.

es.tron.do *sm.* Estampido; barulho; ostentação.

es.tro.pi.a.do *adj.* Mutilado.

es.tro.pi.ar *vt.* Mutilar; aleijar.

es.tru.gir *vt.* Estrondear; atroar.

es.tru.mar *vt.* Adubar; estercar.

es.tru.me *sm.* Substância para fertilizar a terra; adubo.

es.tru.tu.ra *sf.* Disposição e ordem das partes de um todo; composição; armação; esqueleto; arcabouço.

es.tu.ar *vi.* Ferver; aquecer muito; agitar-se (o mar); vibrar, pulsar.

es.tu.á.rio *sm.* Bacia de rio perto do mar; foz.

es.tu.dan.te *s.2g.* Pessoa que estuda; aluno.

es.tu.dar *vt.* Aplicar a inteligência para aprender; aplicar-se à análise ou compreensão de; procurar fixar na memória; examinar atentamente; cursar determinada matéria; exercitar-se em.

es.tu.fa *sf.* Recinto fechado.

es.tu.far *vt.* Colocar em estufa.

es.tul.to *adj.* Tolo; néscio.

es.tu.pe.fa.ção *sf.* Entorpecimento; assombro; pasmo.

es.tu.pe.fa.to *adj.* Entorpecido; pasmado; atônito.

es.tu.pen.do *adj.* Maravilhoso.

es.tú.pi.do *adj.* Grosseiro; bruto; brutamontes.

es.tu.por *sm.* Entorpecimento da inteligência.

es.tu.que *sm.* Massa preparada com gesso, areia, etc.

es.tur.jão *sm.* Gênero de peixes de cuja ova se faz o caviar.

es.va.e.cer *vt.* Desvanecer, apagar; desfazer; dissipar; perder o ânimo; enfraquecer; enfatuar; tornar vaidoso.

es.va.ir *vt.* e *p.* Evaporar; dissipar; desfalecer.

es.va.zi.ar *vt.* Tornar vazio; evacuar, desocupar; despejar, esvaziar.

es.ver.de.ar *vt.* Tornar quase verde.

es.vo.a.çar *vi.* Voejar; flutuar ao vento.

e.ta.pa *sf.* Parada de tropas em marcha; parada; fase, estágio em que uma obra, campanha, empreendimento, etc., pode ser dividido.

etc. *abrev.* (do latim "et coetera", que significa: "e as demais coisas") utilizada para evitar uma longa enumeração.

é.ter *sm.* Líquido incolor, volátil e inflamável, usado como solvente e anestésico; os espaços celestes.

e.té.reo *adj.* Relativo ao éter; celeste; puro, delicado; *poét.* muito alvo.

e.ter.ni.da.de *sf.* Vida eterna; imortalidade.

e.ter.ni.zar *vt.* Tornar eterno; *vp.* adquirir glória.

e.ter.no *adj.* Que dura para sempre; imortal.

é.ti.ca *sf.* Ciência da moral.

é.ti.co *adj.* Pertinente à moral.

e.tí.li.co *adj.* Qualificativo de álcool.

e.ti.que.ta *sf.* Cerimonial; regra; rótulo; marca (em mercadoria).

et.ni.a *sf.* Grupo humano biológica e culturalmente homogêneo; raça.

ét.ni.co *adj.* Relativo a raça ou povo; *sm.* idólatra, pagão.

eu *pron. pes.* Da primeira pessoa.

eu.fe.mi.a *sf.* Prece; oração.

eu.fe.mis.mo *sm.* Ato de substituir uma palavra ou expressão por outra que a suavize ou a torne mais polida, mais agradável.

eu.fo.ni.a *sf.* Som agradável.

eu.fô.ni.co *adj.* Que soa bem; melodioso; suave.

eu.fo.ri.a *sf.* Sensação de bem-estar, de agradabilidade.

eu.ta.ná.sia *sf.* Morte calma, sem sofrimento; prática, contrária à lei, pela qual se provoca a morte (de maneira indolor) de um paciente incurável para poupar-lhe sofrimento.

e.va.cu.ar vt. Desocupar; vi. defecar.

e.va.dir vt. e p. Evitar; escapar; fugir da prisão.

e.van.ge.lho sm. Doutrina de Cristo; cada um dos quatro livros do Novo Testamento.

e.van.gé.li.co adj. Do evangelho; pertencente ou relativo ao protestantismo; caritativo.

e.van.ge.li.zar vt. Pregar o evangelho.

e.va.po.rar vt. Converter em vapor; vi. desaparecer.

e.va.são sf. Fuga.

e.va.si.va sf. Pretexto, desculpa; escapatória; subterfúgio.

e.va.si.vo adj. Arguicioso; que serve de subterfúgio.

e.ven.to sm. Acontecimento; acaso; eventualidade.

e.ven.tu.al adj. Casual; fortuito.

e.ver.ter vt. Destruir.

e.vi.dên.cia sf. Certeza manifesta; demonstração.

e.vi.den.te adj. Claro; manifesto; incontestável.

e.vi.tar vt. Desviar-se de; impedir.

e.vi.tá.vel adj. Que pode ser evitado.

e.vo.car vt. Fazer aparecer, chamando por meio de esconjuros, invocações (espíritos, demônios, etc); chamar de algum lugar; trazer à imaginação.

e.vo.lar-se vp. Elevar-se voando; desaparecer; dissipar-se; evaporar-se; emanar;

e.vo.lu.ção sf. Desenvolvimento gradual de um acontecimento, doença, etc.

e.vo.lu.ir vi. Passar por uma série de transformações ou evoluções sucessivas.

e.vol.ver vi. Desenvolver gradualmente.

e.vul.são sf. Ato de extrair ou arrancar com violência.

e.xa.ção sf. Cobrança rigorosa de dívida ou de impostos; pontualidade; correção; exatidão, precisão.

e.xa.cer.bar vt. Tornar mais acerbo, mais intenso, mais violento; agravar; irritar; exasperar.

e.xa.ge.rar vt. Apresentar ou dar proporções maiores que as reais; aparentar mais que sente; aumentar; encarecer.

e.xa.lar vt. e i. Emitir, lançar de si; soltar, expandir.

e.xal.ta.ção sf. Elevação; glorificação.

e.xal.tar vt. Elevar, erguer, levantar;tornar sublime; engrandecer; louvar, elogiar; excitar, estimular; exasperar, irritar; vp. vangloriar-se.

e.xa.me sm. Análise minuciosa; investigação; prova; vistoria, inspeção, revista.

e.xa.mi.nar vt. Fazer exame; observar; investigar.

e.xan.gue adj. Sem sangue.

e.xâ.ni.me adj. Desalentado.

e.xa.rar vt. Consignar por escrito; lavrar.

e.xas.pe.rar vt. Agravar; exacerbar; irritar.

e.xa.ti.dão sf. Rigor; correção.

e.xa.to adj. Correto; certo; fiel.

e.xau.rir vt. Tirar até a última gota; esgotar; secar; gastar completamente; esgotar.

e.xaus.ti.vo adj. Fatigante.

e.xaus.to adj. Extenuado.

ex.ce.ção sf. Restrição de regra; prerrogativa.

ex.ce.den.te adj. e sm. Que, ou o que excede.

ex.ce.der vt. Ir além de; superar; ultrapassar.

ex.ce.lên.cia sf. Grau de perfeição; título honorífico.

ex.ce.len.te adj. Muito bom; perfeito; ótimo; magnífico; esplêndido.

ex.cel.so adj. Excelente; alto; sublime; magnificente.

ex.cên.tri.co adj. Fora do centro; extravagante.

ex.cep.ci.o.nal adj. Em que há exceção; excelente; extraordinário; incomum; adj. e s.2g. pessoa deficiente (física, mental ou sensorial).

ex.cer.to sm. Fragmento; trecho; extrato.

ex.ces.si.vo adj. Exagerado.

ex.ces.so sm. Sobejo; desregramento; violência.

ex.ce.to prep. Afora; salvo.

ex.ce.tu.ar vt. Excluir da regra geral; isentar.

ex.ci.são sf. Amputação.

ex.ci.ta.ção sf. Grande agitação; exaltação.

ex.ci.tar vt. Provocar; estimular; vp. animar-se.

ex.cla.ma.ção sf. Grito de alegria, surpresa, etc.

ex.cla.mar vt. Proferir em voz alta; bradar.

ex.clu.ir vt. Excetuar; omitir.

ex.clu.são sf. Ato de excluir; exceção; omissão.

ex.clu.si.ve adv. De modo exclusivo, privativo.

ex.clu.si.vo adj. Que exclui; privativo.

ex.co.gi.tar vt. Esquadrinhar; vi. meditar; acreditar.

ex.co.mun.gar vt. Expulsar da Igreja Católica qualquer um dos seus membros; amaldiçoar, esconjurar.

ex.co.mu.nhão sf. Pena eclesiástica que exclui o fiel do gozo dos bens espirituais.

ex.cres.cên.cia sf. Superfluidade.

ex.cre.tar vt. Evacuar; segregar.

ex.cru.ci.an.te adj. Pungente.

ex.cur.são sf. Breve jornada; passeio nos arredores.

e.xe.crar vt. Abominar; detestar; amaldiçoar.

e.xe.crá.vel adj. Abominável.

e.xe.cu.ção sf. Cumprimento de sentença judicial.

e.xe.cu.tar vt. Pôr em execução; realizar; tocar; cantar.

e.xem.plar adj. Modelar; sm. cópia; espécie.

e.xem.pli.fi.car *vt.* Esclarecer com exemplo.

e.xem.plo *sm.* O que pode servir de modelo.

e.xé.quias *sf. pl.* Honras, cerimônias fúnebres.

e.xe.qüí.vel *adj.* Realizável.

e.xer.cer *vt.* Desempenhar.

e.xer.cí.cio *sm.* Prática; manobra militar; passatempo.

e.xer.ci.tar *vt.* Pôr em exercício; exercer; praticar.

e.xér.ci.to *sm.* As forças militares de uma nação.

e.xi.bi.ção *sf.* Ato de exibir.

e.xi.bir *vt.* Expor em público; mostrar; patentear.

e.xi.gên.cia *sf.* Necessidade urgente; pedido imperioso.

e.xi.gen.te *adj.* Difícil de contentar; que pede com insistência; impertinente.

e.xi.gir *vt.* Impor; ordenar; reclamar.

e.xí.guo *adj.* Escasso, diminuto.

e.xi.la.do *adj.* e *sm.* Degredado.

e.xi.lar *vt.* Expulsar da pátria, desterrar; expatriar.

e.xí.lio *sm.* Desterro.

e.xí.mio *adj.* Excelente, notável; ótimo; insigne.

e.xi.mir *vt.* Isentar; *vp.* escapar; esquivar; escusar.

e.xis.tên.cia *sf.* Estado do que existe; vida; duração.

e.xis.tir *vi.* Ter existência; viver; ser; subsistir.

ê.xi.to *sm.* Desfecho feliz.

ê.xo.do *sm.* Emigração.

e.xo.ne.rar *vt.* Dispensar; demitir; eximir; isentar.

e.xo.rar *vt.* Suplicar com instância; pedir; solicitar.

e.xor.bi.tân.cia *sf.* Qualidade de exorbitante; exagero; preço excessivo.

e.xor.bi.tan.te *adj.* Que sai da órbita; que ultrapassa os limites do justo ou razoável; excessivo; abusivo.

e.xor.cis.mar *vt.* Esconjurar.

e.xór.dio *sm.* Preâmbulo.

e.xor.ta.ção *sf.* Advertência; encorajamento.

e.xor.tar *vt.* Animar; incitar; advertir.

e.xó.ti.co *adj.* Extravagante.

ex.pan.dir *vt.* Alargar; dilatar, ampliar; *vp.* desabafar-se.

ex.pan.são *sf.* Ato de expandir(-se).

ex.pan.si.vo *adj.* Capaz de expansão; comunicativo; alegre; entusiasta.

ex.pa.tri.ar *vt.* Expulsar da pátria; deportar; exilar.

ex.pec.ta.ti.va *sf.* Esperança baseada em direitos, promessas ou probabilidades.

ex.pec.to.rar *vt.* Expelir catarro.

ex.pe.di.ção *sf.* Ato de expedir; despacho, remessa; diligência, desembaraço; campanha militar; excursão científica.

ex.pe.di.en.te *adj.* Que expede, que promove a execução de algo; *sm.* horário de trabalho de casas comerciais, fábricas, etc.; meios para eliminar entraves, problemas, etc.

ex.pe.dir *vt.* Enviar a seu destino; despachar.

ex.pe.lir *vt.* Lançar fora com violência; expulsar.

ex.pen.der *vt.* Explicar; gastar.

ex.pen.sas el. da *loc. prep. às expensas de:* à custas de.

ex.pe.ri.ên.cia *sf.* Ensaio; prova; prática.

ex.pe.ri.men.tar *vt.* Pôr à prova; tentar; sofrer.

ex.per.to *adj.* e *sm.* Perito; conhecedor; sabedor; especialista; hábil; entendedor do assunto.

ex.pi.a.ção *sf.* Ato de expiar; penitência; castigo.

ex.pi.ar *vt.* Remir (a culpa) cumprindo pena.

ex.pi.rar *vt.* Expelir ar dos pulmões; *vi.* morrer.

ex.pla.nar *vt.* Explicar.

ex.pli.ca.ção *sf.* Esclarecimento.

ex.pli.car *vt.* Tornar inteligível; interpretar; justificar; dar explicação a; expressar; significar; expor; dar a conhecer o motivo de; *vi.* dar explicação ou satisfação.

ex.plí.ci.to *adj.* Claro, desenvolvido; preciso.

ex.plo.dir *vi.* Estourar; vociferar; ralhar.

ex.plo.ra.ção *sf.* Investigação; pesquisa; extorsão.

ex.plo.rar *vt.* Ir à descoberta de; pesquisar.

ex.plo.são *sf.* Estouro; detonação; grito; clamor.

ex.plo.si.vo *adj.* e *sm.* Que, ou o que explode.

ex.por *vt.* Pôr à vista; explicar; *vp.* arriscar-se.

ex.por.ta.ção *sf.* Ação de exportar.

ex.por.tar *vt.* Mandar para outro país (gêneros, etc.).

ex.po.si.ção *sf.* Exibição pública; explicação.

ex.po.si.tor *sm.* O que faz exposição.

ex.pos.to *adj.* Posto à vista; *sm.* enjeitado.

ex.pres.são *sf.* Ato de exprimir, dizer.

ex.pres.sar *vt.* Dar a conhecer seus pensamentos.

ex.pres.si.vo *adj.* Significativo.

ex.pres.so *adj.* Claro; terminante; categórico; decisivo; *sm.* trem, ônibus ou qualquer meio de transporte coletivo que cumpre seu trajeto quase sem fazer paradas.

ex.pri.mir *vt.* Expressar; manifestar; enunciar.

ex.pro.bar ou **ex.pro.brar** *vt.* Lançar em rosto; vituperar.

ex.pro.pri.ar *vt.* Privar de posse.

ex.pug.nar *vt.* Levar de assalto.

ex.pul.sar *vt.* Repelir; excluir.

ex.pur.gar *vt.* Limpar; purgar.

ex.su.da.ção *sf.* Transpiração.

êx.ta.se *sm.* Arrebatamento dos sentidos; transe.

ex.ta.si.ar *vt.* Causar êxtase; arrebatar.

ex.tá.ti.co *adj.* Elevado em êxtase, em transe.

ex.tem.po.râ.neo *adj.* Inoportuno.

ex.ten.são *sf.* Dimensão; dilatação; largueza.

ex.ten.si.vo *adj.* Que pode estender-se.

ex.ten.so *adj.* Vasto; amplo.

ex.te.nu.ar *vt.* Prostrar; exaurir.

ex.te.ri.or *adj.* Superficial; *sm.* as nações estrangeiras.

ex.te.ri.o.ri.zar *vt.* Manifestar.

ex.ter.mi.nar *vt.* Destruir; aniquilar; eliminar.

ex.ter.mí.nio *sf.* Ato de exterminar, aniquilar; eliminação.

ex.ter.nar *vt.* Exteriorizar.

ex.ter.na.to *sm.* Colégio para alunos externos.

ex.ter.no *adj.* Exterior; *sm.* aluno de um externato.

ex.tin.guir *vt.* Apagar (lume); abolir; suprimir.

ex.tin.to *adj.* Apagado; *sm.* indivíduo que faleceu.

ex.tin.tor *adj.* Que extingue; *sm.* aparelho para extinguir incêndios, e que é colocado, em geral, em pontos estratégicos de casas, edifícios, em automóveis, etc.

ex.tir.par *vt.* Arrancar pela raiz; extrair.

ex.tor.quir *vt.* Obter algo de alguém mediante violência, ameaças ou por meios ardilosos; cobrar impostos excessivos; forçar a contribuições; exigir propina.

ex.tor.si.vo *adj.* Que faz extorsão, exploração.

ex.tra *adj.* Forma reduzida de extraordinário (especialmente usada na imprensa); adicional; suplementar.

ex.tra.ção *sf.* Ação de extrair; sorteio de loteria.

ex.tra.ir *vt.* Arrancar.

ex.tra.or.di.ná.rio *adj.* Que não é comum; anormal.

ex.tra.to *sm.* Coisa extraída de outra; resumo de matérias; compilação de trechos de uma obra; fragmento; excerto; essência aromática, perfume, produto extraído de substâncias animais ou vegetais; reprodução; cópia.

ex.tra.va.gân.cia *sf.* Esquisitice.

ex.tra.va.gan.te *adj.* Que anda fora do lugar; estranho; esquisito.

ex.tra.va.sar *vt.* e *p.* Derramar-se; fazer transbordar.

ex.tra.vi.ar *vt.* e *p.* Perder-se no caminho; perverter.

ex.tre.ma.do *adj.* Insígne; distinto; excepcional; excelente.

ex.tre.mar *vt.* Assinalar; exaltar; tornar extremo; *vp.* distinguir-se.

ex.tre.ma-un.ção *sf.* Unção dos enfermos ou moribundos (um dos sacramentos da Igreja).

ex.tre.mi.da.de *sf.* Fim; limite.

ex.tre.mo *adj.* Final; oposto; *sm.* extremidade.

ex.tre.mo.so *adj.* Muito carinhoso; meigo; afetuoso.

ex.trín.se.co *adj.* Que não pertence à essência de uma coisa; exterior; externo.

e.xu.be.rân.cia *sf.* Grande abundância; vigor.

e.xu.be.ran.te *adj.* Superabundante; vigoroso.

e.xul.tar *vi.* Regozijar-se.

e.xu.mar *vt.* Tirar da sepultura; desenterrar; tirar do esquecimento.

ex-vo.to *sm.* Quadro, imagem de cera, etc., que se expõe em igreja ou lugar venerado, em cumprimento de promessa ou em agradecimento por graça alcançada.

f *sm.* Sexta letra do alfabeto.

fá *sm.* Quarta nota musical, subseqüente ao mi.

fã *s.2g.* Pessoa que tem grande admiração por um ator, um cantor, etc.; *p. ext.* pessoa que tem grande admiração por outrem.

fá.bri.ca *sf.* Estabelecimento onde se fabrica alguma coisa; ato ou efeito de fabricar.

fa.bri.can.te *s.2g.* O que fabrica; autor; inventor.

fa.bri.car *vt.* Construir; inventar; imaginar.

fa.bri.co *sm.* Arte de fabricar; produto de uma fábrica; fabricação.

fá.bu.la *sf.* Narrativa alegórica.

fa.bu.lar *vt. e i.* Inventar.

fa.bu.lá.rio *sm.* Coleção de fábulas.

fa.bu.lo.so *adj.* Fictício; imaginário; incrível.

fa.ca *sf.* Instrumento cortante.

fa.ca.da *sf.* Ferimento com faca; surpresa dolorosa; *pop.* pedido de dinheiro.

fa.ça.nha *sf.* Proeza.

fa.cão *sm.* Faca de grande porte.

fac.ção *sf.* Partido político; bando.

fac.ci.o.ná.rio *sm.* Membro de facção; *adj.* parcial.

fa.ce *sf.* Rosto; cara; semblante; aspecto; frente.

fa.cé.cia *sf.* Dito espirituoso.

fa.cei.ri.ce *sf.* Modos de faceiro; garridice; elegância; janotice.

fa.cei.ro *adj.* Vaidoso; janota; que é dado a ostentar elegância; *bras.* alegre, satisfeito.

fa.ce.ta *sf.* Pequena face; aspecto, prisma.

fa.ce.tar *vt.* Lapidar, polir; aprimorar.

fa.cha.da *sf.* Lado do edifício voltado para a rua.

fa.cho *sm.* Archote.

fa.ci.al *adj.* Concernente à face.

fá.cil *adj.* Que se faz sem custo; acessível; vulgar.

fa.ci.li.da.de *sf.* Qualidade do que é fácil; ausência de dificuldades; aptidão; destreza.

fa.ci.li.tar *vt.* Tornar fácil.

fa.cí.no.ra *sm.* Malvado; homem perverso, criminoso.

fã-clu.be *sm.* Associação de admiradores de artista que promove intercâmbio de correspondências, pôsteres, discos, etc. e divulga *shows* e espetáculos.

fac-sí.mi.le *sm.* Reprodução fotomecânica de escrito, impresso, etc.; fax; reprodução de pintura, gravura.

fac.tí.vel *adj.* Possível; exeqüível.

fac.tó.tum *sm.* Indivíduo encarregado de todos os negócios de outrem; pessoa que faz qualquer tipo de serviço; faz-tudo.

fac.tu.al *adj.* Real, verdadeiro.

fa.cul.da.de *sf.* Capacidade; talento; escola superior.

fa.cul.tar *vt.* Conceder.

fa.cul.ta.ti.vo *adj.* Que não é obrigatório; *sm.* doutor em medicina.

fa.cún.dia *sf.* Eloqüência.

fa.da *sf.* Ente imaginário; mulher muito linda.

fa.da.do *adj.* Predestinado.

fa.dar *vt.* Vaticinar.

fa.dá.rio *sm.* Fado; destino.

fa.di.ga *sf.* Cansaço; lida.

fa.di.go.so *adj.* Que causa fadiga; cansativo.

fa.dis.ta *sm.* O que canta fados; desordeiro.

fa.do *sm.* Destino; música popular portuguesa.

fa.guei.ro *adj.* Carinhoso.

fa.gu.lha *sf.* Centelha.

fai.an.ça *sf.* Louça de barro vidrado ou esmaltado.

fai.na *sf.* Atividade num navio; trabalho, lida.

fa.ís.ca *sf.* Centelha.

fa.is.can.te *adj.* Que faísca.

fa.is.car *vt. e i.* Lançar faíscas.

fai.xa *sf.* Banda; cinta.

fa.ju.to *adj.* De péssima qualidade; falso; adulterado; de mau gosto; ridículo.

fa.la *sf.* Dom da palavra; alocução; estilo.

fa.lá.cia *sf.* Qualidade do que é falaz; engano; logro.

fa.la.do *adj.* Famoso; notável.

fa.la.dor *adj. e sm.* Palrador; loquaz; indiscreto.

fa.lan.ge *sf.* Cada um dos ossos que formam os dedos; unidade de infantaria.

fa.lar *vt.* Articular palavras; dizer; discutir.

fa.la.tó.rio *sm.* Ruído de muitas vozes; boato.

fa.laz *adj.* Enganador.

fal.cão *sm.* Ave de rapina.

fal.ca.tru.a *sf.* Engano.

fal.da *sf.* Sopé; fralda; aba.

fa.le.cer *vi.* Morrer, expirar; falhar; escassear.

fa.le.ci.do *adj.* Morto; *sm.* o indivíduo que morreu.

fa.lên.cia *sf.* Ação ou efeito de falir; bancarrota.

fa.lha *sf.* Falta; defeito; defeito físico ou moral; fenda, lasca, racha.

fa.lhar *vt.* Rachar, fender, lascar; errar; deixar de fazer; faltar; não ocorrer; *vi.* malograr-se; deixar de ocorrer.

fa.li.do *adj.* Que faliu.

fa.lir *vi.* Não ter como pagar os credores; ser malsucedido; malograr-se, fracassar; minguar; desfalecer.

fa.lí.vel *adj.* Sujeito a erro.

fal.sar *vt.* e *i.* Falsificar; mentir; falsear.

fal.sá.rio *sm.* Falsificador.

fal.se.ar *vt.* Enganar; adulterar; *vi.* desafinar.

fal.se.te *sm.* Voz com que se procura imitar a de soprano; aquele que canta em falsete; voz esganiçada.

fal.si.da.de *sf.* Deslealdade; calúnia; hipocrisia.

fal.si.fi.ca.car *vt.* Alterar ou imitar fraudulentamente; dar aparência enganadora a; dar como verdadeiro algo que não é; reproduzir, imitando; contrafazer.

fal.so *adj.* Fingido; inexato; adulterado; hipócrita.

fal.ta *sf.* Ação de faltar; carência; omissão; culpa.

fal.tar *vi.* Deixar de haver, de cumprir; etc.

fal.to *adj.* Carecido; desprovido; desprevenido.

fa.ma *sf.* Celebridade; renome.

fa.mé.li.co *adj.* Faminto.

fa.mi.ge.ra.do *adj.* Afamado.

fa.mí.lia *sf.* Pessoas do mesmo sangue; descendência; pessoas da mesma profissão.

fa.mi.li.ar *adj.* Doméstico; íntimo; *sm.* pessoa de família.

fa.mi.li.a.ri.da.de *sf.* Convivência em família.

fa.mi.li.a.ri.zar *vt.* Tornar familiar; *vp.* acostumar-se.

fa.min.to *adj.* Que tem muita fome; esfomeado.

fa.mo.so *adj.* Notável; excelente; importante.

fa.nar *vt.* Murchar.

fa.ná.ti.co *adj.* e *sm.* Que tem zelo religioso excessivo; partidário faccioso.

fa.na.tis.mo *sm.* Desvairamento religioso; paixão.

fa.na.ti.zar *vt.* Tornar fanático; inspirar fanatismo.

fan.ca.ri.a *sf.* Obra grosseira e malfeita.

fan.dan.go *sm.* Baile ruidoso na roça; folia.

fan.far.ra *sf.* Banda de música.

fan.far.rão *adj.* e *sm.* Blasonador; impostor.

fan.far.re.ar *vi.* Blasonar valentia; bravatear.

fan.far.ri.ce *sf.* Jactância; fanfarronada.

fan.far.ro.na.da *sf.* Qualidade, dito ou ação de fanfarrão; fanfarrice; bravata.

fan.far.ro.nar *vi.* Fanfarrear.

fa.nho.so *adj.* Que fala pelo nariz; roufenho.

fa.ni.co *sm.* Migalha; desmaio; pequenos lucros.

fa.ni.qui.to *sm.* Pequeno ataque nervoso; desmaio; chilique.

fan.ta.si.a *sf.* Faculdade de imaginar; capricho; roupagem carnavalesca.

fan.ta.si.ar *vt.* Imaginar; *vp.* vestir fantasia.

fan.tas.ma *sm.* Espectro.

fan.tás.ti.co *adj.* Imaginário; quimérico; inventado.

fan.to.che *sm.* Boneco, títere; bonifrate; *fig.* pessoa que obedece cegamente à vontade de outrem.

fa.quei.ro *sm.* Estojo para guardar facas e, em geral, talheres.

fa.quir *sm.* Asceta mendicante do Oriente.

fa.ra.ó *sm.* Título dos soberanos do antigo Egito.

fa.ra.ô.ni.co *adj.* Relativo aos faraós ou ao seu tempo; luxuoso; suntuoso; monumental; colossal.

far.da *sf.* Traje militar; uniforme; libré.

far.da.men.to *sm.* Farda; conjunto de fardas.

far.do *sm.* Embrulho grande; pacote; carga.

fa.re.jar *vt.* Descobrir, aspirar o cheiro de; *vi.* tomar o faro.

fa.re.lo *sm.* O que fica na peneira quando nela se passa a farinha.

far.fa.lha.da *sf.* Rumor de folhagem sob a ação do vento.

far.fa.lhar *vt.* Fazer farfalhada; falar sem tino, parolar.

fa.ri.nha *sf.* Pó resultante da trituração de grãos, sementes e raízes.

fa.ri.seu *sm.* Membro de uma seita judaica; hipócrita, fingido.

far.ma.cêu.ti.co *sm.* Boticário.

far.má.cia *sf.* Estabelecimento onde se preparam ou se vendem medicamentos.

far.ma.co.péi.a *sf.* Livro onde são reunidos os preceitos e as fórmulas dos medicamentos.

far.nel *sm.* Merenda para jornada.

fa.ro *sm.* O olfato dos animais; cheiro; indício.

fa.ro.fa *sf.* Prato preparado à base de farinha de milho ou mandioca, ovo cozido, azeitonas e condimentos; *pop.* bravata; bazófia.

fa.rol *sm.* Construção elevada, construída em geral na costa, numa ilha ou perto de um porto, que tem uma iluminação especial para orientar navios; lanterna dos automóveis; *fig.* ostentação mentirosa, basófia.

far.pa *sf.* Ponta penetrante em forma de flecha.

far.ra *sf.* Troça; folia.

far.ra.po *sm.* Andrajo.

far.re.ar vi. Meter-se em farras, em estroinices.

far.rou.pi.lha s.2g. Maltrapilho; pessoa desprezível ou miserável; sm. revolucionário gaúcho da Guerra dos Farrapos ou Revolução Farroupilha (1835).

far.sa sf. Pantomima; impostura.

far.san.te s.2g. Ator que representa farsas; gracejador; mentiroso.

far.tar vt. e p. Encher completamente; saciar-se.

far.to adj. Saciado; abundante.

far.tum sm. Cheiro nauseante.

far.tu.ra sf. Abundância.

fas.ci.cu.lo sm. Pequeno feixe; folheto de obra que se publica em partes.

fas.ci.na.ção sf. Atração irresistível; deslumbramento.

fas.ci.nar vt. Enfeitiçar; deslumbrar; encantar.

fas.cis.mo sm. Sistema político nacionalista, imperialista, antiliberal e antidemocrático, implantado na Itália por Benito Mussolini (1883-1945) depois da Primeira Guerra Mundial.

fa.se sf. Aspecto da lua; época ou período com características definidas.

fas.ti.di.o.so adj. Enfadonho.

fas.tí.gio sm. Cume; ponto mais elevado; auge.

fas.ti.o sm. Falta de apetite; tédio; aborrecimento.

fa.tal adj. Funesto; que mata.

fa.ta.li.da.de sf. Destino inevitável; determinismo.

fa.ti.a sf. Pedaço.

fa.ti.gan.te adj. Cansativo.

fa.ti.gar vt. Cansar; maçar.

fa.ti.o.ta sf. Fato; vestuário.

fa.to sm. Ação feita; acontecimento; sucesso; roupa; vestuário; pequeno rebanho.

fa.tor sm. O que faz ou executa; termo de multiplicação aritmética.

fa.tu.i.da.de sf. Presunção.

fá.tuo adj. Néscio; presumido; vaidoso.

fa.tu.ra sf. Feitura; nota comercial.

fa.tu.rar vt. Lançar em fatura.

fau.ce sf. Goela; garganta.

fau.na sf. O conjunto de animais próprios de determinada região.

faus.to adj. Feliz; próspero; sm. luxo; aparato; ostentação.

faus.to.so adj. Magnífico; pomposo.

fa.va sf. Planta leguminosa, cujo fruto é vagem comestível, contendo várias sementes.

fa.ve.la sf. Reunião de habitações construídas toscamente, sem conforto ou recursos higiênicos.

fa.vo sm. Alvéolo.

fa.vor sm. Benefício; obséquio; carta; missiva.

fa.vo.rá.vel adj. Propício.

fa.vo.re.cer vt. Ser favorável; auxiliar; apoiar; proteger.

fa.vo.ri.tis.mo sm. Regime de proteção em que há favor, simpatia pessoal.

fa.vo.ri.to adj. e sm. Predileto.

fax sm. Forma reduzida de fac-símile, aparelho ou método de transmissão de impressos, desenhos, etc. a distância; cópia assim obtida.

fa.xi.na sf. bras. Limpeza geral.

fa.xi.nei.ro sm. bras. Encarregado de limpeza.

faz-de-con.ta adj. bras. Diz-se do marido enganado pela mulher; sm. imaginação; fantasia.

fa.zen.da sf. Propriedade rural; pano, tecido; finança pública.

fa.zen.dei.ro sm. Dono de fazenda.

fa.zer vt. Construir; produzir; fabricar; escrever, compor; causar; aparar, cortar; pintar, esculpir; pronunciar, exprimir; dispor, arranjar; completar; trabalhar em; dar; conseguir, alcançar; vp. tornar-se, vir a ser, fingir-se.

fe.al.da.de sf. Aparência feia.

fe.bre sf. Aumento da temperatura normal do corpo; frenesi.

fe.bri.ci.tar vt. Ter febre.

fe.brí.fu.go adj. e sm. Que, ou o que cura a febre.

fe.bril adj. Que tem febre; violento.

fe.cha.do adj. Que não está aberto; guardado; encerrado; que fala pouco ou que é muito reservado; diz-se do semblante carregado; diz-se do tempo nublado, carregado.

fe.cha.du.ra sf. Mecanismo fixo para abrir com chave.

fe.char vt. Cerrar; tapar; concluir; unir; tapar a abertura de; impedir o acesso ou o trânsito a; vi. cicatrizar.

fe.cho sm. Remate.

fe.cho-e.cler sm. Zíper.

fé.cu.la sf. Amido de batata.

fe.cun.da.ção sf. Ato de fecundar.

fe.cun.dar Fertilizar; vi. tornar-se fecundo.

fe.cun.di.da.de sf. Faculdade reprodutora.

fe.cun.do adj. Fértil.

fe.den.ti.na sf. Mau cheiro.

fe.der vi. Exalar mau cheiro.

fe.de.ra.ção sf. União entre estados.

fe.de.ra.do adj. e sm. Aliado.

fe.de.ral adj. Relativo a federação.

fe.dor sm. Mau cheiro.

fe.do.ren.to adj. Fedido.

fe.é.ri.co adj. Mágico; maravilhoso, deslumbrante.

fei.ção sf. Feitio; aspecto; pl. delineamento do rosto.

fei.jão sm. Vagem do feijoeiro, semente da vagem do feijoeiro.

fei.jo.a.da sf. Prato típico do Brasil preparado com feijões, toucinho, carne-seca, lingüiça, carne de porco salgada, etc.

fei.o *adj.* De má aparência; disforme.

fei.ra *sf.* Lugar público onde se expõem e vendem mercadorias (frutas, legumes, peixes, ovos, livros, brinquedos, reoupas, móveis, máquinas, carros, etc.).

fei.ta *sf.* Ato; ocasião.

fei.ti.ça.ri.a *sf.* Sortilégio.

fei.ti.cei.ro *sm.* Bruxo; *adj.* encantador.

fei.ti.ço *sm.* Sortilégio; encanto.

fei.ti.o *sm.* Feição; forma.

fei.to *adj.* Adestrado; *sm.* fato; façanha.

fei.tor *sm.* Superintendente de trabalhadores.

fei.tu.ra *sf.* Feitio; execução.

fei.ú.ra *sf.* bras. Fealdade.

fei.xe *sm.* Molho; braçada.

fel *sm.* Bílis; *fig.* ódio.

fe.li.ci.da.de *sf.* Ventura; fortuna; bom êxito.

fe.li.ci.tar *vt.* Tornar feliz; dar parabéns a.

fe.li.no *adj.* Relativo a gato.

fe.liz *adj.* Satisfeito; abençoado; bem-sucedido.

fe.li.zar.do *sm.* Indivíduo de muita sorte.

fel.pa *sf.* Pêlo em tecidos.

fel.pu.do *adj.* Peludo.

fel.tro *sm.* Pano feito com empastamento de lã ou pêlo.

fê.mea *sf.* Animal feminino; mulher; concubina.

fe.mi.nil *adj.* Feminino.

fe.mi.ni.no *adj.* Relativo a fêmea, a mulher; feminil.

fe.mi.ni.zar *vt.* Dar feição feminina; feminilizar.

fen.da *sf.* Abertura estreita; frincha; greta.

fen.der *vt.* Rachar.

fe.ne.cer *vi.* Murchar, fanar.

fe.no *sm.* Erva ceifada e seca para forragem de animais.

fe.no.me.nal *adj.* Espantoso; assombroso.

fe.nô.me.no *sm.* Modificação ocorrida nos corpos por ação dos agentes químicos ou físicos; tudo que é percebido pelos sentidos; aquilo que é surpreendente ou raro; pessoa sobressai por ter talento fora do comum.

fe.ra *sf.* Animal feroz e carnívoro, *fig.* pessoa sanguinária, cruel; pessoa irascível; pessoa muito em versada em algum assunto.

fe.ral *adj.* Fúnebre; sinistro.

fe.raz *adj.* De grande força produtiva.

fé.re.tro *sm.* Esquife; ataúde.

fé.ria *sf.* Salário de trabalhador; renda de casa comercial num dia, numa semana, num mês.

fe.ri.a.do *sm.* Dia em que não se trabalha.

fé.rias *sf. pl.* Interrupção do trabalho ou dos estudos para descanso; *férias coletivas:* férias dadas a todos os empregados de uma empresa, simultaneamente, devido à diminuição na aquisição das mercadorias.

fe.ri.da *sf.* Úlcera; chaga; mágoa.

fe.ri.men.to *sm.* Ferida; golpe.

fe.ri.no *adj.* Feroz; cruel.

fe.rir *vt.* Fazer ferida; cortar; *vp.* cortar-se; magoar-se.

fer.men.tar *vt.* Fazer levedar; *vi.* levedar.

fer.men.to *sm.* Substância que faz fermentar; levedura.

fe.ro *adj.* Feroz; bravio.

fe.ro.ci.da.de *sf.* Caráter de feroz; índole cruel.

fe.roz *adj.* Cruel; violento.

fer.ra.brás *sm.* Valentão.

fer.ra.du.ra *sf.* Chapa semicircular que se aplica no casco de bestas.

fer.ra.gem *sf.* Conjunto de peças de ferro.

fer.ra.men.ta *sf.* Utensílio de ferro para determinado fim.

fer.rão *sm.* Aguilhão.

fer.rar *vt.* Aplicar ferradura; apegar.

fer.re.nho *adj.* Da cor do ferro; intransigente; despótico.

fér.reo *adj.* De ferro; inflexível.

fer.re.te *sm.* Ferro para marcar gado e, antigamente, criminosos e escravos; *fig.* estigma.

fer.re.to.ar *vt.* Picar com ferrete, ferrão; censurar.

fer.ro *sm.* Metal tenaz e maleável.

fer.ro.a.da *sf.* Picada com ferrão; sátira.

fer.ro.lho *sm.* Tranqueta de ferro para fechar portas e janelas.

fer.ro-ve.lho *sm.* Estabelecimento que compra e vende papel velho, garrafas, vidros, metais e plásticos em geral.

fer.ro.vi.a *sf.* Via férrea.

fer.ro.vi.á.rio *sm.* Empregado em estrada de ferro; *adj.* relativo à ferrovia.

fer.ru.gem *sf.* Óxido formado na superfície de ferro exposto à umidade.

fér.til *adj.* Produtivo.

fer.ti.li.zan.te *adj.* Que fertiliza.

fer.ti.li.zar *vt.* Tornar fértil.

fer.vên.cia *sf.* Efervescência; inquietação.

fer.ven.tar *vt.* Aferventar.

fer.ven.te *adj.* Que ferve.

fer.ver *vi.* Entrar em ebulição.

fer.vi.lhar *vi.* Estar sempre a ferver; andar numa roda-viva.

fer.vor *sm.* Ato de ferver; zelo; diligência.

fer.vo.ro.so *adj.* Que tem fervor.

fer.vu.ra *sf.* Ebulição; agitação.

fes.ta *sf.* Solenização de acontecimento feliz; *pl.* carinho.

fes.tão *sm.* Grinalda de flores; festa memorável.

fes.tei.ro *sm.* O que promove ou custeia festa.

fes.te.jar *vt.* Celebrar; comemorar; saudar.

fes.te.jo *sm.* Festividade.

fes.tim *sm.* Pequena festa; banquete.

fes.ti.val *adj.* Festivo; *sm.* grande festa; espetáculo artístico (de música, cinema, etc.); série de representações artísticas.

fes.ti.vi.da.de *sf.* Festa religiosa; regozijo; alegria.

fes.ti.vo *adj.* Alegre.

fes.to.nê *sm.* Bordado utilizado para ornar e/ou dar acabamento às orlas de um tecido.

fe.ti.che *sm.* Ídolo; objeto a que se atribui poder sobrenatural.

fe.ti.chis.mo *sm.* Adoração ou culto de fetiches.

fe.ti.dez *sf.* Fedor.

fé.ti.do *adj.* Que exala mau cheiro; fedorento.

fe.to *sm.* Embrião; produto da concepção, a partir do terceiro mês da vida intrauterina.

feu.da.lis.mo *sm.* Regime medieval resultante do enfraquecimento do poder central que unia estreitamente autoridade e propriedade da terra, estabelecendo entre vassalos e suseranos uma relação de dependência.

feu.do *sm.* Na Idade Média, propriedade nobre ou bens rústicos que o senhor de certos domínios concedia mediante a condição de vassalagem e prestação de certos serviços e rendas; direito ou dignidade feudal; vassalagem feudal; conjunto de territórios, pessoas e bens sob o controle de um senhor feudal.

fe.ve.rei.ro *sm.* Segundo mês do ano.

fe.zes *sf. pl.* O mesmo que excrementos; borra, lia.

FGTS Sigla de Fundo de Garantia por Tempo de Serviço.

fi.a.ção *sf.* O trabalho de fiar; lugar onde se fia; conjunto de fios.

fi.a.dor *sm.* Indivíduo que abona outro, responsabilizando-se pelo pagamento da dívida do abonado; avalista.

fi.am.bre *sm.* Carne (em especial o presunto) cozida com temperos em vinho branco e que é para ser comida fria.

fi.an.ça *sf.* Caução.

fi.ar *vt.* Reduzir a fio; vender a crédito.

fi.as.co *sm.* Mau resultado.

fi.bra *sf.* Filamento; *fig.* caráter; energia.

fi.bri.lha *sf.* Pequena fibra.

fi.bro.so *adj.* Que tem fibras.

fi.car *vi.* Permanecer; estar situado; restar; *gír.* ter momentânea experiência amorosa, namoro rápido.

fic.ção *sf.* Criação da fantasia; literatura cujo enredo trata de fatos imaginários; invenção; simulação.

fi.cha *sf.* Tento de jogar; cartão para consulta.

fi.chá.ri.o *sm.* Arquivo.

fic.tí.cio *adj.* Só existente na imaginação; imaginário; simulado.

fi.dal.go *sm.* Indivíduo nobre; generoso.

fi.de.dig.no *adj.* Digno de fé.

fide.li.da.de *sf.* Lealdade; probidade; exatidão.

fi.dú.cia *sf.* Confiança; segurança; *pop.* audácia.

fi.ei.ra *sf.* Fileira.

fi.el *adj.* Leal; verídico; *sm.* ponteiro da balança.

fi.ga *sf.* Amuleto.

fi.ga.dal *adj.* Relativo a fígado; íntimo.

fí.ga.do *sm.* Víscera que segrega a bílis.

fí.ga.ro *sm. fam.* Barbeiro.

fi.gu.ra *sf.* Aspecto; rosto humano; imagem; símbolo.

figu.ra.ção *sf.* Ato de figurar.

fi.gu.ra.do *adj.* Alegórico.

fi.gu.ran.te *s.2g.* Cada um dos atores que figuram numa peça.

fi.gu.rão *sm.* Personagem importante.

fi.gu.rar *vt.* Traçar a figura de; representar; *vp.* parecer; *vi.* fazer figura.

fi.gu.ra.ti.vo *adj.* Que figura; simbólico.

fi.gu.ri.no *sm.* Revista de modas; modelo.

fi.la *sf.* Fileira.

fi.la.men.to *sf.* Fibra.

fi.la.men.to.so *adj.* Que tem filamentos.

fi.lan.tro.pi.a *sf.* Amor à humanidade.

fi.lan.tro.po *adj.* e *sm.* Dotado de filantropia; altruísta.

fi.lão *sm.* Veio de metal; fonte; assunto; *bras. pop.* pão comprido, de tamanhos variados.

fi.lar *vt.* Agarrar à força; pedir a outrem.

fi.lar.mô.ni.ca *sf.* Sociedade musical; orquestra, banda de música.

fi.la.te.li.a *sf.* Estudo dos selos postais que se usam nos diferentes países; hábito de colecionar esses selos.

fi.la.te.lis.ta *s.2g.* Negociante, amador de selos postais.

fi.lé *sm.* Músculo de boi e outros animais, entre os rins e as costelas; bife feito com a carne desse músculo; fatia fina de peixe ou frango; trabalho de agulha, crochê.

fi.lei.ra *sf.* Fila; renque.

fi.le.te *sm.* Fio delgado.

fi.lha.ção *sf.* Filiação.

fi.lho *sm.* O indivíduo em relação aos pais.

fi.lho.te *sm.* Cria de animais.

fi.lho.tis.mo *sm.* Proteção escandalosa; favoritismo.

fi.li.a.ção *sf.* Linha direta de pais a filhos.

fi.li.al *adj.* Próprio de filho; *sf.* sucursal de casa comercial.

fi.li.ar *vt.* Adotar como filho; *vp.* incorporar-se; entrar (numa sociedade).

fi.li.gra.na *sf.* Lavores de fio de ouro ou prata; letras, figuras ou linhas em papel visíveis apenas por transparência.

fi.lis.teu *sm.* Burguês de espírito vulgar; *adj.* Pertencente aos filisteus, povo estabelecido na Palestina desde o séc. XII a.C.

fil.ma.gem *sf.* Operação de filmar, cinematografar.

fil.mar *vt.* Registrar em filme cinematográfico.

fil.me *sm.* Rolo de película flexível de acetato de celulose que se utiliza para captar imagens fotográficas; película de acetato de celulose, coberta de uma substância sensível à luz, que capta cinematograficamente as diversas fases de um movimento.

fi.ló *sm.* Tecido semelhante a cassa.

fi.lo.lo.gi.a *sf.* Estudo da ciência lingüística.

fi.ló.lo.go *sm.* Homem douto em filologia.

fi.lo.so.far *vi.* Discorrer sobre filosofia ou ciência.

fi.lo.so.fi.a *sf.* Estudo geral sobre a natureza de todas as coisas e suas relações entre si.

fi.lo.só.fo *adj.* e *sm.* Que, ou aquele que é versado em filosofia; *pop.* excêntrico.

fil.trar *vt.* Coar.

fil.tro *sm.* Vaso por onde se coam líquidos.

fim *sm.* Remate; termo; fecho; extremidade; morte; finalidade.

fím.bria *sf.* Franja.

fi.na.do *adj.* e *sm.* Morto; defunto; falecido.

fi.nal *adj.* Do fim; *sm.* desfecho; termo.

fi.na.li.da.de *sf.* Fim; objetivo.

fi.na.li.zar *vt.* e *i.* Dar fim; terminar; concluir.

fi.nan.ças *sf. pl.* A fazenda pública; dinheiro.

fi.nan.cei.ra *sf.* Empresa de crédito e financiamento.

fi.nan.ci.a.men.to *sm.* Ato de financiar; empréstimo feito a alguém por uma financeira.

fi.nan.ci.ar *vt.* Custear; fornecer capital.

fi.nar *vi.* Acabar; morrer.

fin.car *vt.* Cravar; insistir.

fin.dar *vt.* e *i.* Pôr fim; finalizar; terminar.

fi.ne.za *sf.* Delicadeza; amabilidade; obséquio.

fin.gi.do *adj.* Falso.

fin.gir *vt.* Dissimular; simular; *vi.* agir com hipocrisia.

fi.ni.to *adj.* Que tem fim; limitado; circunscrito.

fi.no *adj.* Delgado; escolhido; excelente; sagaz.

fi.nó.rio *adj.* e *sm.* Espertalhão.

fin.ta *sf.* Coleta; movimento capcioso; tapeação; *fut.* drible.

fin.tar *vt.* Filar; calotear; driblar.

fi.nu.ra *sf.* Delicadeza; astúcia; delgadeza.

fi.o *sm.* Fibra; gume.

fir.ma *sf.* Assinatura; rubrica; casa comercial.

fir.ma.men.to *sm.* Alicerce; a abóbada celeste.

fir.mar *vt.* Tornar firme; assinar; *vp.* apoiar-se.

fir.me *adj.* Estável; sólido.

fir.me.za *sf.* Solidez; estabilidade; vigor.

fis.cal *adj.* Pertencente ao fisco; *sm.* censor.

fis.ca.li.za.ção *sf.* Ato de fiscalizar; vigilância.

fis.ca.li.zar *vt.* Vigiar; examinar; superintender.

fís.co *sm.* Ramo da administração pública encarregado da cobrança e fiscalização dos impostos; fazenda pública; erário.

fís.ga *sf.* Arpão de pesca; anzol.

fis.ga.da *sf.* Pontada.

fis.gar *vt.* Prender, pegar com rapidez.

fí.si.ca *sf.* Ciência dos fenômenos naturais, das propriedades dos corpos e das leis que os modificam.

fí.si.co *adj.* Relativo à física; material; *sm.* configuração; aspecto.

fi.si.o.lo.gi.a *sf.* Ciência biológica que estuda os fenômenos da vida; o funcionamento do organismo vivo.

fi.si.o.ló.gi.co *adj.* Pertinente à fisiologia.

fi.si.o.no.mi.a *sf.* Aspecto; semblante; rosto.

fi.si.o.nô.mi.co *adj.* Das feições.

fi.si.o.no.mis.ta *s.2g.* Pessoa que se lembra facilmente de outras pessoas encontradas.

fís.tu.la *sf.* Úlcera.

fi.ta *sf.* Tira; faixa; filme cinematográfico; *fig.* ação que tem por fim enganar, chamar atenção; manha.

fi.tar *vt.* Firmar os olhos em; prestar atenção.

fi.to *sm.* Alvo; mira; intento, fim; *adj.* fixo, pregado.

fi.ú.za *sf.* Confiança.

fi.ve.la *sf.* Peça de metal em que se une a presilha de certas roupas; peça semelhante à fivela para prender os cabelos; passador, prendedor.

fi.xa.dor *sm.* Coisa para fixar.

fi.xar *vt.* Firmar; pregar; reter na memória.

fi.xi.dez *sf.* Rijeza; solidez; imobilidade.

fi.xo *adj.* Firme; estável.

fla.ci.dez *sf.* Estado ou qualidade de flácido.

flá.ci.do *adj.* Lânguido; mole; frouxo.

fla.ge.la.ção *sf.* Ação de flagelar; tormento.

fla.ge.lar *vt.* Bater com flagelo; açoitar; castigar; atormentar; afligir.

fla.ge.lo *sm.* Chicote; açoite; castigo; tortura; calamidade pública.

fla.gra *sm.* Forma reduzida de flagrante.

fla.gran.te *adj.* Ardente; patente; *sm.* instante; ocasião.

fla.ma *sf.* Chama.

fla.me.jan.te *adj.* Que flameja; chamejante; vistoso.

fla.me.jar *vi.* Lançar chamas; arder; brilhar.

flâ.mu.la *sf.* Bandeirola.

fla.nar *vi.* Passear sem destino; perambular.

flan.co *sm.* Lado; ilharga; ponto acessível.

fla.ne.la *sf.* Tecido de lã ou algodão.

flan.que.ar *vt.* Atacar pelo flanco; tornar defensável.

flap *sm.* Freio localizado na parte posterior e inferior da asa do avião, destinado a diminuir a velocidade do aparelho na aterrissagem.

flash *sm.* Lâmpada que possibilita tirar fotografias em ambientes onde a luz é insuficiente; aparelho que produz um clarão; informação dada com prioridade; apresentação rápida de uma cena, de um fato.

fla.tu.lên.cia *sf.* Ventosidade; *fig.* vaidade, bazófia.

flau.ta *sf.* Instrumento musical de sopro; vadiação.

flau.te.ar *vi.* Tocar flauta; espairecer.

flau.tim *sm.* Flauta pequena.

flau.tis.ta *sm.* Tocador, fabricante de flauta.

fle.cha *sf.* Seta.

fle.char *vt.* Ferir com flecha; magoar.

flec.tir ou **fle.tir** *vt.* Fazer a flexão de; curvar.

fler.te *sm.* Namoro leve, de passatempo.

fleu.ma *sf.* Serenidade, impassibilidade; lentidão, pachorra.

fleu.má.ti.co *adj.* Imperturbável.

fle.xão *sm.* Ato de dobrar(-se); curvatura.

fle.xi.bi.li.da.de *sf.* Elasticidade, destreza, agilidade; aptidão para desempenhar diversas tarefas; docilidade; maleabilidade.

fle.xí.vel *adj.* Maleável; submisso; complacente.

fle.xu.o.so *adj.* Torto; sinuoso.

fli.bus.tei.ro *sm.* Pirata.

flo.co *sm.* Felpa; parcela de neve; froco.

flor *sf.* Órgão reprodutor das plantas; *fig.* pessoa bela ou boa.

flo.ra *sf.* Conjunto de vegetais de uma determinada região.

flo.ral *adj.* De flores.

flo.re.a.do *adj.* Coberto ou ornado de flores, florido; adornado; enfeitado de maneira ridícula; afetado; *sm.* ornato.

flo.re.ar *vt.* e *i.* Guarnecer de flores; ornar.

flo.rei.o *sm.* Ornato; esgrima.

flo.res.cên.cia *sf.* Ato de florescer; inflorescência.

flo.res.cer *vi.* Lançar flor; prosperar; frutificar.

flo.res.ta *sf.* Mata extensa e frondosa.

flo.re.te *sm.* Espada para esgrima.

flo.ri.cul.tu.ra *sf.* Arte de cultivar flores.

flo.rir *vi.* Cobrir-se de flores; *vt.* enfeitar.

flo.ris.ta *s.2g.* Pessoa que vende flores.

flo.ti.lha *sf.* Pequena frota.

flu.ên.cia *sf.* Abundância; clareza de estilo.

flu.en.te *adj.* Que corre facilmente; fácil.

flu.i.dez *sf.* Qualidade de fluido.

flui.do *adj.* Fluente; brando; *sm.* qualquer líquido ou gás.

flu.ir *vi.* Correr como líquido; proceder; derivar.

flú.or *sm.* Elemento não-metal de número atômico 9, símb. F, gasoso e muito reagente.

flu.o.res.cên.cia *sf.* Iluminação especial que apresentam certas substâncias, quando expostas à ação dos raios luminosos.

flu.o.res.cen.te *adj.* Que tem fluorescência.

flu.tu.a.ção *sf.* Ato de flutuar.

flu.tu.an.te *adj.* Que flutua.

flu.tu.ar *vi.* Sobrenadar, boiar; pairar ou mover-se em equilíbrio no espaço.

flu.vi.al *adj.* Concernente a rios.

flux *sm.* Fluxo; *el. da loc. adv. a flux:* em abundância; a jorros.

flu.xo *sm.* O correr de um líquido; escoamento; preamar; enchente de rio.

fo.bi.a *sf.* Designação genérica das diversas espécies de medo mórbido; medo instintivo de alguma coisa.

fo.ca *sf.* Mamífero da família dos focídeos, que se alimentam de peixes e outros animais marinhos; *gír.* jornalista novato.

fo.cal *adj.* Relativo a foco.

fo.ca.li.zar *vt.* Pôr em foco; pôr em evidência.

fo.car *vt.* Focalizar.

fo.ci.nho *sm.* Parte da cabeça do animal, com a boca e as narinas em sua extremidade.

fo.co *sm.* Ponto para onde convergem os raios da luz; centro.

fo.fo *adj.* Que cede facilmente à pressão; poroso e leve; mole; macio; *fam.* bonito.

fo.fo.ca *sf.* Mexerico; intriga.

fo.ga.cho *sm.* Pequena labareda; sensação momentânea e breve de calor.

fo.gão *sm.* Aparelho onde se faz fogo para cozinhar.

fo.ga.rei.ro *sm.* Pequeno fogão portátil.

fo.go *sm.* Chama; lume; lareira; paixão; entusiasmo.

fo.go.so *adj.* Ardente.

fo.guei.ra *sf.* Montão de lenha em chamas; ardor.

fo.gue.te *sm.* Rojão; indivíduo ativo, que não pára.

foi.ce *sf.* Instrumento agrícola para ceifar.

fol.clo.re *sm.* Conjunto das canções, tradições, usos e crendices populares de uma época ou região.

fol.cló.ri.co *adj.* Pertinente a folclore.

fo.le *sm.* Instrumento para produzir vento.

fô.le.go *sm.* Respiração.

fol.ga *sf.* Descanso; alívio; desaperto; largueza.

fol.ga.do *adj.* Largo; amplo; desafogado; *adj.* e *sm.* que ou aquele que é despreocupado.

fol.gan.ça *sf.* Folguedo.

fol.gar *vt.* Dar folga; desapertar; *vi.* descansar; alegrar.

fol.ga.zão *adj.* Brincalhão.

fol.gue.do *sm.* Brincadeira.

fo.lha *sf.* Parte terminal dos vegetais; pedaço de papel; publicação periódica.

fo.lha.gem *sm.* Ramaria de arvoredos.

fo.lhar *vi.* e *p.* Cobrir-se de folhas.

fo.lhe.ar *vt.* Voltar as folhas de um livro; ler; revestir de lâminas de madeira, metal etc.

fo.lhe.tim *sm.* Seção literária de um periódico; fragmento de romance publicado diariamente em um jornal.

fo.lhe.ti.nis.ta *s.2g.* Pessoa que escreve folhetins.

fo.lhe.tis.ta *sm.* Escritor de folhetos, panfletos.

fo.lhe.to *sm.* Brochura de poucas folhas.

fo.lhi.nha *sf.* Calendário.

fo.li.a *sf.* Brincadeira; divertimento; pândega.

fo.li.á.ceo *adj.* Que tem a natureza das folhas.

fo.li.ão *sm.* O que toma parte em folias.

fo.li.ar *vi.* Divertir-se.

fo.lí.cu.lo *sm.* Pequena folha; folheta; gânglio linfático.

fó.lio *sm.* Livro impresso em folhas inteiras.

fo.me *sf.* Grande apetite de comer; avidez.

fo.men.ta.ção *sf.* Ato de fomentar; estímulo.

fo.men.tar *vt.* Estimular.

fo.men.to *sm.* Ato de fomentar; estímulo.

fo.ne *sm.* Peça do telefone que se leva ao ouvido; forma reduzida de telefone.

fo.ne.ma *sm.* Elemento sonoro da linguagem.

fo.né.ti.ca *sf.* Estudo dos fonemas isoladamente.

fô.ni.co *adj.* Relativo à voz.

fon.tal *adj.* Que dá origem a alguma coisa.

fon.ta.ne.la *sf.* Moleira.

fon.te *sf.* Nascente de água; chafariz; bica; cada um dos lados da cabeça; princípio; origem; causa; texto original de uma obra; em jornalismo, pessoa, documento, instrumento que fornece informações ao repórter.

fo.ra *adv.* Exteriormente; *prep.* exceto.

fo.ra-da-lei *adj.* e *s.2g.* Indivíduo marginal; bandido; malfeitor.

fo.ra.gi.do *adj.* Escondido da justiça; expatriado.

fo.ra.gir-se *vp.* Expatriar-se, emigrar.

fo.ras.tei.ro *adj.* e *sm.* Estrangeiro, peregrino.

for.ca *sf.* Instrumento para enforcamento; patíbulo; cadafalso.

for.ça *sf.* Vigor; agente capaz de modificar a aceleração de um corpo; violência; coação; poder; autoridade; energia moral ou física; esforço; impulso; energia elétrica.

for.çar *vt.* Obrigar pela força; violentar.

for.ce.jar *vt.* Empregar esforços; esforçar-se; lutar.

for.ço.so *adj.* Violento; obrigatório; inevitável.

for.çu.do *adj. pop.* Musculoso; robusto; forte.

fo.ren.se *adj.* Relativo a foro judicial; judicial.

for.ja *sf.* Fundição.

for.jar *vt.* Trabalhar ferro e outros metais na forja; fabricar; fazer; idear; inventar; maquinar; falsificar.

for.ma *sf.* Feitio; molde, figura ou aspecto exterior dos corpos materiais.

fôr.ma *sm.* Molde; vasilha em que se assam pudins e bolos.

for.ma.ção *sf.* Constituição.

for.ma.do *adj.* Que concluiu curso em faculdade.

for.mal *adj.* Relativo a forma; evidente, categórico, claro; convencional; cerimonioso.

for.ma.li.da.de *sf.* Praxe.

for.ma.li.zar *vt.* Dar forma a; realizar segundo as formalidades; *vp.* melindrar-se.

for.mão *sm.* Utensílio de carpinteiro e marceneiro.

for.mar *vt.* Concluir; produzir; educar; *vp.* concluir curso em faculdade.

for.ma.to *sm.* Tamanho; dimensão ou feito de qualquer coisa.

for.ma.tu.ra *sf.* Graduação universitária ou em curso de nível médio.

for.mi.ci.da *sm.* Preparado que serve para matar formigas; veneno.

for.mi.dá.vel *adj.* Pavoroso; tremendo; excelente.

for.mi.ga *sf.* Nome genérico pelo qual são conhecidos os insetos da família dos Formicídeos, que vivem em sociedade, debaixo da terra, em ocos de paus, etc. (*coletivo:* correição, formigueiro); *fam.* pessoa que tem predileção por doces.

for.mi.gar *vi.* Ter comichão; pulular; abundar.

for.mi.guei.ro *sm.* Toca de formigas; multidão.

for.mo.so *adj.* Belo; harmonioso; perfeito.

for.mo.su.ra *sf.* Beleza.

fór.mu.la *sf.* Maneira previamente estabelecida de pedir, explicar; resolver alguma coisa; regra; preceito; princípio; receita médica; representação química; expressão.

for.mu.lar *vt.* Pôr em fórmula; receitar; expor com precisão; aviar.

for.mu.lá.rio *sm.* Coleção de fórmulas; modelo impresso de fórmula, onde apenas se preenchem os dados pessoais.

for.ne.cer *vt.* Abastecer.

for.ne.ci.men.to *sm.* Provisão.

for.ni.do *adj.* Robusto.

for.nir *vt.* Tornar nutrido; prover; abastecer.

for.no *sm.* Parte do fogão de cozinha; *fig.* lugar muito quente.

fo.ro *sm.* Local para debates; centro para diversas atividades; despesa obrigatória; privilégio garantido pela lei; tribunal.

for.qui.lha *sf.* Pequeno forcado de três pontas.

for.ra *sf. pop.* Desforra.

for.ra.gem *sf.* Erva ou grão para alimentar o gado.

for.rar *vt.* Cobrir; revestir; *vp.* vestir-se; ressarcir-se; encher-se; cobrir-se.

for.ro *sm.* Guarnição interna de roupas.

for.ro.bo.dó *sm.* Festança; confusão; bagunça.

for.ta.le.cer *vt.* Robustecer; encorajar; animar.

for.ta.le.za *sf.* Solidez; energia; fortificação.

for.te *adj.* Robusto; poderoso; muito alcoólico (bebida); *sm.* fortaleza.

for.ti.fi.ca.ção *sf.* Fortaleza.

for.ti.fi.can.te *adj.* Que fortifica; *sm.* medicamento para robustecer.

for.ti.fi.car *vt.* Fortalecer.

for.tim *sm.* Pequeno forte.

for.tran *sm. proc. dados* Compilador científico que traduz programas expressos em formato similar a equações algébricas, em linguagem de máquina.

for.tui.to *adj.* Inesperado.

for.tu.na *sf.* Acaso; ventura; felicidade; riqueza.

fos.co *adj.* Embaciado.

fos.fo.re.jar *vi.* Chamejar.

fos.fo.res.cên.cia *sf.* Qualidade ou estado de fosforescente.

fos.fo.res.cen.te *adj.* Que desprende luz fraca, por ter absorvido radiação emitida de outra fonte; emissão de luz sem calor nem combustão.

fos.fó.ri.co *adj.* Relativo a, ou que contém fósforo; que brilha como fósforo.

fós.fo.ro *sm.* Elemento não metálico, de número atômico 15, símbolo: *P*; palito em que uma das extremidades é recoberta de massa fosfórica, que se inflama por atrito.

fos.qui.nha *sf.* Dissimulação; disfarce; provocação; momice.

fos.sa *sf.* Cova; buraco; cavidade subterrânea onde são lançados dejetos.

fos.sar *vt.* Revolver com o focinho; escavar.

fós.sil *sm.* Vestígio petrificado de animal ou vegetal; antiquado; desusado.

fos.so *sm.* Cova; vala.

fo.to *sf.* Forma reduzida de fotografia.

fo.to.có.pia *sf.* Reprodução química, mediante matriz, de imagem.

fo.to.gê.ni.co *adj.* Que sai bem representado, quando fotografado; que produz imagens pela ação da luz.

fo.to.gra.far *vt.* Reproduzir imagens pela fotografia.

fo.to.gra.fi.a *sf.* Processo de obter e fixar imagens sobre uma película fotossensível.

fo.to.grá.fi.co *adj.* Relativo à fotografia.

fo.tó.gra.fo *sm.* Profissional da fotografia.

fo.to.li.to *sm.* Filme positivo para reprodução de texto ou ilustração, empregado na gravação de chapas para impressão pelo processo *offset*.

fo.to.no.ve.la *sf.* História em quadrinhos, relativamente longa, na qual, em vez de desenhos, usam-se imagens fotográficas, legendadas com enredo amoroso, policial, etc., publicada em revista.

fo.tor.re.por.ta.gem *sf.* Reportagem na qual as fotografias constituem a parte mais importante, acompanhadas somente de legendas ou breve texto explicativo.

fo.vis.mo *sm. pint.* Movimento surgido na França, no início do séc. XX, caracterizado pela simplificação das formas e pela valorização da cor e que realça os aspectos plásticos da obra, sem preocupação de fidelidade ao mundo real ou a valores emotivos.

foz *sf.* Embocadura.

fra.ção *sf.* Fragmento.

fra.cas.sar *vt.* Arruinar.

fra.cas.so *sm.* Ruína; malogro; desgraça.

fra.ci.o.nar *vt.* Dividir.

fra.ci.o.ná.rio *adj.* Que tem fração.

fra.co *adj.* Débil; medíocre; leviano; *sm.* propensão; ponto fraco.

fra.de *sm.* Membro de comunidade religiosa.

fra.ga *sf.* Penhasco.

fra.ga.ta *sf.* Antigo navio de guerra; ave do gênero fragata.

frá.gil *adj.* Quebradiço; fraco; débil; pouco resistente.

frag.men.tar *vt.* Partir em pedaços, fragmentos.

frag.men.to *sm.* Pedaço; fração; trecho.

fra.gor *sm.* Estampido.

fra.go.ro.so *adj.* Estrondoso.

fra.go.so *adj.* Rochoso.

fra.grân.cia *sf.* Aroma.

fra.gran.te *adj.* Aromático.

fra.gue.do *sm.* Rochedo.

fral.da *sf.* Parte da camisa da cintura para baixo; pano com que se envolve a parte inferior do tronco de um bebê para absorver os excrementos; sopé de monte ou serra, falda.

fran.ce.sis.mo *sm.* Galicismo; expressão ou palavra derivada do francês, imitação afetada de coisas francesas.

fran.chão *adj.* Feio; mal-encarado; carrancudo.

fran.co *adj.* Sincero; leal; generoso.

fran.ga.lhar *vt.* Reduzir a frangalhos.

fran.ga.lho *sm.* Farrapo.

fran.ger *vt.* Franzir; quebrar.

fran.go *sm.* Galináceo crescido, mas que ainda não é galo; gol atribuído à falha do goleiro.

fran.ja *sf.* Fímbria de linho, seda etc., para enfeitar roupas, cortinas, etc.

fran.ja.do *adj.* Guarnecido de franjas; pretensioso.

fran.jar *vt.* Ornar com franjas; cortar em franja; rendilhar.

fran.que.ar *vt.* Tornar franco, livre, desimpedido; isentar de imposto; facilitar; conceder; patentear; abrir.

fran.que.za *sf.* Sinceridade.

fran.qui.a *sf.* Ação ou efeito de franquear; isenção de pagamento de selo postal; isenção de certas obrigações ou imposições; privilégio.

fran.zi.no *adj.* Débil.

fran.zir *vt.* Fazer dobras; preguear.

fra.que *sm.* Traje de cerimônia masculino, bem ajustado ao tronco, curto na frente e com longas abas atrás.

fra.que.jar *vi.* Afrouxar.

fra.que.za *sf.* Debilidade.

fras.co *sm.* Pequena garrafa de vidro.

fra.se *sf.* Reunião de palavras que formam sentido completo; proposição; expressão.

fra.se.a.do *sm.* Modo de escrever ou dizer.

fra.se.ar *vi.* Fazer frases.

fra.ter.nal *adj.* Relativo a irmãos; afetuoso.

fra.ter.ni.da.de *sf.* Amor ao próximo; harmonia.

fra.ter.ni.zar *vt.* Unir com amizade muito íntima; *vi.* aliar-se; associar-se.

fra.ter.no *adj.* Concernente a irmãos; afetuoso.

fra.tri.ci.da *adj.* e *s.2g.* Autor de fratricídio.

fra.tri.cí.dio *sm.* Assassínio de irmão.

fra.tu.rar *vt.* Quebrar.

frau.dar *vt.* Cometer fraude; enganar; burlar.

frau.de *sf.* Astúcia para causar dano; engano; logro; dolo; contrabando; burla.

frau.du.len.to *adj.* Em que há fraude.

free.zer *sm.* Congelador; frigorífico.

fre.ge *sm.* Barulho; briga.

fre.guês *sm.* Cliente.

fre.gue.si.a *sf.* Paróquia; clientela.

frei.o *sm.* Peça de metal que se passa pela boca da cavalgadura; travão; breque; obstáculo; empecilho.

frei.ra *sf.* Religiosa; irmã.

fre.men.te *adj.* Que freme.

fre.mir *vi.* Estremecer.

frê.mi.to *sm.* Estrépito.

fre.ne.si *sm.* Arrebatamento; delírio; inquietação profunda; impaciência.

fre.né.ti.co *adj.* Furioso; impaciente; agitado.

fren.te *sf.* Vanguarda; face.

fren.tis.ta *s.2g.* Profissional que se ocupa dos acabamentos e ornatos das fachadas dos edifícios; atendente dos postos de gasolina.

fre.qüên.cia *sf.* Ato de freqüentar, conviver.

fre.qüen.tar *vt.* Ir amiúde a; conviver com.

fre.qüen.te *adj.* Repetido.

fres.co *adj.* Viçoso; recente; sadio; ameno; aprazível.

fres.cor *sm.* Viço; frescura; refrigério.

fres.ta *sf.* Fenda; frincha.

fre.ta.men.to *sm.* Ato ou efeito de fretar,.

fre.tar *vt.* Tomar ou ceder a frete; ajustar por frete.

fre.te *sm.* Aluguel de barco, carro, etc.; transporte de mercadoria; quantia devida pelo transporte de mercadoria.

fri.a.gem *sf.* Ar frio; frialdade; doença que ataca os vegetais.

fri.al.da.de *sf.* Qualidade de frio; friagem; *fig.* desinteresse; insensibilidade.

fri.á.vel *adj.* Quebradiço.

fric.ção *sf.* Esfregação.

fric.ci.o.nar *vt.* Fazer fricção, esfregar.

fri.en.to *adj.* Friorento.

fri.e.za *sf.* Frialdade; indiferença.

fri.gi.dei.ra *sf.* Utensílio de cozinha para frituras.

fri.gi.dez *sf.* Frieza.

frí.gi.do *adj.* Frio; gelado.

fri.gir *vt.* Cozer em óleo, manteiga, etc. na frigideira.

fri.go.bar *sm.* Pequena geladeira utilizada geralmente em quartos de hotel, escritórios e salões de jogos para se guardarem água, refrigerantes e cerveja.

fri.go.rí.fi.co *adj.* Que produz ou conserva o frio; *sm.* aparelho para manter as substâncias alimentícias geladas; estabelecimento para conservar carnes e outros alimentos.

frin.cha *sf.* Fenda; greta.

fri.o *adj.* Privado de calor; insensível; *sm.* baixa temperatura; *pl.* diz-se do presunto, salame, queijo, etc., cortados em fatias para o recheio de sanduíches ou outros pratos frios.

fri.o.ren.to *adj.* Muito sensível a frio.

fri.sa *sf.* Camarote quase no nível da platéia.

fri.sar *vt.* Encrespar; acentuar; salientar.

fri.so *sm.* Ornato.

fri.ta.da *sf.* O que se frita de uma vez; prato composto por ovos batidos e fritos sobre carne picada, legumes, etc.

fri.tar *vt.* Frigir.

fri.tas *sf. pl.* Batatas fritas.

fri.to *adj.* Que se frigiu.

fri.tu.ra *sf.* Qualquer coisa frita; fritada.

fri.vo.li.da.de *sf.* Qualidade do que é frívolo.

frí.vo.lo *adj.* Sem importância; inútil; fútil.

fro.co *sm.* Floco.

fron.de *sf.* Folhagem de árvores.

fron.do.so *adj.* Copado; espesso.

fron.tal *adj.* Da fronte.

fron.te *sf.* Testa; frente.

fron.te.ar *vi.* Defrontar.

fron.tei.ra *sf.* Confins.

fron.tei.ri.ço *adj.* Que vive ou fica em fronteira.

fron.tei.ro *adj.* Situado em fronteira; fronteiriço.

fron.tis.pí.cio *sm.* Fachada; a primeira página de um livro.

fro.ta *sf.* Grande número de navios de guerra que navegam em conjunto; conjunto de navios mercantes pertencentes a um mesmo país ou a uma mesma companhia ou de uma mesma categoria ou espécie; conjunto de veículos pertencentes a um mesmo indivíduo ou a uma mesma companhia.

frou.xo *adj.* Bambo; mole; lânguido; indolente; impotente.

fru.gal *adj.* Sóbrio.

fru.ga.li.da.de *sf.* Sobriedade.

fru.i.ção *sf.* Posse; gozo.

fru.ir *vt.* Gozar; desfrutar.

frus.trar *vt.* Iludir; baldar; *vp.* malograr-se.

fru.ta *sf.* Fruto comestível.

fru.ti.fi.car *vi.* Produzir fruto.

fru.to *sm.* A parte reprodutiva dos vegetais; resultado; vantagem.

fu.bá *sm.* Farinha de milho.

fu.ga *sf.* Evasão.

fu.ga.ci.da.de *sf.* Rapidez.

fu.gaz *adj.* Rápido; veloz.

fu.gi.di.o *adj.* Esquivo.

fu.gir *vi.* Escapar a alguma coisa; evitar.

fu.gi.ti.vo *adj.* Transitório; rápido; *sm.* desertor.

fu.i.nha *sf.* Pequeno carnívoro da família dos mustelídeos; *s.2g.* sovina; pessoa bisbilhoteira.

fu.la.no *sm.* Designação vaga de pessoa incerta.

ful.cro *sm.* Apoio; sustentáculo.

ful.gen.te *adj.* Brilhante.

fúl.gi.do *adj.* Brilhante.

ful.gir *vi.* Brilhar; resplandecer.

ful.gor *sm.* Brilho.

fu.gu.rar *vi.* Cintilar.

fu.li.gem *sf.* Matéria negra depositada pela fumaça.

ful.mi.na.ção *sf.* Ato ou efeito de fulminar.

ful.mi.nan.te *adj.* Que fulmina.

ful.mi.nar *vt.* Ferir; matar; aniquilar; destruir.

ful.vo *adj.* Alourado.

fu.ma.ça *sf.* Grande porção de fumo; *fig.* vaidade; coisa efêmera.

fu.man.te *adj.* Que fuma; *s.2g.* pessoa que tem o hábito de fumar tabaco.

fu.mar *vt.* Aspirar o fumo do tabaco.

fu.me.gan.te *adj.* Que fumega.

fu.me.gar *vi.* Lançar fumaça.

fu.mei.ro *sm.* Chaminé; lugar onde se penduram carnes para defumar.

fu.mi.ga.ção *sm.* Ato de fumigar; desinfecção do ar.

fu.mi.gar *vt.* Defumar.

fu.mo *sm.* Vapor visível que se desprende dos corpos em combustão ou muito aquecidos; fumaça; tabaco; maconha.

fu.nâm.bu.lo *sm.* Dançarino de corda bamba.

fun.ção *sf.* Emprego; uso; exercício; cargo; espetáculo.

fun.ci.o.nal *adj.* Relativo a funções vitais.

fun.ci.o.na.lis.mo *sm.* A classe dos funcionários públicos.

fun.ci.o.na.men.to *sm.* Ato ou efeito de funcionar.

fun.ci.o.nar *vi.* Exercer função; operar; trabalhar.

fun.ci.o.ná.rio *sm.* Empregado público; empregado.

fun.da.ção *sf.* Instalação; capital legado para obras de beneficência pública; instituição fundada com esse capital.

fun.da.dor *adj.* e *sm.* Instituidor; iniciador.

fun.da.men.ta.do *adj.* Que tem fundamento, argumento.

fun.da.men.tal *adj.* Essencial.

fun.da.men.tar *vt.* Documentar; firmar; *vp.* basear-se.

fun.da.men.to *sm.* Base; argumento; motivo.

fun.dar *vt.* Criar; instituir; *vp.* basear-se.

fun.de.ar *vi.* Ancorar.

fun.di.ção *sf.* Fusão de metais.

fun.dir *vt.* Derreter; juntar; unir; *vp.* derreter-se.

fun.do *adj.* Que tem profundidade; profundo; cavado; *sm.* parte oposta à superfície ou à abertura; solo submarino; íntimo; *pl.* papéis de crédito; capital.

fun.du.ra *sf.* Profundidade.

fú.ne.bre *adj.2g.* Relativo aos mortos ou à morte; *fig.* triste; lúgubre.

fu.ne.ral *sm.* Enterro.

fu.ne.rá.rio *adj.* Fúnebre.

fu.nes.to *adj.* Desastroso; sinistro; fatal.

fu.ni.cu.lar *adj.2g.* Que funciona por meio de cordas; composto de cordas; *sm.* (trem, veículo) acionado por meio de cabos ou cordas postos em movimento por um motor estacionário.

fu.nil *sm.* Utensílio para transvasar líquidos.

fu.ni.la.ri.a *sf.* Técnica de trabalhar em lata, especialmente consertar veículos batidos; local em que esses serviços são realizados.

fu.ni.lei.ro *sm.* Pessoa que trabalha em funilaria; latoeiro.

fu.ra.cão *sm.* Vento com velocidade acima de 105 quilômetros por hora.

fu.ra.ci.da.de *sf.* Tendência para roubar.

fu.ra.do *adj.* Que tem furo ou buraco.

fu.ra.dor *sm.* Utensílio para abrir furos.

fu.rar *vt.* Esburacar; frustrar; irromper.

fur.gão *sm.* Carro coberto, de porte médio, para transporte de bagagens, mercadorias, etc.

fú.ria *sf.* Furor; ímpeto.

fu.ri.bun.do *adj.* Colérico.

fu.ri.o.so *adj.* Irritado; raivoso; forte; violento.

fur.na *sf.* Caverna; gruta.

fu.ro *sm.* Buraco; notícia dada em primeira mão.

fu.ror *sm.* Cólera.

fur.tar *vt.* Apoderar-se de; *vi.* esquivar; desviar.

fur.ti.vo *adj.* Oculto.

fur.to *sm.* Ato ou efeito de furtar, roubar sem violência.

fu.rún.cu.lo *sm.* Tumor.

fus.co *adj.* Escuro.

fu.se.la.gem *sf.* Corpo principal de avião.

fu.si.o.nar *vt.* Fundir.

fu.sí.vel *sm.* Dispositivo de segurança em instalações elétricas.

fu.so *sm.* Instrumento roliço sobre o qual se forma a maçaroca; peça na qual se enrola a corda do relógio.

fus.te *sm.* Parte da coluna; pau; vara.

fus.ti.gar *vt.* Chicotear.

fu.te.bol *sm.* Jogo de bola, disputado entre dois times de onze jogadores cada, em que o objetivo é fazer a bola entrar no gol do adversário sem intervenção das mãos.

fu.ti.car *vt.* Espetar; importunar; aborrecer.

fú.til *adj.* Leviano; frívolo; insignificante.

fu.ti.li.da.de *sf.* Ninharia.

fu.tri.car *vt.* Negociar fazendo trapaça; *vi.* irritar; intrigar.

fu.tu.rar *vt.* e *i.* Predizer; supor; prognosticar.

fu.tu.ris.mo *sm.* Movimento artístico e literário, surgido na Itália (1909) e que se voltava contra a tradição, o academicismo e a moral, baseado numa concepção dinâmica da vida.

fu.tu.ro *sm.* Tempo que está para vir; destino.

fu.xi.car *vt.* Amarrotar; remexer; mexericar.

fu.zar.ca *sf.* Farra; folia.

fu.zil *sm.* Carabina.

fu.zi.lar *vt.* e *i.* Relampejar; matar com o fuzil.

fu.zi.la.ri.a *sf.* Tiros simultâneos de fuzil ou de qualquer arma de fogo.

fu.zi.lei.ro *sm.* Soldado armado de fuzil; *bras.* fuzileiro naval.

g *sm.* Sétima letra do alfabeto.

ga.bar *vt.* Louvar; elogiar; lisonjear; *vp.* vangloriar-se; jactar-se.

ga.ba.ri.to *sm.* Medida padrão; régua ou modelo para aferimento de distâncias ou dimensões; modelo para correção de provas e testes; categoria; qualidade; classe; nível.

ga.ba.ro.la *s.2g.* Pessoa jactanciosa; gabola.

ga.ba.ro.li.ce *sf.* Ato ou dito de gabarola; gabolice.

ga.bi.ne.te *sm.* Sala pequena, em geral destinada a trabalhos de caráter intelectual; escritório; repartição presidida por ministros; ministério.

ga.bo *sm.* Elogio; louvor.

ga.bo.la *s.2g.* Gabarola.

ga.bo.li.ce *sf.* Jactância; gabarolice.

ga.do *sm.* Reses em geral.

ga.fe *sf.* Indiscrição involuntária; lapso; erro; rata.

ga.gá *s.2g.* Decrépito; caduco.

ga.go *adj.* e *sm.* Que, ou quem gagueja; tartamudo.

ga.guei.ra *sf.* Dificuldade de pronunciar corretamente as palavras.

ga.gue.jar *vi.* Falar com dificuldade, repetindo sílabas, falar como gago.

gai.a.ti.ce *sf.* Ação de gaiato.

gai.a.to *sm.* Rapaz travesso; *adj.* travesso; alegre.

gai.o *adj.* Jovial; alegre.

gai.o.la *sf.* Pequena clausura para aves; jaula; prisão.

gai.ta *sf.* Pífaro; gaita-de-boca ou harmônica; *pop.* dinheiro; numerário.

ga.jo *sm.* Tipo abrutalhado; qualquer indivíduo; homem velhaco.

ga.la *sf.* Traje para solenidade; pompa; ornamentação faustosa.

ga.lã *sm.* Ator ou personagem que se destaca na trama, tendo papel decisivo ou principal; homem belo e elegante; *pop.* galanteador.

ga.lan.ta.ri.a *sf.* Galanteio; pessoa ou dito galante.

ga.lan.te *adj.* Bonito; elegante, gracioso; distinto; espirituoso.

ga.lan.te.a.dor *adj.* e *sm.* Que, ou o que corteja as damas.

ga.lan.te.ar *vt.* Cortejar; *vi.* dizer galanteios.

ga.lan.tei.o *sm.* Lisonja; atenção amorosa.

ga.lão *sm.* Tira ou cordão de passamanaria que serve de enfeite a roupas, cortinas, etc.; tira usada nos uniformes dos militares para distinguir-lhes a patente.

ga.lar.dão *sm.* Prêmio; glória.

ga.lar.do.ar *vt.* Premiar.

ga.lé *sf.* Antiga embarcação de vela e remos.

ga.le.ão *sm.* Antigo navio de alto bordo.

ga.lei.o *sm.* Requebro.

ga.le.go *adj.* Natural da Galiza, Espanha; designativo de certa variedade de limão; *sm.* o habitante da Galiza.

ga.le.ra *sf.* Antiga embarcação a velas e remos; *pop.* grupo de amigos; turma; torcida.

ga.le.ri.a *sf.* Corredor onde são expostos objetos de arte; coleção desses objetos; estabelecimento onde são expostos e vendidos esses objetos; tribuna extensa em parlamentos e teatros; corredor subterrâneo de minas; canalização subterrânea para escoamento das águas pluviais; construção onde se reúnem muitas lojas, em geral com saída para duas ruas.

ga.le.to *sm.* Frango ainda novo; frango assado.

gal.gar *vt.* Transpor; saltar por cima de; trepar.

ga.lha *sf.* Hipertrofia de tecido vegetal provocada pelo ataque, sobretudo, de insetos.

ga.lhar.di.a *sf.* Elegância; generosidade; ânimo; bravura; coragem.

ga.lhar.do *adj.* Elegante.

ga.lho *sm.* Ramo de árvore; chifre; *bras.* dificuldade.

ga.lho.fa *sf.* Brincadeira; gracejo; zombaria; escárnio.

ga.lho.fa.da *sf.* Grande galhofa; patuscada.

ga.lho.far *vi.* Zombar.

ga.lho.fei.ro *adj.* Brincalhão.

ga.li.nha *sf.* Fêmea do galo; *pop. s.2g.* mulher ou homem devassos.

ga.li.nhei.ro *sm.* Lugar onde se alojam as galinhas.

ga.lo *sm.* Ave galinácea, doméstica, criada para produção de ovos e carne; o macho da galinha; *pop.* inchação na testa.

ga.lo.pan.te *adj.* De marcha muito rápida.

ga.lo.par *vi.* Andar a galope; cavalgar animal que galopa.

ga.lo.pe *sm.* A mais rápida marcha de alguns animais, em especial o cavalo.

gal.pão sm. Construção rústica, que serve de depósito de materiais de construção, maquinaria em geral, utensílios industriais, etc.

ga.ma sm. Terceira letra do alfabeto grego; sf. fig. Sucessão ou série de idéias, sentimentos, cores, etc.

ga.mão sm. Jogo de dois parceiros, com quinze peças, disputado num tabuleiro especial.

gam.bi.ar.ra sf. Rampa de luzes em palcos; conjunto de luzes e refletores ligados em um mesmo fio; pop. conserto, arranjo provisório.

ga.me.la sf. Grande vasilha de madeira; bras. mentira.

ga.na sf. Grande vontade para qualquer coisa; ímpeto; ódio.

ga.nân.cia sf. Avidez de ganho, de lucro.

ga.nan.ci.o.so adj. Ambicioso de lucros, dinheiro.

gan.cho sm. Anzol.

gan.dai.a sf. Vadiagem; ociosidade; farra; divertimentos noturnos.

gan.gor.ra sf. Aparelho de divertimento infantil, que consta de uma tábua longa e estreita, apoiada ao meio por um eixo, sobre o qual oscilam horizontalmente suas extremidades.

gan.gre.na sf. Morte de tecido ou órgão; fig. corrupção moral.

gan.gre.nar vt. Produzir gangrena em; perverter.

gângs.ter sm. Indivíduo que faz parte de um grupo de malfeitores; bandido; mafioso.

gan.gue sf. Turma; grupo; patota; quadrilha; bando de malfeitores.

ga.nha-pão sm. Trabalho ou instrumento que garante a subsistência.

ga.nhar vt. Adquirir; obter; lucrar; vencer.

ga.nho sm. Ato de ganhar; lucro; proveito; vantagem.

ga.ni.do sm. Uivo lamentoso de cães.

ga.nir vi. Gemer como os cães.

ga.ra.gem sf. Abrigo de automóveis; estabelecimento onde se alugam ou consertam automóveis.

ga.ran.ti.a sf. Caução; fiança; penhor; abonação.

ga.ran.tir vt. Afiançar; afirmar; asseverar.

ga.ra.pa sf. Caldo de cana.

ga.ra.tu.ja sf. Desenho ou letra malfeitos; rabisco.

ga.ra.tu.jar vt. Rabiscar.

ga.ra.ve.to sm. Cavaco.

gar.bo sm. Galhardia.

gar.bo.so adj. Elegante.

gar.çó adj. Verde-azulado.

gar.çom sm. Empregado que serve à mesa ou ao balcão em restaurantes, bares, etc.

gar.ço.ne.te sf. Empregada que serve à mesa ou ao balcão em restaurantes, bares, etc.

ga.re sf. Estação, estrada de ferro.

gar.fo sm. Utensílio de mesa com três ou quatro dentes; enxerto; forquilha.

gar.ga.lha.da sf. Risada espalhafatosa, estentórea.

gar.ga.lhar vi. Soltar, dar gargalhadas.

gar.ga.lo sm. Colo de garrafa.

gar.gan.ta sf. Parte interna do pescoço; adj. e s.2g. pessoa jactanciosa.

gar.ga.re.jar vt. Agitar na boca um líquido.

gar.ga.re.jo sm. Ato de gargarejar.

ga.ri sm. Varredor de ruas.

ga.rim.par vi. Procurar pedras ou metais preciosos.

ga.rim.pei.ro sm. Aquele que procura pedras ou metais preciosos.

ga.rim.po sm. Região onde se exploram pedras ou metais preciosos; povoado habitado por garimpeiros.

gar.na.cha sf. Toga.

gar.ni.men.to sm. Enfeite.

ga.ro.a sf. Chuvisco.

ga.ro.ar vi. Chuviscar.

ga.ro.tar vi. Vadiar.

ga.ro.to adj. Travesso; sm. rapaz vadio; menino.

gar.ra sf. Unha aduncea.

gar.ra.fa sf. Vaso com gargalo estreito usado para conter líquidos.

gar.ra.fal adj. Que tem forma de garrafa; graúdo.

gar.ra.fão sm. Grande garrafa.

gar.rar vi. Ficar à mercê (navio) de ondas.

gar.ri.di.ce sf. Apuro no trajar; janotismo; fig. elegância.

gar.ri.do adj. Elegante; janota; alegre; vivo.

gar.rir vi. Chilrear; tagarelar; folgar.

gar.ru.cha sf. Pistola de carregar pela boca.

gar.ru.lar vi. Tagarelar.

gár.ru.lo adj. e sm. Tagarela; prosa.

ga.ru.pa sf. Anca do cavalo; lugar ou espaço atrás da sela ou do selim.

gás sm. Fluido aeriforme, que enche uniformemente qualquer espaçoem se encerre.

ga.sei.fi.car vt. Reduzir(-se) a gás.

ga.so.du.to sm. Tubulação destinada a conduzir a grandes distâncias produtos gasosos.

ga.so.gê.nio sm. Aparelho para produzir gás.

ga.so.li.na sf. Éter líquido de petróleo.

ga.sô.me.tro sm. Aparelho para medir gás; reservatório de gás para iluminação.

ga.so.so adj. Que tem a natureza do gás.

gas.ta.dor adj. e sm. Esbanjador; perdulário.

gas.tar vt. Despender; consumir; deteriorar pelo uso.

gas.to sm. Consumo; adj. usado.

gás.tri.co *adj.* Relativo ao estômago.

gas.trô.no.mo *sm.* O que gosta de boas iguarias.

gas.tu.ra *sf.* Comichão; irritação.

ga.ta *sf.* Fêmea do gato.

ga.ta.fu.nhos *sm. pl.* Garatujas.

ga.tar.rão *sm.* Gato grande.

ga.ti.lho *sm.* Peça dos fechos das armas de fogo, para fazê-las disparar.

ga.ti.nhar *vi.* Engatinhar.

ga.ti.nhas *el. sf. us. na loc. andar de gatinhas:* engatinhar.

ga.to *sm.* Mamífero doméstico, carnívoro, da família do felídeos; indivíduo esperto, ágil; *bras.* grampo telefônico; *bras.* erro tipográfico; *bras. gír.* homem muito bonito, galã; ladrão, gatuno.

ga.to-pin.ga.do *sm.* Cada um dos raros espectadores, ouvintes, alunos, etc. que participam de algum espetáculo, reunião, etc.

ga.to-sa.pa.to *sm.* Coisa desprezível; *fazer gato-sapato de:* fazer alguém de joguete; tratar alguém com pouco caso.

ga.tu.nar *vt. e i.* Furtar.

ga.tu.no *sm. e adj.* Larápio.

ga.ú.cho *adj. e sm.* Natural do estado do Rio Grande do Sul.

gau.dé.rio *sm.* Folgança; malandro; vadio.

gáu.dio *sm.* Júbilo; alegria.

ga.ve.ta *sf.* Caixa corrediça, sem tampa, que se encaixa em mesa, prateleira, etc.

ga.vi.ão *sm.* Ave falconiforme de rapina.

gay *adj.* e *s.2g.* Guei.

ga.ze *sf.* Tecido leve.

ga.ze.ar *vi.* Faltar à aula para vadiar; cabular.

ga.ze.ta *sf.* Jornal; ato de faltar às aulas.

ga.ze.tei.ro *sm.* Vendedor de jornais; gazeador.

ga.zu.a *sf.* Chave falsa.

ge.a.da *sf.* Orvalho congelado.

ge.ar *vt.* Congelar; *vi.* cair geada.

ge.ba *sf.* Corcunda.

ge.bo *adj.* Corcunda; maltrajado; *sm.* zebu.

ge.e.na *sf.* Inferno.

gel *sm.* Substância gelatinosa resultante da coagulação de um líquido coloidal.

ge.la.dei.ra *sf.* Refrigerador.

ge.la.do *adj.* Muito frio; *sm.* sorvete.

ge.lar *vt.* Congelar.

ge.la.ti.no.so *adj.* Pegajoso.

ge.léi.a *sf.* Alimento feito de frutas cozidas com açúcar, que depois de frio toma consistência gelatinosa.

ge.lei.ra *sm.* Grande massa de gelo em montanhas.

gé.li.do *adj.* Muito frio; insensível.

ge.lo *sm.* Água congelada.

ge.ma *sf.* Rebento; parte central e amarela do ovo das aves; pedra preciosa.

ge.ma.da *sf.* Gemas de ovo, batidas com açúcar até formar um creme.

ge.me.bun.do *adj.* Gemente.

ge.men.te *adj.* Que geme.

gê.meo *adj.* e *sm.* Que, ou aquele que nasceu do mesmo parto; igual.

ge.mer *vt.* Exprimir dor física ou moral por meio de gemidos; lastimar.

ge.mi.do *sm.* Lamento doloroso.

ge.mi.na.do *adj.* Duplicado.

ge.mi.nar *vt.* Duplicar (letras consoantes).

ge.ne.bra *sf.* Espécie de aguardente a que se acrescentam os frutos do zimbro.

ge.ne.ral *sm.* Oficial militar de graduação imediatamente superior à de coronel; chefe; comandante.

ge.ne.ra.li.da.de *sf.* Qualidade daquilo que é geral.

ge.ne.ra.li.za.ção *vt.* Ato de generalizar; vulgarização.

ge.né.ri.co *adj.* Geral.

gê.ne.ro *sm.* Conjunto de seres que entre si têm semelhanças; *p. ext.* qualquer grupo de objetos, fatos, pessoas, que tenham características em comum; qualidade, tipo, ordem, casta; gênero, modo, estilo; unidade taxionômica; *pl.* mercadorias.

ge.ne.ro.si.da.de *sf.* Qualidade do que é generoso.

ge.ne.ro.so *adj.* Que gosta de dar; que perdoa com facilidade; nobre; leal.

gen.gi.bre *sm.* Planta da família das zingiberáceas de propriedades medicinais.

gen.gi.va *sf.* Tecido fribromuscular que guarnece as arcadas dentárias.

ge.ni.al *adj.* Dotado de gênio; excelente, ótimo.

ge.ni.a.li.da.de *sf.* Qualidade de genial, de grande talento.

gê.nio *sm.* Talento inventivo; *pop.* irascibilidade.

ge.ni.o.so *adj.* Que tem mau gênio.

ge.ni.tal *adj.* Relativo à reprodução dos animais, ou aos órgãos sexuais.

gê.ni.to *adj.* Gerado; inato.

ge.ni.tor *sm.* O pai.

ge.ni.tu.ra *sf.* Raça; origem.

gen.ro *sm.* O marido da filha.

gen.ta.lha *sf.* Ralé; plebe.

gen.te *sf.* População.

gen.til *adj.* Nobre; cavalheiresco; esbelto, elegante; amável.

gen.ti.le.za *sf.* Caráter do que é gentil; graça; amabilidade.

gen.ti.o *sm.* Pagão; índio; incivilizado; idólatra.

ge.nu.fle.tir *vi.* Dobrar o joelho; ajoelhar(-se).

ge.nu.fle.xão *sf.* Ação de ajoelhar-se.

ge.nu.fle.xo *adj.* Ajoelhado.

ge.nu.í.no *adj.* Puro; legítimo.

ge.o.gra.fi.a *sf.* Ciência que se ocupa do estudo da superfície da Terra.

ge.o.grá.fi.co *adj.* Relativo à geografia.

ge.o.lo.gi.a *sf.* Ciência que se ocupa do estudo da formação da Terra.

ge.o.ló.gi.co *adj.* Relativo à geologia.

ge.ô.me.tra *s.2g.* Matemático especialista em geometria.

ge.o.me.tri.a *sf.* Ciência que estuda a medida das linhas, das superfícies e dos volumes.

ge.o.po.lí.ti.ca *sf.* Geografia política.

ge.ra.ção *sf.* Função pela qual se reproduzem os seres organizados.

ge.ral *adj.* Comum.

ge.rar *vt.* Criar; produzir; formar; fecundar.

ge.rên.cia *sf.* Administração.

ge.ren.te *adj.* e *s.2g.* Que, ou pessoa que administra negócios, bens, etc.

ge.rin.gon.ça *sf.* Coisa malfeita; calão; gíria.

ge.rir *vt.* Administrar.

ger.me ou **gér.men** *sm.* Embrião; parte da semente que originará a planta; micróbio; origem; causa; motivo.

ger.mi.na.ção *sf.* Desenvolvimento do germe.

ger.mi.nar *vi.* Começar a semente a desenvolver-se; nascer; *vt.* dar causa, princípio a.

ges.sar *vt.* Revestir com gesso; engessar.

ges.so *sm.* Sulfato de cálcio hidratado.

ges.ta *sf.* Façanhas, feitos guerreiros, história, acontecimento histórico.

ges.ta.ção *sf.* Gravidez.

ges.tan.te *sf.* Mulher grávida.

ges.tão *sf.* Administração.

ges.ti.cu.la.do *adj.* Indicado, expresso por gestos.

ges.ti.cu.lar *vi.* Fazer, exprimir-se por gestos.

ges.to *sm.* Movimento de braços e mãos.

ges.tor *sm.* Gerente.

gi.ba *sf.* Corcunda.

gi.bão *sm.* Espécie de casaco curto; veste de couro dos vaqueiros.

gi.bi *sm.* Revista, em geral infanto-juvenil, em quadrinhos.

gi.bo.so *adj.* Corcovado.

gi.gan.te *sm.* Homem de estatura descomunal.

gi.gan.tes.co *adj.* Relativo a gigante; colossal.

gi.le.te *sf.* Lâmina descartável de aparelho de barbear; esse aparelho; indivíduo bissexual.

gil.vaz *sm.* Golpe ou cicatriz no rosto.

gim *sm.* Aguardente de cereais (trigo, cevada ou aveia) ou malte, aromatizada com zimbro.

gi.na.si.al *adj.* Concernente a ginásio.

gi.ná.sio *sm.* Liceu; colégio; escola secundária; lugar onde se pratica a ginástica.

gi.nás.ti.ca *sf.* Exercício físico para fortificar o corpo.

gi.ne.ceu *sm.* Órgãos femininos da flor.

gi.ne.te *sm.* Cavalo de boa raça; cavaleiro bom.

gin.gar *vi.* Bambolear-se.

gíp.seo *adj.* Feito de gesso.

gip.si.ta *sf.* Gesso.

gi.ra *adj.* e *sm. pop.* Maluco.

gi.ra.fa *sf.* Mamífero ruminante, de pescoço muito longo.

gi.rân.do.la *sf.* Conjunto de fogos de artifício agrupados numa roda ou travessão para serem detonados juntos ou simultaneamente.

gi.rar *vi.* Mover-se circularmente; vaguear.

gi.ra.tó.rio *adj.* Circulatório.

gí.ria *sf.* Calão; geringonça.

gi.ro *sm.* Volta, rotação, circuito; rodeio, circunlóquio; turno, vez; movimento de dinheiro num estabelecimento comercial; circulação de moeda; passeio.

gi.ta.no *sm.* Cigano.

giz *sm.* Bastonete de carbonato de cal para escrever na lousa.

gi.zar *vt.* Traçar com giz.

gla.bro *adj.* Imberbe; sem pêlos.

gla.cê *sm.* Cobertura de bolo à base de açúcar, calda de frutas, etc.; certo tipo de seda lustrosa.

gla.ci.al *adj.* Relativo a gelo.

gla.di.ar *vi.* e *p.* Digladiar.

glá.dio *sm.* Espada de dois gumes; combate.

glân.du.la *sf.* Órgão, grupo de células ou célula especializadas na produção e secreção de certos líquidos orgânicos ou elementos celulares.

glan.du.lar *adj.* Relativo a glândula.

gle.ba *sf.* Porção de terra cultivável.

gli.ce.ri.na *sf.* Líquido incolor, orgânico, viscoso.

gli.co.se *sf.* Açúcar.

glo.bal *adj.* Integral.

glo.bo *sm.* Corpo esférico; bola, a esfera terrestre.

glo.bu.lar *adj.* Esférico.

gló.bu.lo *sm.* Globo pequeno.

glo.me.rar *vt.* Aglomerar.

gló.ria *sf.* Honra; fama.

glo.ri.ar *vt.* Cobrir de glória.

glo.ri.fi.ca.ção *sf.* Exaltação.

glo.ri.fi.car *vt.* Dar glória a; honrar; beatificar; canonizar.

glo.ri.o.so *adj.* Cheio de glória; honroso; vitorioso.

glo.sa *sf.* Nota explicativa do sentido de uma palavra ou de um texto; comentário; interpretação; anotação na margem ou entrelinha; crítica.

glo.sar *vt.* Comentar; anotar.

glos.sá.rio *sm.* Vocabulário.

glos.sa.ris.ta *s.2g.* Autor de glossário; vocabulário.

glu.tão *adj.* e *sm.* Que, ou quem come muito.

glú.ten ou **glu.te** *sm.* Matéria proteínica, viscosa, encontrada na farinha dos cereais quando dela é separado o amido.

glú.teo *adj.* Concernente às nádegas.
glu.ti.nar *vt.* Colar; unir.
glu.to.na.ri.a *sf.* Vício de glutão.
gno.ma *sf.* Gnome.
gno.me *sf.* Frase que encerra um sentido moral, adágio, provérbio.
gno.mo *sm.* Ser imaginário, feio e de baixa estatura que, segundo a cabala, governa todas as riquezas da terra, ligando-se ao reino mineral.
go.dê *sm.* Corte de tecido em diagonal, ideal para confecção de saias; tigelinha usada por pintores para diluição de tinta.
go.do *sm.* Indivíduo dos godos, antigo povo da Germânia que, do séc. III ao V, invadiu os impérios romanos do Ocidente e do Oriente.
go.e.la *sf.* Entrada dos canais que põem em comunicação a boca com o estômago e os pulmões; garganta.
go.e.lar *vi.* Falar muito.
go.e.thi.a.no *adj.* Relativo a Johann Wolfgang Goethe, poeta alemão (1749-1832); *sm.* admirador e/ou profundo conhecedor da obra de Goethe.
go.gó *sm.* Pomo-de-adão.
goi.a.ba *sf.* Fruto comestível da goiabeira, muito empregado no fabrico de doce.
goi.va *sf.* Espécie de formão.
goi.vo *sm.* Flor de certa planta ornamental chamada goiveiro.
gol *sm.* Linha ou quadro que a bola, nos jogos de futebol, deve ultrapassar, como principal objetivo; meta; ponto obtido.
go.la *sf.* Colarinho.
go.le *sm.* Trago.
go.lei.ro *sm.* O jogador que defende a meta no futebol.
gol.fa.da *sf.* Jorro; jato.
gol.far *vt.* Jorrar; vomitar.
gol.fe *sm.* Esporte de origem escocesa em que uma pequena bola, impelida por um taco, entra em um dos diversos buracos abertos no campo para esse fim.
gol.fo *sm.* Parte de mar entre as terras.
gol.pe *sm.* Pancada; movimento súbito; manobra para lesar alguém.
gol.pe.ar *vt.* Dar golpes em; cortar; retalhar; açoitar.
go.ma *sf.* Cola; substância viscosa de alguns vegetais.
go.mar *vt.* Engomar; lançar gomos ou rebentos; abrolhar.
go.mil *sm.* Jarro de boca estreita.
go.mo *sm.* Rebento vegetal; partes em que se dividem os frutos.
go.mo.so *adj.* Viscoso como a goma; que tem gomos.
gôn.do.la *sf.* Barco a remos, usado em Veneza.
gon.do.lei.ro *sm.* Tripulante de gôndola.
gon.go *sm.* Disco metálico, que se faz vibrar batendo-o com uma baqueta.
go.rar *vt.* Malograr.
gor.do *adj.* Que tem muita gordura; corpulento.
gor.du.ra *sf.* Substância gorda; obesidade.
gor.du.ren.to *adj.* Que tem gordura; gorduroso.
gor.du.ro.so *adj.* Gordurento; que tem a consistência da gordura.
gor.go.lão *sm.* Borbotão.
gor.go.lar *vi.* Brotar em gorgolão.
gor.go.le.jar *vi.* Produzir o ruído do gargarejo.
gor.go.le.jo *sm.* Ato de gorgolejar, gorgolar.
gor.go.re.jo *sm.* Som gutural.
gor.ja *sf.* Garganta; *pop.* gorjeta.
gor.je.ar *vi.* Trilar; cantar.
gor.jei.o *sm.* Trinado; chilreio.
gor.je.ta *sf.* Gratificação em dinheiro; donativo; esmola.
go.ro *adj.* Que gorou.
gor.ra *sf.* Carapuça.
gor.ro *sm.* Espécie de boina.
gos.ma *sf. pop.* Escarro.
gos.mar *vt.* Escarrar.
gos.tar *vi.* Simpatizar; *vt.* gozar; provar.
gos.to *sm.* Paladar; sabor; prazer; simpatia.
gos.to.so *adj.* Saboroso.
gos.to.su.ra *sf.* Prazer intenso.
go.ta *sf.* Pingo; lágrima; doença caracterizada por dores nas juntas.
go.tei.ra *sf.* Fenda no telhado por onde entra água quando chove; aparelho para imobilizar um membro.
go.te.jan.te *adj.* Que goteja.
go.te.jar *vt.* Cair em gotas.
gó.ti.co *adj.* Relativo aos godos; *sm.* estilo arquitetônico caracterizado pelo formato ogival das abóbadas e arcos; tipo de letra; estilo de literatura fantástica e sobrenatural, principalmente inglesa, do séc. XVIII.
go.ver.na.do *adj.* Dirigido.
go.ver.na.dor *adj.* e *sm.* Que, ou aquele que governa.
go.ver.na.men.tal *adj.* Relativo a governo.
go.ver.nan.ta *sf.* Mulher que dirige a casa de outrem; ama-seca.
go.ver.nan.te *adj.* e *s.2g.* Que, ou pessoa que governa.
go.ver.nar *vt.* Dirigir; administrar; *vp.* manter-se; controlar-se.
go.ver.no *sm.* Administração; autoridade.
go.za.do *adj. bras.* Engraçado; divertido; agradável.
go.zar *vt.* Desfrutar; *vi.* divertir-se; ter prazer.
go.zo *sm.* Satisfação; prazer.
gra.ça *sf.* Favor; perdão; dito espirituoso; atrativo; elegância; dom sobrenatural; ajuda divina.
gra.ce.jar *vi.* Dizer gracejos.
gra.ce.jo *sm.* Graça; pilhéria.
grá.cil *adj.* Delgado; fino.
gra.ci.o.so *adj.* Elegante; gentil; galante.

gra.ço.la *sf.* Gracejo.

gra.da.ção *sf.* Aumento ou diminuição gradual.

gra.da.ti.vo *adj.* Gradual.

gra.de *sf.* Armação de madeira ou metal para resguardar ou vedar algum lugar; *pl.* cadeia, prisão.

gra.dil *sm.* Pequena grade que cerca um recinto.

gra.do *sm.* Vontade, consentimento; *adj.* graúdo; importante.

gra.du.a.ção *sf.* Ato de graduar.

gra.du.al *adj.* Que aumenta ou diminui por graus.

gra.du.ar *vt.* Regular; *vp.* tomar grau universitário.

gra.far *vt.* Escrever; ortografar.

gra.fi.a *sf.* Escrita; ortografia.

grá.fi.ca *sf.* Arte de grafar os vocábulos; oficina de artes gráficas.

grá.fi.co *adj.* Descrito com figuras; *sm.* representação.

gra.fi.ta *sf.* Variedade de carbono, mole, negro, empregado na fabricação de lápis.

gra.fi.te *sf.* Grafita; lápis para desenho; desenhos, letras, palavras executadas em muros, paredes de prédios, etc., com caráter decorativo, de protesto ou obsceno

grã-fi.nís.mo *sm.* Qualidade ou condição de grã-fino; ato ou hábito de grã-fino; o grupo dos grã-finos.

grã-fi.no *sm.* Indivíduo rico, de hábitos requintados.

gral *sm.* Pilão.

gra.lhar *vi.* Grasnar; tagarelar; palrar.

gra.ma *sf.* Planta rasteira forrageira, ornamental, etc.; *sm.* unidade de massa do sistema CGS, equivalente a um milésimo do quilograma.

gra.ma.do *adj.* Terreno relvado.

gra.má.ti.ca *sf.* Estudo dos fatos da linguagem.

gra.ma.ti.cal *adj.* Relativo à gramática.

gram.pe.ar *vt.* Prender com grampos; prender; deter; imobilizar a vítima para que o outro a roube; roubar; furtar; colocar dispositivo para interceptar ligações telefônicas.

gram.po *sm.* Pequena presilha para o cabelo; *gír.* dispositivo para escuta clandestina de ligações telefônicas.

gra.na *sf. gír.* Dinheiro.

gra.na.da *sf.* Bomba pequena; espécie de pedra semipreciosa.

gran.de *adj.* Vasto; comprido; crescido; poderoso; bom.

gran.de.vo *adj.* De muita idade.

gran.de.za *sf.* Magnitude; vastidão; ostentação.

gran.di.lo.qüên.cia *sf.* Capacidade de se exprimir com linguagem nobre, pomposa.

gran.dí.lo.quo *adj.* Eloqüente.

gran.di.o.si.da.de *sf.* Qualidade daquilo que é grandioso.

gran.di.o.so *adj.* Sublime; pomposo; magnificente; nobre.

gran.do.te *adj.* Um tanto grande.

gra.nel *sm.* Celeiro; tulha; *el. sm. da loc adv. a granel:* em grande quantidade; não ensacado nem encaixotado.

gra.ní.ti.co *adj.* Que tem a natureza do granito.

gra.ni.to *sm.* Rocha magmática muito dura.

gra.ní.vo.ro *adj.* Que se alimenta de grãos.

gra.ni.zo *sm.* Saraiva; chuva de pedra.

gran.ja *sf.* Sítio de pequena cultura; chácara.

gran.je.ar *vt.* Cultivar; adquirir; conquistar.

gran.jei.ro *sm.* O que cuida da granja; chacareiro; caseiro.

gra.nu.la.ção *sf.* Ato de granular; redução a grânulos

gra.nu.la.do *adj.* Composto de grânulos.

gra.nu.lar *vt.* Reduzir a grânulos; *adj.* composto de grãos ou grânulos.

grâ.nu.lo *sm.* Pequeno grão.

gra.nu.lo.so *adj.* Formado, coberto de grânulos.

grão *sm.* Semente de cereais; *adj.* grande.

gras.nar *vi.* Crocitar; vozear.

gras.sar *vi.* Alastrar-se.

gras.so *adj.* Gorduroso.

gra.ti.dão *sf.* Reconhecimento; agradecimento.

gra.ti.fi.ca.ção *sf.* Remuneração; retribuição de serviço extraordinário; gorjeta.

gra.ti.fi.car *vt.* Dar gratificação, gorjeta.

grá.tis *adv.* e *adj.* Gratuitamente; de graça.

gra.to *adj.* Agradecido.

gra.tui.da.de *sf.* Qualidade daquilo que é gratuito.

gra.tui.to *adj.* Dado ou feito de graça; espontâneo; infundado; sem razão.

gra.tu.la.tó.rio *adj.* Em que se manifesta gratidão.

grau *sm.* Cada uma das 360 partes iguais em que se divide a circunferência do círculo; passo, gradação; divisão de escalas; posição; classe categoria; ordem; unidade de temperatura; título obtido ao se completar a universidade.

gra.ú.do *adj.* Grande; crescido.

gra.va.ção *sf.* Ato de gravar.

gra.va.dor *adj.* e *sm.* Que, ou aquele que grava; artista que faz gravuras; aparelho que grava sons.

gra.va.me *sm.* Encargo; ônus.

gra.var *vt.* Esculpir; fazer com que o som fique gravado em discos, fitas; fixar na memória; vexar.

gra.va.ta *sf.* Tira de pano que se ata em volta do pescoço.

gra.ve *adj.* Pesado; sério, circunspecto; baixo (som).

gra.ve.to *sm.* Pedaço de lenha miúda.

gra.vi.da.de *sf.* Atração que a Terra exerce sobre os corpos; sisudez; profundidade; circunstância perigosa;.

gra.vi.dez *sf.* Estado da mulher durante o período de gestação.

grá.vi.do *adj.* Que se encontra em estado de gravidez.

gra.vi.ta.ção *sf.* Ação de gravitar; atração celeste.

gra.vi.tar *vt.* Tender para o centro pela força de gravidade.

gra.vo.so *adj.* Oneroso.

gra.vu.ra *sf.* Estampa.

gra.xa sf. Pasta lubrificante.

gra.xo adj. Oleoso.

gre.co-la.ti.no *adj.* Relativo aos gregos e latinos, ou ao grego e ao latim.

gre.co-ro.ma.no *adj.* Comum aos gregos e aos romanos.

gre.da sf. Sedimento argiloso de cor clara.

grei sf. Rebanho de gado miúdo; *fig.* sociedade.

gre.lha sf. Grade de ferro para assar substâncias comestíveis.

gre.lhar *vt.* Assar na grelha.

grê.mio sm. Corporação.

gre.ná *adj.* Que tem a cor da granada (pedra semipreciosa); cor arroxeada; *sm.* essa cor.

gre.nha *sf.* Crina do leão; cabelo em desalinho.

gre.nhu.do *adj. bras.* Que tem cabeleira abundante e desalinhada.

gre.ta sf. Fenda.

gre.ta.do *adj.* Rachado.

gre.ve sf. Acordo entre empregados, estudantes, funcionários, etc, para que suas atividades sejam suspensas até que atendam suas reivindicações.

gre.vis.ta *s.2g.* Pessoa que promove greve ou adere a ela.

gri.far *vt.* Frisar; sublinhar.

gri.fe sf. Marca de confecção.

gri.fo sm. Letra inclinada, itálico; animal lendário com cabeça de águia e garras de leão; certo tipo de chave de cano.

gri.lei.ro *sm.* Aquele que procura apossar-se de terra(s) alheia(s) mediante falsas escrituras de propriedade.

gri.lhe.ta *sm.* Forçado; grande anel de ferro.

gri.lo sm. Nome comum de insetos da família dos grilídeos; *gír.* grande preocupação ou cisma; idéia fixa; obsessão; terreno cuja escritura de propriedade é falsa; complicação; confusão; problema.

grim.pa sf. Auge.

grim.par vi. Investir; subir.

gri.nal.da *sf.* Diadema.

grin.go sm. Estrangeiro, em especial o de tipo alourado ou arruivado.

gri.pal adj. Relativo a gripe.

gri.par-se vp. Ser atacado de gripe; resfriar-se.

gri.pe sf. Moléstia contagiosa caracterizada por febre, dores de cabeça, inflamação das vias respiratórias, inapetência, etc.; influenza.

gri.sa.lho *adj.* Mistura de branco e preto ou louro e branco (cabelo).

gri.sar *vi.* Acinzentar-se.

gri.tan.te *adj.* Que grita; que chama a atenção; berrante; que se destaca.

gri.tar *vt. e i.* Soltar gritos; pedir socorro; reclamar.

gri.ta.ri.a *sf.* Barulho.

gri.to sm. Brado; clamor.

gro.gue sm. Bebida alcoólica misturada com açúcar, casca de limão e água quente; *adj.* cambaleante; tonto como bêbado.

gro.sa sf. Doze dúzias.

gros.sei.rão *adj. e sm.* Estúpido, sem educação.

gros.sei.ro *adj.* Rude; áspero; indelicado; incivil.

gros.se.ri.a *sf.* Impolidez.

gros.so adj. De grande diâmetro ou volume; deseducado; grosseiro, denso; consistente; grave; abundante; espesso.

gros.su.ra *sf.* Espessura.

gro.ta sf. Vale profundo.

gro.tes.co *adj.* Ridículo.

gru.da.do *adj.* Pegado; unido; ligado com grude.

gru.dar *vt.* Ligar; unir.

gru.de sm. Espécie de cola; *pop.* refeição.

gru.lhar *vi.* Palrar.

gru.me.te *sm.* Ajudante de marinheiro.

gru.mo sm. Grânulo.

gru.nhi.do *sm.* Voz do porco ou do javali.

gru.nhir *vt.* Soltar vozes que lembram a do porco ou do javali; soltar grunhidos (o porco ou o javali).

gru.par *vt.* Reunir; ajuntar.

gru.po sm. Reunião de pessoas ou coisas; ajuntamento.

gru.ta sf. Caverna; antro.

gua.che sm. Preparado de substâncias corantes dissolvidas em água e goma; quadro pintado com esse preparado.

guai.ar *vi.* Queixar-se.

gual.dir *vt. fam.* Comer; gastar.

gua.po adj. Corajoso; esbelto.

gua.ra.ná *sm.* Planta nativa do Brasil, da família das sapindáceas, de cujas sementes se faz uma pasta comestível rica em cafeína e tanino; bebida refrigerante feita com o pó dessa planta.

gua.ra.ni *sm.* Índio do Brasil; língua dos guaranis.

guar.da *sf.* Vigilância; proteção; *sm.* vigia.

guar.da-chu.va *sm.* Pequeno abrigo portátil para resguardar da chuva ou do sol.

guar.da-cos.tas *sm. 2n.* Navio que vigia a costa para evitar contrabandos; pessoa que acompanha uma pessoa para defendê-la de agressões; capanga.

guar.da-li.vros *s.2g. e 2n.* Contador.

guar.da-lou.ça *sm.* Armário para guardar louças.

guar.dar *vt.* Conservar; proteger, defender, resguardar; pôr em lugar adequado; acondicionar; arrecadar; ocultar; *vp.* abster-se; acautelar-se.

guar.da-rou.pa *sm.* Armário onde se guarda a roupa; conjunto do vestuário de uma pessoa, de um grupo (teatral, etc.) ou de uma instituição; o encarregado do guarda-roupa de um teatro, de uma instituição, etc.

guarda-sol *sm.* Guarda-chuva, pára-sol.

gua.ri.da *sf.* Covil de feras; *fig.* abrigo, refúgio; proteção.

gua.ri.ta *sf.* Abrigo de sentinelas.

guar.ne.cer *vt.* Prover do necessário; adornar.

guar.ni.ção *sf.* Tudo que guarnece ou enfeita.

guas.ca *sf.* Correia de couro cru; chicote.

gue.de.lho *sm.* Cabelo desgrenhado e comprido.

guei *adj.* e *s.2g.* Homossexual masculino.

guei.xa *sf.* Jovem educada como dançarina e cantora, em cerimônia do chá, etc. e que entretém a clientela de certos estabelecimentos públicos no Japão.

guel.ra *sf.* Brânquias.

guer.ra *sf.* Luta armada entre nações; conflito; hostilidade.

guer.re.ar *vt.* Fazer guerra a; hostilizar; *vi.* combater.

guer.rei.ro *adj.* Combativo; belicoso; *sm.* soldado.

guer.ri.lha *sf.* Luta de tocaia por iniciativa de pequeno corpo irregular de voluntários.

guer.ri.lhei.ro *sm.* Participante ou chefe de guerrilha.

gue.to *sm.* Nome que recebia o bairro, em certas cidades européias, onde os judeus eram obrigados a viver, durante o nazismo; bairro onde se concentram grupos marginalizados pela sociedade, por imposições econômicas e/ou raciais.

gui.a *sf.* Ação ou efeito de guiar; documento que acompanha mercadoria e lhe confere trânsito livre; documento que acompanha a correspondência oficial; *sm.* indivíduo que guia outros; cicerone; livro que informa sobre uma cidade; manual prático de instrução; roteiro.

gui.ar *vt.* Encaminhar; aconselhar; dirigir; governar.

gui.chê *sm.* Portinhola em parede, porta, etc., por onde o público se comunica com funcionários de repartição pública, banco, bilheteria, etc.

gui.dão ou **gui.dom** *sm.* Barra de direção das bicicletas.

gui.lho.ti.na *sf.* Antigo instrumento de decapitação para os condenados à morte; aparelho para cortar papéis.

gui.lho.ti.nar *vt.* Decapitar com a guilhotina.

guin.cha.men.to *sm. bras.* Ação de guinchar.

guin.char *vi.* Dar guinchos; *vt. bras.* puxar ou arrastar veículos com um pequeno guindaste (guincho).

guin.cho *sm.* Som agudo e inarticulado; veículo provido de guindaste para puxar carros.

guin.dar *vt.* Içar; levantar.

guin.das.te *sm.* Aparelho para levantar pesos.

gui.sa *sf.* Modo; maneira.

gui.sa.do *sm.* Preparação culinária que leva temperos refogados e carne; picadinho.

gui.sar *vt.* Cozinhar; preparar.

gui.tar.ra *sf.* Instrumento musical de cordas.

gui.zo *sm.* Pequena esfera oca de metal contendo bolinhas para produzir som ao serem agitadas.

gu.la *sf.* Vício de comer ou beber em excesso.

gu.lo.di.ce *sf.* Doce ou qualquer iguaria muito apetitosa; gula.

gu.lo.sei.ma *sf.* Gulodice.

gu.lo.so *adj.* Que tem o vício da gula; glutão.

gu.me *sm.* O lado afiado de uma lâmina; *fig.* agudeza; perspicácia.

gu.ri *sm.* Criança.

gus.ta.ti.vo *adj.* Concernente ao sentido do gosto.

gu.tu.ral *adj.* Relativo à garganta; (som) produzido na garganta.

H

h *sm.* Oitava letra do alfabeto.

ha.be.as-cor.pus *sm.* Garantia constitucional outorgada em favor de quem sofre ou está na iminência de sofrer coação ou violência de sua liberdade de locomoção por ilegalidade ou abuso de poder.

há.bil *adj.* Destro; inteligente.

ha.bi.li.da.de *sf.* Capacidade.

ha.bi.li.do.so *adj.* Destro; hábil.

ha.bi.li.ta.ção *sf.* Aptidão.

ha.bi.li.ta.do *adj.* Apto; capaz.

ha.bi.li.tar *vt.* Tornar apto.

ha.bi.ta.ção *sf.* Residência.

ha.bi.tar *vi.* Residir; morar; viver.

há.bi.tat *sm.* Lugar de vida de um organismo; características ecológicas do lugar específico habitado por um organismo ou população.

ha.bi.tá.vel *adj.* Que pode ser habitado.

ha.bi.te-se *sm.* Documento fornecido pelo poder municipal autorizando ocupação e uso de edifício recém-concluído ou reformado.

há.bi.to *sm.* Costume, uso; vestimenta de frade ou freira.

ha.bi.tu.al *adj.* Usual; freqüente; vulgar; comum.

ha.bi.tu.ar *vt.* Acostumar; exercitar; *vp.* acostumar-se.

há.li.to *sm.* Ar expirado; cheiro; exalação.

ha.lo *sm.* Auréola.

hal.te.re *sm.* Instrumento para ginástica constituído de duas esferas de ferro ligadas por uma haste do mesmo metal, para serem seguradas com facilidade pela mão.

hal.te.ro.fi.lis.mo *sm.* Ginástica praticada com halteres; o gosto por esse esporte.

ham.búr.guer *sm.* Massa de carne moída temperada com cebola, salsa, mostarda, etc., ligada com ovo, com formato arredondado, para ser frita.

han.gar *sm.* Abrigo fechado para aviões.

han.se.ni.a.no *adj. e sm.* Leproso; morfético.

ha.ra.qui.ri *sm.* Maneira japonesa de suicídio, em que se rasga o ventre com faca ou sabre.

ha.ras *sm. 2n.* Estância onde se criam cavalos.

hardware *sm.* Os componentes de um computador.

ha.rém *sm.* Parte da habitação do sultão reservada às odaliscas; o conjunto das odaliscas; bordel.

har.mo.ni.a *sf.* Concórdia; acordo; ordem.

har.mô.ni.ca *sf.* Acordeão.

har.mô.ni.co *adj.* Coerente; proporcionado.

har.mô.nio *sm.* Pequeno órgão portátil; instrumento musical de teclado.

har.mo.ni.o.so *adj.* Que tem harmonia, melodia.

har.mo.ni.zar *vt.* Pôr em harmonia; conciliar.

har.pa *sf.* Instrumento musical de cordas.

har.to *adj.* Forte.

has.ta *sf.* Lança; pique; leilão.

has.te *sf.* Pau de bandeira; chifre; caule.

has.te.ar *vt.* Içar; desfraldar.

hau.rir *vt.* Esgotar; aspirar.

haus.to *sm.* Gole; sorvo.

ha.ver *vt.* Ter; possuir; obter; existir; sentir; experimentar; acontecer; considerar; julgar; existir; *vp.* comportar-se; *sm.* crédito; *sm. pl.* bens, riquezas, propriedades.

ha.xi.xe *sm.* Substância entorpecente ou narcótica extraída do cânhamo.

heb.do.ma.dá.rio *adj.* Semanal; *sm.* semanário.

he.brai.co *adj.* Relativo aos hebreus; *sm.* indivíduo da raça hebraica; o idioma dos hebreus.

he.breu *adj.* Relativo aos hebreus, antigo povo judaico; *sm.* indivíduo da raça hebraica.

he.ca.tom.be *sf.* Sacrifício de muitas vítimas.

he.di.on.do *adj.* Repugnante; sórdido; depravado; sinistro; pavoroso; horrendo.

he.ge.mo.ni.a *sf.* Supremacia de um povo sobre outro.

hé.gi.ra *sf.* Período maometano iniciado com a fuga de Maomé de Meca para Medina, em 662; fuga.

he.lê.ni.co *adj.* Concernente aos helenos, povo da antiga Grécia.

he.le.nis.ta *s.2g.* Pessoa versada em grego, em estudos de coisas gregas antigas.

he.le.no *adj. e sm.* Grego.

hé.li.ce *s.2g.* Linha traçada em forma de um cilindro; peça propulsora do avião ou do navio; espiral.

he.li.coi.dal *adj.* Em forma de hélice.

he.li.cóp.te.ro *sm.* Aparelho de aviação, cujo órgão sustentador é constituído por hélices de eixo vertical.

he.li.o.gra.fi.a *sf.* Descrição do Sol; processo de gravar por meio de decalque fotográfico de desenhos a traço, plantas, mapas, etc; forma de gravar pela utilização da luz do Sol.

he.li.o.grá.fi.co *adj.* Concernente à heliografia.

he.li.os.có.pio *sm.* Instrumento para observação do Sol.

he.lio.te.ra.pi.a *sf.* Tratamento de doenças pela luz solar.

he.li.por.to *sm.* Campo de pouso e partida, ou estação de helicópteros.

hem *interj.* Que diz? Como?

he.má.cia *sf.* Glóbulo vermelho do sangue.

he.ma.to.fo.bi.a *sf.* Horror a sangue.

he.ma.tó.fo.bo *sm.* Que tem horror a sangue.

he.me.ra.lo.pi.a *sf.* Cegueira noturna; dilatação e imobilidade da pupila.

he.mi.ple.gi.a *sf.* Paralisia de um dos lados do corpo.

he.mis.fé.rio *sm.* Cada uma das duas metades do globo terrestre.

he.mo.fi.li.a *sf.* Doença hereditária, que atinge apenas o sexo masculino, e se manifesta sob a forma de hemorragias profusas.

he.mo.fí.li.co *adj.* e *sm.* Que tem hemofilia.

he.mop.ti.se *sf.* Expectoração de sangue.

he.mor.ra.gi.a *sf.* Derramamento de sangue.

he.na *sf.* Substância corante obtida das folhas de certa planta e empregada na preparação de xampus e tintas para cabelos.

he.pá.ti.co *adj.* Concernente ao fígado.

he.pa.ti.te *sf.* Inflamação do fígado.

he.rál.di.ca *sf.* Arte ou ciência dos brasões.

he.rál.di.co *adj.* Relativo a brasões.

he.ran.ça *sf.* Legado.

her.bá.ceo *adj.* Concernente a erva.

her.bá.rio *sm.* Coleção de plantas secas para estudo.

her.bí.vo.ro *adj.* Que se alimenta de ervas.

her.cú.leo *adj.* Robusto; dotado de força prodigiosa.

hér.cu.les *sm. sing.* e *pl.* Constelação do hemisfério boreal; homem de força incomum; indivíduo valente.

her.da.de *sf.* Quinta.

her.dar *vt.* Receber por herança; legado.

her.dei.ro *sm.* Aquele que herda; legatário; sucessor.

he.re.di.tá.rio *adj.* Que se transmite de pais a filhos.

he.re.ge *adj.* e *s.2g.* Diz-se de, ou pessoa que sustenta uma heresia; ateu; apóstata.

he.re.si.a *sf.* Doutrina condenada pela Igreja Católica; opinião falsa e absurda; disparate.

he.ré.ti.co *sm.* Herege.

her.ma *sf.* Escultura de um busto.

her.ma.fro.di.ta *adj.* e *s.2g.* Diz-se do, ou o ser que reúne os caracteres e os órgãos genitais dos dois sexos; andrógino.

her.mé.ti.co *adj.* Completamente fechado; impenetrável; *fig.* de difícil compreensão.

he.rói *sm.* Homem extraordinário pelos seus feitos.

he.rói.co *adj.* Próprio de herói.

he.ro.ís.mo *sm.* Ato heróico.

her.pes *sm.* Moléstia da pele que se manifesta pela erupção de vesículas.

hertz *sm.* Unidade de freqüência equivalente a um ciclo por segundo.

her.tzi.a.no *adj.* Relativo a ondulações elétricas.

he.si.ta.ção *sf.* Indecisão.

he.si.tan.te *adj.* Indeciso.

he.si.tar *vi.* Vacilar.

he.te.ro.do.xo *adj.* Diz-se daquilo que é contrário ou diferente dos dognmas estabelecidos; herético.

he.te.ro.gê.neo *adj.* De natureza diferente.

he.te.ros.se.xu.al *adj.* Relativo à afinidade ou aos atos sexuais entre indivíduos de sexos diferentes; *s.2g.* pessoa que tem essa afinidade ou pratica esses atos.

heu.re.ca *interj.* Achei!, encontrei!

he.xa- *el. de comp.* Exprime a idéia de seis.

he.xá.go.no *adj.* Que tem seis lados e seis ângulos.

hi.a.li.no *adj.* Que se refere ao vidro; que tem a transparência ou aspecto do vidro.

hi.a.lur.gi.a *sf.* Arte de fabricar vidros.

hi.an.te *adj.* Que tem a boca aberta; faminto.

hi.ber.nal *adj.* Concernente ao inverno.

hi.ber.nar *vi.* Passar o inverno em estado de entorpecimento.

hí.bri.do *adj.* Resultante do cruzamento de espécies diferentes.

hi.dra *sf.* Serpente fabulosa; pólipo de água doce.

hi.dra.má.ti.co *adj.* Diz-se da mudança em que o comando é acionado automaticamente por um sistema hidráulico; automóvel com esse tipo de mudança.

hi.dra.tar *vt.* Tratar por água; combinar com água.

hi.dráu.li.ca *sf.* Ciência do emprego e direção de águas.

hi.dráu.li.co *adj.* Relativo à água e à hidráulica.

hi.dra.vi.ão ou **hi.dro.a.vi.ão** *sm.* Avião com flutuadores para pousar na água.

hi.dre.lé.tri.ca ou **hi.dro.e.lé.tri.ca** *sf.* Empresa de energia elétrica; usina hidrelétrica.

hi.dre.lé.tri.co ou
hi.dro.e.lé.tri.co *adj.* Que produz eletricidade por meio de força hidráulica.

hi.dro.fo.bi.a *sf.* Horror à água; raiva.

hi.dró.fo.bo *adj.* e *sm.* Atacado de hidrofobia.

hi.dro.mel *sm.* Mistura de água e mel.

hi.drô.me.tro *sm.* Aparelho para medir o consumo de água.

hi.dro.pla.no *sm.* Hidravião.

hi.dros.fe.ra *sf.* Superfície líquida do globo terrestre.

hi.dró.ti.co *adj.* Que faz suar.

hi.e.na *sf.* Mamífero carnívoro.

hi.e.rar.qui.a *sf.* Graduação de autoridade; categoria; classe.

hi.e.rár.qui.co *adj.* Conforme à hierarquia.

hi.e.rá.ti.co *adj.* Religioso.

hi.e.ró.gli.fo *sm.* Caracteres da antiga escrita egípcia.

hí.fen *sm.* Traço-de-união; traço (-) que serve para unir os elementos de palavras compostas.

hi.gi.dez *sf.* Estado de saúde perfeito.

hí.gi.do *adj.* Relativo à saúde perfeita.

hi.gi.e.ne *sf.* Asseio; limpeza.

hi.gi.e.ni.zar *vt.*

hi.gi.ê.ni.co *adj.* Saudável; limpo.

hi.grô.me.tro *sm.* Aparelho para medir a umidade do ar.

hi.gros.có.pio *sm.* Instrumento que indica a maior ou menor umidade do ar.

hi.la.re *adj.* Risonho; alegre; contente.

hi.la.ri.an.te *adj.* Que provoca riso.

hi.la.ri.da.de *sf.* Alegria; riso.

hi.la.ri.zar *vt.* Dar alegria a.

hi.léi.a *sf.* A floresta amazônica, segundo denominação de Alexander von Humboldt (1769-1859), naturalista alemão, e Aimé Goujaud Bonpland (1773-1858), naturalista francês; a Amazônia.

hi.me.neu *sm.* Casamento.

hi.no *sm.* Canto de louvor; poema musicado em honra de uma nação, instituição pública, etc.; canto; canção.

hi.pe.rá.ci.do *adj.* Muito ácido.

hi.pér.bo.le *sf. ret.* Figura que aumenta ou diminui exageradamente a verdade das coisas; exagero.

hi.per.bó.li.co *adj.* Que exagera muito.

hi.per.crí.ti.co *sm.* Censor exagerado.

hi.per.ten.são *sf.* Tensão, especialmente sangüínea, excessiva.

hi.per.tro.fi.a *sf.* Desenvolvimento anormal de um órgão.

hi.pi.a.tro *sm.* Veterinário.

hí.pi.co *adj.* Concernente a cavalos.

hi.pis.mo *sm.* Esporte de corrida de cavalos.

hip.no.se *sf.* Estado mental próximo da vigília, provocado por meios artificiais.

hip.nó.ti.co *sm.* Aquilo que produz sono.

hip.no.tis.mo *sm.* Processo de provocar o sono.

hip.no.ti.zar *vt.* Fazer cair em hipnose; fascinar.

hi.po.cri.si.a *sf.* Fingimento.

hi.pó.cri.ta *adj.* Fingido.

hi.pó.dro.mo *sm.* Pista de corridas de cavalo.

hi.pó.fa.go *adj.* Que come carne de cavalo.

hi.po.te.ca *sf.* Penhor de bens imóveis.

hi.po.te.car *vt.* Dar em hipoteca; garantir apoio.

hi.pó.te.se *sf.* Conjetura.

hi.po.té.ti.co *adj.* Concernente a hipótese.

hip.pie *s.2g.* Membro de um grupo não-conformista, caracterizado pelo rompimento com a sociedade tradicional em especial com relação à aparência pessoal e aos hábitos de vida e por um ideal de paz e amor universal.

hir.cis.mo *sm.* Cheiro desagradável que exalam as axilas.

hir.su.to *adj.* Eriçado; peludo.

hir.to *adj.* Rígido; ereto.

hís.pi.do *adj.* Hirsuto.

his.te.ri.a *sf.* Índole caprichosa; moléstia psicológica caracterizada por distúrbios nervosos, ataques, etc.

his.té.ri.co *adj.* Que se refere à histeria; afetado de histeria; *sm.* ataque histérico.

his.tó.ria *sf.* Narração metódica dos fatos políticos, sociais, econômicos e culturais notáveis na vida dos povos e da humanidade, em geral; conjunto de livros e autores que narram esses fatos; estudo da origem e desenvolvimento de uma arte ou ciência; narração; narrativa; conto; invenção; mentira; afetação; fingimento.

his.to.ri.a.dor *sm.* Aquele que se ocupa de assuntos históricos.

his.to.ri.ar *vt.* Fazer a história; contar.

his.tó.ri.co *adj.* Relativo à história; tradicional.

his.to.ri.e.ta *sf.* Conto; anedota.

his.to.ri.ó.gra.fo *sm.* Cronista.

his.tri.ão *sm.* Farsista; comediante cômico; bufão; palhaço; bobo; indivíduo ridículo, vil, abjeto.

hi.tle.ris.mo *sm.* Conjunto das doutrinas do austríaco Adolf Hitler (1889-1945) e sua influência na política.

hob.by *sm.* Atividade de recreio ou de descanso, praticada, em geral, nas horas de lazer.

ho.di.er.no *adj.* Moderno.

ho.je *adv.* No dia em que estamos; atualmente.

ho.le.ri.te *sm.* Contracheque; demonstrativo do salário a receber.

ho.lo.caus.to *sm.* Imolação da vítima através do fogo; sacrifício; expiação.

ho.lo.fo.te *sm.* Projetor elétrico; foco elétrico.

ho.mem *sm.* Ser humano do sexo masculino; *fam.* marido ou amante; a humanidade; o gênero humano.

ho.me.na.ge.ar *vt.* Prestar homenagem a.

ho.me.na.gem *sf.* Protesto de veneração e respeito.

ho.men.zar.rão *sm.* Homem de grande estatura.

ho.me.o.pa.ti.a *sf. med.* Sistema terapêutico que consiste em tratar as doenças mediante substâncias ministradas em doses diluídas infinitesimais.

ho.mi.ci.da *s.2g* Pessoa que mata um ser humano.

ho.mi.cí.dio *sm.* Assassínio.

ho.mi.nal *adj.* Relativo a homem.

ho.mi.zi.a.do *sm.* Aquele que anda fugido à justiça; *adj.* escondido.

ho.mi.zi.ar *vt.* Acoitar; esconder; *vp.* fugir à ação da justiça.

ho.mí.zio *sm.* Esconderijo.

ho.mo.ge.nei.zar ou **ho.mo.ge.ni.zar** *vt.* Igualar.

ho.mo.gê.neo *adj.* Análogo; que tem a mesma natureza ou é do mesmo gênero que outro objeto.

ho.mo.lo.gar *vt.* Confirmar por autoridade administrativa ou judiciária; aprovar; ratificar.

ho.mo.mor.fo *adj.* Que tem a mesma forma.

ho.mô.ni.mo *adj.* Que tem o mesmo nome.

ho.mos.se.xu.al *adj. s.2g.* Diz-se dos, ou os indivíduos do mesmo sexo, que praticam entre si atos sexuais.

ho.mó.to.no *adj.* Monótono.

ho.mún.cu.lo *sm.* Anão.

ho.nes.tar *vt.* Honrar.

ho.nes.ti.da.de *sf.* Honradez.

ho.nes.to *adj.* Honrado.

ho.no.rá.rio *adj.* Que dá ou recebe honras sem proventos ou' desempenho de funções; honorífico; *sm. pl.* remuneração de profissional liberal (professor, advogado, médico, etc.).

ho.no.rí.fi.co *adj.* Honroso.

hon.ra *sf.* Probidade; virtude; fama; virgindade.

hon.ra.dez *sf.* Honestidade.

hon.ra.do *adj.* Honesto.

hon.rar *vt.* Venerar; respeitar; enobrecer; dignificar.

hon.ra.ri.a *sf.* Dignidade de um cargo; distinção honrosa.

hon.ro.so *adj.* Que honra.

hó.quei *sm.* Esporte jogado com uma pequena bola sólida que é empurrada com um taco de madeira curvado numa das extremidades.

ho.ra *sf.* Vigésima quarta parte de um dia e que tem duração de 60 minutos; ensejo.

ho.rá.rio *sm.* Tabela em que se indica a hora de se cumprir certas obrigações; *adj.* relativo a horas; que se percorre no espaço de uma hora.

hor.da *sf.* Bando indisciplinado; quadrilha; malta.

ho.ri.zon.tal *adj.* Relativo a horizonte; *sf.* linha paralela ao horizonte.

ho.ri.zon.te *sm.* Círculo que fecha a esfera celeste aos olhos do observador; *fig.* futuro; perspectiva.

hor.mô.nio *sm.* Substância química produzida no organismo que tem efeito específico sobre a função de determinado órgão.

ho.rós.co.po *sm.* Prognóstico da vida de uma pessoa pela configuração dos astros.

hor.ren.do *adj.* Que horroriza; hediondo; hórrido.

hór.ri.do *adj.* Horrendo.

hor.ri.pi.lan.te *adj.* Que horroriza.

hor.ri.pi.lar *vt.* Causar arrepios; horrorizar.

hor.rí.vel *adj.* Que causa horror; horrendo.

hor.ror *sm.* Medo arrepiante, pavor.

hor.ro.ri.zar *vt.* Horripilar.

hor.ro.ro.so *adj.* Medonho.

hor.ta *sf.* Terreno onde se cultivam hortaliças.

hor.ta.li.ça *sf.* Nome genérico de legumes comestíveis.

hor.ta.ti.vo *adj.* Que exorta.

hor.te.lão *sm.* O que cultiva horta.

hor.tên.sia *sf.* Planta ornamental.

hor.ti.cul.tor *sm.* Indivíduo que cultiva hortas ou jardins.

hor.ti.fru.ti.gran.jei.ro *adj.* Diz-se dos produtos de hortas, pomares e granjas; *sm.* tais produtos.

hor.ti.gran.jei.ro *adj.* Diz-se dos produtos de hortas e granjas; *sm.* tais produtos.

hor.to *sm.* Pequena horta; jardim; *fig.* lugar de tormento.

hos.pe.da.gem *sf.* Ato de hospedar; agasalho.

hos.pe.dar *vt.* Dar hospedagem a; *vp.* tornar-se hóspede.

hos.pe.da.ri.a *sf.* Casa onde se recebem hóspedes; estalagem.

hós.pe.de *sm.* Indivíduo que vive temporariamente em casa alheia; *adj.* estranho.

hos.pí.cio *sm.* Lugar onde se recolhem loucos; casa de caridade para doentes pobres; asilo.

hos.pi.tal *sm.* Edifício onde se recolhem e tratam doentes.

hos.pi.ta.lei.ro *adj.* Que pratica hospitalidade.

hos.pi.ta.li.da.de *sf.* Ação de hospedar; bom acolhimento.

hos.pi.ta.li.zar *vt.* Converter ou internar em hospital.

hos.te *sf.* Tropa; exército.

hós.tia *sf.* Partícula de pão sem fermento, que se consagra na missa.

hos.ti.á.rio *sm.* Caixa para hóstias não consagradas.

hos.til *adj.* Adverso; agressivo.

hos.ti.li.da.de *sf.* Atitude agressiva de provocação.

hos.ti.li.zar *vt.* Tratar com hostilidade; atacar; combater.

ho.tel *sm.* Hospedaria onde se alugam quartos mobiliados com ou sem refeições.

ho.te.lei.ro *sm.* Dono de hotel; *adj.* relativo a hotéis.

HQ *sf.* Abreviatura de história em quadrinhos.

hu.lha *sf.* Carvão.

hu.ma.ni.da.de *sf.* Natureza humana; o gênero humano; benevolência.

hu.ma.nis.mo *sm.* Sistema dedicado ao estudo da ética e da natureza humana; movimento literário da Renascença baseado no cultivo e na exaltação da cultura clássica greco-romana.

hu.ma.ni.tá.rio *adj.* Bondoso.

hu.ma.ni.zar *vt.* Tornar humano; civilizar.

hu.ma.no *adj.* Relativo a homem; bondoso.

hu.mil.da.de *sf.* Modéstia; submissão; pobreza.

hu.mil.de *adj.* Modesto.

hu.mi.lha.ção *sf.* Rebaixamento; vexame; ultraje.

hu.mi.lhan.te *adj.* Aquilo que humilha, afronta; vexatório.

hu.mi.lhar *vt.* Rebaixar; vexar; *vp.* tornar-se humilde.

hu.mo *sm.* Produto de decomposição de restos vegetais acumulados no solo florestal, aos quais se juntam restos animais; tem grande importância na constituição do solo, pois é fonte de matéria orgânica para a nutrição vegetal, favorecendo, também, a estrutura do solo e retendo água; húmus.

hu.mor *sm.* Disposição de espírito; veia cômica; fluido contido num corpo organizado (sangue, linfa, bílis, etc.).

hu.mo.ra.do *adj.* Que está bem ou mal disposto.

hu.mo.ris.mo *sm.* Graça; ironia.

hu.mo.ris.ta *s.2g* Escritor humorístico.

hu.mo.rís.ti.co *adj.* Relativo a humorismo; engraçado.

hú.mus *sm.* Humo.

hún.ga.ro *adj.* Da ou pertencente ou relativo à Hungria; *sm.* o natural ou habitabte da Hungria.

hu.no *sm.* Indivíduo dos hunos, povo bárbaro da Ásia que invadiu a Europa, sob a chefia de Átila.

i *sm.* Nona letra do alfabeto.

ia.iá *sf.* Tratamento dado às meninas e às moças na época da escravidão; nhanhá, nhanhã.

i.an.que *adj.* e *s.2g.* Norte-americano; estadunidense.

i.a.te *sm.* Embarcação de lazer a vapor ou a vela.

i.a.tis.mo *sm.* Esporte praticado com iate.

i.be.ro-a.me.ri.ca.no *adj.* Relativo aos povos americanos colonizados pelos países da Península Ibérica.

i.bi.dem *adv.* No mesmo lugar; aí mesmo; na mesma obra, capítulo ou página.

i.bo.pe *sm.* Índice de audiência; prestígio; sucesso.

i.çá *sm.* ou *f.* Fêmea da saúva; tanajura.

i.çar *vt.* Erguer; levantar.

i.cás.ti.co *adj.* Natural.

i.ce.berg *sm.* Grande massa de gelo que, ao se desprender das geleiras, flutua impelido pelas correntes marítimas.

i.co.ne *sm.* Quadro imagem ou qualquer estátua que, na Igreja Ortodoxa, representa um santo, da virgem ou de Cristo.

i.co.no.clas.ta *adj.2g.* Diz-se daquele que destrói ídolos ou imagens.

i.co.no.gra.fi.a *sf.* Representação por meio de imagens; documentação visual que constitui ou completa obra de caráter biográfico ou de referência.

ic.te.rí.cia *sf.* Moléstia caracterizada por amarelidão da pele, em razão de deposição de pigmento biliar.

ic.té.ri.co *sm.* Doente de icterícia.

ic.ti.ó.fa.go *adj.* Que se nutre de peixe.

ic.ti.o.lo.gi.a *sf.* Estudo dos peixes.

id *sm. Psic.* A parte mais profunda da psique, onde estão os impulsos instintivos, dominados pelo princípio de prazer e pelo desejo impulsivo.

i.da.de *sf.* Número de anos com que conta alguém; época; velhice.

i.de.a.ção *sf.* Formação da idéia.

i.de.al *adj.* Quimérico; perfeito; *sm.* o que se supõe conter a felicidade almejada.

i.de.a.li.za.ção *sf.* Ato ou faculdade de idealizar.

i.de.a.li.zar *vt.* Criar na mente; visualizar; sublimar.

i.de.ar *vt.* Projetar.

i.déi.a *sf.* Imaginação; opinião; lembrança.

i.dem *adj.* A mesma coisa; da mesma forma; o mesmo autor.

i.dên.ti.co *adj.* Análogo.

i.den.ti.da.de *sf.* Qualidade de idêntico, exatamente igual; igualdade; características que possibilitam o reconhecimento; carteira de identidade; RG.

i.den.ti.fi.ca.ção *sf.* Ação de identificar.

i.den.ti.fi.car *vt.* Tornar idêntico; estabelecer a identidade de; *vp.* confundir-se; tomar o caráter de.

i.de.o.lo.gi.a *sf.* Conjunto de convicções acerca de uma doutrina.

i.dí.li.co *adj.* Romântico.

i.dí.lio *sm.* Amor poético.

i.di.o.ma *sm.* A língua de um povo.

i.di.o.má.ti.co *adj.* Peculiar a um idioma.

i.di.os.sin.cra.si.a *sf.* Modo pessoal de ver, sentir, reagir; propensão.

i.di.o.ta *adj.* Parvo; pateta.

i.di.o.ti.ce *sf.* Maluquice.

i.dó.la.tra *adj.* e *s.2g.* Adorador de ídolos; pagão.

i.do.la.trar *vt.* Adorar ídolos; amar com excesso.

i.do.la.tri.a *sf.* Adoração de ídolos; paixão alucinada.

í.do.lo *sm.* Estátua de falsa divindade; pessoa que muito se estima, admira.

i.do.nei.da.de *sf.* Aptidão.

i.dô.neo *adj.* Apto; capaz.

i.do.so *adj.* Velho.

i.ga.ra *sf.* Canoa indígena.

i.glu *sm.* Habitação de esquimó, com formato arredondado, construída com blocos de neve.

ig.na.ro *adj.* Ignorante.

ig.na.vo *adj.* Indolente; covarde; fraco.

íg.neo *adj.* Da natureza ou da cor do fogo.

ig.nes.cen.te *adj.* Que está em fogo.

ig.ni.ção *sf.* Estado dos corpos em combustão.

ig.ni.zar-se *vp.* Inflamar-se.

ig.nó.bil *adj.* Abjeto; vil; desprezível.

ig.no.*mí*.nia *sf.* Opróbrio; vergonha.

ig.no.mi.ni.o.so *adj.* Infame.

ig.no.*ra*.do *adj.* Obscuro.

ig.no.*rân*.cia *sf.* Falta de instrução, estudo.

ig.no.*ran*.te *adj.* Que não tem instrução; *sm.* analfabeto.

ig.no.*rar* *vt.* Não saber.

ig.no.to *adj.* Desconhecido.

i.*gre*.ja *sf.* Templo dedicado ao culto divino.

i.*gual* *adj.* Semelhante; *sm.* pessoa da mesma categoria.

i.*gua*.lar *vt.* Tornar igual; *vp.* pôr-se no mesmo nível.

i.gual.*da*.de *sf.* Qualidade do que é igual.

i.*gua*.lha *sf.* Igual posição social.

i.*gua*.ri.a *sf.* Manjar delicado.

i.*í*.di.che *sm.* Língua falada por uma parte dos judeus, baseada no alto-alemão do séc. XIV, acrescido de elementos hebraicos e eslavos; judeu-alemão.

i.la.*ção* *sf.* Dedução.

i.la.que.*ar* *vt.* Enlaçar; enredar.

i.la.*ti*.vo *adj.* Conclusivo.

i.le.*gal* *adj.* Ilícito.

i.le.ga.li.*da*.de *sf.* Falta de conformidade à lei.

i.le.ga.ti.mi.*da*.de *sf.* Bastardia.

i.le.*gí*.ti.mo *adj.* Bastardo; injusto; ilidímo.

i.le.*gí*.vel *adj.* Que não pode ser lido.

i.*le*.so *adj.* Incólume.

i.le.*tra*.do *adj.* Analfabeto.

i.lha *sf.* Porção de terra cercada de água por todos os lados.

i.*lhar*.ga *sf.* Cada uma das partes laterais e inferiores do baixo-ventre; lado; flanco.

i.*lhéu* *adj.* e *sm.* Natural de ilhas.

i.*lho*.ta *sf.* Pequena ilha.

i.li.*ba*.do *adj.* Sem mancha, puro.

i.li.be.*ral* *adj.* Mesquinho.

i.li.*ção* *sf.* Fomentação.

i.li.*çar* *vt.* Burlar; enganar.

i.*lí*.ci.to *adj.* Contrário à moral ou a leis.

i.*lí*.di.mo *adj.* Ilegítimo.

i.li.*dir* *vt.* Refutar; rebater.

i.li.mi.*ta*.do *adj.* Sem limites.

i.li.te.*ra*.do *adj.* Iletrado.

i.*ló*.gi.co *adj.* Absurdo.

i.lu.*den*.te *adj.* Que ilude.

i.lu.*dir* *vt.* Enganar; lograr.

i.lu.mi.na.*ção* *sf.* Distribuição de luz; ilustração.

i.lu.mi.na.do *adj.* Que recebe luz; *sm.* ilustrado; visionário.

i.lu.mi.*nar* *vt.* Verter luz sobre; esclarecer; instruir.

i.lu.mi.na.*ti*.vo *adj.* Instrutivo.

i.lu.mi.*nu*.ra *sf.* Durante a Idade Média, decoração colorida de letras iniciais, figuras e cenas, flores, etc. nas margens ou ocupando parte das páginas dos livros.

i.lu.*são* *sf.* Engano dos sentidos ou da mente.

i.lu.si.o.*nis*.mo *sm.* Prestidigitação.

i.lu.si.o.*nis*.ta *s.2g.* Prestidigitador.

i.lu.*si*.vo *adj.* Ilusório.

i.lu.*só*.rio *adj.* Enganoso; falso.

i.lus.tra.*ção* *sf.* Ato ou efeito de ilustrar; saber; erudição; imagem ou desenho que acompanha texto de publicação.

i.lus.*tra*.do *adj.* Erudito; ornado ou explicado com gravuras.

i.lus.*trar* *vt.* Tornar ilustre; esclarecer; colocar desenhos ou imagens.

i.lus.tra.*ti*.vo *adj.* Que ilustra.

i.*lus*.tre *adj.* Nobre; célebre.

í.mã *sm.* Magneto natural; atração.

i.ma.cu.*la*.do *adj.* Puro.

i.*ma*.gem *sf.* Representação fotográfica, gráfica ou artística de pessoa ou objeto; estampa representante motivo religioso; representação plástica de um santo; representação televisionado ou cinemagráfica de uma cena, pessoa, etc.; cópia; símbolo; metáfora; semelhança.

i.ma.gi.na.*ção* *sf.* Faculdade de imaginar; cisma.

i.ma.gi.*nar* *vt.* Construir com a imaginação; fantasiar; ter idéia de; supor; relembrar; *vi.* pensar, cismar; *vp.* supor-se; prefigurar-se.

i.ma.gi.*ná*.rio *adj.* Fantástico.

i.ma.gi.na.*ti*.vo *adj.* Que tem imaginação fértil.

i.ma.gi.*no*.so *adj.* De imaginação fértil; imaginativo.

i.*ma*.me *sm.* Ministro da religião muçulmana.

i.*ma*.ne *adj.* Enorme, muito grande; cruel, feroz.

i.ma.*nen*.te *adj.* Inseparável, inerente a um objeto.

i.mar.ces.*cí*.vel *adj.* Incorrutível; duradouro.

i.ma.te.ri.*al* *adj.* Não material.

i.ma.te.ri.a.li.*zar* *vt.* Tornar imaterial; sutil; incorpóreo.

i.ma.*tu*.ro *adj.* Precoce.

im.be.*cil* *adj.* Idiota.

im.be.ci.li.*da*.de *sf.* Idiotia.

im.be.ci.li.*zar* *vt.* Tornar imbecil.

im.*be*.le *adj.* Incapaz para a guerra; fraco.

im.*ber*.be *adj.* Sem barba.

im.bu.*ir* *vt.* Embeber; impregnar; insinuar.

i.me.di.*a*.to *adj.* Próximo; instantâneo.

i.me.mo.*rá*.vel *adj.* De que não há memória.

i.men.si.*da*.de *sf.* Quantidade imensa; infinito.

i.*men*.so *adj.* Enorme; infinito.

i.men.su.*rá*.vel *adj.* Que não se pode medir.

i.me.re.*ci*.do *adj.* Não merecido.

i.mer.*gir* *vt.* e *i.* Mergulhar; afundar; penetrar.

i.mer.são *sf.* Ato de mergulhar.

i.mer.so *adj.* Mergulhado.

i.mi.gra.ção *sf.* Ato de imigrar.

i.mi.gran.te *adj.* Que imigra; *s.2g.* pessoa que imigra.

i.mi.grar *vi.* Entrar em país estrangeiro para viver nele.

i.mi.nên.cia *sf.* Qualidade do que está iminente.

i.mi.nen.te *adj.* Que ameaça acontecer breve.

i.mis.cí.vel *adj.* Que não se pode misturar.

i.mis.cu.ir-se *vp.* Intrometer-se.

i.mi.ta.ção *sf.* Ato de imitar.

i.mi.ta.dor *adj. e sm.* Que, ou pessoa que sabe imitar.

i.mi.tar *vt.* Tomar por modelo; copiar; falsificar.

i.mo *adj.* Íntimo.

i.mo.bi.li.da.de *sf.* Estabilidade.

i.mo.bi.li.zar *vt.* Tornar imóvel; fazer estacionar.

i.mo.de.ra.do *adj.* Descomedido.

i.mo.des.to *adj.* Vaidoso.

i.mó.di.co *adj.* Excessivo.

i.mo.la.ção *sf.* Ação ou efeito de imolar; sacrifício cruento.

i.mo.lar *vt.* Sacrificar tirando a vida.

i.mo.ral *adj.* Contrário à moral; libertino.

i.mo.ra.li.da.de *sf.* Indecência, devassidão.

i.mo.ri.ge.ra.do *adj.* De maus costumes; libertino.

i.mor.re.dou.ro *adj.* Imperecível.

i.mor.tal *adj.* Que terá duração eterna; perene.

i.mor.ta.li.da.de *sf.* Duração perpétua, eterna.

i.mor.ta.li.zar *vt.* Celebrizar; eternizar.

i.mó.vel *adj.* Parado; *sm.* propriedade; domínio.

im.pa.ci.ên.cia *sf.* Pressa.

im.pa.ci.en.tar *vt.* Tornar impaciente; exasperar.

im.pa.ci.en.te *adj.* Falto de paciência; inquieto.

im.pac.to *adj.* Impelido; *sm.* choque; colisão; impressão muito forte causada por motivos diversos.

im.pa.gá.vel *adj.* Que não pode ser pago; cômico.

im.pal.pá.vel *adj.* Imaterial.

im.pa.lu.dis.mo *sm.* Malária.

ím.par *adj.* Que não é par.

im.par.ci.al *adj.* Reto; justo.

im.par.ci.a.li.da.de *sf.* Caráter ou qualidade daquele ou daquilo que é imparcial; retidão.

im.pas.se *sm.* Dilema.

im.pas.si.bi.li.da.de *sf.* Qualidade de impassível.

im.pas.sí.vel *adj.* Sereno.

im.pa.tri.ó.ti.co *adj.* Que não tem patriotismo.

im.pa.vi.dez *sf.* Denodo; intrepidez; destemor.

im.pá.vi.do *adj.* Destemido.

im.peach.ment *sm.* No regime presidencialista, ato pelo qual se destitui, mediante deliberação do legislativo, o ocupante de cargo governamental que pratica crime de responsabilidade; impedimento.

im.pe.cá.vel *adj.* Imaculável.

im.pe.di.do *adj.* Que sofreu impedimento; vedado ao trânsito; obstruído.

im.pe.di.men.to *sm.* Ato ou efeito de impedir; aquilo que impede; obstáculo; *impeachment*.

im.pe.dir *vt.* Embaraçar, estorvar; obstar; dificultar; não consentir; privar de.

im.pen.den.te *adj.* Iminente.

im.pen.der *vi.* Estar a ponto de cair; cumprir.

im.pe.ne.trá.vel *adj.* Obscuro; confuso.

im.pe.ni.ten.te *adj.* Que continua no pecado, erro ou crime.

im.pen.sa.do *adj.* Não pensado.

im.pe.ra.dor *sm.* O que impera.

im.pe.rar *vt.* Dominar.

im.pe.ra.ti.vo *adj.* Autoritário; *sm.* ditame; tempo do verbo que exprime ordem.

im.per.cep.tí.vel *adj.* Que não se pode perceber; insignificante.

im.per.do.á.vel *adj.* Condenável.

im.pe.re.ce.dou.ro *adj.* Imorredouro; imperecível.

im.pe.re.cí.vel *adj.* Imperecedouro; duradouro; eterno.

im.per.fei.ção *sf.* Incorreção.

im.per.fei.to *adj.* Não perfeito; defeituoso.

im.pe.ri.al *adj.* Do império.

im.pe.ri.a.lis.mo *sm.* Política de expansão e hegemonia de uma nação sobre outras.

im.pe.rí.cia *sf.* Inexperiência; inabilidade.

im.pé.rio *sm.* Estado governado por imperador; domínio; predomínio.

im.pe.ri.o.so *adj.* Impreterível; forçoso.

im.pe.ri.to *adj.* Falto de perícia.

im.per.me.a.bi.li.da.de *sf.* Qualidade de impermeável.

im.per.me.a.bi.li.zar *vt.* Tornar impermeável.

im.per.me.á.vel *adj.* Que não se deixa atravessar por água ou fluidos.

im.per.ti.nên.cia *sf.* Rabugice.

im.per.ti.nen.te *adj.* Insolente; que não vem a propósito.

im.per.tur.bá.vel *adj.* Impassível; indiferente.

im.pes.so.al *adj.* Não pessoal.

ím.pe.to *sm.* Impulso violento.

im.pe.trar *vt.* Requerer; suplicar; rogar.

im.pe.tu.o.si.da.de *sf.* Violência.

im.pe.tu.o.so *adj.* Arrebatado.

im.pi.e.da.de *sf.* Descrença.

im.pi.e.do.so *adj.* Desumano.

im.pin.gir *vt.* Vender por mais do que o justo valor; impor; fazer acreditar.

ím.pio *adj.* Desumano; *sm.* herege; apóstata.

im.pla.cá.vel *adj.* Inexorável.

im.plan.tar *vt.* Estabelecer; introduzir; inserir.

im.ple.men.to *sm.* O que é indispensável para executar alguma coisa; apetrecho; cumprimento; execução.

im.ple.xo *adj.* Emaranhado; envolvido, enredado.

im.pli.cân.cia *sf.* Embirração; implicação; má vontade; rabugice.

im.pli.can.te *adj.* Que implica.

im.pli.car *vt.* Pressupor; envolver; acarretar; requerer; incompatibilizar; irritar; *vp.* envolver-se.

im.plí.ci.to *adj.* Subentendido.

im.plo.rar *vt.* Pedir com instância; suplicar; exorar.

im.plu.me *adj.* Privado de penas ou plumas.

im.po.li.dez *sf.* Falta de delicadeza, educação.

im.po.li.do *adj.* Indelicado.

im.po.lu.to *adj.* Não poluído.

im.pon.de.ra.do *adj.* Irrefletido.

im.pon.de.rá.vel *adj.* Que não se pode pesar; sutil.

im.po.nên.cia *sf.* Magnificência.

im.po.nen.te *adj.* Majestoso.

im.po.pu.lar *adj.* Sem popularidade.

im.por *vt.* Tornar obrigatório; instituir; estabelecer; determinar; conferir; atribuir; pôr; obrigar a aceitar; imputar; infundir.

im.por.ta.ção *sf.* Ato ou efeito de importar.

im.por.ta.dor *adj* e *sm.* Que, ou quem faz comércio de importação.

im.por.tân.cia *sf.* Grau de valor, valor, mérito; autoridade, influência; soma, quantia em dinheiro; custo.

im.por.tan.te *adj.* Que tem importância ou mérito; *sm.* o essencial; *fam.* pessoa presumida.

im.por.tar *vt.* Introduzir num país artigos estrangeiros; trazer para dentro; causar, originar, implicar; envolver, encerrar; produzir; *vi.* interessar.

im.por.te *sm.* Preço; custo.

im.por.tu.nar *vt.* Molestar.

im.por.tu.no *adj.* Incômodo.

im.po.si.ção *sf.* Ação de impor.

im.pos.si.bi.li.da.de *sf.* Qualidade de impossível.

im.pos.si.bi.li.tar *vt.* Tornar impossível, impraticável.

im.pos.sí.vel *adj.* Irrealizável; muito difícil; incrível; excêntrico; insuportável, rebelde.

im.pos.tar *vt.* Emitir a voz corretamente.

im.pos.to *sm.* Tributo; *adj.* o que se impôs.

im.pos.tor *sm.* Embusteiro.

im.pos.tu.ra *sf.* Embuste.

im.po.tên.cia *sf.* Falta de forças; incapacidade.

im.po.ten.te *adj.* Que não tem potência; fraco; incapaz.

im.pra.ti.cá.vel *adj.* Não praticável; inexeqüível.

im.pre.car *vi.* Praguejar.

im.pre.ci.são *sf.* Falta de precisão, de exatidão.

im.pre.ci.so *adj.* Indeterminado.

im.preg.nar *vt.* Embeber; *vp.* compenetrar-se.

im.pren.sa *sf.* Máquina com a qual se imprime ou estampa; a atividade tipográfica; conjunto de jornais (escritos e falados), revistas e similares, ou de jornalistas, repórteres, etc.; qualquer meio de comunicação de massa.

im.pren.sar *vt.* Imprimir; comprimir.

im.pres.cin.dí.vel *adj.* Indispensável; necessário.

im.pres.são *sf.* Ato ou efeito de imprimir, encontro de um corpo com outro; a arte de imprimir; vestígio; influência que um fato, uma situação exerce sobre alguém, repercutindo-lhe nos sentidos.

im.pres.si.o.nan.te *adj.* Que impressiona, chama a atenção, comove; toca.

im.pres.si.o.nar *vt.* Produzir impressão moral em; abalar; comover; *vp.* sentir-se abalado.

im.pres.si.o.ná.vel *adj.* Muito sensível.

im.pres.si.o.nis.mo *sm.* Escola de pintura francesa, surgida por volta de 1870, que procura captar e transmitir a impressão visual produzida por cenas e formas derivadas da natureza e as variações nela ocasionadas pela incidência da luz e de suas relações e contrastes para obter efeitos plasticamente dinâmicos e subjetivos; estilo literário e musical caracterizado por expressar vaga, fluida e delicadamente impressões subjetivas e/ou sensoriais.

im.pres.so *adj.* Que se imprimiu; *sm.* obra; folheto; papel; catálogo; formulário; panfleto.

im.pres.sor *adj.* Que imprime; *sm.* o que trabalha com o prelo.

im.pres.so.ra *sf.* Máquina de imprimir.

im.pres.tá.vel *adj.* Inútil; sem préstimo.

im.pre.te.rí.vel *adj.* Indeclinável; indispensável; inadiável.

im.pre.vi.dên.cia *sf.* Descuido.

im.pre.vi.são *sf.* Desmazelo.

im.pre.vi.sí.vel *adj.* Que não se pode prever.

im.pre.vis.to *adj.* Inesperado.

im.pri.mir *vt.* e *i.* Imprensar; deixar gravado.

im.pro.ba.bi.li.da.de *sf.* Incerteza.

im.pro.bi.da.de *sf.* Mau caráter; perversidade.

im.pro.ce.den.te adj. Que não se justifica, que não procede.

im.pro.du.ti.vo adj. Estéril.

im.pro.fí.cuo adj. Inútil; baldado; improdutivo.

im.pro.pé.rio sm. Vitupério.

im.pro.pri.e.da.de sf. Incoerência; inconveniência.

im.pró.prio adj. Inoportuno.

im.pro.vá.vel adj. Não provável.

im.pro.vi.sa.ção sf. Ato de improvisar.

im.pro.vi.sar vt. Inventar de repente; vi. mentir.

im.pro.vi.so sm. Produto intelectual feito sem preparo anterior.

im.pru.dên.cia sf. Falta de prudência.

im.pru.den.te adj. Irrefletido.

im.pú.be.re adj. e s.2g. Que, ou pessoa que ainda não chegou à puberdade.

im.pu.dên.cia sf. Atrevimento.

im.pu.den.te adj. Atrevido.

im.pu.di.cí.cia sf. Lascívia.

im.pu.di.co adj. Que não tem pudor; libidinoso.

im.pug.na.ção sf. Contestação.

im.pug.nar vt. Contestar.

im.pul.si.o.nar vt. Impelir.

im.pul.sí.vo adj. Que dá impulso; arrebatado.

im.pul.so sm. Estímulo.

im.pu.ne adj. Que escapou à punição.

im.pu.ni.da.de sf. Estado de impune; falta de castigo.

im.pu.re.za sf. Falta de pureza.

im.pu.ro adj. Não puro; sujo.

im.pu.ta.ção sf. Inculpação.

im.pu.tar vt. Atribuir a alguém a responsabilidade de.

i.mun.dí.cia ou **i.mun.dí.cie** sf. Sujidade; lixo; falta de asseio.

i.mun.do adj. Sujo; nojento.

i.mu.ne adj. Livre de encargos, ônus; isento; não atingível por certa doença.

i.mu.ni.da.de sf. Qualidade de imune; isenção; direitos, privilégios decorrentes de cargo ou funções exercidos; capacidade do organismo para resistir a determinadas doenças.

i.mu.tá.vel adj. Que não se pode mudar; inalterável.

i.na.ba.lá.vel adj. Inexorável.

i.ná.bil adj. Inepto.

i.na.bi.li.da.de sf. Incompetência; inaptidão.

i.na.bi.li.tar vt. Incapacitar.

i.na.bi.tá.vel adj. Que não se pode habitar.

i.na.ca.ba.do adj. Que não foi acabado.

i.na.ção sf. Inércia.

i.na.cei.tá.vel adj. Inadmissível.

i.na.ces.sí.vel adj. Aque não se pode chegar ou entrar; intratável; incompreensível.

i.na.cre.di.tá.vel adj. Incrível.

i.na.dap.tá.vel adj. Que não se pode adaptar.

i.na.de.qua.do adj. Impróprio.

i.na.di.á.vel adj. Impreterível.

i.na.dim.ple.men.to sm. ou **i.na.dim.plên.cia** sf. Falta de cumprimento de um contrato ou de qualquer uma de suas condições.

i.na.dim.plen.te adj. e s.2g. Devedor que pratica o inadimplemento; devedor que não cumpre o contrato ou alguma das cláusulas nele contidas.

i.nad.mis.sí.vel adj. Inaceitável.

i.nad.ver.tên.cia sf. Descuido.

i.nad.ver.ti.do adj. Feito sem reflexão.

i.na.la.ção sf. Absorção feita pelas vias respiratórias, de vapor de água puro ou misturado a medicamentos.

i.na.lan.te adj. Que inala; sm. medicamento próprio para inalação.

i.na.lar vt. Aspirar.

i.na.li.e.ná.vel adj. Não alienável; não cedível; intransferível.

i.nal.te.ra.do adj. Não alterado.

i.nal.te.rá.vel adj. Imutável.

i.na.mo.ví.vel adj. Fixo.

i.na.ne adj. Vazio; oco; fútil.

i.na.ni.ção sf. Enfraquecimento.

i.na.ni.ma.do adj. Sem ânimo; sem sentidos; morto.

i.na.pli.cá.vel adj. Que não pode ser aplicado.

i.na.pro.vei.tá.vel adj. Que não pode ser aproveitado.

i.nap.ti.dão sf. Incapacidade.

i.nap.to adj. Incapaz.

i.nar.ti.cu.lá.vel adj. Que não pode ser articulado.

i.na.ta.cá.vel adj. Incontestável.

i.na.tin.gí.vel adj. Inacessível.

i.na.ti.vi.da.de sf. Inércia.

i.na.ti.vo adj. Não ativo; adj. e sm. (pessoa) retirada do serviço efetivo, aposentado, reformado.

i.na.to adj. Inerente; congênito.

i.nau.di.to adj. Que nunca se ouviu dizer; extraordinário; incrível.

i.nau.dí.vel adj. Que não se pode ouvir.

i.nau.gu.ral adj. Inicial.

i.nau.gu.rar vt. Expor pela primeira vez ao público; iniciar o funcionamento de; introduzir o uso de; vp. começar; principiar.

in.cal.cu.lá.vel adj. Incomensurável; inumerável.

in.can.des.cen.te adj. Posto em brasa; ardente.

in.can.des.cer vt. Pôr em brasa.

in.can.sá.vel adj. Laborioso; ativo; infatigável.

in.ca.pa.ci.da.de sf. Inaptidão.

in.ca.pa.ci.tar vt. Tornar incapaz, inapto.

in.ca.paz adj. Inábil; inútil.

in.cau.to adj. Descautelado.

in.cen.di.ar vt. Pôr fogo a; vp. exaltar-se.

in.cen.di.á.rio *adj.* e *sm.* Que, ou quem põe fogo a alguma coisa; *fig.* revolucionário; agitador.

in.cên.dio *sm.* Fogo que lavra com intensidade; calamidade; *fig.* entusiasmo.

in.cen.sar *vt.* Perfumar com incenso; adular.

in.cen.so *sm.* Resina aromática; adulação.

in.cen.ti.var *vt.* Estimular.

in.cen.ti.vo *adj.* Estimulante; *sm.* estímulo.

in.cer.te.za *sf.* Dúvida.

in.cer.to *adj.* Duvidoso.

in.ces.san.te *adj.* Contínuo.

in.ces.to *sm.* União sexual entre parentes consagüíneos proibida por lei.

in.cha.ço *sm.* Intumescência.

in.cha.do *adj.* Que tem inchaço; cheio de si.

in.char *vt.* e *i.* Aumentar o volume; tornar enfático.

in.ci.dên.cia *sf.* Ação de incidir.

in.ci.den.tal *adj.* Que tem caráter de incidente.

in.ci.den.te *adj.* Que sobrevém; *sm.* episódio.

in.ci.dir *vi.* Acontecer; sobrevir; *vt.* cair; recair; incorrer; refletir.

in.ci.ne.rar *vt.* Reduzir a cinzas.

in.ci.pi.en.te *adj.* Principiante.

in.ci.são *sf.* Corte; golpe.

in.ci.si.vo *adj.* Eficaz; decisivo.

in.ci.ta.ção *sf.* Incitamento.

in.ci.ta.men.to *sm.* Excitação.

in.ci.tan.te *adj.* Provocante.

in.ci.tar *vt.* Excitar; provocar.

in.ci.vil *adj.* Descortês.

in.ci.vi.li.da.de *sf.* Descortesia.

in.clas.si.fi.cá.vel *adj.* Inqualificável.

in.cle.mên.cia *sf.* Falta de clemência; rigor excessivo.

in.cle.men.te *adj.* Severo; cruel.

in.cli.na.ção *sf.* Ato ou efeito de inclinar; propensão; gosto.

in.cli.na.do *adj.* Desviado da linha vertical; tendente, propenso.

in.cli.nar *vt.* Fazer pender; *vi.* ter declive; *vp.* ter vocação.

ín.cli.to *adj.* Ilustre; egrégio.

in.clu.ir *vt.* Colocar dentro.

in.clu.são *sf.* Ação de incluir.

in.clu.si.ve *adv.* Com a inclusão de.

in.clu.si.vo *adj.* Que inclui.

in.clu.so *adj.* Incluído.

in.co.er.cí.vel *adj.* Irreprimível.

in.co.e.rên.cia *sf.* Desconexão.

in.co.e.ren.te *adj.* Desconexo.

in.co.gi.tá.vel *adj.* Incalculável; impensável.

in.cóg.ni.ta *sf.* Quantida a ser determinada; aquilo que é desconhecido e se procura saber.

in.cóg.ni.to *adj.* Que não se dá a conhecer; *adv.* sob nome suposto.

in.co.lor *adj.* Descolorido; sem cor.

in.có.lu.me *adj.* São e salvo.

in.co.men.su.rá.vel *adj.* Imenso.

in.co.mo.dar *vt.* Importunar; *vp.* ter trabalho com.

in.co.mo.da.ti.vo *adj.* Que incomoda, aborrece.

in.có.mo.do *adj.* Importuno; *sm.* indisposição; *fam.* menstruação.

in.com.pa.rá.vel *adj.* Único.

in.com.pa.ti.bi.li.zar *vt.* Tornar incompatível.

in.com.pa.tí.vel *adj.* Irreconciliável; incombinável.

in.com.pe.tên.cia *sf.* Inabilidade.

in.com.pe.ten.te *adj.* Inútil.

in.com.ple.to *adj.* Inacabado; imperfeito.

in.com.pre.en.são *sf.* Falta de compreensão.

in.com.pre.en.sí.vel *adj.* Que não se pode compreender; obscuro.

in.co.mum *adj.* Invulgar.

in.co.mu.ni.cá.vel *adj.* Que não deve comunicar-se; que não é comunicável.

in.con.ce.bí.vel *adj.* Que não se pode conceber.

in.con.ci.li.á.vel *adj.* Incompatível; que não se pode conciliar.

in.con.fi.dên.cia *sf.* Falta de lealdade, fidelidade.

in.con.gru.ên.cia *sf.* Incoerência.

in.con.gru.en.te *adj.* Que não tem congruência.

in.con.quis.tá.vel *adj.* Indomável.

in.cons.ci.ên.cia *sf.* Falta de consciência.

in.cons.ci.en.te *adj.* Que não tem consciência de si; *sm.* parte da vida psíquica da qual não se tem consciência.

in.con.se.qüên.cia *sf.* Incongruência; incoerência.

in.con.se.qüen.te *adj.* Sem conseqüência ou coerência; contraditório.

in.con.si.de.ra.do *adj.* Imprudente; temerário.

in.con.so.lá.vel *adj.* Que não pode ser consolado.

in.cons.tân.cia *sf.* Instabilidade.

in.cons.tan.te *adj.* Volúvel.

in.cons.ti.tu.ci.o.nal *adj.* Contrário à constituição do Estado.

in.con.tá.vel *adj.* Inumerável.

in.con.tes.tá.vel *adj.* Indiscutível.

in.con.ti.nen.te *adj.* Imoderado.

in.con.ti.nen.ti *adv.* Imediatamente; sem demora.

in.con.ve.ni.ên.cia *sf.* Ação descortês ou indecorosa.

in.con.ve.ni.en.te *adj.* Importuno; *sm.* desvantagem; coisa inconveniente ou desvantajosa.

in.cor.po.ra.ção *sf.* Inclusão.

in.cor.po.rar *vt.* Juntar num só corpo; *vp.* congregar-se.

in.cor.pó.reo *adj.* Imaterial.

in.cor.rer *vi.* Expor-se; *vt.* atrair sobre si.

in.cor.re.to *adj.* Errado.

in.cor.ri.gí.vel *adj.* Incapaz de correção ou emenda.

in.cor.rup.to *adj.* São; íntegro.

in.cre.du.li.da.de *sf.* Descrença.

in.cré.du.lo *adj.* Ímpio.

in.cre.men.tar *vt.* Desenvolver.

in.cre.men.to *sm.* Aumento.

in.cre.par *vt.* Repreender; *vt. rel.* censurar; acusar.

in.cri.mi.na.ção *sf.* Imputação de crime; inculpação.

in.cri.mi.nar *vt.* Culpar.

in.crí.vel *adj.* Inacreditável.

in.crus.ta.ção *sf.* Ação de incrustar.

in.crus.tar *vt.* Embutir.

in.cu.ba.ção *sf.* Choco das aves; *fig.* elaboração, preparação; período de latência.

in.cu.bar *vt.* e *i.* Chocar (ovos); elaborar; premeditar; planejar; possuir em estado latente; *vp.* convencer-se; compenetrar-se.

in.cul.car *vt.* Gravar no espírito (opinião, doutrina) à força de repetição; repisar; propor; insinuar; apontar, citar; demonstrar; dar a entender.

in.cul.par *vt.* Acusar.

in.cul.to *adj.* Não cultivado.

in.cum.bên.cia *sf.* Encargo.

in.cum.bir *vt.* Encarregar; *vi.* estar a cargo; *vp.* encarregar-se.

in.cu.rá.vel *adj.* Que não tem cura; irremediável.

in.cú.ria *sf.* Desleixo.

in.cur.são *sf.* Invasão militar.

in.cur.so *adj.* Que incorreu em crime ou pena.

in.cu.tir *vt.* Sugerir; inspirar.

in.da.ga.ção *sf.* Investigação.

in.da.gar *vt.* Averiguar.

in.dé.bi.to *sf.* Indevido.

in.de.cên.cia *sf.* Obscenidade.

in.de.cen.te *adj.* Indecoroso.

in.de.ci.são *sf.* Hesitação.

in.de.ci.so *adj.* Duvidoso; vago; irresoluto; hesitante; *sm.* pessoa indecisa.

in.de.co.ro.so *adj.* Falto de decoro.

in.de.fec.tí.vel *adj.* Que não falha; infalível.

in.de.fen.sá.vel *adj.* Que não pode ser defendido.

in.de.fe.rir *vt.* Desatender.

in.de.fe.so *adj.* Desarmado.

in.de.fes.so *adj.* Laborioso.

in.de.fi.ni.do *adj.* Incerto.

in.de.lé.vel *adj.* Indestrutível.

in.de.li.ca.de.za *sf.* Grosseria.

in.de.li.ca.do *adj.* Rude; malcriado; grosseiro.

in.de.ne *adj.* Que não sofreu dano; incólume.

in.de.ni.za.ção *sf.* Compensação.

in.de.ni.zar *vt.* Reparar o dano de; compensar.

in.de.pen.dên.cia *sf.* Caráter de quem rejeita qualquer tipo de sujeição; autonomia política; fortuna, bem-estar.

in.de.pen.den.te *adj.* Que não depende de ninguém.

in.des.cri.tí.vel *adj.* Que não se pode descrever; extraordinário; indizível; inaudito.

in.de.se.já.vel *adj.* Não desejável.

in.des.tru.tí.vel *adj.* Firme.

in.de.ter.mi.na.ção *sf.* Indecisão.

in.de.ter.mi.na.do *adj.* Indefinido.

in.de.vas.sá.vel *adj.* Que não se pode devassar.

in.de.vi.do *adj.* Inconveniente.

ín.dex *sm.* Índice; catálogo de livros proibidos pela Igreja.

in.de.xa.ção *sf.* Ação ou efeito de indexar; fazer índices para livros ou organizar em ordem alfabética (ou outra) série de palavras ou frases destinada a facilitar a obtenção de informações específicas; reajuste dos preços das mercadorias e dos salários baseado num índice específico e com variação determinada.

in.de.xar *vt.* Organizar como índice; controlar a economia de um país com intervenções decorrentes de um índice pré-estabelecido pelo Governo.

in.di.ca.dor *adj.* Que indica ou que serve de indicação; *sm.* livro de indicações úteis; dedo indicador.

in.di.car *vt.* Designar; apontar; demonstrar.

ín.di.ce *sm.* Catálogo; lista de capítulos de um livro.

in.di.ci.ar *vt.* Denunciar.

in.dí.cio *sm.* Vestígio.

in.di.fe.ren.ça *sf.* Desinteresse.

in.di.fe.ren.te *adj.* Que mostra indiferença.

in.dí.ge.na *adj.* e *s.2g.* Indivíduo originário do país em que habita.

in.di.gên.cia *sf.* Miséria.

in.di.gen.te *s.2g.* Mendigo; paupérrimo, pobríssimo.

in.di.ges.tão *sf.* Perturbação das funções digestivas.

in.di.ges.to *adj.* Difícil de digerir; *fig.* aborrecido.

in.di.gi.tar *vt.* Apontar; mostrar; inculcar.

in.dig.na.ção *sf.* Cólera; ódio, raiva; desprezo; repulsa.

in.dig.nar *vt.* Revoltar; indispor; *vp.* revoltar-se.

in.dig.ni.da.de *sf.* Ação indigna.

in.dig.no *adj.* Desprezível; vil.

ín.di.go *sm.* Anil.

in.di.re.ta *sf.* Alusão disfarçadamente feita.

in.di.re.to *adj.* Não direto.

in.dis.ci.pli.na *sf.* Desordem, anarquia.

in.dis.ci.pli.na.do *adj.* Desordeiro, anarquista.

in.dis.cre.to *adj.* Imprudente.

in.dis.cri.ção *sf.* Falta de discrição.

in.dis.cri.mi.na.do *adj.* Não discriminado.

in.dis.cu.tí.vel *adj.* Evidente.

in.dis.pen.sá.vel *adj.* Absolutamente necessário.

in.dis.por *vt.* Perturbar as funções do organismo; alterar a disposição de; aborrecer, irritat; *vp.* enfadar-se.

in.dis.po.si.ção *sf.* Leve alteração na saúde; zanga, irritação.

in.dis.pos.to *adj.* Adoentado.

in.dis.so.lú.vel *adj.* Que não pode ser dissolvido.

in.dis.tin.to *adj.* Mal definido, indeciso, vago.

in.di.to.so *adj.* Infeliz.

in.di.vi.du.al *adj.* Peculiar a uma só pessoa.

in.di.vi.du.a.li.zar *vt.* Tornar individual; caracterizar.

in.di.ví.duo *sm.* Ser distinto; pessoa.

in.di.vi.sí.vel *adj.* Que não se pode dividir.

in.di.zí.vel *adj.* Inexplicável.

in.dó.cil *adj.* Indomável.

ín.do.le *sf.* Caráter.

in.do.lên.cia *sf.* Preguiça.

in.do.len.te *adj.* Ocioso.

in.do.lor *adj.* Sem dor.

in.do.má.vel *adj.* Invencível.

in.dô.mi.to *adj.* Arrogante; indomável.

in.du.bi.tá.vel *adj.* Incontestável; certo; evidente.

in.du.ção *sf.* Processo mental de tirar conclusões gerais de fatos particulares; generalização.

in.dul.gên.cia *sf.* Tolerância; perdão; indulto; clemência.

in.dul.gen.te *adj.* Tolerante; demente.

in.dul.to *sm.* Perdão.

in.du.men.tá.ria *sf.* Vestimenta.

in.dús.tria *sf.* Qualquer ramo da atividade humana; aptidão; engenho.

in.dus.tri.al *adj.*Referente a indústria. *s.2g.* proprietário de uma indústria.

in.dus.tri.a.li.zar *vt.* Dar caráter industrial.

in.dus.tri.ar *vt.* Tornar hábil; ensinar; exercitar; industrializar.

in.dus.tri.o.so *adj.* Laborioso; habilidoso; astuto.

in.du.tar *vt.* Cobrir; revestir.

in.du.ti.vo *adj.* Que procede por indução; feito por indução.

in.du.zir *vt.* Causar; persuadir; inferir, concluir; revestir; mover, levar; instigar, incitar; fazer incorrer.

i.ne.bri.an.te *adj.* Que inebria.

i.ne.bri.ar *vt.* Embriagar; deliciar; entusiasmar.

i.né.di.to *adj.* Não publicado.

i.ne.fá.vel *adj.* Indizível.

i.ne.fi.cá.cia *sf.* Falta de eficácia, utilidade.

i.ne.fi.caz *adj.* Inconveniente.

i.ne.fi.ci.en.te *adj.* Sem eficiência; ineficaz.

i.ne.gá.vel *adj.* Evidente.

i.ne.nar.rá.vel *adj.* Indizível.

i.nép.cia *sf.* Falta de aptidão.

i.nep.to *adj.* Inábil; estúpido.

i.ne.quí.vo.co *adj.* Claro; evidente; certo.

i.nér.cia *sf.* Falta de ação.

i.ne.ren.te *adj.* Unido intimamente; inseparável.

i.ner.me *adj.* Desarmado.

i.ner.te *adj.* Inativo; indolente; que não pode mudar espontaneamente de estado.

i.nes.cru.pu.lo.so *adj.* Sem escrúpulos, sem consciência.

i.nes.go.tá.vel *adj.* Muito abundante; copioso.

i.nes.pe.ra.do *adj.* Imprevisto.

i.nes.ti.má.vel *adj.* De enorme valor; inapreciável.

i.ne.vi.tá.vel *adj.* Fatal.

i.ne.xa.ti.dão *sf.* Falta de exatidão ou correção.

i.ne.xa.to *adj.* Não exato.

i.ne.xe.qüí.vel *adj.* Irrealizável.

i.ne.xis.ten.te *adj.* Que não existe, que falta.

i.ne.xo.rá.vel *adj.* Implacável.

i.nex.pe.ri.ên.cia *sf.* Falta de experiência.

i.nex.pe.ri.en.te *adj.* Ingênuo.

i.nex.pli.cá.vel *adj.* Que não se pode explicar.

i.nex.pres.si.vo *adj.* Que não é expressivo.

i.nex.pug.ná.vel *adj.* Invencível.

i.nex.tin.guí.vel *adj.* Permanente.

in.fa.lí.vel *adj.* Inevitável.

in.fa.ma.ção *sf.* Difamação.

in.fa.mar *vt.* Desonrar.

in.fa.me *adj.* Vil; abjeto.

in.fâ.mia *sf.* Torpeza, desonra.

in.fân.cia *sf.* Período da vida até os sete anos.

in.fan.ti.cí.dio *sm.* Assassínio de criança.

in.fan.til *adj.* Próprio de crianças; ingênuo.

in.fan.ti.li.da.de *sf.* Qualidade de infantil.

in.fan.to-ju.ve.nil *adj.* Relativo à infância e à juventude.

in.far.te ou **in.far.to** *sm.* Necrose de um tecido por obstrução da artéria que o irriga.

in.fa.ti.gá.vel *adj.* Incansável.

in.faus.to *adj.* Infeliz.

in.fec.ção *sf.* Penetração e multiplicação de micróbios no organismo; *fig.* corrupção.

in.fec.ci.o.nar *vt.* Contaminar.

in.fec.tar *vt.* Contaminar.

in.fec.to *adj.* Pestilento.

in.fec.to-con.ta.gi.o.so *adj.* Que produz infecção e se propaga por contágio.

in.fe.cun.do *adj.* Estéril.

in.fe.li.ci.da.de *sf.* Infortúnio.

in.fe.li.ci.tar *vt.* Tornar infeliz.

in.fe.*liz* *adj.* Desventurado; desafortunado; funesto; mal realizado.

in.*fen*.so *adj.* Inimigo.

in.fe.*rên*.cia *sf.* Indução.

in.fe.ri.*or* *adj.* Que está abaixo.

in.fe.ri.o.ri.*da*.de *sf.* Qualidade de inferior.

in.fe.*rir* *vt.* Deduzir por raciocínio, conclusões.

in.fer.*nal* *adj.* Do inferno.

in.*fer*.no *sm.* Lugar de pena eterna, segundo o cristianismo; tormento; grande desordem; confusão.

***ín*.fe.ro** *adj.* Inferior.

in.*fér*.til *adj.* Estéril.

in.fes.*tar* *vt.* Assolar; devastar.

in.*fes*.to *adj.* Inimigo; nocivo.

in.fi.de.li.*da*.de *sf.* Traição.

in.fi.*el* *adj.* Desleal; *s.2g.* pagão.

in.fil.tra.*ção* *sf.* Ato de infiltrar.

in.fil.*trar* *vt.* Embeber; impregnar; *vp.* introduzir-se.

***ín*.fi.mo** *adj.* O mais baixo.

in.fin.*dá*.vel *adj.* Permanente.

in.*fin*.do *adj.* Infindável.

in.fi.ni.*da*.de *sf.* Qualidade do que é infinito.

in.fi.ni.te.si.mo *adj.* Infinitamente pequeno.

in.fi.*ni*.to *adj.* Ilimitado.

in.fir.*mar* *vt.* Enfraquecer.

in.fla.*ção* *sf.* Ato ou efeito de inchar, encher; vaidade; crescimento econômico anormal e contínuo dos meios de pagamento (moeda e crédito) em relação às necessidades de circulação dos bens de consumo; desequilíbrio do sistema monetário, decorrente da redução do poder aquisitivo da moeda e simultânea elevação geral dos preços.

in.fla.ma.*ção* *sf.* Ato de inflamar, infeccionar.

in.fla.ma.do *adj.* Irritado.

in.fla.*mar* *vt.* Fazer arder; estimular.

in.fla.*má*.vel *adj.* Que se inflama facilmente.

in.*flar* *vt.* Encher de ar.

in.flec.*tir* ou **in.fle.*tir*** *vt.* Dobrar; curvar; flexionar.

in.fle.*xão* *sf.* Ato de inflectir; modulação de voz.

in.fle.*xí*.vel *adj.* Inexorável; indiferente; impassível.

in.fli.*gir* *vt.* Aplicar pena.

in.flo.res.*cên*.cia *sf.* Florescência.

in.flu.*ên*.cia *sf.* Ato de influir.

in.flu.en.ci.*ar* *vt.* Exercer influência, predomínio sobre.

in.flu.*en*.te *adj.* e *s.2g.* Que, ou pessoa que exerce influência, predomínio sobre.

in.flu.*en*.za *sf.* Gripe.

in.flu.*ir* *vt.* Incutir; entusiasmar; exercer influência, predomínio sobre.

in.*flu*.xo *sm.* Força, ação de um corpo sobre outro, ou de uma pessoa sobre outra; influência; enchente de maré; convergência.

in.for.ma.*ção* *sf.* Notícia que se dá ou recebe; opinião a respeito de alguém.

in.for.*mar* *vt.* Dar informação; avisar; *vp.* inteirar-se.

in.for.*má*.ti.ca *sf.* Ciência do tratamento racional e automático da informação, considerada esta como suporte dos conhecimentos e comunicações; ciência do emprego do computador.

in.for.ma.*ti*.vo *adj.* Próprio para informar ou noticiar; *sm.* noticioso.

in.for.ma.ti.*zar* *vt.* Implantar a utilização do computador.

in.*for*.me *adj.* Sem forma, monstruoso; *sm.* informação, notícia.

in.for.tu.*na*.do *adj.* Infeliz.

in.for.*tú*.nio *sm.* Infelicidade.

in.fra.*ção* *sf.* Ato de infringir; violação.

in.fra-es.tru.*tu*.ra *sf.* Base material ou econômica de uma sociedade ou organização; parte inferior de uma estrutura.

in.fran.*gí*.vel *adj.* Que não se pode quebrar.

in.fra.*tor* *sm.* Transgressor.

in.*fre*.ne *adj.* Descomedido.

in.frin.*gir* *vt.* Transgredir; desrespeitar.

in.fun.*da*.do *adj.* Sem fundamento, sem base.

in.fun.*dir* *vt.* Pôr de infusão; incutir; inspirar.

in.fu.*são* *sf.* Maceração farmacêutica.

in.*gen*.te *adj.* Enorme.

in.ge.nu.i.*da*.de *sf.* Credulidade exagerada.

in.*gê*.nuo *adj.* Inocente.

in.ge.*rir* *vt.* Engolir; tomar; *vp.* intrometer-se.

in.ges.*tão* *sf.* Ato de ingerir; deglutição.

in.*gló*.rio *adj.* Que não tem glória.

in.gra.ti.*dão* *sf.* Falta de gratidão.

in.*gra*.to *adj.* Desagradecido; que não reconhece os benefícios que recebeu; *fig.* estéril; improdutivo; desagradável; molesto.

in.gre.di.*en*.te *sm.* Substância que entra na composição de um produto.

***ín*.gre.me** *adj.* Escarpado; difícil de subir.

in.gres.*sar* *vi.* Dar entrada.

in.*gres*.so *sm.* Admissão; entrada; bilhete de entrada.

i.ni.bi.*ção* *sf.* Estado ou condição de pessoa inibida; limitação de uma função; impedimento.

i.ni.*bir* *vt.* Impedir; proibir; embaraçar.

i.ni.ci.a.*ção* *sf.* Recebimento das primeiras noções de coisas secretas ou misteriosas.

i.ni.ci.*a*.do *sm.* Neófito, principiante.

i.ni.ci.a.*dor* *adj.* e *sm.* Que, ou aquele que inicia.

i.ni.ci.*al* *adj.* Primitivo; *sf.* a primeira letra de um nome.

i.ni.ci.ar *vt.* Começar; principiar; *vp.* introduzir-se.

i.ni.ci.a.ti.va *adj.* Empreendimento; atividade; diligência.

i.ní.cio *sm.* Princípio.

i.ni.lu.dí.vel *adj.* Que não admite dúvidas.

i.ni.ma.gi.ná.vel *adj.* Incrível.

i.ni.mi.go *adj.* e *sm.* Adversário.

i.ni.mi.za.de *sf.* Aversão.

i.ni.mi.zar *vt.* Tornar inimigo; *vp.* malquistar-se.

i.nin.te.li.gí.vel *adj.* Que não se pode entender; obscuro.

i.nin.ter.rup.to *adj.* Contínuo.

i.ni.qüi.da.de *sf.* Perversidade.

i.ní.quo *adj.* Perverso.

in.je.ção *sf.* Ato de injetar; líquido que se injeta; *bras.* importunação.

in.je.tar *vt.* Fazer injeção com; *bras.* aborrecer,

in.jun.cun.do *adj.* Desagradável.

in.jun.ção *sf.* Obrigação imposta.

in.jun.ti.vo *adj.* Imperativo.

in.jú.ria *sf.* Ultraje.

in.ju.ri.ar *vt.* Insultar; ofender.

in.ju.ri.o.so *adj.* Em que há injúria.

in.jus.ti.ça *sf.* Falta de justiça.

in.jus.to *adj.* Infundado.

i.no.cên.cia *sf.* Candura.

i.no.cen.tar *vt.* Desculpar; considerar inocente.

i.no.cen.te *adj.* Ingênuo; sem culpa.

i.no.cu.lar *vt.* Contagiar.

i.nó.cuo *adj.* Inofensivo.

i.no.do.ro *adj.* Que não tem odor, cheiro.

i.no.fen.si.vo *adj.* Que não ofende; que não faz mal.

i.nol.vi.dá.vel *adj.* Inesquecível.

i.no.pe.ran.te *adj.* Não eficiente.

i.no.pi.na.do *adj.* Súbito.

i.no.por.tu.no *adj.* Fora de propósito; intempestivo.

i.nós.pi.to *adj.* Que não pratica a hospitalidade; em que não se pode viver; inabitável.

i.no.va.ção *sf.* Novidade.

i.no.var *vt.* Fazer inovações; renovar.

in.put *sm.* Combinação dos fatores de produção (matérias-primas, horas trabalhadas, energia consumida, taxa de amortização, etc.) que entram na produção de determinada quantidade de bens ou serviços; insumo; dados fornecidos ao computador e que serão processados por um programa específico.

in.qua.li.fi.cá.vel *adj.* Que não se pode classificar; indigno.

in.que.bran.tá.vel *adj.* Inflexível.

in.qué.ri.to *sm.* Sindicância.

in.qui.e.ta.ção *sf.* Agitação.

in.qui.e.tar *vt.* Excitar.

in.qui.e.to *adj.* Agitado.

in.qui.li.no *sm.* O que mora em casa alugada; locatário.

in.qui.ri.ção *sf.* Inquérito.

in.qui.rir *vt.* e *i.* Indagar.

in.sa.ci.á.vel *adj.* Ávido.

in.sa.lu.bre *adj.* Doentio.

in.sa.ná.vel *adj.* Incurável.

in.sâ.nia *sf.* Demência.

in.sa.no *adj.* Demente; louco; *sm.* pessoa insana.

ins.ci.ên.cia *sf.* Ignorância.

ins.ci.en.te *adj.* Ignorante.

ins.cre.ver *vt.* Assentar em registro; gravar.

ins.cri.ção *sf.* Legenda; letreiro.

ins.cri.to *sm.* Indivíduo incluído em lista.

in.se.gu.ran.ça *sf.* Falta de segurança, garantia.

in.sen.sa.to *adj.* Falto de senso.

in.sen.si.bi.li.da.de *sf.* Apatia; indiferença.

in.sen.si.bi.li.zar *vt.* Tornar insensível, apático.

in.sen.sí.vel *adj.* Indiferente.

in.se.pa.rá.vel *adj.* Que não se pode separar.

in.ser.ção *sf.* Introdução.

in.se.rir *vt.* Introduzir.

in.se.tos *sm. pl.* Animais artrópodes, da classe *Insecta*, cujo corpo se divide em cabeça com um par de antenas (que servem como órgão de olfato e tato), em geral apenas um par de olhos (compostos ou facetados) e tórax com três pares de patas e um par de asas; pessoa insignificante.

in.si.di.o.so *adj.* Traiçoeiro.

in.sig.ne *adj.* Ilustre.

in.síg.nia *sf.* Emblema.

in.sig.ni.fi.cân.cia *sf.* Bagatela.

in.sig.ni.fi.can.te *adj.* Que não tem valor.

in.si.nu.a.ção *sf.* Coisa que se dá a entender; sugestão.

in.si.nu.an.te *adj.* Simpático; que se insinua.

in.si.nu.ar *vt.* Dar a entender; *vp.* cativar a amizade de alguém.

in.si.pi.dez *sf.* Sensaboria.

in.sí.pi.do *adj.* Sem sabor.

in.si.pi.en.te *adj.* Ignorante.

in.sis.tên.cia *sf.* Contumácia.

in.sis.ten.te *adj.* Perseverante.

in.sis.tir *vt.* Teimar; repetir.

in.so.ci.al *adj.* Insociável.

in.so.ci.á.vel *adj.* Intratável.

in.so.fri.do *adj.* Impaciente.

in.so.lên.cia *sf.* Arrogância.

in.so.len.te *adj.* Atrevido.

in.só.li.to *adj.* Não habitual.

in.so.lú.vel *adj.* Que não se pode dissolver.

in.sol.vên.cia *sf.* Qualidade ou estado de insolvente.

in.sol.ven.te *adj.* e *s.2g.* Que, ou aquele que não pode pagar o que deve.

in.son.dá.vel *adj.* Impenetrável.

in.só.nia *sf.* Falta de sono.

in.so.no.ro *adj.* Desarmonioso.

in.sos.so *adj.* Sem sal.

ins.pe.ção *sf.* Vistoria.

ins.pe.ci.o.nar *vt.* Examinar; fiscalizar; vistoriar.

ins.pe.tor *sm.* O encarregado de inspeção.

ins.pi.ra.ção *sf.* Ato de fazer entrar ar nos pulmões; insuflação divina; conselho; insinuação.

ins.pi.rar *vt.* Fazer sentir; *vp.* receber inspiração.

ins.ta.bi.li.da.de *sf.* Inconstância.

ins.ta.la.ção *sf.* Ato de instalar.

ins.ta.lar *vt.* Estabelecer; dispor para funcionar.

ins.tân.cia *sf.* Insistência; veemência; hierarquia judiciária.

ins.tan.tâ.neo *adj.* Repentino.

ins.tan.te *adj.* Urgente; *sm.* momento; ocasião.

ins.tar *vt.* e *i.* Solicitar com instância; suplicar; rogar; insistir.

ins.tau.rar *vt.* Fundar.

ins.tá.vel *adj.* Inconstante.

ins.ti.ga.ção *sf.* Estímulo.

ins.ti.gar *vt.* Estimular.

ins.ti.lar *vt.* Pôr gota a gota; insinuar; persuadir.

ins.tin.ti.vo *adj.* Espontâneo; ditado pelo instinto.

ins.tin.to *sm.* Impulso irrefletido.

ins.ti.tu.i.ção *sf.* Fundação; *pl.* leis, princípios de uma sociedade.

ins.ti.tu.ir *vt.* Fundar; dar começo a; educar.

ins.ti.tu.to *sm.* Corporação literária, científica, etc.

ins.tru.ção *sf.* Educação literária; *pl.* ordens.

ins.tru.ir *vt.* Dar instrução a.

ins.tru.men.tal *adj.* Que serve de instrumento; *sm.* conjunto de instrumentos.

ins.tru.men.to *sm.* Qualquer aparelho; todo meio para conseguir um fim.

ins.tru.ti.vo *adj.* Que instrui.

ins.tru.tor *adj.* e *sm.* Que, ou aquele que instrui.

in.sub.mis.são *sf.* Falta de submissão, obediência.

in.su.bor.di.na.ção *sf.* Rebelião.

in.su.bor.di.ná.vel *adj.* Que não se subordina.

in.subs.ti.tu.í.vel *adj.* Que não pode ser substituído.

in.su.ces.so *sm.* Mau resultado.

in.su.fi.ci.ên.cia *sf.* Incompetência; deficiência.

in.su.fi.ci.en.te *adj.* Incompetente; deficiente.

in.su.flar *vt.* Encher por meio de sopro; soprar; incutir, inspirar.

in.su.la.no *adj.* e *sm.* Ilhéu.

in.su.lar *vt.* Ilhar; isolar; separa da sociedade; *adj.2g* e *s.2g.* insulano.

in.sul.so *adj.* Insípido.

in.sul.tan.te *adj.* Que insulta.

in.sul.tar *vt.* Ultrajar; afrontar; injuriar.

in.sul.to *sm.* Injúria grave.

in.su.mo *sm.* Conjunto de recursos básicos (materiais, equipamentos, fundos) requeridos para a produção de bens ou serviços.

in.su.pe.rá.vel *adj.* Invencível.

in.su.por.tá.vel *adj.* Intolerável.

in.sur.gen.te *sm.* Rebelde.

in.sur.gir *vt.* Sublevar; revoltar; insurrecionar.

in.sur.rei.ção *sf.* Rebelião.

in.sur.re.to *adj.* e *sm.* Revoltoso.

in.sus.pei.to *adj.* Não suspeito.

in.tac.to ou **in.ta.to** *adj.* Inteiro; puro; ileso.

ín.te.gra *sf.* Totalidade.

in.te.gral *adj.* Inteiro; total.

in.te.grar *vt.* Inteirar; complementar.

in.te.gri.da.de *sf.* Inteireza; imparcialidade.

ín.te.gro *adj.* Inteiro; reto.

in.tei.rar *vt.* Completar; *vp.* tornar-se ciente.

in.tei.ri.ço *adj.* De uma só peça.

in.tei.ro *adj.* Completo, que não está quebrado; não castrado (animal).

in.te.lec.to *sm.* Inteligência.

in.te.lec.tu.al *adj.* e *s.2g.* Diz-se de, ou pessoa culta e inteligente.

in.te.li.gên.cia *sf.* Faculdade de compreender; intelecto.

in.te.li.gen.te *adj.* Hábil; destro.

in.te.me.ra.to *adj.* Íntegro, incorrupto.

in.tem.pé.rie *sf.* Mau tempo.

in.tem.pes.ti.vo *adj.* Inoportuno.

in.ten.ção *sf.* Intento, tenção; vontade, desejo; propósito; desígnio.

in.ten.si.da.de *sf.* Grau muito elevado de tensão.

in.ten.si.fi.car *vt.* Tornar intenso ou mais intenso.

in.ten.so *adj.* Enérgico; ativo.

in.ten.tar *vt.* Projetar.

in.ten.to *sm.* Propósito; plano; intenção; *adj.* atento; aplicado.

in.ten.to.na *sf.* Conluio de revolta ou motim; plano mal articulado.

in.ter.ca.lar *vt.* Interpor; inserir; pôr no meio.

in.ter.câm.bio *sm.* Permuta de relações comerciais ou culturais.

in.ter.ce.der *vt.* Intervir a favor de alguém.

in.ter.cep.tar *vt.* Interromper o que estava em curso; deter; impedir.

in.ter.ces.são *sf.* Ato de interceder.

in.ter.di.ção *sf.* Proibição.

in.ter.di.tar *vt.* Proibir.

in.te.res.san.te *adj.* Que interessa; importante.

in.te.res.*sar* *vt.* Dar interesse; *vp.* empenhar-se.

in.te.res.*sei.ro* *adj.* Ganancioso; egoísta; *sm.* pessoa que só visa a seu próprio interesse.

in.ter.fe.*rên.cia* *sf.* Intervenção; interposição.

in.ter.fe.*rir* *vt.* Intervir.

*ín.***te.rim** *sm.* O tempo de uma interrupção; tempo intermediário; *el. da loc. adv. neste* ou *nesse ínterim:* neste ou nesse meio-tempo; entrementes.

in.ter.*fo.ne* *sm.* Aparelho dotado de microfone e pequeno alto-falante para comunicação entre compartimentos comerciais ou residenciais.

in.te.*ri.no* *adj.* Provisório.

in.te.ri.*or* *adj.* e *sm.* O que está dentro; região afastada do litoral.

in.ter.lo.cu.*tor* *sm.* O que fala com outro.

in.ter.me.di.*á.rio* *sm.* Medianeiro; mediador.

in.ter.*mé.dio* *sm.* Mediação.

in.ter.mis.*são* *sf.* Intervalo.

in.ter.mi.*ten.te* *adj.* Descontinuado; intervalado.

in.ter.na.ci.o.*nal* *adj.* Relativo a relações entre nações.

in.ter.*nar* *vt.* Colocar no interior; pôr como residente em colégio, etc.

in.ter.*no* *adj.* De dentro; íntimo.

in.ter.pe.*lar* *vt.* Pedir explicações; perguntar.

in.ter.*por* *vt.* e *i.* Intervir; *vp.* meter-se de permeio.

in.ter.po.si.*ção* *sf.* Posição entre duas coisas.

in.ter.pre.ta.*ção* *sf.* Maneira de interpretar.

in.ter.pre.*tar* *vt.* Representar no palco; comentar.

in.*tér.***pre.te** *s.2g.* Pessoa que interpreta.

in.ter.ro.ga.*ção* *sf.* Pergunta.

in.ter.ro.*gar* *vt.* Inquirir.

in.ter.ro.ga.*tó.rio* *sm.* Inquirição.

in.ter.rom.*per* *vt.* Fazer cessar.

in.ter.rup.*ção* *sf.* Suspensão.

in.ter.*rup.***to** *adj.* Interrompido.

in.ter.rup.*tor* *adj.* e *sm.* O que interrompe; *sm.* aparelho para interromper ou restabelecer a passagem de corrente elétrica através de um circuito.

in.ter.se.*ção* ou **in.ter.sec.***ção* *sf.* Corte.

in.ters.*tí.cio* *sm.* Fenda; intervalo; abertura; espaço.

in.te.rur.*ba.no* *sm.* Telefonema entre duas cidades.

in.ter.va.*lar* *vt.* Entremear; *adj.* relativo a intervalo

in.ter.*va.lo* *sm.* Distância entre duas coisas.

in.ter.ven.*ção* *sf.* Ato de intervir.

in.ter.*vir* *vt.* Colocar-se de permeio; *vi.* sobrevir.

in.tes.*ti.no* *sm.* Víscera abdominal; *adj.* interno; interior.

in.ti.ma.*ção* *sf.* Citação.

in.ti.*mar* *vt.* Notificar.

in.ti.mi.*da.de* *sf.* Trato íntimo.

in.ti.mi.*dar* *vt.* Assustar; *vp.* tornar-se tímido.

*ín.***ti.mo** *adj.* Que está muito dentro; *sm.* o âmago.

in.ti.mo.*ra.to* *adj.* Destemido.

in.ti.tu.*lar* *vt.* Dar título a.

in.to.le.*rân.cia* *sf.* Falta de tolerância.

in.to.le.*ran.te* *adj.* Que não admite opinião contrária.

in.to.le.*rá.vel* *adj.* Insuportável.

in.to.xi.ca.*ção* *sf.* Ação de intoxicar; envenenamento.

in.to.xi.*car* *vt.* Envenenar.

in.tran.qüi.li.*da.de* *sf.* Inquietação; desassossego.

in.tran.si.*gên.cia* *sf.* Intolerância; falta de transigência.

in.tran.si.*gen.te* *adj.* Intolerante; que não transige.

in.tran.si.*tá.vel* *adj.* Por onde não se pode transitar.

in.tra.*tá.vel* *adj.* Insociável.

in.tre.pi.*dez* *sf.* Ousadia; coragem; valor.

in.*tré.***pi.do** *adj.* Corajoso; audaz; ousado.

in.tri.*ca.do* *adj.* Emaranhado; intrincado.

in.tri.*car* *vt.* Enredar; complicar.

in.*tri.***ga** *sm.* Mexerico; traição.

in.tri.*gar* *vt.* Enredar; fazer mexericos.

in.trin.*ca.do* *adj.* Intricado.

in.*trín.***se.co** *adj.* Inerente; íntimo; interior.

in.tro.du.*ção* *sf.* Prefácio; penetração; entrada.

in.tro.du.*zir* *vt.* Admitir; iniciar.

in.*trói.***to** *sm.* Entrada; prefácio.

in.tro.me.*ter* *vt.* Intercalar; *vp.* tomar parte.

in.tro.me.*ti.do* *adj.* Atrevido; ousado; metediço.

in.tro.mis.*são* *sf.* Ato de intrometer, introduzir.

in.tros.pec.*ti.vo* *adj.* Que examina o interior de si mesmo.

in.tro.ver.*ti.do* *adj.* Voltado para dentro; absorto.

in.tru.*jão* *sm.* Mentiroso; velhaco; impostor.

in.tru.*ji.ce* *sf.* Impostura; charlatanice.

in.tru.*são* *sf.* Posse violenta.

in.*tru.***so** *adj.* Intrometido.

in.tu.i.*ção* *sf.* Pressentimento; percepção clara sem intermediação do raciocínio.

in.tu.i.*ti.vo* *adj.* Relativo a intuição, percebido por intuição.

in.*tui.***to** *sm.* Desígnio; intento.

in.tu.mes.*cer* *vi.* Inchar.

i.nu.ma.*ção* *sf.* Enterramento.

i.nu.*ma.no* *adj.* Desumano.

i.nu.*mar* *vt.* Enterrar; sepultar.

i.nun.da.*ção* *sf.* Enchente.

i.nun.*dar* *vt.* Alagar.

i.*nup.***to** *adj.* Solteiro.

i.nu.si.ta.do *adj.* Desusado; novo.

i.nú.til *adj.* Sem préstimo.

i.nu.ti.li.da.de *sf.* Coisa sem préstimo; ineficácia.

i.nu.ti.li.zar *vt.* Tornar inútil.

in.va.dir *vt.* Entrar, penetrar hostilmente.

in.va.li.da.de *sf.* Nulidade.

in.va.li.dar *vt.* Tornar inválido.

in.va.li.dez *sf.* Estado de inválido; incapacidade.

in.vá.li.do *adj.* Que não tem vigor; *sm.* o que não pode trabalhar.

in.va.ri.á.vel *adj.* Constante.

in.va.são *sf.* Entrada por meios violentos.

in.va.sor *adj.* e *sm.* Que, ou aquele que invade.

in.vec.ti.va *sf.* Expressão injuriosa, insulto.

in.vec.ti.var *vt.* e *i.* Injuriar.

in.ve.ja *sf.* Desejo de possuir o que outros possuem.

in.ve.jar *vt.* Cobiçar.

in.ve.jo.so *adj.* e *sm.* Que, ou aquele que tem inveja.

in.ven.ção *sf.* Coisa inventada; invento; ficção.

in.ven.cí.vel *adj.* Que não pode ser vencido.

in.ven.tar *vt.* Idear; criar; fantasiar.

in.ven.tá.rio *sm.* Balanço.

in.ven.ti.vo *adj.* Engenhoso.

in.ven.to *sm.* Invenção; criação; descoberta.

in.ven.tor *adj.* Que inventa; *sm.* autor.

in.ver.no *sm.* Estação do ano; tempo frio.

in.ve.ros.sí.mil *adj.* Inacreditável; incrível.

in.ver.são *sf.* Modificação da ordem natural.

in.ver.so *adj.* Invertido.

in.ver.ter *vt.* Pôr às avessas.

in.vés *el. da loc. adv.* Ao invés: ao contrário; *el. da loc. prep. ao invés de:* ao contrário de.

in.ves.ti.da *sf.* Ataque.

in.ves.ti.du.ra *sf.* Ação de investir, dar posse.

in.ves.ti.ga.ção *sf.* Pesquisa.

in.ves.ti.gar *vt.* Pesquisar; indagar; inquirir.

in.ves.tir *vt.* e *i.* Dar posse, atacar; acometer; aplicar capitais.

in.ve.te.ra.do *adj.* Arraigado.

in.vic.to *adj.* Invencível.

in.vi.sí.vel *adj.* Que não pode ser visto.

in.vo.ca.ção *sf.* Alegação; apelo à proteção divina.

in.vo.car *vt.* Suplicar.

in.vó.lu.cro *sm.* Tudo o que serve para envolver.

in.vo.lun.tá.rio *adj.* Não voluntário; inconsciente.

in.vul.gar *adj.* Raro.

in.vul.ne.rá.vel *adj.* Intacável.

i.o.ga *sf.* Sistema filosófico indiano que procura, através de exercícios corporais, respiratórios, mentais, etc., o domínio do espírito sobre a matéria.

i.o.gue *adj.* Relativo à ioga; *adj.* e *s.2g.* pessoa que pratica ioga.

i.o.gur.te *sm.* Espécie de coalhada, geralmente industrializada, preparada com fermentos lácteos.

io.iô *sm.* Brinquedo formado por dois discos de madeira, plástico, etc, unidos pelo meio por um cilindro, que funciona impulsionado por um cordão; tratamento que os escravos davam aos senhores.

í.on *sm.* Partícula carregada eletricamente, derivada de um átomo ou grupo de átomos.

ir *vi.* Dirigir-se; deslocar-se de um ponto a outro; retirar-se, sair; progredir; suceder, ocorrer; progredir, continuar; partir, morrer; *vt.* ir, ser levado; suceder, progredir, achar-se; estar; passar.

i.ra *sf.* Cólera; raiva; indignação.

i.ra.cun.do *adj.* Colérico.

i.ra.do *adj.* Colérico.

i.rar *vt.* Causar ira em.

i.ras.cí.vel *adj.* Sujeito a irar-se; neurastênico.

i.ri.ar *vt.* Matizar.

i.ri.sar *vt.* Iriar; matizar.

ir.ma.nar *vt.* Tornar irmão.

ir.man.da.de *sf.* Confraria religiosa; parentesco de irmãos.

ir.mão *sm.* Filho do mesmo pai e da mesma mãe, ou só do mesmo pai, ou só da mesma mãe.

i.ro.ni.a *sf.* Zombaria; sarcasmo; mordacidade.

i.rô.ni.co *adj.* Em que há ironia.

ir.ra.ci.o.nal *adj.* Falto de raciocínio; desarrazoado.

ir.ra.di.a.ção *sf.* Emissão de raios luminosos.

ir.ra.di.ar *vt.* Emitir raios luminosos; propagar.

ir.re.al *adj.* Ilusório.

ir.re.fle.ti.do *adj.* Não refletido.

ir.re.fle.xão *sf.* Imprudência.

ir.re.fu.tá.vel *adj.* Evidente.

ir.re.gu.lar *adj.* Contrário a regras; anômalo.

ir.re.gu.la.ri.da.de *sf.* Qualidade de irregular; erro.

ir.re.li.gi.ão *sf.* Falta de religião; ateísmo.

ir.re.me.di.á.vel *adj.* Sem remédio; inevitável.

ir.re.pa.rá.vel *adj.* Que não se pode reparar.

ir.re.par.tí.vel *adj.* Indivisível.

ir.re.pre.en.sí.vel *adj.* Perfeito.

ir.re.qui.e.to *adj.* Agitado.

ir.re.sis.tí.vel *adj.* Fatal.

ir.re.so.lu.ção *sf.* Indecisão.

ir.re.so.lu.to *adj.* Indeciso.

ir.res.pon.sá.vel *adj.* e *s.2g.* Que, ou quem revela irresponsabilidade.

ir.res.tri.to *adj.* Ilimitado.

ir.re.ve.rên.cia *sf.* Falta de reverência; desacato.

ir.ri.ga.ção *sf.* Rega artificial.

ir.ri.ga.*dor* *sm.* Vaso para regar.

ir.ri.*gar* *vt.* Regar.

ir.ri.*são* *sf.* Zombaria; escárnio.

ir.ri.*só*.rio *adj.* Que provoca o riso; ridículo.

ir.ri.ta.*ção* *sf.* Excitação; indignação, cólera.

ir.ri.*tan*.te *adj.* Excitante; que provoca irritação.

ir.ri.*tar* *vt.* Exasperar.

ir.rom.*per* *vi.* Aparecer de repente; surgir.

ir.rup.*ção* *sf.* Ato de irromper.

is.ca *sf.* Engodo que se põe no anzol para pescar; pequena porção de comida; *interj.* usada para açular cães.

i.sen.*ção* *sf.* Ato ou efeito de eximir; liberação.

i.sen.*tar* *vt.* Tornar isento.

i.*sen*.to *adj.* Livre; dispensado.

is.*lã*, is.*la*.me ou **is.*lão*** *sm.* Conjunto dos países muçulmanos; islamismo.

is.la.*mis*.mo *sm.* Islão, religião muçulmana.

i.so.*lar* *vt.* Tornar solitário; deixar só.

i.so.*por* *sm.* Espuma de poliestireno, utilizada como isolante térmico; objeto produzido com tal material.

is.*quei*.ro *sm.* Pequeno acendedor portátil.

is.ra.e.*li*.ta *adj.* Pertencente ao povo de Israel; *s.2g.* indivíduo desse povo.

is.*sei* *s.2g.* Japonês que emigra para a América.

***is*.so** *pron. dem.* Essa coisa ou essas coisas.

***ist*.mo** *sm.* Faixa de terra que une uma península a um continente.

***is*.to** *pron. dem.* Esta coisa ou estas coisas.

it *sm.* Magnetismo pessoal; encanto; charme.

i.ta.li.a.*nis*.mo *sm.* Palavra, locução ou construção própria do, ou que imita o italiano.

***i*.tem** *sm.* Artigos de uma argumentação; requerimento, contrato, etc.

i.te.ra.*ção* *sf.* Repetição.

i.te.*rar* *vt.* Repetir.

i.te.ra.*ti*.vo *adj.* Repetido.

i.ti.ne.*ran*.te *adj.* Que viaja; *s.2g.* viajante, andarilho.

i.ti.ne.*rá*.rio *adj.* Relativo a caminhos; *sm.* roteiro.

j *sm.* Décima letra do alfabeto; sétima consoante.

já *adv.* Agora; neste instante; *conj.* ora.

ja.bá *sm.* Charque; carne-seca.

ja.bu.ru *sm. bras.* Pessoa desajeitada, feiosa; ave pernalta.

ja.bu.ti *sm.* Nome comum a diversas espécies de tartarugas terrestres.

ja.bu.ti.ca.ba *sf.* O fruto da jabuticabeira.

ja.cá *sm.* Espécie de cesto.

ja.ça *sf.* Falha.

ja.ca.ré *sm.* Crocodilo.

ja.cen.te *adj.* Que jaz.

já-co.me.ça *sf. bras.* Comichão.

jac.tân.cia *sf.* Arrogância.

jac.tan.ci.o.so *adj.* Arrogante.

jac.tar-se *vp.* Vangloriar-se; blasonar.

jac.to ou **ja.to** *sm.* Saída impetuosa de um líquido; impulso; arremesso.

ja.cu.la.tó.ria *sf.* Oração concisa e fervorosa.

ja.de *sm.* Nome comum a diversos minerais, esverdeados, usados para confeccionar estatuetas e adornos.

ja.ez *sm.* Arreio de cavalo; espécie.

ja.guar *sm.* Designação geral dos animais do gênero *Felis*, carnívoros, comuns em toda a América; onça, onça-pintada.

ja.gun.ço *sm.* Capanga; sectário de Antônio Conselheiro (1828-1897), na campanha de Canudos (Bahia, 1896-1897).

ja.le.co *sm.* Casaco curto.

jal.ne *adj.* Amarelo vivo.

ja.lo.fo *adj.* Rude; boçal.

ja.mais *adv.* Nunca; não mais.

ja.me.gão *sm. fam.* Assinatura; rubrica.

ja.nei.ro *sm.* O primeiro mês do ano.

ja.ne.la *sf.* Abertura na parede de um edifício para deixar entrar luz e ar.

jan.ga.da *sf.* Armação de madeira que navega; balsa.

jân.gal *sm.* Floresta; selva; mata.

ja.no.ta *adj.* Garrido; *sm.* peralta; estróina; almofadinha; dândi.

ja.no.ti.ce *sf.* Garridice.

jan.ta *sf. pop.* Jantar.

jan.tar *sf.* A refeição da tarde; *vi.* comer o jantar.

ja.que.ta *sf.* Casaco masculino.

ja.que.tão *sm.* Paletó de transpasse.

ja.ra.ra.ca *sf.* Variedade de cobra venenosa.

jar.da *sf.* Medida linear inglesa (914 mm).

jar.dim *sm.* Terreno onde se cultivam flores.

jar.di.nei.ra *sf.* Ônibus aberto lateralmente.

jar.di.nei.ro *sm.* Cultor ou zelador de jardins.

jar.gão *sm.* Linguagem específica de determinados grupos e profissões; gíria profissional; linguagem corrompida ou incompreensível.

jar.ra *sf.* Vaso para flores ou para água.

jar.ro *sm.* Vaso alto com bico e asa.

jas.pe *sm.* Variedade semicristalina de quartzo, que pode ser encontrada em várias cores, sendo a mais comum a vermelha.

jau.la *sf.* Gaiola para feras.

ja.va.li *sm.* Porco selvagem.

ja.zer *vi.* Estar deitado; estar morto; estar sepultado.

ja.zi.da *sf.* Lugar onde alguém jaz; mina.

ja.zi.go *sm.* Sepultura; túmulo.

jazz *sm.* Música profana, vocal ou instrumental, dos negros norte-americanos, que se tornou progressivamente, depois da Primeira Guerra Mundial, uma forma de expressão quase universal.

je.ca *sm.* Caipira, matuto.

je.ca-ta.tu *sm.* Personagem de Monteiro Lobato, do conto *Urupês*, nome e símbolo do caboclo do interior do Brasil.

je.gue *sm.* Jumento.

jei.to *sm.* Maneira; feição.

jei.to.so *adj.* Hábil.

je.ju.ar *vi.* Praticar o jejum; abster-se.

je.jum *sm.* Abstinência de alimento em certos dias.

je.ju.no *adj.* Que está em jejum; *sm.* parte do intestino delgado.

Je.o.vá *sm.* Nome de Deus nos textos bíblicos.

je.re.mi.ar *vi.* Lastimar-se.

je.re.ré *sm.* Sarna; chuva miúda e persistente; pequena rede para pegar siris ou peixes miúdos.

je.ri.bi.ta *sf.* Cachaça.

je.ri.co *sm.* Jumento.

je.ri.mum ou **je.ri.mu** *sm.* Abóbora ou aboboreira (nas regiões do Norte).

je.su.í.ta *sm.* Religioso da Companhia de Jesus; *adj. fig. deprec.* hipócrita; falso.

je.su.í.ti.co *adj.* De jesuíta; fanático; astucioso.

je.ta.tu.ra *sf.* Mau-olhado.

ji.bói.a *sf.* Grande serpente.

jin.gle *sm.* Canção curta e simples usada em propaganda comercial no rádio e na televisão.

ji.pe *sm.* Pequeno automóvel para transporte de reduzido número de pessoas, fabricado no período da Segunda Guerra Mundial, para fins militares. Hoje em dia é utilizado principalmente em serviços rurais.

ji.rau *sm.* Grade de varas sobre esteios fixados no chão.

ji.ri.ban.da *sf.* Repreensão violenta; descompostura.

jiu-jít.su *sm.* Sistema japonês de luta corporal em que se procura imobilizar o adversário mediante golpes de agilidade aplicados em pontos sensíveis do corpo.

jo.a.lha.ri.a ou **jo.a.lhe.ri.a** *sf.* Arte ou loja de joalheiro.

jo.a.lhei.ro *sm.* Artífice de jóias; vendedor de jóias.

joão-nin.guém *sm.* Indivíduo sem importância.

jo.ça *sf.* Coisa imprestável, sem valor.

jo.co.si.da.de *sf.* Ação ou dito jocoso, alegre.

jo.co.so *adj.* Alegre; chistoso.

jo.ei.ra *sf.* Grande peneira.

jo.ei.rar *vt.* Passar por joeira.

jo.e.lhei.ra *sf.* Peça para resguardar o joelho.

jo.e.lho *sm.* Parte anterior da articulação da perna com a coxa.

jo.ga.da *sf.* Ato de jogar; lance ou esquema de negócio.

jo.gar *vt.* Tomar parte no jogo; arremessar; aventurar.

jo.ga.ti.na *sf.* O vício do jogo.

jo.go *sm.* Atividade física ou mental norteada por um conjunto de regras que definem quem ganha ou quem perde; brinquedo, passatempo, qualquer jogo (de cartas, loto, xadrez, etc.); conjunto de objetos ou utensílios domésticos; articulação.

jo.go-da-ve.lha *sm.* Jogo em que dois parceiros desenham, num papel, duas linhas horizontais sobrepostas a duas verticais, formando nove casas, nas quais assinalam suas marcas respectivas, vencendo quem antes conseguir, na horizontal, vertical ou diagonal, uma seqüência de marcas.

jo.gral *sm.* Na Idade Média, músico que percorria as cortes, cantando ou declamando as composições dos trovadores; farsista; recitador, trovador, truão.

jo.gue.te *sm.* Objeto ou pessoa alvo de zombaria, mofa; brinquedo; ludíbrio.

jói.a *sf.* Artefato de ouro, prata ou pedraria; pessoa ou coisa de grande valor ou estimação.

jó.quei *sm.* Clube de reuniões de corridas de cavalo, jóquei-clube; o cavaleiro que monta nessas corridas.

jó.quei-clu.be *sm.* Jóquei.

jor.na.da *sf.* Caminho de um dia; viagem por terra.

jor.nal *sm.* Salário por dia de trabalho; publicação periódica.

jor.na.lei.ro *sm.* Operário que trabalha por dia; vendedor de jornais.

jor.na.lis.mo *sm.* A imprensa periódica; profissão de jornalista.

jor.na.lis.ta *s.2g.* Pessoa que redige, trabalha ou colabora em jornal.

jor.rar *vi.* Sair com ímpeto; rebentar com força.

jor.ro *sm.* Saída impetuosa.

jo.vem *adj.* e *s.2g.* Moço.

jo.vi.al *adj.* Alegre; folgazão.

jo.vi.a.li.da.de *sf.* Bom humor.

jo.vi.a.li.zar *vt.* Ser jovial.

ju.ba *sf.* Crina de leão.

ju.bi.la.ção *sf.* Grande alegria; aposentadoria de professor.

ju.bi.lar *vt.* e *i.* Encher de júbilo; *vt.* conceder aposentadoria; *adj.* relativo a jubileu.

ju.bi.leu *sm.* Qüinquagésimo aniversário.

jú.bi.lo *sm.* Grande alegria.

ju.bi.lo.so *adj.* Cheio de júbilo.

ju.cun.do *adj.* Aprazível; alegre; prazenteiro.

ju.das *st.* Traidor; boneco que se queima no sábado de aleluia; indivíduo malvestido.

ju.deu *sm.* Indivíduo natural da Judéia; israelita; hebreu; *adj.* relativo aos judeus.

ju.di.a.ção *sf.* Mau trato.

ju.di.ci.al *adj.* Da justiça.

ju.di.ci.á.rio *adj.* Judicial.

ju.di.ci.o.so *adj.* Sensato.

ju.dô *sm.* Modalidade de jiu-jítsu.

ju.do.ca *s.2g.* Pessoa que pratica o judô.

ju.go *sm.* Canga; opressão.

ju.gu.lar *vt.* Extinguir; dominar; debelar; *adj.2g.* relativo à garganta ou ao pescoço; *sf.* veia jugular.

ju.iz *sm.* Magistrado que julga; árbitro.

ju.í.zo *sm.* Tribunal em que se julga; razão; opinião.

jul.ga.men.to *sm.* Ato de julgar; sentença; apreciação.

jul.gar *vt.* e *i.* Sentenciar; formar juízo; supor.

ju.lho *sm.* Sétimo mês do ano.

ju.men.to *sm.* Burro; asno; jegue; jerico.

jun.cal *sm.* Campo de juncos.

jun.ção *sf.* Incorporação; ato ou efeito de juntar.

jun.car *vt.* Cobrir de juncos; espalhar; cobrir.

jun.co *sm.* Planta delgada e flexível; embarcação oriental.

jun.gir *vt.* Ligar por meio de jugo; prender.

ju.nho *sm.* Sexto mês do ano.

jú.ni.or *adj.* Mais moço, mais jovem entre dois; qualificativo anexado ao nome do filho homônimo do pai; qualificativo empregado para especificar determinadas funções profissionais; *sm.* nos esportes, os atletas de menos idade.

jun.ta *sf.* Parelha; ligação; articulação; assembléia.

jun.tar *vt.* Ajuntar; *vp.* unir-se; associar-se; copular.

jun.to *adj.* Unido; contíguo; *adv.* ao lado; perto.

jun.tu.ra *sf.* Junta; articulação.

ju.ra *sf.* Juramento; praga.

ju.ra.men.to *sm.* Ato de jurar; promessa solene.

ju.rar *vt.* e *i.* Declarar sob juramento.

jú.ri *sm.* Conjunto dos que em Tribunal julgam de fato uma causa.

ju.rí.di.co *adj.* Relativo ao direito.

ju.ris.con.sul.to *sm.* Jurista; advogado.

ju.ris.di.ção *sf.* Alçada.

ju.ris.pru.dên.cia *sf.* Ciência do direito e das leis.

ju.ris.ta *s.2g.* Jurisconsulto.

ju.ro *sm.* Lucro de dinheiro emprestado; ágio; interesse.

ju.ru.ru *adj.* Melancólico.

jus *sm.* Direito; justiça; *el. da loc. fazer jus a:* ter direito a; merecer.

ju.san.te *sf.* Baixa-mar.

jus.ta *sf.* Torneio; luta.

jus.ta.por *vt.* Sobrepor; *vp.* juntar-se.

jus.ta.po.si.ção *sf.* Situação contígua; sobreposição.

jus.tar *vt.* Ajustar; *vi.* competir, entrar em justa.

jus.te.za *sf.* Exatidão; certeza; precisão.

jus.ti.ça *sf.* Execução fiel das leis e do direito; conformidade com o direito; a falcudade de julgar segundo o direito.

jus.ti.ça.do *adj.* e *sm.* Diz-se de, ou o indivíduo que foi supliciado ou punido com a pena de morte.

jus.ti.çar *vt.* Castigar com a pena de morte; supliciar; demandar em juízo.

jus.ti.cei.ro *adj.* Que faz justiça; imparcial; eqüitativo; severo na aplicação da lei; inflexível; *adj.* e *sm.* quem se incumbe de matar malfeitores, em troca, ou não, de pagamento.

jus.ti.fi.ca.ção *sf.* Desculpa; prova judicial; razão.

jus.ti.fi.car *vt.* Desculpar; *vp.* explicar a razão do seu procedimento.

jus.ti.fi.cá.vel *adj.* Desculpável.

jus.to *adj.* Imparcial; exato; virtuoso; *sm.* homem virtuoso, santo.

ju.ta *sf.* Planta de fibras têxteis.

ju.ve.nil *adj.* Relativo à juventude; jovem; moço.

ju.ve.ni.li.da.de *sf.* Juventude.

ju.ven.tu.de *sf.* Mocidade.

k *sm.* Letra hoje usada apenas em certos vocábulos não aportuguesados, em alguns derivados de nomes próprios estrangeiros, etc.

kaf.ki.a.no *adj.* Relativo a Franz Kafka, (1883-1924); escritor alemão *sm.* grande admirador de Kafka e/ou profundo conhecedor de sua obra.

kan.*tis***.mo** *sm.* Doutrina filosófica de Emmanuel Kant (1724-1804), filósofo alemão, caracterizada pela intenção de determinar os limites, o alcance e o valor da razão.

ka.ra.o.kê *sm.* Em japonês, *espaço vazio*; casa noturna onde qualquer cliente pode cantar ao microfone, acompanhado por músicos ou por *playbacks* instrumentais.

kar.de.*cis***.mo** *sm.* Doutrina religiosa de Allan Kardec (1804-1869). pensador espírita francês.

kart *sm.* Pequeno automóvel dotado de embreagem, sem carroceria, caixa de mudanças ou suspensão.

kar.*tis***.ta** *s.2g.* Pessoa que corre de *kart*.

kar.*tó***.dro.mo** *sm.* Pista para corridas de *karts*.

ke.ple.ri.a.no *adj.* Relativo ao astrônomo alemão Johann Kepler (1571-1683); diz-se do sistema cosmológico heliocêntrico, segundo o qual os planetas giram em redor do Sol.

ki.butz *sm.* Pequena fazenda coletiva, em Israel.

kilt *sm.* Saia pregueada que chega até os joelhos, de lã quadriculada em cores correspondentes aos diversos clãs, fazendo parte do traje masculino escocês.

kirsch *sm.* Aguardente de cereja.

kit *sm.* Jogo, conjunto de peças para certo serviço ou atividade; embalagem com diversos produtos vendidos conjuntamente.

kitsch *adj.* Diz-se de material artístico, literário, etc. considerado de má qualidade, em geral de cunho sentimentalista, sensacionalista, imediatista e produzido com o propósito de atrair o gosto popular.

know-how *sm.* Expressão que designa os conhecimentos técnicos, culturais e administrativos; conhecimento prático.

krach *sm.* Quebra financeira.

küm.mel *sm.* Licor alcoólico aromatizado com cominho, fabricado sobretudo na Alemanha e na Rússia.

ky.o.gen *sm.* Pequena farsa com temas das lendas ou contos populares japoneses.

ky.ri.e *sm.2n.* Da locução grega *Kyrie eleison* "Senhor, tende piedade"; parte da missa que se inicia com esta invocação, recitada ou cantada.

L

l *sm.* Décima primeira letra do alfabeto.

lá *adv.* Ali; além; *sm.* sexta nota musical.

lã *sf.* Pêlo de certos animais; tecido desse pêlo.

la.ba.re.da *sf.* Grande chama.

lá.ba.ro *sm.* Bandeira.

la.be.lo *sm.* Pequeno lábio.

la.béu *sm.* Nota infamante.

lá.bia *sf.* Arte de iludir com boas palavras; astúcia.

la.bi.a.do *adj.* Que tem forma de lábio.

la.bi.al *adj.* De lábios.

lá.bil *adj.* Transitório; fraco.

lá.bio *sm.* Beiço; *pl.* a boca; bordas de ferida.

la.bi.o.so *adj.* De lábios grandes; em que há lábia.

la.bi.rín.ti.co *adj.* Em forma de labirinto; labirintiforme.

la.bi.rin.to *sm.* Construção de feitio intrincado; confusão.

la.bor *sm.* Trabalho; lida.

la.bo.ra.ção *sf.* Atividade; trabalho.

la.bo.rar *vt.* e *i.* Trabalhar.

la.bo.ra.tó.rio *sm.* Lugar onde se processam experiências científicas.

la.bo.ri.o.so *adj.* Amigo de trabalhar; difícil; penoso.

la.bre.go *sm.* Rústico; aldeão.

la.brus.co *adj.* Inculto.

la.bu.ta *sf.* Lida; trabalho.

la.bu.ta.ção *sf.* Labuta; afã.

la.bu.tar *vt.* Trabalhar afanosamente; lidar.

la.ca *sf.* Verniz da China.

la.ça.da *sf.* Nó corredio.

la.cai.o *sm.* Criado de libré; indivíduo sem dignidade, ordinário.

la.çar *vt.* Prender com laço.

la.ce.ra.ção *sf.* Ato de lacerar.

la.ce.ran.te *adj.* Dilacerante.

la.ce.rar *vt.* Dilacerar; rasgar.

la.ço *sm.* Laçada; armadilha.

la.cô.ni.co *adj.* Breve.

la.co.ni.zar *vt.* Sintetizar.

la.crai.a *sf.* Centopéia.

la.crar *vt.* Fechar com lacre.

la.cri.ma.ção *sf.* Derramamento de lágrimas.

la.cri.mal *adj.* Relativo a lágrimas; lagrimal.

la.cri.man.te *adj.* Lacrimoso.

la.cri.me.jar *vi.* Deitar lágrimas.

la.cri.mo.gê.neo *adj.* Que provoca lágrimas.

la.cri.mo.so *adj.* Que chora.

lac.ta.ção *sf.* Amamentação.

lac.tan.te *adj.* Que produz leite; *sf.* mulher que amamenta.

lac.ten.te *adj.* e *s.2g.* Diz-se de, ou bebê que ainda mama.

lác.teo ou **lá.teo** *adj.* Branco como leite.

lac.ti.cí.nio ou **la.ti.cí.nio** *sm.* Tudo que se refere à indústria do leite; alimento derivado do leite.

lac.to.se *sf.* Açúcar do leite.

la.cu.na *sf.* Espaço vazio; falta.

la.cu.nar *adj.* Que tem lacunas; lacunoso.

la.cu.no.so *adj.* Lacunar.

la.cus.tre *adj.* Relativo a lagos.

la.da.i.nha *sf.* Série de invocações dirigidas à Virgem ou aos santos; enumeração enfadonha.

la.dei.ra *sf.* Declive; encosta.

la.dei.ren.to *adj.* Declivoso.

la.di.no *adj.* Finório; sabido.

la.do *sm.* Flanco; partido; banda; aspecto.

la.drão *sm.* Gatuno; tubo de descarga para escoamento do excesso de líquido; *biol.* broto, geralmente infrutífero que aparece na base do tronco das árvores.

la.drar *vi.* Dar ladridos.

la.dri.do *sm.* A voz do cão.

la.dri.lhar *vt.* Cobrir com ladrilhos.

la.dri.lho *sm.* Peça retangular de barro cozido para revestimento.

la.dro.ei.ra *sf.* Roubo.

la.gar *sm.* Tanque para espremer a uva ou a azeitona.

la.gar.ta *sf.* Larva de borboletas.

la.gar.ti.xa *sf.* Réptil que anda por muros e paredes e se alimenta de insetos.

la.gar.to *sm.* Réptil de quatro patas, cauda e pele escamosa; certa parte da carne de vaca (polpa da perna).

la.go *sm.* Extensão de água cercada de terra.

la.go.a *sf.* Pequeno lago.

la.gos.ta *sf.* Crustáceo marinho.

lá.gri.ma *sf.* Gota de humor expelida do olho.

la.gri.man.te *adj.* Lacrimante.

la.gri.me.jar *sf.* Lacrimejar.

la.gu.na *sf.* Canal entre ilhas ou entre bancos de areia.

lai.a *sf.* Casta; espécie.

lai.cal *adj.* De leigo.

lai.co *adj.* Leigo; secular.

lai.var *vt.* Manchar; sujar.

lai.vo *sm.* Nódoa; mancha.

la.je ou **la.jem** *sf.* Pedra plana; cobertura ou piso de concreto armado.

la.je.a.do *sm.* Pavimento coberto de lajes; *adj.* coberto de laje.

la.je.ar *vt.* Cobrir de lajes.

la.ma *sf.* Mistura de terra e água; lodo; *fig.* labéu; *sm.* sacerdote budista.

la.ma.çal *sm.* Lodaçal.

la.ma.cen.to *adj.* Coberto de lama; lodoso; pantanoso.

lam.ba.da *sf.* Paulada; golpe; tipo de dança.

lam.ban.ça *sf.* Bazófia; patranha; adulação.

lam.ban.ce.ar *vi.* Intrigar; fazer lambança.

lam.bão *sm.* Glutão; guloso.

lam.ber *vt.* Chicotear.

lam.ba.raz *sm.* Lambão.

lam.ba.ri.ce *sf.* Gulodice.

lam.baz *adj.* Glutão.

lam.be-lam.be *sm. ant.* Fotógrafo ambulante; a primeira fila dos teatros de revista.

lam.ber *vt.* Passar a língua sobre; devorar; *fig.* adular.

lam.bi.ção *sf.* Adulação.

lam.bi.da *sf.* Ato de lamber.

lam.bis.car *vt.* Comer pouco.

lam.bis.gói.a *sf.* Mulher convencida, presumida, orgulhosa.

lam.bis.quei.ro *adj.* Guloso.

lam.bu.jem *sf.* Guloseima; *bras.* pequeno lucro ou vantagem.

lam.bu.zar *vt.* Sujar.

la.mei.rão *sm.* Pântano.

la.mei.ro *sm.* Lodaçal.

la.me.la *sf.* Folha delgada.

la.men.ta.ção *sf.* Queixa.

la.men.tar *vt.* Lastimar; *vp.* queixar-se.

la.men.tá.vel *adj.* Lastimável; deplorável.

la.men.to *sm.* Queixa.

lâ.mi.na *sf.* Folha delgada.

la.mi.na.ção *sf.* Ato de laminar; redução a lâminas.

la.mi.na.gem *sf.* Laminação.

la.mi.nar *vt.* Chapear; *adj.* em forma de lâmina.

la.mi.ré *sm.* Diapasão.

lâm.pa.da *sf.* Vaso com torcida e azeite para alumiar; aparelho para dar luz por meio da eletricidade.

lam.pa.dá.rio *sm.* Lustre.

lam.pa.de.jar *vi.* Brilhar.

lam.pa.ri.na *sf.* Pequena lâmpada com pavio flutuante.

lam.pei.ro *adj.* Temporão; vivo; ágil.

lam.pe.jan.te *adj.* Que lampeja.

lam.pe.jar *vi.* Emitir lampejos.

lam.pe.jo *sm.* Clarão; faísca.

lam.pi.ão *sm.* Lanterna grande.

la.mú.ria *sf.* Lamentação.

la.mu.ri.an.te *adj.* Lamentoso.

la.mu.ri.ar *vi.* Lamentar-se.

lan.ça *sf.* Haste de madeira terminada em ponta.

lan.ça.da *sf.* Golpe de lança.

lan.ça.di.ço *adj.* Desprezível.

lan.ça.men.to *sm.* Ação de lançar; assentamento; distribuição de impostos, contribuições, etc.; escrituração em livro comercial; campanha publicitária para colocar no mercado qualquer produto.

lan.ça-per.fu.me *sm.* Recipiente cilíndrico, de vidro ou metal, que contém éter perfumado mantido sob pressão e lançado em jato e que se usa especialmente durante o carnaval; o líquido do lança-perfume.

lan.çar *vt.* Arremessar; vomitar; *vp.* precipitar-se.

lan.ce *sm.* Risco; perigo; acontecimento; ímpeto; seção; etapa; oferta do preço em leilão.

lan.ce.ar *vt.* Ferir com lança.

lan.ce.ta *sf.* Instrumento para incisões cirúrgicas.

lan.ce.tar *vt.* Abrir com lanceta.

lan.cha *sf.* Pequena embarcação com motor.

lan.char *vi.* Comer o lanche.

lan.che *sm.* Merenda.

lan.cho.ne.te *sf.* Estabelecimento especializado no preparo de refeições ligeiras e sanduíches, servidos, geralmente, no balcão.

lan.ci.nan.te *adj.* Pungente.

lan.ci.nar *vt.* Golpear; pungir; picar; afligir.

lan.ço *sm.* Arremesso; preço oferecido em leilão.

lan.gor *sm.* Languidez.

lan.go.ro.so *adj.* Lânguido.

lan.gues.cer *vi.* Afrouxar.

lan.gui.dez *sf.* Moleza.

lân.gui.do *adj.* Debilitado; enfraquecido; voluptuoso; *fig.* frouxo.

la.nhar *vt.* Golpear.

la.nho *sm.* Golpe de instrumento cortante.

la.no.so *adj.* Lanudo.

lan.te.jou.la *sf.* Pequena lâmina, de formato arredondado, de metal, madrepérola ou de matéria plástica, furada, para ser costurada em tecido, a fim de dar-lhe um aspecto cintilante.

lan.ter.na *sf.* Caixa de folha com vidros para resguardar a luz interior.

la.nu.do *adj.* Cheio de lã; lanoso.

la.nu.gem *sf.* Buço; pêlos que cobrem flores ou frutos.

la.pa *sf.* Gruta em rochas.

la.pe.la *sf.* Parte da frente de um casaco.

la.pi.da.ção *sf.* Operação de lapidar; *bras.* educação.

la.pi.dar *vt.* Desbastar; educar; *adj.* gravado em pedra; conciso; primoroso.

la.pi.dá.rio *sm.* O que lavra pedras finas.

la.pi.de *sf.* Laje tumular.

la.pi.di.fi.car *vt.* Petrificar.

lá.pis *sm. 2n.* Estilete de grafita, para riscar, escrever, etc.

la.pi.sei.ra *sf.* Estojo onde são guardados lápis; espécie de caneta com ponta de grafite.

lap.so *sm.* Descuido; engano involuntário; decurso de tempo.

la.quê *sm.* Produto com que se vaporizam os cabelos a fim de fixar o penteado.

la.que.ar *vt.* Cobrir com laca.

lar *sm.* Lareira; a casa; pátria; família.

la.ran.ja *sf.* Fruto comestível.

la.ran.ja.da *sf.* Bebida feita do suco da laranja.

la.ran.jal *sm.* Pomar de árvores de laranja.

la.ra.pi.ar *vt.* Furtar; surrupiar.

la.rá.pio *sm.* Gatuno.

la.rei.ra *sf.* Lar; fornalha ou fogão para aquecer a casa.

lar.ga *sf.* Ação de largar; liberdade; largueza.

lar.ga.da *sf.* Momento inicial de uma corrida; partida; arrancada.

lar.gar *vt.* Abandonar; soltar; pôr em liberdade.

lar.go *adj.* Amplo; espaçoso; extenso; *sm.* praça; *adv.* com largueza.

lar.gue.za *sf.* Largura; amplitude; desafogo; liberalidade.

lar.gu.ra *sf.* Qualidade do que é largo; espaçoso.

la.rin.ge *sf.* Parte superior da traquéia e órgão principal da voz.

lar.va *sf.* Lagarta; primeira etapa da metamoforse de anfíbios, insetos, etc.

lar.va.do *adj.* Desequilibrado.

la.sa.nha *sf.* Massa alimentícia cortada em tiras com aproximadamente 6 centímetros de largura; iguaria preparada com esta massa em camadas alternadas de recheio de carne, presunto, molho branco e mussarela.

las.ca *sf.* Tira; estilhaço.

las.car *vt.* Fazer em lascas.

las.cí.via *sf.* Luxúria; sensualidade.

las.cí.vo *adj.* Sensual.

la.ser *sm.* Amplificador que emite radiação visível fortemente monocromática e corrente.

las.si.dão *sf.* Tédio.

las.so *adj.* Frouxo; bambo.

lás.ti.ma *sf.* Compaixão; miséria.

las.ti.mar *vt.* Lamentar; deplorar; *vp.* queixar-se.

las.ti.má.vel *adj.* Digno de lástima, pena, dó.

las.ti.mo.so *adj.* Deplorável.

las.tro *sm.* Peso adicional ao da carga; base; contrapeso; depósito em ouro que serve de garantia ao papel-moeda.

la.ta *sf.* Folha de ferro estanhado; *pop.* rosto.

la.ta.gão *sm.* Homem agigantado e possante.

la.tão *sm.* Liga de cobre e zinco; lata grande.

la.ta.ri.a *sf. colet.* De lata; alimentos enlatados; carroceria do automóvel.

lá.te.go *sm.* Açoite; azorrague; flagelo.

la.te.jar *vi.* Pulsar; palpitar.

la.te.jo *sm.* Pulsação.

la.ten.te *adj.* Oculto; subentendido; dissimulado.

la.te.ral *adj.* Do lado; ao lado.

lá.tex *sm.* Suco leitoso de certas plantas; *espec.* da seringueira, de que se faz a borracha.

la.tí.bu.lo *sm.* Esconderijo.

la.ti.do *sm.* Ladrido.

la.ti.fun.di.á.rio *adj.* Relativo a latifúndio; *sm.* dono de latifúndio.

la.ti.fún.dio *sm.* Propriedade rural de grande extensão, onde se pratica o cultivo de um só produto.

la.tim *sm.* A língua falada pelos romanos antigos.

la.ti.nís.ta *s.2g.* Pessoa versada em latim.

la.ti.no-a.me.ri.ca.no *adj.* Dos países americanos de línguas neolatinas; *sm.* o natural ou habitante de um desses países.

la.tir *vi.* Soltar latidos; ladrar.

la.to *adj.* Largo; amplo.

la.to.ei.ro *sm.* Funileiro.

la.tri.na *sf.* Privada; local para expelir fezes.

la.tro.cí.nio *sm.* Roubo à mão armada.

lau.da *sf.* Página de livro; cada lado de uma folha de papel; página; em redações jornalísticas, folha de papel para datilografia.

lau.dá.vel *adj.* Louvável.

lau.do *sm.* Parecer de perito.

láu.rea *sf.* Prêmio.

lau.re.ar *vt.* Premiar.

lau.rel *sm.* Homenagem; coroa de louros.

lau.to *adj.* Abundante; farto.

la.va *sf.* Torrente.

la.va.bo *sm.* Depósito de água com torneira para lavagens parciais em refeitórios, latrinas; pia; lavatório; banheiro social; pequeno banheiro; cerimônia da lavagem dos dedos na missa.

la.va.dei.ra *sf.* Mulher que lava roupa.

la.va.du.ra *sf.* Lavagem.

la.va.gem *sf.* Ato de lavar.

la.var *vt.* Banhar em água para limpar; regar.

la.va.tó.rio *sm.* Móvel onde se lavam as mãos.

la.vor *sm.* Trabalho manual; enfeite em relevo.

la.vou.ra *sf.* Agricultura.

la.vra *sf.* Lavoura; extração de minérios; fabricação.

la.vra.dor *sm.* Agricultor.

la.vra.gem *sf.* Ato de lavrar.

la.vrar *vt.* Sulcar a terra com o arado; *vi.* alastrar-se.

la.xa.ção *sf.* Lassidão; ato de laxar.

la.xan.te *sm.* Substância que facilita a evacuação das fezes; purgante brando; laxativo; *adj.* que afrouxa.

la.xar *vt.* Afrouxar.

la.xa.ti.vo *adj.* e *sm.* Laxante.

la.xo *adj.* Lasso; frouxo.

layout *sm.* Leiaute.

la.za.ren.to *adj.* Leproso.

lá.za.ro *sm.* Leproso.

la.zei.ra *sf.* Miséria; lepra.

la.zer *sm.* Ócio; descanso; folga; vagar.

lead *sm.* O papel ou personagem principal de uma peça; a abertura da notícia, da reportagem, etc., na qual é procurado expor o fato objetiva e sinteticamente, com a intenção de responder o quê, quem, quando, onde, como e por quê.

le.al *adj.* Fiel; sincero.

le.al.da.de *sf.* Fidelidade.

le.ão *sm.* Mamífero da ordem dos carnívoros, da família dos felídeos; *fig.* homem valente.

le.ão-de-chá.ca.ra *sm.* Funcionário encarregado da segurança em casas de diversões; segurança.

lea.sing *sm.* Arrendamento; sistema de aquisição de dado produto, *p. ex.* carro.

le.bre *sf.* Mamífero roedor.

le.ci.o.nan.do *sm.* Discípulo.

le.ci.o.nar *vt.* Dar lições.

le.do *adj.* Risonho; alegre.

le.dor *adj. e sm.* Leitor.

le.ga.ção *sf.* Ato de legar; sede diplomática.

le.ga.do *sm.* Quinhão de herança; núncio do papa.

le.gal *adj.* Da lei; *gír.* bom, correto.

le.ga.li.da.de *sf.* De conformidade com a lei; qualidade de legal.

le.ga.li.zar *vt.* Legitimar.

le.gar *vt.* Deixar em legado.

le.gen.da *sf.* Letreiro; inscrição; dizeres; pequeno texto, descritivo ou explicativo, que acompanha ilustrações, gravuras, mapas, etc.; texto impresso junto às imagens de um filme, com tradução das falas dos personagens.

le.gi.ão *sf.* Esquadrão; multidão.

le.gi.o.ná.rio *sm.* Soldado de legião; *adj.* relativo a legião.

le.gis.la.ção *sf.* Conjunto de leis; ciência que estuda as leis.

le.gis.la.dor *adj. sm.* O que, ou quem legisla.

le.gis.lar *vi.* Fazer leis.

le.gis.la.ti.vo *adj.* Próprio para legislar; que legisla; *sm.* poder estatal que elabora as leis.

le.gis.ta *s.2g.* Jurisconsulto; perito em leis; médico-legista.

le.gí.ti.ma *sf.* Quinhão do herdeiro.

le.gi.ti.mar *vt.* Legalizar.

le.gí.ti.mo *adj.* Conforme às leis; autêntico; genuíno.

le.gí.vel *adj.* Que se pode ler.

lé.gua *sf.* Medida correspondente a seis quilômetros.

le.gu.me *sm.* Hortaliça.

le.gu.mi.no.so *adj.* Relativo a legumes.

lei *sf.* Prescrição emanada de autoridade legítima; relação constante e necessária entre causa e efeito.

lei.au.te *sm.* Esboço de anúncio, em que se apresentam destacados seus diversos elementos (título, texto, ilustração, etc.); esboço; projeto; planejamento ou esquema de uma obra apresentados graficamente.

lei.go *adj. e sm.* Que ou quem não tem ordens sacras; laical; alheio a um assunto; ignorante.

lei.lão *sm.* Venda em público a quem mais der.

lei.lo.ar *vt.* Pôr em leilão.

lei.lo.ei.ro *sm.* Pregoeiro em leilões.

lei.tão *sm.* Porco novo.

lei.te *sm.* Líquido segregado pelas glândulas mamárias; suco branco de certas plantas.

lei.tei.ro *adj.* Que produz leite; *sm.* vendedor de leite.

lei.te.lho *sm.* Leite desengordurado.

lei.te.ri.a *sf.* Estabelecimento de laticínios.

lei.to *sm.* Cama; lugar por onde corre o rio; superfície aplainada de rua, estrada, etc.

lei.to.a *sf.* A fêmea do leitão.

lei.tor *adj. e sm.* Que, ou o que lê; ledor.

lei.to.so *adj.* Lácteo.

lei.tu.ra *sf.* Ato de ler; a arte ou o hábito de ler.

le.ma *sm.* Divisa.

lem.bra.do *adj.* Memorável.

lem.bran.ça *sf.* Recordação; presente; *pl.* cumprimentos.

lem.brar *vt.* Trazer à memória; sugerir; *vp.* ter lembrança.

lem.bre.te *sm.* Apontamento.

le.me *sm.* Aparelho com que se dá direção a navios; *fig.* direção; governo.

len.ço *sm.* Tecido de tamanho pequeno que se usa para assoar, ou enfeitar o pescoço.

len.çol *sm.* Peça de roupa de cama; depósito natural de água, petróleo, etc., existente no subsolo.

len.da *sf.* Tradição popular; história fantástica; mentira.

len.dá.rio *adj.* Místico.

lên.dea *sf.* Ovo de piolho.

len.ga.len.ga *sf.* Narração longa, monótona e desinteressante.

le.nha *sf.* Madeira para queimar; *bras.* pancadaria.

le.nho.so *adj.* De lenha.

le.ni.da.de *sf.* Brandura.

le.ni.en.te *adj.* Lenitivo.

le.ni.men.to *sm.* Lenitivo.

le.ni.nis.mo *sm.* Desenvolvimento teórico e prático do marxismo realizado pelo russo Vladimir Ilitch Ulianov, conhecido como Lenin (1870-1924), que se baseia no caráter democrático da tomada de decisões internas, como princípio de organização do partido comunista, e no estabelecimento do poder absoluto da classe operária como primeira etapa na construção do socialismo.

le.ni.ti.vo *adj.* e *sm.* Que, ou o que suaviza; alívio.

len.te *sf.* Disco de material transparente usado para compensar defeitos de visão ou nos instrumentos ópticos (microscópio, máquina fotográfica, etc.); *s.2g.* professor de curso superior; catedrático.

len.ti.cu.lar *adj.* Em forma de lente; lentiforme.

len.ti.dão *sf.* Demora; vagareza.

len.to *adj.* Vagaroso.

le.o.ni.no *adj.* Próprio de leão.

lé.pi.do *adj.* Alegre; ligeiro.

le.pi.dóp.te.ros *sm. pl.* Animais artrópodes, da classe dos insetos, cuja pupa se aloja em casulo ou crisálida (borboletas e mariposas).

le.pra *sf.* Infecção crônica da pele causada pelo bacilo de Hansen.

le.pro.sá.rio *sm.* Hospital de leprosos.

le.pro.so *adj.* e *sm.* Que, ou o que está com lepra; morfético; hanseniano.

lep.tos.pi.ro.se *sf.* Infecção causada por algumas espécies de bactérias com espiral muito delgada.

le.que *sm.* Espécie de abano.

ler *vt.* e *i.* Pronunciar as palavras escritas; *fig.* adivinhar.

ler.da.ço *adj.* Aparvalhado.

ler.do *adj.* Vagaroso.

lé.ria *sf.* Lábia; lengalenga.

le.ro-le.ro *sm.* Conversa mole; conversa fiada; conversa sem resultado prático; conversa vazia; conversa para boi dormir; conversa desinteressante; papo-furado.

le.são *sf.* Ofensa; prejuízo.

le.sar *vt.* Prejudicar; contundir; molestar.

lés.bi.ca *sf.* Mulher homossexual.

le.si.vo *adj.* Prejudicial.

les.te *sm.* Oriente; este.

les.to *adj.* Ágil.

le.tal *adj.* Mortal; fúnebre.

le.tar.gi.a *sf.* Sono patológico; inércia.

le.tár.gi.co *adj.* Insensível.

le.tí.cia *sf.* Alegria.

le.ti.vo *adj.* Diz-se do período do ano em que há aulas.

le.tra *sf.* Cada um dos caracteres escritos do alfabeto.

le.tra.do *adj.* e *sm.* Literato; erudito.

le.trei.ro *sm.* Inscrição; título; anúncio em letras de tamanho grande.

léu *sm.* Ensejo; vagar; *el.* da *loc. adv.* ao léu sem destino, ao relento.

le.va *sf.* Magote.

le.va.di.ço *adj.* Movediço; que pode ser levantado ou abaixado.

le.va.do *adj.* Traquinas; que se levou.

le.va-e-traz *s.2g.* Pessoa intrigante, mexeriqueira; fofoqueiro; mexeriqueiro.

le.van.ta.di.ço *adj.* Leviano.

le.van.ta.men.to *sm.* Ato de levantar; rebelião.

le.van.tar *vt.* Erguer; pôr em pé; edificar; *vp.* sair da cama.

le.van.te *sm.* Oriente; insurreição, motim.

le.var *vt.* Conduzir; transportar; impelir; tirar; consumir; gastar.

le.ve *adj.* De pouco peso; ágil; delicado; fácil.

le.ve.dar *vt.* e *i.* Fermentar.

lê.ve.do *sm.* Levedura; *bras.* levedo; *adj.* que se fermentou.

le.ve.du.ra *sf.* Fermento.

le.vi.an.da.de *sf.* Falta de juízo.

le.vi.a.no *adj.* Irrefletido.

le.vi.tar *vi.* e *p.* Erguer-se acima do chão, nas experiências mágicas e segundo a crença espiritista, sem nenhuma sustentação física.

lé.xi.co *sm.* Vocabulário.

le.xi.có.lo.go *sm.* Dicionarista.

lha.ne.za *sf.* Franqueza.

lha.no *adj.* Franco; sincero.

lhe *pron. pess.* A ele; a ela.

li.a *sf.* Sedimento; borra.

li.a.me *sm.* Ligação; laço.

li.ar *vt.* Ligar; conciliar.

li.bar *vt.* Chupar; gozar; beber.

li.be.lo *sm.* Escrito satírico; acusação escrita.

li.be.ral *adj.* Generoso; próprio de cidadão livre; *adj.* e *s.2g.* que(m) não se apega a um sistema religioso, moral ou político.

li.be.ra.li.da.de *sf.* Generosidade.

li.be.ra.lis.mo *sm.* Doutrina que defende a livre iniciativa e os direitos básicos de pensamento, comunicação, associação e movimentação dos homens, inspirada na filosofia iluminista dos sécs. XVII e XVIII; doutrina econômica baseada na livre iniciativa dos agentes econômicos e no livre fluxo dos mecanismos da oferta e da procura nos mercados.

li.be.rar *vt.* Tornar livre.

li.ber.da.de *sf.* Condição de homem livre; independente; *pl.* regalias; intimidades forçadas.

li.ber.ta.ção *sf.* Ato de libertar ou de libertar-se.

li.ber.ta.dor *adj.* e *sm.* Que, ou o que restitui a liberdade.

li.ber.tar *vt.* Pôr em liberdade; *vp.* escapar-se.

li.ber.ti.na.gem *sf.* Devassidão.

li.ber.ti.no *adj.* e *sm.* (Indivíduo) devasso.

li.ber.to *adj.* e *sm.* Livre; solto.

li.bi.di.na.gem *sf.* Sensualidade.

li.bi.di.no.so *adj.* Sensual; *sm.* indivíduo dissoluto.

li.bi.do *sf.* Desejo sexual; o instinto sexual como energia vital.

li.bra.ção *sf.* Oscilação.

li.brar *vt.* Equilibrar.

li.*bré* sf. Uniforme, farda de criado.
li.ça sf. Campo de combate.
li.*ção* sf. Preleção; exemplo; castigo.
li.*cen.ça* sf. Permissão.
li.**cen.ci.a.do** sm. O que tem grau universitário; *adj.* autorizado por licença.
li.**cen.ci.a.men.to** sm. Ato de licenciar, dar licença.
li.**cen.ci.ar** vt. Autorizar; isentar de serviço temporariamente.
li.**cen.ci.o.si.da.de** sf. Devassidão.
li.**cen.ci.o.so** adj. Dissoluto.
li.*ceu* sm. Estabelecimento de instrução secundária.
li.**ci.ta.ção** sf. Oferta em leilão ou hasta pública.
li.**ci.tar** vt. Pôr à venda por meio de lances, em leilão ou hasta pública.
li.ci.to adj. Permitido.
li.*cor* sm. Bebida alcoólica açucarada.
li.**co.ro.so** adj. Que tem o aroma e o teor alcoólico do licor; forte, aromático, espirituoso.
li.da sf. Faina; azáfama.
li.*dar* vt. e i. Lutar; pelejar; trabalhar com afã.
li.de sf. Lida; contenda.
li.der sm. Chefe; condutor.
li.**de.ran.ça** sf. Chefia.
li.**di.mar** vt. Legitimar.
li.di.mo adj. Legítimo.
li.ga sf. Ligação; junção; aliança; mistura.
li.**ga.ção** sf. União; relação.
li.**ga.du.ra** sf. Atadura.
li.*ga.me* sm. Ligação.
li.**ga.men.to** sm. Vínculo; *Anat.* parte fibrosa que liga órgãos.
li.*gar* vt. Atar; prender; unir; estabelecer contato.
li.**gei.re.za** sf. Agilidade.
li.*gei.ro* adj. Veloz; expedito.
li.*lás* ou li.*lá* sm. Planta de flores violeta; *adj.* arroxeado; cor-de-violeta.

li.ma sf. Instrumento de aço para polir; fruto comestível.
li.**ma.du.ra** sf. Limalha.
li.**ma.lha** sf. O pó de metal limado.
li.*mão* sm. Fruto cítrico, de gosto azedo, rico em vitamina C.
li.*mar* vt. Desbastar com a lima; aperfeiçoar.
lim.bo sm. Orla; *teol.* lugar para onde vão as almas das crianças mortas sem batismo.
li.**mi.ar** sm. Soleira da porta; *fig.* entrada; início.
li.**mi.nar** sm. Preliminar.
li.**mi.ta.ção** sf. Restrição.
li.**mi.tar** vt. Demarcar; restringir; *vi.* confinar; *vp.* não passar de.
li.mi.te sm. Marco.
li.**mí.tro.fe** adj. Confinante.
li.mo sm. Alga de água doce; lama, lodo.
li.**mo.na.da** sf. Bebida refrigerante feita com suco de limão.
lim.pa sf. Ação de limpar.
lim.*par* vt. Tornar limpo; escovar; enxugar; purificar.
lim.**pe.za** sf. Asseio; pureza.
lim.**pi.dez** sf. Nitidez.
lim.pi.do adj. Nítido.
lim.po adj. Asseado; honesto; claro; *gír.* sem dinheiro.
li.**mu.si.ne** sf. Tipo de automóvel de passeio, inteiramente fechado, espaçoso e muito luxuoso.
lin.**cha.men.to** sm. Ação de linchar; esquartejar.
lin.*char* vt. Justiçar e executar sumariamente.
lin.**de.za** sf. Beleza.
lin.do adj. Belo; vistoso.
li.**ne.ar** adj. Relativo a linhas.
lin.fa sf. Líquido que circula pelo organismo em vasos especiais.
lin.**ge.rie** sf. Roupa de dormir ou peças íntimas femininas.

lin.**go.te** sm. Barra de metal fundido.
lin.gua sf. Órgão do sentido do gosto; idioma.
lín.**gua-de-so.gra** sf. Brinquedo constituído por uma tira dupla de papel colado enrolada sobre si mesma e em cuja extremidade há um apito, que, ao ser soprado, desenvolve a "língua" e produz um assobio; *pop.* o maldizente, o fofoqueiro, o mexeriqueiro.
lin.**gua.gem** sf. Estilo; idioma; dialeto.
lin.**gua.jar** vi. Falar; sm. maneira de falar.
lin.**gua.ru.do** adj. e sm. (Indivíduo) falador.
lin.*güe.ta* sf. Pequena língua.
lin.*güi.ça* sf. Espécie de tripa delgada de suíno recheada de carne.
lin.**güis.ti.ca** sf. Estudo das línguas; filologia.
lin.**güis.ti.co** adj. Relativo à lingüística, filológico.
lin.**gu.la.do** Em forma de pequena língua.
li.nha sf. Fio de linho, algodão, seda, lã, etc., usado para coser, bordar, tricotar, etc.; cordel; barbante; fio com anzol; sistema de fios ou de cabos que conduzem energia elétrica ou estabelecem comunicação por telégrafo ou telefone; contato ou conexão que permite efetuar uma ligação telefônica; traço contínuo; risco; traços existentes na palma das mãos; série de pessoas ou objetos dispostos na mesma direção; série de palavras escritas na mesma direção de um lado a outro da página; rumo; direção; processo; técnica; orientação teórica; grau de parentesco; correção de maneiras; regra de conduta; bom gosto; elegância.
li.**nha.ça** sf. A semente do linho.

li.**nha.gem** sf. Estirpe.

li.**nhi.te** sf. Carvão fóssil.

li.**nho** sm. Planta de cujos fios são feitos tecidos.

li.**no.ti.po** sm. Antiga máquina de compor e fundir os caracteres tipográficos por linhas inteiras.

li.**que.fa.ção** ou li.**qüe.fa.ção** sf. Passagem de um gás ao estado líquido.

li.**que.fa.zer** ou li.**qüe.fa.zer** vt. Tornar líquido; fundir; derreter.

li.**que.fei.to** ou li.**qüe.fei.to** adj. Fundido; tornado líquido.

li.**qui.da.ção** ou li.**qüi.da.ção** sf. Ação de liquidar.

li.**qui.dar** ou li.**qüi.dar** vt. Fazer a liquidação de; averiguar; tirar a limpo; apurar; matar; vender a preços rebaixados.

li.**qui.dez** ou li.**qüi.dez** sf. Qualidade ou estado de líquido; valor que pode ser resgatado.

li.**qui.di.fi.ca.dor** ou li.**qüi.di.fi.ca.dor** sm. Aparelho para liquidificar frutas, legumes, etc.

li.**qui.di.fi.car** ou li.**qüi.di.fi.car** vt. Liquefazer.

lí.**qui.do** ou lí.**qui.do** sm. Corpo em estado fluido.

li.**ra** sf. Unidade monetária italiana; instrumento musical de cordas.

li.**ri.al** sm. Campo de lírios; adj. branco ou puro como o lírio.

lí.**ri.co** adj. Que pertence à poesia ou ao gênero lírico; ou seja, subjetivo, emotivo, sentimental.

li.**ris.mo** sm. Estilo elevado e poético; expressão de sentimentos individuais; subjetivismo.

li.**so** adj. Macio; plano; pop. sem dinheiro.

li.**son.ja** sf. Adulação.

li.**son.je.a.dor** adj. Adulador.

li.**son.je.ar** vt. Agradar com lisonjas; vp. deleitar-se.

li.**son.jei.ro** adj. Satisfatório; agradável, adulador.

lis.ta sf. Relação; catálogo.

lis.tra sf. Riscado de cor diferente num tecido.

lis.trar vt. Pôr listras.

li.**su.ra** sf. Macieza; honradez; sinceridade.

li.**ta.ni.a** sf. Ladainha.

li.**te.ral** adj. Claro; rigoroso.

li.**te.rá.rio** adj. Referente a letras ou à literatura.

li.**te.ra.to** sm. Profissional da literatura; escritor.

li.**te.ra.tu.ra** sf. Arte de compor ou escrever trabalhos artísticos em prosa ou verso.

li.**ti.gan.te** adj. e sm. Que, ou o que litiga; demandante.

li.**ti.gar** vt. Pleitear; vi. demandar; contender.

li.**tí.gio** sm. Pleito; demanda.

li.**ti.gi.o.so** adj. Que envolve litígio, demanda.

li.**to.gra.fi.a** sf. Arte de desenhar na pedra calcária apropriada.

li.**to.gra.vu.ra** sf. Gravura litográfica.

li.**to.ral** sm. Terreno banhado por mar; beira-mar; adj. relativo à beira-mar.

li.**to.râ.neo** adj. Litoral.

li.**tos.fe.ra** sf. Crosta da Terra.

lí.**tro** sm. Unidade das medidas de capacidade.

li.**tur.gi.a** sf. Rito da Igreja.

li.**túr.gi.co** adj. Relativo a liturgia.

li.**vi.dez** sf. Cor lívida.

lí.**vi.do** adj. De cor cadavérica.

li.**vor** sm. Lividez.

li.**vra.men.to** sm. Libertação.

li.**vrar** vt. Soltar.

li.**vra.ri.a** sf. Loja de livreiro.

lí.**vre** adj. Solto; absolvido; não proibido; disponível.

li.**vre-do.cen.te** s.2g. Professor universitário contratado para eventualmente substituir o professor catedrático.

li.**vrei.ro** sm. Negociante de livros.

li.**vre.te** sm. Caderneta.

lí.**vro** sm. Obra literária ou científica; registro de operações comerciais.

li.**xa** sf. Papel com areia aglutinada para polir.

li.**xar** vt. Alisar com a lixa.

li.**xei.ro** sm. Carregador de lixo.

li.**xí.via** sf. Água alcalina para lavagem de roupa; barrela.

lí.**xo** sm. Cisco; sujeira.

lob.by sm. Grupo que exerce pressão junto a políticos para a votação de leis de seu interesse ou do grupo que representam.

lo.**bi.nho** sm. Quisto sebáceo.

lo.**bis.ta** adj. e s.2g. Diz-se de, ou pessoa que pratica o lobby.

lo.**bo** sm. Mamífero voraz do gênero canino.

ló.**bo** (ó) sm. Lóbulo.

ló.**bre.go** adj. Lúgubre; triste.

lo.**bri.gar** vt. Perceber.

ló.**bu.lo** sm. Parte saliente e arredondada de certos órgãos.

lo.**ca.ção** sf. Aluguel.

lo.**cal** sm. Sítio; lugar.

lo.**ca.li.da.de** sf. Povoação.

lo.**ca.li.za.ção** sf. Ato de localizar, situar.

lo.**ca.li.zar** vt. Determinar o lugar de.

lo.**ção** sf. Líquido medicinal para lavagem; ingrediente perfumado para cabelos ou pele.

lo.**car** vt. Alugar; arrendar.

lo.**ca.tá.rio** sm. Inquilino.

lo.**cau.te** sm. Coligação de patrões que, em resposta à ameaça de greve de seus operários, fecham as suas oficinas.

lo.**co.mo.ção** sf. Ato de transportar ou de se transportar.

lo.**co.mo.ti.va** sf. Máquina de tração dos trens.

lo.**co.mo.ver-se** vp. Mudar de um lugar para outro.

lo.**cu.ção** sf. Frase; estilo; linguagem; duas ou mais palavras com o valor de uma só; atividade do locutor.

lo.cu.ple.tar *vt.* e *p.* Tornar-se rico desonestamente.

lo.cu.tor *sm.* Anunciador de programas radiofônicos.

lo.da.cal *sm.* Lugar onde há muito lodo.

lo.da.cen.to *adj.* Lamacento.

lo.do.ei.ro *sm.* Lodaçal; atoleiro.

lo.do *sm.* Lama; paul.

lo.do.so *adj.* Pantanoso.

ló.gi.ca *sf.* Ciência de raciocinar com exatidão.

ló.gi.co *adj.* Conforme à lógica; coerente; racional.

lo.go *adv.* Imediatamente.

lo.gos *sm.* O princípio de inteligibilidade; razão; inteligência.

lo.go.gri.fo *sm.* Enigma por sílabas ou palavras.

lo.go.ti.po *sm.* Matriz ou tipo formado de duas ou mais letras, numa só peça; representação gráfica distintiva, composta de várias letras, utilizada como marca.

lo.gra.dou.ro *sm.* Passeio público; parque; jardim.

lo.grar *vt.* Gozar; conseguir; enganar astuciosamente.

lo.gro *sm.* Engano; ardil.

lo.ja *sf.* Estabelecimento comercial; oficina; casa de associação maçônica.

lo.jis.ta *sm.* Pessoa que tem loja de comércio.

lom.ba.da *sf.* Costado de livro; dorso do boi; pequenos declives feitos em vias públicas para obrigar a redução da velocidade dos veículos que nelas transitam.

lom.bar *adj.* Relativo a lombo.

lom.bei.ra *sf.* Preguiça.

lom.bo *sm.* As costas; dorso.

lom.bri.ga *sf.* Verme intestinal.

lom.bri.guei.ro *sm.* Vermífugo.

lo.na *sf.* Tecido resistente de linho ou cânhamo, de que se fazem sacos, toldos, velas, etc.; tenda de circo itinerante.

lon.ga-me.tra.gem *sf.* Filme com a duração média de 100 minutos, geralmente de caráter artístico ou recreativo e que constitui a principal atração de uma sessão cinematográfica.

lon.gâ.ni.me *adj.* Magnânimo.

lon.ge *adv.* A grande distância; *adj.* remoto; distante.

lon.ge.vo *adj.* Velho.

lon.gín.quo *adj.* Que está longe, remoto.

lon.gi.tu.de *sf.* Distância de um meridiano a outro.

lon.gi.tu.di.nal *adj.* Colocado ao comprido.

lon.go *adj.* Comprido; duradouro; demorado.

lon.ju.ra *sf.* Grande distância.

lon.tra *sf.* Mamífero carnívoro.

lo.qua.ci.da.de *sf.* Verbosidade.

lo.quaz *adj.* Falador; verboso.

lor.de *sm.* Título honorífico inglês; título concedido a certos altos funcionários ou a certos ministros ingleses no exercício de suas funções; membro da câmara alta do parlamento inglês; homem que vive com ostentação; *adj.* próprio de lorde; rico; caro; cheio de exigências, de luxo.

lo.ro.ta *sf.* Mentira; conversa fiada.

lo.ro.tar *vi.* Dizer lorotas.

lor.pa *adj.* e *s.2g.* (Indivíduo) imbecil; boçal.

lo.ta.ção *sf.* Ato de lotar; *sm. bras.* veículo para transporte de passageiros mediante pagamento tabelado; autolotação.

lo.tar *vt.* Fixar o número de servidores, funcionários, etc.; completar a capacidade ou lotação de; encher de espectadores, passageiros, etc.

lo.te *sm.* Cada uma das partes sorteadas de um todo; quinhão; quota-parte; grupo, porção ou série de objetos ou animais da mesma espécie, padrão ou qualidade; terreno desmembrado, junto com outros, de uma extensão de terras.

lo.te.a.men.to *sm.* Terreno que se loteou ou vai lotear.

lo.te.ar *vt.* Dividir uma extensão de terras em lotes.

lo.te.ca *sf.* Loteria esportiva.

lo.te.ri.a *sf.* Jogo de azar com prêmios sorteados por bilhetes numerados.

lo.té.ri.ca *sf.* Estabelecimento comercial onde são entregues os volantes com as opções de resultado dos jogos, mediante pagamento.

lo.to *sm.* Certo jogo de azar; véspora.

ló.tus *sm.* Certa planta aquática; a flor dessa planta.

lou.ça *sf.* Artefato de cerâmica para serviço de mesa.

lou.ça.ni.a *sf.* Elegância.

lou.ção *adj.* Vistoso; formoso; gentil; viçoso.

lou.co *adj.* Doido; demente; insensato; furioso.

lou.cu.ra *sf.* Alienação mental; paixão extrema.

lou.ro *adj.* Cor de trigo maduro; *sm.* árvore cujas folhas se usam como tempero; *pl.* triunfo; vitória.

lou.sa *sf.* Ardósia; laje; pedra tumular; quadro-negro.

lou.va.ção *sf.* Louvor.

lou.var *vt.* Elogiar; bendizer; aplaudir.

lou.vá.vel *adj.* Digno de louvor.

lou.vor *sm.* Elogio; aplauso.

lu.a *sf.* Satélite natural da Terra (inic. maiúsc.); espaço de um mês; mau humor; cio.

lu.a-de-mel *sm.* Primeiro mês ou os primeiros dias de vida conjugal; viagem que os noivos fazem após o casamento.

lu.ar *sm.* O clarão da Lua.

lú.bri.co *adj.* Lascivo; sensual; voluptoso; erótico.

lu.bri.fi.can.te *sm.* Substância para lubrificar.

lu.bri.fi.car *vt.* Untar com substância oleosa.

lu.ci.dez *sf.* Clareza.

lú.ci.do *adj.* Que tem clareza de inteligência.

lú.ci.fer *sm.* O demônio.
lu.ci.lar *vi.* Tremeluzir.
lu.crar *vt.* Ganhar; aproveitar.
lu.cro *sm.* Ganho; proveito.
lu.cu.bra.ção *sf.* Meditação grave; trabalho prolongado feito à noite e à luz artificial.
lu.di.bri.ar *vt.* Enganar.
lu.dí.brio *sm.* Escárnio; troça; zombaria.
lú.di.co *adj.* Relativo a jogos; engraçado.
lu.fa.da *sf.* Rajada de vento.
lu.fa-lu.fa *sf.* Azáfama.
lu.gar *sm.* Emprego; posição; destino; local.
lu.gar-co.mum *sm.* Idéia, expressão batida; chavão; clichê; trivialidade; coisa habitual.
lu.ga.re.jo *sm.* Aldeola.
lú.gu.bre *adj.* Triste; fúnebre.
lu.me *sm.* Fogo; luz.
lu.mi.nar *adj.* Que dá luz; *sm.* homem erudito.
lu.mi.ná.ria *sf.* Aparelho simples ou composto de pontos de luz para iluminação; lâmpada.
lu.mi.no.so *adj.* Que tem ou dá luz; claro; brilhante; *sm.* anúncio publicitário.
lu.nar *adj.* Relativo à Lua.
lu.ná.ti.co *adj.* Visionário; maníaco.
lu.ne.ta *sf.* Lente; telescópico de pequena abertura.
lu.pa *sf.* Pequeno microscópio; lente de aumento.
lu.pa.nar *sm.* Prostíbulo.
lu.pi.no *adj.* Próprio do lobo.
lú.pu.lo *sm.* Planta cujo fruto é empregado na fabricação da cerveja.
lus.co *adj.* Vesgo; caolho.
lus.co-fus.co *sm.* A hora de anoitecer ou amanhecer.
lu.si.ta.no *adj. e sm.* Relativo a Portugal ou aos portugueses.
lu.so *adj. e sm.* Lusitano.
lus.trar *vt.* Dar lustre.
lus.tre *sm.* Brilho.
lus.tro *sm.* O espaço de cinco anos; polimento.
lu.ta *sf.* Conflito; combate; lida; debate.
lu.ta.dor *adj. e sm.* Que, ou aquele que luta.
lu.tar *vi.* Travar luta; brigar; *vt.* esforçar-se.
lu.to *sm.* Profunda tristeza.
lu.tu.o.so *adj.* Cheio de luto; fúnebre.
lu.va *sf.* Peça de vestuário para a mão; *pl.* gratificação na assinatura de contrato.
lu.xa.ção *sf.* Deslocação óssea de superfície articular.
lu.xar *vt.* Desarticular.
lu.xo *sm.* Ostentação.
lu.xu.o.so *adj.* Ostentoso.
lu.xú.ria *sf.* Sensualidade.
lu.xu.ri.an.te *adj.* Exuberante.
luz *sf.* Claridade; evidência; *pl.* conhecimentos.
lu.zi.di.o *adj.* Brilhante.
lu.zi.men.to *sm.* Brilho; esplendor; fausto.
lu.zir *vi.* Emitir luz; brilhar; *fig.* desenvolver-se; medrar.

m *sm.* Décima segunda letra do alfabeto.

MA Sigla do Estado do Maranhão.

ma.ca *sf.* Cama de lona para transportar doente.

ma.ça *sf.* Clava.

ma.çã *sf.* Fruto da macieira.

ma.ca.bro *adj.* Lúgubre.

ma.ca.cão *sm.* Macaco grande; sujeito finório, manhoso; vestimenta inteiriça, confeccionada em tecido resistente, usada em geral por trabalhadores braçais.

ma.ca.car *vt.* Macaquear.

ma.ca.co *sm.* Nome comum a várias espécies de símios pequenos, mamíferos, da ordem dos primatas. A maioria das 200 espécies existentes vive em regiões tropicais da América do Sul, da América Central, da África e da Ásia; maquinismo para levantar grandes pesos.

ma.ça.da *sf.* Coisa fastidiosa; caceteação.

ma.ca.da.me *sm.* Sistema de pavimentação que utiliza pedra fragmentada, aglutinada e comprimida.

ma.cai.a *sf.* Macaio.

ma.cai.o *adj.* Imprestável; *sm.* tabaco de má qualidade.

ma.çal *sm.* Soro de leite.

ma.cam.bú.zio *ad.* Triste; carrancudo; sorumbático.

ma.ça.ne.ta *sf.* Peça para abrir o trinco das portas.

ma.çan.te *adj.* Enfadonho.

ma.ca.que.ar *vt.* Imitar ridiculamente, como macaco.

ma.ca.qui.ce *sf.* Momice.

ma.çar *vt.* Bater com maça; enfadar.

ma.ça.ri.co *sm.* Instrumento de funileiro.

ma.ça.ro.ca *sf.* Fio enrolado pelo fuso em volta de si; fios emaranhados.

ma.car.rão *sm.* Massa de farinha de trigo cortada em diferentes formato, da qual se preparam diversos pratos culinários.

ma.car.rô.ni.co *adj.* Diz-se de qualquer idioma erroneamente pronunciado ou escrito.

ma.car.this.mo *sm.* Atitude radicalmente adversa ao comunismo, surgida nos EUA com a campanha iniciada pelo senador Joseph Raymond MacCarthy (1909-1957); *p. ext.* qualquer atitude anticomunista radical.

ma.ce.ga *sf.* Erva daninha nas searas; capim dos campos, quando seco e muito fechado.

ma.ce.ra.ção *sf.* Ação de macerar.

ma.ce.rar *vt.* Amolecer; machucar; amolecer para extrair o suco de; *fig.* mortificar com penitências.

ma.ce.ta *sf.* Maça de ferro.

ma.ce.tar *vt.* Bater com macete.

ma.ce.te *sm.* Martelo de pau; recurso secreto, truque para facilitar a execução de algo.

ma.cha.da.da *sf.* Golpe de machado.

ma.cha.do *sm.* Instrumento para rachar, cortar lenha.

ma.chi.ar *vi.* Secar.

ma.cho *sm.* Animal do sexo masculino; *adj.* masculino.

ma.chor.ra *adj.* Fêmea estéril.

ma.chu.ca.du.ra *sf.* Efeito de machucar; contusão.

ma.chu.cão *sm.* Contusão.

ma.chu.car *vt.* Magoar; pisar; amarfanhar; triturar.

ma.ci.ço *adj.* Sólido; compacto; *sm. geol.* bloco da crosta terrestre elevado e montanhoso.

ma.ci.ez *sf.* Brandura; suavidade ao tato.

ma.ci.len.to *adj.* Magro e pálido.

ma.ci.o *adj.* Suave; brando; liso; ameno.

ma.ço *sm.* Martelo de pau; conjunto de coisas atadas.

ma.çom *sm.* Membro da maçonaria; pedreiro-livre.

ma.ço.na.ri.a *sf.* Sociedade filantrópica secreta.

ma.co.ta *sf.* Má sorte.

ma.cra.mé *sm.* Tipo de trabalho artesanal feito com fios e nós, com que se dá acabamento em roupas, cortinas, móveis, etc.

má-cri.a.ção *sf.* Grosseria.

ma.cró.bio *adj.* Que tem idade avançada; longevo.

ma.cro.bi.ó.ti.ca *sm.* Maneira de prolongar a vida e de torná-la mais saudável por meio de regras de higiene e alimentação; dieta macrobiótica.

ma.cro.e.co.no.mi.a *sf.* Ramo da ciência econômica que estuda os aspectos globais de uma economia, especialmente o seu nível geral de produção e renda e as inter-relações entre os seus diferentes setores.

ma.cror.ri.zo *adj.* Que tem grandes raízes.

ma.cru.ro *adj.* Que tem cauda longa.

ma.cu.car *vi.* Encolerizar-se.

ma.çu.do *adj.* Maçador; indigesto, monótono; grosso, compacto.

má.cu.la *sf.* Mancha.

ma.cu.la.do *adj.* Manchado.

ma.cu.lar *vt.* Manchar; sujar.

ma.cum.ba *sf.* Cerimônia de feitiçaria derivada do sincretismo religioso afro-brasileiro; feitiço.

ma.cum.bei.ro *sm.* Feiticeiro; praticante da macumba.

ma.cu.te.na *sf.* Lepra.

ma.dei.ra *sf.* Parte lenhosa das plantas; porrete.

ma.dei.rei.ro *sm.* Cortador ou negociante de madeiras; *adj.* relativo ao comércio de madeiras.

ma.dei.ro *sm.* Tronco de árvore; trave; cruz; *bras.* chifre.

ma.dei.xa *sf.* Porção de cabelos; trança.

ma.di.do *adj.* Umedecido.

ma.do.na *sf.* Nossa Senhora; imagem ou pintura que representa Nossa Senhora.

ma.dra.ce.ar *vi.* Mandriar; vadiar; vagabundear.

ma.dras.ta *sf.* Mulher de viúvo, em relação aos filhos do casamento anterior; *fig.* mãe ruim.

ma.dra.ço *adj.* e *sm.* Indolente.

ma.dre *sf.* Mãe; freira.

ma.dre.pé.ro.la *sf.* Parte nacarada da concha de certos moluscos.

ma.dres.sil.va *sf.* Planta ornamental.

ma.dri.nha *sf.* Mulher que serve de testemunha em cerimônia religiosa; *fig.* protetora; animal que serve de guia a uma tropa.

ma.dru.ga.da *sf.* Aurora.

ma.dru.ga.dor *adj.* e *sm.* Que, ou aquele que madruga.

ma.dru.gar *vi.* Levantar-se da cama muito cedo.

ma.du.rar *vi.* e *i.* Amadurecer.

ma.du.re.za *sf.* Estado de maduro; sazonamento.

ma.du.ro *adj.* Sazonado; sisudo; adiantado em anos.

mãe *sf.* Mulher ou fêmea que deu à luz; origem.

ma.es.tri.a *sf.* Mestria; habilidade.

ma.es.tro *sm.* Compositor de música; regente de grande orquestra.

má-fé *sf.* Intenção prejudicial.

má.fia *sf.* Sociedade secreta fundada na Sicília, Itália, no séc. XIX, para manter a segurança pública; contudo, mais tarde, foi transformada em sociedade envolvida em inúmeros crimes; grupo criminoso coeso e bem organizado.

ma.ga *sf.* Feiticeira.

ma.ga.não *sm.* Indivíduo brincalhão.

ma.ga.no *adj.* e *sm.* (Indivíduo) engraçado.

ma.ga.re.fe *sm.* Pessoa que abate animais.

ma.ga.zi.ne *sm.* Publicação periódica, em geral ilustrada e recreativa; casa onde se vendem artigos de moda.

ma.gi.a *sf.* Religião de magos; encanto; fascinação.

má.gi.ca *sf.* Magia; feitiçaria; prestidigitação.

má.gi.co *adj.* Relativo à magia; maravilhoso; excelente; esplêndido; *sm.* prestidigitador.

ma.gis.té.rio *sm.* Cargo ou exercício de professor.

ma.gis.tral *adj.* De mestre; perfeito; exemplar.

mag.na.ni.mi.da.de *sf.* Ação generosa; liberalidade.

mag.nâ.ni.mo *adj.* Generoso.

mag.na.ta *sm.* Indivíduo influente e poderoso.

mag.ne.te *sm.* Ímã.

mag.né.ti.co *adj.* Atraente.

mag.ne.tis.mo *sm.* Propriedades características dos campos e das substâncias magnéticas; *fig.* propriedade de atrair, de seduzir; fascinação; influência que determinados indivíduos exercem na vontade de outrem.

mag.ne.ti.za.ção *sf.* Ato de magnetizar.

mag.ne.ti.za.dor *sm.* Aquele que magnetiza.

mag.ne.ti.zar *vt.* Passar magnestismo a (agulhas, chaves, etc.); ter influência sobre; dominar; fascinar.

mag.ne.to *sm.* Ímã.

mag.ni.fi.car *vt.* Engrandecer; exaltar; glorificar.

mag.ni.fi.cên.cia *sf.* Pompa.

mag.ni.fi.cen.te *adj.* Grandisoso; suntuoso; generoso.

mag.ní.fi.co *adj.* Excelente; esplêndido.

mag.ní.lo.quo *adj.* Eloquente.

mag.ni.tu.de *sf.* Grandeza de corpos; importância; coisa de grande valor.

mag.no *adj.* Grande; importante; relevante.

ma.go *adj.* Mágico; fascinador; *sm.* sábio; feiticeiro.

má.goa *sf.* Mancha; nódoa; tristeza; pesar; desgosto.

ma.go.ar *vt.* Causar mágoa; desgostar; ofender.

ma.go.te *sm.* Bando.

ma.gre.za *sf.* Estado de pessoa magra.

ma.gri.ce.la *adj.* e *s.2g.* Magrizela.

ma.gri.ze.la *adj.* e *s.2g.* Pessoa magra e descorada.

ma.gro *adj.* Que tem pouca gordura; descarnado.

ma.gru.ço *adj.* Magricela.

mai.o *sm.* Quinto mês do ano civil.

mai.ô *sm.* Traje feminino inteiriço, utilizado para banho de mar ou de piscina.

mai.o.ne.se sf. Molho frio preparado com azeite, vinagre, sal e gema de ovo batidos juntos.

mai.or adj. Que excede outro em tamanho, etc. (é o comparativo de superioridade de *grande*); adj. e s.2g. (pessoa) que chegou à maioridade; sm. pl. os antepassados.

mai.o.ral sm. O chefe.

mai.o.ri.a sf. Maior número.

mai.o.ri.da.de sf. Idade legal em que o indivíduo entra no gozo de direitos civis.

mais adv. Designa aumento, grandeza, comparação ou superioridade; também, além disso; outra vez.

ma.ís sm. Variedade de milho graúdo.

mai.se.na sf. Farinha de amido de milho.

mai.ús.cu.la sf. Letra maiúscula.

mai.ús.cu.lo adj. Diz-se das letras maiores; grande; importante.

ma.jes.ta.de sf. Excelência; título de reis.

ma.jes.tá.ti.co adj. Majestoso.

ma.jes.to.so adj. Suntuoso.

ma.jor sm. Oficial militar superior a capitão.

ma.jo.ra.ção sf. Aumento.

ma.jo.rar vt. Aumentar.

mal sm. Moléstia; dor; desgraça; adv. a custo; de modo mau.

ma.la sf. Caixa de madeira ou de couro para transporte de roupas e objetos em viagens; saco de correspondência.

ma.la.ba.ris.mo sm. Prática de jogos difíceis, ágeis; agilidade; destreza.

mal-a.gra.de.ci.do adj. Ingrato.

ma.la.gue.ta sf. Pimenta muito picante e aromática.

ma.lan.dra.gem sf. Vida de malandro; safadeza.

ma.lan.drar vi. Levar vida de malandro.

ma.lan.dro sm. Vadio; gatuno.

ma.lar sm. Osso da face.

ma.lá.ria sf. Maleita; infecção transmitida por um certo mosquito e caracterizada por febre intermitente.

ma.lá.ri.co adj. Relativo à malária.

mal-a.ven.tu.ra.do adj. Infeliz; desventurado.

mal.ba.ra.tar vt. Gastar; dissipar.

mal.ba.ra.to sm. Desperdício.

mal.cri.a.do adj. Incivil; grosseiro; respondão.

mal.da.de sf. Ação má; má índole; mau caráter.

mal.da.do.so adj. Maldoso; maléfico, danoso.

mal.di.ção sf. Praga; imprecação; execração.

mal.di.ço.ar vt. Amaldiçoar.

mal.di.to adj. Amaldiçoado; sinistro; nefasto; funesto.

mal.di.to.so adj. Infeliz.

mal.di.zen.te adj. Que tem má língua; difamador.

mal.di.zer vt. Amaldiçoar; praguejar contra.

mal.do.so adj. Cheio de maldade; malicioso.

ma.le.ar vt. Converter em lâminas; abrandar.

ma.le.á.vel adj. Dócil; flexível; brando; amoldável.

ma.le.fi.ci.ar vt. Prejudicar.

ma.le.fí.cio sm. Dano; sortilégio; maldade.

ma.lé.fi.co adj. Malfazejo.

ma.lei.ta sf. Sezão; impaludismo; malária.

ma.lei.to.so adj. Que causa maleita; sm. que tem maleita.

mal-e-mal adv. Apenas; mal; sofrivelmente; escassamente.

mal-en.ca.ra.do adj. Que tem má cara ou mostra má índole.

mal-en.ten.di.do sm. Equívoco.

mal-es.tar sm. Indisposição física ou moral.

ma.le.ta sf. Pequena mala.

ma.le.vo.lên.cia sf. Malquerença.

ma.le.vo.len.te adj. Malquerente; que tem má índole.

ma.lé.vo.lo adj. Malevolente.

mal.fa.da.do sm. Aquele que é desditoso, azarado.

mal.fa.lan.te adj. Maldizente.

mal.fa.ze.jo adj. Maléfico.

mal.fa.zer vi. Causar dano.

mal.fei.to adj. Mal fabricado ou executado; sm. bruxaria.

mal.fei.tor sm. Facínora.

ma.lha sf. Abertura entre as voltas de qualquer fibra têxtil; mancha na pele de animais; trama.

ma.lha.do adj. Que tem malhas ou manchas.

ma.lhar vt. Bater com malho, martelo, etc.; espancar; criticar severamente; *gír.* praticar ginástica.

ma.lho sm. Martelo grande com que se bate o ferro na bigorna.

mal-hu.mo.ra.do adj. Achacado; zangado.

ma.lí.cia sf. Tendência para o mal; astúcia; velhacaria.

ma.li.ci.a.dor adj. e sm. Malicioso; astuto; brejeiro.

ma.li.ci.ar vt. Tomar em mau sentido, com malícia.

ma.li.ci.o.so adj. e sm. Que, ou aquele que tem malícia.

ma.lig.no adj. De mau caráter; pernicioso; infeccioso.

mal-in.ten.ci.o.na.do adj. Que tem más intenções.

mal.me.quer sm. Planta de flores amarelas e brancas.

ma.lo.gra.do adj. Frustrado.

ma.lo.grar vt. Frustrar.

ma.lo.gro sm. Mau êxito; fracasso.

mal.que.ren.ça sf. Má vontade.

mal.que.ren.te adj. Malévolo.

mal.que.rer vt. Detestar; sm. malquerença; inimizade.

mal.quis.tar vt. Inimizar.

mal.quis.to *adj.* Malvisto; antipático; odiado.

mal.si.nar *vt.* Delatar; caluniar; condenar; desvirtuar.

mal.so.an.te *adj.* Que soa mal.

mal.ta *sf.* Reunião de gente de baixa condição; caterva.

mal.thu.si.a.nis.mo *sm.* Teoria econômica do economista inglês Malthus (1766-1834), que estabelece a existência de um determinado nível de população que garante a renda *per capita* máxima, e que qualquer aumento ou diminuição nesse nível causa insuficiência econômica no país.

mal.tra.pi.lho *adj. e sm.* Que, ou o que anda esfarrapado.

mal.tra.tar *vt.* Tratar mal; dar pancadas.

ma.lu.co *adj. e sm.* Meio doido; adoidado; tonto.

ma.lu.qui.ce *sf.* Dito ou ação de maluco, adoidado.

mal.va.do *adj.* Perverso.

mal.ver.sa.ção *sf.* Mau emprego ou desvio do dinheiro público.

ma.ma *sf.* Seio; teta.

ma.ma.dei.ra *sf.* Pequeno vidro munido de chupeta para servir leite às crianças.

ma.mãe *sf.* Tratamento carinhoso que os filhos dão à mãe.

ma.mar *vt.* Sugar o leite da mama; *gír.* extorquir.

ma.ma.ta *sf.* Negócio ou empreendimento, em geral público, que proporciona lucros ilícitos a políticos e/ou funcionários protegidos; comilança; roubalheira; marmelada.

mam.bem.be *adj.* Ordinário; de pouco valor; inferior; reles; *sm.* teatro amador volante.

ma.me.lu.co *sm.* Filho de índio com branco.

ma.mí.fe.ro *adj.* Que tem mamas; *sm. pl.* a classe dos animais vertebrados.

ma.mi.lo *sm.* Bico do peito.

ma.mi.nha *sf.* Mamilo; parte mais macia da alcatra.

ma.mo.na *sf.* Semente oleosa de rícino.

ma.mu.te *sm.* Elefante fóssil.

ma.ná *sm.* Alimento celeste; *fig.* alimento delicioso.

ma.na.ção *sf.* Emanação.

ma.na.da *sf.* Rebanho de gado grosso; malta de vadios.

ma.nan.ci.al *sm.* Nascente de água; fonte abundante.

ma.nar *vt. e i.* Correr com abundância; emanar; brotar; verter; provir.

ma.na.ta *sm.* Figurão; magnata.

man.ca.da *sf.* Erro; lapso.

man.car *vt. e i.* Tornar manco; aleijar; falhar.

man.ce.bi.a *sf.* Concubinato.

man.ce.bo *sm.* Moço; rapaz.

man.cha *sf.* Nódoa; mácula.

man.cha.do *adj.* Enodoado; desacreditado.

man.char *vt.* Pôr mancha em; infamar.

man.chei.a *sf.* Mão-cheia.

man.co *adj.* Coxo; aleijado.

man.co.mu.na.ção *sf.* Conluio.

man.co.mu.nar *vt. e p.* Combinar; conluiar-se.

man.da.chu.va *sm.* Homem influente, importante; chefe; líder; chefe político no interior.

man.da.do *sm.* Ordem de superior para inferior; ordem de autoridade policial.

man.da.men.to *sm.* Preceito; ordem; mandado.

man.dão *sm.* O que manda com altivez, prepotência.

man.dar *vt. e i.* Ordenar; determinar; impor; prescrever; preceituar; comandar; governar; enviar; enviar; remeter; arremessar; dar ordens; *vp.* ir-se embora; fugir.

man.da.tá.rio *sm.* O que executa mandatos ou ordens; representante; procurador.

man.da.to *sm.* Autorização que uma pessoa concede a outrem para que pratique em seu nome determinados atos, procuração; poderes delegados pelo povo aos políticos eleitos.

man.dí.bu.la *sf.* Queixada.

man.di.o.ca *sf.* Arbusto da família das euforbiácias, de tubérculos radiculares alimentícios; esse tubérculo; aipim, macaxeira.

man.do *sm.* Autoridade.

mân.dria *sf.* Ociosidade.

man.dri.ão *adj. e sm.* (Indivíduo) preguiçoso; ocioso; malandro.

man.dri.ar *vi.* Levar vida de mandrião; preguiçar.

man.dri.i.ce *sf.* Preguiça.

man.dril *sm.* Ferramenta com garras para segurar; grande macaco da África ocidental.

man.du *adj.* Tolo; pacóvio.

man.du.car *vt. e i.* Comer.

ma.ne.ar *vt.* Manejar.

ma.nei.ra *sf.* Modo; jeito; configuração; feição.

ma.nei.ro.so *adj.* Que tem boas maneiras; amável; hábil.

ma.ne.jar *vt.* Trabalhar com as mãos; manusear.

ma.ne.jo *sm.* Administração; manobra.

ma.ne.quim *sm.* Boneco articulado para uso de artista ou de costureiras; *s.2g.* pessoa que exibe roupas da moda; modelo.

ma.ne.ta *s.2g.* Indivíduo a quem falta uma das mãos, ou um dos braços.

man.ga *sf.* Parte do vestuário que cobre o braço; fruto comestível; ajuntamento.

man.gão *adj. e sm.* Que, ou aquele que manga muito.

man.gar *vi.* Fazer caçoada; escarnecer; zombar.

man.go.nar *vi.* Vadiar.

ma.nha *sf.* Ardil; destreza; birra.

ma.nhã sf. O amanhecer; o alvorecer; princípio; de manhã.

ma.nho.so adj. Astucioso; sagaz; que faz manha.

ma.ni.a sf. Alienação mental; capricho de gênio.

ma.ní.a.co adj. e sm. Diz-se do indivíduo teimoso ou obcecado por alguma coisa; que, ou aquele que tem manias; excêntrico, esquisito.

ma.ni.a.tar vt. Manietar.

ma.ni.cô.mio sm. Hospital de alienados, loucos

ma.ni.e.tar vt. Atar as mãos; subjugar; constranger.

ma.ni.fes.ta.ção sf. Apresentação pública e coletiva de intenções, idéias, pontos de vista, etc.; ato público em defesa de alguma idéia ou em reivindicação de algo.

ma.ni.fes.tan.te adj. e s.2g. Que, ou pessoa que manifesta, ou que participa de manifestações; manifestador.

ma.ni.fes.tar vt. Tornar manifesto; patentear; revelar.

ma.ni.fes.to adj. Claro; expresso; sm. coisa manifestada; exposição pública de razões, programas, objetivos, etc.; programa político, religioso, estético, etc.; relação que se entrega aos fiscais da fazenda pública dos produtos à venda; rol da carga que um navio mercante transporta.

ma.ni.lha sf. Tubo de barro vidrado, usado em canalizações; bracelete; grilheta; algema.

ma.ni.nho adj. Estéril; inculto; sm. terra inculta.

ma.ni.pu.la.ção sf. Ato de manipular, preparar; fig. manobra destinada a fraudar ou forjar algo.

ma.ni.pu.lar vt. Preparar medicamentos; forjar.

ma.ni.ve.la sf. Cabo para pôr algo em movimento.

man.ja.do adj. gír. Muito conhecido (*negócio manjado*).

man.jar sm. Iguaria deliciosa; vt. gír. compreender.

ma.no sm. Irmão; camarada.

ma.no.bra sf. Ação ou efeito de manobrar; trama astuciosa; pl. exercícios militares.

ma.no.brar vt. Dirigir com perícia; vi. executar manobras; governar; dirigir; manipular.

ma.nô.me.tro sm. Instrumento para medir pressão de gases e vapores.

ma.no.pla sf. Luva de ferro; mão desmesurada.

man.que.cer vi. Ficar manco.

man.que.jar vi. Andar manco; coxear; faltar.

man.qui.to.la s.2g. Pessoa coxa.

man.qui.to.lar vi. Manquejar.

man.são sf. Residência de grandes dimensões.

man.sar.da sf. Água-furtada; morada miserável.

man.si.dão sf. Brandura de gênio; índole pacífica.

man.so adj. Sereno; domesticado; sossegado.

man.ta sf. Cobertor de cama; porção de carne ou toucinho.

man.tei.ga sf. Substância extraída da nata do leite.

man.ten.ça sf. Sustento.

man.ter vt. Sustentar; defender; cumprir.

man.ti.lha sf. Manto curto de seda ou pano fino com que as mulheres cobrem a cabeça.

man.ti.men.to sm. Sustento; comida; manutenção.

man.to sm. Veste larga e comprida, sem mangas.

ma.nu.al adj. Feito a mão; sm. compêndio.

ma.nu.fa.tu.ra sf. Trabalho manual; estabelecimento industrial.

ma.nu.fa.tu.rar vt. Fabricar; fazer; produzir.

ma.nus.cri.to adj. Escrito a mão.

ma.nu.se.ar vt. Manejar; folhear; compulsar.

ma.nu.sei.o sm. Ato de manusear, folhear.

ma.nu.ten.ção sf. Ato de manter; administração.

mão sf. Parte do braço desde o punho até a extremidade dos dedos; rodada de cartas num jogo; ajuda; fig. poder.

mão-a.ber.ta s.2g. Pessoa generosa, dadivosa.

mão-bo.ba sf. Gesto de quem procura disfarçadamente, como que por distração, tocar com a mão o corpo de outrem, com intenção libidinosa ou de furto.

mão-chei.a sf. el. us. na loc. adv. de mão-cheia: ótimo; excelente.

mão-de-o.bra sf. Trabalho braçal de operário, pedreiro, etc.; despesa com esse trabalho; aqueles que o realizam.

ma.o.ís.mo sm. Desenvolvimento teórico e prático do marxismo-leninismo realizado por Mao Tsé-Tung (1893-1976), estadista chinês.

mão-le.ve s.2g. Gatuno; ladrão.

ma.pa sm. Carta geográfica; relação; lista.

ma.pa-mún.di sm. Mapa que representa toda a superfície da Terra, em dois hemisférios.

ma.que.ta ou **ma.que.te** sf. Esboço de escultura; miniatura de projeto arquitetônico ou de engenharia.

ma.qui.a.gem ou **ma.qui.la.gem** sf. Pintura feita no rosto; conjunto de produtos de beleza, como base, pó-de-arroz, rímel, batom, etc., utilizados para embelezar, realçar ou disfarçar.

má.qui.na *sf.* Todo aparelho destinado a produzir movimento; qualquer utensílio.

ma.qui.na.ção *sf.* Ato de maquinar; enredo; trama.

ma.qui.nal *adj.* Relativo a máquina; inconsciente.

ma.qui.nar *vt.* Projetar; planear, engenhar; tramar.

ma.qui.na.ri.a *sf.* ou **ma.qui.ná.rio** *sm.* Conjunto de máquinas.

ma.qui.nis.mo *sm.* Conjunto de máquinas de uma fábrica; conjunto de peças de uma máquina ou aparelho.

mar *sm.* A massa de água salgada que cobre a maior parte da superfície da Terra; oceano; *fig.*imensidão.

ma.ra.fun.da *sf.* Confusão, tumulto.

ma.ra.já *sm.* Título dos príncipes da Índia; *fig.*homem rico; funcionário público de salário muito acima do normal.

ma.ra.nhar *vt.* Emaranhar.

ma.ra.nho.so *adj.* Intrigante.

ma.ras.mo *sm.* Fraqueza extrema; debilidade geral; desânimo; indiferença; apatia; tristeza; paralisação; inatividade; estagnação.

ma.ra.to.na *sf.* Corrida a pé, de longo percurso; competição esportiva, lúdica ou intelectual.

ma.rau *sm.* Mariola.

ma.ra.va.lhas *sf. pl.* Aparas de madeira; gravetos.

ma.ra.vi.lha *sf.* Ato ou fato extraordinário, assombroso; prodígio; milagre; coisa ou pessoa digna de admiração.

ma.ra.vi.lhar *vt.* Encher de admiração, assombro, admiração; *vp.* extasiar-se.

ma.ra.vi.lho.so *adj.* Extraordinário; admirável.

mar.ca *sf.* Sinal; etiqueta; nódoa no corpo; limite.

mar.ca.ção *sf.* Ato ou efeito de marcar, etiquetar, etc.

mar.ca.do *adj.* Que recebeu marca; distinto.

mar.ca.dor *adj. e sm.* Que, ou aquele que marca.

mar.can.te *adj.* Que marca; notável.

mar.car *vt.* Pôr marca ou sinal; designar; fixar.

mar.ce.na.ri.a *sf.* Obras ou oficina de marceneiros.

mar.ce.nei.ro *sm.* Oficial que trabalha em madeira.

mar.cha *sf.* Ato de marchar; jornada; progresso; composição musical.

mar.chan.te *sm.* Negociante de gado para corte.

mar.char *vi.* Andar compassadamente; caminhar.

mar.che.ta.do *adj.* Embutido de lavores; matizado.

mar.che.tar *vt. rel.* Embutir; tauxiar; entremear.

mar.che.ta.ri.a *sf.* Arte de marchetar.

mar.ci.al *adj.* Bélico.

mar.co *sm.* Baliza; poste.

mar.ço *sm.* Terceiro mês do ano civil.

ma.ré *sf.* Fluxo e refluxo do mar; oportunidade.

ma.re.a.do *adj.* Enjoado em viagem por mar.

ma.re.a.gem *sf.* Ato ou efeito de marear, navegar.

ma.re.an.te *sm.* Homem do mar; navegante; marinheiro.

ma.re.ar *vt. e i.* Governar o navio; fazer enjoar.

ma.re.chal *sm.* Mais alta patente do Exército brasileiro, em tempo de guerra.

ma.re.jar *vi.* Ressumar; borbulhar; *vt.* gotejar.

ma.re.mo.to *sm.* Tremor de mar.

mar.far *vt.* Enfadar; aborrecer; desgostar; ofender.

mar.fim *sm.* Substância branca da presa do elefante.

mar.ga.ri.na *sf.* Substância alimentícia pastosa, usada como manteiga, composta especialmente de óleos vegetais.

mar.ge.ar *vt.* Seguir a margem de; ladear.

mar.gem *sf.* Orla; fímbria; beira; ensejo.

mar.gi.na.do *adj.* Que tem margem.

mar.gi.nal *adj.* Relativo à margem; que está à margem; ribeirinho; *adj. e s.2g.* indivíduo à margem da sociedade ou da lei; bandido; *adj.* diz-se de produção artística fora dos padrões convencionais; produção alternativa.

mar.gi.na.li.zar *vt.* Tornar marginal; pôr à margem; isolar.

ma.ri.a-fu.ma.ça *sf.* Antigo trem cuja locomotiva era movida a vapor; *s.2g.* pessoa que fuma em demasia.

ma.ri.a-mo.le *sf.* Doce de consistência esponjosa, preparado com clara de ovos, açúcar, coco e gelatina; planta prejudicial ao trigo; tipo de sapato macio e de sola fina.

ma.ri.a-vai-com-as-ou.tras *s.2g.* Pessoa sem vontade, sem opinião, que se deixa influenciar pelos outros, seguindo-os em suas atitudes e opiniões.

ma.ri.cas *sm.2n.* Homem efeminado, ou tímido, ou medroso.

ma.ri.do *sm.* Cônjuge do sexo masculino.

ma.ri.nha *sf.* O conjunto dos navios de guerra de um país; conjunto de navios; pintura ou desenho com temas marítimos; praia, margem; salina.

ma.ri.nha.gem *sf.* Tripulação de navio.

ma.ri.nhei.ro *adj.* Relativo à marinhagem; *sm.* indivíduo que trabalha a bordo; marujo.

ma.ri.nho *adj.* Do mar.

ma.ri.o.la *sm.* Moço de fretes; tratante.

ma.ri.o.la.gem *sf.* Vida de mariola; vadiagem.

ma.ri.o.lar *vi.* Fazer serviço de mariola; vadiar.

ma.ri.o.ne.te *sf.* Fantoche; bonifrate.

ma.ri.po.sa *sf.* Borboleta noturna.

ma.ris.car *vt. e i.* Colher ou apanhar mariscos; procurar (o motorista de táxi) fregueses fora do seu ponto.

ma.ris.co *sm.* Nome comum dos moluscos comestíveis.

ma.ri.tal *adj.* Conjugal.

ma.ri.ti.cí.dio *sm.* Crime de mulher que mata o marido.

ma.rí.ti.mo *adj.* Do mar; naval; *sm.* marinheiro.

mar.ke.ting sm. Conjunto de estudos e medidas econômicas que asseguram estrategicamente o lançamento e a sustentação de um produto ou serviço no mercado consumidor, garantindo o bom êxito comercial da iniciativa; mercadologia.

mar.man.jo *sm. pop.* Homem abrutalhado; rapaz crescido.

mar.me.la.da *sf.* Doce de marmelo; pechincha; negociata; mamata; coisa fácil de ser feita; conluio para empate ou vitória de conveniência; tapeação; tramóia.

mar.mi.ta *sf.* Panela de lata ou metal, com tampa, para transporte de comida.

mar.mi.tex *sm.* Embalagem de alumínio para acondicionamento de refeição que será entregue; refeição nele contida.

már.mo.re sm. Calcário composto, muito duro.

mar.mo.rei.ro *sm.* Oficial que trabalha em mármore.

mar.mó.reo *adj.* Relativo ou semelhante ao mármore.

mar.mo.ris.ta *sm.* Marmoreiro.

ma.ro.la *sf.* Agitação das ondas na superfície do mar.

ma.rom.bar *vi.* Procurar equilibrar-se; dissimular.

ma.rom.bei.ro *adj.* Que lisonjeia interessadamente.

ma.ros.ca *sf.* Trapaça; logro.

ma.ro.ta.gem *sf.* Ação própria de maroto.

ma.ro.te.ar *vt.* Levar vida de maroto, de tratante.

ma.ro.to *adj.* Brejeiro; malicioso; *sm.* indivíduo atrevido; audacioso.

mar.qui.se *sf.* Espécie de alpendre ou cobertura saliente, na parte externa de um edifício, destinada a servir de abrigo.

mar.ra.da *sf.* Cabeçada.

mar.rar *vi.* Dar marrada.

mar.re.ta *sf.* Malho e ferro.

mar.re.tar *vt.* Bater com marreta; *pop.* executar mal um serviço; *bras.* levar vida de marreteiro, mascatear

mar.re.tei.ro *sm.* Pessoa que trabalha com marreta; *pop.* aquele que executa mal um serviço; *bras.* vendedor ambulante, mascate.

mar.rom *adj.* Castanho.

mar.ro.quim *sm.* Pele de cabra preparada e tingida.

mar.ru.á *sm.* Novilho não domesticado.

mar.se.lhe.sa *sf.* Hino nacional francês.

mar.su.pi.ais *sm. pl.* Animais mamíferos sem placenta, cujos filhotes nascem prematuros e vão para uma bolsa no baixo ventre da mãe, onde ficam até completar o seu desenvolvimento.

mar.su.pi.al *adj.2g.* Em forma de bolsa; pertencente ou relativo aos marsupiais.

mar.te.la.da *sf.* Pancada com martelo; *fig.* importunação.

mar.te.lar *vt.* Bater com martelo; *fig.* importunar.

mar.te.lo *sm.* Instrumento para bater pregos; ossinho do ouvido.

már.tir sm. Vítima; pessoa que sofre torturas ou morre em defesa de uma crença ou idéia.

mar.tí.rio *sm.* Sofrimento ou suplício de mártir; *fig.* trabalho penoso.

mar.ti.ri.zar *vt.* Afligir; atormentar; torturar.

ma.ru.ja *sf.* Marinhagem.

ma.ru.ja.da *sf.* Gente de mar; multidão de marujos.

ma.ru.jo *sm.* Marinheiro.

ma.ru.lha.da *sf.* Marulho.

ma.ru.lhar *vi.* agitar-se com violência (o mar); soar de modo semelhante ao barulho das ondas do mar.

ma.ru.lho *sm.* Movimento das ondas do mar e seu ruído.

mar.xis.mo *sm.* Doutrina dos filósofos alemães Karl Marx (1818-1883) e Friedrich Engels (1820-1895), baseada no materialismo dialético e desenvolvida por meio das teorias da luta de classes e da elaboração do relacionamento entre o capital e o trabalho, resultando daí a criação da teoria e da tática da revolução proletária.

mar.xis.mo-le.ni.nis.mo *sm.* O conjunto das idéias sociais, políticas e econômicas desenvolvidas pelo marxismo e pelo leninismo.

mar.zi.pã *sm.* Pasta de amêndoas e açúcar.

mas *conj.* Designativa de oposição; *sm.* dificuldade.

mas.car *vt.* Mastigar sem engolir; resmungar.

más.ca.ra sf. Disfarce usado no rosto nas folias de carnaval; proteção usada no rosto.

mas.ca.ra.da *sf.* Festa em que tomam parte pessoas com máscaras.

mas.ca.ra.do *adj.* Disfarçado; fingido; hipócrita.

mas.ca.rar vt. e p. Pôr máscara em; disfarçar(-se) ou assumir falsa aparência; encobrir; ocultar.

mas.ca.ri.lha sf. Máscara de meio rosto.

mas.ca.te sm. Vendedor ambulante de bugigangas; marreteiro.

mas.ca.te.ar vi. Fazer profissão de mascate; marretar.

mas.ca.va.do adj. Não refinado (falando-se de açúcar).

mas.ca.vo adj. Mascavado.

mas.co.tar vt. Mascar.

mas.co.te sf. Fetiche destinado a dar sorte; boa sina.

mas.cu.li.ni.da.de sf. Virilidade.

mas.cu.li.ni.zar vt. Tornar masculino; másculo.

mas.cu.li.no adj. Do sexo masculino; varonil.

más.cu.lo adj. Masculino; viril.

mas.mor.ra sf. Prisão subterrânea; calabouço.

ma.so.quis.mo sm. Ter prazer, principalmente o sexual, com o próprio sofrimento.

mas.sa sf. Pasta formada pela mistura de farinha de trigo com um líquido; qualquer substância semelhante à massa; macarrão; quantidade de matéria de um corpo; multidão; povo; o público, o consumidor passivo, não crítico.

mas.sa.crar vt. Matar cruelmente; chacinar.

mas.sa.cre sm. Carnificina.

mas.sa.gem sf. Compressão metódica dos músculos com fins terapêuticos ou eróticos.

mas.sa.gis.ta s.2g. Pessoa que faz massagens.

mas.si.fi.ca.ção sf. Nas sociedades, persuasão exercida pelos meios de comunicação de massa, especialmente a televisão, a fim de que o nível de vida, as reações e as condutas sejam padronizadas conforme os estereótipos transmitidos.

mas.su.do adj. Volumoso.

mas.tec.to.mi.a sf. Cirurgia em que a mama é extirpada.

mas.ti.ga.ção sf. Ato ou efeito de mastigar.

mas.ti.gar vt. Triturar com os dentes; morder.

mas.tim sm. Cão vigia de gado; fig. má-língua.

mas.to.don.te sf. Animal pré-histórico gigantesco, semelhante ao elefante; indivíduo muito corpulento.

mas.tre.ar vt. Pôr mastros em navio.

mas.tro sm. Pau a prumo em navios; haste onde se iça a bandeira.

mas.tru.ço sm. Planta medicinal com propriedades vermífugas.

ma.ta sm. Selva; floresta.

ma.ta-bor.rão sm. Papel poroso para secar tinta.

ma.ta.do adj. Malfeito; feito às pressas.

ma.ta.dor sm. O que mata; assassino; criminoso.

ma.ta.dou.ro sm. Lugar onde são abatidas as reses.

ma.ta.gal sm. Bosque grande e denso; mata cerrada.

ma.ta.lo.te sm. Marinheiro.

ma.ta-mou.ros sm. 2n. Valentão.

ma.tan.ça sf. Ato de matar; mortandade; carnificina.

ma.ta-pi.o.lho sm. pop. Dedo polegar.

ma.tar vt. Privar de vida; gazetear; fazer depressa e mal.

ma.ta.ri.a sf. ou **ma.ta.réu** sm. Grande extensão de mata.

ma.te.jar vi. Andar pelo mato; cortar lenha.

ma.te.las.sê adj. Diz-se do tecido acolchoado em que as duas partes que o revestem e o recheio são presos por pespontos.

ma.te.má.ti.ca sm. Ciência que trata das propriedades das grandezas.

ma.te.má.ti.co adj. Da matemática; exato.

ma.té.ria sf. Substância corpórea; assunto; pop. pus.

ma.te.ri.al adj. Corpóreo; sm. o conjunto de objetos necessários a uma obra, etc.

ma.te.ri.a.li.da.de sf. Qualidade de material, bruteza; estupidez.

ma.te.ri.a.lis.mo sm. Sistema daqueles para os quais só existe matéria.

ma.te.ri.a.li.zar vt. Tornar material; manifestar sob forma visível.

ma.té.ria-pri.ma sf. Principal substância utilizada na fabricação de algo.

ma.ter.nal adj. Materno; sm. grau escolar ou escola freqüentados por crianças com menos de quatro anos.

ma.ter.ni.da.de sf. Estado ou qualidade de ser mãe; estabelecimento hospitalar para mulheres que vão dar à luz.

ma.ter.no adj. De mãe; carinhoso; maternal.

ma.ti.lha sf. Grupo de cães de caça; súcia.

ma.ti.na sf. Madrugada; alvorada; pl. primeira parte da reza.

ma.ti.nal adj. Matutino.

ma.ti.nê sf. Espetáculo à tarde; vesperal.

ma.tiz sm. Graduação de cores; nuança; fig. cor política; facção.

ma.ti.zar vt. Dar matizes a; colorir; enfeitar; adornar.

ma.to sm. Terreno coberto de plantas silvestres; roça.

ma.tra.ca sf. Chocalho; zombaria; adj. tagarela.

ma.tra.que.ar vt. e i. Tocar matraca; apupar; vaiar.

ma.trei.ro adj. Astuto; sagaz.

ma.tri.ar.ca.do sm. Organização social e política em que a mulher exerce a autoridade preponderante.

ma.tri.cí.dio *sm.* Crime de matar a própria mãe.

ma.trí.cu.la *sf.* Ato de matricular, fazer inscrição.

ma.tri.cu.lar *vt.* e *p.* Inscrever ou inscrever-se.

ma.tri.mo.ni.al *adj.* Relativo a matrimônio, casamento.

ma.tri.mô.nio *sm.* Casamento.

ma.triz *sf.* Molde de fundição; lugar onde algo se forma ou gera; útero; cntramolde em gesso para confecção dos moldes para cerâmica; fita ou CD com gravação sonora de que se pode tirar copias em série; estabelecimento comercial de que dependem as outras sucursais; casa matriz; sede; *adj.* principal; básico; que é fonte ou origem.

ma.tro.na *sf.* Mulher idosa, distinta, respeitável.

ma.tu.la *sf.* Súcia; corja; *bras.* farnel.

ma.tu.la.gem *sf.* Vadiagem; malandragem; *bras.* conjunto de matulas.

ma.tu.lão *sm.* Rapagão.

ma.tu.ra.ção *sf.* Amadurecimento; sazonamento.

ma.tu.ra.do *adj.* Sazonado; tornado maduro.

ma.tu.rar *vt.* Tornar maduro.

ma.tu.ra.ti.vo *adj.* Que ajuda a maturação.

ma.tu.ri.da.de *sf.* Madureza.

ma.tu.tar *vi.* Cismar; refletir; *vt.* meditar; cismar.

ma.tu.ti.no *adj.* Da manhã; *sm.* jornal que sai de manhã.

ma.tu.to *adj.* e *sm.* (Sujeito) ignorante e ingênuo; provinciano; caipira.

mau *adj.* Nocivo; imperfeito; funesto; perverso.

mau-ca.rá.ter *s.2g.* Pessoa de má índole.

mau-o.lha.do *sm.* Capacidade que se atribui a certas pessoas de causarem mal-estar ou desgraça àquele para quem olham com rancor ou cobiça; o efeito funesto dessa capacidade; quebranto.

mau.so.léu *sm.* Sepulcro, sepultura, túmulo luxuoso.

ma.vi.o.si.da.de *sf.* Suavidade.

ma.vi.o.so *adj.* Suave; harmonioso; terno.

ma.xi.des.va.lo.ri.za.ção *sf.* Elevada desvalorização da moeda efetivada de uma só vez.

ma.xi.la *sf.* Queixo; queixada.

ma.xi.lar *adj.* Da maxila.

má.xi.ma *sf.* Axioma.

má.xi.mo *adj.* Maior de todos; *sm.* o mais alto ou o maior.

ma.xi.xe *sm.* Espécie de batuque brasileiro.

ma.zan.za *adj.* Preguiçoso; indolente.

ma.ze.la *sf.* Ferida; enfermidade; mácula.

ma.zor.ca *sf.* Desordem.

ma.zor.ro *adj.* Preguiçoso.

ma.zur.ca *sf.* Dança polonesa.

me *pron. pes.* A mim; para mim.

me.a.da *sf.* Porção de fios dobados.

me.a.do *adj.* Que chegou ao meio; *sm.* o meio.

me.a.lha *sf.* Migalha.

me.a.lhei.ro *sm.* Cofre de economias; pecúlio.

me.an.dro *sm.* Rodeio; sinuosidade; *fig.* intriga.

me.an.te *adj.* Dividido ao meio.

me.ão *adj.* Mediano.

me.ar *vt.* e *i.* Dividir ao meio.

me.câ.ni.co *adj.* Maquinal; *sm.* o que trabalha com máquinas.

me.ca.nis.mo *sm.* Estrutura de máquina; organismo.

me.ca.ni.zar *vt.* Transformar ou substituir o trabalho manual por máquinas apropriadas.

me.ce.nas *sm.* Protetor de artistas e intelectuais; patrocinador generoso; protetor das letras, ciências e artes ou dos artistas e sábios.

me.cha *sf.* Rastilho; porção.

me.da *sf.* Montão; feixe.

me.da.lha *sf.* Condecoração.

me.da.lhão *sm.* Medalha grande; *pop.* homem importante, de notoriedade.

mé.dia *sf.* Resultado da divisão da soma de diferentes quantidades pelo número destas; proporção intermediária; quantidade constante entre as que aumentam ou diminuem; nota mínima exigida para aprovação; *pop.* café com leite; *fazer média*: procurar agradar; criar para si uma boa situação junto a alguém, a um grupo, etc., pretendendo tirar proveito.

me.di.a.ção *sf.* Intervenção.

me.di.a.dor *sm.* Intermediário.

me.di.a.nei.ro *adj.* e *sm.* mediador; intermediário.

me.di.a.no *adj.* Que está entre dois extremos; medíocre.

me.di.an.te *prep.* Por meio de.

me.di.ar *vt.* Dividir ao meio; estar no meio.

me.di.a.to *adj.* Indireto.

me.di.ca.ção *sf.* Tratamento terapêutico.

me.di.ca.men.tar *vt.* Dar medicamento, remédio.

me.di.ca.men.to *sm.* Remédio.

me.di.ção *sf.* Medida.

me.di.car *vt.* Tratar com medicamentos; curar.

me.di.cá.vel *adj.* Que pode ser medicado.

me.di.ci.na *sf.* Ciência de curar ou atenuar doenças.

mé.di.co *sm.* O que exerce a medicina; esculápio; facultativo.

mé.di.co-le.gis.ta *sm.* O que se dedica à medicina legal; legista.

me.di.da *sf.* Grau; bitola; sisudez; providência.

me.di.dor *adj.* e *sm.* Que, ou aquele que mede.

mé.dio *adj.* Que está no meio.

me.dí.o.cre *sm.* O que tem pouco merecimento.

me.di.o.cri.da.de *sf.* Qualidade de medíocre, insignificância.

me.dir *vt.* Determinar a grandeza, etc.; vp. rivalizar.

me.di.ta.bun.do *adj.* Pensativo.

me.di.ta.ção *sf.* Ato de meditar, refletir, pensar; contemplação religiosa.

me.di.tar *vt.* e *i.* Fazer meditação; refletir; pensar.

me.do *sm.* Receio; temor.

me.do.nho *adj.* Horrendo.

me.drar *vt.* e *i.* Crescer; desenvolver-se; prosperar.

me.dro.so *adj.* Tímido.

me.du.la *sf.* A parte mais íntima; substância mole e gordurosa do interior dos ossos; tutano.

me.ei.ro *adj.* Para ser dividido ao meio; que pode ser partido em duas partes iguais; que tem direito à metade dos bens; *sm.* aquele que planta em terreno alheio, dividindo o produto das plantações com o dono das terras.

me.fis.to.fé.li.co *adj.* Diabólico.

me.ga.fo.ne *sm.* Alto-falante; porta-voz.

me.ga.her.tz *sm.* Unidade de medida de freqüência igual a um milhão de hertz.

me.ga.lo.ma.ni.a *sf.* Mania de grandeza ou poder.

me.ga.ló.po.le *sf.* Grande metrópole; grande cidade.

me.ga.ton *sm.* Unidade de medida empregada para avaliar a energia que se desprende numa explosão nuclear (1.015 calorias).

me.ge.ra *sf.* Mulher de mau gênio; mãe desnaturada.

mei.a *sf.* Peça para cobertura do pé ou da perna.

mei.a-cal.ça *sf.* Meia feminina que vai até à cintura.

mei.a-en.tra.da *sf.* Ingresso para cinema, teatro, *show* vendido pela metade do preço.

mei.a-es.ta.ção *sf.* Os dias do ano que não são nem muito quentes nem muito frios; *loc. adv. de meia estação*: roupa, moda, etc. adequadas à meia-estação.

mei.a-i.da.de *sf.* A idade dos 30 aos 50 anos; a Idade Média.

mei.a-lu.a *sf.* Semicírculo; a lua em quarto crescente ou minguante.

mei.a-luz *sf.* Penumbra; pouca claridade.

mei.a-noi.te *sf.* As 24 horas.

mei.a-ti.ge.la el. sf. us. *na loc. adj. De meia tigela*: sem valor; sem importância; ordinário; medíocre; porcaria.

mei.a-vol.ta *sf.* Movimento de corpo que coloca as costas para o local que estava à frente; movimento militar de ordem, executado por uma tropa, em marcha ou parada, para marchar ou posicionar-se na direção oposta.

mei.go *adj.* Afetuoso; carinhoso; suave.

mei.gui.ce *sf.* Afabilidade.

mei.o *sm.* Centro; condição; expediente; pl. recursos; *adv.* quase; *adj.* médio.

mei.o-di.a *sm.* As 12 horas.

mei.o-fi.o *sm.* Seqüência de pedras que rematam a calçada.

mei.o-tem.po *sm.* Entretempo; ínterim; cada uma das duas partes em que se divide uma partida.

mei.o-ter.mo *sm.* Moderação, comedimento; ecletismo.

mel *sm.* Substância que as abelhas extraem das flores; fig. doçura; gostosura.

me.la.ço *sm.* Fase da cristalização do açúcar.

me.la.do *sm.* Calda de cana-de-açúcar.

me.lan.co.li.a *sf.* Tristeza mórbida, profunda.

me.lan.có.li.co *adj.* Que tem melancolia; triste.

me.lão *sm.* Fruto comestível.

me.lar *vt.* Adoçar com mel, dar cor de mel.

me.le.ca *sf.* Secreção nasal ressecada; interj. coisa ruim; indic. aborrecimento, desapontamento, desagrado, reprovação.

me.lhor *adj.* Mais do que bom; *adv.* de modo preferível; *sm.* o que há de mais excelente.

me.lho.ra *sf.* Ato de melhorar.

me.lho.ra.men.to *sm.* Melhora.

me.lho.rar *vt.* Tornar melhor; aperfeiçoar; vi. prosperar.

me.lho.ri.a *sf.* Prosperidade.

me.li.an.te *sm.* Malandro; vadio; trapaceiro.

me.lí.flu.o *adj.* Doce; harmonioso; suave.

me.lin.drar *vt.* Magoar.

me.lin.dre *sm.* Escrúpulo.

me.lin.dro.so *adj.* Delicado; mimoso; suscetível; arriscado, perigoso.

me.lo.di.a *sf.* Série de sons que formam um canto.

me.lo.di.ar *vt.* Modular com melodias, com suavidade.

me.ló.di.co *adj.* Que contém melodia; melodioso.

me.lo.di.o.so *adj.* Cheio de melodia; suave.

me.lo.dra.ma *sm.* Peça dramática de sentimentos e situações violentas.

me.lo.so *adj.* Doce; afetadamente delicado.

mel.ro *sm.* Pássaro preto.

mem.bra.na *sf.* Película.

mem.bra.no.so *adj.* Que tem membranas.

mem.bro *sm.* Apêndices externos e móveis do corpo animal; indivíduo que faz parte de uma corporação.

me.mo.ran.do *adj.* Memorável; *sm.* comunicação ou aviso por escrito; impresso comercial menor que a carta, usado para comunicações breves.

me.mo.rar *vt.* Recordar.
me.mo.rá.vel *adj.* Notável.
me.mó.ria *sf.* Recordação.
me.mo.ri.al *sm.* Petição escrita; memórias; monumento comemorativo.
me.mo.ri.ar *vt.* Inscrever.
me.mo.ri.o.so *adj.* De grande memória.
me.mo.ri.zar *vt.* Guardar de memória; decorar.
men.ção *sf.* Citação; referência; alusão.
men.ci.o.nar *vt.* Referir; narrar; relatar; aludir.
men.di.cân.cia ou **men.di.ci.da.de** *sf.* Vida de mendigo.
men.di.can.te *adj.* e *s.2g.* Que, ou pessoa que mendiga, que pede esmola.
men.di.gar *vt.* Pedir por esmola; *vi.* pedir esmolas.
men.di.go *sm.* Pedinte.
me.ne.ar *vt.* Abanar; saracotear; oscilar.
me.nei.o *sm.* Movimento de corpo; gesto; manejo.
me.ni.na *sf.* Criança do sexo feminino; mocinha.
me.ni.ni.ce *sf.* Idade ou qualidade de menino; infância.
me.ni.no *sm.* Criança do sexo masculino, inexperiente; tratamento carinhoso; garoto; guri.
me.nis.co *sm.* Vidro lenticular; cartilagem na articulação do fêmur com a tíbia.
me.nor *adj.* Mais pequeno; inferior; *sm.* o que ainda não atingiu a idade legal.
me.no.ri.da.de *sf.* Idade, estado de menor.
me.nos *adv.* Em grau inferior; *prep.* exceto.
me.nos.ca.bar *vt.* Depreciar.
me.nos.ca.bo *sm.* Desdém.
me.nos.pre.zar *vt.* Desdenhar.
me.nos.pre.zo *sm.* Desdém.
men.sa.gei.ro *sm.* Portador de mensagem.

men.sa.gem *sf.* Recado ou notícia verbal; comunicação; complexo das idéias de uma obra ou autor.
men.sal *adj.* Que dura um mês.
men.sa.li.da.de *sf.* Soma de dinheiro relativa a um mês.
men.sá.rio *sm.* Publicação periódica mensal.
mens.tru.a.ção *sf.* Fluxo sanguíneo e periódico nas mulheres.
mens.tru.ar *vi.* Ter o mênstruo.
mêns.tru.o *sm.* Menstruação.
men.su.rar *vt.* Medir.
men.tal *adj.* Relativo à mente.
men.ta.li.da.de *sf.* Qualidade de mental; a mente.
men.tá.rio *sm.* Inventário.
men.te *sf.* Entendimento; intelecto; imaginação.
men.te.cap.to *adj.* Idiota.
men.ti.do *adj.* Ilusório; vão.
men.tir *vi.* Iludir; dizer mentiras; *vt.* enganar.
men.ti.ra *sf.* Falsidade; ilusão.
men.ti.ro.la *sf.* Mentira inofensiva; peta.
men.ti.ro.so *adj.* e *sm.* Falso; enganoso; enganador.
men.to *sm.* Queixo.
men.tor *sm.* Pessoa que aconselha, ou orienta outra.
me.nu *sm.* Cardápio.
mer.ca.de.jar *vi.* Comerciar.
mer.ca.do *sm.* Lugar onde se vendem gêneros alimentícios; comércio; centro comercial.
mer.ca.dor *sm.* Negociante.
mer.ca.do.ri.a *sf.* Aquilo que é objeto de comércio.
mer.can.te *adj.* Relativo ao comércio ou ao movimento comercial (navio mercante, marinha mercante).
mer.can.til *adj.* Relativo a mercadores ou a mercadorias; comercial.
mer.can.ti.lis.mo *sm.* Postura econômica assumida pelos países absolutistas dos sécs. XVI ao XVII, sustentada pela aquisição de metais preciosos, pelo *superávit* comercial, pelo estímulo à produção manufaturada e pela exploração de colônias.
mer.cê *sf.* Favor; graça; benefício; preço ou recompensa de trabalho; prêmio por bons serviços; *à mercê de*: conforme a vontade de; ao capricho de; *mercê de*: graças a; *Vossa Mercê*: antigo tratamento a pessoas de cerimônia, reduzido a vossemecê, vosmecê, você, cê.
mer.ce.a.ri.a *sf.* Armazém de gêneros alimentícios.
mer.ce.ei.ro *sm.* Dono de mercearia; tendeiro.
mer.ce.ná.rio *adj.* e *sm.* (Indivíduo) que trabalha por saldo ajustado; interesseiro.
mer.cú.rio *sm.* Elemento químico; azougue; planeta mais próximo do Sol (inic. maiúsc.).
mer.cu.ro.cro.mo *sm.* Anti-séptico local e germicida de cor vermelho-esverdeada.
me.re.ce.dor *adj.* Que tem merecimento; digno.
me.re.cer *vt.* e *i.* Digno de fazer jus a.
me.re.ci.do *adj.* Devido; justo.
me.re.ci.men.to *sm.* Importância; mérito; aptidão; valor.
me.ren.da *sf.* Lanche.
me.ren.dar *vi.* Comer a merenda.
me.re.trí.cio *sm.* Prostituição.
me.re.triz *sf.* Mulher pública; prostituta.
mer.gu.lhar *vt.* Afundar; imergir; *vi.* ficar coberto por água.
mer.gu.lho *sm.* Ato de mergulhar.
me.ri.di.a.no *sm.* Círculo imaginário que passa pelos pólos; *adj.* referente ao meio-dia.
me.ri.di.o.nal *adj.* Que fica ao sul; austral.

me.ri.tís.si.mo adj. De grande mérito, muito digno; digníssimo; tratamento dado principalmente a juízes de direito.

mé.ri.to sm. Merecimento.

me.ri.tó.rio adj. Que merece.

me.ro adj. Simples; sem mistura, sem mescla.

mês sm. O espaço de trinta dias; a duodécima parte do ano.

me.sa sf. Móvel de superfície lisa; fig. comida; em jogos, a quantia que se põe na mesa.

me.sa.da sf. Quantia que se paga ou dá por mês; mensalidade; valor dado pelos pais aos filhos, mensalmente.

me.sa-re.don.da sf. Reunião de pessoas entendidas ou competentes que discutem ou deliberam sobre determinado assunto em igualdade de condições.

mes.cla sf. Mistura.

mes.cla.do adj. Variegado.

mes.clar vt. Misturar.

mes.mi.ce sf. Ausência de variedade ou de progresso; marasmo.

mes.mo pron. indef. Igual; idêntico; sm. a mesma coisa; adv. precisamente.

mes.qui.nha.ri.a sf. Insignificância; mesquinhez.

mes.qui.nho adj. Insignificante; infeliz; avarento.

mes.qui.ta sf. Templo dos maometanos.

mes.se sf. Colheita; seara.

mes.si.as sm. O redentor prometido pelos profetas.

mes.ti.ça.gem sf. Cruzamento de raças.

mes.ti.ço adj. e sm. De raça mista.

mes.tra sf. Mulher que ensina; adj. principal.

mes.tre sm. Homem que ensina; artífice, em relação aos seus ofícios; chefe de fábrica.

mes.tre-cu.ca sm. Cozinheiro.

mes.tre-de-ar.mas sm. Professor de esgrima.

mes.tre-de-ce.ri.mô.ni.as sm. Mestre-sala.

mes.tre-de-o.bras sm. Aquele que dirige os operários de uma construção.

mes.tre-sa.la sm. ant. Empregado da casa real que dirigia o cerimonial; pessoa que dirige bailes e festas, recepcionando os convidados; mestre-de-cerimônias; bras. figurante que, nas escolas de samba, faz par com a porta-bandeira.

mes.tri.a sf. Perícia; maestria.

me.su.ra sf. Cortesia reverente.

me.su.ra.do adj. Mesureiro.

me.su.rei.ro adj. Que gosta de fazer mesuras.

me.ta sf. Alvo; mira; limite.

me.ta.de sf. Cada uma das duas partes iguais em que se divide um todo; meio.

me.tá.fo.ra sf. Emprego da palavra em sentido figurado.

me.tal sm. Substância simples, brilhante e dúctil; fig. dinheiro.

me.tá.li.co adj. De metal.

me.ta.lin.gua.gem sf. Utilização da linguagem para falar dela própria, do código.

me.ta.lur.gi.a sf. Arte de extrair os metais dos minerais; arte de trabalhar e purificar os metais.

me.ta.lúr.gi.co adj. Relativo à metalurgia; sm. profissional que exerce a metalurgia.

me.ta.mor.fo.se sf. Mudança considerável.

me.ta.nol sm. Álcool formado na destilação da madeira; líquido incolor, com cheiro etílico, usado como solvente.

me.te.di.ço adj. Intrometido.

me.te.o.ri.to sm. Corpo que provém do espaço sideral.

me.te.o.ro sm. Qualquer fenômeno atmosférico, como chuva, vento, arco-íris, raio; meteorito que na atmosfera se aquece e se torna luminoso, estrela cadente.

me.te.o.ro.lo.gi.a sf. Ciência que estuda os fenômenos atmosféricos e suas atividades e movimentação; pop. previsão do tempo.

me.ter vt. Introduzir; pôr; incluir; guardar.

me.ti.cu.lo.so adj. Escrupuloso.

me.ti.do adj. Intrometido.

me.tó.di.co adj. Comedido.

me.to.di.zar vt. Tornar metódico; regularizar; ordenar.

mé.to.do sm. Processo; maneira; ordem; prudência.

me.to.do.lo.gi.a sf. Tratado dos métodos.

me.tra.lha.do.ra sf. Arma de fogo automática.

me.tra.lhar vt. Fazer fogo de metralhadora contra.

mé.tri.ca sf. Arte de medição de versos.

mé.tri.co adj. Relativo ao metro ou à metrificação.

me.tri.fi.car vt. Pôr em verso medido.

me.tro sm. Unidade fundamental das medidas lineares.

me.trô sm. Red. de (trem) metropolitano.

me.tró.po.le sf. Cidade principal; capital; grande cidade; nação em relação às suas colônias.

me.tro.po.li.ta.no adj. Relativo a metrópole; sm. sistema de transporte urbano, especialmente subterrâneo; metrô.

me.tro.vi.á.rio adj. Relativo a metrô; adj. e sm. (profissional) que trabalha no metrô.

meu pron. poss. De mim; próprio a mim.

me.xe.di.ço adj. Inquieto.

me.xe.dor adj. e sm. Que, ou o que gosta de mexer.

me.xer vt. e i. Movimentar; agitar; revolver; tocar.

me.xe.ri.ca sf. Tangerina.

me.xe.ri.car vt. e i. Enredar.

me.xe.ri.co sm. Enredo; intriga; bisbilhotice; diz-que-diz-que; fofoca.

me.xe.ri.quei.ro sm. Intrigante.

me.xi.da sf. Confusão; desordem; rebuliço.

me.za.ni.no sm. Andar pouco elevado, entre dois andares altos; janela desse andar; janela de porão; espécie de andar erguido no pé-direito.

me.zi.nha (é) sf. Remédio caseiro.

MG Sigla do Estado de Minas Gerais.

mi sm. Terceira nota musical na escala de dó.

mi.a.do sm. A voz do gato.

mi.ar vi. Dar, soltar miados.

mi.as.ma sf. Exalação pútrida.

mi.ca sf. Grupo de minerais de brilho metálico e que se fundem em lâminas delgadas.

mi.ca.gem sf. Careta.

mi.can.te adj. Brilhante.

mic.ção sf. Ato de urinar.

mi.chê sm. A ação de se prostituir; o preço pago à prostituta.

mi.co sm. Espécie de macaco.

mi.co.se sf. Afecção provocada por fungos.

mi.cro sm. A milésima parte do milímetro; mícron; forma reduzida de *microcomputador*.

mi.cró.bio sm. Designação comum a diversos seres que pertencem às categorias de vírus, bactérias, protozoários, etc.; ser microscópico capaz de produzir doenças nos animais e no homem, e causar fermentação e putrefação; germe.

mi.cro.ci.rur.gi.a sf. Cirurgia que se realiza com o auxílio de microscópio especial, que permite ver ampliadas estruturas muito pequenas; operação de pequena monta, realizada com instrumental menos complexo e que não requer internação hospitalar pós-operatória.

mi.cro.com.pu.ta.dor sm. Em informática, computador de pequeno porte, no qual a unidade de processamento é constituída por um único circuito integrado.

mi.cro.e.co.no.mi.a sf. Ramo da ciência econômica que estuda as relações entre unidades específicas, levando em consideração a análise pormenorizada do comportamento dessas unidades.

mi.cro.fil.mar vt. Fotografar em microfilme.

mi.cro.fil.me sm. Fotografia muito reduzida, positiva ou negativa, em filme.

mí.cron sm. Milésima parte do milímetro.

mi.cro.ô.ni.bus sm. Veículo de transporte coletivo, menor que o comum, utilizado, em geral, como ônibus a serviço de escolas, empresas, aeroportos, etc.

mi.cror.ga.nis.mo ou **mi.cro.or.ga.nis.mo** sm. Organismo de dimensões microscópicas; micróbio.

mi.cros.có.pi.co adj. Pequeníssimo.

mi.cros.có.pio sm. Instrumento óptico que aumenta objetos de dimensão muito pequena.

mic.tó.rio sm. Lugar onde se urina; adj. que promove a micção; diurético.

mí.di adj. e s.2g. Roupa feminina (vestido, saia ou calça) que atinge a altura da canela.

mí.dia sf. Os meios de comunicação (a imprensa falada e escrita); setor de uma agência de propaganda que planeja e coordena a veiculação de anúncios, filmes, cartazes, etc.

mi.ga.lha sf. Pequena porção.

mi.ga.lhar vt. Esmigalhar.

mi.gar vt. Partir em migalhas.

mi.gnon adj. Delicado; miúdo.

mi.gra.ção sf. Passagem de um país para outro.

mi.gra.tó.rio adj. Relativo à migração.

mil num. Dez vezes cem; muitíssimo.

mi.la.gre sm. Ato do poder divino; maravilha.

mi.la.gro.so adj. Que faz milagres; maravilhoso.

mi.le.ná.rio adj. De mil; que tem mil anos.

mi.lê.nio sm. Período de mil anos.

mi.lé.si.mo num. Cada uma das mil partes em que se pode dividir um todo.

mi.lha sf. Medida itinerária inglesa: 1609 metros; *milha marítima* 1852 metros.

mi.lhão sm. Unidade equivalente a mil milhares.

mi.lhar sm. Mil unidades; um grande número.

mi.lha.ral sm. Terreno semeado de milho.

mi.lhei.ro sm. Grupo de mil; milhar.

mi.lho sm. Planta gramínea, e o respectivo grão.

mi.lí.cia sf. Arte militar; os militares.

mi.lí.me.tro sm. A milésima parte do metro.

mi.li.o.ná.rio adj. e sm. Que, ou aquele que tem milhões; riquíssimo.

mi.li.tan.te adj. Que milita ou luta por algum partido, credo, etc.; que está no exercício; ativo; atuante.

mi.li.tar adj. Relativo à guerra; bélico; relativo ao exército; sm. soldado; vt. lutar; combater; int. ser soldado; ser membro de um partido.

mi.li.ta.ris.mo sm. Predomínio dos militares no governo de uma nação.

mi.li.ta.ri.zar vt. Tornar militar; dar feição militar.

mil-réis *sm*. Antiga unidade monetária do Brasil, substituída em 1942 pelo cruzeiro.

mi.mar *vt*. Amimar; exprimir por mímica.

mi.me.o.gra.far *vt*. Tirar cópias utilizando o mimeógrafo.

mi.me.ó.gra.fo *sm*. Aparelho para copiar desenhos e textos feitos em estêncil.

mí.mi.ca *sf*. Gesticulação.

mí.mi.co *adj*. Relativo à mímica.

mi.mo *sm*. Presente delicado; regalo; carinho.

mi.mo.se.ar *vt*. Amimar; tratar com mimo.

mi.mo.so *adj*. Que tem mimo; delicado.

mi.na *sf*. Escavação para extração de minerais; jazida; cavidade cheia de pólvora; engenho bélico camuflado; negócio muito lucrativo; nascente, fonte; mulher que sustenta o amante; *gír*. garota, menina, namorada.

mi.nar *vt*. Abrir minas; solapar; *vi*. difundir-se; brotar, fluir.

min.dí.nho *adj*. e *sm*. Diz-se do, ou o dedo mínimo.

mi.nei.ro *adj*. Relativo a minas; de Minas Gerais; *sm*. o habitante de Minas Gerais; dono ou trabalhador das minas.

mi.ne.ra.ção *sf*. Exploração de minas.

mi.ne.ral *adj*. Em que há minas; *sm*. corpo inorgânico que se extrai da terra.

mi.ne.rar *vt*. Explorar minas; extrair de minas.

mi.né.rio *sm*. Substância mineral.

min.gau *sm*. Papa de farinha.

min.go.las *sm*. Avarento.

mín.gua *sf*. Falta; escassez; insuficiência do indispensável.

min.gua.do *adj*. Falto do necessário; escasso.

min.guan.te *adj*. Que míngua; *adj*. e *sm*. diz-se da, ou a fase da Lua que sucede à cheia.

min.guar *vi*. Escassear.

min.gui.nho *adj*. e *sm*. Mindinho.

mi.nho.ca *sf*. Verme que vive em galerias no solo.

mí.ni *s.2g*. Roupa feminina, saia ou vestido, acima do joelho; *adj*. muito pequeno; diz-se de saia ou vestido curtos.

mi.ni.a.tu.ra *sf*. Qualquer coisa em ponto pequeno; obra de arte delicada e em pequenas dimensões.

mi.ni.des.va.lo.ri.za.ção *sf*. Desvalorização mínima, muito pequena.

mí.ni.ma *sf*. Nota musical.

mí.ni.mo *adj*. Que é menor; insignificante.

mi.nis.sai.a *sf*. Saia acima do joelho.

mi.nis.té.rio *sm*. Ofício; cargo; Secretaria de Estado.

mi.nis.tran.te *adj*. e *s.2g*. Que, ou pessoa que exerce ministério ou cargo.

mi.nis.trar *vt*. Fornecer; prestar; conferir.

mi.nis.tro *sm*. O que desempenha alguma função; Secretário de Estado; sacerdote.

mi.no.ra.ção *sf*. Diminuição.

mi.no.rar *vt*. Diminuir; suavizar; abrandar.

mi.no.ri.a *sf*. Inferioridade em número.

mi.no.ri.da.de *sf*. Menoridade.

mi.nú.cia *sf*. Insignificância.

mi.nu.ci.o.so *adj*. Que se ocupa de minúcias.

mi.nu.dên.cia *sf*. Minúcia.

mi.nu.den.ci.o.so *adj*. Minucioso.

mi.nu.ir *vt*. Diminuir.

mi.nús.cu.lo *adj*. Miúdo; pequeno; insignificante.

mi.nu.ta *sf*. Rascunho; nos restaurantes, prato preparado na hora.

mi.nu.tar *vt*. Fazer minuta.

mi.nu.to *sm*. Sexagésima parte de uma hora ou de um grau; instante; *adj*. muito pequeno.

mi.o *sm*. Miado.

mi.o.cár.dio *sm*. Músculo do coração.

mi.o.lei.ra *sf*. Juízo.

mi.o.lo *sm*. Parte do pão contida entre as côdeas; razão; juízo.

mí.o.pe *adj*. e *s.2g*. Que, ou quem sofre de miopia; que tem pouca perspicácia, idéias curtas.

mi.o.pi.a *sf*. Deficiência visual que dificulta a visão de objetos situados a distância; vista curta; falta de perspicácia; idéias curtas.

mi.ra *sf*. Peça na arma de fogo para dirigir a pontaria; alvo.

mi.ra.bo.lan.te *adj*. Espalhafatoso; maravilhoso.

mi.ra.cu.lo.so *adj*. Milagroso.

mi.ra.dou.ro *sm*. Mirante.

mi.ra.gem *sf*. Ilusão.

mi.ran.te *sm*. Ponto elevado de onde se descortina o horizonte.

mi.rar *vt*. Fixar a vista em, tomar como alvo.

mi.ri.fi.co *adj*. Maravilhoso.

mi.rim *adj*. Pequeno.

mir.ra.do *adj*. Seco; definhado.

mir.rar *vt*. Tornar seco, magro; definhar; consumir.

mi.san.tro.po *sm*. A quem aborrece o trato dos homens.

mis.ce.lâ.nea *sf*. Compilação de várias peças literárias; confusão.

mis.cí.vel *adj*. Que se pode misturar, mesclar.

mi.se.ra.ção *sf*. Compaixão; dó.

mi.se.ran.do *adj*. Deplorável.

mi.se.rá.vel *adj*. Digno de compaixão; avarento; *sm*. indigente; pedinte.

mi.sé.ria *sf*. Pobreza extrema; lástima; avareza.

mi.se.ri.cór.dia *sf*. Compaixão.

mi.se.ri.cor.di.o.so *adj*. Compassivo; indulgente.

mí.se.ro *adj.* Miserável; desgraçado; escasso.

mis.sa *sf.* Ritual com que a Igreja celebra o sacrifício de Jesus Cristo.

mis.são *sf.* Ato de enviar ou de ser enviado.

mis.se *sf.* Moça classificada em primeiro lugar em concursos de beleza e noutros; mulher muito bonita.

mís.sil *adj.* Próprio para ser arremessado; *sm.* engenho lançado com o objetivo de alcançar um alvo; projétil de longo alcance.

mis.si.o.ná.rio *sm.* Apóstolo; propagandista.

mis.si.va *sf.* Carta, bilhete.

mis.si.vis.ta *sm.* O que escreve ou leva missivas.

mis.ter *sm.* Emprego; ofício; ocupação; comissão; intuito; propósito; meta; necessidade; urgência; aquilo que é necessário ou forçoso.

mis.té.rio *sm.* Objeto de fé religiosa; enigma.

mis.te.ri.o.so *adj.* Enigmático; inexplicável; complicado.

mís.ti.ca *sf.* Vida contemplativa, espiritual.

mís.ti.co *adj.* Que trata da vida espiritual.

mis.ti.fi.ca.ção *sf.* Logro.

mis.ti.fi.ca.dor *adj.* e *sm.* Que, ou o que mistifica.

mis.ti.fi.car *vt.* Abusar da credulidade; lograr.

mis.to *adj.* Misturado; *sm.* mistura.

mis.to-quen.te *sm.* Sanduíche quente, preparado com queijo e presunto.

mis.tu.ra *sf.* Conjunto de coisas diferentes.

mis.tu.ra.da *sf.* Confusão.

mis.tu.ra.do *adj.* Confundido.

mis.tu.rar *vt.* Juntar coisas diferentes; reunir.

mí.ti.co *adj.* Fabuloso.

mi.ti.ga.ção *sf.* Alívio.

mi.ti.gar *vt.* Suavizar.

mi.to *sm.* Passagem de fábula; narrativa alegórica; lenda; enigma; quimera.

mi.to.lo.gi.a *sf.* Tratado dos mitos; história dos deuses e heróis da antigüidade.

mi.tra *sf.* Barrete alto e cônico do bispo; *fig.* dignidade episcopal.

mi.u.ça.lha *sf.* Pequena porção; bando de crianças.

mi.u.da.gem *sf.* Porção de coisas miúdas.

mi.u.de.ar *vt.* Esmiuçar.

mi.u.de.za *sf.* Qualidade de miúdo; *pl.* minúcias; quinquilharia.

mi.ú.do *adj.* Muito pequeno; minucioso; circunstanciado.

mix *sm.* Mistura; mescla.

mi.xa.gem *sf.* Em cinema e televisão, operação que consiste em inserir, em uma só faixa sonora, os sons de outras faixas de diálogos, músicas, ruídos, etc.

mi.xa.ri.a *sf.* Coisa sem valor; insignificância; bagatela.

mi.xo ou **mi.xe** *adj.* Insignificante; pequeno; de má qualidade; desanimado.

mi.xór.dia *sf.* Embrulhada.

mi.xu.ru.ca *adj.* Insignificante; pequeno; de má qualidade; de pouco ou nenhum valor; mixe.

mne.mô.ni.co *adj.* Relativo à memória; fácil de reter na memória; que ajuda a memória.

mó *sf.* Pedra de moinho.

mo.a.gem *sf.* Ação ou efeito de moer; a porção moída; moedura.

mó.bil *adj.* Móvel; *sm.* motor; causa; razão.

mó.bi.le *sm.* Escultura confeccionada em material leve, suspensa no ar por fios, mudando de posição quando impelida pelo vento; objeto de decoração colocado no teto.

mo.bí.lia *sf.* Os móveis de uma casa.

mo.bi.li.ar *vt.* Guarnecer de móveis.

mo.bi.li.á.rio *sm.* Conjunto de móveis; mobília.

mo.bi.li.da.de *sf.* Faculdade de mover-se; constância.

mo.bi.li.zar *vt.* Fazer passar do estado de paz para o de guerra; dar movimento a.

mo.ça *sf.* Mulher jovem.

mo.ção *sf.* Movimento; comoção; proposta.

mo.cas.sim *sf.* Sapato esporte masculino ou feminino.

mo.chi.la *sf.* Mala que os soldados levam às costas; saco de viagem.

mo.cho *adj.* Sem chifres; *sm.* ave de rapina, noturna.

mo.ci.da.de *sf.* Juventude.

mo.ço *adj.* Jovem; juvenil; *sm.* rapaz.

mo.co.tó *sm.* Pata de bovino sem o casco, usada como alimento.

mo.da *sf.* Maneira; uso geral; modinha; cantiga

mo.da.li.da.de *sf.* Modo de ser; aspecto; espécie; restrição; condição.

mo.de.la.ção *sf.* Ação de modelar; amoldar; ajustar.

mo.de.la.gem *sf.* Operação ou arte de modelar.

mo.de.lar *vt.* Fazer modelo ou molde; dar forma.

mo.de.lo *sm.* Figura ou imagem para ser imitada; tipo; molde; arquétipo.

mo.dem *sm.* Aparelho que conecta um computador a uma linha telefônica, permitindo a comunicação com um ou mais computadores.

mo.de.ra.ção *sf.* Comedimento; virtude de permanecer na exata medida.

mo.de.ra.do *adj.* Comedido; prudente.

mo.de.ra.dor *adj.* Que modera.

mo.de.rar *vt.* Conter nos limites convenientes; refrear.

mo.der.nar *vt.* Modernizar.

mo.der.ni.ce *sf.* Apego a coisas modernas, atuais.

mo.der.nis.mo *sm.* Gosto pelo que é moderno; nome genérico de vários movimentos artísticos e literários deste século.

mo.der.nis.ta *adj.* e *s.2g.* Apaixonado das coisas modernas; partidário do modernismo.

mo.der.ni.zar *vt.* Tornar moderno, atual.

mo.der.no *adj.* Dos nossos dias; recente; em moda.

mo.dés.tia *sf.* Comedimento a respeito de si próprio.

mo.des.to *adj.* Simples nas expressões a respeito de si próprio; despretensioso.

mó.di.co *adj.* Pequeno; pouco; econômico; modesto.

mo.di.fi.ca.ção *sf.* Alteração.

mo.di.fi.car *vt.* Mudar a forma a; alterar.

mo.di.nha *sf.* Cantiga popular; moda passageira.

mo.dis.ta *sf.* Mulher que faz vestidos de senhoras.

mo.do *sm.* Maneira; forma; método; disposição.

mo.dor.ra *sf.* Sonolência.

mo.dor.ren.to *adj.* Atacado de modorra, sonolência.

mo.du.lar *vt.* Cantar ou tocar, mudando de tom; *adj.* relativo a módulo.

mó.du.lo *sm.* Padrão; variação da voz; unidade de mobiliário, de construção, etc. planejada a ajustar-se a outras com as quais formam um todo harmônico.

mo.e.da *sf.* Peça de metal com valor fixado por lei e usada com meio de troca, medida de valor ou meio de economia.

mo.e.de.la *sf.* Sova.

mo.e.du.ra *sf.* Moagem.

mo.e.la *sf.* Porção musculosa do estômago das aves.

mo.en.da *sf.* Operação de moer; peça que mói; mó.

mo.er *vt.* Reduzir a pó; triturar; *fig.* cansar.

mo.fa *sf.* Zombaria; escárnio.

mo.far *vt.* e *i.* Zombar; *vt.* cobrir, encher de mofo; *vi.* criar mofo.

mo.fen.to *adj.* Que tem mofo.

mo.fi.na *sf.* Mulher infeliz ou turbulenta; avareza.

mo.fi.no *adj.* Infeliz; importuno; avarento; escasso; covarde; doentio.

mo.fo *sm.* Bolor; bafio.

mog.no *sm.* Árvore da família das meliáceas, cuja madeira avermelha é amplamente empregada no fabrico de móveis; acaju.

mo.í.do *adj.* Triturado; *fig.* cansado.

mo.i.nho *sm.* Engenho para a moagem de cereais.

mo.la *sf.* Peça metálica elástica com que se dá impulso a algo; *fig.* móvel; agente.

mo.lar *adj.* Próprio para moer; *adj.* e *sm.* diz-se do, ou o dente situado depois dos caninos.

mol.da.gem *sf.* Operação de moldar.

mol.dar *vt.* Vazar em molde; adaptar; acomodar.

mol.de *sm.* Modelo; norma; exemplo.

mol.du.ra *sf.* Caixilho onde se metem estampas, etc.

mol.du.rar *vt.* Emoldurar.

mo.le *adj.* Brando; sem energia; *sf.* massa informe.

mo.le.ca.da *sf.* Ação de moleque; peraltice; bando de moleques.

mo.le.co.te *sm.* Moleque desenvolvido, crescido.

mo.lé.cu.la *sf.* Nome da menor partícula em que se pode dividir uma substância homogênea.

mo.le.cu.lar *adj.* Relativo à molécula.

mo.lei.ra *sf.* A parte mole do crânio dos recém-nascidos.

mo.lei.ro *sm.* Dono de moinho.

mo.len.ga *adj.* e *s.2g.* (Pessoa) indolente.

mo.le.que *sm.* Negrinho; menino que anda vadiando e fazendo diabruras pela rua.

mo.les.tar *vt.* Afetar; maltratar; incomodar.

mo.lés.tia *sf.* Doença.

mo.les.to *adj.* Que causa moléstia; enfadonho; importuno.

mo.le.za *sf.* Qualidade de mole; falta de forças.

mo.lha.de.la *sf.* Ação de molhar rapidamente.

mo.lha.do *adj.* Umedecido com água ou outro líquido; *bras.* bêbado; *pl.* vinho e outros líquidos que se vendem nas mercearias.

mo.lha.men.to *sm.* Molhadela.

mo.lhar *vt.* Banhar.

mo.lhe *sm.* Dique; cais acostável.

mo.lho (ô) *sm.* Feixe.

mo.lho *sm.* Caldo temperado.

mo.li.ne.te *sm.* Carretel de linha para pescar.

mo.li.nhar *vt.* Moer aos poucos; *vi.* chuviscar.

mo.los.so *sm.* Cão de fila; indivíduo valentão.

mo.lú.ria *sf.* Moleza; relento.

mo.lus.co *sm.* Animal sem vértebras nem articulações.

mo.men.tâ.neo *adj.* Passageiro.

mo.men.to *sm.* Instante; ocasião oportuna.

mo.men.to.so *adj.* Importante.

mo.mi.ces *sf. pl.* Trejeitos; caretas; esgares.

mo.mo *sm.* Representação mímica; farsa e seu respectivo ator; *fig.* zombaria; figura que personifica o carnaval.

mo.nar.ca *sm.* Imperante, soberano de uma nação.

mo.nar.qui.a *sf.* Estado em que o soberano é monarca; forma de governo em que o poder supremo é exercido por um monarca.

mon.ção *sf.* Tempo favorável à navegação; vento periódico do oceano Índico.

mon.co *sm.* Ranho.

mon.co.so *adj.* Ranhento.

mon.da *sf.* Trabalho ou tempo de mondar, cortar.

mon.da.du.ra *sf.* Monda.

mon.dar *vt.* Arrancar, cortar as ervas daninhas.

mo.ne.tá.rio *adj.* Relativo à moeda.

mon.ge *sm.* Frade de mosteiro.

mo.ni.tor *sm.* Aquele que aconselha, adverte, lembra, auxilia; instrumento para detectar e medir radioatividade; aparelho eletrônico, ou parte dele, que comanda o funcionamento de outros aparelhos ou partes de aparelhos.

mo.no *sm.* Macaco grande.

mo.nó.cu.lo *sm.* Luneta de um só óculo.

mo.no.cul.tu.ra *sf.* Cultura exclusiva de um só produto agrícola.

mo.no.gra.ma *sm.* Letras iniciais de nome, entrelaçadas.

mo.no.lo.gar *vi.* Falar a si mesmo; soliloquiar.

mo.nó.lo.go *sm.* Fala de alguém consigo mesmo; solilóquio.

mo.no.pó.lio *sm.* Direito ou privilégio de comercializar; traficar; explorar ou possuir um produto ou um serviço; açambarcamento; direito exclusivo.

mo.no.po.li.za.ção *sf.* Ação de monopolizar, açambarcar.

mo.no.po.li.zar *vt.* Ter monopólio, açambarcamento.

mo.nos.sí.la.bo *adj.* De uma única sílaba.

mo.no.te.ís.mo *sm.* Sistema religioso que admite um só Deus.

mo.no.to.ni.a *sf.* Insipidez.

mo.nó.to.no *adj.* De um só tom; enfadonho; insípido.

mo.nó.xi.do *sm.* Óxido que contém um átomo de oxigênio em cada molécula.

mon.se.nhor *sm.* Título honorífico eclesiástico.

mons.tren.go *sm.* Pessoa malfeita de corpo; mostrengo.

mons.tro *sm.* Figura colossal; prodígio; *adj.* de grandes dimensões.

mons.tru.o.si.da.de *sf.* Coisa monstruosa, assombrosa.

mons.tru.o.so *adj.* Disforme; assombroso; excessivamente feio, horrendo.

mon.ta *sf.* Soma; valor total; importância; quantia.

mon.ta.gem *sf.* Operação de montar.

mon.ta.nha *sf.* Série de montes; coisa muito elevada.

mon.ta.nha-rus.sa *sf.* Maquinismo de parque de diversões composto de uma série de pequenos vagões que deslizam em aclives e declives.

mon.ta.nho.so *adj.* Cheio de montanhas.

mon.tan.te *sm.* Soma; importe; *adj.* que se eleva.

mon.tão *sm.* Acervo; acumulação desordenada.

mon.tar *vt.* e *i.* Pôr-se a cavalo; armar; sobrepor; atingir; colocar.

mon.te *sm.* Grande porção de terra que se ergue acima do nível do solo; ajuntamento; grande quantidade.

mon.te.pi.o *sm.* Pensão a viúva ou órfão, paga pelo governo ou instituição; associação em que cada membro, mediante prestação mensal, adquire certos direitos.

mon.tês *adj.* Rústico.

mon.te.si.nho ou **mon.te.si.no** *adj.* Silvestre.

mon.tí.cu.lo *sm.* Pequeno monte.

mon.tra *sf.* Mostrador ou vitrina de casa comercial.

mon.tu.ro *sm.* Monte de lixo e imundícies.

mo.nu.men.tal *adj.* De monumento; suntuoso.

mo.nu.men.to *sm.* Edifício majestoso; memória legada à posteridade.

mor *adj.* Maior.

mo.ra *sf.* Delonga; espera.

mo.ra.da *sf.* Habitação.

mo.ra.di.a *sf.* Morada; casa.

mo.ra.dor *adj.* e *sm.* Inquilino.

mo.ral *adj.* Relativo a princípios do bem e do mal; bom; virtuoso; ético; decente; *sf.* ética; conclusão que se tira de um fato, de uma história, de uma piada; *sm.* conjunto das faculdades morais; ânimo; estado de espírito.

mo.ra.li.da.de *sf.* Qualidade do que é moral, de procedimentos conformes ao código da ética humana.

mo.ra.li.za.ção *sf.* Ato ou efeito de moralizar.

mo.ra.li.zar *vt.* Doutrinar; dar bons exemplos.

mo.rar *vi.* Residir; habitar; permanecer.

mo.ra.tó.ria *sf.* Dilação do prazo de pagamento de dívida, concedida por tribunal ou autoridade competente.

mor.bi.dez *sf.* Enfraquecimento doentio; languidez.

mór.bi.do *adj.* Enfermo; doentio; lânguido.

mor.ce.gar *vt.* Tirar proveito.

mor.ce.go *sm.* Mamífero de vida noturna.

mor.da.ça *sf.* Coisa que se põe na boca para impedir a fala.

mor.daz *adj.* Que morde; pungente; satírico.

mor.de.du.ra *sf.* Ato de morder; mordida; dentada.

mor.den.te *adj.* Que morde; *sm.* preparado para fixar cores.

mor.der *vt.* e *i.* Dar mordida, dentada; *fig.* criticar.

mor.di.can.te *adj.* Que mordica.

mor.di.car *vt.* Morder levemente; *fig.* pungir.

mor.di.da *sf.* Mordedura.

mor.dis.car *vt.* Mordicar.

mo.re.na.do *adj.* Que se tornou moreno.

mo.re.no *adj.* e *sm.* Que, ou o aquele que tem cor trigueira; da cor do trigo maduro.

mor.féi.a *sf.* Lepra.

mor.fé.ti.co *adj.* e *sm.* Leproso.

mor.fi.na *sf.* Alcalóide tóxico do ópio.

mor.ga.do *sm.* Herdeiro de bens vinculados; primogênito.

*mor.***gue** *sf.* Necrotério.

mo.ri.bun.do *adj.* Que está prestes a morrer; agonizante.

mo.ri.ge.ra.do *adj.* Que tem costumes bons, moderados.

mo.ri.ge.rar *vt.* Moderar os costumes de.

mo.rim *sm.* Pano fino e branco de algodão.

mo.rin.ga *sf.* Vasilha bojuda com gargalo estreito.

mor.men.te *adv.* Principalmente; sobretudo.

*mór.***mon** *s.2g.* Seguidor do mormonismo.

mor.mo.nis.mo *sm.* Seita religiosa norte-americana fundada em 1827 por Joseph Smith, oficialmente denominada Igreja de Jesus Cristo dos Santos dos Últimos Dias.

mor.nar *vt.* Amornar.

mor.ni.dão *sf.* Estado de morno; frouxidão.

*mor.***no** *adj.* Pouco quente; tépido; *fig.* sem energia.

mo.ro.si.da.de *sf.* Demora; lentidão; vagarosidade.

mo.ro.so *adj.* Demorado; vagaroso; difícil de fazer.

mor.re.di.ço *adj.* Que está para morrer; mortiço.

mor.re.dou.ro *adj.* Mortal.

mor.rer *vi.* Deixar de viver; extinguir-se; desaparecer; ser esquecido.

mor.ri.nha *sf.* Enfermidade leve; lassidão; mau cheiro.

mor.ri.nhen.to *adj.* Fedorento.

*mor.***ro** *sm.* Outeiro; monte.

mor.se.gar *vt.* Mordicar.

mor.ta.de.la *sf.* Grande chouriço; qualidade de salame.

mor.tal *adj.* Sujeito à morte; transitório; *sm.* o homem.

mor.ta.lha *sf.* Veste com que se envolve o cadáver.

mor.ta.li.da.de *sf.* Qualidade de mortal; obituário.

mor.tan.da.de *sf.* Matança.

*mor.***te** *sf.* O fim da vida; homicídio; assassínio.

mor.ti.cí.nio *sm.* Carnificina.

mor.ti.ço *adj.* Prestes a extinguir-se, a acabar.

mor.tí.fe.ro *adj.* Que mata.

mor.ti.fi.can.te *adj.* Que mortifica, martiriza.

mor.ti.fi.car *vt.* Entorpecer; afligir; atormentar; macerar; martirizar.

*mor.***to** *adj.* Extinto; defunto; *sm.* cadáver humano.

mor.tu.a.lha *sf.* Grande porção de cadáveres; funeral.

mo.sai.co *sm.* Pavimento de ladrilhos variegados; *adj.* relativo a Moisés.

mos.ca *sf.* Inseto díptero; *fig.* pessoa importuna; ponto central no alvo.

mos.ca-mor.ta *s.2g.* Pessoa desanimada, indolente, covarde, indiferente, inofensiva.

mos.car *vi.* e *vp.* Fugir das moscas, como o gado.

*mos.***co** *sm.* Mosquito.

mos.que.a.do *adj.* Sarapintado.

mos.que.ar *vt.* Salpicar de pintas ou manchas escuras.

mos.que.do *sm.* Lugar onde há muitas moscas.

mos.que.te *sm.* Arma de fogo.

mos.que.tei.ro *sm.* Antigo soldado armado de mosquete.

mos.qui.tei.ro *sm.* Cortinado para proteger dos mosquitos.

mos.qui.to *sm.* Inseto díptero; diamante miúdo.

mos.tar.da *sf.* Hortaliça comestível; chumbo fino.

mos.tei.ro *sm.* Convento.

*mos.***to** *sm.* Sumo de uva antes de completada a fermentação.

*mos.***tra** *sf.* Ação ou efeito de mostrar; manifestação; sinal.

mos.trar *vt.* Expor à vista; indicar; dar sinal de; aparentar; fazer ver; apresentar; patentear.

mos.tren.go *sm.* Monstrengo.

mos.tru.á.rio *sm.* Vitrina; coleção completa, de amostras.

*mo.***te** *sm.* Legenda de brasão; epígrafe; motejo.

mo.te.jar *vt.* Escarnecer; criticar; *vi.* fazer escárnio.

mo.te.jo *sm.* Zombaria.

mo.tel *sm.* Hotel junto ou próximo de estrada, especialmente para motoristas; hotel de curta permanência.

mo.tim *sm.* Tumulto; desordem; revolta.

mo.ti.va.ção *sf.* Ato de motivar; exposição de motivos.

mo.ti.vo *sm.* Causa.

*mo.***to** *sf.* Forma reduzida de motocicleta; *sm.* movimento; giro; andamento; *de moto próprio:* espontaneamente; de vontade própria.

mo.to.ca *sf.* Motocicleta.

mo.to.ci.cle.ta *sf.* Veículo de duas rodas acionado por motor de explosão.

mo.to.cross *sm.* Modalidade esportiva praticada com motocicleta adequada.

mo.to.quei.ro *adj.* e *sm.* Que, ou quem anda de motocicleta.

mo.tor *adj.* Que faz mover; *sm.* tudo o que põe em movimento um maquinismo.

mo.to.ris.ta *s.2g.* Pessoa que guia automóvel.

mo.to.ri.zar *vt.* Prover de motor; prover os veículos de tração mecânica.

mo.triz *adj.* Que faz mover.

mou.co *adj.* Um pouco surdo.

mou.re.jar *vi.* Trabalhar com afinco; afanosamente.

mou.re.jo *sm.* Lida incessante.

mou.ro *sm.* Indivíduo da antiga Mauritânia; *fig.* homem que trabalha demasiadamente.

mo.ve.di.ço *adj.* Fácil de mover; instável.

mó.vel *adj.* Que se pode mover; *sm.* mobília; causa; motivo; móbil.

mo.ven.te *adj.* Que se move.

mo.ver *vt.* Pôr em movimento; deslocar; mexer.

mo.vi.men.ta.ção *sf.* Ato de movimentar.

mo.vi.men.to *sm.* Deslocação; animação; maneiras.

mo.za.re.la *sf.* Queijo macio de cor branca e sabor suave, de grande uso na culinária.

MS Sigla do estado do Mato Grosso do Sul.

MT Sigla do estado do Mato Grosso.

mu *sm.* Mulo.

mu.am.ba *sf.* Contrabando.

mu.ar *adj.2g.* e *sm.* Diz-se do animal da raça do mulo, espécime dos mus.

mu.cha.cha *sf. fam.* Moça.

mu.cha.cho *sm. fam.* Rapaz.

mu.co *sm.* Líquido viscoso produzido pelas mucosas.

mu.co.si.da.de *sf.* Muco.

mu.çul.ma.no *adj.* e *sm.* Sectário da lei maometana.

mu.dan.ça *sf.* Ato de mudar; alteração; substituição.

mu.dar *vt.* Tomar outra forma; alterar; modificar; pôr em outro lugar; deslocar; desviar; trocar; variar.

mu.do *adj.* Incapaz de falar por defeito orgânico.

mu.gi.do *sm.* A voz do boi.

mui.to *adj.* Em grande quantidade; *adv.* abundantemente.

mu.ji.que *sm.* Camponês russo.

mu.la.to *sm.* Mestiço das raças branca e negra.

mu.le.ta *sf.* Bastão de braço curvo a que se arrimam as pessoas aleijadas.

mu.lher *sf.* Pessoa do sexo feminino; esposa.

mu.li.a.do *adj.* Monstruoso.

mu.lo *sm.* Animal mamífero, resultante do cruzamento de cavalo com jumenta ou jumento com égua.

mul.ta *sf.* Pena pecuniária.

mul.tar *vt.* Impor ou aplicar multa a.

mul.ti.dão *sf.* Grande número de pessoas; montão.

mul.ti.na.ci.o.nal *adj.* De que participam muitos países; *sf.* empresa que atua em diferentes países.

mul.ti.pli.ca.ção *sf.* Ato de multiplicar; reprodução.

mul.ti.pli.car *vt.* Reproduzir; tornar mais numeroso; repetir; *vi.* propagar-se.

múl.ti.plo *adj.* Que abrange muitas coisas; complexo.

mú.mia *sf.* Corpo embalsamado pelos antigos egípcios.

mu.mi.fi.car *vt.* Transformar em múmia.

mun.da.no *adj.* Pertencente ao mundo; carnal.

mun.di.al *adj.* Relativo ao mundo; geral.

mun.di.fi.car *vt.* Tornar asseado; limpar.

mun.do *sm.* O universo; toda a criação; a Terra; a sociedade; grande quantidade.

mun.gir *vt.* Ordenhar.

mu.nhe.ca *sf.* Pulso.

mu.ni.ção *sf.* Provisão de petrechos necessários a uma missão de combate; cartuchos, balas.

mu.ni.ci.pal *adj.* Relativo a município.

mu.ni.ci.pa.li.da.de *sf.* Prefeitura; município.

mu.ni.ci.pa.lis.mo *sm.* Sistema administrativo, descentralizado, estruturado em função dos municípios.

mu.ní.ci.pe *s.2g.* Cidadão de um município.

mu.ni.cí.pio *sm.* Área em que a câmara exerce sua administração.

mu.ni.fi.cen.te *adj.* Generoso.

mu.nir *vt.* Fortalecer; defender; prover de munições; abastecer; acautelar; prevenir.

mu.que *sm.* Força muscular.

mu.qui.ra.na *s.2g. pop.* Avarento; *sf.* piolho.

mu.ral *adj.* Relativo a muro ou parede; *sm.* pintura em muro ou parede; quadro onde se afixam avisos, recortes, etc.

mu.ra.lha *sf.* Qualquer muro alto e espesso.

mu.rar *vt.* Cercar de muro.

mur.char *vt.* e *i.* Tornar murcho; *fig.* tirar a força ou a intensidade a; fazer perder a energia.

mur.cho *adj.* Que perdeu a frescura ou o viço; *fig.* que perdeu a força ou a energia; que se esvaziou ou está esvaziando-se.

mur.mu.lhar *vi.* Rumorejar.

mur.mu.lho *sm.* Ramalhar de árvore; murmúrio.

mur.mu.rar *vt.* e *i.* Segredar; censurar; criticar.

mur.mu.re.jar *vi.* Rumorejar.

mur.mu.ri.nho *sm.* Som brando de água, etc.; murmúrio.

mur.mú.rio *sm.* Palavras em voz baixa; murmulho; murmurinho.

mur.mu.*ro*.so *adj.* Sussurrante.

***mu*.ro** *sm.* Parede que cerca um recinto ou separa um lugar do outro; defesa.

***mur*.ro** *sm.* Soco.

***mu*.sa** *sf.* Na mitologia, cada uma das nove deusas que presidiam às artes e ciências; deusa inspiradora dos poetas; inspiração poética; motivo de criação; a poesia.

mus.cu.*lar* *adj.* Referente a músculo.

***mús*.cu.lo** *sm.* Órgão fibroso cujas contrações determinam os movimentos.

mus.cu.*lo*.so *adj.* Que tem músculos fortes.

mu.*seu* *sm.* Qualquer estabelecimento onde se guardam e conservam objetos raros, antigüidades, obras de arte, em caráter permanente.

***mus*.go** *sm.* Vegetal rasteiro desprovido de caule e folhas, que medra nos lugares úmidos, troncos de árvores, etc.

***mú*.si.ca** *sf.* Arte de combinar harmoniosamente os sons, composição musical.

mu.si.*cal* *adj.* Harmonioso; melodioso.

***mú*.si.co** *adj.* Musical; *sm.* compositor de música.

***mus*.se** *sf.* Iguaria doce ou salgada, cremosa, feita de clara de ovos batidas em neve, com a adição de um único ingrediente (chocolate, frutas, queijo, camarão, etc.).

mus.se.*li*.na *sf.* Tecido leve e transparente de grande uso na confecção de roupas femininas.

mu.ta.*ção* *sf.* Mudança.

mu.*tá*.vel *adj.* Instável.

mu.ti.*lar* *vt.* Cortar um membro; suprimir; cortar; truncar.

mu.ti.*rão* *sm.* Reunião de pessoas que gratuitamente prestam seu auxílio, seu trabalho, para executar ou concluir um serviço ou obra.

mu.tu.a.li.*da*.de *sf.* Reciprocidade.

mu.tu.*ar* *vt.* Trocar; emprestar.

mu.tu.*á*.rio *sm.* Aquele que recebe qualquer coisa por empréstimo, sócio de uma instituição de auxílio e socorros mútuos; aquele que recebeu um financiamento.

mu.*tu*.ca *sf.* Mosca grande que se alimenta de sangue.

***mú*.tuo** *adj.* Recíproco.

mu.*xo*.xo *sm.* Estalo com a língua, acompanhado de careta, em demonstração de desdém.

N

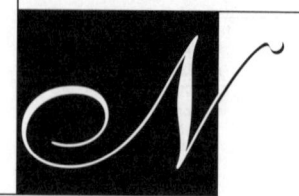

n *sm.* Décima terceira letra do alfabeto.

na.ba.bo *sm.* Vice-rei indiano; *pop.* indivíduo muito rico; perdulário.

na.bi.ça *sf.* Rama do nabo.

na.bo *sm.* Hortaliça.

na.ca *sf.* Grande fatia.

na.ção *sf.* Agrupamento de indivíduos que habitam o mesmo território; falam a mesma língua; têm os mesmos costumes e obedecem às mesmas leis; o povo de um país ou Estado; o governo do país; o Estado; região ou país habitado por um povo em condições de autonomia política; a pátria; o país natal.

ná.car *sm.* Substância branca, brilhante e irisada que forra o interior da concha de certos moluscos.

na.ca.ri.no *adj.* Que tem o aspecto ou a cor do nácar; rosado.

na.ci.o.nal *adj.* De nação.

na.ci.o.na.li.da.de *sf.* Qualidade do que é nacional.

na.ci.o.na.lis.mo *sm.* Preferência por tudo o que é próprio da nação à qual se pertence; política de autodeterminação econômico-política de um país; nativismo.

na.ci.o.na.li.za.ção *sf.* Ato de nacionalizar.

na.ci.o.na.li.zar *vt.* Dar caráter nacional, próprio de nação.

na.ci.o.nal-so.ci.a.lis.mo *sm.* Nazismo.

na.ci.o.nal-so.ci.a.lis.ta *adj. e s.2g.* Nazista.

na.co *sm.* Grande pedaço.

na.da *pron. indef.* Nenhuma coisa; *sm.* a não existência.

na.dar *vi.* Mover-se na água por ação própria; flutuar; estar coberto por um líquido; estar molhado de; ter em abundância.

ná.de.ga *sf.* Parte carnosa e posterior do corpo acima da coxa.

na.do *sm.* Ação de nadar; *adj.* nascido; nato.

naf.ta.li.na *sf.* Produto industrializado e usado para defender roupas, estofamentos, etc., de traças e outros insetos.

nái.lon *sm.* Fibra têxtil sintética que se caracteriza por ser imputrescível, elástica e de notável resistência; material fabricado com essa fibra.

nai.pe *sm.* Cada uma das quatro séries de cartas de um baralho; *fig.* classe; condição; espécie.

na.mo.ra.do *adj.* Amoroso; apaixonado; *sm.* homem quem alguma mulher namora.

na.mo.rar *vt.* Procurar inspirar amor; cortejar.

na.mo.ri.car *vt. e i.* Namorar passageiramente; flertar.

na.mo.ri.co *sm.* Namoro por passatempo.

na.nar *vi.* Dormir (a criança).

na.ni.co *adj.* Pequeno.

nan.quim *sm.* Tinta preta da China; tecido amarelo.

não *adv.* De modo nenhum; *sm.* negativa.

não-be.li.ge.rân.cia *sf.* Estado de um país que não participa da guerra, mas que, por simpatizar com uma das partes beligerantes, mantém-se à parte das regras de neutralidade.

não-par.ti.ci.pan.te *adj. e s.2g.* Que(m) não participa de uma atividade, em geral política ou reivindicatória.

nar.co.se *sf.* Letargia provocada por narcótico.

nar.có.ti.co *adj. e sm.* Que entorpece os sentidos, que induz o sono ou provoca apatia.

nar.co.ti.zar *vt.* Aplicar narcótico; entorpecer.

na.ri.ga.da *sf.* Pancada com, ou no nariz.

na.ri.na *sf.* Cada uma das fossas nasais.

na.riz *sm.* Órgão do olfato.

nar.ra.ção *sf.* Ato ou efeito de narrar; narrativa; conto; relato.

nar.ra.dor *adj. e sm.* Que, ou aquele que narra.

nar.rar *vt.* Contar; historiar; relatar.

nar.ra.ti.va *sf.* O modo de narrar; narração; história.

nar.ra.ti.vo *adj.* Que tem caráter de narração.

na.sal *adj.* Do nariz; modificado pelo nariz.

na.sa.la.ção *sf.* Pronúncia nasal; nasalização.

nas.cen.ça *sf.* Ação ou efeito de nascer; nascimento; origem; princípio; *de nascença:* inato; congênito.

nas.cen.te *adj.* Que nasce ou principia; *sf.* fonte.

nas.cer *vi.* Vir ao mundo; brotar; ter começo.

nas.ci.do *adj.* Que nasceu.

nas.ci.men.to *sm.* Ato de nascer; origem; começo.

nas.tro *sm.* Fita estreita de linho ou de algodão.

na.ta *sf.* Parte gordurosa do leite; creme; *fig.* a melhor parte de uma coisa; escol; elite.

na.ta.ção *sf.* Arte de nadar.

na.tal *sm.* Dia em que se comemora o nascimento de Cristo; dia de anos; *adj.* relativo a, ou lugar do nascimento.

na.ta.lí.cio *adj.* De nascimento.

na.ta.li.da.de *sf.* Porcentagem de nascimentos.

na.ti.mor.to *adj.* e *sm.* Que(m) nasceu morto.

na.ti.vi.da.de *sf.* Nascimento, especialmente de Cristo e dos santos.

na.ti.vis.mo *sm.* Sentimento de aversão ao que é estrangeiro e de defesa ao que é natural da terra; nacionalismo.

na.ti.vo *adj.* Natural; que nasce; nacional; indígena; *sm.* aborígine.

na.to *adj.* Nascido; inerente.

na.tu.ra *sf.* Natureza.

na.tu.ral *adj.* Relativo à natureza; espontâneo; próprio; inato; *sm.* aborígine.

na.tu.ra.li.za.ção *sf.* Ato de naturalizar; nacionalizar.

na.tu.ra.li.zar *vt.* Conferir direitos de nacional a.

na.tu.ral.men.te *adv.* Conforme a natureza; sem dúvida.

na.tu.re.za *sf.* Conjunto dos seres e forças que constituem o universo; força ativa que estabeleceu e conserva a ordem natural de tudo que existe; o universo; aquilo que constitui um ser em geral, criado ou incriado; essência de um ser ou de uma coisa; caráter; temperamento; índole.

na.tu.re.za-mor.ta *sf.* Gênero de pintura em que são representados animais mortos, coisas ou seres inanimados; quadro desse gênero.

nau *sf.* Embarcação de alto bordo; nave.

nau.fra.gar *vi.* Soçobrar (o navio); malograr-se; *fig.* fracassar.

nau.frá.gio *sm.* Perda de navio por afundamento; *fig.* ruína.

náu.fra.go *adj. fig. sm.* (Indivíduo) que naufragou.

náu.sea *sf.* Enjôo de mar; ânsia de vômito.

nau.se.a.bun.do *adj.* Que produz náuseas; repugnante.

nau.se.ar *vt.* Causar náuseas; repugnar.

nau.ta *sm.* Marinheiro.

náu.ti.ca *sf.* Ciência ou arte de navegar.

náu.ti.co *adj.* Relativo à náutica; à navegação.

na.val *adj.* De navios; de navegação.

na.va.lha *sf.* Lâmina de aço muito afiada; *pop.* mau chofer.

na.va.lha.da *sf.* Ferimento de navalha.

na.va.lhar *vt.* Desferir golpe de navalha.

na.ve *sf.* Embarcação; navio; nau; *fig.* parte interior da igreja.

na.ve.ga.ção *sf.* Ato de navegar; náutica.

na.ve.ga.dor *adj.* e *sm.* Quem, ou o que navega.

na.ve.gan.te *adj.* e *sm.* Navegador.

na.ve.gar *vt.* e *i.* Viajar por mar; dirigir navio.

na.ve.gá.vel *adj.* Que se pode navegar.

na.vi.o *sm.* Embarcação de grande porte.

na.za.re.no *sm.* Natural de Nazaré; Jesus Cristo.

na.zi-fas.cis.ta *adj.* Relativo ao nazismo ao fascismo; partidário ou simpatizante do nazismo ou do fascismo.

na.zis.mo *sm.* Sistema político totalitário implantado na Alemanha pelo Partido Nacional Socialista, de 1933 a 1945, liderado por Adolf Hitler, baseado, especialmente, no nacionalismo exacerbado e no arianismo.

ne.bli.na *sf.* Nevoeiro baixo e pouco denso.

ne.bu.len.to *adj.* Nevoento.

ne.bu.li.zar *vt.* Vaporizar.

ne.bu.lo.sa *sf.* Cada uma das numerosas e extensas massas de poeira ou gases, muito rarefeitos, no espaço interestelar da Via-Láctea.

ne.bu.lo.si.da.de *sf.* Qualidade de nebuloso; conjunto de nuvens; névoas.

ne.bu.lo.so *adj.* Coberto de nuvens; *fig.* triste.

ne.ce.da.de *sf.* Estupidez.

ne.ces.sá.rio *adj.* Indispensável.

ne.ces.si.da.de *sf.* Precisão; apuro; míngua; pobreza.

ne.ces.si.tar *vt.* Ter necessidade de; carecer; reclamar.

ne.cro.ló.gio *sm.* Registro de óbitos; elogio fúnebre.

ne.cro.man.ci.a *sf.* Adivinhação pela invocação dos mortos.

ne.␣cró.po.le *sf.* Cemitério.

ne.crop.si.a ou **ne.␣cróp.sia** *sf.* Exame médico das diferentes partes de um cadáver; autópsia.

ne.cro.se *sf.* Morte de parte de um organismo vivo; gangrena.

ne.cro.té.rio *sm.* Lugar onde são expostos cadáveres; morgue.

néc.tar *sm.* Bebida dos deuses; delícia.

né.dio *adj.* Luzidio; gordo; bem nutrido.

ne.fan.do *adj.* Abominável.

ne.fas.to *adj.* Que causa desgraça; funesto.

ne.ga.ça *sf.* Engodo; movimento de recusa.

ne.ga.ção *sf.* Ato de negar; incapacidade para qualquer coisa.

ne.ga.ce.ar *vt.* Fazer negaças; provocar, negaceando; recuar (cavalo ainda não domado).

ne.ga.lho *sm.* Molho de linhas; cordel; atilho.

ne.gar *vt.* Recusar; contestar; *vi.* dizer que não.

ne.ga.ti.va *sf.* Negação.

ne.ga.ti.vis.mo *sm.* Atitude negativa, ou de oposição sistemática.

ne.ga.ti.vo *adj.* Que exprime ou envolve negação; *sm.* chapa fotográfica.

ne.gá.vel *adj.* Que pode ser negado, recusado.

ne.gli.gên.cia *sf.* Desleixo; descuido; desatenção; menosprezo; preguiça; indolência.

ne.gli.gen.ci.ar *vt.* Descuidar.

ne.gli.gen.te *adj.* Desleixado.

ne.go *sm. bras. pop.* Camarada; amigo; companheiro; pessoa; indivíduo.

ne.go.ci.a.ção *sf.* Negócio.

ne.go.ci.an.te *sm.* Comerciante.

ne.go.ci.ar *vt.* Comprar ou vender; permutar; comerciar.

ne.go.ci.a.ta *sf.* Negócio suspeito; cambalacho.

ne.gó.cio *sm.* Comércio; coisa; assunto.

ne.gre.ga.do *adj.* Trabalhoso; infausto; infortunado.

ne.grei.ro *sm.* Traficante de escravos negros; *adj.* relativo a negro; que carregava escravos negros.

ne.gre.jan.te *adj.* Que negreja.

ne.gre.jar *vi.* Causar escuridão; mostrar-se triste.

ne.gri.dão *sf.* Negrura.

ne.gri.to *sm.* Tipo de letra de imprensa para realce.

ne.gri.tu.de *sf.* Qualidade ou condição de negro.

ne.gro *adj.* Preto; *sm.* homem de raça negra.

ne.gror *sm.* Negrura.

ne.gru.me *sm.* Escuridão.

ne.gru.ra *sf.* Escuridão.

ne.lo.re *adj.* e *s.2g.* Diz-se de, ou raça de gado zebu originária da Índia, apreciada pela sua produção de carne.

nem *conj.* Também não; *adv.* não.

ne.nê, **ne.ném** ou **ne.nen** *sm.* Criança recém-nascida ou de poucos meses.

ne.nhum *pron. indef.* Nem um; nulo; ninguém.

nê.nia *sf.* Canção triste; canto plangente; elegia.

ne.o.clas.si.cis.mo *sm.* Movimento intelectual surgido na Itália nos fins do séc. XVIII e começo do XIX, que preconizava o retorno do estilo clássico na arte e na literatura; imitação hodierna dos escritores ou artistas clássicos.

ne.ó.fi.to *sm.* Pessoa que vai receber o batismo; novato; iniciante; iniciado.

ne.o.lí.ti.co *adj.* e *sm.* Diz-se do, ou o período da pedra polida.

ne.o.lo.gis.mo *sm.* Palavra ou expressão nova, ou antiga empregada com sentido novo.

né.on ou **ne.on** *sm.* Elemento químico de número atômico 10, pertencente à família dos gases nobres, incolor, existente em pequena proporção na atmosfera, usado especialmente em iluminação; letreiro publicitário luminoso.

ne.po.tis.mo *sm.* Favoritismo.

ner.val *adj.* De nervos.

ner.vi.no *adj.* Concernente a nervos.

ner.vo *sm.* Filamento de tecido nervoso; *fig.* vigor.

ner.vo.sis.mo *sm.* Irritabilidade exagerada.

ner.vo.so *adj.* Que está com os nervos irritados; *sm. pop.* doença dos nervos.

ner.vu.do *adj.* Que tem nervos fortes, resistentes.

nés.cio *adj.* Ignorante; estúpido; pacóvio.

nes.ga *sf.* Pequeno espaço de terra, céu, etc.

ne.to *sm.* Filho de filho ou de filha em relação aos pais destes.

neu.ral *adj.* Relativo a nervos.

neu.ras.te.ni.a *sf.* Esgotamento nervoso; mau humor.

neu.ro.ci.rur.gi.a *sf.* Cirurgia do sistema nervoso.

neu.ro.ci.rur.gi.ão *sm.* Especialista em neurocirurgia.

neu.ro.se *sf.* Distúrbio nervoso.

neu.tral *adj.* Neutro.

neu.tra.li.da.de *sf.* Imparcialidade.

neu.tra.li.zar *vt.* Tornar neutro; anular.

neu.tro *adj.* Imparcial; indiferente; neutral; *adj.* e *sm.* diz-se do, ou o gênero que não é nem masculino nem feminino.

ne.va.da *sf.* Queda de neve, caída de uma vez.

ne.va.do *adj.* Branco como neve; frio; frígido.

ne.var *vi.* Cobrir de neve; cair neve; *vi.* e *p.* branquear.

ne.ve *sf.* Vapor aquoso congelado em flocos.

ne.vis.car *vi.* Nevar levemente.

né.voa *sf.* Vapor aquoso que obscurece a atmosfera; turvação das camadas de ar próximas à superfície terrestre, causada por partículas de água em suspensão; cerração; neblina; mácula que se forma na córnea e obscurece a vista; tudo o que turva a visão ou prejudica o entendimento.

ne.vo.ei.ro *sm.* Névoa densa; neblina ou cerração espessa, forte.

ne.vo.en.to *adj.* Anuviado; obscuro; nebulento.

ne.vo.so *adj.* Abundante em neve; nevoento.

ne.vral.gi.a *sf.* Dor de nervos.

new.to.ni.a.no *adj.* Relativo a Isaac Newton, (1642-1727), cientista inglês.

ne.xo sm. Ligação; vínculo; conexão; coerência.

nhá sf. Tratamento dado às moças no tempo da escravidão.

nha.nhá sf. Iaiá; nhá.

nhe.nhe.nhém sm. Resmungo; falatório interminável; reclamação.

nhô sm. Tratamento que os escravos davam aos senhores.

nho.nhô sm. Ioiô, nhô.

nho.que sm. Massa alimentícia típica da cozinha italiana, feita de batatas, cozidas e amassadas, farinha de trigo, ovos e queijo e cortada em pedaços pequenos e arredondados; prato feito com essa massa.

ni.cho sm. Vão; retiro; cavidade em parede ou muro para abrigar uma imagem.

ni.co.ti.na sf. Substância tóxica encontrada no tabaco.

ni.co.ti.no adj. vi. Próprio do tabaco; soporífero.

ni.di.fi.car vi. Fazer ninho.

ni.do.ro.so adj. Fétido; bafiento.

ni.et.zschi.a.no adj. Relativo a Friedrich Wilhelm Nietzsche, (1844-1900), filósofo alemão; sm. adepto da filosofia de Nietzsche.

ni.i.lis.mo sm. Redução a nada, aniquilamento; descrença absoluta; doutrina política segundo a qual só será possível o progresso da sociedade após a destruição do que socialmente existe.

nim.bar vt. Aureolar.

nim.bí.fe.ro adj. Chuvoso.

nim.bo sm. Nuvem pardacenta; auréola; resplendor.

nim.bo.so adj. Chuvoso.

ní.mio adj. Demasiado.

ni.nar vt. e i. Acalentar.

nin.fa sf. Divindade fabulosa de rios; crisálida.

nin.guém pron. indef. Nenhuma pessoa.

ni.nha.da sf. As aves de uma postura; conjunto de filhotes ainda no ninho; conjunto de filhotes nascidos de uma vez.

ni.nha.ri.a sf. Bagatela.

ni.nho sm. Receptáculo onde as aves e outros animais depositam seus ovos e filhotes; fig. esconderijo.

ni.pô.ni.co adj. e sm. Japonês.

ní.quel sm. Elemento químico; qualquer moeda desse metal; dinheiro; tostão.

ni.que.lar vt. Cobrir ou guarnecer de níquel.

nir.va.na sm. No budismo, estado a que se chega pela extinção da individualidade e união ao espírito supremo.

nis.sei adj. e s.2g. Filho de pais japoneses, mas nascido fora do Japão.

ni.ten.te adj. Que resplandece; nítido; luzidio.

ni.tes.cên.cia sf. Esplendor.

ni.ti.dez sf. Fulgor; pureza.

ní.ti.do adj. Límpido; limpo.

ní.tri.co adj. Diz-se do ácido que contém nitrogênio, de fórmula HNO_3.

ni.trir vi. Rinchar (o cavalo).

ni.tro sm. Salitre.

ni.tro.gli.ce.ri.na sf. Explosivo preparado com glicerina e ácidos nítrico e sulfúrico.

ní.vel sm. Horizontalidade; altura de superfície de um líquido; fig. igualdade; paridade de situação; estado; situação; altura; grau; regra, norma.

ni.ve.la.men.to sm. Ato ou efeito de nivelar.

ni.ve.lar vt. Pôr no mesmo nível; igualar.

ní.veo adj. Alvo como a neve.

nó sm. Laço apertado; embaraço; milha percorrida por navio; enlace; enredo.

nô sm. Uma das primeiras manifestações teatrais do Japão, montada no séc. XIV, sob a forma de dramas líricos representados durante funções religiosas nos festivais xintoístas e que se caracteriza pelo simbolismo, pelo lirismo, pelos movimentos altamente estilizados dos atores, que obedecem a convenções cênicas permanentes e tradicionais, pela forma solene e ritualística e pela atuação exclusiva de homens, inclusive na representação de papéis femininos; teatro nô.

no.bi.li.ta.ção sf. Ato de nobilitar, tornar nobre.

no.bi.li.tar vt. Tornar nobre; enobrecer; ilustrar.

no.bre adj. De nascimento ilustre; generoso; sm. pessoa que pertence à nobreza.

no.bre.za sf. Qualidade de nobre; generosidade; a classe dos nobres.

no.ção sf. Conhecimento elementar; idéia.

no.cau.te sm. Em boxe, a derrota pela inconsciência durante 10 segundos; soco, murro, pancada, etc., que leva à inconsciência; estado de debilitamento, de apatia.

no.ci.vo adj. Pernicioso.

noc.tâm.bu.lo adj. Noctívago; sm. sonâmbulo.

noc.tí.va.go ou **no.tí.va.go** adj. Que vagueia de noite; que tem hábitos noturnos; noctâmbulo.

no.dal adj. Referente a nó.

nó.doa sf. Mancha.

no.do.so adj. Que tem nós.

nó.du.lo sm. Pequeno nó.

noi.ta.da sf. Espaço de uma noite; divertimento noturno; noite passada em claro, sem dormir; gandaia.

noi.te sf. Tempo em que não há sol; escuridão.

noi.ti.nha sf. O anoitecer.

noi.va sf. Mulher que está para casar.

noi.va.do sm. Estado de noivo; casamento; boda.

noi.var vi. Cortejar a pessoa com quem vai se casar.

***noi*.vo** *sm.* Homem que vai casar.

no.*jen*.to *adj.* Repugnante.

no.jo *sm.* Náusea; enjôo; *p. us.* luto.

nô.ma.de *adj.* Diz-se de tribos errantes; vagabundo.

no.me *sm.* Palavra com que são designadas as pessoas e as coisas, bem como ação, estado ou qualidade; denominação; qualificação; título; honra; alcunha, apelido; reputação; fama; *gram.* palavra com que se designa ou qualifica uma pessoa ou coisa, especialmente o substantivo.

no.me.a.*ção* *sf.* Ato de nomear.

no.me.a.da *sf.* Fama; renome.

no.me.ar *vt.* Designar pelo nome; conferir o cargo de.

no.men.cla.tu.ra *sf.* Vocabulário de nomes; terminologia.

no.mi.*nal* *adj.* Referente a nome; pessoal.

no.mi.na.*ti*.vo *adj.* Que denomina.

no.na.da *sf.* Bagatela.

no.na.ge.*ná*.rio *adj.* e *sm.* Que, ou o que tem 90 anos de idade.

***no*.ra** *sf.* A mulher do filho em relação aos pais deste.

nor.*des*.te *sm.* O ponto entre o norte e o leste.

nor.des.*ti*.no *adj.* Do Nordeste brasileiro; *sm.* o natural, ou habitante dessa região.

nor.ma *sf.* Regra; modelo.

nor.mal *adj.* Exemplar; regular; comum.

nor.ma.li.*da*.de *sf.* Estado do que é normal.

nor.ma.*lis*.ta *adj.* e *s.2g.* Diz-se de que, ou quem segue curso na antiga escola normal.

nor.ma.li.za.*ção* *sf.* Ato de normalizar; regularização.

nor.ma.li.*zar* *vt.* Tornar normal; regularizar.

no.ro.*es*.te *sm.* O ponto entre o norte e o oeste.

nor.te *sm.* Um dos quatro pontos cardeais; ponto cardeal que fica na frente do observador que tem a sua direita o nascente; rumo; direção; regiões que ficam para o lado do norte.

nor.te.*ar* *vt.* Encaminhar para o norte; guiar.

nor.*tis*.ta *adj.* Do Norte do Brasil; *s.2g.* o natural ou habitante dessa região.

nos *pron. pess.* A nós.

nós *pron. pess.* 1ª pessoa do plural.

no.so.*cô*.mio *sm.* Hospital.

***nos*.so** *pron. poss.* Que nos pertence.

nos.tal.*gi*.a *sf.* Saudade da pátria ou do lar; melancolia; tristeza; saudade.

nos.*tál*.gi.co *adj.* Em que há nostalgia, tristeza.

***no*.ta** *sf.* Apontamento; observação; papel-moeda.

no.ta.bi.li.*da*.de *sf.* Qualidade de notável; pessoa de consideração.

no.ta.bi.li.*zar* *vt.* Tornar notável; celebrizar; afamar.

no.ta.do *adj.* Que dá na vista.

no.*tar* *vt.* Pôr nota ou sinal em; observar.

no.*tá*.rio *sm.* Tabelião.

no.*tá*.vel *adj.* Importante.

no.*tí*.cia *sf.* Informação; novidade; conhecimento.

no.ti.ci.*ar* *vt.* Dar notícia; comunicar.

no.ti.ci.*á*.rio *sm.* Resenha de notícias em periódicos.

no.ti.ci.a.*ris*.ta *s.2g.* Pessoa que noticia.

no.ti.ci.*o*.so *adj.* Informativo.

no.ti.fi.ca.*ção* *sf.* Participação; intimação.

no.ti.fi.*car* *vt.* Comunicar; participar; avisar.

no.*tó*.rio *adj.* Público; bem conhecido.

nó.tu.la *sf.* Pequena nota.

no.tur.no *adj.* Referente a noite; *sm.* trem que corre de noite; composição musical.

no.va *sf.* Notícia; novidade; *adj. fem.* de *novo.*

no.*va*.to *sm.* Principiante; calouro; aprendiz.

no.ve *num.* Oito mais um.

no.vel *adj.* Novo; imperito.

no.ve.la *sf.* Pequeno romance; conto; patranha.

no.ve.*lis*.ta *s.2g.* Escritor de novelas; contista.

no.ve.lo *sm.* Bola feita de fio enrolado.

no.vem.bro *sm.* O décimo primeiro mês do ano civil.

no.ve.na *sf.* Espaço de nove dias; ladainhas durante nove dias.

no.*ven*.ta *num.* Nove dezenas; nove vezes dez.

no.vi.ci.*a*.do *sm.* Tempo de noviço; aprendizagem.

no.*vi*.ço *sm.* Que, ou aquele que se prepara para ingressar em convento; novato; iniciante.

no.vi.*da*.de *sf.* Coisa nova.

no.*vi*.lho *sm.* Boi novo.

no.vo *adj.* Moço; moderno.

no.vo-*ri*.co *sm.* Indivíduo cuja riqueza é recente; aquele que, sendo de baixo nível social, enriqueceu rápido em negócios ocasionais e procura igualar-se a pessoas da alta sociedade, entre as quais destoa por falta de educação, bom gosto e/ou instrução.

nu *adj.* Despido; descoberto.

nu.*an*.ça ou **nu.*an*.ce** *sf.* Cada uma das diversas gradações de uma cor; matiz; tom; tonalidade; diferença delicada entre coisas do mesmo gênero.

nu.*ben*.te *adj.* e *s.2g.* (Pessoa) que vai casar; noivo.

nú.bil *adj.* Casadouro.

nu.bi.*lo*.so *adj.* Nebuloso.

nu.*bla*.do *adj.* Coberto de nuvens; *fig.* obscuro, triste, sombrio.

nu.*blar* *vt.* Cobrir de nuvens; *fig.* entristecer.

nu.ca *sf.* Parte mais alta e posterior do pescoço.

nu.cle.ar *vp.* Formar-se em núcleo; *adj.* pertencente a núcleo; referente ao núcleo do átomo.

nú.cleo *sm.* Centro; sede principal; corpúsculo encontrado em cada célula viva.

nu.da.ção *sf.* Nudez.

nu.dez *sf.* Estado do que está nu; singeleza.

nu.dis.mo *sm.* Doutrina da nudez, do estado de nu.

nu.ga *sf.* Ninharia.

nu.ga.ção *sf.* Sofisma ridículo.

nu.ga.ci.da.de *sf.* Futilidade.

nu.ga.ti.vo *adj.* Frívolo.

nu.li.da.de *sf.* Inaptidão; insignificância.

nu.li.fi.car *vt.* Anular.

nu.lo *adj.* Sem efeito.

nu.me *sm.* Gênio; divindade.

nu.me.ra.ção *sf.* Ato de numerar, pôr números.

nu.me.rar *vt.* Indicar por número; contar; expor.

nu.me.rá.rio *sm.* Dinheiro efetivo; *pop.* gaita.

nu.mé.ri.co *adj.* Expresso em números.

nú.me.ro *sm.* Unidade; porção; exemplar de publicação periódica.

nu.me.ro.so *adj.* Em grande número; copioso; abundante.

nun.ca *adv.* Em tempo algum; jamais; não.

nún.cio *sm.* Embaixador da Santa Sé junto a um governo; mensageiro.

nup.ci.al *adj.* Relativo a núpcias, a casamento.

núp.ci.as *sf. pl.* Casamento.

nu.ta.ção *sf.* Vacilação.

nu.tan.te *adj.* Vacilante.

nu.tar *vi.* Oscilar; vacilar.

nu.tri.ção *sf.* Ato de nutrir.

nu.tri.ci.o.nis.ta *s.2g.* Especialista em assuntos de nutrição.

nu.tri.do *adj.* Gordo; robusto.

nu.tri.en.te *adj.* Que nutre; nutritivo.

nu.tri.men.to *sm.* Ação ou efeito de nutrir; nutrição; alimento.

nu.trir *vt.* Alimentar; sustentar; alentar; proteger.

nu.tri.ti.vo *adj.* Alimentício.

nu.triz *adj.* Que nutre; *sf.* ama-de-leite.

nu.vem *sf.* Conjunto visível de partículas de água ou de gelo em suspensão na atmosfera; *p. ext.* qualquer conjunto de aparência e em situação semelhantes ao citado anteriormente; turvação da vista; tristeza, pesar; grande quantidade de coisas ou seres reunidos, em geral em movimento.

o *sm.* Décima quarta letra do alfabeto; artigo definido; pronome oblíquo; pronome demonstrativo; partícula expletiva.

ó *interj.* Exprime invocação ou chamamento.

o.á.sis *sm.* Terreno fértil e coberto de vegetação no meio de um deserto; *fig.* prazer entre muitos desgostos; lugar aprazível, ameno.

ob.ce.ca.ção *sf.* Cegueira de espírito; obsessão.

ob.ce.ca.do *adj.* Contumaz no erro.

ob.ce.car *vt.* Tornar cego; *fig.* obscurecer o entendimento de; induzir ao erro ou a persistir nele.

ob.duc.to *adj.* Coberto.

ob.du.rar *vt.* Endurecer.

o.be.de.cer *vt. e vi.* Submeter-se à vontade de; cumprir as ordens de; ficar sujeito a; estar sob a autoridade de; cumprir; observar.

o.be.di.ên.cia *sf.* Ato de obedecer; submissão.

o.be.di.en.te *adj.* Submisso; dócil; humilde.

o.be.lis.co *sm.* Monumento em forma de agulha.

o.be.ra.do *adj.* Endividado.

o.be.rar *vt.* Endividar.

o.be.si.da.de *sf.* Qualidade ou estado de obeso; excesso de gordura no corpo.

o.be.so *adj.* Muito gordo.

ó.bi.ce *sm.* Estorvo; obstáculo.

ó.bi.to *sm.* Morte; falecimento.

o.bi.tu.á.rio *adj.* Relativo a óbito; *sm.* registro de óbitos.

ob.je.ção *sf.* Contestação.

ob.je.tar *vt.* Opor objeção a; contestar.

ob.je.ti.va *sf.* Lente, em aparelho óptico, voltada para o que será examinado ou fotografado.

ob.je.ti.var *vt.* Tornar objetivo; ter por objetivo.

ob.je.ti.vo *adj.* Que objeta; *sm.* alvo; finalidade.

ob.je.to *sm.* Matéria; assunto; desígnio; fim; *gram.* complemento de verbo transitivo.

ob.jur.gar *vt.* Censurar.

o.blí.quo *adj.* Inclinado; não perpendicular; enviezado; *gram.* diz-se do pronome com função de objeto.

obli.te.rar *vt.* Fazer esquecer; suprimir; apagar.

o.blon.go *adj.* Alongado.

o.bo.é *sm.* Instrumento musical de sopro, de madeira.

ó.bo.lo *sm.* Moeda grega; donativo; esmola.

o.bra *sf.* Coisa feita ou produzida por um agente; resultado de uma ação ou trabalho; composição ou trabalho literário, científico ou artístico; edifício em construção; reparação em um edifício; ardil artimanha; tarefa; ação moral; evacuação por efeito de purgante; excremento.

o.bra-pri.ma *sf.* A melhor e/ou a mais bem-feita obra de uma época, gênero, estilo ou autor; obra perfeita ou considerada como tal.

o.brar *vt.* Fazer; executar; *vi.* defecar; evacuar.

o.brei.ro *adj. e sm.* Operário.

ob-rep.tí.cio *adj.* Ardiloso.

o.bri.ga.ção *sf.* Dever; imposição; encargo; necessidade moral de praticar ou não determinados atos; escrito pelo qual alguém se obriga ao pagamento de uma dívida, ao cumprimento de um contrato, etc.

o.bri.ga.do *adj.* Imposto; exigido; agradecido, grato, reconhecido.

o.bri.gar *vt. e vp.* Forçar, coagir; forçar; constranger(-se); ligar por contrato; estimular; impelir; incitar; mover; afiançar; responsabilizar-se; assumir um compromisso; responsabilizar-se.

o.bri.ga.to.ri.e.da.de *sf.* Qualidade do que é obrigatório.

o.bri.ga.tó.rio *adj.* Forçoso.

obs.ce.ni.da.de *sf.* Palavrão; ação indecorosa.

obs.ce.no *adj.* Indecoroso.

obs.cu.ran.tis.mo *sm.* Oposição sistemática ao progresso material e intelectual; estado de ignorância.

obs.cu.re.cer *vt. e p.* Tornar escuro; tornar triste, sombrio.

obs.cu.re.ci.do *adj.* Encoberto.

obs.cu.re.ci.men.to *sm.* Escuridão.

obs.cu.ri.da.de *sf.* Falta de luz; obscurecimento; escuridão.

obs.cu.ro *adj.* Sem luz; escuro; sombrio; oculto; humilde.

ob.se.crar *vt.* Pedir humildemente; implorar (em nome de coisa sagrada).

ob.se.qüen.te *adj.* Obediente.

ob.se.qui.ar *vt.* Presentear.

ob.sé.quio *sm.* Favor.

ob.se.qui.o.so *adj.* Serviçal.

ob.ser.va.ção sf. Ato de observar; execução; exame; apontamento.

ob.ser.va.dor adj. Espectador.

ob.ser.vân.cia sf. Execução fiel.

ob.ser.var vt. Olhar atentamente; advertir; usar.

ob.ser.va.tó.rio sm. Posto de observação de fenômenos físicos e meteorológicos.

ob.ses.são sf. Ato de importunar ou vexar; perseguição; impertinência excessiva; persistência de uma idéia na mente; idéia fixa.

ob.ses.so adj. Atormentado.

ob.si.di.ar vt. Fazer cerco; assediar; espionar.

ob.so.le.to adj. Antiquado.

obs.tá.cu.lo sm. Impedimento; estorvo.

obs.tan.te adj. Que obsta.

obs.tar vt. Opor-se; servir de obstáculo a.

obs.ti.na.ção sf. Teimosia.

obs.ti.nar vt. Tornar obstinado; vp. teimar; porfiar.

obs.trin.gir vt. Apertar muito.

obs.tru.ção sf. Obturação; entupimento.

obs.tru.ir vt. Embaraçar; tapar; entupir.

ob.tem.pe.rar vt. Ponderar; vi. obedecer.

ob.ten.ção sf. Consecução.

ob.ter vt. Conseguir.

ob.tun.dir vt. Contundir.

ob.tu.rar vt. Tapar; entupir; fechar; obstruir.

ob.tu.ra.ção sf. Ato ou efeito de obturar; obstrução de cavidade dentária cariada.

ob.tu.são sf. Estado de obtuso.

ob.tu.so adj. Não agudo; (ângulo) que tem mais de 90 graus; fig. de pouca inteligência.

o.bum.brar vt. Tornar escuro; nublar; ocultar.

o.bus sm. Peça de artilharia.

ób.vio adj. Evidente.

o.car vt. Escavar.

o.ca.si.ão sf. Oportunidade; ensejo; motivo; causa.

o.ca.si.o.nal adj. Casual.

o.ca.si.o.nar vt. Dar ocasião a, ser motivo de; causar; originar; oferecer; proporcionar; vp. originar-se; acontecer.

o.ca.so sm. O desaparecimento do Sol; fig. fim.

o.ce.a.no sm. Cada uma das grandes divisões de parte líquida do globo.

o.ci.den.tal adj. Do ocidente.

o.ci.den.te sm. Poente; lado onde o Sol se põe; oeste.

ó.cio sm. Folga do trabalho; descanso; lazer.

o.ci.o.si.da.de sf. Vadiagem.

o.ci.o.so adj. Que não trabalha; despreocupado; desnecessário.

o.clu.são sf. Encerramento; fechamento.

o.clu.so adj. Tapado; fechado.

o.co adj. Vão; escavado; fig. fútil; frívolo.

o.cor.rên.cia sf. Acontecimento.

o.cor.ren.te adj. Que ocorre.

o.cor.rer vi. Vir ao encontro; afluir; aparecer; sobrevir; acontecer; vir à memória ou ao pensamento; sugerir.

oc.to.ge.ná.rio adj. e sm. Que, ou aquele que tem 80 anos.

o.cu.la.do adj. Que tem olhos.

o.cu.lar adj. Do olho; sf. lente de instrumento óptico.

o.cu.lis.ta s.2g. Especialista em moléstias dos olhos.

ó.cu.lo sm. Aparelho provido de lentes para fins visuais, como binóculo, telescópio, etc.; abertura circular numa parede, num teto, para iluminação; sm. pl. lentes usadas diante dos olhos, encaixadas em armação, para compensar ou corrigir defeitos da visão.

o.cul.tar vt. Encobrir; esconder; calar; simular.

o.cul.tis.mo sm. Doutrina e práticas referentes a fenômenos que não se explicam pelas forças ou leis naturais conhecidas.

o.cul.to adj. Escondido; misterioso.

o.cu.pa.ção sf. Posse; emprego; profissão; trabalho.

o.cu.pan.te adj. Que ocupa.

o.cu.par vt. Apoderar-se de; tomar posse de; invadir; dominar; conquistar; granjear; instalar-se; preencher; ocupar todo o espaço de; atrair, fixar, prender; aplicar a atenção; vp. dedicar-se.

o.da.lis.ca sf. Escrava a serviço do harém do sultão; concubina dos sultões ou paxás.

o.de sf. Cântico; composição poética de estrofes simétricas.

o.de.ão sm. Entre os antigos gregos, teatro coberto destinado às apresentações de poetas e músicos.

o.di.ar vt. Detestar.

o.di.en.to adj. Rancoroso.

ó.dio sm. Antipatia; raiva.

o.di.o.so adj. Repelente.

o.dis.séi.a sf. Poema do grego Homero, que narra as aventuras de Ulisses ao retornar à pátria, após a tomada de Tróia; p. ext. viagem cheia de peripécias e aventuras; narração de aventuras extraordinárias; série de complicações, peripécias ou ocorrências variadas e inesperadas.

o.don.to.lo.gi.a sf. Parte da medicina que trata das afecções dentárias.

o.don.to.lo.gis.ta s.2g. Pessoa que se ocupa de odontologia; odontólogo.

o.dor sm. Perfume; aroma.

o.do.ran.te adj. Aromático.

o.es.te sm. Ocidente.

o.fe.gan.te adj. Cansado.

o.fe.gar vi. Respirar com dificuldade; estar ansioso.

o.fen.der vt. Causar ofensa; ferir; lesar; afrontar; magoar; melindrar.

o.fen.**di**.do *adj.* Magoado; melindrado; ferido.

o.**fen**.sa *sf.* Dano; afronta.

o.**fen**.**si**.va *sf.* Ataque.

o.**fen**.**si**.vo *adj.* Agressivo.

o.**fen**.**sor** *adj.* e *sm.* Que, ou o que ofende.

o.fe.re.**cer** *vt.* Dar; dedicar.

o.fe.**ren**.da *sf.* Oferta.

o.**fer**.ta *sf.* Dádiva; presente.

o.**fer**.**tar** *vt.* Oferecer.

of.fi.ce-boy *sm.* Moço de recados; rapaz que trabalha em escritório executando pequenos serviços; *boy.*

o.fi.ci.**al** *adj.* Burocrático; solene; *sm.* o que exerce ofício manual; militar de patente superior à de sargento.

o.fi.ci.a.li.za.**ção** *sf.* Ato de dar caráter oficial.

o.fi.ci.**ar** *vi.* Celebrar ofício religioso; escrever ofício.

o.fi.**ci**.na *sf.* Lugar onde se exerce um ofício.

o.**fí**.cio *sm.* Profissão; diligência; comunicação escrita; conjunto de orações e cerimônias do culto.

o.fi.ci.**o**.so *adj.* Serviçal; obsequioso; gratuito; sem caráter ou formalidade oficial.

o.**fí**.di.co *adj.* Relativo a serpente.

o.**fí**.dio *sm.* Cobra, serpente; *adj.* semelhante a serpente; *sm. pl.* ordem de répteis que compreende todos os gêneros de serpentes.

of.**se**.te *sm.* Método de impressão em que a tinta é transferida de uma chapa de metal para uma superfície de borracha e desta para o papel; papel utilizado nesse tipo de impressão.

of.tal.**mi**.a *sf.* Inflamação dos olhos.

of.**tál**.mi.co *adj.* Relativo aos olhos; *sm.* remédio contra a oftalmia.

of.tal.mo.lo.**gi**.a *sf.* Parte da medicina que estuda ou trata dos olhos e suas doenças.

o.fus.ca.**ção** *sf.* Deslumbramento; ofuscamento.

o.fus.**car** *vt.* Tornar fusco; escurecer; deslumbrar; *fig.* fazer perder o prestígio; fazer esquecer.

o.**gi**.va *sf. arquit.* Ângulo formado por dois arcos iguais que se cortam na parte superior; parte frontal afilada de um projétil, foguete.

ohm *sm.* Unidade de medida de resistência elétrica no Sistema MKS, que equivale à resistência de um condutor que é percorrido por uma corrente de 1 ampère quando suas extremidades apresentam a queda do potencial de 1 volt.

oi.ta.va-de-fi.**nal** *sf. fut.* Nos torneios por eliminação, rodada em que oito duplas de time disputam a classificação às quartas-de-final.

oi.ta.**var** *vt.* Dispor em oito faces.

oi.**ti**.va *sf.* Ouvido; audição.

*oi.*to *num.* Duas vezes quatro.

o.je.**ri**.za *sf.* Antipatia.

o.je.ri.**zar** *vt.* Ter ojeriza a.

o.**lá** *interj.* Para chamar, saudar, etc.

o.la.**ri**.a *sf.* Indústria de tijolos e telhas.

o.**lé** *interj.* Olá.

o.le.**a**.do *sm.* Pano encerado.

o.le.a.gi.**no**.so *adj.* Oleoso.

o.le.**ar** *vt.* Untar com óleo.

o.**lei**.ro *sm.* O que trabalha em olaria.

o.**len**.te *adj.* Aromático.

ó.leo *sm.* Nome comum a vários líquidos gordurosos e comestíveis extraídos de variados frutos, sementes, caroços; nome dado a substâncias gordurosas, líquidas sob temperatura ambiente, de origem animal, mineral ou vegetal.

o.le.o.**du**.to *sm.* Sistema de tubulações e estações de bombeamento, para a condução de petróleo ou seus derivados a grandes distâncias.

o.le.**o**.so *adj.* Gorduroso.

ol.fa.**ção** *sf.* Ação de cheirar; exercício do olfato.

ol.**fa**.to *sm.* O sentido do cheiro, faro.

o.lha.**de**.la *sf.* Lance de olhos.

o.**lha**.do *adj.* Visto; observado; *sm.* quebranto; jetatura.

o.**lhar** *vt.* Mirar; encarar; velar por; observar; *sm.* o aspecto dos olhos.

o.**lhei**.ras *sf. pl.* Manchas escuras ao redor das pálpebras inferiores.

o.**lho** *sm.* Órgão da vista; atenção; cuidado; perspicácia; *ficar de olho;* ficar atento.

o.lho-d'**á**.gua *sm.* Nascente que rebenta do solo; fonte natural.

o.lho-da-**ru**.a *sm.* Lugar para onde se manda alguém, expulsando-o; meio da rua; rua.

o.lho-de-**boi** *sm.* Espécie de clarabóia; selo postal, da primeira emissão feita no Brasil, de 1843.

o.lho-de-**ca**.bra *sm.* Selo selo postal brasileiro, da série emitida em 1845, menor do que o olho-de-boi.

o.lho-de-**ga**.to *sm.* Placa luminosa que, durante a noite, reflete luz que nela incide.

o.lho-de-**so**.gra *sm.* Doce preparado com ameixa preta, leite condensado, coco e açúcar cristalizado.

o.**lhô**.me.tro *sm. bras.* A visão, o olho, considerado como instrumento de medição, avaliação ou observação.

o.li.gar.**qui**.a *sf.* Governo exercido por uma minoria, ou seja, um pequeno grupo de pessoas ou famílias poderosas.

o.li.go.pó.lio *sm.* Mercado em que se relacionam um reduzido número de grandes vendedores e uma infinidade de pequenos compradores; situação em que um pequeno grupo de empresas controla o mercado de um produto.

o.li.gop.sô.nio *sm.* Estrutura de mercado em que há apenas reduzido número de compradores.

o.lim.pí.a.da *sf.* Espaço de quatro anos entre jogos olímpicos que se realizam consecutivamente; *pl.* jogos olímpicos.

o.lím.pi.co *adj.* Relativo ao monte Olimpo; qualidade dos jogos que se realizavam na antiga Grécia de quatro em quatro anos; qualidade das competições modernas, realizadas com o mesmo intervalo; *fig.* celeste, sublime, grandioso; majestoso.

O.lim.po *sm.* Morada dos deuses, ou conjunto de deuses e deusas, entre os antigos gregos; *fig.* céu.

o.li.va *sf.* Azeitona.

o.li.vei.ra *sf.* Árvore da azeitona.

ol.mei.ro *sm.* Espécie de árvore que fornece madeira sólida e flexível.

o.lor *sm.* Aroma.

o.lo.ro.so *adj.* Aromático.

ol.vi.dar *vt.* Esquecer.

ol.vi.do *sm.* Esquecimento.

om.bre.ar *vt.* Pôr-se ombro a ombro; igualar-se; equiparar-se.

om.brei.ra *sf.* Peça vertical de porta ou janela; parte do vestuário correspondente ao ombro.

om.bro *sm.* Espádua; a parte mais elevada do braço; *fig.* vigor, força, apoio.

om.buds.man *sm.* Profissional cuja função é analisar a eficácia dos serviços prestados pela empresa que o contratou, devendo examiná-la sob a perspectiva do cliente.

ô.me.ga *sm.* Última letra do alfabeto grego; *fig.* fim.

o.me.le.te ou **o.me.le.ta** *sf.* Fritada de ovos batidos.

o.mi.no.so *adj.* Agourento.

o.mis.são *sf.* Falta; lacuna; negligência.

o.mis.so *adj.* Descuidado; negligente; falho; falto.

o.mi.tir *vt.* Deixar de fazer ou de dizer; esquecer.

on.ça *sf.* Nome de um dos maiores felinos brasileiros; *bras.* indivíduo perigoso; valente; medida de peso.

on.da *sf.* Porção de água do mar, lago ou rio que se eleva e se desloca; vaga; *fig.* grande afluência; grande abundância; grande agitação; ímpeto; movimento ondulatório; ondulação; *fís.* variação periódica da intensidade de uma grandeza (som, corrente elétrica); *bras. gír.* aquilo que é muito bom; curtição.

on.de *adv.* No lugar em que.

on.de.a.do *adj.* Que tem ondas.

on.de.ar *vi.* Serpear; tumultuar; transmitir em ondas.

on.du.la.ção *sf.* Movimento oscilatório num líquido.

on.du.la.do *adj.* Ondeado.

on.du.lar *vt. i. e p.* Ondear.

on.du.lo.so *adj.* Que tem ondulação.

o.ne.rar *vt.* Impor ônus ou obrigação; impor elevados tributos; sobrecarregar.

o.ne.ro.so *adj.* Pesado.

ô.ni.bus *sm.* Veículo para transporte coletivo de passageiro; *bras.* jardineira.

o.ni.co.fa.gi.a *sf.* Hábito de roer unhas.

o.ni.po.tên.cia *sf.* Poder supremo, máximo; soberania.

o.ni.po.ten.te *adj.* Todo-poderoso; *sm.* Deus.

o.ni.pre.sen.ça *sf.* Presença em toda parte.

o.nis.ci.en.te *adj.* Que sabe tudo.

o.ní.vo.ro *adj.* Que come de tudo.

ô.nix *sm. 2n.* Variedade de ágata.

o.no.más.ti.ca *sf.* Explicação de nomes próprios.

o.no.ma.to.péi.a *sf.* Vocábulo cuja pronúncia imita ou sugere a voz ou o som da coisa significada.

on.tem *adv.* No dia anterior ao de hoje.

ô.nus *sm. 2n.* Peso; carga; encargo; responsabilidade; imposto.

o.nus.to *adj.* Carregado; cheio.

on.ze.na *sf.* Juro de onze por cento; usura.

on.ze.ná.rio *adj. e sm.* Agiota.

o.pa *sf.* Capa de irmandades e confrarias religiosas.

o.pa.ci.da.de *sf.* Qualidade de opaco, escuro, sombrio.

o.pa.co *adj.* Que não deixa passar a luz; baço; escuro.

o.pa.do *adj.* Inchado; balofo.

o.pa.la *sf.* Pedra preciosa de reflexos coloridos e variados; *bras.* tecido de algodão.

o.pa.les.cên.cia *sf.* Qualidade de opalescente, opalino.

o.pa.les.cen.te *adj.* De aparência leitosa e azulada.

o.pa.li.no *adj.* Semelhante à opala; de cor leitosa e azulada; opalescente.

o.pa.li.zar *vt.* Dar cor ou reflexos de opala.

o.par *vi.* Inchar.

op.ção *sf.* Ato de optar; escolha; preferência.

ó.pe.ra *sf.* Teatro lírico; drama musicado.

ó.pe.ra-bu.fa *sf.* Ópera de assunto jocoso, com música mais ligeira ou exageradamente cômica.

o.pe.ra.ção *sf.* Transação comercial; intervenção cirúrgica; cálculo matemático.

o.pe.ra.dor *adj. e sm.* Que, ou aquele que opera.

o.pe.ran.te *adj.* Que opera ou realiza; que produz algum efeito; ativo

o.pe.rar *vt.* Executar; fazer (uma operação qualquer).

o.pe.ra.ri.a.do *sm.* A classe operária, proletária.

o.pe.rá.rio *adj.* Relativo ao trabalho ou aos operários; *sm.* quem exerce uma arte ou um ofício; trabalhador de fábrica.

o.pe.ra.ti.vo *adj.* Operante.

o.pe.ra.tó.rio *adj.* Relativo a operações; operativo.

o.pér.cu.lo *sm.* Tampa.

o.pe.re.ta *sf.* Forma leve de teatro musicado.

o.pe.ro.si.da.de *sf.* Qualidade de operoso; diligência.

o.pe.ro.so *adj.* Diligente; eficaz.

o.pi.la.ção *sf.* Obstrução dos vasos secretórios; amarelão.

o.pi.mo *adj.* Abundante.

o.pi.nar *vt.* e *i.* Ser de opinião; dar o seu voto.

o.pi.ni.ão *sf.* Parecer; juízo; modo de ver; voto.

o.pi.ni.o.so *adj.* Obstinado.

ó.pio *sm.* Substância extraída dos frutos imaturos de diversas espécies de papoulas, utilizada como narcótico; aquilo que proporciona adormecimento, entorpecimento.

o.pí.pa.ro *adj.* Lauto; esplêndido.

o.por *vt.* Pôr contra ou defronte; estorvar.

o.por.tu.ni.da.de *sf.* Ocasião favorável; ensejo.

opor.tu.nis.mo *sm.* Aproveitamento, em geral inescrupuloso, de oportunidades, de condições favoráveis a um determinado intento.

o.por.tu.no *adj.* Conveniente.

o.po.si.ção *sf.* Ação ou efeito de opor; impedimento; obstáculo; contraste; contraposição; discordância; partido(s) político(s) contrário(s) ao governo.

o.po.si.ci.o.nis.mo *sm.* Sistema de fazer oposição a tudo.

o.po.si.tor *adj.* e *sm.* Concorrente; competidor.

o.pos.to *adj.* Contrário; fronteiro; contraditório.

o.pres.são *sf.* Tirania.

o.pres.si.vo *adj.* Que oprime ou serve para oprimir.

o.pres.so *adj.* Oprimido.

o.pres.sor *adj.* e *sm.* Tirano.

o.pri.mi.do *adj.* Vexado; tiranizado.

o.pri.mir *vt.* Causar opressão a; afligir; tiranizar.

o.pró.brio *sm.* Desonra.

op.tar *vt.* Escolher entre duas ou mais coisas.

op.ta.ti.vo *adj.* Que exprime desejo, opção.

óp.ti.ca *sf.* Parte da física que trata das propriedades da luz e dos fenômenos da visão; casa onde se fabricam ou vendem instrumentos ópticos; modo de ver pessoal; perspectiva.

óp.ti.co *adj.* Relativo à visão ou à luz; *sm.* especialista em óptica ou comerciante de instrumentos ópticos (óculos, microscópios, lunetas, lupas, etc.).

o.pug.nar *vt.* Pugnar contra.

o.pu.lên.cia *sf.* Grande riqueza; magnificência.

o.pu.len.to *adj.* Rico; pomposo.

o.pus *sm.* Obra que foi classificada e numerada.

o.pús.cu.lo *sm.* Livreto; folheto.

o.ra *conj.* Mas; *adv.* agora.; *interj.* indicativo de impaciência, desprezo.

o.ra.ção *sf.* Súplica religiosa; reza; discurso; *gram.* conjunto de palavras que expressam um pensamento completo; frase.

o.ra.cu.lar *adj.* Relativo a oráculo.

o.rá.cu.lo *sm.* Resposta dos deuses a quem os consultava.

o.ra.dor *sm.* O que fala em público; discursador.

o.ra.go *sm.* Santo; padroeiro.

o.ral *adj.* Relativo à boca; verbal (por oposição a escrito).

o.ran.go.tan.go *sm.* Grande macaco antropomorfo.

o.rar *vi.* Fazer oração; proferir discurso; falar.

o.ra.tó.ria *sf.* Arte de falar em público; eloqüência.

o.ra.tó.rio *adj.* Relativo à oratória; *sm.* nicho de santos.

or.be *sm.* Globo; esfera.

ór.bi.ta *sf.* Cavidade óssea onde estão os olhos; trajetória descrita por um astro em torno de outro; campo; esfera; área de ação.

or.ça.men.to *sm.* Ato ou efeito de orçar, calcular.

or.çar *vt.* Calcular; avaliar; chegar próximo; atingir.

or.co *sm.* O inferno.

or.dei.ro *adj.* Amigo da ordem.

or.dem *sf.* Disposição metódica de coisas; arranjo.

or.de.na.ção *sf.* Ato de ordenar; arrumação; lei.

or.de.na.do *adj.* Metódico; *sm.* vencimento de empregado.

or.de.nan.ça *sf.* Soldado às ordens de autoridade.

or.de.nha *sf.* Ato de ordenhar.

or.de.nhar *vt.* Espremer (a teta de um animal) para tirar leite; mungir.

or.di.nal *adj.* Que designa lugar em série numérica.

or.di.ná.rio *adj.* Habitual; costumeiro; regular; comum; sem caráter; *sm.* o habitual.

or.di.na.ris.mo *sm.* Falta de caráter, vergonha, valor.

o.re.lha *sf.* O órgão e aparelho de ouvido; dobra da capa de livro, que se vira para dentro desta, e pode trazer texto impresso.

o.re.lha-de-pau *sm.* Espécie de cogumelo; urupê.

o.re.lhão *sm.* Puxão de orelhas; cabina de telefone, instalada, em geral, em lugar público, cuja forma lembra grosseiramente o contorno da orelha.

or.fa.nar *vt.* Tornar órfão; privar.

or.fa.na.to *sm.* Asilo para órfãos.

or.fan.da.de *sf.* Condição de órfão; *fig.* abandono, desamparo.

ór.fão *adj.* e *sm.* Que, ou aquele que não tem pai nem mãe; *fig.* privado; abandonado.

or.fe.ão *sm.* Grupo coral.

or.gâ.ni.co *adj.* Relativo a órgãos; fundamental.

or.ga.nis.mo *sm.* Corpo organizado; constituição.

or.ga.nis.ta *sm.* Tocador de órgão.

or.ga.ni.za.ção *sf.* Ato de organizar, constituir.

or.ga.ni.za.dor *adj.* e *sm.* Que, ou quem organiza.

or.ga.ni.zar *vt.* Formar o organismo de; constituir.

or.ga.no.gra.ma *sm.* Representação de organização, serviço, obra, etc., indicando relações, atribuições, etapas de trabalho, etc.

ór.gão *sm.* Cada uma das partes de um aparelho; parte ou estrutura de um organismo vivo, adaptada a uma determinada função; jornal; instituição de caráter político, social, etc.; instrumento musical de foles, tubos e teclados, usado nas igrejas.

or.gu.lhar *vt.* e *p.* Encher-se de orgulho; ufanar-se.

or.gu.lho *sm.* Conceito exagerado de si mesmo.

or.gu.lho.so *adj.* Soberbo; altivo; vaidoso.

o.ri.en.ta.ção *sf.* Direção; impulso; instrução.

o.ri.en.ta.dor *adj.* e *sm.* Que, ou quem orienta.

o.ri.en.tal *adj.* Do Oriente; *pl.* os povos da Ásia.

o.ri.en.tar *vt.* Determinar a posição geográfica; guiar.

o.ri.en.te *sm.* Este; levante.

o.ri.fí.cio *sm.* Pequeno furo; pequena abertura.

o.ri.gem *sf.* Procedência; fonte; causa; princípio.

o.ri.gi.nal *adj.* Referente à origem; primitivo; diferente; *sm.* primeiro escrito.

o.ri.gi.na.li.da.de *sf.* Singularidade; excentricidade.

o.ri.gi.ná.rio *adj.* Oriundo; proveniente; primitivo.

o.ri.un.do *adj.* Originário; descendente.

or.la *sf.* Borda; margem; cercadura; debrum.

or.la.du.ra *sf.* Orla.

or.lar *vt.* Guarnecer com orla; debruar.

or.na.men.ta.ção *sf.* Ato de ornamentar, ornar.

or.na.men.tal *adj.* Relativo a ornamento, enfeite.

or.na.men.tar *vt.* Ornar, enfeitar.

or.na.men.to *sm.* Adorno; decoração; enfeite.

or.nar *vt.* Enfeitar; embelezar; decorar.

or.na.to *sm.* Enfeite.

or.ne.ar *sm.* Zurrar; ornejar.

or.nei.o *sm.* Zurro; ornejo.

or.ne.jar *vi.* Ornear.

or.ne.jo *sf.* Orneio.

or.ques.tra *sf.* Grupo de músicos.

or.ques.trar *vt.* Adaptar a música aos diversos instrumentos de uma orquestra; instrumentar.

or.to.don.ti.a *sf.* Parte da odontologia que trata da prevenção e correção dos defeitos de posição dos dentes.

or.to.do.xo *adj.* De acordo com os fundamentos tradicionais de doutrina religiosa, política, etc., diz-se da Igreja do Oriente, de tradição grega; *sm.* indivíduo ortodoxo.

or.to.gra.fi.a *sf.* A parte da gramática que ensina a escrever corretamente.

or.to.grá.fi.co *adj.* Concernente à ortografia.

or.to.pe.di.a *sf.* Arte de evitar, ou corrigir, as deformidades do corpo.

or.va.lhar *vt.* Umedecer com orvalho; *vi.* chuviscar.

or.va.lho *sm.* Vapor atmosférico que se condensa e cai durante a noite.

os.ci.la.ção *sf.* Ato de oscilar.

os.ci.lar *vi.* Ter movimento de vaivém; hesitar.

os.ci.la.tó.rio *adj.* Oscilante.

os.ci.ta.ção *sf.* Bocejo.

os.ci.tar *vi.* Bocejar.

os.cu.lar *vt.* Beijar.

ós.cu.lo *sm.* Beijo.

os.sa.da *sf.* Esqueleto.

os.sa.tu.ra *sf.* Constituição óssea; esqueleto.

ós.seo *adj.* Da natureza do osso; que tem osso.

os.sí.cu.lo *sm.* Osso pequeno.

os.si.fi.ca.ção *sf.* Ato de ossificar, formar ossos.

os.si.fi.car *vt.* Converter em osso.

os.so *sm.* Qualquer parte do esqueleto dos vertebrados; *fig.* dificuldade.

os.su.á.rio *sm.* Sepultura comum de muitos cadáveres.

os.ten.si.vo *adj.* Próprio para se mostrar; aparente.

os.ten.ta.ção *sf.* Alarde; pompa; luxo; exibição.

os.ten.tar *vt.* Exibir com aparato; alardear.

os.ten.to.so *adj.* Feito com ostentação; aparatoso.

os.tra *sf.* Molusco comestível; *gír.* pessoa que não larga outra.

os.tra.cis.mo *sm.* Afastamento das funções políticas; exclusão; proscrição; desterro; exílio.

os.trei.ra *sf.* Lugar onde se criam ostras.

os.tro *sm.* Púrpura.

o.tal.gi.a *sf.* Dor de ouvido.

o.tá.rio *sm.* Indivíduo bobo, fácil de enganar.

ó.ti.co *adj.* Relativo ao ouvido.

o.ti.mis.mo *sm.* Sistema de julgar tudo o melhor possível.

o.ti.mis.ta s.2g. Pessoa que mostra otimismo.

ó.ti.mo adj. Muitíssimo bom.

o.tor.ri.no sm. Forma reduzida de otorrinolaringologista, médico especialista no tratamento do ouvido, nariz e garganta.

o.tor.ri.no.la.rin.go.lo.gi.a sf. Parte da medicina voltada ao estudo e tratamento das doenças do ouvido, nariz e garganta.

ou conj. De outro modo.

ou.re.la sf. Margem; orla.

ou.ri.ço sm. Mamífero coberto de espinhos.

ou.ri.ves sm. O que lavra em ouro ou em prata.

ou.ri.ve.sa.ri.a sf. Loja ou oficina de ourives.

ou.ro sm. Elemento químico, metálico, de número atômico 79, amarelo, dúctil, maleável e de que se fazem moedas e jóias; riqueza; pl. naipe do baralho.

ou.ro.pel sm. Ouro falso.

ou.sa.di.a sf. Audácia.

ou.sar vt. Atrever-se.

out.door sm. Cartaz publicitário de rua.

ou.tei.ro sm. Colina.

ou.to.nal adj. Do outono.

ou.to.no sm. Estação entre o verão e o inverno.

ou.tor.ga sf. Ação ou efeito de outorgar; consentimento; aprovação; concessão.

ou.tor.gar vt. Aprovar; declarar em escritura pública; conceder.

ou.trem pron. indef. Outra pessoa.

ou.tro e pron. indef. Diferente; diverso; mais um.

ou.tro.ra adv. Antigamente.

ou.tros.sim adv. Também.

ou.tu.bro sm. Décimo mês do ano civil.

ou.vi.do sm. O órgão de ouvir; adj. que se ouviu.

ou.vin.te adj. e s.2g. Pessoa que ouve discurso, concerto, conferência, programa de rádio, etc.; aluno não matriculado, que assiste a aulas, mas não faz provas.

ou.vir vt. Perceber pelo sentido do ouvido; escutar.

o.va sf. Ovário dos peixes; el. da loc. interj. uma ova indic. de repulsa, protesto, contestação, objeção.

o.va.ção sf. Aclamação entusiástica, febril.

o.va.ci.o.nar vt. Aplaudir ruidosamente, com entusiasmo.

o.val adj. Do feitio do ovo.

o.van.te adj. Triunfante.

o.var vi. Pôr ovos (a galinha).

o.vá.rio sm. Órgão sexual feminino onde se formam os ovos ou óvulos.

o.ve.lha sf. Fêmea do carneiro.

over sm. Red. de overnight.

o.ver.do.se sf. Dose excessiva.

o.ver.lo.que sm. Acabamento feito em roupas por máquina especial, tipo de bainha, para que o tecido não desfie.

o.vi.no adj. Relativo a ovelhas, cordeiros e carneiros.

o.ví.pa.ro adj. Que põe ovos.

o.ví.vo.ro adj. Que come ovos.

o.vo sm. Corpo fecundado, reprodutor de aves, etc.

o.vói.de adj. Oval.

ó.vu.lo sm. Pequeno ovo; célula sexual feminina.

o.xa.lá interj. Designativa de desejo; tomara.

o.xi.dar vt. Converter em óxido; enferrujar.

o.xi.ge.nar vt. Combinar com o oxigênio; fig. fortalecer; descolorir com água oxigenada.

o.xi.gê.nio sm. Elemento químico de número atômico 8, gasoso à temperatura ambiente, incolor, inodoro, insípido, com atividade química bastante grande, um dos constituintes do ar atmosférico.

o.zô.nio sm. Gás azul-pálido, muito oxidante e reativo, que é uma variedade alotrópica do oxigênio.

o.zo.nos.fe.ra sf. Camada da atmosfera terrestre situada entre as altitudes de 12 a 50 km e na qual existe grande concentração de ozônio.

p *sm.* Décima quinta letra do alfabeto.

pá *sf.* Utensílio agrícola, largo e chato, com rebordos, de madeira ou metal, provido de cabo; *gír.* grande quantidade.

pa.ca *sf.* Mamífero roedor; *adv. gír.* muito.

pa.ca.tez *sf.* Qualidade de quem é pacato, pacífico.

pa.ca.to *adj.* e *sm.* Pacífico.

pa.cho.la *sm.* Pateta.

pa.chor.ra *sf.* Calma ou lentidão no trabalho; impassibilidade temperamental.

pa.ci.ên.cia *sf.* Qualidade de paciente; resignação.

pa.ci.en.te *adj.* Resignado; sofredor; *s.2g.* doente.

pa.ci.fi.ca.ção *sf.* Ato ou efeito de pacificar, apaziguar.

pa.ci.fi.car *vt.* Restituir a paz a; apaziguar; serenar.

pa.cí.fi.co *adj.* Amigo da paz; sossegado; tranqüilo.

pa.ci.fis.mo *sm.* Sistema dos que lutam pela paz universal.

pa.ci.fis.ta *adj.* e *s.2g.* Adepto do pacifismo.

pa.co *sm.* Pacote de papéis que simulam papel-moeda, geralmente cobertos por uma nota verdadeira.

pa.ço *sm.* Palácio real ou episcopal; a corte.

pa.ço.ca *sf.* Carne fresca ou carne-de-sol cozida e desfiada, pisada com farinha de mandioca ou de milho; amendoim torrado e socado com rapadura; *fig.* confusão.

pa.có.vio *adj.* e *sm.* Idiota.

pac.to *sm.* Ajuste; convenção.

pac.tu.an.te *adj.* Que pactua.

pac.tu.ar *vt.* Ajustar; convencionar; combinar.

pa.de.cer *vt.* Ser atormentado; sofrer; suportar.

pa.dei.ro *sm.* Aquele que fabrica ou entrega pão.

pa.di.o.la *sf.* Espécie de tabuleiro com quatro varais, para transporte; cama portátil.

pa.drão *sm.* Modelo; o que serve de índice de uma cultura; marco.

pa.dre-nos.so *sm.* Oração católica iniciada por essas palavras; pai-nosso.

pa.dri.nho *sm.* Testemunha de batismo, crisma, etc.; protetor.

pa.dro.ei.ro *adj.* e *sm.* Protetor; defensor; patrono.

pa.dro.ni.zar *vt.* Reduzir a um modelo comum.

pa.ga *sf.* Remuneração.

pa.ga.do.ri.a *sf.* Lugar onde se fazem pagamentos.

pa.ga.nis.mo *sm.* Idolatria.

pa.ga.ni.zar *vt.* Tornar pagão.

pa.gão *adj.* Diz-se dos povos politeístas; *adj.* e *sm.* (indivíduo) que não é cristão, que não foi batizado.

pa.gar *vt.* Remunerar; expiar; retribuir na mesma espécie; *vi.* recompensar.

pá.gi.na *sf.* Face de folha de papel; trecho.

pa.gi.nar *vt.* Numerar por ordem, as páginas de.

pa.go *adj.* Entregue em pagamento; satisfeito.

pa.go.de *sm.* Templo pagão, na Índia, China ou Japão; o ídolo lá adorado; divertimento; certo tipo de samba.

pa.go.de.ar *vi.* Levar vida de estróina; pandegar.

pai *sm.* Genitor; progenitor; criador, fundador, instituidor de uma doutrina, instituição ou escola artística ou científica.

pai.nel *sm.* Pintura; quadro; almofada de janelas ou portas; qualquer obra decorativa que recobre uma parede ou parte dela; espécie de quadro onde estão embutidos os instrumentos de controle de qualquer instalação.

pai-nos.so *sm.* Oração que se inicia com essas palavras; padre-nosso.

pai.o *sm.* Carne de porco ensacada em tripa.

pai.ol *sm.* Depósito de explosivos; *bras.* depósito de cereais ou de maquinismos de lavoura.

pai.rar *vi.* Voar lentamente; esvoaçar sem sair do lugar.

pa.ís *sm.* Região; pátria.

pai.sa.gem *sf.* Panorama.

pai.sa.gis.mo *sm.* Representação de paisagens pela pintura ou pelo desenho; a arte de decoração de jardins.

pai.sa.gis.ta *adj.* e *s.2g.* Que, ou quem pinta ou descreve paisagens; profissional que planeja e compõe paisagens decorativas de jardins.

pai.sa.na *el. sf. us. na loc. adv.* **à paisana**: em traje civil (referindo-se a militar).

pai.sa.no *sm.* Indivíduo não militar; civil; compatriota; patrício.

pai.xão *sf.* Padecimento; sofrimento; sentimento intenso de amor ou ódio; fanatismo.

pa.la *sf.* Anteparo para resguardar os olhos.

pa.lá.cio *sm.* Casa de rei ou de família nobre.

pa.la.di.no *sm.* Campeão; homem valente.

pa.lan.que *sm.* Estrado de madeira com degraus para festas ao ar livre.

pa.la.to *sm.* Céu-da-boca.

pa.la.vra *sf.* Termo; vocábulo; afirmação; doutrina.

pa.la.vrão *sm.* Palavra obscena ou grosseira.

pal.co *sm.* Parte do teatro onde os atores representam; proscênio.

pa.lei.o *sm.* Pilhéria insistente e inconveniente.

pa.ler.ma *adj.* e *s.2g.* Diz-se da, ou pessoa idiota; imbecil, sem préstimo.

pa.les.tra *sf.* Conversa; dissertação sobre determinado assunto.

pa.les.trar ou **pa.les.tre.ar** *vi.* Conversar; discorrer.

pa.le.ta *sf.* Chapa de madeira ou louça onde os pintores combinam as tintas; omoplata de animais.

pa.lha *sf.* Haste seca das gramíneas; *fig.* bagatela.

pa.lha.ço *sm.* Artista que em espetáculos circenses ou em outros, veste-se e pinta o rosto de maneira espalhafatosa; pessoa que faz os outros rirem ou faz papel ridículo.

pa.lhei.ro *sm.* Casa ou lugar em que se guarda palha.

pa.lhe.ta *sf.* Pequena lâmina metálica, na embocadura dos instrumentos de sopro, cujas vibrações produzem o som; chapéu de palha.

pa.lhe.te *adj.* Pouco carregado na cor (vinho).

pa.lho.ça *sf.* Casa coberta de palha; cabana.

pa.li.ar *vt.* Dissimular; aliviar; acalmar.

pa.li.a.ti.vo *adj.* Que serve para disfarçar, encobrir, atenuar, aliviar, acalmar; *sm.* medicamento que só tem eficácia momentânea.

pa.li.ça.da *sf.* Fileira de paus fincados na terra para defesa de posto militar; liça para torneios.

pa.li.dez *sf.* Qualidade ou estado de pálido.

pá.li.o *sm.* Sobrecéu portátil.

pa.li.tar *vt.* Limpar (os dentes) com palito.

pa.li.to *sm.* Haste fina, dura e pontiaguda, em geral de madeira, que serve para limpar os dentes.

pal.ma *sf.* Folha de palmeira; face interna das mãos; *pl.* ação de aplaudir batendo as palmas das mãos.

pal.ma.da *sf.* Pancada com a palma da mão.

pal.mar *sm.* Terreno em que crescem palmeiras; *adj.* do comprimento de um palmo.

pal.ma.to.ar *vt.* Castigar com palmatória.

pal.ma.tó.ria *sf. ant.* Pequena peça circular de madeira utilizada nas escolas para castigar as crianças, batendo-lhes com ela na palma das mãos.

pal.me.ar *vt.* Aplaudir batendo palmas; trilhar.

pal.mei.ral *sm.* Palmar.

pal.mi.lha *sf.* Revestimento interior de sola de calçado.

pal.mi.lhar *vt.* Pôr palmilhas em; percorrer a pé.

pal.mo *sm.* Extensão da ponta do polegar à do dedo mínimo.

pa.lor *sm.* Palidez.

pal.pa.ção *sf.* Ato de palpar.

pal.par *vt.* Apalpar.

pal.pá.vel *adj.* Que se pode palpar, tocar.

pál.pe.bra *sf.* Membrana que recobre o globo ocular.

pal.pi.ta.ção *sf.* Ato de palpitar, pulsar; movimento convulsivo das pulsações do coração por emoção ou moléstia.

pal.pi.tar *vi.* Pulsar, ter palpitações; agitar-se; *fam.* dar palpites.

pal.pi.te *sm.* Pressentimento; intuição de ganho no jogo.

pal.ra *sf.* Fala; tagarelice.

pal.rar *vi.* Tagarelar.

pa.lu.de *sm.* Lagoa; paul.

pa.lu.dis.mo *sm.* Impaludismo.

pa.lúr.dio *adj.* e *sm.* Tolo

pa.lus.tre *adj.* Paludoso; relativo a pântano.

pa.mo.nha *sf.* Espécie de bolo de milho; *sm.* bobo.

pam.pa *sm.* Grande planície.

pa.na.ca *adj.* e *sm. gír.* Sujeito simplório.

pa.na.céi.a *sf.* Remédio imaginário para todos os males.

pa.nal *sm.* Vela de moinho.

pa.nar *vt.* Cobrir de pão ralado.

pa.na.ri.a *sf.* Tulha; celeiro.

pan.ca *sf.* Alavanca de madeira; *bras. gír.* postura artificial; pose.

pan.ça *sf.* O maior estômago dos ruminantes; *pop.* barriga.

pan.ca.da *sf.* Choque; golpe; bordoada; *adj.* e *s.2g.* (indivíduo) amalucado.

pan.ca.da.ri.a *sf.* Desordem em que há pancadas; surra.

pân.creas *sm.* Glândula situada por trás do estômago, responsável pela formação da insulina e agindo sobre as proteínas, os amiláceos e as gorduras.

pan.da.re.cos *sm. pl.* Frangalhos; cacos.

pan.de.ar *vt.* Tornar largo.

pân.de.ga *sf.* Estroinice; folia.

pân.de.go *adj.* e *sm.* (Indivíduo) engraçado, alegre, brincalhão.

pan.dei.ro *sm.* Instrumento musical.

pan.de.mô.nio *sm.* Tumulto.

pan.do *adj.* Cheio de vento; inflado.

pa.ne *sf. fig.* Parada, por defeito do motor.

pa.ne.gí.ri.co *sm.* Elogio.

pa.ne.li.nha *sf.* Panela pequena; *fig. pop.* grupo de pessoas ligadas em defesa de seus interesses e dadas ao elogio mútuo.

pan.fle.tá.rio *adj.* Próprio de panfleto; violento na linguagem; *sm.* autor de panfletos; panfletista.

pan.fle.to *sm.* Folheto de crítica em linguagem violenta; folheto.

pâ.ni.co *sm.* Terror; medo grave, susto (às vezes infundado).

pa.ni.fi.ca.ção *sf.* Fabricação de pão.

pa.no *sm.* Tecido; fazenda; pano de fundo, a grande e última tela situada ao fundo do palco.

pa.no.ra.ma *sm.* Paisagem; vista.

pa.no.râ.mi.co *adj.* Relativo a panorama, paisagem.

pan.so.fi.a *sf.* Ciência universal.

pân.ta.no *sm.* Paul; lodaçal; brejo.

pan.ta.no.so *adj.* Alagadiço.

pan.te.ar *vt.* Caçoar de.

pan.te.ra *sf.* Mamífero felino, carnívoro, entre os quais se inclui a onça-pintada; *fig.* pessoa cruel.

pan.to.mi.ma ou **pan.to.mi.na** *sf.* Arte ou ato de expressão por meio de gestos; mímica.

pan.tur.ri.lha *sf.* Barriga da perna.

pão *sm.* Alimento feito de farinha, em geral de trigo, acrescida de água, fermento biológico e sal, formando uma pasta que é amassada moldada em formato diversos e cozida; *fig.* sustento; *pop.* homem bonito ou pessoa muito boa.

pão-du.ro *sm.* Avaro, egoísta.

pa.pa *sm.* Chefe da Igreja Católica; Sumo-Pontífice; *sf.* farinha, ou outro cereal, cozida de consistência pastosa.

pa.pa.gai.o *sm.* Qualquer ave psitaciforme, famosa por imitar a voz humana; brinquedo de criança, em vários formatos, feito de varetas ligadas entre si por barbante e recobertas com papel fino, quadrado, pipa; letra de câmbio ou promissória.

pa.pa.gue.ar *vt.* Falar como papagaio; tagarelar.

pa.pai *sm.* Tratamento carinhoso que os filhos dão ao pai.

pa.pal *adj.* De papa.

pa.pal.vo *sm.* Pateta.

pa.pão *sm.* Monstro imaginário; bicho-papão.

pa.pa.ri.car *vt.* Lambiscar; tratar com carinho.

pa.pe.ar *vi.* Palrar; tagarelar; parolar.

pa.pei.ra *sf.* Inflamação das parótidas.

pa.pel *sm.* Pasta de fibras vegetais, refinada, branqueada ou colorida, disposta em folhas flexíveis e finas usadas para escrever, embrulhar, etc.; atribuição; dinheiro em notas; parte que um ator desempenha no cinema, televisão, teatro, etc.; a personagem desempenhada por um ator; atribuição de natureza moral, técnica, jurídica, etc.; qualquer documento que representa dinheiro e pode ser negociado; *pl.* documentos.

pa.pe.lão *sm.* Papel encorpado e forte; *fig.* má figura.

pa.pe.la.ri.a *sf.* Estabelecimento onde se vendem papéis e artigos para escritório.

pa.pe.le.ta *sf.* Papel avulso; pequeno pedaço de papel.

pa.pel-mo.e.da *sf.* Papel estampado com valor representativo, emitido pelo governo, para servir de dinheiro; cédula.

pa.pel-tí.tu.lo *sm.* Papel desempenhado pelo ator que representa o personagem-título.

pa.po *sm.* Bolsa que existe nas aves; *fig.* soberba.

pa.po-fu.ra.do *sm.* Conversa sem sentido; conversa fiada.

pa.pu.do *adj.* Que tem papo grande; *bras.* convencido.

pa.que.te *sm.* Grande navio a vapor.

par *adj.* Igual; semelhante.

pa.ra *prep.* Designa fim, direção, destino.

pa.ra.béns *sm. pl.* Felicitações.

pa.rá.bo.la *sf.* Narração alegórica; curva.

pá.ra-bri.sa *sm.* Vidro na dianteira do automóvel.

pá.ra-cho.que *sm.* Dispositivo destinado a amenizar choques; barra ou lâmina de aço colocada horizontalmente na frente e na traseira dos automóveis.

pa.ra.da *sf.* Ato de parar; pausa; lugar onde se pára; desfile; aventura.

pa.ra.dei.ro *sm.* Lugar onde alguma pessoa está.

pa.ra.dig.ma *sm.* Modelo, padrão.

pa.ra.do.xo *sm.* Opinião contrária a comum.

pa.ra.fra.se.ar *vt.* Explicar, desenvolvendo, imitando.

pa.ra.fu.sar *vt.* Apertar por meio de parafuso.

pa.ra.fu.so *sm.* Espécie de prego sulcado em espiral.

pa.ra.gem *sf.* Ato de parar; lugar onde se pára; sítio; zona; região.

pa.rá.gra.fo *sm.* Pequena seção de discurso ou capítulo; sinal § indicativo da separação de algumas partes de lei, regulamento, etc.

pa.ra.í.so *sm.* Éden; céu.

pá.ra-la.ma *sm.* Peça curva colocada acima das rodas dos veículos.

pa.ra.le.le.pí.pe.do *sm.* Sólido limitado por seis paralelogramos, dos quais os opostos são iguais e paralelos; pedra com esse formato empregada em calçamento de ruas.

pa.ra.le.lo *adj.* Diz-se das linhas sempre eqüidistantes em toda a sua extensão; *sm.* confronto.

pa.ra.li.sa.ção *sf.* Suspensão; interrupção de movimento ou atividade; entorpecimento.

pa.ra.li.sar *vt.* Tornar paralítico; tornar inerte; suspender as atividades.

pa.ra.li.si.a *sf.* Privação da capacidade de movimento.

pa.ra.lí.ti.co *adj. e sm.* Que, ou aquele que sofre paralisia.

pa.ra.men.tar *vt.* Adornar com, vestir paramentos; enfeitar.

pa.ra.men.to *sm.* Peça de ornato; *sm. pl.* vestes sacerdotais.

pá.ra.mo *sm. bras.* Firmamento; planície deserta.

pa.ra.nin.fo *sm.* Padrinho; em certas solenidades, pessoa a quem se prestam homenagens e que, em geral, as retribui e agradece proferindo um discurso.

pa.ra.nor.mal *adj.* Que está fora dos limites da experiência normal ou dos fenômenos explicáveis cientificamente.

pa.ra.pei.to *sm.* Parede de resguardo.

pa.ra.psi.co.lo.gi.a *sf.* Ciência que estuda experimentalmente os fenômenos ditos ocultos (comunicação com os espíritos dos mortos, dissociação da personalidade, comunicação telepática, etc.).

pá.ra-quedas *sm.2n.* Aparelho com aparência de guarda-chuva, que serve para reduzir a velocidade da queda dos corpos no ar.

pa.rar *vi.* Cessar de mover-se; ficar, estacionar; *vt.* impedir a continuação; enfraquecer.

pá.ra-rai.os *sm. 2n.* Sistema de condutores metálicos colocados nos pontos mais elevados de um edifício e ligados à terra, com a finalidade de facilitar as descargas elétricas atmosféricas e evitar danos.

pa.ra.si.ta ou **pa.ra.si.to** *s.2g.* Animal ou vegetal, respectivamente, que se alimenta do sangue ou da seiva de outro; *fig.* indivíduo que não trabalha e vive à custa alheia; *adj.* que nasce ou cresce em outros corpos organizados; *fig.* que vive à custa alheia.

pa.ra.si.tar *vi.* Viver como parasito, à custa alheia.

pá.ra-sol *sm.* Guarda-sol, guarda-chuva.

par.cei.ro *adj.* Semelhante; par; *sm.* sócio.

par.cel *sm.* Recife; baixio.

par.ce.la *sf.* Pequena parte; fragmento.

par.ce.lar *vt.* Dividir em parcelas, em partes.

par.ce.ri.a *sf.* Sociedade.

par.ci.al *adj.* Que faz parte de um todo.

par.ci.a.li.da.de *sf.* ou **par.ci.a.lis.mo** *sm.* Facção.

par.ci.a.li.zar *vt.* Tornar parcial.

par.ci.mô.nia *sf.* Economia.

par.ci.mo.ni.o.so *adj.* Frugal; econômico.

par.co *adj.* Sóbrio; frugal; econômico; que poupa ou economiza.

par.di.ei.ro *sm.* Casa em ruínas.

par.do *adj.* De cor entre o branco e o preto; *sm.* mulato.

pa.re.cen.ça *sf.* Semelhança.

pa.re.cer *v.pred.* Ter a aparência de; *sm.* opinião.

pa.re.ci.do *adj.* Semelhante.

pa.re.de *sf.* Obra de alvenaria com que se fecham externamente os edifícios bem como se fazem suas divisões internas; tudo que fecha ou divide um espaço.

pa.re.lha *sf.* Um par; par de animais que puxam carroça.

pa.ren.tal *adj.* Relativo a pai ou mãe.

pa.ren.te *s.2g.* Pessoa que pertence à mesma família.

pa.ren.tes.co *sm.* Qualidade de parente.

pa.rên.te.se *sm.* ou **pa.rên.te.sis** *sm.2n.* Sinais ( ) que encerram palavra ou frase à parte.

pá.reo *sm.* Corrida de cavalos; disputa.

pá.ria *sm.* Indivíduo sem casta na sociedade indiana; *p. ext.* membro de classes sociais desprezadas.

pa.ri.ção *sf.* Parto.

pa.ri.da.de *sf.* Parecença; igualdade.

pa.ri.e.tal *adj.* Relativo às paredes ou parte de uma cavidade; *sm.* osso do crânio.

pa.rir *vt.* Dar à luz; produzir.

par.la *sf.* Conversa.

par.la.men.tar *s.2g.* Membro de parlamento; *vt. e i.* conversar; entrar em negociações; conferenciar.

par.la.men.ta.ris.mo *sm.* Regime político em que o governo é de responsabilidade dos ministros de Estado.

par.la.men.to *sm.* Câmara legislativa nos países constitucionais; congresso nacional.

pá.ro.co *sm.* Vigário; sacerdote encarregado da administração de uma paróquia.

pa.ró.dia *sf.* Imitação grotesca de uma obra literária; imitação cômica.

pa.ro.di.ar *vt.* Imitar burlescamente; *pop.* pandegar.

pa.ro.la *sf.* Palavras ocas.

pa.ro.lar ou **pa.ro.le.ar** *vt.* Tagarelar; palrar.

pa.ro.lei.ro *adj. e sm.* Embusteiro; parolador.

pa.ró.quia *sf.* Jurisdição espiritual de um pároco.

pa.ro.qui.a.no *adj. e sm.* Que, ou aquele que habita na paróquia.

pa.ró.ti.da ou **pa.ró.ti.de** *sf.* Cada uma das glândulas salivares situadas abaixo e por diante das orelhas.

pa.ro.xis.mo *sm.* A maior intensidade de uma dor, um acesso, etc.; *pl.* agonia.

pa.ro.xí.to.no *adj.* Diz-se do vocábulo que tem o acento tônico na penúltima sílaba; *sm.* esse vocábulo.

par.que *sm.* Grande jardim público ou particular; terreno de grandes dimensões, com muitas árvores, destinado a passeios, *shows*, exposições, etc.; área de recreação.

par.quê ou **par.que.te** *sm.* Revestimento de pisos feito de tacos de madeira que, ao serem dispostos de determinada maneira, formam desenhos.

par.ri.cí.dio *sm.* Assassinato do pai.

par.te *sf.* Porção de um todo, fração; lado; lugar.

par.tei.ra *sf.* Mulher que assiste os partos.

par.tei.ro *adj.* Diz-se do médico que assiste partos; *sm.* médico que faz partos.

par.te.jar *vt.* Atender o parto a.

par.ti.ção *sf.* Ato de partir.

par.ti.ci.pa.ção *sf.* Ato ou efeito de participar.

par.ti.ci.par *vt.* Anunciar; tomar parte em.

par.tí.cu.la *sf.* Pequena parte.

par.ti.cu.lar *adj.* Próprio; reservado; íntimo; privado; privativo; *sm.* um indivíduo qualquer; *pl.* pormenores.

par.ti.cu.la.ri.da.de *sf.* Pormenor; peculiaridade; detalhe.

par.ti.cu.la.ri.zar *vt.* Narrar com minúcia.

par.ti.da *sf.* Saída; remessa; jogo.

par.ti.dá.rio *adj.* e *sm.* Sectário.

par.ti.da.ris.mo *sm.* Paixão partidária.

par.ti.do *adj.* Dividido; quebrado; *sm.* facção.

par.ti.lha *sf.* Divisão de lucros; repartição; quinhão.

par.ti.men.to *sm.* Divisão.

par.tir *vt.* Quebrar; dividir; repartir; *vi.* seguir.

par.to *sm.* Ato ou efeito de parir; *fig.* invenção; produto.

par.vo *adj.* Tolo; idiota.

par.vo.e.jar *vi.* Falar ou proceder como parvo.

par.vo.í.ce *sf.* Ação ou dito de parvo.

pas.cen.tar *vi.* e *vt.* Apascentar.

pas.cer *vt.* Pastar.

pas.ma.cei.ra *sf.* Pasmo estúpido; marasmo.

pas.ma.do *adj.* Surpreendido; espantado; assombrado.

pas.mar *vt.* Causar pasmo a; *vi.* ficar pasmado.

pas.mo *sm.* Assombro.

pas.pa.lho *sm.* Indivíduo tolo; espantalho.

pas.quim *sm.* Jornal ou folheto difamador.

pas.sa *sf.* Uva seca

pas.sa.di.o *sm.* Alimentação diária.

pas.sa.do *adj.* Decorrido, findo; que passou; velho; diz-se da fruta que começou a apodrecer; seco ao sol ou ao forno (fruta); antiquado; que foi passado a ferro; que se passou na grelha ou fogo; atordoado, espantado; *gram.* a flexão verbal que representa a ação já finda; o pretérito.

pas.sa.gei.ro *adj.* Transitório; de pouca importância; efêmero; *sm.* viajante; transeunte.

pas.sa.gem *sf.* Ato ou efeito de passar; lugar por onde se passa; trecho de uma obra; acontecimento; bilhete que autoriza uma viagem ao passageiro.

pas.sa.men.to *sm.* Morte.

pas.san.te *adj.* Que passa; excedente; *sm.* indivíduo que vai passando.

pas.sa.por.te *sm.* Documento pessoal que permite a saída ou a entrada de alguém em um país, servindo-lhe de identificação e garantia.

pas.sar *vt.* Transpor, atravessar; ultrapassar, ir além; ir de um lado a outro ou de uma margem à outra; coar, filtrar; transportar; conduzir; enfiar; fazer deslizar; entrar, introduzir-se; exceder, ir além; chegar ao ponto ou à ocasião.

pas.sa.re.la *sf.* Ponte para pedestres sobre ruas ou estradas; local onde desfilam os manequins e candidatos a concurso de beleza.

pas.sa.ra.da *sf.* Porção de pássaros; passarinhada

pas.sa.ri.nhar *vi.* Caçar pássaro; vadiar.

pás.sa.ro *sm.* Ave da ordem dos passeriformes.

pas.sa.tem.po *sm.* Divertimento; ocupação ligeira e agradável.

pas.sá.vel *adj.* Tolerável.

pas.se *sm.* Permissão para ir de um lugar para outro; *bras.* bilhete de ônibus, etc.

pas.se.ar *vt.* e *vi.* Percorrer certa extensão de caminho (de carro, a pé, a cavalo), a fim de espairecer, fazer exercícios, etc.; levar a passeio; percorrer vagarosamente; jornadear por divertimento; andar em passeio.

pas.se.a.ta *sf.* Manifestação pública; desfile realizado em sinal de regozijo ou de protesto.

pas.sei.o *sm.* Ato ou efeito de passear; parte lateral de algumas ruas.

pas.si.o.nal *adj.* Relativo a paixão, a casos amorosos.

pas.si.vo Que sofre uma ação ou impressão; *gram.* que (voz de verbo) exprime ação sofrida; conjunto de obrigações, dívidas.

pas.so *sm.* Andamento, modo de andar; marcha; pegada; cada uma das diferentes posições do pé numa dança; conjuntura, situação; caminho; passagem estreita e difícil em monte ou valado; estreito; negócio; ação.

pas.ta *sf.* Porção de qualquer massa; espécie de carteira para conter papéis, desenhos, etc.; cargo de ministro de Estado.

pas.ta.gem *sf.* Pasto.

pas.tar *vi.* Pascer; *vt.* comer a erva de.

pas.tel *sm.* Iguaria feita com massa de farinha de trigo, recheada de carne, queijo ou outros ingredientes, assada ou frita.

pas.te.lão *sm.* Pastel ou empada grandes.

pas.te.la.ri.a *sf.* Estabelecimento de pasteleiro; termo genérico usado para designar salgados e doces feitos a partir de massa pronta para consumo.

pas.teu.ri.za.do *adj.* Que foi submetido ao processo de pasteurização.

pas.teu.ri.zar *vt.* Esterilizar, aquecendo e, depois, esfriando rapidamente.

pas.ti.che ou **pas.ti.cho** *sm.* Obra literária imitada de outra; obra musical criada por diversos compositores.

pas.ti.fí.cio *sm.* Fábrica de massas alimentícias.

pas.ti.lha *sf.* Pequeno disco ou rodela que contém medicamento ou substância agradável.

pas.to *sm.* Erva para alimento de gado; pastagem; alimento, comida.

pas.tor *sm.* Guardador de gado; *bras.* garanhão; *fig.* chefe religioso.

pas.to.ril *adj.* De pastor; relativo à vida de pastor; campesino.

pas.to.so *adj.* Que está em forma de pasta; viscoso.

pa.ta *sf.* Fêmea do pato; pé de animal.

pa.ta.da *sf.* Pancada com a pata; tolice.

pa.ta.mar *sm.* Parte superior ou topo de escada; átrio; *fig.* o mais alto grau.

pa.ta.vi.na *sf.* Coisa nenhuma; nada.

pa.tê *sm.* Pasta preparada com carne, ou legume, ou queijo, etc.

pa.te.ar *vt.* e *i* Bater com os pés no chão.

pa.ten.te *adj.* Aberto; franqueado; acessível; claro; evidente; manifesto; *sf.* título oficial de concessão ou privilégio; posto militar.

pa.ten.te.ar *vt.* Tornar patente; franquear; evidenciar.

pa.ter.nal *adj.* Próprio de pai.

pa.ter.na.lis.mo *sm.* Regime baseado na autoridade paterna; sistema de relações entre o chefe e os seus subordinados segundo uma concepção patriarcal ou paterna da autoridade; em política, tendência a dissimular o excesso de autoridade sob a forma de proteção.

pa.ter.ni.da.de *sf.* Qualidade de pai.

pa.té.ti.co *adj.* Que comove a alma.

pa.tí.bu.lo *sm.* Forca.

pa.ti.fa.ri.a *sf.* Maroteira.

pa.ti.fe *adj.* e *sm.* (Indivíduo) velhaco, covarde.

pa.tim *sm.* Calçado com lâmina vertical na sola, para ser usado no gelo, ou com rodinhas, para ser usado em pavimento liso.

pa.ti.na.ção *sf.* Ato ou exercício de patinar.

pa.ti.nar *vi.* Andar com patins; movimento em que o veículo gira as rodas sem, contudo, sair do lugar, escorregar.

pá.tio *sm.* Recinto descoberto no interior de um edifício; vestíbulo; adro.

pa.to *sm.* Ave doméstica; *gír.* idiota; parvo.

pa.tra.nha *sf.* Grande peta.

pa.trão *sm.* Chefe; proprietário; amo.

pá.tria *sf.* País onde se nasceu; nacionalidade.

pa.tri.ar.ca *sm.* Chefe de família entre os antigos; prelado de algumas dioceses importantes na Antiguidade; chefe da Igreja Grega; velho que tem muitos descendentes.

pa.tri.ar.ca.do *sm.* Dignidade ou jurisdição de patriarca; Regime em que o chefe de família ou patriarca detinha poder absoluto em sua casa.

pa.tri.ar.cal *adj.* Relativo a patriarca; diz-se da administração em forma de patriarcado; respeitável; bondoso; igreja onde o patriarca tem cadeira.

pa.trí.cio *adj.* Aristocrático; *sm.* conterrâneo.

pa.tri.mó.nio *sm.* Bens pertencentes a alguém.

pa.tri.o.ta *s.2g.* Pessoa que ama a pátria.

pa.tri.o.tis.mo *sm.* Amor à pátria.

pa.tro.ci.na.dor *adj.* e *sm.* Aquele que patrocina; pessoa ou empresa que custeia um programa de televisão, rádio, etc., para fins publicitários.

pa.tro.ci.nar *vt.* Responsabilizar-se por algo e defendê-lo; proteger; defender; custear uma promoção, um programa, um esporte, etc.

pa.tro.cí.nio *sm.* Proteção; amparo; auxílio; custeio de um programa de televisão, rádio, etc., para fins de propaganda.

pa.tro.no *sm.* Padroeiro; protetor, defensor.

pa.tru.lhar *vt.* e *i.* Rondar; vigiar.

pá.tu.lo *adj.* Patente.

pa.tus.ca.da *sf.* Farra.

pa.tus.car *vi.* Andar em patuscada.

pau *sm.* Pedaço de madeira; vara; *adj. bras.* maçante.

pau-a-pi.que *sm.* Parede feita de ripas de varas entrecruzadas e barro; taipa; certo tipo de cerca.

pau-bra.sil *sm.* Árvore leguminosa, de madeira avermelhada, pesada, dura e incorruptível; foi ela que originou o nome da nação brasileira, já que, no tempo colonial, era objeto de intenso comércio, servindo como tinta para tecidos e escrita.

pa.ul *sm.* Pântano.

pau.la.ti.no *adj.* Feito pouco a pouco.

pau-man.da.do *sm.* Pessoa subserviente, que faz tudo que lhe mandam.

pau.sa *sf.* Interrupção.

pau.sa.do *adj.* Cadenciado.

pau.sar *vt.* Fazer pausa em.

pau.ta *sf.* Traço horizontal no papel, sobre o qual se escreve; linha; as cinco linhas onde se escrevem as notas musicais; pacto; acordo; norma; regra de procedimento; lista; revelação; roteiro de fatos ou dados do dia.

pau.ta.do *adj.* Riscado com traços paralelos.

pau.tar *vt.* Dirigir; pôr em pauta; regular.

pa.vão *sm.* Ave galinácea de linda plumagem na cauda.

pa.vê *sm.* Doce feito com bolachas embebidas em licor e dispostas em camadas entremeadas de creme com ingredientes variados.

pá.vi.do *adj.* Medroso; assustado; temeroso.

pa.vi.lhão *sm.* Construção de madeira destinada a servir de abrigo; pequena edificação, em geral de madeira, e de construção rápida; construção desmontável; tenda; barraca; construção isolada que faz parte de um conjunto de edifícios, ou independente dele; construção anexa a um edifício; provisório quase sempre, em feiras ou exposições, no qual se expõem produtos; caramanchão; bandeira, estandarte.

pa.vi.men.ta.ção *sf.* Ato de pavimentar.

pa.vi.men.tar *vt.* Fazer o pavimento.

pa.vi.men.to *sm.* Revestimento do solo ou de uma construção; chão; piso; estrutura aplicada à superfície de ruas, rodovias, aeroportos, etc.; andar.

pa.vo.a *sf.* Fêmea do pavão.

pa.vo.ne.ar *vt.* Ostentar.

pa.vor *sm.* Grande susto.

pa.xá *sm.* Título dos governantes de províncias turcas; indivíduo poderoso e insolente; mandão; indivíduo que tem muitas amantes.

paz *sf.* Tranqüilidade pública; concórdia; sossego.

PB Sigla do Estado da Paraíba.

PE Sigla do Estado de Pernambuco.

pé *sm.* Parte inferior da perna; órgão de locomoção dos animais; parte da cama oposta à cabeceira; parte por onde se segura alguma coisa; parte de um objeto sobre a qual ele se assenta; pedestal, base suporte; estado de uma empresa ou negócio.

pe.ão *sm.* O que anda a pé; peça do jogo do xadrez; *bras.* domador de cavalos.

pe.ça *sf.* Cada uma das partes de uma coleção, de um conjunto, ou de um todo; objeto que, por si só, forma um todo; pedaço móvel; canhão; logro; composição musical ou teatral.

pe.ca.do *sm.* Culpa; falta; defeito; vício; transgressão da lei ou de preceito religioso; *p. ext.* transgressão de qualquer regra ou preceito.

pe.car *vi.* Cometer pecados; transgredir lei ou preceito religioso; cometer qualquer falta; cair; incidir; incorrer; ser censurável.

pe.chin.cha *sf.* Grande conveniência ou vantagem; lucro inesperado e/ou imerecido; qualquer coisa muito barata.

pe.chin.char *vi.* Procurar comprar barato; regatear; alcançar; receber vantagens ou lucros inesperados ou desmerecidos.

pe.ço.nha *sf.* Veneno.

pe.cu.á.ria *sf.* Arte e indústria de criar e tratar gado; atividade econômica que visa à criação de gado de modo racional.

pe.cu.a.ris.ta *s.2g.* Pessoa que se dedica à pecuária.

pe.cu.la.to *sm.* Crime de funcionário público que se apropria de dinheiro ou qualquer valor de que tem a posse em razão do cargo; concussão.

pe.cu.li.ar *adj.* Próprio de uma pessoa ou coisa.

pe.cu.li.a.ri.da.de *sf.* Qualidade de peculiar, próprio.

pe.cú.lio *sm.* Reserva de dinheiro por fruto do trabalho ou de economia.

pe.cu.ni.á.rio *adj.* Relativo a dinheiro.

pe.dá.gio *sm.* Taxa cobrada pelo direito de passagem por uma estrada; posto fiscal, localizado nas estradas, encarregado de cobrar esse tributo.

pe.da.go.gi.a *sf.* Teoria de educação.

pe.da.go.go *sm.* O que ensina pedagogia.

pé-d'á.gua *sm.* Aguaceiro; chuva repentina e de pouca duração.

pe.dal *sm.* Peça de certas máquinas ou aparelhos (máquina de costura, automóvel, etc.) na qual se assenta o pé para lhes imprimir movimento ou para os travar; peça de bicicleta, na qual se assenta o pé para impulsioná-la; alavanca na parte inferior dos pianos e outros instrumentos musicais que o executante move com o pé e serve para modificar-lhes o som.

pe.da.lar *vt.* Mover o pedal de.

pe.dan.te *adj.* e *s.2g.* (Pessoa) que gosta de exibir conhecimentos, reais ou supostos; pernóstico.

pé-de-a.tle.ta *sf.* Micose dos pés.

pé-de-ca.bra *sm.* Alavanca de ferro.

pé-de-ga.li.nha *sm.* Rugas no canto externo dos olhos.

pé-de-mei.a *sm.* Economias; pecúlio.

pé-de-ou.vi.do *sm.* Murro no pé do ouvido.

pé-de-pa.to *sm.* Calçado de borracha, em forma de pé de pato, que os nadadores e mergulhadores adaptam aos pés para se deslocarem com maior rapidez dentro da água; nadadeira; *pop.* matador.

pe.de.ras.ta *sm.* Indivíduo que pratica a pederastia.

pe.de.ras.ti.a *sf.* Homossexualismo masculino.

pe.des.tal *sm.* Base.

pe.des.tre *adj.* e *s.2g.* Que, ou quem anda a pé.

pé-de-ven.to *sm.* Ventania repentina, de curta duração; vento forte.

pe.di.a.tra *s.2g.* Médico especialista em pediatria.

pe.di.a.tri.a *sf.* Medicina das crianças.

pe.dí.cu.lo *sm.* Pé de cogumelos; suporte de qualquer órgão vegetal; *med.* gênero de piolhos sugadores de sangue.

pe.di.cu.ro *sm.* Profissional que cuida dos pés; calista.

pe.di.do *sm.* Solicitação.

pe.din.char *vt.* e *i.* Pedir muito, com insistência.

pe.din.te *adj.* e *s.2g.* Mendigo; pessoa que pede.

pe.dir *vt.* Rogar; suplicar; implorar; solicitar; reclamar; exigir; requerer; ter por conveniente; ter necessidade de; demandar.

pé-di.rei.to *sm.* Medida do piso ao teto.

pe.dra *sf.* Corpo sólido e duro da natureza das rochas; quadro-negro; lápide de sepulcro.

pe.dra.da *sf.* Arremesso de pedra; *fig.* insulto.

pe.dra.ri.a *sf.* Quantidade de pedras preciosas; jóias.

pe.dre.go.so *adj.* Em que há muitas pedras.

pe.drei.ra *sf.* Rocha de onde se arranca pedra.

pe.drei.ro *sm.* Aquele que trabalha em obras de alvenaria (pedra e tijolo) e com materiais de revestimento (lajotas, mosaicos, etc.).

pe.dún.cu.lo *sm.* Pé de flor ou de fruto.

pe.ga *sf.* Ato de pegar o touro com as mãos; *sm. bras.* rolo, conflito.

pe.ga.da *sf.* Vestígio que o pé deixa no solo.

pe.ga.di.ço *adj.* Contagioso.

pe.ga.do *adj.* Colado; contíguo.

pe.ga.jo.so *adj.* Pegadiço; viscoso, grudento.

pe.gar *vt.* e *vi.* Colar; segurar; agarrar; aceitar; ser contíguo; criar raízes; *vp.* valer-se de; ser importuno; agarrar-se; fixar-se; brigar; .

pei.a *sf.* Impedimento.

pei.ta *sf.* Suborno.

pei.tar *vt.* Subornar; *fig.* enfrentar.

pei.ti.lho *sm.* Aquilo que reveste o peito.

pei.to.ral *adj.* Do peito.

pei.to.ril *sm.* Parapeito.

pei.xe *sm.* Animal vertebrado aquático, com respiração branquial e membros transformados em barbatanas.

pe.ja.do *adj.* Que se pejou; carregado, cheio; repleto; acanhado; envergonhado.

pe.jar *vt.* Encher; carregar; estorvar; embaraçar; envergonhar-se; *vi.* conceber.

pe.jo *sm.* Pudor.

pe.jo.rar *vt.* Depreciar.

pe.la *contr. da prep. arcaica per com o artigo arcaico la (a).*

pé.la *sf.* Bola para o jogo de mesmo nome; nome desse jogo que se parece com o tênis.

pe.la.da *sf.* Jogo de futebol entre amadores, em campo improvisado.

pe.la.do *adj.* Que não tem pêlo; nu.

pé.la.go *sm.* Abismo.

pe.lar *vt.* Tirar o pêlo a; *vp.* ficar sem pêlo.

pe.la.ri.a ou **pe.le.ri.a** *sf.* Loja onde se vendem peles.

pe.le *sf.* Membrana que reveste o corpo humano e de muitos animais.

pe.le.go *sm.* Pele de carneiro com a lã; agente do Ministério do Trabalho, mais ou menos disfarçado, nos sindicatos operários; indivíduo subserviente; capacho.

pe.le.ja *sf.* Contenda.

pe.le.jar *vi.* Batalhar; lutar; pugnar; discutir; *vt.* combater.

pe.li.ca *sf.* Pele fina de animais, curtida e preparada para a confecção de luvas, calçados, etc.

pe.lí.cu.la *sf.* Pele muito fina; fita cinematográfica.

pe.lin.tra *adj.* Maltrapilho; sovina; peralta.

pe.lo *contr. da prep. arcaica per com o arigo arcaico lo (o).*

pê.lo *sm.* Cabelo; penugem.

pe.lo.ta *sf.* Péla pequena; a bola de futebol.

pe.lo.tão *sm.* Cada uma das três divisões de uma companhia de soldados; multidão.

pe.lou.ri.nho *sm.* Coluna de pedra, em lugar público, junto da qual se expunham e castigavam criminosos.

pe.lú.cia *sf.* Tecido felpudo de um lado.

pe.lu.do *adj.* Que tem muito pêlo; cabeludo.

pe.na *sf.* Pluma; punição; piedade; dó.

pe.na.cho *sm.* Conjunto de penas para chapéus, etc.

pe.nal *adj.* Que impõe penas; relativo a penas.

pe.na.li.da.de *sf.* Castigo.

pe.na.li.zar *vt.* Causar pena ou desgosto; *vp.* sentir pena; compadecer-se; *vt.* punir.

pê.nal.ti *sm. fut.* Falta máxima cometida por jogador que defende, e que é punida com tiro direto, sem barreira, a onze metros do gol; esse tiro.

pe.nar *vi.* Padecer.

pen.ca *sf.* Cada um dos grupos de um cacho de bananas; grupo de coisas.

pen.ce *sf.* Pequena prega que, gradativamente, afina.

pen.ce.nê *sm.* Pincenê.

pen.dão *sm.* Bandeira.

pen.dên.cia *sf.* Conflito.

pen.den.ci.ar *vi.* e *vt.* Brigar.

pen.den.te *adj.* Que pende; pendurado; suspenso.

pen.der *vi.* Inclinar-se; estar para cair.

pen.dor *sm.* Inclinação.

pên.du.la *sf.* Relógio de pêndulo.

pên.du.lo *sm.* Instrumento que realiza movimentos de vaivém.

pen.du.ra *sf.* Ato de pendurar; *bras.* estar alguém sem dinheiro.

pen.du.rar *vt.* Suspender em algum lugar elevado; *bras. pop.* empenhar.

pen.du.ri.ca.lho ou **pen.du.ru.ca.lho** *sm.* Jóia, enfeite que fica pendente.

pe.ne.do *sm.* Rocha.

pe.nei.ra *sf.* Crivo; joeira; chuvisco; chapéu de palha.

pe.nei.ra.da *sf.* Peneiração.

pe.nei.rar *vt.* Fazer passar pela peneira.

pe.ne.tra *s.2g.* Indivíduo petulante; pessoa que penetra em bailes, festas, cinemas, etc., sem ingresso ou convite.

pe.ne.tra.ção *sf.* Ato ou efeito de penetrar.

pe.ne.tran.te *adj.* Que penetra; pungente; agudo.

pe.ne.trar *vt.* Invadir; entrar; introduzir-se.

pe.nhas.co *sm.* Rocha extensa.

pe.nho.ar *sm.* Robe; quimono; peça de vestuário feminino usada sobre a roupa de dormir.

pe.nhor *sm.* Garantia de pagamento; prova.

pe.nho.rar *vt.* Dar em garantia; *vp.* mostrar-se reconhecido.

pe.ni.ci.li.na *sf.* Substância bactericida extraída de certos fungos e usada como antibiótico.

pe.nín.su.la *sf.* Porção de terra cercada de água por todos os lados, exceto um.

pe.nin.su.lar *adj.* Que diz respeito a península.

pê.nis *sm. 2n.* Órgão genital masculino.

pe.ni.tên.cia *sf.* Arrependimento; castigo; incômodo; sacrifício.

pe.ni.ten.ci.ar *vt.* Impor penitência a; *vp.* arrepender-se.

pe.ni.ten.ci.á.ria *sf.* Prisão pública; cadeia.

pe.ni.ten.te *s.2g.* Pessoa que faz penitência.

pe.no.so *adj.* Difícil.

pen.sa.dor *adj.* e *sm.* Pessoa que pensa, que reflete profundamente; filósofo.

pen.sa.men.to *sm.* Fantasia; idéia; mente; espírito.

pen.são *sf.* Encargo; trabalho; cuidado; *bras.* pequeno hotel familiar.

pen.sar *vi.* Refletir; *vt.* tencionar; planejar; aplicar curativos; *sm.* pensamento; opinião; tino; prudência.

pên.sil *adj.* Suspenso.

pen.si.o.nar *vt.* Dar ou pagar pensão a.

pen.si.o.nis.ta *s.2g.* Pessoa que mora em pensão; pessoa que recebe uma pensão, espec. do Estado; *bras.* pessoa que recebe pensão de alimento.

pen.so *sm.* Curativo; *adj.* pendido; inclinado.

pen.tá.go.no *sm.* Polígono de cinco lados iguais.

pen.te *sm.* Instrumento usado para alisar o cabelo; peça das armas automáticas onde se encaixam as balas.

pen.te.a.dei.ra *sf.* Móvel com espelho.

pen.te.a.do *sm.* Compostura de cabelo; *adj.* que se penteou.

pen.te.ar *vt.* Compor, alisar ou limpar os cabelos.

pe.nu.gem *sf.* Pêlo macio e curto; buço.

pe.núl.ti.mo *adj.* Que precede o último.

pe.num.bra *sf.* Sombra; meia-luz; isolamento.

pe.nú.ria *sf.* Miséria.

pe.pi.ta *sf.* Grão de metal, principalmente de ouro, em estado natural.

pe.que.no *adj.* De baixa estatura; limitado; *sm.* menino.

pe.quer.ru.cho *adj.* e *sm.* Pequenino; *sm.* menino.

pê.ra *sf.* Fruto de pereira; porção de barba que se deixa crescer no queixo; peça que contém um interruptor de corrente elétrica; *pl.* peras.

pe.ral.ta *s.2g.* Arteiro.

pe.ral.ti.ce *sf.* Qualidade de peralta, de traquinas.

pe.ram.bu.lar *vi.* Vaguear a pé; passear.

pe.ran.te *prep.* Diante de.

pé-ra.pa.do *sm.* Homem de condição humilde; pobretão.

per.cal.ço *sm.* Transtorno.

per.ce.ber *vt.* Conhecer; notar; ver bem.

per.cen.ta.gem *sf.* Porção de um valor dado; porcentagem.

per.cep.ção *sf.* Faculdade de perceber.

per.cep.ti.vo *adj.* Que tem percepção fácil.

per.ce.ve.jo *sm.* Pequeno prego de cabeça chata; inseto.

per.cor.rer *vt.* Correr por; explorar; investigar.

per.cur.so *sm.* Trajeto.

per.cus.são *sf.* Ato ou efeito de percutir; o conjunto dos instrumentos de percussão.

per.cu.tir *vt.* Bater; ferir; tocar; repercutir.

per.da *sf.* Extravio; desgraça; destruição.

per.dão *sm.* Desculpa; indulto.

per.der *vt.* Não aproveitar; arruinar; destruir; *vi.* valer menos; *vp.* desaparecer; extraviar-se.

per.di.ção *sf.* Ato ou efeito de perder; desgraça.

per.di.do *adj.* Disperso; sumido; pervertido; apaixonado.

per.diz *sf.* Ave que vive nos cerrados, faz ninho no solo e é caça apreciada.

per.do.ar *vt.* Desculpar; absolver; conceder perdão a.

per.du.lá.rio *adj.* e *sm.* Que, ou aquele que gasta em excesso; dissipador; esbanjador; gastador; extravagante.

per.du.ra.ção *sf.* Ato de perdurar; duração prolongada.

per.du.rar *vi.* Durar muito; manter-se.

pe.re.cer *vi.* Acabar; morrer.

pe.re.gri.na.ção *sf.* Ato de peregrinar, viajar.

pe.re.gri.nar *vi.* Ir em romaria; viajar por terras distantes.

pe.re.gri.no *adj.* e *sm.* Que, ou aquele que peregrina.

pe.remp.tó.rio *adj.* Terminante.

pe.re.nal ou **pe.re.ne** *adj.* Eterno; sempiterno.

per.fa.zer *vt.* Executar.

per.fec.ci.o.nis.mo *sm.* Busca obsessiva da perfeição.

per.fec.ci.o.nis.ta *adj.* e *s. 2g.* Que tem ou demonstra perfeccionismo.

per.fei.ção *sf.* Acabamento; primor; pureza.

per.fei.to *sf.* Acabado; sem defeito; primoroso.

per.fi.dia *sf.* Ato ou qualidade de pérfido.

pér.fi.do *adj.* Desleal; infiel.

per.fil *sm.* Contorno do rosto de pessoa visto de lado; representação de objeto visto de lado; escrito em que se retrata rapidamente o caráter de uma pessoa; entrevista sucinta.

per.fi.lar *vt.* Traçar o perfil de; pôr em linha; comparar.

per.fi.lha.ção *sf.* Ato ou efeito de perfilhar, adotar.

per.fi.lhar *vt.* Adotar; defender; aceitar.

per.fu.mar *vt.* Pôr perfume; tornar aromático.

per.fu.ma.ri.a *sf.* Estabelecimento que comercializa perfumes.

per.fu.me *sm.* Aroma; cheiro agradável que exala de uma substância aromática; produto feito de essências aromáticas e usado para perfumar ambientes, roupas, pele, etc.

per.func.tó.rio ou
per.fun.tó.rio *adj.* Superficial.

per.fu.ra.ção *sf.* Ato ou efeito de perfurar.

per.fu.ran.te *adj.* Que perfura.

per.fu.rar *vt.* Fazer furo ou furos em.

per.ga.mi.nho *sm.* Pele de carneiro, cabra ou outro animal preparada para servir de material de escrita; manuscrito efetuado nessa pele.

per.gun.ta *sf.* Interrogação.

per.gun.ta.dor *adj.* e *sm.* Que, ou que pergunta; curioso.

per.gun.tar *vt.* Interrogar; inquirir; indagar; investigar; fazer pergunta; solicitar informação.

pe.rí.cia *sf.* Habilidade; exame de caráter técnico.

pe.ri.cli.tan.te *adj.* Que periclita, corre perigo.

pe.ri.cli.tar *vi.* Correr perigo.

pe.ri.cu.lo.si.da.de *sf.* Qualidade ou estado de perigoso.

pe.ri.fe.ri.a *sf.* Limite de uma cidade; linha de contorno de uma superfície.

pe.rí.fra.se *sf.* Rodeio de palavras; circunlóquio.

pe.ri.gar *vi.* Correr perigo.

pe.ri.go *sm.* Estado ou situação que inspira cuidado; gravidade; circunstância que prenuncia um mal para alguém ou alguma coisa.

pe.rí.me.tro *sm.* Circunferência; soma de todos os lados de um polígono.

pe.ri.o.di.ci.da.de *sf.* Qualidade de periódico.

pe.ri.ó.di.co *adj.* Relativo a período; *sm.* jornal.

pe.ri.o.di.zar *vt.* Dividir em períodos, em épocas.

pe.ri.o.do *sm.* Tempo decorrido entre dois fatos; época.

pe.ri.pé.cia *sf.* Incidente; sucesso imprevisto.

pé.ri.plo *sm.* Navegação à volta de um país ou continente.

pe.ris.có.pio *sm.* Tubo óptico que permite ver por cima de obstáculos.

pe.ri.to *adj.* Experimentado; hábil; prático.

pe.ri.tô.nio ou **pe.ri.to.neu** *sm.* Membrana que reveste o abdome.

per.ju.rar *vi.* Jurar falso.

per.jú.rio *sm.* Renúncia à fé; juramento falso.

per.ju.ro *adj.* e *sm.* Que, ou aquele que perjura.

per.lon.gar *vt.* Costear; demorar; procrastinar.

per.lus.trar *vt.* Percorrer com a vista, observando.

per.lu.xo *adj.* Presumido.

per.ma.ne.cer *v.pred.* Conservar-se; *v. rel.* persistir; insistir; *vt.* ficar; *vi.* perdurar, persistir.

per.ma.nên.cia *sf.* Constância.

per.ma.nen.te *adj.* Duradouro; *sf.* ondulação artificial do cabelo.

per.me.ar *vt.* Entremear.

per.me.á.vel *adj.2g.* Diz-se dos corpos que deixam passar através de seus poros outros corpos (líquidos, gases, etc.).

per.mis.são *sf.* Licença.

per.mi.tir *vt.* Consentir; conceder; *vt.* tolerar.

per.mu.ta *sf.* Troca; câmbio.

per.mu.ta.ção *sf.* Câmbio.

per.mu.tar *vt.* Trocar.

per.na *sf.* Membro inferior do corpo, especialmente do joelho ao pé; haste.

per.na.da *sf.* Passada larga.

per.ne.ar *vi.* Espernear.

per.ne.jar *vi.* Pernear.

per.ni.ci.o.so *adj.* Nocivo.

per.ni.lon.go *sm.* Espécie de mosquito.

per.noi.tar *v. rel.* Dormir; passar a noite.

per.nós.ti.co *adj. pop.* Pedante; presumido.

pé.ro.la *sf.* Concreção preciosa que se forma em certas conchas.

pe.rô.nio ou **pe.ro.neu** *sm.* Osso da perna.

pe.ro.ra.ção *sf.* Pequeno discurso.

pe.ro.rar *vi.* Terminar um discurso; *vt.* defender.

per.pas.sar *vt.* Roçar levemente; *vi.* passar.

per.pen.di.cu.lar *adj.* Diz-se de uma reta que forma com outra ângulos retos.

per.pe.trar *vt.* Perfazer; realizar; cometer.

per.pe.tu.ar *vt.* Tornar perpétuo; imortalizar.

per.pé.tuo *adj.* Contínuo; constante; eterno.

per.ple.xo *adj.* Indeciso; espantado; admirado; atônito.

per.qui.rir *vt.* Pesquisar.

pers.cru.ta.ção *sf.* Ato ou efeito de perscrutar.

pers.cru.tar *vt.* Esquadrinhar.

per.se.cu.ção *sf.* Perseguição.

per.se.gui.ção *sf.* Ato ou efeito de perseguir.

per.se.guir *vt.* Seguir de perto; ir no encalço de.

per.se.ve.rar *vt.* Persistir; *v. pred.* permanecer; continuar.

per.sig.nar-se *vp.* Fazer o sinal-da-cruz.

per.sis.tir *vt.* Perseverar; ser constante; insistir; *v. pred.* continuar; perdurar.

per.so.na.gem *sf.* ou *m.* Pessoa notável, eminente, importante; personalidade; pessoa; figura dramática; numa peça teatral, num filme ou numa novela televisiva, cada um dos papéis que devem ser representados; cada uma das pessoas que figuram em textos literários; ser humano representado em uma obra de arte.

per.so.na.li.da.de *sf.* Caráter exclusivo de uma pessoa.

per.so.na.li.zar *vt.* Tornar pessoal; personificar.

per.so.ni.fi.car *vt.* Considerar como pessoa; simbolizar.

pers.pec.ti.va *sf.* Ponto de vista; panorama; aparência; probabilidade.

pers.pi.cá.cia *sf.* Agudeza de espírito; sagacidade.

pers.pi.caz *adj.* Que vê, ou entende claramente; arguto, sagaz.

pers.pí.cuo *adj.* Claro; manifesto; perspicaz.

per.su.a.dir *vt.* e *rel.* Levar a crer ou a aceitar.

per.su.a.si.va *sf.* Habilidade de persuadir, convencer.

per.su.a.si.vo *adj.* Que persuade, convence.

per.ten.ce *sm.* Acessório.

per.ten.cen.te *adj.* Que pertence; relativo.

per.ten.cer *vt.* Ser parte de; dizer respeito.

per.ti.naz *adj.* Teimoso; perseverante; persistente.

per.ti.nen.te *adj.* Concernente.

per.to *adv.* Próximo; quase.

per.tur.ba.ção *sf.* Ato ou efeito de perturbar.

per.tur.bar *vt.* Atrapalhar; agitar; comover.

per.tur.bá.vel *adj.* Que pode perturbar; atrapalhar.

pe.ru.a *sf.* Fêmea do peru; tipo de camionete; *pop.* mulher extravagante na maneira de vestir, andar e falar.

pe.ru.ca *sf.* Cabeleira postiça.

per.ver.são *sf.* Corrupção.

per.ver.si.da.de *sf.* Índole ferina ou ruim; maldade.

per.ver.so *adj.* Mau; ferino.

per.ver.ter *vt.* Corromper; depravar; transtornar.

per.ver.ti.do *adj.* Depravado.

pe.sa.de.lo *sm.* Mau sonho.

pe.sa.do *adj.* Que tem muito peso; *gír.* sem sorte; grosseiro, ofensivo.

pe.sa.gem *sf.* Ato ou operação de pesar.

pê.sa.me *sm. tb. us. no pl.* Expressão de pesar por algum infortúnio de outrem; condolências.

pe.sar *vt.* Pôr na balança para conhecer o peso; calcular; *sm.* sentimento; tristeza; mágoa; desgosto.

pes.ca *sf.* Ato ou arte de pescar; pescaria.

pes.ca.do *sm.* Aquilo que se pesca; qualquer peixe.

pes.car *vt.* Apanhar na água (peixe); descobrir; entender.

pes.co.ção *sm.* Tabefe.

pe.so *sm.* Gravidade inerente aos corpos; opressão; ônus; força; cada uma das categorias do boxe.

pes.pe.gar *vt.* e *rel.* Aplicar.

pes.pon.to *sm.* Ponto de costura.

pes.qui.sa *sf.* Busca; indagação.

pes.qui.sar *vt.* Inquirir; indagar; verificar.

pês.se.go *sm.* Fruto comestível do pessegueiro.

pes.si.mis.mo *sm.* Sistema dos que acham tudo péssimo.

pés.si.mo *adj.* Muito mau.

pes.so.a *sf.* Homem ou mulher; personagem; indivíduo.

pes.so.al *adj.* Individual; *sm.* conjunto de indivíduos.

pes.ta.na *sf.* Cada um dos pêlos das bordas das pálpebras; cílio.

pes.ta.ne.jar *vi.* Abrir e fechar os olhos.

pes.te *sf.* Epidemia; *fig.* pessoa má.

pes.ti.len.to *adj.* Relativo à peste.

pe.ta *sf.* Mentira; patranha.

pé.ta.la *sf.* Cada uma das peças da corola das flores.

pe.tar.do *sm.* Engenho explosivo; bomba.

pe.ti.ção *sf.* Requerimento.

pe.ti.ci.o.ná.rio *sm.* Aquele que faz petição.

pe.tis.car *vi. e rel.* Comer pouco; provar.

pe.tis.co *sm.* Gulodice.

pe.tiz *adj. fam.* Pequeno menino.

pe.tre.chos *sm. pl.* Quaisquer objetos necessários para a execução de uma coisa.

pé.treo *adj.* De pedra.

pe.tri.fi.ca.ção *sf.* Ato ou efeito de petrificar.

pe.tri.fi.car *vt.* Empedernir.

pe.tro.lei.ro *adj.* Relativo a petróleo; *adj. e sm.* navio construído para transportar petróleo.

pe.tró.leo *sm.* Combustível líquido natural.

pe.tu.lân.cia *sf.* Ousadia.

pe.tu.lan.te *adj.* Insolente.

pe.vi.de *sf.* Semente de diversos frutos carnosos.

pez *sm.* Substância betuminosa; resina de pinheiro; piche; breu.

PI Sigla do estado do Piauí.

pi.a *sf.* Lavatório.

pi.a.da *sf.* Pio; anedota.

pi.a.do *sm.* Pio; piada.

pi.a.nis.ta *s.2g.* Pessoa que toca piano.

pi.a.no *sm.* Instrumento musical de cordas e teclado.

pi.ão *sm.* Brinquedo de crianças.

pi.ar *vi.* Dar pios.

pi.ca.da *sf.* Ato de picar; mordedura de inseto.

pi.ca.dei.ro *sm.* Lugar onde se adestram cavalos; lugar central do circo onde se exibem os artistas.

pi.ca.do *adj.* Marcado com pintas ou sinais; ferido com picadas; rasgado ou cortado; diz-se do mar agitado.

pi.can.te *adj.* Que excita o paladar; malicioso.

pi.car *vt.* Ferir com objeto pontudo; ferir com o ferrão (inseto); bicar; reduzir a pedacinhos; causar comichão; *fig.* incitar, estimular.

pi.car.di.a *sf.* Velhacada; acinte; desfeita.

pi.ca.res.co *adj.* Burlesco.

pi.ca.re.ta *sf.* Instrumento de ferro de duas pontas, usado para escavar.

pí.ca.ro *adj.* Astuto; bandalho; patife.

pi.cha.ção *sf.* Ato ou efeito de pichar frase ou desenho em via pública.

pi.char *vt.* Passar piche; *gír.* criticar; escrever em muros, paredes, monumentos e obras-de-arte.

pi.che *sm.* Pez.

pi.cles *sm. pl.* Vegetais conservados em vinagre.

pi.co.lé *sm.* Sorvete em palito.

pi.co.tar *vt.* Fazer picote em; picar, marcar (bilhetes, etc.).

pi.co.te *sm.* Recorte dentado de selos postais, blocos de papel, etc.

pi.cu.i.nha *sf.* Acinte; pirraça; alusão picante.

pi.e.da.de *sf.* Devoção; dó.

pi.e.gas *adj.* Ridículo.

pi.e.gui.ce *sf.* Qualidade de piegas; ridicularia.

pí.er *sm.* Espécie de cais acostável.

pi.fão *sm.* Bebedeira.

pí.fa.ro *sm.* Instrumento de sopro semelhante à flauta.

pi.gar.rar ou **pi.gar.re.ar** *vi.* Ter pigarro.

pig.men.tar *vt.* Dar cor a.

pig.men.to *sm.* Substância que dá coloração especial.

pig.meu *adj. e sm.* Anão.

pi.lão *sm.* Recipiente onde se colocam grãos que devem ser triturados.

pi.lar *sm.* Coluna; *vt.* descascar em pilão.

pi.le.que *sm.* Bebedeira.

pi.lha *sf.* Grupo de coisas; aparelho gerador de corrente elétrica sem intervenção de energia mecânica.

pi.lha.gem *sf.* Ato ou efeito de pilhar; saquear.

pi.lhar *vt.* Apanhar; agarrar; furtar; saquear.

pi.lhé.ria *sf. pop.* Piada.

pi.lo.so *adj.* Peludo.

pi.lo.tar *vt.* Dirigir como piloto; guiar.

pi.lo.to *sm.* Indivíduo que dirige barco, avião ou carro de corrida; bico de gás que nos aquecedores se acende antes dos outros; aquilo que é elaborado experimentalmente.

pí.lu.la *sf.* Medicamento em forma de bolinha; coisa desagradável; forma reduzida de pílula anticoncepcional.

pi.men.ta *sf.* Designação de diversas plantas de frutos picantes; o fruto dessas plantas; *fig.* malícia; erotismo; pessoa má ou briguenta; pessoa muito viva.

pi.men.tão *sm.* Planta da família das solanáceas de frutos grandes e de sabor doce ou levemente picante; os frutos dessa planta.

pim.pão *adj. e sm.* Janota.

pim.par *vi.* Pompear; figurar.

pim.po.lho *sm.* Rebento de videira; criança sadia.

pi.ná.cu.lo *sm.* Auge.

pi.nar *vt.* Meter pinos em.

pin.ça *sf.* Pequena tenaz.

pin.ce.nê *sm.* Óculos sem hastes, fixados no nariz por uma mola.

pin.char *vt.* Empurrar.

pin.cho *sm.* Pulo.

pí.neo *adj.* De pinheiro.

pin.gar *vt.* Deitar pingos em.

pin.gen.te *sm.* Pequeno objeto pendente; *pop.* passageiro que viaja no estribo de bonde ou trem.

pin.go *sm.* Gota; *bras.* porção ínfima.

pin.guei.ro *adj. e sm.* Alcoólatra.

pin.güim *sm.* Denominação das aves das regiões geladas dos hemisfério austral, marinhas, que vivem em bandos e se alimentam a de peixes; possuem as asas adaptadas à natação.

pi.nha *sf.* Cacho; fruto comestível.

pi.nhal *sm.* Mata de pinheiros.

pi.nhão *sm.* Semente do pinheiro, comestível quando cozida.

pi.nhei.ro *sm.* Árvore de diversas espécies, de boa madeira.

pi.nho *sm.* Pinheiro; *pop.* violão.

pi.no *sm.* Haste metálica, o ponto mais alto.

pi.nói.a *sf.* Meretriz; *bras.* coisa sem valor.

pi.no.te *sm.* Pulo.

pi.no.te.ar *vi.* Pular.

pin.ta *sf.* Pequena mancha.

pin.ta.í.nho *sm.* Pinto quase implume; pinto pequeno, pintinho.

pin.tal.gar *vt.* Sarapintar.

pin.tar *vt.* Colorir; descrever.

pin.to *sm.* Ave galinácea recém-nascida; *pop.* pênis.

pin.tor *sm.* Aquele que pinta.

pin.tu.ra *sf.* Arte de pintar.

pi.o *sm.* Ato de piar; voz de algumas aves; *adj.* devoto.

pi.o.lho *sm.* Inseto ectoparasita sugador de sangue.

pi.o.nei.ro *sm.* Precursor.

pi.or *adj.* Mais mau; *adv.* mais mal.

pi.o.rar *vt. e i.* Tornar pior.

pi.pa *sf.* Vasilha bojuda para vinho; *bras.* beberrão; quadrado; papagaio.

pi.pa.ro.te *sm.* Pancada com a cabeça do dedo médio.

pi.pe.ta *sf.* Tubo de vidro usado em laboratório.

pi.pi.ar ou **pi.pi.lar** *vi.* Piar (aves).

pi.po.ca *sf.* Tipo de milho que levado ao fogo arrebenta, aumentado de volume.

pi.que *sm.* Sabor picante; brincadeira em que uma criança deve pegar as outras; corrida; o auge; grande disposição; garra; *a pique*: a prumo; *a pique de*: em risco de, *ir a pique*: afundar; arruinar-se.

pi.que.ni.que *sm.* Refeição festiva em campo.

pi.que.te *sm.* Certo número de soldados prontos para qualquer operação militar; grupo de pessoas que impede a entrada de empregados nas empresas, nas ocasiões de greve.

pi.que.tei.ro *adj. e sm.* Que, ou aquele que faz piquete.

pi.ra *sf.* Fogueira onde se queimavam cadáveres.

pi.ra.ce.ma *sf.* Época do ano em que ocorre a arribação do peixe fluvial em grandes cardumes, à procura de lugar adequado para a desova.

pi.ran.ga *adj. e s.2g. pop.* Pobre; *sf.* pobreza.

pi.ra.nha *sf.* Peixe de rio, muito voraz; *gír.* mulher que leva vida licenciosa.

pi.rão *sm.* Papa grossa de farinha de mandioca.

pi.rar *vi. e p. gír.* Safar-se; fugir; *bras.* perder o contacto com a realidade pelo uso excessivo de drogas.

pi.ra.ta *adj.* Relativo a pirata; fraudulento; não autorizado; *s.2g.* ladrão que vive de asssaltos a navios; pessoa que enriquece à custa de extorsões.

pi.ra.ta.ri.a *sf.* Ação, vida de pirata; roubo.

pi.rex *sm.* Nome comercial e industrial de um tipo de vidro cuja característica é sua resistência a temperaturas elevadas.

pi.ri.lam.po *sm.* Vagalume.

pi.ro.ga *sf.* Embarcação usada por índios.

pi.ro.se *sf.* Ardor estomacal; azia.

pi.ro.tec.ni.a *sf.* Arte de preparar fogos de artifício.

pi.ro.téc.ni.co *sm.* Fabricante de fogos de artifício.

pir.ra.ça *sf.* Acinte; desfeita.

pi.ru.e.ta *sf.* Cabriola.

pi.ru.e.tar *vi.* Cabriolar.

pi.ru.li.to *sm.* Bala fixada na extremidade de um palito.

pi.sa *sf. bras.* Sova; tunda.

pi.sa.da *sf.* Ação de pisar.

pi.sa.du.ra *sf.* Vestígio de pisada; machucadura.

pi.sar *vt.* Espezinhar; macerar; *vi.* caminhar.

pis.ca-pis.ca *s.2g.* Pessoa que pisca os olhos constantemente; farolete de automóveis.

pis.car *vt.* Fechar e abrir rapidamente os olhos; cintilar.

pis.ci.na *sf.* Tanque artificial para natação.

pi.so *sm.* Chão; pavimento.

pis.ta *sf.* Lugar onde se pratica atletismo; encalço; procura; pegada.

pis.tão *sm.* Instrumento de música; êmbolo.

pis.to.la *sf.* Arma de fogo.

pis.to.lão *sm.* Pessoa importante que recomenda alguém junto a outrem.

pi.tar *vt. e i.* Fumar.

pi.te.can.tro.po *sm.* Antropóide intermediário entre o macaco e o homem; elo perdido.

pi.téu *sm. fam.* Iguaria deliciosa; petisco.

pi.to *sm.* Cachimbo; *fam.* repreensão; reprimenda.

pi.to.ni.sa *sf.* Profetisa.

pi.to.res.co *adj.* Recreativo; graciosamente original.

pi.vô *sm.* Haste metálica que fixa coroas nas raízes ou incrustações dos dentes; agente principal; mola; base; jogador, em especial de basquete e futebol de salão, que arma as jogadas para os outros completarem.

piz.za *sf.* Comida italiana feita com massa de pão, em geral de forma arredondada e achatada, sobre a qual se dispõem camadas de mozarela, tomates, enchovas, etc., temperadas com orégano e azeite.

piz.za.ri.a *sf.* Estabelecimento especializado em preparar e servir *pizza*.

pla.ca *sf.* Folha de metal; lâmina; chapa de metal com o número de licença de um automóvel ou qualquer veículo.

pla.car *sm.* Condecoração; tabuleta onde se marcam os pontos em competições esportivas; resultado de jogo; contagem; escore; *vt.* aplacar.

pla.cá.vel *adj.* Que se pode placar ou aplacar.

pla.ci.dez *sf.* Sossego.

plá.ci.do *adj.* Sereno; tranqüilo.

plá.ci.to *sm.* Beneplácito; aprovação; pacto; promessa.

pla.ga *sf. poét.* Região; país.

pla.gi.ar *vt.* Imitar literalmente trabalho alheio.

pla.gi.á.rio *sm.* Indivíduo que plagia; plagiador.

plá.gio *sm.* Ato ou efeito de plagiar; imitar.

plai.na *sf.* Instrumento de carpinteiro para alisar madeira.

pla.na *sf.* Categoria; classe.

pla.nal.to *sm.* Planície situada em montanhas; o Distrito Federal.

pla.ne.ar ou **pla.ne.jar** *vt.* Tencionar; projetar.

pla.ne.ta *sf.* Astro que gira em volta do Sol.

pla.ne.tá.rio *adj.* Relativo a planeta; *sm.* anfiteatro em cúpula onde se apresenta, com aparelho de projeção, o movimento dos planetas.

plan.gen.te *adj.* Lastimoso.

pla.ní.cie *sf.* Grande extensão de terras planas; planura.

pla.ni.fi.car *vt.* Desenvolver num plano (uma superfície curva).

pla.no *adj.* Liso; sem desigualdade; *fig.* corrente; *sm.* projeto; intento.

plan.ta *sf.* Qualquer vegetal; parte do pé que assenta no chão; projeto; croqui.

plan.ta.ção *sf.* Terreno plantado.

plan.tão *sm.* Horário de serviço escalado para determinado profissional (médicos, policiais, etc.) exercer suas atividades; serviço noturno ou em dias ou horas em que não há expediente.

plan.tar *vt.* Cultivar; semear; fundar; estabelecer.

plan.tel *sm.* Grupo de animais de boa raça, selecionados; *fut.* elenco de jogadores.

pla.nu.ra *sf.* Planície.

plas.ma *sm.* A parte líquida do sangue.

plas.mar *vt.* Modelar, dar forma a; fazer; criar.

plas.má.ti.co *adj.* Relativo a plasma.

plás.ti.ca *sf.* Conformação geral do corpo humano; a operação de cirurgia plástica.

plas.ti.ci.da.de *sf.* Qualidade de plástico.

plás.ti.co *adj.* Relativo à plástica.

pla.ta.for.ma *sf.* Parte das estações para embarque e desembarque de passageiro; programa de governo ou de administração.

pla.téi.a *sf.* Pavimento de teatro; espectadores.

pla.ti.na *sf.* Metal precioso.

pla.tô *sm.* A embreagem de discos de fricção, o disco dotado de molas compressoras sob cuja ação ele transmite a força do motor à(s) roda(s) de tração.

pla.tô.ni.co *adj.* Relativo a Platão ou à sua filosofia idealista; puramente ideal; alheio a interesses ou gozos materiais; casto; *adj.* e *sm.* que(m) é sectário do platonismo.

pla.to.nis.mo *sm.* Doutrina de Platão, filósofo grego (429-347 a.C.), e de seus seguidores, caracterizada principalmente pela teoria das idéias e pela preocupação com os temas éticos, visando toda meditação filosófica ao conhecimento que se supõe suficiente para a implantação do bem e da justiça entre os Estados e entre os homens.

plau.sí.vel *adj.* Razoável; verossímil.

ple.be *sf.* O povo; a ralé.

ple.be.i.da.de *sf.* Qualidade de plebeu; plebeísmo.

ple.be.ís.mo *sm.* Plebeidade.

ple.bis.ci.to *sm.* Proposta submetida à apreciação do povo.

plêi.a.de ou **plêi.a.da** *sf.* Cada uma das estrelas do aglomerado das Plêiades; reunião ou grupo de pessoas ilustres.

plei.te.a.dor *adj.* e *sm.* Pleiteante.

plei.te.an.te *adj.* e *s.2g.* Que, ou pessoa que pleiteia.

plei.te.ar *vt.* Demandar em juízo; litigar; concorrer a.

plei.to *sm.* Demanda; litígio; *bras.* disputa eleitoral.

ple.ná.rio *adj.* Completo; pleno; *sm.* auditório; número exigido para a realização de uma assembléia; tribunal do júri.

ple.ni.fi.car *vt.* Preencher.

ple.ni.lú.nio *sm.* Lua cheia.

ple.ni.po.tên.cia *sf.* Pleno poder.

ple.ni.tu.de sf. Totalidade.

ple.no adj. Cheio; completo.

ple.o.nas.mo sm. Circunlóquio; redundância; superfluidade.

ple.o.nás.ti.co adj. Redundante.

plis.sa.do adj. Em que se fez plissê; sm. plissê.

plis.sê sm. Série de pregas feitas num tecido, em geral com máquina própria para marcá-las, e que, graças à ação do calor, não se desmancham; plissado.

plu.gue sm. Peça com dois pinos que penetra na tomada, estabelecendo a ligação elétrica.

plu.ma sf. Pena de ave.

plu.ma.gem sf. Conjunto de penas; penas para adorno.

plúm.beo adj. De chumbo.

plu.ral adj. e sm. Número gramatical que indica mais de um.

plu.ra.li.da.de sf. O maior número; grande número.

plu.ra.li.zar vt. Multiplicar.

plu.ri.a.nu.al adj. Referente a vários anos, em geral mais de três.

plu.ri.par.ti.dá.rio adj. Relativo a mais de um partido.

plu.ri.par.ti.da.ris.mo sm. Regime político que admite a formação legal de vários partidos.

plu.to.cra.ci.a sf. Predomínio dos ricos; influência do dinheiro e do poder econômico.

plu.vi.al adj. De chuva.

plu.vi.o.so adj. Chuvoso.

pneu sm. Forma reduzida de pneumáticos (aro de borracha).

pneu.má.ti.co adj. Relativo ao ar ou a qualquer gás; sm. aro de borracha; revestimento de roda de veículo; pneu.

pneu.mo.co.co sm. Micróbio que produz a pneumonia aguda.

pneu.mo.ni.a sf. Inflamação do tecido do pulmão.

pó sm. Poeira.

po.bre adj. e s.2g. Que, ou pessoa que é digna de lástima; pedinte.

po.bre.za sf. Penúria; escassez.

po.ça sf. Cova natural e pouco funda com água.

po.ção sf. Medicamento líquido; bebida.

po.ço sm. Cavidade funda, que contém água.

po.da sf. Ato ou efeito de podar.

po.da.dei.ra sf. Tesoura de poda.

po.dar vt. Cortar a rama ou os braços inúteis de (videiras, árvores, etc).

po.der sf. Ter a faculdade de ou força para; sm. faculdade; autoridade; domínio.

po.de.ro.so adj. Que tem poder; possante; influente.

po.dre adj. Corrupto; deteriorado; fétido; pl. fig. os vícios, os defeitos.

po.dri.dão sf. Estado de podre; fig. devassidão.

po.e.dei.ra adj. Designativa da galinha que já põe.

po.ei.ra sf. Pó.

po.e.ma sm. Obra em verso.

po.en.te sm. Ocidente.

po.e.si.a sf. Composição poética; inspiração; encanto.

po.e.ta adj. e sm. Que, ou aquele que faz versos.

po.e.tar vi. Fazer versos.

po.é.ti.ca sf. Arte de fazer versos; versejar.

po.é.ti.co adj. Que tem poesia.

po.e.ti.zar vt. e i. Tornar poético.

poi.ar vt. Colocar; assentar.

pois conj. Portanto; além disso; à vista disso.

po.lai.nas sf. pl. Peças protetoras usadas nas pernas e acima do calçado.

po.lar adj. Dos pólos.

pol.ca sf. Espécie de dança em compasso de dois por quatro.

pol.dra sf. Égua nova.

pol.dro sm. Potro.

po.lé sf. Roldana.

po.le.ar vt. Maltratar.

po.le.ga.da sf. Medida inglesa de comprimento que equivale a 25,4 mm do sistema métrico decimal.

po.le.gar adj. e sm. Designativo do, ou o dedo mais grosso da mão e do pé.

po.lei.ro sm. Vara em que as aves pousam e dormem.

po.lê.mi.ca sf. Disputa; questão.

pó.len sm. O elemento fecundante de flores.

po.li.a sf. Roda com sulco na borda, por onde passa uma corda ou correia, usada para receber ou transmitir movimento; roldana.

po.li.an.dro adj. Que tem mais de doze estames.

po.li.an.to adj. Que tem, ou produz muitas flores.

po.li.ar.qui.a sf. Governo exercido por muitos.

po.li.chi.ne.lo sm. Personagem das farsas napolitanas.

po.lí.cia sf. Corporação incumbida de manter a boa ordem pública; sm. policial.

po.li.ci.al adj. Relativo à polícia; sm. agente de polícia.

po.li.ci.ar vt. Zelar; civilizar; conter; refrear.

po.li.cro.mo adj. De diversas cores; multicor.

po.li.dez sf. Delicadeza.

po.li.do adj. Envernizado; delicado; cortês.

po.li.és.ter sm. Substância formada por polimerização ou por consdensação, utilizada para a fabricação de fibras, resinas e plásticos.

po.li.es.ti.re.no sm. Certo polímero de estireno, termoplástico, com variadas aplicações na indústria.

po.li.ga.mi.a sf. Matrimônio de um com muitos.

po.li.gâ.mi.co adj. Relativo à poligamia.

po.lí.ga.mo *adj.* e *sm.* Que, ou pessoa que tem mais de um cônjuge.

po.li.gí.no *adj.* Que tem muitas mulheres.

po.li.glo.ta *s.2g.* Que, ou pessoa que fala diversas línguas.

po.lí.go.no *sm.* Figura limitada por segmentos de reta.

po.li.mor.fo *adj.* Que é sujeito a variar de forma.

po.li.ni.za.ção *sf.* Primeira fase da fecundação vegetal.

po.li.ni.zar *vt.* Realizar a polinização.

po.li.nô.mio *sm.* Expressão algébrica.

pó.lio *sf.* Forma reduzida de poliomielite.

po.li.o.mi.e.li.te *sf.* Infecção, causada por vírus, da substância cinzenta da medula espinhal; paralisia infantil.

pó.li.po *sm.* Excrescência carnosa de certas mucosas.

po.lir *vt.* e *p.* Tornar(-se) lustroso por fricção; aperfeiçoar-se.

po.li.te.ís.mo *sm.* Religião em que se cultua mais de um deus.

po.lí.ti.ca *sf.* Ciência do governo dos povos; astúcia; civilidade; maneira hábil de agir.

po.li.ti.ca.gem *sf.* Política mesquinha, interesseira.

po.li.ti.car *vi.* Discorrer, versar sobre política.

po.lí.ti.co *adj.* Que se ocupa de política; *fig.* astuto; *sm.* estadista.

po.li.ti.zar *vt.* Tornar consciente dos deveres e direitos de cidadão; dar consciência política.

pó.lo *sm.* Extremidade da Terra; centro de interesse.

pol.pa *sf.* Substância carnuda dos frutos, etc.

pol.po.so *adj.* Carnudo.

pol.trão *adj.* Covarde; *sm.* esse indivíduo.

pol.tro.na *sf.* Grande cadeira de braços, estofada.

po.lu.ção *sf.* Ejaculação involuntária.

po.lu.i.ção *sf.* Ato ou efeito de poluir.

po.lu.ir *vt.* Manchar; sujar; macular; conspurcar.

po.lu.to *adj.* Manchado.

pol.vi.lha.ção *sf.* Ato ou efeito de polvilhar.

pol.vi.lhar *vt.* Cobrir de polvilho, pó; enfarinhar.

pol.vi.lho *sm.* Pó fino da fécula da mandioca.

pol.vo *sm.* Molusco que possui oito tentáculos, cheios de ventosas.

pól.vo.ra *sf.* Substância explosiva; *bras.* mosquito.

pol.vo.ro.sa *sf. pop.* Azáfama.

po.ma *sf.* Seio de mulher.

po.ma.da *sf.* Ungüento.

po.mar *sm.* Terreno de árvores frutíferas.

pom.bal *sm.* Lugar onde se criam pombos; *pop.* prédio onde há muitos apartamentos.

pom.bo *sm.* Nome comum a todas as aves columbiformes.

po.mo *sm.* Fruto; *fig.* seio de mulher.

po.mo-de-a.dão *sm.* Saliência na parte anterior do pescoço do homem; gogó.

pom.pa *sf.* Grande luxo.

pom.pe.ar *vt.* Ostentar.

pom.pom *sm.* Borla formada por fios curtos de lã, seda, algodão, etc., cortados em forma esférica, usada como enfeite.

pom.po.so *adj.* Em que há pompa, grandiosidade.

pô.mu.lo *sm.* Maçã do rosto.

pon.che *sm.* Refresco de frutas.

pon.de.ra.ção *sf.* Ato de ponderar; considerar.

pon.de.ra.do *adj.* Prudente.

pon.de.ral *adj.* Relativo a peso.

pon.de.rar *vt.* Pesar; apreciar.

po.nen.te *adj.* e *sm.* Poente.

pon.ta *sf.* Extremidade; *fig.* princípio ou fim de uma série; papel secundário.

pon.ta.da *sf.* Dor aguda e rápida.

pon.ta-di.rei.ta *s.2g.* Jogador de futebol que ocupa a extremidade direita da linha de avantes ou linha dianteira; extrema-direita.

pon.ta-es.quer.da *s.2g.* Jogador de futebol que ocupa a extremidade esquerda da linha de avantes ou linha dianteira; extrema-esquerda.

pon.ta.pé *sm.* Pancada com a ponta do pé.

pon.ta.ri.a *sf.* Ato de assestar (arma de fogo) na direção da linha de mira.

pon.te *sf.* Construção que liga dois lugares separados.

pon.te.ar *vt.* Marcar com pontos em; alinhavar.

pon.tei.ro *sm.* Espécie de agulha nos mostradores dos relógios; *adj.* certeiro.

pon.ti.fi.ci.al *adj.* Relativo a pontífice.

pon.tí.fi.ce *sm.* Dignitário eclesiástico; Papa.

pon.ti.lhão *sm.* Pequena ponte.

pon.ti.lhar *vt.* Marcar com pontinhos.

pon.ti.nho *sm.* Diminutivo de ponto; *pl.* reticências.

pon.to *sm.* Interseção de linhas; lugar; assunto; sinal de pontuação; fim; grau; *ponto de vista:* ponto que o pintor escolhe para pôr os objetos em perspectiva; maneira de considerar ou entender um assunto ou uma questão.

pon.to.ar *vt.* Marcar com ponto.

pon.tu.a.ção *sf.* Estudo dos sinais ortográficos.

pon.tu.al *adj.* Exato no cumprimento de deveres.

pon.tu.a.li.da.de *sf.* Exatidão no cumprimento de deveres.

pon.tu.ar *vt.* Empregar a pontuação em.

pon.tu.do *adj.* Bicudo.

pop *adj.* Forma reduzida de popular.

po.pa *sf.* Parte posterior do navio; *bras.* corcovo.

po.pe.li.ne ou **po.pe.li.na** *sf.* Tecido lustroso, de algodão, para roupas femininas, camisas de homem, etc.

po.pu.la.ça *sf.* Populacho.

po.pu.la.ção *sf.* Número dos habitantes de um território.

po.pu.la.cho *sm.* Plebe, ralé.

po.pu.lar *adj.* Do povo; agradável ao povo.

po.pu.la.ri.za.ção *sf.* Ato ou efeito de popularizar.

po.pu.la.ri.zar *vt.* Tornar popular; divulgar.

po.pu.lo.so *adj.* Muito povoado.

por *prep.* Palavra que, só ou contraída com artigos definidos, designa diversas relações: lugar, meio, causa, tempo, qualidade, modo, estado, preço, etc.

pôr *vt.* Colocar; depositar; guardar; aplicar; *vp.* trajar-se.

po.rão *sm.* Parte inferior da habitação.

por.ca *sf.* Fêmea do porco; pequena peça de ferro.

por.ca.lhão *adj.* e *sm.* Imundo; que trabalha sem limpeza ou sem capricho.

por.ção *sf.* Bocado; parcela.

por.ca.ri.a *sf.* Imundície; coisa malfeita ou sem valor.

por.ce.la.na *sf.* Louça fina.

por.cen.ta.gem ou **per.cen.ta.gem** *sf.* Parte proporcional calculada sobre uma quantidade de 100 unidades; taxa de juros, de comissão, etc., sobre um capital de 100 unidades.

por.cen.tu.al ou **per.cen.tu.al** *adj.* Relativo à porcentagem; taxa; percentagem.

por.co *sm.* Quadrúpede mamífero; *adj.* e *sm.* (indivíduo) sujo.

pôr-do-sol *sm.* Crepúsculo vespertino; crepúsculo; ocaso.

po.re.jar *vt.* Expelir pelos poros; destilar.

po.rém *conj.* Contudo; mas.

por.fi.a *sf.* Discussão.

por.fi.a.do *adj.* Pertinaz.

por.fi.ar *vi.* Discutir; contender; altercar.

por.me.no.ri.zar *vt.* Descrever em minúcia.

por.no.gra.fi.a *sf.* Devassidão; obscenidade.

po.ro *sm.* Cada um dos pequeninos orifícios do derma.

po.ro.ro.ca *sf.* Grande onda ruidosa.

po.ro.si.da.de *sf.* Qualidade daquilo que é poroso.

po.ro.so *adj.* Que tem poros.

por.quan.to *conj.* Visto que.

por.que *conj.* Pelo motivo de, pois.

por.quê *sm.* Causa; razão.

por.quei.ra *sf.* Curral de porcos; casa imunda; coisa sem valor.

por.re *sm.* Bebedeira; aborrecimento; chateação.

por.re.te *sm.* Maça.

por.ta *sf.* Peça de madeira ou metal que fecha as aberturas das casas ou móveis; *fig.* acesso.

por.ta-ban.dei.ra *s.2g.* Porta-estandarte.

por.ta.dor *adj.* e *sm.* Que, ou aquele que conduz, leva encomendas, etc.

por.ta-es.tan.dar.te *s.2g.* Pessoa que conduz o estandarte; *sf.* moça que leva, nos desfiles, o estandarte das escolas de samba, fazendo graciosas evoluções, porta-bandeira.

por.ta-fó.lio *sm.* Pasta usada para guardar papéis, desenhos, estampas, etc.; pasta ou álbum com fotografias ou trabalhos plásticos ou literários.

por.ta-jói.as *sm. 2n.* Estojo para guardar jóias.

por.tal *sm.* Porta principal de um edifício.

por.tan.to *conj.* Logo.

por.tão *sm.* Porta grande.

por.tar *vt.* Levar; conduzir; *vp.* comportar-se.

por.ta.ri.a *sf.* Vestíbulo de estabelecimento; documento oficial; átrio de convento.

por.tá.til *adj.* Fácil de transportar.

por.ta-voz *sm.* Instrumento semelhante a uma trombeta usado para reforçar a voz de quem fala por ele; pessoa que fala freqüentemente em nome de outrem.

por.te *sm.* Transporte; comportamento; aspecto físico.

por.tei.ra *sf.* Cancela.

por.tei.ro *sm.* Homem encarregado da guarda de porta ou portaria.

por.ten.to *sm.* Prodígio.

por.ten.to.so *adj.* Assombroso; prodigioso.

pór.ti.co *sm.* Portal de grande edifício.

por.to *sm.* Lugar de embarque e desembarque.

por.tu.guês *adj.* De Portugal; *sm.* língua falada pelos portugueses e pelos brasileiros.

por.ven.tu.ra *adv.* Por acaso.

por.vir *sm.* Futuro.

pós *prep.* Após.

po.sar *vi.* Fazer pose.

po.se *sf.* Atitude; postura estudada; atitude afetada.

po.si.ção *sf.* Postura do corpo; disposição; classe.

po.si.ti.var *vt.* Tornar positivo.

po.si.ti.vis.mo *sm.* Conjunto de doutrinas de Augusto Comte, (1798-1857), filósofo francês, caracterizado sobretudo pelo impulso que deu ao desenvolvimento de uma orientação cientificista ao pensamento filosófico, atribuindo à constituição e ao processo da ciência positiva importância fundamental para o progresso de qualquer área do conhecimento.

po.si.ti.vo *adj.* Real; evidente; indiscutível; objetivo.

po.so.lo.gi.a *sf.* Indicação das doses em que devem ser aplicados os medicamentos.

pós-o.pe.ra.tó.rio *adj.* Que ocorre após uma intervenção cirúrgica.

pos.por *vt.* Pôr depois; adiar.

pos.pos.to *adj.* Omitido; preterido; posto depois.

pos.san.ça *sf.* Poder; vigor.

pos.san.te *adj.* Vigoroso.

pos.se *sf.* Fruição de uma coisa ou direito; *pl.* haveres.

pos.sei.ro *adj.* e *sm.* (Indivíduo) que está na posse legal de imóveis, ou que, pela posse material, adquirirá direito de propriedade.

pos.ses.são *sf.* Estado; domínio; posse; colônia.

pos.ses.so *adj.* e *sm.* Endemoninhado; louco.

pos.si.bi.li.da.de *sf.* Qualidade de possível; *pl.* haveres.

pos.si.bi.li.tar *vt.* Ter como propriedade; conter; gozar.

pos.sí.vel *vt.* Tornar possível, viável.

pos.ta *sf.* Pedaço de peixe; pedaço; talhada; correio.

pos.tal *adj.* Relativo a correio; forma reduzida de cartão-postal.

pos.ta-res.tan.te *sf.* Indicação que se escreve no envelope de uma carta, significando que ela deve permanecer na repartição do Correio até que a reclamem; lugar onde ficam, no Correio, as cartas com essa indicação.

pos.te *sm.* Pau, ou coluna de cimento ou ferro, cravado verticalmente no chão.

pôs.ter *adj.* Cartaz usado com fim decorativo.

pos.ter.gar *vt.* Preterir; desprezar; transferir.

pos.te.ri.da.de *sf.* Tempo futuro.

pos.te.ri.or *sf.* Ulterior; situado ou que ficou atrás.

pos.ti.ço *adj.* De pôr e tirar; que não é natural; falso.

pos.ti.go *sm.* Abertura em porta ou janela.

pos.to *adj.* Colocado; disposto; *sm.* lugar onde uma pessoa ou coisa está colocada; cargo; graduação militar.

pos.tu.la.ção *sf.* Solicitação.

pos.tu.la.do *sm.* Proposição que se admite sem demonstração; classe de noviciados; *adj.* que se postulou.

pos.tu.lar *vt.* Pedir com instância; requerer.

pós.tu.mo *adj.* Que é feito, publicado, conhecido depois da morte de alguém

pos.tu.ra *sf.* Posição do corpo; atitude; aspecto físico; ação de (ave) pôr ovos.

po.tás.sio *sm.* Elemento químico, pertencente aos metais alcalinos, de nímero atômico 19; símbolo: K.

po.tá.vel *adj.* Que se pode beber; próprio para beber.

po.te *sm.* Vaso de barro ou cerâmica para água.

po.tên.cia *sf.* Vigor; força; poderio; autoridade; nação soberana.

po.ten.ci.al *adj.* Relativo a potência; virtual; *sm.* capacidade produtiva.

po.ten.ta.do *sm.* Príncipe soberano, *fig.* poderoso.

po.ten.te *adj.* Que tem a faculdade de produzir; violento; enérgico; rude; que tem vigor para o ato sexual.

po.tes.ta.de *sf.* Poder; potência; potentado; divindade; *pl.* uma das hierarquias dos anjos.

po.to.ca *sf.* Patranha; mentira.

po.tro *sm.* Cavalo novo; poldro.

pou.co *adj.* Escasso; *sm.* bagatela; *adv.* não muito.

pou.pa.do *adj.* Econômico.

pou.pan.ça *sf.* Economia.

pou.par *vt.* Economizar; evitar; esquivar; *vi.* viver com economia; *vp.* esquivar-se.

pou.qui.nho *sm.* Quase nada.

pou.sa.da *sf.* Hospedagem; albergue.

pou.sar *vt.* Pôr; colocar; depor; *vi.* pernoitar; hospedar-se; estacionar; morar.

pou.si.o *sm.* Descanso que se dá à terrapor um mais anos, sem cultivá-la; *adj.* inculto.

pou.so *sm.* Lugar onde alguém ou alguma coisa pousa; ancoradouro.

po.va.réu *sm.* Grande multidão, ralé, povoléu.

po.vo *sm.* Conjunto dos habitantes de um país; a plebe; *fig.* família.

po.vo.a.ção *sf.* Lugar povoado.

po.vo.a.do *sm.* Lugar com casas habitadas; *adj.* que se povoou.

po.vo.a.dor *adj.* e *sm.* Que, ou aquele que povoa.

po.vo.ar *vt.* Formar povoação em; aglomerar-se em; prover de; encher.

PR Sigla do Estado do Paraná.

pra *contr. da prep.* Para (pra é forma popular).

pra.ça *sf.* Largo; mercado; circo; leilão; vila ou cidade fortificada; *sm.* soldado raso.

pra.ce.ar *vt.* Fazer leilão de.

pra.ce.jar *vt.* Alardear.

pra.ci.nha *sm.* Soldado; praça; soldado da Força Expedicionária Brasileira (FEB).

pra.cis.ta *sm.* Vendedor de uma companhia em determinada praça.

pra.da.ri.a *sf.* Grande planície.

pra.do *sm.* Campo relvoso; *bras.* hipódromo.

pra.ga *sf.* Imprecação; maldição; grande desgraça; erva daninha.

prag.má.ti.ca *sf.* Conjunto de regras ou fórmulas para as cerimônias da corte ou da Igreja; formalidades de boa sociedade; etiqueta; ciência do pragmatismo.

prag.má.ti.co *adj.* Relativo à pragmática; costumeiro; habitual; prático; de praxe; usual.

prag.ma.*tis***.mo** *sm.* Doutrina de Charles Sanders Peirce, (1839-1914),filósofo americano cuja tese fundamental é de que a idéia que temos de um objeto qualquer nada mais é senão a soma das idéias de todos os efeitos imagináveis atribuídos por nós a esse objeto, que possam ter um efeito prático qualquer; consideração das coisas de um ponto de vista prático.

pra.gue.*jar** *vi.* Proferir imprecações; amaldiçoar; dizer mal; *vt.* maldizer.

pra.*guen***.to** *adj.* Maldizente.

prai.a *sf.* Orla na terra que confina com o mar.

pran.cha *sf.* Tábua, grossa e larga, sobre a qual se desembarca do navio; madeira ou outro material flutuante de feitio arredondado numa das extremidades para a prática da natação ou do surfe.

pran.*che***.ta** *sf.* Tábua ou mesa própria para desenhar.

pran.te.*ar** *vt.* Lastimar; lamentar; *vi.* chorar.

pran.to *sm.* Choro; lágrimas; lamentação.

pra.ta *sf.* Elemento químico, metal, de número atômico 47, denso, maleável, dúctil, símbolo: *Ag*; moeda ou baixela deste metal.

pra.*ta***.da** *sf.* Prato cheio.

pra.ta.*ri***.a** *sf.* Conjunto de vasos ou utensílios de prata.

pra.te.*ar** *vt.* Revestir de uma camada de prata.

pra.te.*lei***.ra** *sf.* Tábua horizontal de um armário, estante ou outro móvel.

prá.ti.ca *sf.* Uso; experiência; exercício; rotina; conferência; conversação.

pra.ti.*car** *vt.* Exercitar; realizar; proferir; cometer; *vi.* conversar; procurar adquirir prática.

prá.ti.co *adj.* Experiente; *sm.* homem experimentado; profissional não diplomado.

pra.to *sm.* Vaso de louça ou metal em que se serve a comida; cada uma das iguarias de uma refeição.

pra.xe *sf.* Aquilo que se pratica habitualmente; rotina; uso; prática; pragmática.

pra.zen.*tei***.ro** *adj.* Afável.

pra.*zer** *vt.* Agradar, causar prazer, comprazer; *sm.* alegria; jovialidade; satisfação; delícia.

pra.zo *sm.* Tempo determinado.

pré *sm.* O vencimento diário de um soldado.

pre.a.le.*gar** *vt.* Alegar com antecipação.

pre.a.*mar** *sf.* Maré cheia ou alta.

pre.am.bu.*lar** *adj.* Relativo ao preâmbulo; *vt.* prefaciar.

pre.*âm***.bul.o** *sm.* Prefácio; *pl.* rodeios.

pre.*ar** *vt.* Prender; agarrar; *vi.* fazer presa.

pre.*ben***.da** *sf.* Renda eclesiástica; *fig.* sinecura.

pre.ca.*ção** *sf.* Rogação; súplica; exortação.

pre.*cá***.rio** *adj.* Difícil; minguado; frágil; escasso.

pre.ca.*ta***.do** *adj.* Cauteloso; prudente; previdente.

pre.ca.*tar** *vt.* Acautelar; precaver; *vp.* acautelar-se.

pre.cau.*ção** *sf.* Cautela antecipada; prudência.

pre.cau.te.*lar** *vt.* Precaver.

pre.ca.*ver** *vt.* Prevenir, acautelar; *vp.* acautelar-se.

pre.ce *sf.* Oração; súplica.

pre.ce.*dên***.cia** *sf.* Qualidade de precedente; preferência.

pre.ce.*den***.te** *adj.* Que precede; *sm.* procedimento ou critério anterior.

pre.ce.*der** *vt.* Anteceder; chegar antes de; adiantar-se; fazer seguir.

pre.*cei***.to** *sm.* Ensinamento; doutrina; regra.

pre.cei.tu.*ar** *vt.* Ordenar como preceito; *vi.* dar ordens.

pre.cei.tu.*á***.rio** *sm.* Conjunto de preceitos, regras.

pre.cep.*tor** *sm.* Mestre; mentor; educador.

pre.ces.*são** *sf.* Precedência.

pre.ci.o.*sis***.mo** *sm.* Rebuscamento no falar e no escrever.

pre.ci.*o***.so** *adj.* De grande preço; magnífico; valioso.

pre.ci.*pí***.cio** *sm.* Abismo; *fig.* grande perigo; ruína.

pre.ci.pi.ta.*ção** *sf.* Pressa irrefletida.

pre.ci.pi.*ta***.do** *adj.* Temário; imprudente; *sm.* aquele que procede sem reflexão.

pre.ci.pi.*tar** *vt.* Impelir; acelerar; *vi.* transformar uma substância solúvel em insolúvel; *vp.* arrojar-se; antecipar-se; despenhar-se.

pre.*cí***.puo** *adj.* Principal; essencial; primeiro.

pre.ci.*são** *sf.* Necessidade; exatidão de cálculos; pontualidade; justeza.

pre.ci.*sar** *vt.* Indicar com exatidão; ter necessidade de; expor em resumo; ter necessidade.

pre.*ci***.so** *adj.* Necessário; exato; certo; claro.

pre.*cla***.ro** *adj.* Ilustre; famoso.

pre.ço *sm.* Valor pecuniário de um objeto; prêmio; castigo; valia.

pre.*co***.ce** *adj.* Prematuro; temporão; antecipado.

pre.con.*ce***.ber** *vt.* Conceber antecipadamente.

pre.con.*cei***.to** *sm.* Opinião formada sem reflexão; convencionalismo; superstição.

pre.co.ni.za.*ção** *sf.* Ato ou efeito de preconizar.

pre.co.ni.*zar** *vt.* Apregoar com louvor; louvar; divulgar.

pre.cur.*sor** *adj.* e *sm.* Que, ou aquele que vai adiante; *adj.* que precede.

pré-da.*ta***.do** *adj.* A que se após data futura.

pre.da.tó.rio *adj.* Relativo a roubo, rapina, pilhagem.

pre.de.ces.sor *sm.* Antecessor.

pre.de.fi.nir *vt.* Predestinar.

pre.des.ti.na.ção *sf.* Ato ou efeito de predestinar.

pre.des.ti.nar *vt.* Destinar a grandes feitos; reservar.

pre.de.ter.mi.nar *vt.* Determinar com antecipação.

pre.di.al *adj.* Relativo a prédio.

pré.di.ca *sf.* Pregação; sermão.

pre.di.ca.do *sm.* Prenda; atributo; virtude; *gram.* aquilo que na oração se enuncia acerca do sujeito.

pre.di.ção *sf.* Profecia.

pre.di.car *vt.* Pregar; aconselhar.

pre.di.ca.ti.vo *adj.* e *sm. gram.* Diz-se da, ou a qualidade atribuída ao sujeito ou ao objeto, e que completa a significação do verbo.

pre.di.le.ção *sf.* Preferência; afeição extremosa.

pre.di.le.to *adj.* e *sm.* Que, ou aquele que é querido com predileção.

pré.dio *sm.* Casa; edifício.

pre.dis.por *vt.* Dispor com antecipação; preparar.

pre.di.zer *vt.* Vaticinar; prognosticar.

pre.do.mi.nân.cia *sf.* Qualidade de predominante.

pre.do.mi.nan.te *adj.* Que predomina; que tem prevalência.

pre.do.mi.nar *vi.* Prevalecer; sobressair; *vt.* exercer domínio sobre.

pre.do.mí.nio *sm.* Preponderância; supremacia.

pre.e.mi.nên.cia *sf.* Superioridade; hegemonia.

pre.e.mi.nen.te *adj.* Nobre; distinto; superior.

pre.en.cher *vt.* Ocupar; completar; prover.

pre.en.são *sf.* Ato de segurar ou apanhar; apreensão.

pre.ên.sil *adj.* Que tem a faculdade de agarrar ou apanhar.

pre.es.ta.be.le.cer *vt.* Predispor; determinar previamente.

pré-es.tréi.a *sf.* Representação de uma peça teatral, ou projeção de um filme, para convidados especiais (críticos de arte, jornalistas, etc.), a qual antecede a primeira representação pública.

pre.ex.ce.len.te *adj.* Magnífico.

pre.e.xis.ten.te *adj.* Que preexiste, que existe antes.

pre.e.xis.tir *vi.* Existir em tempo anterior.

pré-fa.bri.ca.da *adj.* Diz-se de construção cujas partes já estão prontas para serem montadas.

pre.fa.ci.ar *vt.* Fazer prefácio a (uma obra).

pre.fá.cio *sm.* Discurso ou advertência que antecede obra escrita; prólogo; preâmbulo.

pre.fei.to *sm.* O que está investido do poder executivo municipal; vigia de alunos em colégios.

pre.fei.tu.ra *sf.* Cargo de prefeito; repartição de prefeito.

pre.fe.rên.cia *sf.* Predileção.

pre.fe.rir *vt.* Dar a primazia a; escolher; ter predileção por; gostar mais de.

pre.fi.gu.rar *vt.* Pressupor; figurar, imaginando; *vp.* parecer.

pre.fi.nir *vt.* Definir antes; preestabelecer; aprazar.

pre.fi.xar *vt.* Fixar antecipadamente; aprazar; predeterminar.

pre.fi.xo *adj.* Fixado antes, *sm.* elemento mórfico que precede a raiz de uma palavra.

pre.ga *sf.* Dobra; ruga.

pre.ga.ção *sf.* Prédica; sermão.

pre.ga.dor *sm.* Orador sagrado; o que faz pregação.

pre.gão *sm.* Ação ou efeito de apregoar; proclamação; divulgação; *pl.* proclamas de casamento.

pre.gar *sm.* Pôr pregos em; unir; apregoar; *vp.* cravar-se; *vi.* pronunciar sermões; *vt.* cravar.

pre.go *sm.* Haste de metal, pontiaguda de um lado, com cabeça de outro; cravo; *pop.* casa de penhores; cansaço.

pre.go.ar *vt.* Apregoar.

pre.go.ei.ro *sm.* Indivíduo que lança pregões; leiloeiro.

pre.gui.ça *sf.* Negligência; indolência; mandriice.

pre.gui.çar *vi.* Mandriar.

pre.gui.ço.sa *sf.* Espreguiçadeira.

pre.gui.ço.so *adj.* e *sm.* (Indivíduo) mandrião; sereno; calmo.

pré-his.tó.ria *sf.* Período histórico que antecede o aparecimento da escrita e do uso dos metais, e que é reconstituído e estudado por meio da antropologia, da arqueologia, da paleontologia, etc.

prei.to *sm.* Pacto; respeito; homenagem.

pre.ju.di.car *vt.* Lesar, danificar; anular; *vp.* sofrer prejuízo.

pre.ju.di.ci.al *adj.* Nocivo.

pre.ju.í.zo *sm.* Dano; perda.

pre.la.do *sm.* Título de dignitário eclesiástico.

pré-lan.ça.men.to *sm.* Exposição ou campanha publicitária de um produto antes de ele ser colocado no circuito comercial.

pre.le.ção *sf.* Ato de prelecionar; lição.

pre.le.ci.o.nar *vt.* e *i.* Dar lição a; discorrer.

pre.li.mi.nar *adj.* Prévio; *sm.* prólogo; introdução.

pré.lio *sm.* Luta; combate.

pre.lo *sm.* Prensa; *no prelo* prestes a ser publicado (livro).

pre.lu.ci.da.ção *sf.* Esclarecimento preliminar.

pre.lú.ci.do *adj.* Muito lúcido.

pre.lu.di.ar *vt.* Prefaciar; executar um prelúdio.

pre.lú.dio *sm.* Ato ou exercício prévio; introdução; introdução de obra musical.

pre.ma.tu.ro *adj.* Precoce.

pre.me.di.ta.ção *sf.* Ato ou efeito de premeditar.

pre.me.di.tar *vt.* Planejar antecipadamente.

pre.men.te *adj.* Urgente.

pre.mer ou **pre.mir** *vt.* Calcar; oprimir; espremer; apertar.

pre.mi.ar *vt.* Laurear; recompensar; remunerar.

prê.mio *sm.* Recompensa.

pre.mir *vt.* Premer

pre.mo.ni.ção *sf.* Aviso; pressentimento.

pre.mo.ni.tó.rio *adj.* Que se deve tomar como aviso.

pré-na.tal *adj.* Anterior ao nascimento da criança; *período pré-natal:* relativo a esse período, ou que se realiza nele.

pren.da *sf.* Brinde; aptidão; atributo.

pren.der *vt.* Atar; ligar; embaraçar; capturar; fixar-se; *vp.* comprometer-se a casar; dedicar-se.

pre.nhe *adj.* Pleno; repleto; diz-se da fêmea pejada, grávida.

pre.nhez *sf.* Estado de fêmea prenhe, gravidez.

pre.no.ção *sf.* Noção prévia.

pre.no.me *sm.* Nome que precede o de família.

pre.no.mi.nar *vt.* Dar prenome a; designar pelo prenome.

pren.sa *sf.* Prelo; aparelho para comprimir, prensar.

pren.sa.gem *sf.* Operação de prensar.

pren.sar *vt.* Comprimir na prensa; apertar muito.

pre.nun.ci.a.ção *sf.* Ato ou efeito de prenunciar.

pre.nun.ci.ar *vt.* Profetizar.

pre.nún.cio *sm.* Prognóstico.

pre.o.cu.pa.ção *sf.* Idéia fixa; inquietação; preconceito.

pre.o.cu.par *vt.* Dar cuidado a; tornar apreensivo; *vp.* impressionar-se.

pre.pa.ra.ção *sf.* Ato ou maneira de preparar.

pre.pa.ra.do *sm.* Produto químico ou farmacêutico; *adj.* disposto ou arranjado com antecedência.

pre.pa.rar *vt.* Aprontar; arranjar; tornar apto; planejar; *vp.* arranjar-se.

pre.pa.ra.tó.rio *adj.* Que prepara; *sm.* estudos prévios para ingresso em curso superior.

pre.pa.ro *sm.* Preparação; cultura; erudição.

pre.pon.de.rân.cia *sf.* Predomínio; supremacia.

pre.pon.de.ran.te *adj.* Que prepondera; predomina.

pre.pon.de.rar *vi.* Predominar; prevalecer.

pre.por *vt.* Pôr adiante de; *vt.* e *rel.* antepor; preferir.

pre.po.si.ção *sf.* Palavra inflexiva que liga partes da proposição.

pre.po.tên.cia *sf.* Opressão; tirania.

pre.po.ten.te *adj.* Muito poderoso; opressor; tirano.

prer.ro.ga.ti.va *sf.* Regalia.

pre.sa *sf.* Ato de apreender ou apresar; dente canino; garra de ave de rapina.

pre.sar *vt.* Apresar; prender.

pres.bi.te.ri.a.no *sm.* Protestante que não aceita a autoridade episcopal nem reconhece hierarquia superior à dos presbíteros; *adj.* relativo ao presbiterianismo.

pres.bi.te.ri.a.nis.mo *sm.* Seita religiosa dos presbiterianos.

pres.bi.té.rio *sm.* Capela-mor; igreja de paróquia.

pres.bí.te.ro *sm.* Padre, bispo, pastor da Igreja Protestante.

pres.ci.ên.cia *sf.* Previsão.

pres.cin.dir *vt.* Abstrair; dispensar; renunciar; não precisar.

pres.cin.dí.vel *adj.* De que se pode prescindir.

pres.cre.ver *vt.* Determinar; preceituar; *vi.* caducar, ficar sem efeito por decorrência de tempo.

pres.cri.ção *sf.* Ordem expressa; preceito; extinção de um direito, obrigação.

pre.sen.ça *sf.* Aspecto da fisionomia; vista; aspecto físico; porte; existência, estada num lugar.

pre.sen.ci.ar *vt.* Estar presente a; assistir a; ver.

pre.sen.te *adj.* Que assiste pessoalmente; atual; *sm.* atualidade; dádiva.

pre.sen.te.ar *vt.* Dar presente; brindar.

pre.sé.pio *sm.* Representação do local e das figuras que, segundo o Evangelho, assistiram ao nascimento de Jesus Cristo.

pre.ser.va.ção *sf.* Ato ou efeito de preservar.

pre.ser.var *vt.* Livrar de algum mal; defender; resguardar.

pre.ser.va.ti.vo *adj.* Que preserva ou é próprio para preservar; *sm.* camisa-de-vênus, camisinha.

pre.si.dên.cia *sf.* Cargo ou função de presidente.

pre.si.den.ci.al *adj.* Do presidente; relativo à presidência.

pre.si.den.ci.a.lis.mo *sm.* Regime político em que a chefia do governo cabe ao presidente da República, mantendo-se a independência e a harmonia dos três poderes (Executivo, Legislativo e Judiciário); sistema presidencial; regime presidencial.

pre.si.den.te *adj.* e *sm.* Que, ou aquele que preside.

pre.si.di.ar *vt.* Pôr presídio ou guardas a; proteger.

pre.si.di.á.rio *sm.* Metido em presídio; encarcerado; *adj.* relativo a presídio.

pre.sí.dio *sm.* Cadeia; prisão.

pre.si.dir *vt.* Dirigir como presidente; orientar.

pre.si.lha *sf.* Tira de pano usada para prender; alça.

*pre.*so *adj.* Metido em prisão; *fig.* casado; *sm.* prisioneiro; encarcerado.

***pres.*sa** *sf.* Rapidez; urgência; precipitação.

pres.sa.gi.ar *vt.* Profetizar.

pres.sá.gio *sm.* Previsão.

pres.sa.go *adj.* Pressagioso; que pressagia.

pres.são *sf.* Coação; *fís.* intensidade de força por unidade de superfície.

pres.sen.ti.men.to *sm.* Palpite; intuição; presságio.

pres.sen.tir *vt.* Pressagiar; prever; perceber.

pres.su.por *vt.* Conjeturar.

pres.su.ro.so *adj.* Cheio de pressa; impaciente; solícito.

pres.ta.ção *sf.* Ação ou efeito de prestar; cota.

pres.tar *vt.* Dispensar; dar; *vi.* ser útil.

***pres.*tes** *adj.* Pronto; próximo a; em via de; *adv.* com presteza.

pres.te.za *sf.* Ligeireza.

pres.ti.di.gi.ta.ção *sf.* Ilusionismo; escamoteação.

pres.ti.di.gi.ta.dor *sm.* Ilusionista; escamoteador.

pres.ti.gi.ar *vt.* Dar prestígio a.

pres.tí.gio *sf.* Fascinação; atração; encanto; importância social ou econômica.

pres.ti.gi.o.so *adj.* Cheio de prestígio, importância.

***prés.*ti.mo** *sm.* Qualidade do que presta; serventia; auxílio.

***prés.*ti.to** *sm.* Cortejo.

***pres.*to** *adv.* Com presteza ou rapidez (andamento musical); *sm.* trecho em que há esse andamento.

pre.su.mi.do *adj.* Que se presume; *adj.* e *sm.* que, ou quem tem presunção.

pre.su.mir *vt.* Conjeturar; supor; arrogar-se.

pre.su.mí.vel *adj.* Provável.

pre.sun.ção *sf.* Suspeita; vaidade; afetação; arrogância.

pre.sun.ço.so *adj.* Presumido.

pre.sun.ti.vo *adj.* Presumível.

pre.sun.to *sm.* Perna e espádua de porco, salgada e curada em fumeiro; *pop.* defunto.

pre.ten.den.te *adj.* e *s.2g.* Aspirante; candidato.

pre.ten.der *vt.* Solicitar; desejar; aspirar a; exigir; cogitar.

pre.ten.di.da *sf.* Noiva.

pre.ten.são *sf.* Aspiração; desejo; vontade; vaidade.

pre.ten.si.o.so *adj.* e *sm.* Presunçoso; soberbo.

pre.ten.so *adj.* Suposto.

pre.te.rir *vt.* Deixar de parte; desprezar.

pre.té.ri.to *adj.* Passado.

pre.tex.tar *vt.* Dar ou tomar como pretexto.

pre.tex.to *sm.* Desculpa.

*pre.*to *adj.* Negro; da cor do ébano ou do carvão; ausência de cor; diz-se de diversas coisas que têm cor escura; sujo, encardido.

pre.va.le.cer *vt.* Sobressair, preponderar; *vp.* aproveitar-se.

pre.va.lên.cia *sf.* Superioridade, supremacia.

pre.va.ri.ca.ção *sf.* Ato ou efeito de prevaricar; crime praticado por funcionário público e que consiste em retardar ou deixar de praticar, indevidamente, ato de ofício, ou em praticá-lo contra disposição legal expressa, para satisfazer interesse ou sentimento pessoal; adultério.

pre.va.ri.car *v. int.* Faltar ao dever; faltar, por interesse ou má-fé, aos deveres do seu cargo, do seu ministério; torcer a justiça; agir ou proceder mal; incorrer em falta; errar; cometer o crime de prevaricação; *vt.* faltar aos deveres; corromper; perverter.

pre.ven.ção *sf.* Opinião antecipada; acautelamento.

pre.ve.ni.do *adj.* Acautelado.

pre.ve.nir *vt.* Preparar; prever; avisar; precaver-se; precatar-se.

pre.ven.ti.vo *adj.* Que previne.

pre.ver *vt.* Calcular; pressupor; conjeturar; profetizar; entrever.

*pré.*via *sf.* Pesquisa anterior às eleições, realizada junto aos eleitores, para prever-lhes as tendências.

pre.vi.dên.cia *sf.* Precaução; conjunto de providências para proteger e amparar.

pre.vi.den.te *adj.* Acautelado.

***pré.*vio** *adj.* Antecipado.

pre.vi.são *sf.* Ato ou efeito de prever, antecipar.

pre.vis.to *adj.* Conjeturado.

pre.za.do *adj.* Estimado; querido; cuidadoso.

pre.zar *vt.* Amar, apreciar; acatar, *vp.* respeitar-se.

pri.ma-do.na *sf.* Cantora que representa o papel principal numa ópera.

pri.mar *vt.* Ser o primeiro; sobressair.

pri.má.rio *adj.* Principal; primitivo, rudimentar.

pri.ma.ve.ra *sf.* Estação do ano; *fig.* juventude; mocidade.

pri.ma.zi.a *sf.* Primeiro lugar.

pri.mei.ro *num.* Que está na frente de todos; *sm.* o que ocupa o primeiro lugar; *adv.* antes.

pri.mei.ro-mi.nis.tro *sm.* No Parlamento, chefe de governo, em geral escolhido pelo Chefe de Estado entre os membros do partido majoritário.

pri.mí.cias *sf. pl.* Começos.

pri.mi.ti.vo *adj.* Inicial; inaugural; rudimentar.

*pri.*mo *sm.* Indivíduo em relação aos filhos de tias e tios; *adj.* primeiro.

pri.mo.gê.ni.to *sm.* Filho mais velho.

pri.mor *sm.* Perfeição

pri.mor.di.al *adm.* Primitivo; primeiro; originário.

pri.mór.dio *sm.* Fonte; origem; princípio; começo.

pri.mo.ro.so *adj.* Perfeito; distinto; excelente.

prin.ce.sa *sf.* Mulher de príncipe; filha de rei.

prin.ci.pal *adj.* Essencial.

prín.ci.pe *sm.* Filho ou membro de família reinante; filho primogênito do rei.

prin.ci.pes.co *adj.* Relativo a príncipe; opulento.

prin.ci.pi.an.te *adj.* Que está no começo, princípio.

prin.ci.pi.ar *vt.* Começar.

prin.cí.pio *sm.* Origem; teoria; germe; *pl.* rudimentos.

pri.or *sm.* Designação de pároco de certas freguesias; abade.

pri.o.ri.da.de *sf.* Primazia.

pri.são *sf.* Cárcere; cadeia; presídio.

pris.co *adj.* Antigo; primitivo; *sm.* salto.

pri.si.o.nei.ro *sm.* Preso; encarcerado.

pri.va.ção *sf.* Ato ou efeito de privar; *pl.* falta do necessário à vida.

pri.va.da *sf.* Latrina.

pri.va.do *adj.* Particular; falto.

pri.var *vt.* Despojar; desapossar; ser íntimo, estar na intimidade.

pri.va.ti.vo *adj.* Peculiar; exclusivo.

pri.va.ti.za.ção *sf.* Ato ou efeito de privatizar; mudança administrativa que, objetivando diminuir as despesas do Estado, transforma as empresas estatais em privadas.

pri.va.ti.zar *vt.* Tornar privado ou particular.

pri.vi.le.gi.a.do *adj.* Singular; distinto; elevado.

pri.vi.le.gi.ar *vt.* Dar privilégio a; especializar.

pri.vi.lé.gio *sm.* Permissão especial; prerrogativa.

pró *adv.* A favor; *sm.* vantagem; proveito.

pro.a *sf.* Parte anterior do navio.

pro.ar *vi.* Aproar.

pro.ba.bi.li.da.de *sf.* Qualidade do que é provável.

pro.bi.da.de *sf.* Honradez.

pro.ble.ma *sm.* Questão a resolver; dúvida.

pro.ble.má.ti.co *adj.* Incerto.

pro.bo *adj.* Justo; reto; honrado; honesto.

pro.ce.dên.cia *sf.* Proveniência; origem.

pro.ce.den.te *adj.* Proveniente; conseqüente; lógico.

pro.ce.der *vt.* Originar-se; derivar; comportar-se; *vi.* obrar; agir; *sm.* procedimento, comportamento.

pro.ce.la *sf.* Tempestade.

pro.ces.sa.men.to *sm.* Ato ou modo de processar; preparação, por meio de um processo especial, para a indústria ou para o comércio; *inform.* sistema que compreende a preparação e o aproveitamento de dados ou de elementos básicos de informação, de acordo com regras precisas, e que se utiliza, em geral, de computadores, os quais reduzem ao mínimo a intervenção humana.

pro.ces.sar *vt.* Autuar; executar, realizar.

pro.ces.si.o.nal *adj.* Relativo a procissão.

pro.ces.so *sm.* Seguimento; maneira de operar; técnica; ação judicial.

pro.cis.são *sf.* Acompanhamento ou cortejo religioso.

pro.cla.ma *sm.* Proclamação; pregão de casamento.

pro.cla.ma.ção *sf.* Ato ou efeito de proclamar.

pro.cla.mar *vt.* Aclamar; publicar; decretar; eleger.

pro.cras.ti.na.ção *sf.* Adiamento.

pro.cras.ti.nar *vt.* Adiar; delongar; demorar.

pro.cri.a.ção *sf.* Ato ou efeito de procriar; concepção.

pro.cri.ar *vt.* Gerar; conceber; *vi.* germinar.

pro.cu.ra *sf.* Pesquisa; busca.

pro.cu.ra.ção *sf.* Mandato; incumbência dada a outrem para tratar de certos negócios; documento do qual consta essa incumbência.

pro.cu.rar *vt.* Buscar; indagar; investigar; escolher.

pro.cu.ra.dor *sm.* Indivíduo que recebeu procuração; advogado do Estado.

pro.di.ga.li.da.de *sf.* Gastos exagerados; abundância.

pro.di.ga.li.zar *vt.* Dissipar; esbanjar.

pro.dí.gio *sm.* Coisa sobrenatural; maravilha.

pro.di.gi.o.so *adj.* Maravilhoso; sobrenatural; admirável.

pró.di.go *adj.* Generoso; esbanjador; perdulário.

pro.du.ção *sf.* Realização.

pro.du.cen.te *adj.* Que produz; produtivo; útil; profícuo.

pro.du.ti.vi.da.de *sf.* Faculdade de produzir; aumentar.

pro.du.ti.vo *adj.* Fértil.

pro.du.to *sm.* Obra; resultado; proveito; provento.

pro.du.zir *vt.* Gerar; criar; causar; render; *vi.* ser fértil.

pro.e.mi.nên.cia *sf.* Saliência.

pro.e.mi.nen.te *adj.* Alto.

pro.ê.mio *sm.* Prefácio.

pro.e.za *sf.* Façanha.

pro.fa.nar *vt.* Violar a santidade de; desonrar.

pro.fa.no *adj.* Não sagrado; leigo.

pro.fe.ci.a *sf.* Oráculo; vaticínio; *fig.* presságio.

pro.fe.rir *vt.* Dizer lendo.

pro.fes.sar *vt.* Confessar; exercer; ensinar; *vi.* entrar para ordem religiosa.

pro.fes.sor *sm.* Aquele que professa ou ensina uma ciência, uma arte uma disciplina, uma técnica; mestre; *fig.* homem perito.

pro.fes.so.ra.do *sm.* Classe, cargo de professores.

pro.fe.ta *sm.* Adivinho.

pro.fe.ti.sa *sf.* Feminino de profeta.

pro.fe.ti.zar *vt.* Vaticinar, predizer; *vi.* dizer profecias.

pro.fi.ci.en.te *adj.* Capaz; hábil; destro; vantajoso.

pro.fí.cuo *adj.* Útil; proveitoso.

pro.fi.la.xi.a *sf.* Emprego de meios para evitar doenças.

pro.fis.são *sf.* Qualquer das atividades especializadas; cargo; emprego.

pro.fis.si.o.nal *adj.* Relativo a certa profissão; *s.2g.* pessoa que faz uma coisa por ofício.

pro.fis.si.o.na.li.zar *vt.* Tornar profissional..

pro.fun.dar *vt.* Escavar; pesquisar; penetrar; *vp.* tornar-se mais fundo.

pro.fun.das *sf. pl. pop.* A parte mais funda; o interno; cafundós.

pro.fun.dez, **pro.fun.de.za** ou **pro.fun.di.da.de** *sf.* Qualidade do que é profundo.

pro.fun.do *adj.* Muito fundo; que tem o fundo distante da superfície; que tem grande extensão, considerado da entrada até a extremidade oposta; que tem grande espessura; muito marcado; de grande intensidade; muito forte; *fig.* que sabe muito; de difícil compreensão; que vem ou parece vir do fundo.

pro.fu.são *sf.* Abundância; exuberância; copiosidade.

pro.fu.so *adj.* Copioso; exuberante; numeroso.

pro.ge.ni.tor *sm.* O que procria antes do pai; avô; pai.

prog.nos.ti.car *vt.* Predizer; *vi.* fazer o prognóstico de uma doença.

prog.nós.ti.co *sm.* Conjetura; juízo médico acerca da evolução e termo de uma doença.

pro.gra.ma *sm.* Plano; projeto; impresso com os pormenores de cerimônia, espetáculo ou festa; conjunto de informações, dados, etc., codificados, com que se alimenta um computador.

pro.gra.ma.dor *sm.* Aquele que programa, que faz programação; pessoa que elabora, testa e implanta programas de computador.

pro.gre.dir *vi.* Avançar; ir aumentando; desenvolver-se.

pro.gres.são *sf.* Continuação; *mat.* série de números ligados por uma razão constante.

pro.gres.si.vo *adj.* Que progride.

pro.gres.so *sm.* Movimento ou marcha para a frente; o conjunto de mudanças ocorridas no transcorrer do tempo; evolução; desenvolvimento em sentido favorável; acúmulo de bens materiais ou de conhecimentos; civilização; expansão.

pro.i.bi.ção *sf.* Ação ou efeito de proibir; impedimento.

pro.i.bir *vt.* Vedar; não consentir; proibir que se faça; opor-se a; interdizer; não permitir.

pro.i.bi.ti.vo ou **pro.i.bi.tó.rio** *adj.* Que proíbe; impeditivo.

pro.je.ção *sf.* Arremesso; destaque; valor.

pro.je.tar *vt.* Arremessar; fazer projeto de; planear; estender; prolongar; *vp.* cair sobre; atirar-se, lançar-se; precipitar-se.

pro.je.til ou **pro.jé.til** *adj.* Que pode ser arremessado; *sm.* corpo arremessado por arma de fogo; bomba; bala; míssil.

pro.je.to *sm.* Plano; intento; redação provisória de lei.

prol *ant. el. sm. da loc. prep. em prol de:* em favor de.

pro.le *sf.* Geração.

pro.le.ta.ri.a.do *sm.* A classe dos proletários.

pro.le.tá.rio *sm.* Indivíduo que vive de seu salário; operário.

pro.li.fe.ra.ção *sf.* Ato de proliferar; prolificar.

pro.li.fe.rar *vi.* Ter prole; multiplicar-se.

pro.lí.fe.ro *adj.* Fecundante.

pro.li.fi.car *vi.* Reproduzir-se.

pro.lí.fi.co *adj.* Prolífero.

pro.li.xi.da.de *sf.* Qualidade de prolixo; superabundância.

pro.li.xo *adj.* Muito longo ou difuso; fastidioso.

pro.lo.gar *vt.* Prefaciar.

pró.lo.go *sm.* Prefácio.

pro.lon.ga.men.to *sm.* Continuação de uma coisa na mesma direção.

pro.lon.gar *vt.* Continuar na mesma direção; aumentar a extensão; dilatar; *vp.* continuar-se.

pro.mes.sa *sf.* Compromisso; oferta; voto.

pro.me.ter *vt.* Dar esperança; obrigar-se a; fazer promessa a; pressagiar, anunciar; assegurar de antemão; dar sinal de progresso; *vp.* esperar.

pro.me.ti.do *adj.* Apalavrado; *sm.* noivo; nubente.

pro.mis.cu.i.da.de *sf.* Qualidade do que é promíscuo.

pro.mís.cuo *adj.* Misturado; confuso; indistinto; misturado contra as regras ou conveniências.

pro.mis.são *sf.* Promessa.

pro.mis.sor *adj.* Cheio de promessa; feliz.

pro.mis.só.ria *sf.* Título de reconhecimento de quantia emprestada.

pro.mo.ção *sf.* Elevação ou acesso a cargo ou categoria superior; atividade que visa propiciar o sucesso comercial de um produto.

pro.mo.tor *sm*. Advogado de acusação; promovedor; *adj*. que promove, que determina.

pro.mo.ver *vt*. Fomentar; causar; elevar a (cargo ou categoria superior); dar impulso a; fazer avançar; fomentar; causar; provocar; originar; solicitar, propondo.

pro.mul.gar *vt*. Tornar público; publicar oficialmente.

pro.no.me *sm*. Palavra que substitui o substantivo ou que o acompanha.

pro.no.mi.nal *adj*. Relativo a pronome.

pron.ti.dão *sf*. Desembaraço; brevidade; presteza; estado de alerta militar; *sm*. vigia; soldado que está de serviço.

pron.ti.fi.car *vt*. Aprontar; *vp*. oferecer-se, dispor-se.

pron.to *adj*. e *sm*. Ligeiro; imediato; breve; rápido; concluído; *adj*. e *sm*. *gír*. sem dinheiro; *adv*. prontamente.

pron.to-so.cor.ro *sm*. Hospital de assistência pública para atendimento de casos de urgência.

pro.nún.cia *sf*. Fala; modo de pronunciar.

pro.nun.ci.a.ção *sf*. Ato ou efeito de pronunciar.

pro.nun.ci.ar *vt*. Proferir; declarar; exprimir verbalmente; ler em voz alta; recitar; considerar; julgar; *vp*. manifestar-se; rebelar-se; insurgir-se.

pro.pa.gan.da *sf*. Divulgação de idéias, princípios, de gêneros de comércio, etc.; reclame; publicidade; anúncio; comercial.

pro.pa.gar *vt*. Dilatar; multiplicar por geração ou reprodução; dilatar; estender;publicar; proclamar; *vi*. reproduzir-se; ter prole; proliferar; generalizar-se; desenvolver-se por contágio; difundir-se; expandir-se; alastrar-se.

pro.pa.lar *vt*. Divulgar; publicar.

pro.pen.são *sf*. Tendência.

pro.pen.so *adj*. Favorável; inclinado; tendente.

pro.pi.ci.ar *vt*. Tornar propício; aplacar; abrandar; deparar.

pro.pí.cio *adj*. Favorável; apropriado; oportuno.

pro.pi.na *sf*. Gorjeta; gratificação.

pro.pi.nar *vt*. Ministrar; oferecer.

pro.po.nen.te *adj*. e *s.2g*. Que, ou pessoa que propõe.

pro.por *vt*. Sugerir; apresentar; submeter à apreciação; requerer em juízo; prometer; oferecer como preço; dispor; ordenar; endereçar, dirigir; fixar, determinar; *vt*. *rel*. determinar; *vt*. *pred*. apresentar como; *v*. *rel*. fazer propósito; *vp*. dispor-se; ter em vista; tencionar; dispor-se.

pro.por.ção *sf*. Comparação; dimensão; correspondência de medidas e tamanhos. *fig*. disposição.

pro.por.ci.o.na.do *adj*. Disposto regularmente.

pro.por.ci.o.nal *adj*. Relativo à proporção matemática; harmônico.

pro.por.ci.o.na.li.da.de *sf*. Propriedade das grandezas proporcionais; harmonia.

pro.por.ci.o.nar *vt*. Tornar proporcional; acomodar; dar, prestar, apresentar, oferecer; *vp*. tornar-se proporcional; harmonizar-se; adaptar-se; vir em ocasião oportuna.

pro.po.si.ção *sf*. Proposta; asserção; problema.

pro.po.si.ta.do ou **pro.po.si.tal** *adj*. Em que há propósito; intencional.

pro.pó.si.to *sm*. Deliberação; intenção; prudência.

pro.pos.ta *sf*. Proposição; promessa; oferta.

pro.pri.e.da.de *sf*. Qualidade especial; uso adequado do sentido das palavras; caráter; fazenda, prédio, terras; pertence ou direito legítimo.

pro.pri.e.tá.rio *adj*. e *sm*. Que, ou aquele que tem a propriedade de alguma coisa.

pró.prio *adj*. Que pertence a; peculiar; natural; apropriado; oportuno; conveniente; exato; preciso; verdadeiro; autêntico; textual.

pro.pug.nar *vt*. Defender, combatendo; lutar.

pro.pul.são *sf*. Ato ou efeito de propulsar, impelir.

pro.pul.sar ou **pro.pul.si.o.nar** *vt*. Impelir; dar impulso enérgico a.

pror.ro.ga.ção *sf*. Ato ou efeito de prorrogar.

pror.ro.gar *vt*. Alongar (um prazo estabelecido).

pror.rom.per *vt*. Romper; irromper; *vi*. manifestar-se de repente.

pro.sa *sf*. A forma natural de falar ou escrever; bate-papo; *adj*. e *s.2g*. (indivíduo) vaidoso.

pro.sa.dor *sm*. Aquele que escreve em prosa.

pro.sai.co *adj*. Relativo à prosa; trivial; vulgar.

pro.sá.pia *sf*. Raça; bazófia; orgulho; linhagem.

pro.sar *vi*. Escrever em prosa; conversar.

pros.cê.nio *sm*. Palco.

pros.cre.ver *vt*. Abolir.

pros.cri.ção *sf*. Desterro.

pros.cri.to *sm*. Aquele que foi desterrado.

pro.se.ar *vt*. Conversar.

pro.se.li.tis.mo *sm*. Atividade para conquistar prosélitos.

pro.sé.li.to *sm*. Partidário.

pro.só.dia *sf*. Pronúncia correta das palavras quanto à sílaba tônica.

pros.pec.ção *sf*. Pesquisa, sondagem de terreno para descobrir jazidas minerais; exame prévio.

pros.pec.to *sm*. Ato de ver de frente; aspecto; vista; pequeno impresso, em geral ilustrado e estampado em folha única, no qual se anuncia ou faz propaganda de qualquer coisa ou que acompanha um aparelho ou produto, com instruções a respeito do uso.

pros.pe.rar *vi.* Enriquecer; melhorar; desenvolver-se; *vt.* tornar-se próspero; *vp.* desenvolver-se.

pros.pe.ri.da.de *sf.* Felicidade; situação próspera.

prós.pe.ro *adj.* Propício; venturoso; feliz; rico.

pros.se.cu.ção *sf.* Prosseguimento.

pros.se.gui.men.to *sm.* Ato ou efeito de prosseguir.

pros.se.guir *vt.* e *i.* Fazer seguir; continuar; ir avante.

pros.ter.na.ção *sf.* ou **pros.ter.na.men.to** *sm.* Ato ou efeito de prosternar.

pros.ter.nar *vt.* Prostrar; humilhar; *vp.* curvar-se até o chão; genuflectir.

pros.tí.bu.lo *sm.* Bordel.

pros.ti.tu.i.ção *sf.* Ato ou efeito de prostituir; vida desregrada e debochada.

pros.ti.tu.ir *vt.* Entregar à devassidão; *vp.* entregar-se à vida de pública devassidão; aviltar-se; tornar-se devasso.

pros.ti.tu.ta *sf.* Meretriz; mulher que pratica o ato sexual por dinheiro.

pros.trar *vt.* Abater; submeter; *vp.* humilhar-se.

pro.ta.go.nis.ta *s.2g.* Principal personagem.

pro.te.ção *sf.* Amparo.

pro.te.ci.o.nis.mo *sm.* Sistema em que se pretende conceder à indústria nacional o monopólio do mercado interno, onerando de taxas elevadas os produtos da indústria estrangeira.

pro.te.ger *vt.* Socorrer; favorecer; beneficiar; *vt.* rel. resguardar.

pro.te.gi.do *adj.* e *sm.* Que, ou aquele que recebe proteção especial.

pro.te.la.ção *sf.* Ato ou efeito de protelar, adiar.

pro.te.lar *vt.* Adiar; prorrogar.

pro.tes.ta.ção *sf.* Ato ou efeito de protestar.

pro.tes.tan.te *adj.* Que protesta; relativo ou próprio do protestantismo; diz-se das pessoas que seguemas seitas não católicas da religião cristã; crente; evangelista; *s.2g.* pessoa que segue o protestantismo.

pro.tes.tan.tis.mo *sm.* Religião cristã originada na Reforma, que rompeu com a Igreja católica, propondo uma prática religiosa baseada na leitura da Bíblia, na salvação pela fé e no sacerdócio universal.

pro.tes.tar *vt.* Testemunhar; julgar; prometer; insurgir-se.

pro.tes.to *sm.* Protestação; afirmação ou promessa solene; repulsa; desaprovação; ato jurídico pelo qual se denuncia o não pagamento de um título.

pro.te.tor *adj.* e *sm.* Que, ou aquele que protege.

pro.te.to.ra.do *sm.* Situação dum Estado posto sob a autoridade de outro, particularmente com relação à política externa; o Estado nessa situação.

pro.to.co.lar *adj.* Relativo ao protocolo; *vt.* registrar no protocolo.

pro.to.co.lo *sm.* Registro dos atos públicos; registro das audiências nos tribunais; registro de uma conferência ou deliberação diplomática; formulário regulador de atos públicos; convenção internacional; livro de registro da correspondência de uma firma, repartição pública, etc.; formalidade; etiqueta; cerimonial.

pro.tra.i.men.to *sm.* Adiamento.

pro.tra.ir *vt.* Adiar.

pro.tu.be.rân.cia *sf.* Coisa saliente; eminência.

pro.tu.be.ran.te *adj.* Que tem protuberâncias; protuso.

pro.va *sf.* Demonstração; indício; operação aritmética; transe doloroso.

pro.va.ção *sf.* Transe.

pro.va.dor *adj.* e *sm.* Que, ou quem prova; lugar onde se provam roupas.

pro.var *vt.* Demonstrar; justificar; tentar; ensaiar; padecer; experimentar.

pro.vá.vel *adj.* Que pode acontecer; verossímil.

pro.vec.to *adj.* Adiantado em anos.

pro.vei.to *sm.* Ganho; interesse; vantagem.

pro.vei.to.so *adj.* Útil.

pro.ve.ni.ên.cia *sf.* Origem.

pro.ve.ni.en.te *adj.* Procedente.

pro.ven.to *sm.* Lucro, rendimento, renda.

pro.ver *vt.* Regular; dispor; fornecer; dotar; suprir; remediar.

pro.ver.bi.al *adj.* Relativo a provérbio; conhecido.

pro.vér.bio *sm.* Rifão; máxima breve.

pro.vi.dên.cia *sf.* Deus; acontecimento feliz; medidas que se tomam para que algo possa ser realizado.

pro.vi.den.ci.al *adj.* Relativo à providência; que ocorre no momento oportuno.

pro.vi.den.ci.ar *vt.* Prover; acudir com medidas adequadas; prover.

pro.vi.den.te *adj.* Providencial; prudente.

pro.vi.men.to *sm.* Ato ou efeito de prover; preenchimento, nomeação.

pro.vín.cia *sf.* Divisão territorial; parte; distrito de ordem religiosa; extensão da jurisdição de uma metrópole.

pro.vin.ci.al *adj.* Da província.

pro.vin.ci.a.no *adj.* e *sm.* (Indivíduo) de província; interiorano.

pro.vin.do *adj.* Oriundo.

pro.vir *vi.* Proceder; derivar; resultar.

pro.vi.são *sf.* Fornecimento.

pro.vi.si.o.nar *vt.* Aprovisionar.

pro.vi.só.rio *adj.* Temporário.

pro.vo.ca.ção *sf.* Desafio.

pro.vo.can.te *adj.* Tentador; sedutor.

pro.vo.car *vt.* Desafiar; insultar; ocasionar, promover; incitar.

pro.xi.mi.da.de *sf.* Pequena distância; pequena demora; *pl.* cercanias.

pró.xi.mo *adj.* Vizinho; imediato; *sm.* cada pessoa; *adv.* muito perto.

pru.dên.cia *adj.* Cautela; sensatez.

pru.mo *sm.* Instrumento para determinar a direção vertical; esteio; escora.

pru.ri.do *sm.* Comichão; desejo forte.

pseu.dô.ni.mo *sm.* Nome falso ou suposto.

psi.ca.ná.li.se *sf.* Método de tratamento, criado por Sigmund Freud, das desordens mentais e emocionais que constituem a estrutura das neuroses e psicoses, por meio de uma investigação psicológica profunda dos processos mentais; análise; o conjunto das teorias de Freud e de seus discípulos, concernentes à vida psíquica consciente e inconsciente.

psi.co.dé.li.co *adj.* Diz-se das drogas que provocam alucinações; diz-se das alucinações ou visões, geralmente coloridas e fragmentadas que essas drogas provocam; diz-se da decoração, roupas, objetos, etc. de cores muito vivas e totalmente fora dos padrões costumeiros; diz-se daquilo ou daquele que se distingue do meio tradicional.

psi.co.lo.gi.a *sf.* Ciência dos fenômenos da vida mental e de suas leis.

psi.co.ló.gi.co *adj.* Relativo à psicologia.

psi.có.lo.go *sm.* Aquele que é versado em psicologia.

psi.co.pa.ta *adj.* e *s.2g.* Que, ou aquele que sofre de doença mental.

psi.co.se *sf.* Designação comum às doenças mentais; idéia fixa; obsessão; mania.

psi.que *sf.* A alma; o espírito; a mente.

psi.qui.a.tra *s.2g.* Pessoa que se ocupa da psiquiatria.

psi.qui.a.tri.a *sf.* Parte da medicina que se ocupa das doenças mentais.

psí.qui.co *adj.* Relativo à alma ou às faculdades intelectuais e morais.

psiu *interj.* Empregada para fazer calar ou para chamar.

pu.a *sf.* Ferramenta destinada a fazer furos.

pu.ber.da.de *sf.* Estado ou qualidade de púbere.

pú.be.re *adj.* Chegado à adolescência; adolescente.

pu.bes.cer *vi.* Tornar-se púbere; atm. puberdade.

pu.bli.ca.ção *sf.* Ato ou efeito de publicar; livro; revista; etc.

pu.bli.car *vt.* Tornar público; vulgarizar; editar.

pu.bli.ci.da.de *sf.* Propaganda, vulgarização.

pu.bli.cis.ta *s.2g.* Escritor de assuntos ligeiros.

pu.bli.ci.tá.rio *adj.* Relativo à publicidade, *adj.* e *sm.* que(m) trabalha em organizações de publicidade.

pú.bli.co *adj.* Comum; manifesto; *sm.* o povo em geral; auditório.

pú.ca.ro *sm.* Pequeno vaso com asa; caneca.

pu.den.do *adj.* Envergonhado.

pu.de.ra *interj.* Pois então! É claro!

pu.di.cí.cia *sf.* Castidade; honra feminina; pudor.

pu.di.co *adj.* Que tem pudor; envergonhado; casto.

pu.dim *sm.* Iguaria culinária de consistência cremosa, que tem larga variedade de receitas (doces e salgadas).

pu.dor *sm.* Sentimento de pejo, timidez, vergonha.

pu.e.rí.cia *sf.* Idade pueril.

pu.e.ril *adj.* Próprio de criança; ingênuo; fútil.

pu.gi.la.to *sm.* Luta a socos; boxe.

pu.gi.lis.mo *sm.* Esporte do pugilato; boxe.

pu.gi.lis.ta *s.2g.* Boxeador.

pug.na *sf.* Briga; peleja.

pug.nar *vt.* Defender; *vi.* combater; brigar.

pug.naz *adj.* Que pugna.

pu.ir *vt.* Desgastar.

pu.jan.ça *sf.* Qualidade de pujante; *fig.* poderio.

pu.jan.te *adj.* Que tem poderio; potente; ativo.

pu.jar *vt.* Superar.

pu.lar *vi.* Dar pulos; saltar; agitar-se; tumultuar.

pul.cro *adj.* Gentil; formoso.

pul.ga *sf.* Inseto parasita.

pul.guen.to *adj.* Que tem muitas pulgas.

pu.lha *sf.* Peta; *sm.* trapalhão; *adj.* desprezível.

pul.mão *sm.* Cada um dos principais órgãos respiratórios contidos no tórax.

pul.mo.nar *adj.* Relativo ao pulmão.

pu.lo *sm.* Salto; agitação.

pu.ló.ver *sm.* Agasalho de malha de lã, com mangas ou sem elas, que se veste enfiando a cabeça.

púl.pi.to *sm.* Tribuna de onde pregam, nas igrejas, os padres.

pul.sa.ção *sf.* Movimento de contração e dilatação do coração e das artérias.

pul.sar *vt.* Movimentar por meio de impulso; agitar; tocar; pressentir; sondar; repercutir; *vi.* palpitar; latejar; ofegar; *sm.* fonte estelar emissora de radiação com freqüência de ondas de rádio.

pul.sá.til *adj.* Que pulsa.

pul.sei.ra *sf.* Ornato circular para pulsos; bracelete.

pul.so *sm.* Parte do antebraço, junto à mão.

pu.lu.lar *vi.* Brotar; desenvolver-se; agitar-se; abundar; palpitar.

pul.ve.ri.za.ção *sf.* Ato ou efeito de pulverizar.

pul.ve.ri.za.dor *adj.* e *sm.* Que, ou aquilo que pulveriza.

pul.ve.ri.zar *vt.* Reduzir a pó; vaporizar.

pun.ção *sf.* Ato ou efeito de pungir ou puncionar; *sm.* estilete cirúrgico.

pun.çar *vt.* Abrir com punção.

pun.ci.o.nar *vt.* Furar com o punção.

pun.do.nor *sm.* Brio; decoro; cavalheirismo.

pun.do.no.ro.so *adj.* Brioso.

pun.gen.te *adj.* Doloroso.

pun.gir *vt.* Ferir; estimular; incitar; *fig.* torturar moralmente; afligir.

pun.gi.ti.vo *adj.* Pungente.

pun.gue.ar *vt. gír.* Furtar das pessoas nas ruas.

pun.guis.ta *s.2g. gír.* O que pungueia, rouba.

pu.nha.da *sf.* Murro.

pu.nha.do *sm.* Mancheia.

pu.nhal *sm.* Arma branca.

pu.nho *sm.* Mão fechada.

pu.ni.ção *sf.* Castigo.

pu.nir *vt.* Castigar; infligir pena a; reprimir.

pu.ni.ti.vo *adj.* Que pune.

pu.ní.vel *adj.* Que é digno de punição, castigo.

pu.pi.lar *sf.* Menina do olho; órfã sob tutela.

pu.pi.lo *sm.* Órfão a cargo de tutor; *fig.* protegido.

pu.rê *sm.* Alimento de consistência pastosa, feito de legumes, de batatas ou de frutas, espremidos ou passados em peneira.

pu.re.za *sf.* Qualidade de puro; limpidez; transparência; inocência; sinceridade; virgindade; castidade; elegância; perfeição.

pur.gan.te *adj.* e *sm.* Que, ou o que faz purgar; medicamento para fazer evacuar.

pur.gar *vt.* Purificar; tratar por meio de purgante; expiar; *vi.* expelir pus ou maus humores.

pur.ga.ti.vo *adj.* Purgante.

pur.ga.tó.rio *sm.* Lugar de purificação das almas dos justos; lugar onde se sofre antes de ser admitido no céu.

pu.ri.fi.ca.ção *adj.* Ato ou efeito de purificar; sublimar.

pu.ri.fi.car *vt.* Tornar puro; tirar mácula a; *vp.* limpar-se (física ou moralmente).

pu.ris.mo *sm.* Excessivo apuro de linguagem.

pu.ri.ta.no *sm.* Homem de grande austeridade.

pu.ro *adj.* Sem mistura; genuíno; casto; inocente; verdadeiro; suave.

pu.ro-san.gue *adj.* e *s.2g.* Diz-se de, ou animal, especialmente eqüídeo, de raça pura, sem cruzamento de outra.

púr.pu.ra *sf.* Substância corante vermelho-escura; cor vermelho; dignidade cardinalícia.

pur.pu.rar *vt.* Tingir de púrpura; vestir de púrpura.

pur.pú.reo *adj.* Que tem cor de púrpura; vermelho.

pu.ru.len.to *adj.* Cheio de pus; que segrega pus.

pus *sm.* Líquido resultante de inflamação.

pu.si.lâ.ni.me *adj.* e *s.2g.* (Indivíduo) de ânimo fraco, covarde.

pús.tu.la *sm.* Elevação da epiderme, que contém líquido purulento; *fig.* corrupção.

pus.tu.len.to *adj.* Pustuloso.

pu.tre.fa.to *adj.* Que se tornou podre; corrompido.

pu.tre.fa.zer *vt.* Tornar podre; corromper.

pú.tri.do *adj.* Podre; corruto; pestilento.

pu.xa.da *sf.* Ato ou efeito de puxar.

pu.xa.do *adj. fam.* Elevado (preço); exaustivo (trabalho); *sm.* acréscimo que se faz numa casa, geralmente para o quintal.

pu.xo *sm.* Ato ou efeito de puxar com força.

pu.xar *vt.* Atrair a si com força; arrastar; fazer sair à força; esticar, estirar, retesar; sacar; provocar; causar, motivar; adular, bajular; ter vocação, pendor; atrair, inclinar; sair semelhante a; *vi.* custar caro; pedir com insistência.

pu.xa-sa.co *adj.* e *s.2g.* Bajulador; adulador.

pu.xa.van.te *sm.* Instrumento para aparar cascos dos animais.

pu.xe *interj.* Vá embora! suma-se; desapareça!

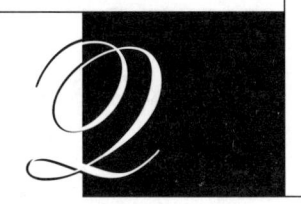

q *sm.* Décima sexta letra do alfabeto.

QI Sigla de quociente de inteligência, proporção entre a inteligência de um indivíduo, determinada de acordo com alguma mental, e a inteligência normal ou média para sua idade.

qua.cre *sm.* Membro de uma seita protestante fundada na Inglaterra, no séc. XVII, e difundida principalmente nos Estados Unidos. Os quacres não admitem sacramento algum, não prestam juramento perante a justiça, não pegam em armas nem aceitam hierarquia eclesiástica.

qua.dra *sf.* Compartimento quadrado; série de quatro; o lado de um quadrado; distância entre uma esquina e outra do mesmo lado de uma rua; quarteirão; campo de esportes, em especial voleibol, o basquetebol e o tênis; medida agrária equivalente a 48,400 m^2; alqueire.

qua.dra.do *adj.* Diz-se do polígono que tem quatro lados iguais; *gír.* (pessoa) muito presa aos padrões tradicionais; careta; *sm.* quadrilátero ou espaço quadrado; *mat.* designativo da raiz de índice dois de um número; pipa.

qua.dra.ge.ná.rio *adj.* Diz-se daquele que tem 40 anos; quarentão.

qua.dra.gé.si.ma *sf.* Período de quarenta dias.

qua.dra.gé.si.mo *num.* Que ocupa o último lugar numa série de 40.

qua.dran.te *sm.* Quarta parte da circunferência; mostrador de relógio.

qua.drar *vt.* Dar forma quadrada a; conduzir.

qua.dra.tim *sm.* Quadrado tipográfico; cícero.

qua.dra.tu.ra *sf.* Pintura de ornatos de arquitetura; *geom.* operação em que se calcula a área de uma configuração; quarto crescente ou minguante da Lua.

qua.drí.cu.la *sf.* Pequeno quadrado; pequena quadra; quadrículo.

qua.dri.cu.lar *vt.* Dividir em quadrículas.

qua.drí.cu.lo *sm.* Quadrícula.

qua.dri.ê.nio *sm.* Quatriênio.

qua.dril *sm.* Anca; cadeiras.

qua.dri.la.te.ral *adj.* Que tem quatro lados.

qua.dri.lá.te.ro *sm.* Polígono de quatro lados.

qua.dri.lha *sf.* Bando (de ladrões, etc.); gangue; multidão; contradança de salão.

qua.dri.lhei.ro *sm.* Salteador.

qua.dri.mes.tre *sm.* Espaço de quatro meses.

qua.dri.mo.tor *sm.* Avião que tem quatro motores.

qua.dri.nhos *sm. pl.* Narração de uma história por meio de desenhos e legendas dispostos numa série de pequenos quadros; história em quadrinhos.

qua.dro *sm.* Quadrilátero; quadrado; moldura de pintura; conjunto de funcionários de uma empresa; equipe.

qua.drú.ma.no *adj.* Que tem quatro mãos.

qua.dru.pe.dar *vi.* Andar em quatro pés.

qua.drú.pe.de *adj. sm.* Que, ou o que tem quatro pés.

qua.dru.pli.car *vt.* Multiplicar por quatro.

quá.dru.plo *adj.* Que é quatro vezes maior.

qual *pron. interrog.* Que (coisa, pessoa); *pron. rel.* que; *conj.* como; *interj.* indica negação, dúvida, espanto.

qua.li.da.de *sf.* Modo de ser; predicado; espécie.

qua.li.fi.ca.ção *sf.* Ação ou efeito de qualificar.

qua.li.fi.ca.do *adj.* Distinto.

qua.li.fi.car *vt.* Apreciar; classificar; considerar.

qua.li.fi.ca.ti.vo *adj. e sm.* Que, ou aquilo que qualifica.

qua.li.fi.cá.vel *adj.* Que se pode qualificar.

qual.quer *pron. indef.* Algum ou alguma; alguém.

quan.do *adv.* Em que época; *conj.* no tempo ou no momento em que; ainda que.

quan.ti.a *sf.* Soma, porção, importância (de dinheiro).

quan.ti.da.de *sf.* Grandeza expressa em número.

quan.ti.ta.ti.vo *adj.* Relativo a quantidade.

quan.to *pron. interrog.* Que quantidade; *adv.* quão.

quão *adv.* Quanto; como.

quá-quá-quá *interj.* Onomatopéia de gargalhada.

qua.ren.ta *num.* Equivalente a quatro dezenas.

qua.ren.tão *adj.* e *sm.* Que, ou aquele que tem 40 anos; quadragenário.

qua.ren.te.na *sf.* Período de quarenta dias.

qua.res.ma *sf.* Os 40 dias que vão de Quarta-Feira de Cinzas até domingo de Páscoa.

quar.ta-de-fi.nal *sf.* Num torneio disputado por eliminação, etapa em que se realizam quatro jogos com oito times buscando a classificação às semifinais.

quar.ta-fei.ra *sf.* Quarto dia da semana.

quar.tei.rão *sm.* Série de casas contíguas; quadra.

quar.tel *sm.* Edifício em que se alojam tropas; período, época; quarta parte de um século.

quar.te.to *sm.* Conjunto de quatro vozes ou instrumentos.

quar.to *sm.* A quarta parte; 15 minutos; compartimento de dormir; *num.* ordinal e fracionário de quatro.

quart.zo *sm.* Sílica natural.

qua.sar *sm.* Fonte de rádio, de origem ainda misteriosa, que, apesar do aspecto estelar que apresenta às observações ópticas, emite mais repetidamente na freqüência rádio que de qualquer grande galáxia brilhante.

qua.se *adv.* Perto; aproximadamente por pouco.

qua.tor.ze ou **ca.tor.ze** *num. card.* Uma dezena e quatro unidades.

qua.trí.duo *sm.* Espaço de quatro dias.

qua.tri.ê.nio *sm.* Espaço de quatro anos; quadriênio.

qua.tri.lhão ou **qua.tri.li.ão** *sm.* Mil trilhões.

qua.tro *num. card.* Três mais um.

qua.tro.cen.tos *num. card.* Quatro vezes cem.

que *pron. rel.* o qual; *pron. inter.* qual coisa?; *adv.* quão; *conj.* porque, pois.

quê *sm.* Alguma coisa; dificuldade.

que.bra *sf.* Perda; falência; interrupção.

que.bra-ca.be.ças *sm.* Passatempo; dificuldade.

que.bra.da *sf.* Ladeira; declive.

que.bra.dei.ra *sf. pop.* Falta de dinheiro; prostração.

que.bra.di.ço *adj.* Frágil.

que.bra.do *sm.* Fração aritmética; *adj.* partido.

que.bra.du.ra *sf.* Quebra.

que.bra-luz *sm.* Abajur.

que.bran.ta.do *adj.* Abatido.

que.bran.ta.men.to *sm.* Prostração; abatimento.

que.bran.tar *vt.* Quebrar; abater; arrasar.

que.bran.to *sm.* Prostração; fraqueza; mau-olhado.

que.bra-que.bra *sm.* Arruaça; depredação; desordem.

que.brar *vt.* Fragmentar; destruir; partir; debilitar.

que.da *sf.* Ato ou efeito de cair; *fig.* decadência.

que.dar *vi.* e *p.* Estar quedo; parar.

que.dê *express. interrog. pop.* e *fam.* Onde está?; cadê.

que.do *adj.* Quieto.

que.fa.zer *sm.* ou **que.fa.ze.res** *sm. pl.* Ocupações.

quei.ja.da *sf.* Pastel doce.

quei.ja.ri.a *sf.* Fabricação de queijos; lugar em que são fabricados queijos.

quei.jei.ra *sf.* Casa em que se fabricam queijos; queijaria; prato para guardar queijo; recipiente furado, destinado ao escorrimento do soro do queijo fresco.

quei.jei.ro *sm.* Fabricante de queijos.

quei.jo *sm.* Alimento que se obtém pela coagulação e fermentação do leite.

quei.ma *sf.* Ato ou efeito de queimar; *bras.* liquidação.

quei.ma.du.ra *sf.* Ferimento produzido pela ação do fogo.

quei.mar *vt.* Incendiar; pôr fogo a; *vp.* melindrar-se.

quei.ma-rou.pa *el. sf. da loc.* à *queima-roupa:* de muito perto; cara a cara; de repente; de improviso; de chofre.

quei.xa *sf.* Ato ou efeito de se queixar; querela.

quei.xa.da *sf.* Maxila.

quei.xal *sm.* Dente molar.

quei.xar-se *vp.* Lastimar-se.

quei.xo *sm.* Maxila dos vertebrados; mento.

quei.xo.so *adj.* Lamuriento, lastimoso; *sm.* autor de uma queixa na polícia ou na justiça; querelante.

quei.xu.me *sm.* Lamentação.

quem *pron. interrog.* Que pessoa?; *pron. rel.* o qual, a pessoa que.

quen.tão *sm.* Bebida feita de açucar queimado, especiarias, gengibre e aguardente de cana, que é servida quente.

quen.te *adj.* De temperatura elevada; sensual; legítimo.

quen.ti.nha *sf.* Embalagem de alumínio onde se transporta refeição comprada pronta; essa refeição.

quen.tu.ra *sf.* Calor.

que.pe *sm.* Boné usado por militares de vários países.

quer *conj.* Ou.

que.re.la *sf.* Pendência; queixa levada a juízo, denúncia.

que.re.lar *vt.* Queixar-se em juízo; *vp.* lastimar-se.

que.ren.ça *sf.* Afeto.

que.rer *vt.* Tencionar; exigir; desejar; pretender; estimar; *sm.* vontade.

que.ri.do *adj.* Muito estimado.

quer.mes.se *sf.* Festa beneficente com leilão de prendas, jogos, rifas, comidas, bebidas, etc.

que.ro.se.ne *sm.* Líquido resultante da destilação do petróleo, usado como combustível e como base de certos inseticidas.

que.ru.bim *sm.* Anjo de uma das hierarquias superiores.

que.si.to *sm.* Requisito.

ques.tão *sf.* Pergunta; demanda; litígio.

ques.ti.o.ná.rio *sm.* Relação, série de perguntas.

ques.ti.o.ná.vel *adj.* Suscetível de se questionar.

ques.ti.un.cu.la *sf.* Pequena questão; discussão fútil.

qui.a.bo *sm.* Fruto cônico, verde e com pelinhos.

qui.be *sm.* Iguaria da culinária árabe, feita com carne moída crua e trigo integral e temperada com hortelã e outros condimentos.

qui.be.be *sm.* Iguaria feita de abóbora amarela.

qui.çá *adv.* Talvez; porventura.

quid *sm.* O ponto difícil; o busílis.

qui.es.cen.te *adj.* Que está em descanso, em sossego.

qui.e.ta.ção *sf.* Quietude.

qui.e.tar *vt.* Tranqüilizar.

qui.e.tar.rão *adj.* Muito quieto.

qui.e.to *adj.* Tranqüilo.

qui.e.tu.de *sf.* Sossego; paz.

qui.la.tar *vt.* Aquilatar.

qui.la.te *sm.* A maior pureza ou perfeição do ouro e das pedras preciosas; qualidade.

qui.lha *sf.* Costado de navio.

qui.lhar *vt.* Pôr quilha em.

qui.lo *sm.* Quilograma.

qui.lo.gra.ma *sm.* Peso de mil gramas.

qui.lo.hertz *sm.* Unidade de medida de freqüência, igual a 1.000 hertz.

qui.lom.bo *sm.* Refúgio de escravos fugidos.

qui.lo.me.tra.gem *sf.* Marcação por quilômetros.

qui.lo.me.trar *vt.* Medir em quilômetros; marcar os quilômetros.

qui.lo.mé.tri.co *adj.* Relativo a quilômetro; muito comprido.

qui.lô.me.tro *sm.* Mil metros.

qui.lo.ton *sm.* Unidade utilizada para avaliar a energia que se desprende numa explosão nuclear, equivalente a 10^{12} calorias.

qui.lo.volt *sm.* Unidade utilizada para medir a potência aparente em circuitos de corrente alternada.

qui.lo.watt *sm.* Unidade de medida de potência ativa em circuitos elétricos de corrente alternada.

qui.me.ra *sf.* Fantasia.

qui.mé.ri.co *adj.* Fantástico.

quí.mi.ca *sf.* Ciência que estuda as propriedades das substâncias.

quí.mi.co *adj.* Que diz respeito à química; *sm.* especialista em química.

qui.mi.fi.car *vt.* Converter em quimo.

qui.mo *sm.* Pasta a que se reduzem os alimentos pela ação do suco gástrico.

qui.mo.no *sm.* Túnica aberta, cruzada na frente, de mangas largas e sem costura nas cavas; penhoar.

qui.na *sf.* Ângulo; aresta; esquina; planta medicinal originária do Peru e com propriedades antitérmicas.

qui.na.do *adj.* Disposto em grupos de cinco; *adj.* e *sm.* (vinho) preparado com quina.

qui.nau *sm.* Corretivo; emenda.

quin.dim *sm.* Requebro; doce feito com gemas de ovos, coco e açúcar.

qui.nhão *sm.* Porção; partilha; *fig.* destino.

qui.nhen.tos *num.* Cinco centenas.

qui.nho.ar *vt.* Aquinhoar.

qui.nho.ei.ro *sm.* Sócio.

qui.ni.na *sf.* Alcalóide extraído da quina.

qüin.qua.ge.ná.rio *adj.* e *sm.* Que, ou aquele que tem cinqüenta anos de idade.

qüin.qua.gé.si.ma *sf.* Espaço de 50 dias.

qüin.qüe.nal *adj.* Que dura cinco anos.

qüin.qüê.nio *sm.* Espaço de cinco anos.

quin.qui.lha.ri.a *sf.* Brinquedo de criança; miudezas de pouco valor.

quin.ta *sf.* Grande propriedade rústica; chácara.

quin.ta-co.lu.na *s.2g.* Pessoa, estrangeira ou nacional, que atua ocultamente num país em guerra, ou em vias de entrar em guerra, preparando ajuda em caso de invasão ou fazendo espionagem e propaganda subversiva; espião; traidor; *sf.* conjunto de pessoas que, em um país, auxiliam o inimigo ou o invasor.

quin.ta-fei.ra *sf.* Quinto dia da semana.

quin.tal *sm.* Pequeno terreno com jardim ou horta atrás de uma casa.

quin.te.to *sm.* Conjunto de cinco instrumentos ou vozes.

quin.ti.lhão ou **quin.ti.li.ão** *adj.* Mil quatrilhões.

quin.to *num.* O número fracionário correspondente a cinco.

quin.tos *sm. pl.* O Inferno.

quin.tu.pli.car *vt.* Multiplicar por cinco.

quín.tu.plo *num.* Que é cinco vezes maior que outro.

quin.ze *num.* Dez mais cinco.

quin.ze.na *sf.* Espaço de 15 dias.

quin.ze.nal *adj.* Respeitante a quinzena.

quin.ze.ná.rio *sm.* Periódico quinzenal.

qui.os.que *sm.* Pequena construção de madeira, em estilo oriental, para abrigo ou ornamentação de praças e jardins; pavilhão de madeira, localizado em praças, jardins, etc., onde se vendem jornais, cigarros, bebidas, etc.

qüi.pro.quó *sm.* Confusão; situação cômica resultante de equívoco.

qui.re.ra *sf.* Milho quebrado.

qui.ro.man.ci.a *sf* Adivinhação do futuro pelas linhas da mão.

quis.to *sm. med.* Tumor.

qui.ta.ção *sf.* Ato ou efeito de quitar, saldar; recibo de pagamento.

qui.tan.da *sf.* Lugar onde se vendem comestíveis, etc.

qui.tan.dei.ro *sm.* Dono de quitanda.

qui.tar *vt.* Perdoar; saldar dívidas, contas.

qui.te *adj.* Que saldou as suas contas; livre.

qui.ti.ne.te *sf.* Cozinha muito pequena, própria de apartamento; apartamento pequeno, sem separação de quarto e sala, com minúscula cozinha.

qui.tu.te *sm.* Iguaria delicada.

qui.tu.tei.ro *sm.* Pessoa que sabe preparar quitutes.

qui.xo.ta.da *sf.* Bazófia ridícula.

qui.xo.tes.co *adj.* Relativo a Dom Quixote, personagem de Cervantes, metido em lutas utópicas; romântico; sonhador; ridículo.

qui.xo.ti.ce *sf.* Quixotada.

qui.zí.lia *sf.* Repugnância; aversão; birra; briga.

quo.ci.en.te *sm.* Resultado de divisão.

quo.rum *sm.* Número mínimo de pessoas presentes exigidos por lei ou estatuto para que um órgão coletivo funcione.

quo.ta *sf.* Cota.

quo.ta-par.te *sf.* Lote.

quo.ti.di.a.no *adj.* Cotidiano.

quo.ti.zar *vt.* Cotizar.

R

r *sm.* Décima sétima letra do alfabeto.

rã *sf.* Nome comum a vários anfíbioa anuros, em especial os da família dos ranídeos.

ra.ba.da *sf.* A carne do rabo do boi ou da vaca; iguaria preparada com essa carne cozida em molho.

ra.ba.na.da *sf.* Golpe com o rabo; fatia de pão embebida em ovos batidos, passada em leite com açúcar e frita.

ra.bão *adj.* Que tem o rabo cortado ou curto.

ra.be.ar *vi.* Mexer com o rabo ou com o traseiro; ratejar agitando a cauda; caminhar sinuosamente.

ra.be.ca *sf.* Violino.

ra.be.cão *sm.* Contrabaixo.

ra.bei.ra *sf.* Cauda de vestido; parte traseira de um veículo; parte final de uma série; rastro; vestígio.

ra.be.lai.si.a.no *adj.* Relativo a François Rabelais, escritor renascentista francês (1494-1553), ou próprio dele; mordaz; picante; satírico; libertino; devasso; licencioso.

ra.bi *sm.* Rabino.

ra.bi.cho *sm.* Trança de cabelo pendente da nuca.

ra.bi.có *adj.* Que não tem rabo.

rá.bi.do *adj.* Furioso.

ra.bi.no *sm.* Doutor da lei judaica; sacerdote do culto judáico; rabi.

ra.bi.o.so *adj.* Irritado.

ra.bis.ca.dor *adj.* e *sm.* Que, ou que rabisca.

ra.bis.car *vi.* Fazer rabiscos; encher de rabiscos; escrever muito mal.

ra.bis.co *sm.* Garatuja.

ra.bo *sm.* Prolongamento inferior da coluna vertebral de muitos animais, cauda; nos répteis, peixes e insetos, extremidade oposta à cabeça; tufo de penas que nasce no uropígio das aves.

ra.bo-de-ar.rai.a *sm.* Golpe violento de capoeira.

ra.bo-de-ga.lo *sm.* Aperitivo feito com aguardente e vermute.

ra.bo-de-pei.xe *sm.* Automóvel de luxo dos anos 1950 e 1960, que tinha os pára-lamas traseiros muito altos, lembrando a nadadeira caudal dos peixes.

ra.bo-de-sai.a *sm. bras. fam.* Mulher.

ra.bo.na *sf.* Jaquetão.

ra.bo.te *sm.* Plaina grande de carpinteiro.

ra.bu.gen.to *adj.* Impertinente; mal-humorado ou neurastênico.

ra.bu.gi.ce *sf.* Impertinência; mau humor.

rá.bu.la *sm.* Advogado chicaneiro, que embaraça as causas com os artifícios que a lei lhe faculta; aquele que advoga sem ser diplomado.

ra.bu.li.ce *sf.* Chicana.

ra.ça *sf.* Geração, estirpe, origem; conjunto dos ascendentes e descendentes de uma mesma família ou de um mesmo povo; cada uma das famílias em que se divide a espécie humana; grupo de seres caracterizados por qualidades análogas; descendente; tipo; casta; classe; categoria; espécie.

ra.ção *sf.* Porção de alimento para uma refeição; a quantia de comida dada a alguém ou a animais, diariamente.

ra.cha *sf.* Fenda; greta; jogo; contenda; *pop.* competição.

ra.cha.dor *adj.* e *sm.* Que, ou aquele que racha.

ra.char *vt.* Fender; partir; abrir ao meio; dividir com violência; gretar; bater causando fenda ou racha.

ra.ci.al *adj.* Relativo à raça.

ra.ci.o.ci.nar *vi.* Fazer raciocínios; fazer uso da razão; fazer cálculos; *vt.* apresentar razões; discorrer sobre alguma coisa; pensar; ponderar.

ra.ci.o.cí.nio *sm.* Ato, faculdade ou maneira de raciocinar; encadeamento de argumentos; juízo; ponderação; razão; critério.

ra.ci.o.nal *adj.2g.* Que tem a faculdade de raciocinar; de acordo com a razão; que só se concebe pela razão; de fácil apreensão pela inteligência; *sm.* o ser que pensa; o homem; aquilo que é de razão.

ra.ci.o.na.li.da.de *sf.* Qualidade do que é racional.

ra.ci.o.na.lis.mo *sm.* Doutrina filosófica que antepõe a razão ao sentimento, ou dos que rejeitam o sobrenatural.

ra.ci.o.na.li.zar *vt.* Tornar racional; reflexivo; tornar, através de métodos científicos, mais eficiente (trabalho, operação, processo).

ra.ci.o.nar *vt.* Determinar a ração, a cota, a porção (de alimentos, de gasolina etc.); impor oficialmente a ração a.

ra.cis.mo *sm.* Teoria que sustenta a superioridade de certas raças humanas sobre as demais; qualidade, sentimento ou ato de indivíduo racista.

ra.dar *sm.* Sistema ou equipamento de emissão de ondas eletromagnéticas extracurtas, as quais, refletindo-se num objeto, acusam a presença do mesmo e possibilitam sua localização.

ra.di.a.ção *sf.* Espécie de energia como a luz e o calor; feixe de partículas materiais (líquido, sólido ou gás), em movimento; fluxo luminoso emitido por unidade de superfície.

ra.di.a.dor *sm.* Aparelho refrigerador de motores ou aquecedor de ambientes.

ra.di.al *adj.* Que emite raios; *sf.* avenida que vai do centro para a periferia da cidade em linha reta ou quase reta.

ra.di.an.te *adj.2g.* Que radia ou emite raios; que brilha muito; fulgurante; cheio de alegria, contentamento.

ra.di.ar *vi.* Emitir raios de luz ou de calor; cintilar refulgir; irradiar.

ra.di.cal *adj.* Pertencente ou relativo à raiz; relativo a base ou fundamento; completo; que pretende reforma absolutas em política; *sm. gram.* parte invariável de uma palavra; indivíduo partidário do radicalismo.

ra.di.ca.lis.mo *sm.* Sistema político que prega transformações completas na organização social existente; comportamento inflexível.

ra.di.ca.li.zar *vt.* Tornar radical.

ra.di.car *vt.* Enraizar.

ra.di.ce.la *sf.* Radícula.

ra.dí.cu.la *sf.* Raiz pequena.

rá.dio *sm.* Osso do antebraço; elemento, metal alcalino terroso, radiativo, símbolo: Ra, de número atômico 88; radiofonia; aparelho transmissor ou receptor de sinais radiofônicos; *sf.* radiodifusora; radioemissora.

ra.di.o.a.ma.dor *sm.* Aquele que opera, sem finalidade lucrativa, estação particular de rádio; *adj.* relativo a radioamador ou a radiomadorismo.

ra.di.o.a.ma.do.ris.mo *sm.* Atividade de radioamador.

ra.di.o.a.ti.vi.da.de ou **ra.di.a.ti.vi.da.de** *sf.* Propriedade de qualquer sistema que irradia; propriedade que têm alguns nuclídeos de emitir espontaneamente partículas ou radiação eletromagnética, e que é característica de uma instabilidade de seus núcleos.

ra.di.o.a.ti.vo ou **ra.di.a.ti.vo** *adj.* Que tem radioatividade, que irradia.

ra.di.o.e.mis.so.ra *sf.* Estação emissora de rádio.

ra.di.o.gra.far *vt.* Expedir radiograma.

ra.di.o.gra.fi.a *sf.* Fotografia por meio de raios X; cópia de uma chapa de radiografia.

ra.di.o.gra.ma *sm.* Comunicação pela telegrafia sem fio.

ra.di.o.pa.tru.lha *sf.* Patrulha policial feita com automóvel equipado com aparelho receptor e transmissor de rádio.

ra.di.os.co.pi.a *sf.* Exame por meio de raios X.

ra.di.o.tá.xi *sm.* Serviço que, após solicitação feita pelo telefone, envia um táxi ao local onde se encontra o passageiro; esse tipo de táxi.

ra.di.o.te.le.fo.ni.a *sf.* Telefonia sem fio; transmissão dos sons através do espaço por meio de ondas eletromagnéticas.

ra.di.o.te.le.gra.fi.a *sf.* Telegrafia sem fio.

ra.di.o.te.ra.pi.a *sf.* Tratamento pelos raios X; tratamento terapêutico pela aplicação de raios de rádio; de cobalto 60, etc.

ra.fa *sf.* Maré forte; *gír.* Fome; miséria; penúria.

ra.fa.e.les.co *adj.* Relativo a Rafael Sanzio (1483-1520), pintor renascentista italiano ou próprio dele.

ra.glã *adj.* Diz-se da manga cortada de modo que a cava termina no decote, não tendo costura no ombro; diz-se de peça do vestuário com manga raglã.

ra.gu *sm.* Carne, em especial de vitela ou de carneiro, ensopada ou guisada com legumes, e molho abundante.

rai.a *sf.* Risca; traço; linha da palma das mãos; pista de corridas de cavalos; fronteira; *sm. pl.* extremo, fim, limite.

rai.a.do *adj.* Que tem raias ou riscas.

rai.ar *vi.* Brilhar; *vt.* traçar raias.

ra.i.nha *sf.* Soberana de um reino; peça de xadrez.

rai.o *sm.* Traço ou linha de luz, que os astros e outros corpos luminosos emitem; a luz que emana de um foco luminoso e segue em trajetória relínea em determinada direção; descarga elétrica na atmosfera; luz intensa e viva; claridade; manifestação de uma radiação, perceptível ou não pelos sentidos; *fig.* tudo aquilo que destrói ou fulmina; desgraça; fatalidade; sinal, vislumbre, indício; a distância que se estende em todos os sentidos de uma área, a partir de um ponto central; segmento de reta que vai de uma circunferência até o seu centro.

rai.om *sm.* Designação comum a diversas fibras têxteis de aspecto e consistência sedosos, feitas de celulose; seda artificial feita com estas fibras.

rai.va *sf.* Ira, furor; hidrofobia.

rai.vo.so *adj.* Furioso.

ra.iz *sf.* Parte inferior da planta; *fig.* origem.

ra.já *sm.* Potentado indiano.

ra.ja.da *sf.* Vento forte; seqüência de tiros.

ra.jar *vt.* Raiar; estriar.

ra.la.ção *sf.* Apoquentação; ato de ralar.

ra.la.dor *sm.* Aparelho próprio para ralar; ralo.

ra.lar *vt.* Reduzir a migalhas ou a pó por meio do ralador; *fig.* atormentar.

ra.lé *sf.* A camada mais baixa da sociedade; plebe; o refugo social; populacho.

ra.lhar *vi.* Repreender.

ra.lho *sm.* Ato de ralhar.

ra.li *sm.* Competição automobilística (ou de motocicleta), destinada a comprovar a habilidade do piloto e/ou a qualidade do veículo.

ra.lo *sm.* Peça para ralar; ralador; crivo; lâmina com orifícios que se adapta à boca de encanamentos, para escoar água e outros líquidos; *adj.* pouco espesso.

RAM *inform.* Circuito eletrônico no qual podem ser gravadas e lidas informações; em qualquer ordem e em qualquer de suas posições, mas só retém as informações gravadas enquanto o circuito estiver energizado.

ra.ma *sf.* Os ramos ou a folhagem das plantas; ramagem.

ra.ma.dã ou **ra.ma.dão** *sm.* O nono mês do ano muçulmano, considerado sagrado, durante o qual a lei de Maomé prescreve o jejum num período diário entre o alvorecer e o pôr-do-sol; o jejum observado durante esse mês.

ra.ma.gem *sf.* Rama.

ra.mal *sm.* Estrada de ferro ou de rodagem secundária que se deriva da principal (tronco); circuito derivado, em instalação telefônica ou elétrica; cada uma das ramificações internas de uma rede telefônica particular; ramo; ramificação; divisão.

ra.ma.lha.da *sf.* Porção de ramos; rama.

ra.ma.lhar *vt.* Fazer sussurrar os ramos de.

ra.ma.lhe.te *sm.* Pequeno molho de flores; buquê.

ra.ma.ri.a *sf.* Ramagem.

ra.mei.ra *sf.* Meretriz.

ra.mer.rão *sm.* Repetição fastidiosa; rotina.

ra.mi *sm.* Erva da família das urticáceas cujo caule e grandes folhas fornecem fibra têxtil; tecido feito com essa fibra.

ra.mi.fi.ca.ção *sf.* Ato ou efeito de ramificar.

ra.mi.fi.car *vt.* Dividir em ramos; dividir; subdividir.

ra.mo *sm.* Subdivisão do caule das plantas; galho; molho de flores ou de folhagens ou de flores e folhagens; ramificação.

ram.pa *sf.* Ladeira.

ra.mús.cu.lo *sm.* Pequeno ramo; ramalhete.

ran.çar *vi.* Criar ranço.

ran.chei.ra *sf.* Certa dança de origem argentina.

ran.cho *sm.* Comida para soldados ou presos; habitação rústica; magote de gente.

rân.ci.do *adj.* Rançoso.

ran.ço *sm.* Alteração de substância gordurosa em contato com o ar, tomando cheiro e sabor desagradáveis.

ran.cor *sm.* Ódio profundo e oculto.

ran.co.ro.so *adj.* Que revela ódio.

ran.ço.so *adj.* Que tem ranço.

ran.de.vu *sm.* Casa de tolerância; prostíbulo.

ran.ge.dor *adj.* Que range.

ran.ger *vi.* Produzir som áspero.

ran.gi.do *sm.* Ato ou efeito de ranger; chiado.

ra.nhe.ta *s.2g.* Rabugento.

ra.nho *sm.* Muco das fossas nasais; monco.

ra.nhu.ra *sf.* Entalhe.

ran.zin.za *adj.* Birrento.

ran.zin.zar *vi.* Mostrar-se ranzinza, impertinente.

ra.pa *sf.* Jogo de rapazes; *sm. bras.* carro oficial com fiscais incumbidos de apreender as mercadorias de marreteiros.

ra.pa.ce *adj.* Rapinante.

ra.pa.dei.ra *sf.* Instrumento com que se rapa.

ra.pa.du.ra *sf.* Ato de rapar; açúcar mascavo coagulado.

ra.pa.gão *sm.* Rapaz forte.

ra.pa.pé *sm.* Bajulação.

ra.par *vt.* Raspar; roubar.

ra.pa.ri.ga *sf.* Mulher nova.

ra.paz *sm.* Moço; jovem.

ra.pa.zi.a.da *sf.* Reunião de rapazes; estroinice.

ra.pé *sm.* Tabaco em pó para cheirar.

ra.pi.dez *sf.* Velocidade.

rá.pi.do *adj.* Ligeiro; veloz.

ra.pi.na *sf.* Ato ou efeito de rapinar, roubar.

ra.pi.nan.te *adj.* e *sm.* Que, ou aquele que rapina.

ra.pi.nar *vt.* Roubar; tirar.

ra.po.sa *sf.* Mamífero carnívoro da família do canídeos; *fig.* pessoa manhosa.

rap.só.dia *sf.* Composição musical de cantos tradicionais.

rap.tar *vt.* Roubar; arrebatar.

rap.to *sm.* Roubo.

rap.tor *adj.* e *sm.* Que, ou aquele que rapta.

ra.que.te ou **ra.que.ta** *sf.* Instrumento manejado por meio de um cabo longo e usado em jogos como pingue-pongue, frescobol, tênis, etc., objeto para andar na neve.

ra.qui.a.nes.te.si.a *sf.* Anestesia por injeção do anestésico no canal raquiano.

ra.qui.a.no *adj.* Relativo à espinha dorsal.

ra.qui.di.a.no *adj.* Relativo à espinha dorsal.

ra.quí.ti.co *adj.* Franzino.

ra.qui.tis.mo *sm.* Doença infantil caracterizada por deformações do esqueleto.

ra.re.ar *vt.* Tornar raro.

ra.re.fa.zer *vt.* Tornar menos denso; desaglomerar.

ra.re.fei.to *adj.* Menos denso.

ra.ri.da.de *sf.* Qualidade do que é raro, incomum; objeto raro.

ra.ro *adj.* Pouco vulgar; *adv.* poucas vezes.

ra.san.te *adj.* Raso; diz-se de fortificação cujos muros têm pouca altura em relação ao terreno em que foi construída; que efetiva trajetória, no ar, muito próxima ao solo; *sm.* vôo rasante (de avião).

ras.cu.nhar *vt.* Esboçar.

ras.cu.nho *sm.* Esboço.

ras.gar *vt.* Abrir fenda, desligando os tecidos; destruir em fragmentos.

ras.go *sm.* Rasgadura; fenda; ação exemplar.

ra.so *adj.* Liso; plano; rasteiro; de pouca fundura.

ra.sou.rar *vt.* Igualar.

ras.pa *sf.* Pequena apara.

ras.pão *sm.* Arranhadura.

ras.par *vt.* Desbastar, alisar; ferir de raspão.

ras.ta.qüe.ra *s.2g.* Pessoa recém-enriquecida que aproveita qualquer oportunidade para chamar a atenção, pelo luxo que ostenta e pelos gastos que faz; *adj.* próprio de rastaqüera.

ras.tei.ro *adj.* Que anda de rastos; humilde; que se eleva a pequena altura.

ras.te.lo *sm.* Instrumento com que se limpa o terreno; ancinho.

ras.te.jar *vt.* Seguir o rasto; *vi.* andar de rastos.

ras.to ou **ras.tro** *sm.* Vestígio; pegada.

ras.ti.lho *sm.* Sulco cheio de pólvora ou fio embebido em substância inflamável para atear fogo a alguma coisa.

ras.tre.a.men.to ou **ras.trei.o** *sm.* Ação ou efeito de rastrear; processo de acompanhar um míssil, espaçonave, etc. por meio de radar, rádio ou fotografia.

ras.tre.ar *vt.* e *int.* Limpar a terra com rastilho; fazer o rastreamento de; calcular aproximadamente; quase acertar.

ras.tri.lho *sm.* Grade, rastelo para limpar a terra.

ra.su.ra *sf.* Raspagem em escrita, dificultando a leitura.

ra.ta.plã *sm.* Onomatopéia do toque do tambor.

ra.ta *sf.* Fêm. do rato; *bras.* fiasco; gafe.

ra.ta.za.na *sf.* Rato grande de qualquer sexo.

ra.té *adj.* e *sm.* Diz-se de, ou pessoa que, por falta de talento ou de sorte, não conseguiu impor-se, vencer na vida particular ou profissional.

ra.ti.fi.car *vt.* Comprovar; reafirmar.

ra.to *sm.* Pequeno mamífero da ordem dos roedores; *fig.* freqüentador assíduo (de livrarias, igrejas, etc.).

ra.to.ei.ra *sf.* Utensílio para apanhar ratos.

ra.vi.na *sf.* Enxurrada que cai de lugar elevado; escavação provocada pela enxurrada; barranco.

ra.vi.ó.li *sm.* Pequeno pastel cozido, recheado com carne, ricota, etc.

ra.zão *sf.* Capacidade humana para refletir, comparar, conhecer, julgar, entender; raciocínio; inteligência; bom senso; a lei moral, direito; causa, motivo; justificativa de uma atitude, um ponto de vista, etc.; relação de grandezas da mesma espécie; conta ou conta corrente; em livro em que é lançado o resumo da escrituração de débito e de crédito; *razão social:* nome comercial ou industrial de certa atividade.

ra.zo.á.vel *adj.* Sensato.

ré *sf.* Mulher criminosa; a parte de trás; *sm.* nota musical.

re.a.ber.tu.ra *sf.* Ato ou efeito de reabrir.

re.a.brir *vt.* Tornar a abrir.

re.a.ção *sf.* Ato ou efeito de reagir.

re.ad.mi.tir *vt.* Admitir novamente.

re.ad.qui.rir *vt.* Tornar a adquirir.

re.a.gen.te *sm.* Substância química com certas propriedades.

re.a.gir *vt.* Opor-se; resistir.

re.al *adj.* Relativo a rei ou realeza; verdadeiro; *sm.* desde julho de 1994, unidade monetária do Brasil.

re.al.çar *vt.* Salientar; avivar.

re.al.ce *sm.* Distinção; relevo.

re.a.le.za *sf.* Dignidade de rei.

re.a.li.da.de *sf.* Qualidade do que é real, verdadeiro.

re.a.lis.mo *sm.* Qualidade ou estado do que é real; doutrina estética segundo a qual a arte deve expressar somente os caracteres essenciais da realidade; movimento artístico e literário que se opôs ao Romantismo; maneira de enfrentar a realidade objetivamente.

re.a.li.zar *vt.* Efetuar.

re.a.ni.mar *vt.* Dar novo ânimo a; vivificar.

re.as.su.mir *vt.* Assumir de novo.

re.a.tar *vt.* Atar de novo.

re.a.tor *adj.* e *sm.* Que reage; *sm.* motor propulsor de reação em que a energia térmica de combustão se transforma em energia cinética por expansão.

re.a.ver *vt.* Recuperar.

re.bai.xar *vt.* Tornar mais baixo; *vp.* humilhar-se.

re.ba.nho *sm.* Porção de gado; grei; *fig.* grêmio.

re.bar.ba *sf.* Aresta.

re.ba.te *sm.* Ato ou efeito de rebater; alarme.

re.ba.ter *vt.* Repelir; contestar.

re.be.lar *vt.* Revoltar.

re.bel.de *adj.* Insurgente, revoltoso; que se rebela contra a autoridade constituída; teimoso; indomável; revolucionário.

re.bel.di.a *sf.* Qualidade ou ação de rebelde.

re.be.li.ão *sf.* Insurreição; revolta; conjuração.

re.ben.tar *vi.* Explodir; estourar; desabrochar; quebrar-se com violência; desencadear-se; fazer-se em pedaços; irromper; lançar brotos.

re.ben.to *sm.* Renovo; filho.

re.bi.tar *vt.* Arrebitar.

re.bi.te *sm.* Prego de duas cabeças.

re.bo.ar *vi.* Retumbar.

re.bo.co (ô) *sm.* Argamassa de cal e areia para revestir paredes; reboque.

re.bo.car *vt.* Levar a reboque; cobrir de reboco.

re.bo.lar *vt.* Mover como uma bola; saracotear.

re.bo.lir *vi.* Rebolar-se.

re.bo.lo *sm.* Pedra redonda e própria para amolar, afiar.

re.bo.que *sm.* Ação ou efeito de rebocar veículo; corda ou cabo para rebocar; veículo sem tração própria que é rebocado por outro; guincho (veículo); reboco.

re.bor.do *sm.* Borda revirada.

re.bo.ta.lho *sm.* Refugo.

re.bo.tar *vt.* Embotar.

re.bri.lhar *vi.* Resplandecer.

re.bu.ça.do *sm.* Porção de açúcar em ponto de bala; *adj.* encoberto; disfarçado.

re.bu.çar *vt.* Esconder; disfarçar; velar.

re.bu.ço *sm.* Gola; disfarce.

re.bu.li.ço *sm.* Bulha; desordem.

re.bus.ca.do *adj.* Apurado; requintado.

re.bus.car *vt.* Buscar de novo, requintar.

re.ca.do *sm.* Mensagem.

re.ca.ir *vi.* Cair, recair; adoecer de novo; reincidir.

re.cal.car *vt.* Repisar; reprimir; refrear.

re.cal.ci.trar *vt. ei.* Resistir, desobedecendo; teimar.

re.cal.que *sm.* Exclusão do campo da consciência de sentimentos e desejos, mas que continuam a fazer parte da vida psíquica, suscitando muitos distúrbios.

re.ca.mar *vt.* Ornar; adornar.

re.cam.bi.ar *vt.* Devolver um título de crédito não pago ou aceito; reenviar.

re.ca.mo *sm.* Ornato em relevo.

re.can.to *sm.* Lugar retirado ou oculto; esconderijo.

re.ca.pe.ar *vt.* Recobrir (estrada, rua) com nova camada de asfalto.

re.ca.pi.tu.lar *vt.* Resumir; compendiar; recordar.

re.ca.ta.do *adj.* Prudente; sensato; pudico.

re.ca.tar *vt.* Guardar com recato; resguardar.

re.ca.to *sm.* Resguardo; prudência; honestidade; pudor.

re.cau.chu.ta.gem *sf.* Ato ou efeito de recauchutar; recapagem.

re.cau.chu.tar *vt.* Reconstituir a face de rodagem do pneu, aplicando-lhe nova camada de borracha; restaurar; reconstituir.

re.ce.ar *vt.* Ter receio ou medo.

re.ce.be.do.ri.a *sf.* Repartição onde se recebem impostos.

re.ce.ber *vt.* Aceitar; cobrar; admitir; entrar na posse de; obter por remessa ou comunicação; ser alvo de honras, homenagens, etc.; obter o gozo de; aceitar; obter por concessão legal; acolher, receber, hospedar, acolher visitas; sofrer influência de; ser vítima de.

re.cei.o *sm.* Incerteza, acompanhada de temor.

re.cei.ta *sf.* Rendimento; quantia recebida; fórmula.

re.cei.tar *vt.* Prescrever como médico; aconselhar.

re.cei.tu.á.rio *sm.* Conjunto de receitas; formulário para medicamentos.

re.cém-nas.ci.do *adj.* e *sm.* Que, ou criança que nasceu há pouco.

re.cen.der *vt.* Exalar perfume; cheirar.

re.cen.se.a.men.to *sm.* Arrolamento de pessoas ou de animais; censo.

re.cen.se.ar *vt.* Fazer o recenceamento de; enumerar; apreciar; considerar; relacionar; arrolar.

re.cen.te *adj.* Que aconteceu há pouco; atual.

re.ce.o.so *adj.* Que tem receio; tímido; acanhado.

re.cep.ção *sf.* Ato ou efeito de receber; festa.

re.cep.tá.cu.lo *sm.* Lugar onde se juntam ou guardam coisas; abrigo; recipiente.

re.cep.tar *vt.* Recolher ou esconder objetos furtados por outrem.

re.cep.ti.vo *adj.* Que recebe; impressionável; acolhedor; compreensivo.

re.cep.tor *adj.* Que recebe; *sm.* recebedor.

re.ces.são *sf.* Recuo; ação de tornar atrás; retroceder; período de supressão ou restrição das atividades produtivas ou comerciais, caracterizado por declínio de vendas, lucros e empregos.

re.ces.so *sm.* Retiro; recanto; suspensão temporária das atividades do legislativo e do judiciário; *fig.* âmago.

re.cha.çar *vt.* Repelir; desbaratar; rebater.

re.che.ar *vt.* Encher de recheio; enriquecer.

re.chei.o *sm.* Tudo aquilo com que se preenche uma cavidade interna.

re.chon.chu.do *adj.* Gordo; nédio; gorducho.

re.ci.bo *sm.* Declaração por escrito de se ter recebido alguma coisa.

re.ci.cla.gem *sf.* Atualização de conhecimentos; reaproveitamento de material usado.

re.ci.fe *sm.* Rochedo no mar, à flor da água.

re.cin.to *sm.* Determinado espaço.

re.ci.pi.en.te *adj.* Que recebe; *sm.* vaso que recebe.

re.ci.pro.car *vt.* Tornar recíproco; mutuar.

re.cí.pro.co *adj.* Que se troca; mútuo; mutual.

ré.ci.ta *sf.* Representação teatral.

re.ci.tal *sm.* Concerto.

re.ci.tar *vt.* Declamar.

re.cla.ma.ção *sf.* Ato ou efeito de reclamar, protestar.

re.cla.man.te *s.2g.* Pessoa que reclama, protesta.

re.cla.mar *vi.* e *vt.* Exigir; protestar; reivindicar; pedir insistentemente a devolução ou a entrega; queixar-se; pedir solicitar; demandar; ter necessidade.

re.cla.me *sm.* Publicidade; propaganda; reclamo.

re.cla.mo *sm.* Clamor, grito, chamado; exigência, reivindicação; reclamação; propaganda; chamariz.

re.cli.nar *vt.* Dobrar; recurvar; descansar; recostar-se.

re.clu.são *sf.* Encerramento; prisão.

re.clu.so *adj.* Encerrado; encarcerado.

re.co.brar *vt.* Recuperar; adquirir de novo; retomar; *vp.* restabelecer-se; recuperar-se; livrar-se (de algo aflitivo).

re.co.brir *vt.* Cobrir bem.

re.co.lher *vt.* Arrecadar; cobrar; receber; reunir; juntar; pôr ao abrigo; dar hospitalidade a; receber; guardar; fazer a colheita de; obter como resultado; retrair, encolher; puxar para si; retirar de circulação; *vp.* refugiar-se; retirar-se; voltar para casa, recolher; ir para a cama ou para o quarto.

re.co.me.çar *vt., vi.* e *intr.* Começar de novo.

re.co.men.dar *vt.* Aconselhar; pedir benevolência ou favor para alguém; apresentar ou enviar saudações.

re.com.pen.sa *sf.* Prêmio.

re.com.pen.sar *vt.* Retribuir; compensar; premiar.

re.com.por *vt.* Dar nova forma; tornar a compor; reorganizar; restabelecer; recuperar; reconciliar; harmonizar.

re.côn.ca.vo *sm.* Enseada; terra em volta de cidade ou porto.

re.con.ci.li.ar *vt.* Restabelecer a paz entre; harmonizar.

re.côn.di.to *adj.* Escondido; retirado; *sm.* recanto.

re.con.du.zir *vt.* Conduzir de novo; devolver o cargo a quem dele fora afastado.

re.con.for.tar *vt.* Revigorar.

re.con.gra.çar *vt.* Reconciliar.

re.co.nhe.cer *vt.* Conhecer de novo; admitir como certo; admitir como legal; perfilhar; identificar; verificar; certificar-se; constatar; confessar; aceitar; compreender; mostrar-se agradecido por; examinar a situação de; declarar; proclamar; dar a conhecer; identificar.

re.co.nhe.ci.men.to *vi.* Ato ou efeito de reconhecer; gratidão.

re.con.si.de.rar *vi.* Refletir; tomar nova resolução.

re.cons.ti.tu.ir *vt.* Recompor; restabelecer; restaurar.

re.cons.tru.ir *vt.* Construir de novo, reorganizar.

re.con.tro *sm.* Embate; conflito; peleja.

re.cor.da.ção *sf.* Lembrança; memória.

re.cor.dar *vt.* Fazer vir à lembrança; lembrar-se de; lembrar; ser parecido; fazer lembrar; fazer vir à memória novamente.

re.cor.de *sm.* Realização, proeza que ultrapassa as conseguidas anteriormente; feito inédito.

reco-re.co *sm.* Instrumento de percussão; ruído semelhante ao que é produzido por esse instrumento; brinquedo infantil; pequena festa dançante.

re.cor.ren.te *s.2g.* Pessoa que recorre de uma sentença judicial; *adj.* que se repete com as mesmas características.

re.cor.rer *vt.* Tornar a percorrer; esquadrinhar; investigar; trazer à imaginação; evocar; dirigir-se pedindo proteção; lançar mão; valer-se; lançar mão de recurso judicial; apelar.

re.cor.tar *vt.* Cortar, fazendo determinada figura; separar, cortando.

re.cor.te *sm.* Ato ou efeito de recortar.

re.co.ser *vt.* Coser novamente.

re.cos.tar *vt.* Inclinar; reclinar; encostar.

re.co.zer *vt.* Cozer de novo.

re.cre.ar *vt.* Divertir.

re.cre.a.ti.vo *adj.* Que diverte.

re.crei.o *sm.* Divertimento; lugar onde as pessoas se recreiam.

re.cri.ar *vt.* Criar novamente;; tornar a criar.

re.cri.mi.nar *vt.* Censurar; criticar; repreender; acusar de falta no crime.

re.cru.des.cer *vi.* Aumentar; agravar-se.

re.cru.ta *sm.* Soldado principiante; novato.

re.cru.tar *vt.* Alistar para o serviço militar; engajar; aliciar adeptos; arrebanhar.

ré.cua *sf.* Conjunto de animais de carga; súcia, caterva.

re.cu.ar *vi.* Andar para trás; retroceder; perder ou ceder terreno; hesitar; desistir de um intento; voltar atrás; atrasar-se; retroceder; desistir; renunciar.

re.cu.o *sm.* Ato ou efeito de recuar, afastar-se.

re.cu.pe.rar *vt.* Voltar à posse de; adquirir novamente.

re.cur.so *sm.* Apelação judicial; auxílio; remédio; *pl.* posses; meios.

re.cur.var *vt.* Inclinar; encurvar; dobrar.

re.cu.sar *vt.* Não aceitar; *vp.* opor-se.

re.da.ção *sf.* Ato ou efeito de redigir; conjunto de redatores.

re.dar.güir *vt.* Replicar a quem argüiu.

re.da.tor *sm.* Pessoa que escreve para jornais.

re.de *sf.* Tecido feito com fios que formam malhas, mais ou menos largas, que deixam a água escoar e retém os peixes; o mesmo tecido usado para apanhar morcegos ou aves; tecido de arame; entrelaçamento de nervos; espécie de leito balouçante; distribuição dos meios de comunicação, das vias de transporte, de circuitos elétricos, de canalização de água, esgoto, luz; conjunto de estabelecimentos de uma instituição distribuídos em filiais; cilada.

ré.dea *sf.* Correia que serve para guiar as cavalgaduras; *fig.* direção, governo.

re.den.tor *sm.* Aquele que redime ou resgata.

re.di.gir *vt.* Exprimir por escrito; escrever artigos para periódicos; redigir reportagens; escrever; saber escrever.

re.dil *sm.* Curral.

re.di.mir *vt.* e *p.* Remir.

re.di.vi.vo *adj.* Que voltou à vida; ressuscitado.

re.do.brar *vt.* Tornar a dobrar; tornar quatro vezes maior; quadruplicar; aumentar muito; intensificar.

re.do.ma *sf.* Campânula para resguardar da poeira objetos delicados.

re.don.de.za *sf.* Cercania; vizinhança.

re.don.do *adj.* Esférico; cilíndrico; curvo.

re.dor *sm.* Contorno; circuito; arrabalde; roda.

re.du.ção *sf.* Ato ou efeito de reduzir, diminuir.

re.du.cen.te *adj.* Que reduz.

re.dun.dân.cia *sf.* Pleonasmo.

re.dun.dan.te *adj.* Excessivo; repetitivo.

re.dun.dar *vi.* Sobejar provir; incidir.

re.du.to *sm.* Espaço fechado; seguro.

re.du.zir *vt.* Tornar menor; restringir; subjugar; separar de um composto; fazer redução de; abrandar; aplacar; abreviar; resumir; transformar; converter; obrigar, forçar; arrastar; trocar; cambiar.

re.e.di.ção *sf.* Nova edição.

re.e.di.fi.car *vt.* Reconstruir.

re.e.le.ger *vt.* Eleger de novo.

re.em.bol.sar *vt.* Restituir a alguém o dinheiro desembolsado; ressarcir de danos e prejuízos; indenizar.

re.em.bol.so *sm.* Pagamento de quantias devidas a alguém; ressarcimento de danos e perdas; indenização.

re.en.trân.cia *sf.* Ângulo ou curva para dentro.

re.es.ca.lo.na.men.to *sm.* Ação ou efeito de reescalonar.

re.es.ca.lo.nar *vt.* Fixar novos prazos.

re.fa.zer *vt.* Reformar; consertar; reparar; alimentar.

re.fei.ção *sf.* Alimentos tomados a certas horas do dia.

re.fei.to *adj.* Restaurado.

re.fei.tó.rio *sm.* Sala de refeições em colégios, quartéis, etc.

re.fe.rên.cia *sf.* Alusão.

re.fe.ren.do *sm.* Mensagem que um representante diplomático expede a seu governo pedindo novas instruções; direito que têm os cidadãos de se pronunciar diretamente a respeito das questões de interesse geral.

re.fe.ren.te *adj.* Que diz respeito, relativo a.

re.fe.ri.do *adj.* Citado.

re.fe.rir *vt.* Narrar; contar; relatar; mencionar; alegar; citar; atribuir; imputar; aplicar, destinar; *vp.* reportar-se; aludir; dizer respeito; ter relação.

re.fer.to *adj.* Muito cheio; pleno; abundante.

re.fi.na.do *adj.* Que se refinou; requintado; amaneirado.

re.fi.nar *vt.* Tornar mais fino; apurar; aprimorar; refinar.

re.fi.na.ri.a *sf.* Lugar próprio para refinar; usina de refinação (de açúcar, petróleo, etc.).

re.fle.tir *vt.* Retratar; reproduzir; deixar ver; revelar; mostrar; traduzir; *vi.* meditar.

re.fle.tor *sm.* Aparelho destinado a refletir a luz.

re.fle.xão *sf.* Meditação.

re.fle.xi.o.nar *vt.* Ponderar; refletir.

re.fle.xo *adj.* Refletido; *sm.* luz refletida; influência indireta; repercussão.

re.flo.res.tar *vt.* Replantar árvores em lugar onde houve floresta.

re.flu.xo *sm.* Movimento da maré vazante.

re.fo.gar *vt.* Fazer ferver em gordura (os temperos).

re.fo.lho *sm.* Prega.

re.for.çar *vt.* Dar mais força a; restaurar.

re.for.ço *sm.* Ato ou efeito de reforçar.

re.for.ma *sf.* Ato ou efeito de reformar; mudança; modificação; aposentadoria de militar; movimento religioso do começo do séc. XVI que rompeu com a Igreja Católica Romana, originando numerosas igrejas cristãs dissidentes; protestantismo; *reforma agrária:* revisão da estrutura agrária de um país com vista a uma distribuição mais eqüitativa da terra e da renda agrícola.

re.for.ma.do *sm.* Militar aposentado; protestante.

re.for.mar *vt.* Reconstruir; emendar; aposentar.

re.fra.ção *sf.* Desvio, mudança de direção das ondas (de luz, som, calor, etc.) ao passar de um meio para outro de diferente densidade.

re.frão *sf.* Estribilho.

re.fra.tá.rio *adj.* Que resiste à ação do calor ou que permanece em contato com o fogo sem se alterar; *adj.* e *sm.* que se recusa a cumprir uma obrigação ou promessa; rebelde; insubmisso; obstinado; renitente.

re.fre.ar *vt.* Reprimir; conter.

re.fre.ga *sf.* Peleja; briga.

re.fres.co *sm.* Aquilo que refresca; refrigerante.

re.fri.ge.ra.dor *sm.* Geladeira.

re.fri.ge.ran.te *sm.* Refresco; *adj.* que refrigera.

re.fri.ge.rar *vt.* Refrescar.

re.fri.gé.rio *sm.* Consolação.

re.fu.gar *vt.* Rejeitar.

re.fú.gio *sm.* Abrigo.

re.fu.go *sm.* Aquilo que se refugou, rejeitou; rebotalho.

re.ful.gen.te *adj.* Que refulge.

re.ful.gir *vi.* Brilhar intensamente.

re.fun.dir *vt.* Fundir de novo.

re.fu.tar *vt.* Desmentir; negar.

re.ga *sf.* Ação ou efeito de regar; regadura.

re.ga.ço *sm.* Colo.

re.ga.lar *vt.* Tratar bem, com boas comidas; alegrar; presentear.

re.ga.li.a *sf.* Privilégio.

re.ga.lo *sm.* Prazer; presente; boas comidas.

re.gar *vt.* Molhar, banhar.

re.ga.ta *sf.* Corrida de embarcações.

re.ga.te.ar *vt.* e *i.* Pechinchar; dar com relutância; mesquinhar.

re.ga.to *sm.* Pequeno ribeiro.

re.ge.lar *vt.* Gelar; congelar.

re.gên.cia *sf.* Ato ou efeito de reger(-se); governo interino instituído durante a ausência ou o impedimento do chefe de Estado, especialmente do soberano; aquele ou aqueles que se acham encarregados do governo provisório de um Estado; cargo ou função de regente; período da História do Brasil compreendido entre 7 de abril de 1831 e 23 de julho de 1840, no qual o País, em face da minoridade de Pedro II, esteve sob o governo de regentes.

re.ge.ne.ra.ção *sf.* Ato ou efeito de regenerar.

re.ge.ne.rar *vt.* Corrigir moralmente; emendar-se; reproduzir o que estava destruído; regerar; revivificar.

re.gen.te *s.2g.* Pessoa que rege uma nação por um tempo determinado.

re.ger *vt.* Governar; administrar; dirigir; ensinar; lecionar.

re.gi.ão *sf.* Grande extensão de terreno.

re.gi.ão-con.ti.nen.te *sf.* A Amazônia.

re.gi.me ou **re.gí.men** *sm.* Sistema político por que se rege uma nação; maneira de viver; regulamento.

re.gi.men.to *sm.* Ação de reger; corpo de tropas dirigido por um coronel; regulamento.

ré.gio *adj.* Real; próprio do rei.

re.gi.o.nal *adj.* Local.

re.gi.o.na.lis.mo *sm.* Sentimento regional; cultivo de usos e costumes de uma região.

re.gis.tra.do.ra *sf.* Tipo de máquina muito usada em casas comerciais para registrar as importâncias recebidas; máquina registradora; caixa.

re.gis.trar ou **re.gis.tar** *vt.* Consignar por escrito.

re.go *sm.* Vala.

re.gou.go *sm.* Voz da raposa.

re.go.zi.jar *vt.* Causar regozijo a; *vp.* alegrar-se.

re.go.zi.jo *sm.* Contentamento.

re.gra *sf.* Norma; fórmula que prescreve o modo correto de; aquilo que o uso determina; operação aritmética; *pl.* menstruação.

re.gra.do *adj.* Sensato.

re.gra-três *sm. fut.* Cada um dos dois jogadores que, nos jogos oficiais, fica no banco dos reservas, pronto para entrar em campo como substituto; substituto; suplente.

re.gre.dir *vi.* Retroceder.

re.gres.sar *vt.* Retroceder; voltar.

re.gres.so *sm.* Ato de regressar, voltar, tornar atrás.

ré.gua *sf.* Peça para traçar linhas retas ou medir.

ré.gua-tê *sf.* Régua com a forma T, para traçar linhas perpendiculares.

re.gu.la.men.tar *adj.* Relativo a regulamento; *vt.* regular.

re.gu.la.men.to *sm.* Regra; preceito; disciplina; regimento.

re.gu.lar *adj.* Legal; natural; *vt.* dirigir.

re.gu.la.ri.zar *vt.* Pôr direito.

re.gur.gi.tar *vt.* Expelir; *vi.* transbordar.

rei *sm.* Soberano; o que se sobressai; carta de jogar; peça do jogo de xadrez.

rei.de *sm.* Rápida incursão de tropas em território inimigo; longa excursão a pé, a cavalo, de automóvel, etc.

rei.na.ção *sf. pop.* Travessura; patuscada.

rei.na.do *sm.* Tempo que um rei governa.

rei.nar *vi.* Governar um Estado como rei; dominar.

re.in.ci.dên.cia *sf.* Ato ou efeito de reincidir.

re.in.ci.dir *vt.* Recair; tornar a praticar ato da mesma espécie.

rei.no *sm.* Monarquia governada por um rei, regente, rainha, etc.; os súditos do reino; mundo; *reino animal, vegetal* e *minera*: as três grandes divisões em que se agrupam todos os seres da natureza.

rei.nol *adj.* Natural ou próprio do reino de Portugal, no tempo colonial.

re.in.te.grar *vt.* Repor no mesmo lugar; reconduzir.

rei.sa.do *sm.* Dança popular dramática com que se festeja a véspera e o Dia dos Reis.

rei.te.rar *vt.* Repetir.

rei.tor *sm.* Diretor de seminário, faculdade, universidade.

rei.vin.di.ca.ção *sf.* Ato ou efeito de reivindicar.

rei.vin.di.car *vt.* Reaver; readquirir; recuperar; tentar recuperar; reclamar; exigir; requerer.

re.jei.tar *vt.* Lançar fora; largar; recusar.

re.ju.bi.lar *vt.* Causar muito júbilo a; *vp.* alegrar-se muito; exultar.

re.ju.ve.nes.cer *vt.* Tornar jovem; remoçar; parecer jovem, não o sendo.

re.ju.ve.nes.ci.men.to *sm.* Ato ou efeito de rejuvenescer.

re.la.ção *sf.* Relato; descrição; notícia; informação; rol; lista; semelhança; comparação entre duas quantidades mensuráveis; relacionamento.

re.la.ci.o.nar *vt.* Referir; narrar; relatar; pôr em lista; fazer ou dar relação; fazer adquirir amizades; estabelecer relação entre; *vp.* adquirir amizades.

re.la.ções *sf. pl.* Conhecimento recíproco e/ou convivência entre pessoas; as pessoas com quem se mantém convivência; ligações e associações entre grupos ou países nos negócios ou assuntos diplomáticos.

re.lâm.pa.go *sm.* Clarão resultante da descarga elétrica entre duas nuvens.

re.lam.pa.gue.ar *vi.* Produzirem-se relâmpagos.

re.lan.ce.ar *vt.* Dirigir rapidamente (os olhos, a vista).

re.lap.so *adj.* Que reincide na culpa, no crime, no erro, no pecado; Inveterado; contumaz; *sm.* pessoa obstinada.

re.la.tar *vt.* Narrar; referir; expor.

re.la.ti.vi.da.de *sf.* Qualidade ou estado de relativo.

re.la.ti.vo *adj.* Referente.

re.la.to *sm.* Ato ou efeito de relatar.

re.la.tó.rio *sm.* Exposição escrita de fatos.

re.la.xa.do *adj.* Frouxo; bambo

re.la.xa.men.to *sm.* Descuido.

re.lé *sm.* Dispositivo por meio do qual um circuito é controlado por variações das condições elétricas nele mesmo ou em outro circuito.

re.le.gar *vt.* Expatriar; banir; afastar com desprezo; desprezar.

re.lem.brar *vt.* Recordar.

re.len.to *sm.* Umidade atmosférica da noite.

re.les *adj.* Desprezível.

re.le.van.te *adj.* Importante.

re.le.var *vt.* Consentir; desculpar; perdoar.

re.le.vo *sm.* Saliência.

re.lha.da *sf.* Golpe de relho.

re.lho *sm.* Chicote de couro cru torcido.

re.li.cá.rio *sm.* Caixa de relíquias; santuário.

re.li.gi.ão *sf.* Culto prestado a uma divindade; crença viva nos poderes divinos.

re.li.gi.o.so *sm.* Aquele que tem religião.

re.lin.char *vi.* Soltar a voz (o cavalo); rinchar.

re.lí.quia *sf.* Coisa valiosa e pouco vulgar; o que resta do corpo dos santos.

re.ló.gio *sm.* Instrumento para marcar as horas.

re.lo.jo.a.ri.a *sf.* Casa onde se fabricam ou vendem relógios.

re.lo.jo.ei.ro *sm.* Fabricante, consertador ou vendedor de relógios.

re.lu.tân.cia *sf.* Aversão; resistência.

re.lu.tar *vi. e rel.* Resistir; obstinar-se em não aceitar.

re.lu.zir *vi.* Brilhar.

rel.va *sf.* Camada de ervas rasteiras.

re.ma.nes.cen.te *adj.* Que resta.

re.ma.nes.cer *vi.* Sobrar; restar; sobejar.

re.man.so *sm.* Água do rio estagnada, sem movimento sensível; tranqüilidade.

re.mar *vi.* Impelir com o auxílio dos remos.

re.ma.tar *vt.* Concluir.

re.ma.te *sm.* Conclusão; fim.

re.me.di.ar *vt.* Dar remédio a; prevenir; corrigir; emendar.

re.mé.dio *sm.* Medicamento.

re.me.mo.rar *vt.* Recordar.

re.men.do *sm.* Pedaço de pano com que se conserta uma parte do vestuário.

re.mes.sa *sf.* Ato ou efeito de remeter, mandar, enviar.

re.me.ter *vt.* Mandar; enviar.

re.me.xer *vt.* Agitar; sacudir.

re.mi.do *adj.* Resgatado; quitado; desobrigado de qualquer prestação.

re.mi.nis.cên.cia sf. Recordação.

re.mir vt. Resgatar; expiar.

re.mis.são sf. Indulgência; alusão, referência.

re.mo sm. Instrumento para fazer avançar na água pequenas embarcações.

re.mo.ção sf. Ato ou efeito de remover; transferir.

re.mo.çar vt. Tornar moço.

re.mo.de.lar vt. Modelar de novo; refazer.

re.mo.er vt. Ruminar; repetir várias vezes a mesma coisa.

re.mo.i.nho sm. Sorvedouro; tufão; voragem.

re.mo.que sm. Motejo.

re.mor.so sm. Inquietação da consciência; arrependimento.

re.mo.to adj. Distante.

re.mo.ver vt. Afastar; transferir.

re.mu.ne.ra.ção sf. Ato ou efeito de remunerar.

re.mu.ne.rar vt. Recompensar; pagar salários.

re.nal adj. Referente a rins.

re.nas.cen.ça sf. Ato ou efeito de renascer; vida nova; movimento artístico e científico dos sécs. XV e XVI, que pretendia ser um retorno à Antiguidade Clássica; Renascimento.

re.nas.cer vi. Rejuvenescer; adquirir nova vida.

ren.da sf. Rendimento; tecido fino e transparente.

ren.der vt. Produzir; vi. dar vantagem; vp. capitular.

ren.di.ção sf. Ato ou efeito de render; sujeitar-se.

ren.di.men.to sm. Ato ou efeito de render; produto; lucro.

ren.do.so adj. Lucrativo.

re.ne.gar vt. Odiar; repelir; desprezar; rejeitar.

re.nhi.do adj. Encarniçado.

re.nhir vt. Disputar; pleitear.

re.ni.ten.te adj. Teimoso.

re.ni.tir vi. Resistir.

re.no.var vt. Tornar novo; reformar; corrigir; restaurar.

re.no.vo sm. Rebento; broto.

ren.que sm. Fileira; alinhamento; ala.

ren.tá.vel adj. Lucrativo.

ren.te adj. Próximo; cerce.

re.nún.cia sf. Ato ou efeito de renunciar, abdicar.

re.nun.ci.ar vt. Desistir de; vi. abdicar.

re.pa.ra.ção sf. Ato ou efeito de reparar.

re.pa.rar vt. Consertar; dar satisfação a; olhar.

re.par.ti.ção sf. Escritório; partilha; divisão quinhão.

re.par.tir vt. Separar em partes; dividir.

re.pas.to sm. Refeição.

re.pa.tri.ar vt. Trazer de novo à pátria.

re.pe.lão sm. Empurrão.

re.pe.len.te adj. Que repele; repugnante; sm. produto usado para afugentar insetos.

re.pe.lir vt. Expulsar; rejeitar.

re.pen.te sm. Ímpeto.

re.pen.ti.no adj. Súbito.

re.pen.tis.ta adj. e s.2g. Cantor, poeta que improvisa seus versos; (indivíduo) que age por repentes, impulsivo.

re.per.cus.são sf. Ato ou efeito de repercutir; bom êxito que se caracteriza pela influência exercida, pelo prestígio alcançado.

re.per.cu.tir vt. Reproduzir som; desviar a atenção de; refletir; fazer sentir indiretamente a sua ação ou influência.

re.per.tó.rio sm. Coleção; compilação; relação de peças teatrais ou musicais, notícias, anedotas, etc.

re.pe.ti.ção sf. Ato ou efeito de repetir.

re.pe.tir vt. Dizer ou fazer outra vez; cursar outra vez.

re.pi.car vi. Soar; tocar repetidamente (sino).

re.pi.que sm. Toque de sinos

re.pi.sar vt. Repetir; insistir.

re.ple.to adj. Muito cheio.

ré.pli.ca sf. O que se replica; resposta a quem contesta uma afirmação; reprodução; cópia.

re.pli.car vt. Redargüir.

re.po.lho sm. Espécie de couve.

re.por vt. Restituir; suprir.

re.por.ta.gem sf. Notícia desenvolvida sobre um assunto, publicada em jornal, revista, etc.

re.por.tar vt. Voltar para trás; volver; fazer referência.

re.pór.ter s.2g. Noticiarista ou informador de jornais.

re.po.si.tó.rio sm. Depósito.

re.pos.tei.ro sm. Cortina.

re.pou.sar vt. Pôr em repouso; acalmar; vi. dormir.

re.pou.so sm. Ato ou efeito de repousar.

re.pre.en.der vt. Censurar.

re.pre.sa sf. Açude.

re.pre.sar vt. Fazer parar; conter; deter o curso de.

re.pres.são sf. Ato ou efeito de reprimir, conter.

re.pri.men.da sf. Censura.

re.pri.mir vt. Conter; punir.

re.pri.se sm. Reapresentação; repetição.

re.pro.che sm. Censura.

re.pro.du.zir vt. Produzir de novo; multiplicar (animais ou vegetais); imitar; copiar.

re.pro.var vt. Desaprovar; censurar; condenar.

rep.tar vt. Opor-se a; provocar; desafiar; vi. andar de rastos; arrastar-se.

rep.til ou **rép.til** adj. Que se arrasta, que rasteja; sm. animal que tem as pernas tão curtas que parece rastejar quando anda; fig. pessoa desprezível, capaz dos atos mais baixos para conseguir seus intentos.

rep.to *sm.* Desafio.

re.*pú*.bli.ca *sf.* Organização política de um Estado com vistas a servir à coisa pública, ao interesse comum; sistema de governo em que um ou vários indivíduos eleitos pelo povo exercem o poder supremo por tempo determinado; país assim governado; grupo de estudantes que residem na mesma casa; essa casa.

re.pu.di.*ar* *vt.* Rejeitar; repelir.

re.pug.*nar* *vt.* Repelir; causar nojo.

re.pug.*nan*.te *adj.* Nojento.

re.*pul*.sa *sf.* Repugnância; rejeição.

re.pul.*si*.vo *adj.* Repelente.

re.pu.ta.*ção* *sf.* Fama.

re.pu.*tar* *vt.* Considerar; julgar; *vt.* ilustrar; *vp.* ter-se na conta de.

re.pu.*xar* *vt.* Puxar com violência.

re.que.*brar* *vt.* Mover languidamente (o corpo); *vp.* bambolear-se.

re.quei.*jão* *sm.* Certo queijo, de preparação caseira ou industrial, feito com a coagulação do soro do leite.

re.que.*rer* *vt.*Pedir em juízo, por escrito; dirigir requerimento a.

re.que.ri.*men*.to *sm.* Petição por escrito; ofício.

re.*qües*.tar *vt.* Solicitar; galantear; cortejar.

ré.quiem *sm.* Prece pelos mortos; missa fúnebre e música respectiva.

re.quin.ta.do *adj.* Fino; aprimorado; refinado.

re.*quin*.te *sm.* Apuro extremo.

re.qui.si.*tar* *vt.* Pedir; solicitar; requerer.

re.qui.*si*.to *sm.* Condição; exigência legal.

rés *adj.* Raso; rente; *adv.* pela raiz.

rês *sf.* Quadrúpede destinado ao corte; gado vacum em geral.

res.cin.*dir* *vt.* Anular (contrato); invalidar.

res.ci.*são* *sf.* Anulação de um contrato; ato de rescindir.

rés-do-*chão* *sm.* Pavimento de uma casa ao nível do solo; andar térreo.

re.*se*.nha *sf.* Descrição minuciosa; enumeração.

re.ser.*va*.do *adj.* Discreto; cauteloso; confidencial; *sm.* lugar reservado; privada.

re.ser.*var* *vt.* Guardar; poupar.

re.ser.*vis*.ta *sm.* Soldado que está na reserva.

res.fo.le.*gar* *vi.* Tomar fôlego; respirar ruidosamente por cansaço.

res.fri.*a*.do *adj.* Que se resfriou; que tem resfriado; *sm.* resfriamento; indisposição causada pela gripe, às vezes de natureza virótica, caracterizada pela congestão nasal e por defluxo abundante e resultado do súbito resfriamento da temperatura do corpo.

res.fri.*ar* *vt.* Esfriar de novo ou muito; *vi.* adquirir resfriado.

res.ga.*tar* *vt.* Livrar do cativeiro mediante pagamento; recuperar; reaver; remir; livrar-se de compromissos, dívidas, pagando-os.

res.*ga*.te *sm.* Ação ou efeito de resgatar; preço pago para resgatar.

res.guar.*dar* *vt.* Guardar com cuidado; defender.

re.si.*dên*.cia *sf.* Morada.

re.si.*dir* *vt.* Morar; consistir.

re.*sí*.duo *sm.* Resto.

re.sig.na.*ção* *sf.* Sujeição às agruras da vida.

re.sig.*nar* *vt.* Renunciar; *vp.* conformar-se.

re.*si*.na *sf.* Substância para cicatrização segregada pelos vegetais.

re.sis.*tên*.cia *sf.* Oposição; obstáculo; reação.

re.sis.*ten*.te *adj.* Que resiste; sólido.

re.sis.*tir* *vt.* Não ceder.

res.ma *sf.* Conjunto de quinhentas folhas.

res.mun.*gar* *vi.* Falar baixo e com mau humor.

re.so.lu.*ção* *sf.* Deliberação.

re.so.*lu*.to *adj.* Corajoso; decidido.

re.sol.*ver* *vt.* Decidir.

res.pal.*dar* *vt.* Tornar plano; dar respaldo a.

res.*pal*.do *sm.* Ação ou efeito de respaldar; encosto (de cadeira, etc.); *fig.* defesa; proteção.

res.pei.*tar* *vt.* Tratar com respeito; honrar; observar; cumprir.

res.pei.*tá*.vel *adj.* Digno de respeito.

res.*pei*.to *sm.* Acatamento; reverência.

res.pi.*gar* *vt.* e *i.* Apanhar as espigas; coligir; apanhar.

res.pin.*gar* *vi.* Deitar borrifos (a água).

res.pi.*rar* *vt.* Absorver o oxigênio do ar e expelir gás carbônico.

res.plan.de.*cen*.te *adj.* Muito brilhante; refulgente.

res.plen.*den*.te *adj.* Resplandecente; rebrilhante.

res.plen.*der* *vi.* Brilhar muito; sobressair.

res.plen.*dor* *sm.* Auréola; *fig.* glória.

res.pon.*der* *vt.* Dar resposta; replicar.

res.pon.sa.bi.li.*da*.de *sf.* Obrigação de responder pelos próprios atos ou pelos de outrem.

res.pon.sa.bi.li.*zar* *vt.* Imputar responsabilidade.

res.pon.*sá*.vel *adj.* Que responde pelos seus atos.

res.*pos*.ta *sf.* Réplica.

res.*quí*.cio *sm.* Resíduo.

res.sa.bi.a.do *adj.* Desconfiado.

res.sa.ca *sf.* Refluxo das ondas depois de estenderem-se pela praia ou de arrebentarem num obstáculo; a vaga que se forma nesse movimento de recuo; mal-estar subseqüente à bebedeira ou à noite passada em claro.

res.sai.bo *sm.* Mau sabor.

res.sal.tar *vt.* Tornar saliente.

res.sal.va *sf.* Errata; condição; restrição.

res.sal.var *vt.* Corrigir.

res.sar.ci.men.to *sm.* Ato de ressarcir; indenização.

res.sar.cir *vt.* Indenizar, reparar.

res.sen.ti.men.to *sm.* Mágoa profunda.

res.se.quir *vt.* Secar muito.

res.so.ar *vt.* Ecoar; *vi.* repercutir com intensidade.

res.so.nân.cia *sf.* Eco; *fig.* impressão causada na opinião pública por um fato; repercussão.

res.su.mar ou **res.sum.brar** *vt.* Verter; destilar.

res.sun.ção *sf.* Reintegração.

res.sur.gir *vi.* Ressuscitar.

res.sus.ci.tar *vt.* Restaurar; tornar a viver.

res.ta.be.le.cer *vt.* Restaurar; reparar; reformar.

res.tan.te *sm.* O resto.

res.tar *vi.* Sobrar; *vt.* faltar para fazer.

res.tau.rar *vt.* Recuperar; reconquistar; reparar.

rés.tia *sf.* Feixe de luz; feixe (de alhos, cebolas).

res.tin.ga *sf.* Banco de areia.

res.ti.tu.i.ção *sf.* Reintegração; devolução.

res.ti.tu.ir *vt.* Restaurar; devolver.

res.to *sm.* Aquilo que sobeja; *pl.* despojos mortais.

res.to.lho *sm.* Parte inferior do caule de gramíneas; refugio.

res.tri.ção *sf.* Ato ou efeito de restringir.

res.trin.gir *vt.* Estreitar; apertar; encurtar; limitar.

res.tri.ti.vo *adj.* Que restringe.

res.tri.to *adj.* Limitado.

re.sul.ta.do *sm.* Conseqüência; produto de operação.

re.sul.tar *vt.* Ser conseqüência ou efeito; provir.

re.su.mir *vt.* Abreviar.

re.su.mo *sm.* Compêndio; sinopse; recapitulação.

res.va.la.di.ço *adj.* Escorregadio.

res.va.lar *vi.* Escorregar.

re.ta *sf.* Linha reta; traço direito; *bras.* estrada.

re.tá.bu.lo *sm.* Painel que enfeita um altar

re.ta.guar.da *sf.* A parte posterior.

re.ta.lha.ção *sf.* Ato ou efeito de retalhar; corte; fração; divisão.

re.ta.lhar *vt.* Cortar em retalhos ou em pedaços; fracionar; dividir; recortar; abrir cortes na carne, na pele; golpear, ferir com instrumento cortante.

re.ta.lhis.ta *s.2g.* Pessoa que vende a retalho, a varejo.

re.ta.lho *sm.* Parte de uma coisa que se retalha.

re.ta.li.ar *vt.* Desforrar.

re.tar.dar *vi.* Demorar; adiar.

re.tar.da.tá.rio *adj.* Que chega tarde, atrasado.

re.te.lhar *vt.* Telhar novamente.

re.tem.pe.rar *vt.* Apurar.

re.ten.ção *sf.* Ato ou efeito de reter; detenção.

re.ten.tor *adj.* e *sm.* Que, ou aquele que retém.

re.ter *vt.* Segurar; deter; decorar; refrear.

re.te.sar *vt.* Esticar; tornar rijo.

re.ti.cu.la.do *adj.* Que tem forma de rede.

re.ti.dão *sf.* Integridade de caráter; lisura.

re.ti.fi.ca *sf.* Máquina de retificar peças; oficina de retificação de motores de automóveis.

re.ti.fi.ca.ção *sf.* Ato ou efeito de retificar.

re.ti.fi.car *vt.* Tornar reto; alinhar; retratar o que foi dito; corrigir; redestilar para purificar líquido; recondicionar peças, motores.

re.ti.na *sf.* Órgão essencial da visão.

re.ti.nir *vi.* Ecoar; ressoar.

re.tin.to *adj.* Que tem cor carregada.

re.ti.ra.da *sf.* Ato ou efeito de retirar; recuo de tropas; saque em banco.

re.ti.ra.do *adj.* Solitário; ermo.

re.ti.ran.te *adj.* e *s.2g.* Quem se retira; *s.2g.* sertanejo que, isoladamente ou em grupo, parte, fugindo às grandes secas.

re.ti.rar *vt.* Tirar; recolher; *vi.* bater em retirada.

re.ti.ro *sm.* Lugar afastado; solidão.

re.to *adj.* Direito; imparcial; justiceiro.

re.to.car *vt.* Aperfeiçoar; limar, emendar.

re.to.mar *vt.* Reaver; reiniciar.

re.tor.cer *vt.* Torcer muitas vezes; envesgar.

re.tó.ri.ca *sf.* Arte de bem falar.

re.tor.nar *vi.* Regressar.

re.tor.no *sm.* Volta; restituição.

re.tor.quir *vt. rel.* Replicar.

re.tou.ça *sf.* Balanço.

re.tou.çar *vi.* e *p.* Brincar na retouça; balançar-se.

re.tra.ção *sf.* Contração.

re.tra.í.do *adj.* Puxado para trás; acanhado.

re.tra.ir *vt.* Puxar a si; recolher; contrair; fazer voltar para trás; retirar; recuar; encolher, contrair; sonegar; tornar reservado; *vp.* bater em retirada; recuar; retirar-se; afastar-se; encolher-se; esconder-se.

re.tran.ca *sf.* Nas bestas, correia que passa por trás das coxas e se prende à sela; arrocho; economia; *fut.* jogo rigidamente defensivo; defensiva.

re.trans.mis.*sor* *adj.* e *sm.* Aparelho de telecomunicação que retransmite os sinais recebidos.

re.trans.mis.so.ra *sf.* Estação que recebe e retransmite ondas radioelétricas.

re.tra.tar *vt.* Fazer o retrato; representar com exatidão; revelar; mostrar; manifestar; descrever; reproduzir; retirar o que disse; tornar a tratar um assunto; confessar que errou, que procedeu mal; retificar.

re.*trá*.til *adj.* Que se pode retrair.

re.tra.to *sm.* Imagem; foto; descrição fiel.

re.tre.ta *sf.* Concerto de banda em praça pública.

re.tre.te *sf.* Latrina.

re.tri.bu.i.*ção* *sf.* Remuneração; gratificação; recompensa; prêmio.

re.tri.bu.*ir* *vt.* Recompensar; gratificar; premiar.

re.tro *sm.* Primeira página de uma folha; *adv.* atrás.

re.tro.a.gir *vi.* Ter efeito sobre o passado.

re.tro.ce.der *vi.* Recuar.

re.tro.ces.so *sm.* Ação ou efeito de retroceder; retirada.

re.*tró*.gra.do *adj.* Diz-se do movimento para trás; que se recusa a acompanhar as novas manifestações culturais, ou que se opõe ao progresso.

re.*trós* *sm.* Fio para costura; cilindro enrolado com retrós; carretel de linha.

re.tros.pec.*ti*.va *sf.* Retrospecto.

re.tros.*pec*.to *sm.* Vista de olhos para o passado.

re.tro.ver.ter *vt.* Fazer voltar para trás.

re.tro.vi.*sor* *adj.* e *sm.* Diz-se de, ou o espelho colocado nos veículos para dar visibilidade traseira a quem dirige.

re.tru.car *vt.* Replicar.

re.tum.bar *vi.* Ecoar.

réu *sm.* O criminoso.

reu.ma.*tis*.mo *sm.* Afecção dolorosa nos músculos, nas articulações, etc.

re.u.ni.*ão* *sf.* Sessão; assembléia.

re.u.*nir* *vt.* Juntar; agrupar.

re.*van*.che *sf.* Desforra; despique; vingança; a vez ou o turno do que recobra qualquer posição perdida.

re.van.*chis*.mo *sm.* Tendência obstinada para a desforra, especialmente de natureza política.

re.vel *adj.* Rebelde; insubordinado; insurgente; *adj.* e *s.2g.* réu ou ré que, apesar de intimado judicialmente, não compareceu em juízo.

re.ve.la.*ção* *sf.* Inspiração divina; conhecimento; divulgação; processo químico que transforma a imagem latente da fotografia em imagem visível.

re.ve.*lar* *vt.* Descobrir; denunciar; indicar; mostrar; fazer aparecer imagem fotográfica sob a ação de agentes químicos.

re.ve.*li*.a *sf.* Qualidade ou condição de revel; falta de comparecimento em juízo, apesar de haver citação; insubordinação; *à revelia:* a contragosto de alguém; sem conhecimento ou comparecimento do réu.

re.ven.der *vt.* Tornar a vender.

re.ver *vt.* Tornar a ver; emendar (provas).

re.ver.be.*rar* *vt.* Refletir (luz ou calor).

re.*vér*.be.ro *sm.* Resplendor.

re.ver.de.cer *vt.* Tornar verde.

re.ve.*rên*.cia *sf.* Respeito; cumprimento respeitoso.

re.ve.ren.ci.ar *vt.* Venerar.

re.ve.*ren*.do *sm.* Padre.

re.ve.ri.fi.car *vt.* Conferir.

re.ver.*são* *sf.* Volta ao primeiro estado.

re.ver.so *sm.* Lado oposto ao principal.

re.ver.ter *v. rel.* Redundar; voltar ao ponto de partida.

re.*vés* *sm.* Fatalidade, insucesso.

re.ves.tir *vt.* Cobrir.

re.ve.za.*men*.to *sm.* Ato ou efeito de revezar.

re.ve.zar *vt.* Substituir alternadamente.

re.vi.*dar* *vt.* Retrucar.

re.*vi*.de *sm.* Ato ou efeito de revidar, replicar.

re.vi.go.rar *vt.* Dar novo vigor a; robustecer.

re.vi.rar *vt.* Voltar ao avesso; mudar; volver.

re.vi.ra.*vol*.ta *sf.* Ato ou efeito de revirar; giro sobre si mesmo; viravolta.

re.vi.*são* *sf.* Ato ou efeito de rever; novo exame; ação de revisar.

re.vi.*sar* *vt.* Rever; corrigir.

re.vi.si.o.*nis*.mo *sm.* Doutrina que defende a revisão da constituição de um país, de uma doutrina política, etc.; tendência para a revisão de antigos valores literários ou artísticos.

re.vi.*sor* *sm.* Aquele que compara as provas de composição com os originais (livros, revistas, jornais, etc.) e as corrige.

re.*vis*.ta *sf.* Peça teatral; publicação periódica; inspeção minuciosa.

re.vis.*tar* *vt.* Examinar; dar buscas.

re.*vis*.to *adj.* Corrigido.

re.vi.ver *vi.* Ressuscitar; recordar.

re.vo.a.da *sf.* Ato ou efeito de revoar.

re.vo.ar *vi.* Voar voltando ao ponto de partida, em circunvoluções rápidas.

re.vo.car *vt.* Chamar para trás.

re.vo.ga.ção *sf.* Anulação.

re.vo.gar *vt.* Tornar nulo, sem efeito; fazer que deixe de vigorar.

re.vo.gá.vel *adj.* Que se pode revogar, desfazer.

re.vol.ta *sf.* Desordem; motim; indignação.

re.vol.ta.do *adj.* Indignado.

re.vol.tan.te *adj.* Repulsivo; que indigna.

re.vol.tar *vt.* Sublevar; insurrecionar; indignar.

re.vo.lu.ção *sf.* Ato ou efeito de remexer ou revolucionar; rebelião armada; revolta; transformação radical e, geralmente, violenta, de uma estrutura política, econômica e social; qualquer transformação violenta da forma de um governo; transformação radical dos conceitos artísticos ou científicos dominantes numa determinada época; perturbação; agitação; *Revolução industrial:* mudança ocorrida na indústria, a partir do séc. XIX, quando os meios de produção, até então dispersos, e baseados na cooperação individual, passaram a se concentrar em grandes fábricas, ocasionando profundas transformações sociais e econômicas.

re.vo.lu.ci.o.nar *vt.* Excitar à revolução; instigar à revolta; revoltar; mexer de baixo para cima; agitar moralmente; perturbar; causar grande mudança; transformar; agitar; insubordinar(-se).

re.vo.lu.ci.o.ná.rio *sm.* Aquele que provoca revoluções.

re.vo.lu.te.ar *vi.* Esvoaçar.

re.vol.ver *vt.* Agitar; misturar.

re.vól.ver *sm.* Arma de fogo.

re.vul.são *sf. med.* Irritação local provocada para fazer cessar um estado congestivo ou inflamatório.

re.za *sf.* Oração.

re.za.dor *sm.* Curandeiro.

re.zar *vt.* Orar.

Rh *sm.* Símbolo do ródio; abreviatura de fator Rh, antígeno responsável por acidentes hemolíticos, em geral durante o período de gravidez e nas transfusões de sangue.

ri.a.cho *sm.* Rio pequeno.

ri.ba *sf.* Ribanceira.

ri.bal.ta *sf.* Série de luzes na frente do palco.

ri.ban.cei.ra *sf.* Margem elevada de rio.

ri.bei.ro *sm.* Corrente de água estreita e pouco extensa; regato.

ri.bom.bo *sm.* Estrondo do trovão; estampido.

ri.ci.no *sm.* Planta de cuja semente se extrai o óleo de rícino; mamona.

ri.co *adj.* Que tem posses; fértil.

ri.co.ta *sf.* Queijo que se prepara com a coalhada do leite fervido.

ric.to *sm.* Abertura da boca; riso sarcástico.

ri.den.te *adj.* Que ri; satisfeito; vicejante.

ri.di.cu.la.ri.zar *vt.* Escarnecer de; tornar ridículo.

ri.dí.cu.lo *adj.* Irrisório; caricato; insignificante.

ri.fa *sf.* Espécie de loteria, sorteio, em que os prêmios são objetos e não dinheiro.

ri.fão *sm.* Provérbio, adágio.

ri.far *vt.* Sortear.

ri.fle *sm.* Arma de fogo de repetição; carabina.

ri.gi.dez *sf.* Qualidade de rígido; aspereza.

rí.gi.do *adj.* Teso; rijo; hirto.

ri.gor *sm.* Rigidez; dureza; exatidão

ri.jo *adj.* Duro; teso; severo.

ri.lhar *vt.* Roer (objeto duro); ranger (os dentes).

rim *sm.* Cada um dos órgãos excretores da urina.

ri.ma *sf.* Consonância de sons; montão; *pl.* versos.

ri.mar *vi.* Formar rima; versejar; *vt.* convir.

rí.mel *sm.* Cosmético utilizado, com um pequeno pincel, no alongamento dos cílios.

rin.cão *sm.* Recanto.

rin.char *vi.* Relinchar.

rin.cho *sm.* Voz do cavalo.

rin.gue *sm.* Estrado quadrado, alto e cercado de cordas, apropriado para lutas de boxe, jiu-jítsu, luta livre e outras.

rin.que *sm.* Pista de patinação.

ri.o *sm.* Curso de água; *fig.* grande quantidade.

ri.pa *sf.* Pedaço de madeira estreito e comprido.

ri.pa.men.to *sm.* Ato de ripar.

ri.par *vt.* Pregar ripas em.

ri.que.za *sf.* Abundância; fertilidade; magnificência.

rir *vi.* e *p.* Manifestação do riso por contração dos músculos da face; emitir o riso; dar gargalhada.

ri.sa.da *sf.* Riso; gargalhada.

ris.ca *sf.* Traço.

ris.car *vt.* Fazer traços em; traçar; *fig.* expulsar.

ris.co *sm.* Traçado; perigo.

ri.sí.vel *adj.* Ridículo.

ri.so.nho *adj.* Alegre.

ri.so.ta *sf.* Galhofa.

ri.so.to *sm.* Prato de origem italiana, feito com arroz arbóreo cozido lentamente em caldo de carne ou vinho branco e acrescido de frutos do mar, carnes ou cogumelos, manteiga e queijo parmesão ralado.

ris.pi.do *adj.* Áspero; severo.

ris.so.le *sm.* Pastel de massa cozida, recheado de carne ou queijo, passado em clara de ovo, farinha de rosca e frito.

rit.ma.do *adj.* Que tem ritmo.

rit.mi.co *adj.* Em que há ritmo.

rit.mo *sm.* Cadência.

ri.to *sm.* Conjunto de cerimônias religiosas; culto.

ri.tu.al *adj.* Relativo a ritos.

ri.tu.a.lis.mo *sm.* Conjunto de ritos; apego a cerimônias.

ri.val *adj.* e *s.2g.* Competidor.

ri.va.li.zar *vt.* Competir.

ri.xa *sf.* Contenda; briga; desordem; motim; revolta; discórdia; desavença; disputa; rolo; conflito em que se envolvem numerosas pessoas; confusão; luta entre duas ou mais pessoas, acompanhada de vias de fato ou violências recíprocas.

ri.xar *vt.* Ter rixas com alguém; brigar; contender.

ri.xo.so *adj.* Desordeiro.

ri.zi.cul.tu.ra *sf.* Cultura do arroz.

ri.zo.ma *sm.* Caule subterrâneo.

RJ Sigla do Estado do Rio de Janeiro.

RN Sigla do Estado do Rio Grande do Norte.

RO Sigla do Estado de Rondônia.

ro.ba.lo *sm.* Certo peixe de carne muito apreciada.

ro.be *sm.* Trajes para uso caseiro, usado sobre o pijama ou a roupa debaixo

ro.ble *sm.* Carvalho.

ro.ble.do *sm.* Mata de robles, de carvalhos.

ro.bô *sm.* Mecanismo automático, em geral com aspecto semelhante ao de um homem, e que realiza trabalhos e movimentos tipicamente humanos; *fig.* pessoa que se comporta como robô, *i.e.*, executa ordens sem pensar.

ro.bus.te.cer *vt.* Tornar robusto.

ro.bus.tez *sf.* Vigor.

ro.bus.to *adj.* Vigoroso.

ro.ca *sf.* Cana ou vara em que se enrola o fio para tecer.

ro.ça *sf.* Terra de lavoura.

ro.ça.do *sm.* Clareira entre o mato.

ro.ça.gar *vt.* Roçar pelo chão; passar de leve.

ro.cam.bo.le *sm.* Bolo, salgado ou doce, recheado e enrolado sobre si mesmo.

ro.çar *vt.* Cortar; derrubar; tocar levemente.

ro.cei.ro *sm.* Homem que vive na roça.

ro.cha *sf.* Grande massa compacta de pedra.

ro.che.do *sm.* Rocha alta à beira do mar; penhasco.

ro.cho.so *adj.* Coberto de rochas; penhascoso.

ro.ci.ar *vt.* Orvalhar.

ro.cim *sm.* Cavalo pequeno, fraco.

ro.ci.o *sm.* Orvalho.

rock *sm.* Forma reduzida de rock-and-roll.

rock-and-roll *sm.* Dança muito movimentada, de origem norte-americana, surgida na década de 50, tendo por base a música de *jazz* em compasso quaternário; a música que acompanha essa dança.

ro.co.có *sm.* Estilo artístico do séc. XVIII, inspirado no barroco italiano e na tendência decorativa francesa que acentuava as composições assimétricas, as formas com muitos contornos e sinuosas; *adj.* relativo ao rococó; *fig.* rebuscado, de mau gosto.

ro.da *sf.* Volta; circunferência; giro; agrupamento de pessoas.

ro.da.da *sf.* Giro completo de roda; cada uma das vezes em que são servidas bebidas em uma mesa; conjunto de partidas de um campeonato.

ro.dan.te *adj.* Que roda.

ro.da.pé *sm.* Artigo ou folhetim de jornal na margem inferior da folha; cinta protetora, em geral de madeira, na parte inferior das paredes.

ro.da-vi.va *sf.* Movimento incessante.

ro.de.ar *vt.* Circundar.

ro.dei.o *sm.* Ação ou efeito de rodear; rodeamento; artifício de linguagem empregado para tratar de um assunto de modo indireto; circunlóquio; perífrase; evasiva; subterfúgio; competição esportiva que consiste em um indivíduo montar um touro ou um cavalo sem doma, e tentar manter-se sobre a sela por pelo menos nove segundos; ação de reunir o gado para marcação, curativos, contagem, etc.

ro.de.la *sf.* Roda pequena.

ro.di.lha ou **ro.di.lho** *sm.* Trapo; rosca de pano colocada na cabeça para apoiar uma carga pesada.

ro.dí.zio *sm.* Pequena roda metálica nos pés de móveis, pianos, etc., para deslocá-los com facilidade; revezamento em trabalhos e funções; sistema de certos restaurantes, em geral churrascarias, em que são servidos, por um preço fixo, vários pratos.

ro.do.pi.ar *vi.* Girar muito.

ro.do.pi.o *sm.* Ato ou efeito de rodopiar, girar.

ro.do.vi.a *sf.* Estrada de rodagem.

ro.do.vi.á.rio *adj.* Relativo a rodovia.

ro.er *vt.* Cortar com os dentes, de modo contínuo, aos pouquinhos; corroer; carcomer.

ro.gar *vt.* Suplicar.

ro.go *sm.* Prece.

ro.jão *sm.* Ação ou efeito de rojar, arremessar; espécie de foguete pirotécnico; som produzido por esse foguete quando estoura.

ro.jar *vt.* Arrastar; arrojar; lançar; arremessar; ativar; tocar de leve; arrastar pelo chão; rastejar; andar a custo.

ro.jo *sm.* Ato ou efeito de rojar; arrastamento.

rol sm. Relação; lista.

ro.la.gem sf. Ato ou efeito de rolar; adiamento da quitação de uma dívida.

ro.la.men.to sm. Rolagem; mecanismo que diminui o atrito e facilita o movimento de rotação de outra peça; fluxo de tráfego.

ro.lar vt. Fazer girar; rodar; fazer alguma coisa avançar, dando voltas sobre si mesma; vi. avançar, girando sobre seu próprio corpo.

rol.da.na sf. Maquinismo com uma roda; polia.

rol.dão sm. Confusão.

ro.le.ta sf. Espécie de jogo de azar.

ro.le.ta-rus.sa sf. Demonstração insensata de coragem que consiste em colocar apenas uma bala no tambor de um revólver, girá-lo e puxar o gatilho contra si próprio, correndo o risco de ser atingido, caso fique posicionada a tal bala.

ro.lha sf. Peça de cortiça, de vidro, etc., em geral redonda, para vedar gargalos de garrafas, frascos, etc.

ro.li.ço adj. Redondo.

ro.li.mã sm. Rolamento; mecanismo que facilita o movimento de rotação de outra peça; pequeno carro de madeira, que consiste numa tábua montada sobre rolimãs.

ro.lo sm. Grande cilindro metálico; confusão.

ROM inform. Circuito eletrônico em que as informações podem ser gravadas apenas uma vez, normalmente pelo fabricante, e que as retém mesmo quando o circuito está desenergizado.

ro.lo.tê sm. Viés costurado; adorno, ou acabamento, ou alça.

ro.mã sf. Fruto comestível da romãzeira.

ro.man.ça sf. Canção de assunto histórico.

ro.man.ce sm. Narrativa dos atos e sentimentos de personagens imaginários; aventura amorosa.

ro.man.ce.ar vi. Inventar histórias; escrever romances.

ro.man.ce-ri.o sm. Romance muito longo, com numerosos personagens, às vezes das mesmas famílias, em várias gerações.

ro.man.cis.ta s.2g. Autor de romances; novelista.

ro.ma.nes.co adj. Que tem o caráter do romance; fantasioso.

ro.mân.ti.co adj. Fantasioso; devaneador; poético.

ro.man.tis.mo sm. Importante movimento literário que, no princípio do séc. XIX, propôs o abandono das regras de composição e estilo dos autores clássicos, pelo lirismo e pelo predomínio da sensibilidade e da imaginação sobre a razão; escola estética surgida, paralelamente ao Romantismo literário, como reação ao Classicismo e ao Neoclassicismo, e que se caracterizou pelo subjetivismo, pela liberdade de assuntos, de composição, de colorido, etc., como meios de expressão de sentimentos e estados de alma; qualidade e caráter do que é romântico ou romanesco.

ro.ma.ri.a sf. Peregrinação religiosa; multidão.

rom.bo sm. Abertura; losango; desfalque; adj. que não é aguçado.

ro.mei.ro sm. Peregrino.

ro.meu-e-ju.li.e.ta sm. bras. Queijo com goiabada, servidos como sobremesa.

rom.per vt. Partir; rasgar; abrir; arrombar; quebrar.

ron.car vi. Ressonar; dormir; emitir som áspero e cavernoso.

ron.cei.ro adj. Vagaroso.

ron.co sm. Som cavernoso e áspero; fanfarronada.

ron.da sf. Exame ou inspeção.

ron.dar ou **ron.de.ar** vt. Fazer a ronda a; vigiar.

ro.nha sf. pop. Malícia; manha; astúcia.

ron.rom sm. Rumor contínuo provocado pela traquéia do gato, comumente quando descansa.

ro.que sm. Antigo nome da torre do xadrez; ritmo popular de origem norte-americana.

ror sm. pop. Grande porção.

ro.re.jan.te adj. Que roreja.

ro.re.jar vt. Borrifar.

ró.ri.do adj. Róscido.

ro.sa sf. Flor ornamental; adj. róseo.

ro.sá.cea sf. Ornamento arquitetônico em forma de rosa; grande vitral semelhante a esse ornato.

ro.sa-cruz sf. O sétimo e último grau ou quarta ordem do rito maçônico francês, que tem por símbolos principais o pelicano, a cruz e a rosa; seita de iluminados na Alemanha, no séc. XVII; sm. maçom que atingiu o grau de rosa-cruz.

ro.sa-dos-ven.tos sf. Mostrador da agulha de marear, ou da agulha de navegação, onde aparecem marcados os pontos cardeais e os pontos colaterais.

ro.sá.rio sm. Conjunto de contas para devoção; fig. série numerosa de coisas.

ros.bi.fe sm. Peça de carne bovina, de forma alongada, cortada, em geral, do filé ou da alcatra, frita ou salteada na panela ou assada ao forno, de modo que a parte externa fique bem tostada e a interior mais ou menos sangrenta, e que é servida em fatias.

ros.ca sf. Volta em espiral num objeto qualquer.

rós.ci.do adj. Orvalhado.

ró.seo *adj.* Rosado.

ro.se.ta *sf.* A roda dentada de espora.

ros.na.dor *adj.* Que rosna.

ros.nar *vt.* Murmurar; *vi.* resmungar; *sm.* voz surda do cão.

ros.que.ar *vt.* Atarraxar; aparafusar.

ros.qui.nha *sf.* ou **ros.qui.lho** *sm.* Biscoito retorcido.

ros.si.o *sm.* Terreiro espaçoso.

ros.to *sm.* Cara; fisionomia; semblante; frente.

ros.tra.do *adj.* Que tem focinho ou bico.

ros.tro *sm.* Bico de aves.

ro.ta *sf.* Itinerário para se ir de um lugar a outro, especialmente em viagens aéreas ou marítimas; rumo; direção.

ro.ta.ção *sf.* Movimento giratório.

ro.tá.ceo *adj.* Que tem forma de roda.

ro.tan.te *adj.* Que roda.

ro.tar *vi.* Girar.

ro.ta.ti.va *sf.* Máquina de imprimir.

ro.ta.ti.vo *adj.* Que faz rodar; que procede por turnos, por revezamento.

ro.te.ar *vt.* Arrotear; *vi.* marear.

ro.tei.ro *sm.* Descrição informativa de um caminho que deve ser percorrido; itinerário; programa, plano a ser seguido na exposição de um assunto, num estudo, numa tarefa a cumprir; texto que descreve os cenários e a participação dos atores em peças, filmes e programas de televisão e rádio; norma; regulamento.

ro.ti.na *sf.* Caminho já trilhado e conhecido; prática costumeira; praxe; monotonia.

ro.tis.se.ri.a *sf.* Casa comercial onde são vendidos frios, queijos, salgadinhos e outros alimentos prontos.

ro.to *adj.* Que se rompeu; esfarrapado; *sm.* maltrapilho.

ró.tu.la *sf.* Osso da articulação do joelho.

ro.tu.lar *vt.* Colocar rótulo em; *adj.* relativo à rótula.

ró.tu.lo *sm.* Etiqueta colocada nas embalagens e frascos, com nome, marca e outras indicações sobre o produto; título; denominação.

ro.tun.da *sf.* Praça ou largo de forma circular.

ro.tun.do *adj.* Redondo; gordo; obeso.

rou.ba.lhei.ra *sf. fam.* Roubo importante e escandaloso, sobretudo de dinheiro público.

rou.bar *vt.* Furtar; apropriar-se fraudulentamente de.

rou.co *adj.* Roufenho.

rou.cu.ra *sf.* Rouquidão.

rou.fe.nho *adj.* Fanhoso; rouquenho; anasalado.

rou.pa *sf.* Todas as peças de vestuário para cobertura ou agasalho.

rou.pa.gem *sf.* Conjunto de roupas; rouparia; aparências.

rou.pão *sm.* Peça de vestuário que se usa após o banho ou sauna.

rou.pa.ri.a *sf.* Quantidade de roupas; lugar onde se guardam ou vendem roupas.

rou.pe.ta *sf.* Batina.

rou.que.jar *vt.* Emitir sons roucos; rugir.

rou.que.nho *adj.* Rouco; fanhoso; anasalado.

rou.qui.ce ou **rou.qui.dão** *sf.* Embaraço no órgão da voz.

rou.qui.do *sm.* Rouquidão.

rou.xi.nol *sm.* Pássaro canoro europeu; *fig.* pessoa que canta muito bem.

ro.xe.ar *vt.* Arroxear.

ro.xo *adj.* Que tem cor entre rubro e violáceo; *sm.* a cor roxa.

RR Sigla do estado de Roraima.

RS Sigla do estado do Rio Grande do Sul.

ru.a *sf.* Via de acesso numa povoação; *interj.* suma-se.

ru.an.ça *sf.* Arruaça.

ru.ão *sm.* Plebeu; truão.

ru.be.fa.ção *sf.* Vermelhidão da pele.

rú.beo *adj.* Rubro.

ru.bi ou **ru.bim** *sm.* Pedra preciosa; cor muito vermelha.

ru.bi.á.cea *sf.* Família de plantas a que pertencem o cafeeiro, a quina, etc.

ru.bi.cão *el. sm. us. na expressão atravessar o Rubicão:* tomar uma decisão temerária, enfrentando as conseqüências.

ru.bi.cun.do *adj.* Vermelho.

rú.bi.do *adj.* Afogueado.

ru.bi.fi.car *vt.* Tornar rubro.

ru.blo *sm.* Unidade monetária básica e moeda da ex-URSS.

ru.bor *sm.* Cor vermelha; *fig.* pudor; vergonha.

ru.bo.ri.zar *vt.* Tornar rubro; *vp.* corar.

ru.bri.ca *sf.* Nota; firma ou assinatura abreviada.

ru.bri.car *vt.* Pôr rubrica em.

ru.bro *adj.* Muito vermelho.

ru.ço *adj.* Pardacento; grisalho.

ru.de *adj.* Grosseiro.

ru.dez ou **ru.de.za** *sf.* Indelicadeza; maus modos.

ru.di.men.tar *adj.* Elementar.

ru.di.men.to *sm.* Elemento inicial; primeiras noções.

ru.ei.ro *adj.* De rua.

ru.e.la *sf.* Viela.

ru.far *vt.* Tocar, dando rufos.

ru.fi.ão *sm.* Alcoviteiro; explorador de mulheres.

ru.flar *vi.* Agitar (as asas) para levantar vôo.

ru.fo *sm.* Toque do tambor; franzido; prega.

ru.ga *sf.* Prega na pele.

ru.gar *vt.* Enrugar.

rúg.bi *sm.* Esporte inventado em 1823, no Colégio Rugby, na Inglaterra, praticado por duas equipes de 15 jogadores, com uma bola oval.

ru.ge *sm.* Cosmético em pó ou em pasta, de tonalidade variando entre o rosa e o vermelho, usado para colorir as maçãs do rosto.

ru.ge-ru.ge *sm. ant.* Ruído produzido por saias que roçam o chão; rugido; confusão; desordem; barulho.

ru.gi.do *sm.* Voz de leão.

ru.gir *vi.* Soltar rugidos.

ru.go.so *adj.* Engelhado.

ru.í.do *sm.* Rumor; barulho.

rui.do.so *adj.* Que faz ruído.

ru.im *adj.* Mau; inútil.

ru.in.da.de *sf.* Qualidade de ruim, mau.

ru.i.no.so *adj.* Que está em ruína; nocivo.

ru.ir *sf.* Desmoronar-se.

rui.vo *adj.* Louro-avermelhado.

ru.lê *adj.* Diz-se de gola alta, dupla, revirada ou enrolada sobre si mesma, feita de tecido enviesado ou em tecido de malha, para que fique rente ao pescoço.

rum *sm.* Espécie de aguardente obtida pela fermentação e destilação do melaço de cana-de-açúcar.

ru.ma *sf.* Rima; pilha; montão.

ru.mar *vt.* Pôr (uma embarcação) em rumo; *vi.* dirigir-se.

ru.me ou **rú.men** *sm.* Pança.

ru.mi.na.ção *sf.* Ato ou efeito de ruminar.

ru.mi.nan.te *adj.* Que rumina; *sm. pl.* subordem de mamíferos, a que pertencem o boi, a cabra, etc.

ru.mi.nar *vt.* Tornar a mastigar; refletir.

ru.mo *sm.* Direção; caminho.

ru.mor *sm.* Murmúrio de vozes; fama; boato.

ru.mo.re.jar *vt.* Produzir rumor.

ru.mo.ro.so *adj.* Ruidoso.

ru.pes.tre *adj.* Relativo a rochedo; gravada (inscrição) em rochedo.

rúp.til *adj.* Quebradiço.

rup.tu.ra *sf.* Hérnia; fratura; interrupção; rompimento.

ru.ral *adj.* Agrícola.

ru.ra.lis.mo *sm.* Predomínio do campo, da agricultura, em relação à cidade ou à indústria.

ru.rí.co.la *adj.* Agricultor.

rus.ga *sf.* Barulho; desordem; rixa.

rush *sm.* Grande afluência de veículos; tráfego muito intenso, em uma direção determinada; intenso movimento coletivo que visa alcançar uma finalidade; corrida; esforço final e impetuoso com que um concorrente procura ultrapassar os seus competidores.

rus.ti.car *vi.* Viver no campo.

rus.ti.ci.da.de *sf.* Incivilidade.

rús.ti.co *adj.* Rural; rude; grosseiro.

ru.ti.la.ção *sf.* Ato de rutilar.

ru.ti.lân.cia *sf.* Qualidade de rutilante, brilhante.

ru.ti.lan.te *adj.* Muito brilhante; reluzente.

ru.ti.lar *vt.* Tornar rútilo ou muito brilhante.

rú.ti.lo *adj.* Rutilante; brilhante.

ru.vi.nho.so *adj.* Que tem caruncho ou ferrugem; carcomido; *fig.* mal-humorado.

s *sm.* Décima oitava letra do alfabeto.

sã *adj.* Forma feminina de são.

sa.bá *sm.* O mesmo que sábado; descanso religioso que, segundo a lei mosaica, os judeus devem observar no sábado, por ser o dia consagrado a Deus; conciliábulo de bruxos e bruxas, que, segundo a superstição medieval, reunia-se no sábado, à meia-noite, sob a presidência do Diabo.

sá.ba.do *sm.* Sétimo dia da semana começado no domingo.

sa.bão *sm.* Composto que resulta da ação da soda ou da potassa sobre os corpos gordurosos; *fam.* repreensão; descompostura.

sa.ba.ti.na *sf.* Recapitulação das lições dadas num certo período letivo; tese, discussão; prova.

sa.ba.ti.nar *vt.* Recapitular; argüir ou argumentar; discutir minuciosamente; submeter a prova.

sa.be.dor *adj.* e *sm.* Erudito.

sa.be.do.ri.a *sf.* Saber; grande quantidade de conhecimentos; erudição; conhecimentos filosóficos e científicos; totalidade dos conhecimentos adquiridos; aplicação inteligente dos conhecimentos; conduta orientada de acordo com o conhecimento daquilo que é verdadeiro e justo; juízo, prudência, bom senso, razão, retidão.

sa.ber *vt.* Estar informado de; conhecer; estar habilitado para; ser capaz de distinguir ou de dizer; compreender, poder explicar; possuir conhecimentos amplos; ter conhecimento prático de algo; estar capacitado para; ter de cor; *sm.* erudição.

sa.bi.á *sm.* Designação comum a certo pássaros canoro da família do turdídeos.

sa.bi.chão *adj.* e *sm.* Que, ou aquele que alardeia sabedoria.

sá.bio *adj.* Erudito; perito; *sm.* homem sábio.

sa.bo.a.ri.a *sf.* Lugar onde se fabrica, vende ou guarda sabão.

sa.bo.ne.te *sm.* Pedaço de sabão fino, aromatizado.

sa.bor *sm.* Gosto; índole.

sa.bo.re.ar *vt.* Comer devagar, com gosto.

sa.bo.ro.so *adj.* Gostoso; agradável; apetitoso.

sa.bo.ta.gem *sf.* Ato ou efeito de sabotar; crime que consiste na invasão ou ocupação de estabelecimento industrial, comercial ou agrícola, para impedir ou dificultar o curso normal do trabalho ou, com esse mesmo fim, danificar o estabelecimento, as coisas que nele existem, ou delas dispor.

sa.bo.tar *vt.* Danificar algo propositalmente, para se vingar; dificultar, prejudicar o andamento.

sa.bre *sm.* Espada curta.

sa.bu.go *sm.* Espiga de milho.

sa.bu.jar *vt.* Bajular.

sa.bu.ji.ce *sf.* Servilismo.

sa.bu.jo *sm.* Cão de caça.

sa.bu.lo.so *adj.* Areento.

sa.ca *sf.* Grande saco.

sa.ca.da *sf.* Ato ou efeito de sacar; balcão de janela que ressalta do alinhamento da parede.

sa.ca.do *adj.* Que se sacou; cobrado; tirado para fora; extraído; *sm.* indivíduo contra quem se passou uma letra de câmbio.

sa.ca.dor *adj.* Que saca; *sm.* aquele que saca; aquele que saca uma letra de câmbio.

sa.car *vt.* Retirar, puxando; fazer sair; extrair; arrancar; emitir ordem de pagamento contra outrem; retirar dinheiro; *gír.* entender.

sa.ca.ri.a *sf.* Porção de sacos.

sa.ca.ri.car *v. int.* Balançar o corpo, andando ou dançando; rebolar; divertir-se.

sa.ca.ri.co *sm.* Ato de saçaricar; pessoa em cuja companhia alguém se diverte.

sa.ca.rí.deo *adj.* Semelhante ao açúcar; *sm.* glucídio.

sa.ca.ri.na *sf.* Açúcar extraído do alcatrão de hulha e próprio para diabéticos.

sa.ca.ri.no *adj.* De açúcar.

sa.ca-ro.lhas *sm.2n.* Instrumento para sacar rolhas.

sa.ca.ro.se *sf.* Açúcar de cana.

sa.cer.do.te *sm.* O que trata oficialmente das coisas sagradas e dos negócios religiosos; clérigo que recebeu a ordem do presbiterado; padre, presbítero; aquele que se devota de corpo e alma a uma causa; aquele que exerce com amor e devoção uma profissão; feiticeiro que dirige as sessões de magia.

sa.cer.do.ti.sa *sf. ant.* Mulher que nos cultos pagãos exercia as funções de sacerdote.

sa.char *vt.* Cavar com o sacho.

sa.chê *sm.* Saquinho de pano cheio de ervas aromáticas, usado para perfumar roupas.

sa.cho *sm.* Espécie de pequena enxada.

sa.ci-pe.re.rê *sm.* Uma das entidades fantásticas do Brasil, negrinho de uma só perna, de cachimbo e com chapéu vermelho (fonte, esse último, de seus poderes mágicos) e que, de acordo com a crença popular, persegue os viajantes ou lhes arma ciladas pelo caminho.

sa.ci.ar *vt.* Matar a fome ou a sede (comendo ou bebendo); encher; fartar; satisfazer.

sa.ci.e.da.de *sf.* Satisfação do apetite; fastio.

sa.co.la *sf.* Alforje.

sa.co.le.jar *vt.* Agitar repetidas vezes; vascolejar.

sa.cra.men.tar *vt.* Dar a extrema-unção; sagrar; formalizar.

sa.cra.men.to *sm.* Juramento; consagração; eucaristia.

sa.crá.rio *sm.* Lugar onde se guardam coisas sagradas.

sa.cri.fi.car *vt.* Imolar; oferecer em holocausto; tornar vítima de um fim que se tem em vista; vitimar; prejudicar, lesar, danificar.

sa.cri.fí.cio *sm.* Ato ou efeito de sacrificar(-se); renúncia em favor de outrem; holocausto.

sa.cri.lé.gio *sm.* Profanação.

sa.crí.le.go *adj.* Que cometeu sacrilégio; profanador.

sa.cris.tão *sm.* Homem incumbido do arranjo e guarda da sacristia ou de uma igreja.

sa.cris.ti.a *sf.* Compartimento contíguo à igreja para guarda de paramentos, etc.

sa.cro *adj.* Sagrado.

sa.cros.san.to *adj.* Sagrado e santo; reconhecido como sagrado; inviolável.

sa.cu.dir *vt.* Agitar fortemente; abalar.

sa.di.o *adj.* Que tem boa saúde; saudável.

sa.dis.mo *sm.* Prazer com o sofrimento alheio.

sa.fa.de.za *sf.* Coisa imoral.

sa.fa.do *adj.* Gasto pelo uso; apagado; *pop.* desavergonhado; imoral; *bras. gír.* indignado, danado da vida; travesso; traquinas; *sm.* indivíduo safado.

sa.far *vt.* Tirar, puxando; extrair; furtar, surrupiar; desembaraçar; livrar salvar; *vp.* escapulir; esquivar-se.

sa.fá.ri *sm.* Expedição de caça, especialmente na selva africana.

sá.fa.ro *adj.* Estéril; agreste.

sa.fi.ra *sf.* Pedra preciosa cuja cor varia do azul-claro ao azul-escuro; a cor azul.

sa.fra *sf.* Colheita.

sa.ga.ci.da.de *sf.* Perspicácia; finura; astúcia.

sa.gaz *adj.* Perspicaz; astuto.

sa.gi.nar *vt.* Tornar gordo; cevar.

sa.gi.ta.do *adj.* Que tem forma de seta.

sa.gra.ção *sf.* Ato ou efeito de sagrar.

sa.gra.do *adj.* Que se sagrou ou recebeu a consagração; sacro; santo; concernente às coisas divinas; inviolável; venerável; puro;.

sa.grar *vt.* Consagrar; benzer; santificar.

sa.gu *sm.* Substância que contém amido; extraída de uma espécie de palmeira.

sa.guão *sm.* Pátio no interior de um edifício.

sai.a *sf.* Parte do vestuário tipicamente feminino.

sai.brão *sm.* Terreno argiloso e areento.

sai.bro *sm.* Mistura de argila e areia.

sa.í.da *sf.* Ação ou efeito de sair; o lugar por onde se sai.

sai.o.te *sm.* Saia curta; anágua.

sa.ir *vt. c.* Passar para fora; afastar-se; partir; *vt.* fugir; afastar-se; desembaraçar-se; demitir-sesobressair; desligar-se; proceder; provir; caber em sorte; parecer-se; puxar.

sal *sm.* Cloreto de sódio; *fig.* graça, chiste.

sa.la *sf.* Compartimento da casa destinado a receber visitas, fazer refeições, jogos, etc.

sa.la.da *sf.* Prato de legumes temperado com molhos diversos.

sa.la.ma.le.que *sm. pop.* Cortesia ou cumprimento em que há exagero ou afetação.

sa.la.me *sm.* Espécie de paio.

sa.lão *sm.* Grande sala.

sa.lá.rio *sm.* Remuneração, normalmente em dinheiro, devida pelo empregador, por serviços prestados pelo empregado; recompensa de serviços.

sal.dar *vt.* Liquidar contas.

sal.do *sm.* Diferença entre o crédito e o débito ou entre o ativo e o passivo; sobra; resto; resto de sortimento de mercadoria, que os negociantes vendem em liquidação.

sa.lei.ro *sm.* Vasilha para sal.

sa.le.ta *sf.* Pequena sala.

sal.ga *sf.* Ato de salgar.

sal.ga.di.nho *sm.* Comestível miúdo, como coxinha, pastel, croquete, etc; *sm. pl.* essas iguarias servidas como aperitivo.

sal.gar *vt.* Temperar com sal.

sal.guei.ro *sm.* Nome comum a muitas espécies de arbustos ornamentais, entre as quais o chorão.

sa.lí.co.la *adj.* Que produz sal.

sa.li.cul.tu.ra *sf.* Cultura das salinas; produção artificial de sal.

sa.li.ên.cia *sf.* Proeminência.

sa.li.en.te *adj.* Que sobressai, notável; intrometido.

sa.lí.fe.ro *adj.* Que tem ou produz sal.

sa.li.na *sf.* Terreno para onde se conduz a água do mar ou de lago salgado para dela se retirar o sal por evaporação.

sa.li.no *adj.* Que tem sal ou é da natureza dele.

sa.li.tre *sm.* Nitrato de potássio ou de sódio; nitro.

sa.li.va *sf.* Cuspo.

sa.li.var *vt.* Relativo a saliva; *vi.* expelir saliva, cuspir.

sal.mão *sm.* Peixe dos mares europeus, de cor avermelhada, a cor avermelhada do salmão; *adj.* essa cor.

sal.mo *sm.* Cântico de louvor a Deus.

sal.mou.ra *sf.* Água saturada de sal marinho.

sa.lo.bro ou **sa.lo.bre** *adj.* Que tem sabor de sal.

sal.pi.car *vt.* Salgar, espalhando gotas salgadas ou pedras de sal; manchar com pingos ou salpicos.

sal.pi.co *sm.* Pingo de qualquer líquido, que ressalta.

sal.sa *sf.* Planta usada em temperos culinários.

sal.sa.pa.ri.lha *sf.* Planta cujas raízes têm emprego medicinal.

sal.sei.ro *sm.* Barulho; desordem.

sal.si.cha *sf.* Espécie de lingüiça delgada e curta, de carne bovina.

sal.si.cha.ri.a *sf.* Estabelecimento que fabrica ou vende salsicha.

sal.ta.do *adj.* Saliente.

sal.tão *sm. pop.* Gafanhoto.

sal.tar *vt.* Dar salto; lançar-se de um lugar para outro; vencer uma distância; atirar-se; passar por cima, pulando; apear-se ou descer de um salto; atravessar, pulando.

sal.te.a.do *adj.* Atacado de improviso; assaltado; não sucessivo; entremeado.

sal.te.a.dor *sm.* Ladrão de estrada.

sal.te.ar *vt.* Atacar para roubar; apanhar de surpresa; cozer em fogo forte e com muita gordura e sacudindo a frigideira para não grudar o alimento.

sal.tim.ban.co *sm.* Charlatão de feira ou de circo; acrobata.

sal.ti.tar *vi.* Dar saltinhos freqüentes.

sal.to *sm.* Pulo; transição rápida.

sa.lu.bre *adj.* Saudável; sadio.

sa.lu.tar *adj.* Bom, conveniente para a saúde.

sal.va *sf.* Descarga de artilharia; espécie de bandeja; ovação.

sal.va.dor *sm.* Aquele que salva; Jesus Cristo.

sal.va.guar.dar *vt.* Pôr fora de perigo; proteger.

sal.van.te *prep.* Exceto.

sal.var *vt.* Pôr a salvo; livrar da morte ou do perigo; poupar; *vi.* saudar com salvas de artilharia; *vp.* escapar da morte; curar-se; alcançar a salvação eterna.

sal.va.to.ri.a.no *adj.* Relativo à República de El Salvador, América Central; *sm.* Habitante ou natural da República de El Salvador; salvadorenho.

sal.ve-ra.i.nha *sf.* Oração católica dedicada à Virgem Maria, e que principia por essas palavras.

sal.ve-se-quem-pu.der *sm.* Situação de pânico ou de grave perigo; corre-corre.

sal.vo *adj.* Livre de perigo doença, etc; intacto; ileso; livre de riscos; *prep.* excetuado; exceto.

sal.vo-con.du.to *sm.* Licença escrita para alguém viajar ou transitar livremente; passaporte; privilégio; prerrogativa; imunidade.

sa.mam.bai.a *sf.* Nome vulgar de diversos fetos da família das Maratiáceas e outras, que são muito apreciadas como plantas ornamentais.

sam.ba *sm.* Dança cantada, de origem africana.

sam.ba-can.ção *sm.* Samba cuja letra é sempre muito sentimental e a melodia mais lenta; *adj.* diz-se do tipo de cueca cujo corte se assemelha ao da bermuda.

sam.ba-en.re.do *sm.* Samba composto para determinada escola de samba cantar no desfile carnavalesco.

sam.bar *vi.* Dançar o samba.

sam.bó.dro.mo *sm.* Local onde desfilam as escolas de samba.

sa.nar *vt.* Curar; sarar; remediar.

sa.na.tó.rio *sm.* Estabelecimento para doentes.

sa.ná.vel *adj.* Que se pode sanar, curar.

san.ção *sf.* Aprovação de lei pelo chefe de Estado; homologação; ratificação; pena por infração à lei.

san.ci.o.nar *vt.* Aprovar (o governo) uma lei; homologar; ratificar; aplicar sanção (penalidade); punir; multar.

san.dá.lia *sf.* Calçado constituído de sola ligada ao pé por meio de tiras ou correias; chinela.

san.deu *adj.* e *sm.* Idiota.

san.di.ce *sf.* Insensatez.

san.du.í.che *sm.* Duas ou mais fatias de pão intercaladas por recheios diversos como queijo, presunto, carne, ovos, etc.; imprensadura de uma (ou mais) pessoa ou coisa por duas (ou mais) outras.

sa.ne.a.men.to *sm.* Ato ou efeito de sanear.

sa.ne.ar *vt.* Tornar são, saudável (um ambiente, uma região); desinfetar, higienizar; reparar; corrigir; remediar (erro, deficiência, problema); sanar.

san.fo.na *sf.* Instrumento musical.

san.grar *vt.* Tirar sangue; verter sangue de algum vaso ou órgão; ferir; abrir um canal por onde se escoa a água de um reservatório; *pop.* extorquir dinheiro.

san.gren.to *adj.* Cruento.

san.gri.a *sf.* Sangue extraído ou derramado; espécie de refresco.

san.gue *sm.* Líquido espesso, ordinariamente vermelho, composto de plasma, glóbulos vermelhos e glóbulos brancos, que circula através das veias e das artérias; *fig.* geração; progenitura.

san.gue-fri.o *sm.* Calma; fleuma; impassibilidade, frieza ou presença de espírito em face de situação perigosa, angustiante, dolorosa, difícil.

san.guei.ra ou **san.güei.ra** *sf.* Grande porção de sangue derramado.

san.gui.ná.rio ou **san.güi.ná.rio** *adj.* Feroz.

san.guí.neo ou **san.güí.neo** *adj.* Relativo a sangue; que tem cor de sangue.

sa.nha *sf.* Ira; fúria; rancor.

sa.ni.da.de *sf.* Salubridade.

sa.ni.tá.rio *adj.* Relativo à saúde ou à higiene, em especial a pública; água clorada, usada como produto de limpeza; relativo a banheiro; *sm.* banheiro; privada.

sa.ni.ta.ris.ta *s.2g.* Técnico em saúde pública; higienista.

sâns.cri.to *sm.* Antiga língua sagrada da Índia.

san.sei *adj.* e *s.2g.* O cidadão brasileiro que os avós são japoneses.

san.ta *sf.* Mulher que foi canonizada.

san.tar.rão *sm.* Beato falso; hipócrita.

san.tei.ro *adj.* Devoto.

san.ti.da.de *sf.* Qualidade de que é santo; título do Papa.

san.ti.fi.car *vt.* Tornar santo; canonizar.

san.tís.si.mo *sm.* Sacramento da Eucaristia.

san.to *adj.* Sagrado; bem-aventurado; *sm.* homem canonizado.

san.tu.á.rio *sm.* Templo; relicário; sacrário.

são *adj.* Que tem saúde; livre de defeito físico ou doença; completamente curado; salubre, salutar, saudável; que não está apodrecido ou estragado; com as faculdade intelectuais e morais intactas; reto, justo; edificante.

sa.pa *sf.* Abertura de fossos.

sa.pa.ri.a *sf.* Porção de sapos.

sa.pa.ta *sf.* Sapato raso; alicerce.

sa.pa.te.ar *vi.* Bater no chão com o salto dos sapatos.

sa.pa.tei.ro *sm.* Fabricante ou vendedor de calçados.

sa.pa.to *sm.* Calçado que cobre só o pé.

sa.pe.ar *vt.* Observar, sem tomar parte em.

sa.pe.ca *sf.* Ato de sapecar; *adj.* diz-se de criança travessa.

sa.pe.car *vt.* Chamuscar; tostar; surrar.

sá.pi.do *adj.* Saboroso.

sa.pi.ên.cia *sf.* Qualidade de sapiente.

sa.pi.en.te *adj.* Sabedor; sábio.

sa.pi.nho *sm.* Pequeno sapo; *sm. pl.* estomatite micótica das crianças de leite e pessoas debilitadas, causada por fungos, e que se caracteriza pela formação de aftas.

sa.po *sm.* Anfíbio da ordem dos anuros, que desenvolvem-se na água e apresentam, na fase adulta, hábitos terrestres, voltando à água apenas na fase de reprodução.

sa.po.ni.fi.car *vt.* Converter em sabão.

sa.po.rí.fe.ro *adj.* Que tem sabor.

sa.po.ta *sf.* Árvore de cujo látex se fabrica o chiclete.

sa.quê *sm.* Bebida japonesa, obtida pela fermentação artificial do arroz, e servida, em geral, quente.

sa.que *sm.* Ação ou efeito de sacar, ou de saquear; título de crédito emitido contra alguém; ordem de pagamento emitida contra outrem; ação ou efeito de saquear; em vôlei, tênis e outros jogos, lançamento inicial da bola nas várias jogadas.

sa.que.ar *vt.* Roubar; assolar.

sa.ra.ban.da *sf.* Dança; censura; reprimenda.

sa.ra.co.te.ar *vt.* Mover com desenvoltura e graça o corpo.

sa.ra.go.ça *sf.* Tecido de lã escura.

sa.rai.va *sf.* Granizo; pedrisco.

sa.rai.va.da *sf.* Bátega de saraiva.

sa.ram.po *sm.* Doença infecciosa aguda causada por vírus, altamente contagiosa, e que apresenta exantema e pode complicar-se.

sa.ra.pin.tar *vt.* Fazer pintas variadas em.

sa.rar *vt.* Sanar; curar.

sa.rau *sm.* Concerto musical, de noite; festa literária noturna.

sar.ça *sf.* Matagal.

sar.cas.mo *sm.* Escárnio.

sar.có.fa.go *sm.* Túmulo; jazigo; *adj.* que corrói a carne.

sar.da *sf.* Mancha no rosto.

sar.den.to *adj.* Que tem sardas.

sar.di.nha *sf.* Pequeno peixe marinho.

sar.ga.ço *sm. bot.* Espécie de alga que cresce ao longo das costas tropicais.

sar.gen.to *sm.* Oficial inferior.

sá.ri ou **sa.ri** *sm.* A mais importante vestimenta típica da mulher indiana.

sa.ri.lho *sm.* Maquinismo de levantar pesos; *pop.* confusão; tumulto.

sar.ja *sf.* Tecido entrançado de seda ou lã.

sar.jar *vt.* Fazer incisões em.

sar.je.ta *sf.* Valeta.

sar.men.to *sm.* Rebento de videira.

sar.na *sf.* Doença cutânea e contagiosa; *s.2g. fig.* pessoa importuna.

sar.ra.bu.lho *sm.* Confusão.

sar.tri.a.no *adj.* Relativo a Jean-Paul Sartre, escritor e filósofo francês; *sm.* grande admirador e/ou conhecedor da obra de Sartre.

sa.tã ou **sa.ta.nás** *sm.* Diabo.

sa.tâ.ni.co *adj.* Diabólico.

sa.té.li.te *sm.* Corpo celeste que gravita em torno de outro; país sem autonomia política e/ou econômica; mineral que ocorre junto ao diamante; *adj.* nação satélite; *satélite artificial:* veículo colocado em órbita à volta do Sol, de um planeta ou de um satélite.

sá.ti.ra *sf.* Censura jocosa.

sa.tí.ri.co *adj.* Mordaz.

sa.ti.ri.zar *vt.* Criticar com sátira.

sá.ti.ro *sm.* Homem devasso, libidinoso.

sa.tis.fa.ção *sf.* Ato ou efeito de satisfazer.

sa.tis.fa.tó.rio *adj.* Que satisfaz, contenta.

sa.tis.fa.zer *vt.* realizar; saciar; agradar; esclarecer; convencer.

sa.tu.rar *vt.* Fartar; encher.

sau.da.ção *sf.* Cumprimento.

sau.da.de *sf.* Lembrança; nostalgia; *pl.* cumprimentos.

sau.dar *vt.* Cumprimentar.

sau.dá.vel *adj.* Salutar.

sa.ú.de *sf.* Estado de são.

sau.do.sis.mo *sm.* Gosto ou tendência para superestimar o passado.

sau.do.so *adj.* Que produz ou sente saudades.

sau.na *sf.* Banho a vapor; banho finlandês; equipamento apropriado para esse banho; lugar muito quente; suadouro.

saus.su.ri.a.no *adj.* Relativo a Ferdinand de Saussure (1857-1913), lingüista suíço; *sm.* profundo conhecedor da obra de Saussure, ou adepto de suas teorias lingüísticas.

sa.ú.va *sf.* Espécie de formiga.

sa.va.na *sf.* Planície das regiões tropicais de longa estação seca; tipo de vegetação caracterizado por um estrato dominado por gramíneas com subarbustos de folhas grandes e duras, e por outro formado de árvores baixas, retorcidas e afastadas entre si, de cascas grossas e fendidas; cerrado.

sax *sm.* Forma reduzida de saxofone.

sa.xo.fo.ne *sm.* Instrumento musical de sopro, que consiste de um tubo cônico de metal, provido de chaves e embocadura.

sa.zão *sf.* Estação do ano.

sa.zo.na.do *adj.* Maduro.

sa.zo.nar *vt.* Amadurecer; temperar, tornar saborosa (a comida).

script *sm.* Texto dos diálogos e das indicações cênicas de um filme, de uma peça teatral, de uma novela, de um programa de rádio ou televisão.

SE Sigla do estado de Sergipe.

se *pron. pess.* A si mesmo (machucou-se); *pron. pess. ref.* um ao outro (beijaram-se); *pron. apass.* (vendem-se casas); *pron. de realce* (foi-se embora); *índ. de indeter. do suj.* (precisa-se de faxineiras); *conj. subord. int.* (não sei se vou); *conj. subord. cond. caso* (se ele for, eu irei); *pron. int. do v. pron.* (queixou-se de mim).

sé *sf.* Igreja episcopal; o poder pontifício.

se.a.ra *adj.* Campo de cereais; colheita.

se.be *sf.* Tapume de ramos.

se.ben.to *adj.* Imundo.

se.bo *sm.* Substância gorda e consistente; loja onde se vendem livros ou discos usados.

se.ca *sf.* Falta de chuvas.

se.ca.dou.ro *sm.* Enxugadouro.

se.can.te *adj.* Que seca; *sf.* linha ou superfície que corta outra; *sm.* substância que faz secar rapidamente tintas, esmaltes, etc.

se.ção ou **sec.ção** *sf.* Ato ou efeito de secionar; parte de um todo; divisão ou subdivisão de obra; numa publicação, local reservado a determinada matéria ou assunto; cada uma das divisões ou subdivisões de uma repartição pública ou de um estabelecimento qualquer; setor; departamento; o conjunto dos balcões duma loja onde são vendidas mercadorias similares.

se.car *vt., vi.* e *vp.* Enxugar; tirar excesso de água por meio de drenagem; desidratar para conservação; murchar(-se); tornar(-se) seco; ressequir-se; esgotar(-se); estancar.

se.ces.são *sf.* Ação de se desligar ou separar daquele ou daquilo a que se estava unido; separação.

sé.cio *adj.* e *sm.* Presumido.

se.ci.o.nar ou **sec.ci.o.nar** *vt.* Dividir em seções; cortar; dividir.

se.co *adj.* Enxuto; árido; áspero; caladão.

se.cre.ção *sf.* Ação e efeito de segregar.

se.cre.ta *s.2g.* Agente de polícia.

se.cre.ta.ri.a *sf.* Repartição pública; local onde se faz o expediente relativo a qualquer administração.

se.cre.tá.ria *sf.* Mulher que exerce o secretariado; mesa sobre a qual se escreve e onde se guardam papéis, documentos; escrivaninha.

se.cre.tá.rio *sm.* O que serve junto a pessoa ou corporações; ministro.

se.cre.to *adj.* Que está em segredo; oculto; íntimo.

sec.tá.rio *sm.* Membro de uma seita; adepto.

se.cu.lar *adj.* Que existe há séculos, *sm.* leigo.

sé.cu.lo *sm.* Espaço de cem anos.

se.cun.dar *vt.* Reforçar; auxiliar; coadjuvar.

se.cun.dá.rio *adj.* Que está em segundo lugar ou ordem; acessório; subalterno.

se.cu.ra *sf.* Falta de umidade; aspereza no trato; *pop.* desejo ardente.

se.cu.ri.tá.rio *adj.* Relativo a seguros; *sm.* funcionário de companhia de seguros.

se.da *sf.* Substância filamentosa produzida pelo bicho-da-seda; tecido feito dessa substância.

se.dã *sf.* Carro de passeio destinado, geralmente, a quatro ou cinco pessoas; cupê.

se.da.ti.vo *adj.* e *sm.* Calmante.

se.de (ê) *sf.* Centro de governo, de uma diocese ou paróquia; a casa principal de uma ordem religiosa; lugar onde se fixa um tribunal, um governo, uma administração, ou onde uma empresa comercial tem o seu principal estabelecimento; ponto em que se concentram certos fatos ou fenômenos; lugar onde sucede um acontecimento.

se.de (é) *sf.* Sensação produzida pela necessidade de beber; secura; desejo ardente; cobiça; desejo de vingança; impaciência; falta de umidade; *ir com muita sede ao pote:* mostrar-se muito sôfrego, imprudente, pouco ponderado.

se.den.tá.rio *adj.* Que fica muito tempo sentado; diz-se da vida de pessoa que está quase sempre sentada, que pouco anda, pouco se movimenta, pouco se exercita; que tem habitação fixa.

se.den.to *adj.* Sequioso.

se.di.ar *vt.* Fixar a sede; servir de sede.

se.di.ção *sf.* Revolta.

se.di.men.ta.ção *sf.* Formação de sedimentos.

se.di.men.tar *adj.* Relativo a sedimento; *vi.* formar sedimentos.

se.di.men.to *sm.* Substância que as águas deixam ao se retirarem.

se.do.so *adj.* Que tem sedas ou pêlos; que se assemelhante à seda.

se.du.ção *sf.* Ato de seduzir ou de ser seduzido; qualidade de sedutor; atração, encanto.

se.du.tor *adj.* e *sm.* Que, ou o que seduz.

se.du.zir *vt.* Desencaminhar; atrair; fascinar; desonrar.

se.ga *sf.* Ato ou efeito de segar; tempo que dura a ceifa.

se.gar *vt.* Ceifar.

se.ge *sf.* Carruagem.

seg.men.tar *vt.* Dividir em segmentos.

seg.men.to *sm.* Parte de um todo; porção do círculo.

se.gre.dar *vt.* Cochichar.

se.gre.do *sm.* Aquilo que não está divulgado; confidência; sigilo.

se.gre.ga.ção *sf.* Ato ou efeito de segregar.

se.gre.gar *vt.* Pôr de lado; expelir; isolar; separar; discriminar.

se.gui.da *sf.* Seguimento.

se.gui.do *adj.* Imediato.

se.gui.men.to *sm.* Continuação.

se.guin.te *adj.* Que segue, ou se segue; que vem logo após outro; imediato, subseqüente; próximo.

se.guir *vt.* Ir ou vir junto ou atrás de; escoltar; acompanhar; ir no encalço de; perseguir; acompanhar furtivamente, vigiando; andar em; percorrrer ao longo de; continuar; prosseguir; sobrevir; suceder.

se.gun.da-fei.ra *sf.* Segundo dia da semana começada no domingo.

se.gun.do *num.* Ordinal correspondente a dois; *sm.* sexagésima parte do minuto; *prep.* conforme; *conj. subord.* conform. consoante, como, conforme.

se.gu.ran.ça *sf.* Condição do que está seguro; certeza; *sm.* indivíduo que toma conta de algo ou de alguém.

se.gu.ro *adj.* Livre de perigo, de risco; protegido; garantido; isento de receios; que não hesita; firme; convencido; convicto; prudente; ponderado; comedido; cauteloso; que tem autoconfiança; em que se pode confiar; certo; indubitável; incontestável; eficaz, eficiente; preso; fixo; firme; encarcerado; custodiado; avaro; diz-se do tempo bom, sem probabilidade de chuva; *sm.* contrato aleatório, pelo qual uma das partes se obriga, mediante cobrança de prêmio, a indenizar outra de um perigo ou prejuízo eventual; seguradora; *adv.* com segurança; seguramente.

sei.o *sm.* Peito; *fig.* centro; parte íntima; âmago; *pl.* glândulas mamárias.

seis *num.* Cinco mais um; *sm.* o algarismo 6.

seis.cen.tos *num.* Seis centenas.

sei.ta *sf.* Doutrina ou sistema que diverge da opinião geral e é seguido por muitos; conjunto de indivíduos que professam a mesma doutrina; comunidade fechada, de cunho radical; teoria de um mestre seguida por numerosos prosélitos; facção; partido.

sei.va *sf.* Líquido nutritivo que circula nas plantas.

sei.xas *sf. pl.* Parte das capas dos livros, que sobressai às folhas.

sei.xo *sm.* Fragmento de rocha; calhau.

se.la *sf.* Assento de cavaleiro.

se.la.du.ra *sf.* Ato ou efeito de selar, arrear.

se.la.gem *sf.* Operação de selar.

se.lar *vt.* Estampilhar; carimbar; arrear.

se.la.ri.a *sf.* Arte de seleiro.

se.le.ção *sf.* Ato ou efeito de selecionar, escolher; escolha criteriosa, fundamentada; selecionado; equipe de atletas; escrete.

se.le.ci.o.nar *vt.* Escolher.

se.lei.ro *sm.* Fabricante ou vendedor de selas, arreios.

se.le.to *adj.* Escolhido.

se.lim *sm.* Pequena sela rasa; pequeno assento em que se senta o ciclista.

se.lo *sm.* A impressão de um sinete ou carimbo em um material plástico como cera, argila, etc.

sel.va *sf.* Matagal; bosque.

sel.va.gem *adj.* Agreste; bravio; bárbaro.

sem *prep.* Indica: falta, privação, exclusão, ausência, etc.; quando antecede um infinitivo, exprime condição ou concessão.

se.má.fo.ro *sm.* Telégrafo aéreo, nas costas marítimas, para comunicação com os barcos; sinaleira ou sinaleiro de trânsito; farol de trânsito.

se.ma.na *sf.* Espaço de sete dias consecutivos a começar do domingo; *p. ext.* espaço de sete dias quaisquer, consecutivos; *pop.* os dias da semana, exceto o domingo; os dias de trabalho.

se.ma.nal *adj.* Que acontece de semana em semana.

se.ma.ná.rio *sm.* Publicação que sai todas as semanas.

se.man.col.sen. *bras. pop.* Capacidade de perceber quando se é importuno, maçante; desconfiômetro.

se.mân.ti.ca *sf.* Estudo da evolução do sentido das palavras através do tempo.

sem.blan.te *sm.* Rosto; fisionomia.

sem-ce.ri.mô.nia *sf.* Falta de cerimônia, de educação.

sê.mea *sf.* Flor da farinha de trigo; a parte da farinha de trigo que fica depois de ser peneirada e separada do rolão; farelo miúdo.

se.me.a.ção *sf.* Ato ou efeito de semear.

se.me.ar *vt.* Deitar ou espalhar sementes de, para que germinem; espalhar, propalar; causar, ocasionar; promover; alastrar.

se.me.lhan.te *adj.* Parecido; análogo; *pron. dem.* esse, aquele, tal; *sm.* o próximo.

sê.men *sm.* Semente; origem; esperma.

se.men.te *sf.* Grão de cereais que se lança na terra para germinar.

se.men.tei.ra *sf.* Ato de semear; terreno semeado.

se.mes.tral *adj.* Que se realiza de seis em seis meses.

se.mes.tre *sm.* Espaço de seis meses seguidos.

se.mi.deus *sm.* Na mitologia, ente imortal, em parte divino, em parte humano; herói.

se.mi.deu.sa *sf.* Forma feminina de semideus; mulher muito bela.

se.mi.fi.nal *adj.* e *sf.* Em competições esportivas e quaisquer outras, diz-se da, ou a prova que antecede imediatamente a final.

se.mi.mor.to *adj.* Amortecido; fatigado.

se.mi.nal *adj.* Relativo à semente ou ao sêmen.

se.mi.ná.rio *sm.* Estabelecimento de estudo eclesiástico; congresso; debate em grupo.

se.mi.nu *adj.* Quase nu; maltrapilho.

se.mi.ta *s.2g.* Indivíduo dos semitas, família etnográfica e lingüística, originária da Ásia ocidental, e que compreende os hebreus, os assírios, os aramaicos, os fenícios e os árabes; o judeu; *adj.* relativo aos semitas.

se.mí.ti.co *adj.* Relativo aos semitas; relativo aos judeus; *sm.* certo grupo de línguas.

se.mi.tis.mo *sm.* Caráter do que é semítico; caráter do que é judeu; a civilização semítica ou a sua influência.

sem-nú.me.ro *sm.* Grande número; quantidade indeterminada.

sê.mo.la ou **se.mo.li.na** *sf.* Fécula de farinha de arroz.

sem-par *adj.* Sem igual; ímpar.

sem.pi.ter.no *adj.* Perpétuo.

sem.pre *adv.* Em todo o tempo.

sem-pu.lo *sm. fut.* Chute desferido no momento em que tanto o jogador como a bola estão no ar.

sem-ter.ra *s.2g.* Aquele que não possui terras para plantio.

sem-ver.go.nha *adj.* Diz-se de pessoa que não tem vergonha, pudor, brio; *s.2g.* pessoa sem-vergonha.

se.na *sf.* Carta de jogar; peça de dominó ou face de dado com seis pontos.

se.na.do *sm.* Câmara alta em países onde há duas assembléias legislativas; lugar de reunião dos senadores.

se.na.dor *sm.* Membro do Senado.

se.não *conj. coord. advers.* Mas sim; e sim; mas; porém; antes; *conj. coord. altern.* de outro modo; do contrário; aliás; *conj. coord. adit.* mas também; mas ainda; como também; *prep.* exceto; salvo; a não ser; *sm.* defeito; mancha; mácula.

sen.da *sf.* Caminho estreito; vereda.

se.nec.tu.de *sf.* Senilidade.

se.nha *sf.* Sinal combinado; bilhete que autoriza readmissão numa assembléia ou espetáculo; recibo.

se.**nhor** sm. Dono; tratamento cerimonioso dispensado aos homens.

se.**nho.ra** sf. Dona; esposa; tratamento cerimonioso dispensado às mulheres.

se.**nho.ri.nha** sf. Senhorita.

se.**nho.ri.o** sm. Proprietário de um prédio que se arrendou.

se.**nho.ri.ta** sf. Moça solteira; tratamento dado às moças solteiras.

se.**nil** adj. Velho; decrépito.

sê.**ni.or** adj. O mais velho (de dois); sm. desportista que já conquistou primeiro prêmio.

sen.sa.**bor** adj. Insípido.

sen.sa.bo.**ri.a** sf. Qualidade daquele ou daquilo que é sensabor.

sen.sa.**ção** sf. Impressão; surpresa; sensibilidade.

sen.sa.ci.o.**nal** adj. Que produz grande sensação.

sen.sa.ci.o.na.**lis.mo** sm. Divulgação e exploração, em tom espalhafatoso, de matéria capaz de emocionar ou escandalizar; uso de escândalos, atitudes chocantes; hábitos exóticos, etc. com o mesmo fim; exploração do que é sensacional, na literatura, na arte, etc.; exploração de notícias ou fatos sensacionais.

sen.sa.**tez** sf. Prudência; discrição; bom senso.

sen.**sa.to** adj. Prudente.

sen.si.bi.li.**zar** vt. Tornar sensível; comover.

sen.**sí.vel** adj. Impressionável.

sen.**so** sm. Juízo claro; discernimento.

sen.su.**al** adj. Voluptuoso.

sen.su.a.li.**da.de** sf. Volúpia.

sen.su.a.li.**zar** vt. Tornar sensual, voluptuoso.

sen.**tar** vt. Pôr sobre um assento; assentar-se; estabelecer-se; colocar-se.

sen.**ten.ça** sf. Julgamento pronunciado por um juiz; provérbio; oração; frase.

sen.ten.ci.**ar** vt. Julgar por sentença; exprimir juízo ou parecer, decidindo a favor ou contra alguma coisa ou alguém; condenar por meio de sentença.

sen.**ti.do** adj. Pesaroso; magoad, ressentido; suscetível; que se pressentiu; sm. cada uma das funções nervosas em virtude da qual um organismo é capaz de perceber e receber alterações do ambiente e impressões; faculdade de sentir, de compreender; faculdade de julgar; idéia, ponto de vista; significação de uma palavra ou discurso; propósito intento.

sen.ti.men.**tal** adj. Que se comove facilmente.

sen.ti.men.ta.li.**zar** vt. Tornar sentimental.

sen.ti.**men.to** sm. Compreensão; paixão; pesar; pl. pêsames.

sen.ti.**ne.la** sf. Ação de vigiar; sf. ou sm. soldado que vigia; guarda.

sen.**tir** vt. e p. Perceber por meio de qualquer dos sentidos; experimentar uma sensação física; experimentar, ser afetado por; ter consciência de; ser sensível a; pressentir; conhecer; notar.

sen.**za.la** sf. No Brasil colonial e imperial, o grupo de casas ou alojamentos para escravos.

sé.**pa.la** sf. Cada uma das peças do cálice das flores.

se.pa.**rar** vt. Desunir; dividir; isolar; desligar.

se.pa.ra.**tis.mo** sm. Tendência de certa parte do território de um Estado para desse se separar e constituir um outro independente.

se.**pul.cro** sm. Sepultura; túmulo; jazigo.

se.pul.**tar** vt. Enterrar; soterrar.

se.pul.**tu.ra** sf. Cova funerária; sepulcro; cenotáfio.

se.**quaz** adj. e sm. Partidário.

se.**qüên.cia** sf. Seguimento.

se.qües.**trar** vt. Raptar, encarcerar ilegalmente; pôr em seqüestro bens ou haveres; penhorar.

se.**qües.tro** sm. Retenção ilegal; arresto, penhora;

se.qui.**dão** sf. Secura.

se.**qui.lho** sm. Bolo seco e farináceo.

se.qui.o.**so** adj. Que tem sede.

sé.**qüi.to** ou sé.**qui.to** sm. Cortejo.

ser v. pred. Estar; existir; ficar; tornar-se; causar; consistir em; vi. existir; acontecer; haver; ocorrer, suceder; vt. estar conforme; igualar-se a; pertencer; descender; sm. ente; ente humano; existência, vida.

se.ra.**fim** sm. Anjo da mais alta hie-rarquia.

se.**rão** sm. Trabalho noturno.

se.**rei.a** sf. Ser mitológico, metade mulher e metade peixe, que seduzia os navegadores e os atraía para o fundo do mar, com seu canto; mulher sedutora por sua beleza ou voz.

se.re.**nar** vt. Pacificar.

se.re.**na.ta** sf. Concerto musical, de noite e ao ar livre.

se.re.ni.**da.de** sf. Suavidade; paz; bonança.

se.**re.no** adj. Calmo; tranqüilo; sm. umidade noturna, relento.

se.res.**tei.ro** sm. O que faz serenatas.

se.ri.**ar** vt. Dispor em série.

se.ri.cul.**tu.ra** ou se.ri.ci.cul.**tu.ra** sf. Criação de bicho-da-seda.

sé.rie sf. Ordem de fatos ou de coisas ligadas por uma relação; sucessão; seqüência; classe; categoria; quantidade considerável; nos estabelecimentos de ensino escolar no Brasil, ano, classe; *fora de série:* em escala restrita e segundo padrões próprios; fora do comum; singular; excepcional; incomum; *em série:* em grande escala e segundo um mesmo padrão.

se.ri.e.da.de *sf.* Gravidade de porte; integridade de caráter.

se.rin.ga *sf.* Bomba portátil para injeções.

se.rin.gal *sm.* Mata de seringueiras.

se.rin.ga.lis.ta *s.2g.* Proprietário de seringal.

se.rin.guei.ra *sf.* Árvore grande, principal fornecedora do látex de que se faz a borracha.

se.rin.guei.ro *sm.* Trabalhador que extrai o látex da seringueira e o prepara para a borracha.

sé.rio *adj.* Grave; sisudo; *sm.* gravidade; *adv.* realmente.

ser.mão *sm.* Discurso pregado em púlpito.

ser.pe.ar *vi.* Ondular.

ser.pen.te *sf.* Cobra.

ser.pen.ti.na *sf.* Parte espiralada do alambique; fita de papel colorido para o carnaval.

ser.ra *sf.* Instrumento de lâmina dentada de aço; cordilheira.

ser.ra.du.ra *sf.* O pó ou partículas que saem da madeira ao ser serrada.

ser.ra.gem *sf.* Serradura.

ser.ra.lhei.ro *sm.* Artífice que faz fechaduras e outras obras de ferro.

ser.ra.ni.a *sf.* Cordilheira.

ser.rar *vt.* Cortar.

ser.ra.ri.a *sf.* Oficina de serrar madeira.

ser.re.ar *vt.* Dar a forma de serra a.

ser.ro.te *sm.* Lâmina dentada.

ser.ta.ne.jo *adj.* Do sertão; rude; silvestre; *sm.* esse indivíduo.

ser.ta.nis.ta *adj.* e *s.2g.* Que(m) se embrenhava nos sertões à cata de riquezas; que(m) conhece ou freqüenta o sertão; que(m) se aproxima dos indígenas para estudar seus costumes e tentar protegê-los.

ser.tão *sm.* Lugar inculto; distante de povoações.

ser.vi.çal *adj.* Amigo de prestar serviços; criado.

ser.vi.ço *sm.* Desempenho de qualquer trabalho; baixela; despacho.

ser.vi.dão *sf.* Condição de servo ou escravo.

ser.vi.do *adj.* Usado; fornecido; provido.

ser.vil *adj.* Relativo a servo; adulador; subserviente.

ser.vir *vt.* Viver ou trabalhar como servo; auxiliar; pôr na mesa; *vp.* utilizar-se.

ser.vo *sm.* Servente; criado.

ser.vos.sis.te.ma *sm.* Sistema de controle automático.

ses.ma.ri.a *sf.* Terra inculta ou abandonada; lote de terra inculto ou abandonado, que os reis de Portugal cediam a sesmeiros que se dispusessem a cultivá-lo; antiga medida agrária.

ses.mei.ro *sm.* Aquele a quem se concedia uma sesmaria para cultivar.

ses.sen.ta *num.* Seis dezenas.

ses.tro *adj.* Esquerdo; *sm.* destino; mania; vício.

set *sm.* Conjunto de três partidas de tênis; conjunto de jogos em que se divide uma partida de tênis, vôlei, etc.; tendência de opiniões.

se.ta *sf.* Flecha.

se.te *num.* Seis mais um.

se.te.cen.tos *num.* Sete centenas.

se.tem.bro *sm.* Nono mês do ano.

se.te.ni.al *adj.* Que dura sete anos.

se.tê.nio *sm.* Espaço de sete anos.

se.ten.ta *num.* Sete dezenas.

se.ten.tri.ão *sm.* O pólo norte; as regiões do norte.

se.ten.tri.o.nal *adj.* Do setentrião.

se.tor *sm.* Ramo de atividade, seção; parte do círculo compreendida entre dois raios.

se.tu.a.ge.ná.rio *adj.* e *sm.* Que, ou aquele que tem setenta anos.

sé.tu.plo *adj.* e *sm.* Que, ou aquilo que é sete vezes maior que outro; *num.* multiplicativo de sete.

seu *pron. poss.* Dele, dela, deles, delas.

se.ve.ro *adj.* Austero; grave.

se.ví.cia *sf.* ou **se.ví.cias** *sf. pl.* Maus-tratos.

se.vi.ci.ar *vt.* Maltratar.

se.vo *adj.* Cruel; desumano.

se.xa.ge.ná.rio *adj.* e *sm.* Que, ou indivíduo que tem sessenta anos.

se.xê.nio *sm.* Espaço de seis anos.

se.xo *sm.* Conformação especial que distingue o macho da fêmea, nos vegetais e animais; conjunto de pessoas que têm o mesmo sexo; sensualidade; volúpia.

sex.ta-fei.ra *sf.* O sexto dia da semana começada no domingo.

sex.to *num.* Designativo do número ordinal e fracionário correspondente a seis.

se.xu.al *adj.* Relativo a sexo.

se.zão *sf.* Febre intermitente; maleita.

sha.kes.pea.ri.a.no *adj.* Relativo a William Shakespeare (1564-1616), dramaturgo e poeta inglês; *sm.* grande admirador e/ou profundo conhecedor da obra de Shakespeare.

shop.ping cen.ter *sm.* Reunião de lojas comerciais, serviços de utilidade pública, casas de espetáculo, etc., em um só conjunto arquitetônico.

short *sm.* Calça curta para esporte, de senhora ou de homem; filme breve, geralmente de atualidade ou documentário.

show *sm.* Espetáculo de teatro, rádio, televisão, etc., geralmente de grande montagem, que se destina à diversão, e caracterizado pela participação de vários artistas populares ou, às vezes, de um só; espetáculo; *um show* um espetáculo.

si *sm.* Sétima nota musical; *pron. pess.* variação de se.

si.a.mês *adj.* Do Sião; *sm.* o natural ou habitante do Sião (hoje Tailândia); a língua siamesa; *irmãos siameses:* irmãos que nascem ligados, com uma parte do corpo em comum.

si.ar *vt.* Fechar (as asas), para descer mais depressa.

si.bi.la *sf.* Profetisa (entre os antigos).

si.bi.lar *vi.* Assobiar; silvar.

sic *adv.* Palavra que se pospõe a uma citação, ou que nessa se intercala, entre parênteses ou entre colchetes, para indicar que o texto original é bem assim, por errado ou estranho que pareça.

si.cá.rio *sm.* Assassino pago.

si.cra.no *sm.* Pessoa indeterminada.

si.de.ral *adj.* Celeste.

si.de.rar *vt.* Fulminar.

sí.fi.lis *sf.* Doença sexualmente transmissível.

si.gi.lo *sm.* Segredo.

sig.ma *sm.* Letra do alfabeto grego.

sig.na.tá.rio *adj.* e *sm.* Que(m) assina um documento.

sig.ni.fi.ca.ção *sf.* Aquilo que as coisas querem dizer; acepção.

sig.ni.fi.car *vt.* Ter o sentido de; exprimir.

sig.no *sm.* Sinal; símbolo; cada uma das 12 divisões do Zodíaco.

sí.la.ba *sf.* Conjunto de letras que se pronunciam de uma só emissão de voz.

si.len.ci.ar *vi.* Calar-se; *vt.* omitir.

si.lên.cio *sm.* Estado de quem se cala; interrupção completa de ruídos; descanso, estado de paz; sossego; *interj.* para mandar calar.

si.lhu.e.ta *sf.* Contorno geral de uma figura; desenho pelo qual se representa apenas o contorno de pessoa ou coisa.

sil.var *vi.* Assobiar; apitar.

sim *adv.* Designativo de afirmação; *sm.* afirmação.

sim.bó.li.co *adj.* Alegórico.

sim.bo.lis.mo *sm.* Expressão mediante símbolos; *liter.* escola poética do final do séc. XIX, caracterizada sobretudo pelo subjetivismo.

sim.bo.li.zar *vt.* Exprimir.

sím.bo.lo *sm.* Emblema.

si.me.tri.a *sf.* Qualidade de simétrico; correspondência, em forma, grandeza e posição, de partes situadas em lados opostos de uma linha ou plano médio.

sí.mil *adj.* Semelhante.

si.mi.lar *adj.* Semelhante, análogo.

sí.mio *sm.* Macaco.

sim.pa.ti.a *sf.* Inclinação recíproca entre duas pessoas; ritual para afastar certos males ou conseguir algo.

sim.pa.ti.zar *v. rel.* Ter simpatia; sentir afeição.

sim.ples *adj.* Singelo.

sim.pli.ci.da.de *sf.* Naturalidade.

sim.pli.fi.car *vt.* Tornar fácil.

sim.pló.rio *adj.* Que é ingênuo.

si.mu.la.ção *sf.* Fingimento.

si.mu.la.do *adj.* Fingido.

si.mu.lar *vt.* Disfarçar.

si.mul.tâ.neo *adj.* Que se realiza ao mesmo tempo.

si.na.go.ga *sf.* Templo dos judeus.

si.nal *sm.* Indício; manifestação; gesto; letreiro.

si.na.lar *vt.* Assinalar.

si.nal-da-cruz *sm.* Gesto da liturgia cristã de fazer com a mão uma cruz, pronunciando as palavras: "em nome do Pai, do Filho e do Espírito Santo".

si.na.li.za.ção *sf.* Ato ou efeito de sinalizar.

si.na.li.zar *vt.* Marcar, orientar com sinais.

sin.ce.ri.da.de *sf.* Franqueza.

sin.ce.ro *adj.* Franco; autêntico.

sín.co.pe *sf.* Perda súbita e transitória da consciência; supressão de um fonema no interior do vocábulo.

sin.crô.ni.co *adj.* Que se realiza ao mesmo tempo.

sin.cro.ni.zar *vt.* Combinar ações para o mesmo tempo.

sin.di.cal *adj.* Que pertence a sindicato.

sin.di.ca.lis.mo *sm.* Conjunto de doutrinas acerca dos sindicatos; movimento que preconiza a sindicalização dos profissionais para a defesa dos interesses comuns; movimento que defende a existência e a ação política dos sindicatos; ação reivindicatória e/ou política dos sindicatos; conjunto de sindicatos.

sin.di.ca.lis.ta *adj.* Relativo a sindicalismo; *s.2g.* partidário do sindicalismo.

sin.di.ca.li.zar *vt.* Reunir em sindicato; reunir-se em sindicato; sindicalizar-se; passar a pertencer a um sindicato, a ser membro dele.

sin.di.cân.cia *sf.* Inquérito.

sin.di.car *vt.* Inquirir; tomar informações.

sin.di.ca.to *sm.* Associação de uma classe de indivíduos, profissionais, para defesa de seus interesses.

sín.di.co *sm.* Advogado de corporação administrativa; administrador de condomínio, de uma falência, de massa falida, etc.

sín.dro.me *sf.* Conjunto de sintomas de uma doença.

si.ne.co.lo.gi.a *sf.* Ramo da ecologia que trata das relações entre comunidades animais ou vegetais e o meio ambiente.

si.ne.cu.ra *sf.* Emprego rendoso e que não obriga a trabalho.

si.nei.ro *sm.* Tocador de sinos.

si.ne.ta *sf.* Pequeno sino.

si.ne.te *sm.* Chancela.

sin.fo.ni.a *sf.* Trecho instrumental que precede uma ópera, um concerto, etc.

sin.fô.ni.co *adj.* Relativo a sinfonia.

sin.ge.lo *adj.* Simples; sincero.

sin.grar *vi.* Velejar.

sin.gu.lar *adj.* Individual; único; célebre; desusado.

sin.gu.la.ri.da.de *sf.* Extravagância.

si.nhá *sf.* Tratamento que davam os escravos a sua senhora.

si.nhá-mo.ça *sf.* Tratamento que davam os escravos às filhas dos senhores ou às donzelas.

si.nhá-ve.lha *sf.* Tratamento que os escravos davam às senhoras idosas.

si.nis.tro *adj.* Esquerdo; funesto; *sm.* desastre.

si.no *sm.* Instrumento que produz sons; campana.

si.no.ní.mia *sf.* Emprego de sinônimos.

si.nô.ni.mo *sm.* Palavra que tem a mesma significação que outra.

si.nop.se *sf.* Síntese; resumo.

sín.te.se *sf.* Resenha literária ou científica; resumo; sinopse.

sin.té.ti.co *adj.* Feito com síntese; resumido; artificial, preparado em laboratório.

sin.to.ma *sm.* Fenômeno que acusa perturbação funcional num órgão.

sin.to.má.ti.co *adj.* Relativo a sintoma.

sin.to.ni.zar *vt.* Ajustar (um aparelho de rádio, ao comprimento da onda).

si.nu.o.so *adj.* Ondulado.

si.o.nis.mo *sm.* Movimento nacionalista judaico iniciado no séc. XIX, que visava o restabelecimento, na Palestina, de um Estado judaico, e que se tornou vitorioso em maio de 1948, quando foi proclamado o Estado de Israel.

sir *sm.* Tratamento dado a baronetes e cavalheiros, acompanhado de prenome ou nome completo.

sir.go *sm.* Bicho-da-seda.

si.ri *sm.* Nome comum a vários crustáceos.

sís.mi.co *adj.* Relativo a sismos.

sis.mo *sm.* Designação científica do terremoto.

si.so *sm.* Juízo; prudência.

sis.te.ma *sm.* Conjunto de elementos; disposição das partes ou dos elementos de um todo, coordenados entre si; o conjunto das instituições políticas e/ou sociais, e dos métodos por elas adotados; reunião coordenada e lógica de princípios ou idéias; conjunto ordenado de meios de ação ou de idéias, tendente a um resultado; plano; método; técnica; modo; maneira; jeito; forma; complexo de regras ou normas; hábito; costume.

sis.te.má.ti.co *adj.* Metódico; ordenado; organizado.

sis.te.ma.ti.zar *vt.* Reduzir a sistema, a princípios.

sis.ti.na *adj.* Relativo à Capela Sistina; *sf.* a famosa capela mandada construir pelo papa Sisto IV (1521-1590).

si.su.dez ou **si.su.de.za** *sf.* Seriedade; circunspecção.

si.su.do *adj.* Sensato.

si.ti.a.do *adj.* Assediado.

si.ti.ar *vt.* Pôr sítio a; cercar; assediar.

sí.tio *sm.* Local; chácara; ato ou efeito de sitiar.

si.to *adj.* Situado.

si.tua.ção *sf.* Posição; conjuntura; ocorrência.

si.tua.cio.nis.mo *sm.* Partido político dos que se encontram no poder; permanência de uma situação política.

si.tu.ar *vt.* Colocar ou estabelecer; pôr; assinalar (lugar a).

ska.te *sm.* Pequena prancha de madeira montada sobre quatro rodinhas.

slo.gan *sm.* Palavra ou frase usada com freqüência, em geral associada a propaganda comercial, política, etc.

smo.king *sm.* Roupa masculina, com paletó de lapelas de cetim, usada como traje de cerimônia à noite.

só *adj.* Desacompanhado; único; *adv.* somente.

so.an.te *adj.* Que soa.

so.ar *vi.* Dar ou produzir som.

sob *prep.* Debaixo de.

so.be.jar *vi.* Ser demasiado; sobrar.

so.be.jo *adj.* Que sobeja; *sm. pl.* sobras.

so.be.ra.ni.a *sf.* Qualidade de soberano; poder ou autoridade suprema de soberano; autoridade moral, tida como suprema; poder supremo; propriedade que tem um Estado de ser uma ordem suprema que não deve a sua validade a nenhuma outra ordem superior; o complexo dos poderes que formam uma nação politicamente organizada.

so.be.ra.ni.zar *vt.* Tornar soberano; engrandecer.

so.be.ra.no *adj.* Que exerce um poder supremo.

so.ber.ba *sf.* Altivez; orgulho.

so.ber.bo *adj.* Orgulhoso.

so.bra.çar *vt.* Meter debaixo do braço.

so.bra.do *sm.* Pavimento superior ao andar térreo; casa de dois ou mais pavimentos; *adj.* demasiado; excedente.

so.bran.cei.ro *adj.* Que domina; que sobressai; orgulhoso; arrogante; *adv.* desdenhosamente.

so.bran.ce.lha *sf.* Conjunto de pêlos em arco acima de cada olho; supercílio; sobrolho.

so.brar *vi.* Sobejar.

so.bre *prep.* Na parte superior de; acerca de.

so.bre.a.vi.so *sm.* Precaução; cautela.

so.bre.car.ga *sf.* Carga demasiada; em excesso.

so.bre.car.re.gar *vt.* Carregar em demasia, em excesso.

so.bre.car.ta *sf.* Sobrescrito.

so.bre.ce.nho *sm.* Semblante carrancudo; carranca.

so.bre.céu *sm.* Cobertura suspensa; dossel.

so.bre.di.to *adj.* Já mencionado.

so.bre-hu.ma.no *adj.* Superior às forças humanas.

so.bre.le.var *vt.* Dominar; suportar; destacar-se.

so.bre.lo.ja *sf.* Pavimento de um prédio entre a loja ou rés-do-chão e o primeiro andar.

so.bre.ma.nei.ra *adv.* Muito.

so.bre.me.sa *sf.* Iguaria leve ou delicada com que se termina uma refeição.

so.bre.na.dar *vi.* Boiar.

so.bre.na.tu.ral *adj.* Sobre-humano; extranatural.

so.bre.no.me *sm.* Nome que segue ao primeiro de batismo.

so.bre.pe.sar *vt.* Pôr em cima; justapor.

so.bre.po.si.ção *sf.* Justaposição.

so.bre.pu.jar *vt.* Exceder em altura; superar.

so.bres.cri.to *sm.* Envelope; o que se escreve no envelope.

so.bres.sa.ir *vi.* Ser ou estar saliente, ressair.

so.bres.sa.len.te *adj.* Excedente; que sobressai; *sm.* o que sobressai; o que é próprio para suprir faltas.

so.bres.sal.tar *vt.* Surpreender; atemorizar; *vp.* assustar-se.

so.bres.sal.to *sm.* Acontecimento imprevisto; surpresa; susto.

so.bre.tu.do *sm.* Resguardo contra o frio e a chuva; *adv.* principalmente.

so.bre.vin.do *adj.* Que sobreveio.

so.bre.vir *vi.* Suceder inesperadamente; acontecer.

so.bre.vi.ven.te *s.2g.* Pessoa que sobrevive.

so.bre.vi.ver *vi.* Escapar (a desastre, calamidade, etc.).

so.bre.vo.ar *sf.* Voar por cima de.

so.bri.e.da.de *sf.* Temperança; moderação.

so.bri.nho *sm.* Indivíduo em relação aos irmãos de seus pais.

só.brio *adj.* Parco; frugal; simples; comedido.

so.bro.lho *sm.* Sobrancelha.

so.ca.du.ra *sf.* Ato de socar.

so.ca.pa *sf.* Disfarce.

so.car *vt.* Dar socos em; sovar; dar tunda.

so.ci.al *adj.* Da sociedade ou relativo a ela.

so.ci.a.lis.mo *sm.* Conjunto de doutrinas que se propõem promover o bem comum pela transformação da sociedade e das relações entre as classes sociais, mediante a alteração do regime de propriedade; sistema político que adota essas doutrinas.

so.ci.á.vel *adj.* Próprio para viver em sociedade.

so.ci.e.da.de *sf.* Estado dos homens que vivem sob leis comuns; associação.

só.cio *sm.* Membro de uma sociedade.

so.ci.o.ge.ni.a *sf.* Estudo acerca da formação da sociedade.

so.co *sm.* Murro; bofetada.

so.ço.brar *vt.* Afundar; *vi.* naufragar; *vp.* perturbar-se.

so.ço.bro *sm.* Naufrágio; afundamento; desânimo.

so.ço.car *vi.* Pescar, arpoando a água ao acaso.

so.cor.rer *vt.* Defender; proteger; auxiliar; ajudar; remediar; dar esmola; prestar socorro a.

so.cor.ro *sm.* Ajuda, auxílio; *interj.* para pedir auxílio ou defesa.

so.da *sf.* Hidróxido de sódio; bebida refrigerante.

so.do.mi.a *sf.* Pederastia, cópula anal.

so.er.guer *vt.* Erguer um pouco; *vp.* erguer-se a custo.

so.fá *sm.* Canapé estofado.

so.fis.ma *sm.* Argumento falso para induzir outrem em erro; chicana.

so.fis.mar *vt.* Deturpar com sofismas; enganar.

so.fis.ti.car *vt.* Tratar com sutileza; complicar com afetação, com exagero; *vi.* fazer sofisma.

so.fre.ar *vt.* Refrear; *vp.* conter-se.

só.fre.go *adj.* Ávido.

so.fre.gui.dão *sf.* Ambição; pressa.

so.frer *vt.* Suportar; padecer.

so.fri.men.to *sm.* Padecimento.

so.frí.vel *adj.* Razoável.

software *sm.* Sistema de programas de computação; documentos com informações sobre a operação e manutenção de computadores.

so.gro *sm.* Pai de um cônjuge em relação ao outro.

so.ja *sf.* Tipo de feijão de que se produz óleo comestível e farinha da qual se faz leite, queijo, etc.

sol *sm.* O astro central do nosso sistema planetário; quinta nota musical; *fig.* brilho; esplendor.

so.la *sf.* Parte do calçado que assenta no chão.

so.lão *sm. bras.* Sol ardente.

so.la.pa *sf.* Escavação encoberta; *pop.* ardil.

so.la.par *vt.* Escavar; disfarçar; ocultar; arruinar; dilapidar.

so.lar *sm.* Morada de família nobre e antiga; *adj.* do Sol; *vt.* pôr solas em (calçados).

so.la.van.co *sm.* Balanço imprevisto de um veículo.

sol.da *sf.* Substância para unir metais.

sol.da.da *sf.* Salário; soldo.

sol.da.do *adj.* Que foi ligado com solda; *sm.* militar sem graduação; praça.

sol.dar *vt.* Unir ou pegar com solda; *vt.* ligar; prender; *vi.* e *vp.* unir-se.

sol.do *sm.* Vencimento de militares; salário.

so.lei.ra *sf.* A parte inferior do vão da porta.

so.le.ne *adj.* Cerimonioso; majestoso; imponente.

so.le.ni.da.de *sf.* Festividade.

so.le.ni.zar *vt.* Tornar solene.

so.ler.te *adj.* e *s.2g.* Que, ou pessoa que é velhaca ou sagaz.

so.le.trar *vt.* Ler, pronunciando em separado as letras.

sol.fe.jo *sm.* Exercício musical.

so.li.ci.tar *vt.* Pedir com instância; rogar.

so.lí.ci.to *adj.* Cuidadoso; prestativo; diligente.

so.li.ci.tu.de *sf.* Qualidade de solícito.

so.li.dão *sf.* Lugar ermo; estado de quem vive só.

so.li.da.rie.da.de *sf.* Qualidade de solidário; vínculo recíproco de pessoas ou coisas independentes; adesão ou apoio à causa, empresa, princípio, etc. de outrem; sentimento moral que vincula o indivíduo à vida, aos interesses e às responsabilidades dum grupo social, duma nação ou da própria humanidade; relação de responsabilidade entre pessoas unidas por interesses comuns, de maneira que cada elemento do grupo se sinta na obrigação moral de apoiar o(s) outro(s).

so.li.dá.rio *adj.* Que tem interesse recíproco e responsabilidade mútua.

so.li.dez *sf.* Resistência; fundamento; consistência.

so.li.di.fi.ca.ção *sf.* Passagem direta do estado líquido ao estado sólido.

so.li.di.fi.car *vt.* Tornar sólido.

só.li.do *adj.* Íntegro; firme; durável; maciço; *sm.* qualquer corpo sólido.

so.li.ló.quio *sm.* Discurso de uma pessoa que fala consigo mesma; monólogo.

só.lio *sm.* Trono; cadeira pontifícia; poder real.

so.lis.ta *s.2g.* Pessoa que executa um solo musical.

so.li.tá.ria *sf.* Tênia; célula de penitenciária.

so.li.tá.rio *adj.* Só; *sm.* aquele que vive na solidão.

so.lo *sm.* Terreno; chão; trecho musical para ser executado por uma só pessoa.

sols.tí.cio *sm.* Época em que o Sol passa pela sua maior declinação boreal ou austral, e durante a qual cessa de afastar-se do Equador.

sol.tar *vt.* Desatar; tornar livre; *vp.* escapar.

sol.tei.ro *adj.* e *sm.* (Homem) que não se casou.

sol.to *adj.* Livre; posto em liberdade; abandonado.

sol.tu.ra *sf.* Ato ou efeito de soltar; diarréia.

so.lu.ção *sf.* Desfecho; resultado de um problema.

so.lu.çar *vi.* Dar soluços.

so.lu.ci.o.nar *vt.* Resolver.

so.lu.ço *sm.* Contração espasmódica do diafragma; choro entrecortado de suspiros

so.lu.to *sm.* Substância dissolvida; *adj.* dissolvido.

so.lú.vel *adj.* Que se pode dissolver, solver, resolver.

sol.ver *vt.* Resolver; pagar; quitar; dissolver; *vt. rel.* pagar.

sol.vi.bi.li.da.de *sf.* Qualidade do que é solvível.

sol.ví.vel *adj.* Que se pode solver ou pagar.

som *sm.* Energia mecânica que se propaga no ar ou em outros meios materiais, cuja fonte é um corpo em vibração, causando sensação no órgão da audição; voz ou emissão de voz; ruído.

so.ma *sf.* Resultado da adição; quantia.

so.mar *vt.* Adicionar.

so.má.ti.co *adj.* Relativo ao corpo humano.

som.bra *sf.* Noite; escuridão; fantasma; vestígio.

som.bre.ar *vt.* Dar sombra a.

som.bri.nha *sf.* Pequeno guarda-sol de senhora.

som.bri.o *adj.* Triste; escuro.

so.me.nos *adj.2n.* Inferior; ordinário.

so.nâm.bu.lo *adj.* e *sm.* Que, ou aquele que anda dormindo.

so.nân.cia *sf.* Música; melodia.

so.nan.te *adj.* Que soa.

son.da *sf.* Instrumento destinado a medir a profundidade das águas; qualquer instrumento com que se fazem sondagens; aparelho de perfuração que atinge grandes e médias profundidades para conhecimento do subsolo; aparelho empregado nos poços petrolíferos; aparelho empregado na exploração da atmosfera; meio de investigação; tubo que se introduz nos canais ou cavidades naturais ou acidentais do organismo com o fim de reconhecer-lhes o estado, de extrair líquidos ali retidos ou de fazer penetrar alguma substância.

son.da.gem *sf.* Ato ou efeito de sondar; exploração local e metódica de um meio (ar, água, solo, etc.), através de aparelhos e processos técnicos especiais; observação cautelosa; investigação; pesquisa; introdução de sonda no organismo.

son.dar *vt.* Fazer a sondagem de; investigar; explorar.

so.ne.ca *sf.* Sono ligeiro.

so.ne.gar *vt.* Ocultar fraudulentamente; deixar de pagar.

so.nei.ra *sf.* Sonolência.

so.ne.to *sm.* Composição poética de quatorze versos.

so.nhar *vi.* Entregar-se a fantasia e devaneios; *vt.* ver em sonhos.

so.nho *sm.* Conjunto de idéias e imagens que se tem em sono; fantasia; visão; *cul.* certo doce feito de farinha de trigo, ovos, leite e fermento que é frito e recheado com creme.

so.no *sm.* Estado de adormecimento; suspensão de sentidos.

so.no.lên.cia *sf.* Estado entre o sono e a vigília.

so.no.len.to *adj.* Que tem sonolência; dorminhoco.

so.no.plas.ta *s.2g.* Quem executa a sonoplastia.

so.no.plas.ti.a *sf.* Técnica de produzir certos efeitos com os sons.

so.no.ri.zar *vt.* Tornar sonoro.

so.no.ro *adj.* Que produz som.

son.so *adj.* Dissimulado; manhoso; idiota.

so.pa *sf.* Caldo de substâncias alimentícias ligeiras; *bras.* coisa fácil de ser feita.

so.pa.pe.ar *vt.* Dar sopapos em.

so.pa.po *sm.* Murro; bofetão.

so.pé *sm.* Base (de montanha); falda; aba.

so.pe.ar *vt.* Calcar; humilhar.

so.pei.ra *sf.* Vaso para sopa.

so.pe.sar *vt.* Tomar o peso de, com a mão.

so.pi.tar *vt.* Adormentar; vencer; dominar.

so.po.rí.fe.ro ou **so.po.rí.fi.co** *adj.* Que produz sono.

so.pra.no *s.2g.* A voz mais aguda de mulher ou menino.

so.prar *vt.* Dirigir o sopro para; segredar.

so.pro *sm.* Bafejo; aragem.

so.que.te *sm.* Qualquer utensílio que serve para socar; suporte para lâmpadas elétricas.

so.que.te (é) *sf.* Certa meia de cano até o tornozelo.

sor.di.dez *sf.* Indignidade; torpeza.

sór.di.do *adj.* Sujo; nojento; obsceno; avarento.

so.ro *sm.* A parte que permanece líquida após a coagulação do sangue, de substância orgânica ou mineral.

só.ror ou **so.ror** *sf.* Tratamento que se dá a freiras.

so.ro.so *adj.* Que tem soro.

sor.ra.tei.ro *adj.* Matreiro; astuto; que age às ocultas.

sor.ri.den.te *adj.* Risonho, alegre; jovial; prazenteiro.

sor.rir *vi.* e *p.* Rir de leve.

sor.ri.so *sm.* Ato de sorrir.

sor.te *sf.* Destino; dita; acaso; maneira; bilhete de loteria ou sorteio.

sor.te.ar *vt.* Escolher por sorte; rifar.

sor.tei.o *sm.* Ato ou efeito de sortear.

sor.ti.lé.gio *sm.* Malefício de feitiçaria; encantamento.

sor.ti.men.to *sm.* Ato ou efeito de sortir; provisão; abastecimento de mercadorias.

sor.tir *vt.* Abastecer.

so.rum.bá.ti.co *adj.* Sombrio; triste; macambúzio.

sor.ve.dou.ro *sm.* Remoinho de água; voragem; abismo.

sor.ver *vt.* Beber lentamente, pouco a pouco; sugar, chupar; absorver; tragar; inspirar (o ar); haurir.

sor.ve.te *sm.* Iguaria doce, industrializada ou caseira, feita com suco ou polpa de frutas ou com leite, ovos e a adição de outros ingredientes (chocolate, baunilha, etc.) que é congelada até adquirir consistência cremosa.

sor.ve.tei.ra *sf.* Aparelho para sorvetes.

sor.ve.te.ri.a *sf.* Loja onde se vendem sorvetes.

sor.vo *sm.* Ação ou efeito de sorver; gole; trago.

SOS *sm.* Apelo de socorro integrante do código internacional de sinais.

só.sia *s.2g.* Indivíduo muito parecido com outro.

sos.lai.o *sm.* Obliquidade; *de soslaio* de esguelha.

sos.se.ga.do *adj.* Quieto; tranqüilo; sereno; calmo.

sos.se.gar *vt.* Tranqüilizar.

sos.se.go *sm.* Tranqüilidade.

só.tão *sm.* Espaço vazio entre o teto e o telhado, que serve de depósito; água-furtada.

so.ta.que *sm.* Pronúncia peculiar a uma região, cidade, país.

so.ter.ra.men.to *sm.* Ato ou efeito de soterrar.

so.ter.rar *vt.* Cobrir de terra.

so.to.pos.to *adj.* Posto por baixo; preterido.

so.tur.no *adj.* Sombrio.

so.va *sf.* Surra; tunda.

so.va.co *sm.* Axila.

so.var *vt.* Amassar; dar pancada em; surrar.

so.vi.e.te *sm.* Designação comum a conselhos integrados por delegados operários, camponeses e soldados, aparecidos na Rússia pela primeira vez na Revolução de 1905, e que, com a Revolução de Outubro de 1917, passaram a ser um órgão deliberativo daquele país.

so.vi.na *adj.* e *s.2g.* Diz-se de, ou pessoa avara.

so.zi.nho *adj.* Só, desacompanhado, solitário; abandonado, desamparado, único, isolado; .

SP Sigla do estado de São Paulo.

spa *sm.* Hotel ou estância onde as pessoas se hospedam para fazer tratamento de saúde ou para programas de emagrecimento baseados em exercícios físicos e dietas pouco calóricas.

spa.ring *sm.* Parceiro de boxeador que se incumbe de seu treinamento.

spray *sm.* Jato gasoso de aerossol ou de líquido que se espalha como névoa sobre o local onde é espalhado ou que é aplicado sobre uma superfície; o aerossol ou o líquido usado desta maneira (inseticida, desodorante, perfume, tinta, fixador de cabelo, etc.); recipiente fechado provido de dispositivo capaz de emitir *spray*; vaporizador.

sta.li.*nis*.mo *sm.* Desenvolvimento teórico e prático do marxismo-leninismo, realizado por Iosif Vissarionovitch Djugatcvilli, dito Stalin (1879-1953), estadista soviético, e que se baseia na tese do "socialismo em um só país", a ex-URSS; o conjunto dos métodos de condução política, econômicos e sociais aplicados por Stalin, no período em que predominou politicamente na URSS (1924-1953); adesão ao stalinismo, ou simpatia por ele.

***sta*.tus** *sm.* Conjunto de direitos e deveres que caracterizam a posição de uma pessoa em suas relações com outras; *pop.* posição social; *status quo:* o estado em que se achava anteriormente certa questão.

su.a.*dou*.ro ou **su.a.*dor*** *sm.* Ação ou efeito de suar; medicamento que faz suar; *fig.* dificuldades, apuros.

su.*ar* *vi.* Transpirar; *vt.* ensopar de suor.

su.*ás*.ti.ca *sf.* Símbolo cruciforme, com as hastes recurvas formando quatro ângulos retos, com a letra grega gama, maiúscula, que representava a felicidade, a saudação e a salvação, entre brâmanes e budistas, e veio a ser adotada pelo hitlerismo.

su.*a*.ve *adj.* Doce; meigo.

su.a.vi.*da*.de *sf.* Doçura; meiguice; amenidade.

sub.a.lu.*gar* *vt.* Sublocar.

su.bal.*ter*.no *adj.* Subordinado; inferior.

sub.cons.ci.*en*.te *sm.* O conjunto dos processos e fatos psíquicos que estão latentes no indivíduo, mas lhe influenciam a conduta; *adj.* relativo ao subconsciente ou à subconsciência.

sub.cu.*tâ*.neo *adj.* Que fica por baixo da pele.

sub.de.sen.vol.*vi*.do *adj.* Diz-se de indivíduo, povo, sociedade, economia, etc. em estado de subdesenvolvimento; que não está inteiramente desenvolvido.

sub.de.sen.vol.vi.*men*.to *sm.* Desenvolvimento abaixo do normal; estado de um país ou de uma região cuja estrutura social, política e econômica reflete uma utilização deficiente dos fatores de produção, *i.e.*, os recursos naturais, o capital e o trabalho, e uma deficiente articulação entre eles, conseqüentemente o progresso social não é promovido.

sub.di.vi.*dir* *vt.* Dividir de novo.

sub.en.ten.*der* *vt.* Supor; admitir mentalmente.

sub.es.ti.*mar* *vt.* Desdenhar.

su.*bi*.da *sf.* Ato ou efeito de subir; ladeira.

su.*bi*.do *adj.* Elevado.

su.*bir* *vi.* Ir para cima; erguer-se; alar-se; crescer em altura; encarecer; começar a surgir, nascer; *vt.* ascender; elevar-se; atingir; trepar.

***sú*.bi.to** *adj.* Repentino; *adv.* repentinamente.

sub.ja.*cen*.te *adj.* Que está ou jaz por baixo.

sub.je.ti.*var* *vt.* Tornar ou considerar subjetivo.

sub.ju.*gar* *vt.* Submeter pela força das armas; dominar.

su.ble.va.*ção* *sf.* Rebelião.

su.bli.*mar* *vt.* Tornar sublime; transformar impulso sexual encaminhando-o a domínio religioso, artístico, etc.

su.*bli*.me *adj.* Excelso; muito alto; majestoso.

sub.li.*nhar* *vt.* Passar um traço por baixo de; destacar.

sub.lo.ca.*ção* *sf.* Ato ou efeito de sublocar.

sub.lo.*car* *vt.* Alugar a outrem o que lhe estava alugado.

sub.ma.*ri*.no *sm.* Navio de guerra que pode navegar imerso nas águas; *adj.* que fica por baixo das águas do mar; imerso no mar.

sub.mer.*gir* *vt.* Cobrir de água; inundar; afundar.

sub.mer.*são* *sf.* Ato ou efeito de submergir, afundar.

sub.me.*ter* *vt.* Subjugar; dominar; subordinar.

sub.mis.*são* *sf.* Sujeição.

sub.*mis*.so *adj.* Dócil; respeitoso; obediente.

su.bor.di.*na*.ção *sf.* Obediência.

su.bor.di.*na*.do *sm.* Indivíduo às ordens de outro.

su.bor.*nar* *vt.* Dar dinheiro ou outros valores para se conseguir coisa oposta à justiça, ao dever ou à moral; atrair, com engano; aliciar para mau fim.

su.*bor*.no *sm.* Ato ou efeito de subornar; corrupção; peita; aliciamento.

sub-rep.*tí*.cio *adj.* Obtido por meios fraudulentos ou com ocultamento de circunstâncias que, se fossem conhecidas, levariam à negação do que se queria obter.

sub-ro.ga.*ção* *sf.* Ato ou efeito de sub-rogar.

sub-ro.*gar* *vt.* Transferir direito ou encargo a.

subs.cre.*ver* *vt.* Escrever por baixo de; assinar.

subs.cri.*ção* *sf.* Ato ou efeito de subscrever.

subs.cri.*tar* *vt.* Pôr a assinatura embaixo.

sub.se.*qüen*.te *adj.* Imediato; seguinte.

sub.ser.vi.*en*.te *adj.* Servil.

sub.si.di.ar *vt.* Auxiliar; ajudar.

sub.si.di.á.ria *sf.* Empresa controlada por outra, a qual detém o total ou a maioria de suas ações.

sub.sí.dio *sm.* Contribuição pecuniária ou de outra ordem que se dá a qualquer empresa ou a particular; auxílio; ajuda; quantia que o Estado arbitra ou subscreve para obras de interesse público; subvenção; quantia ou auxílio que um Estado concede a outro em virtude de acordos ou convenções; vencimentos dos membros do poder legislativo federal, estadual ou municipal.

sub.sis.tên.cia *sf.* Sustento.

sub.sis.ten.te *adj.* Que subsiste.

sub.sis.tir *vi.* Existir; ser; viver; persistir.

subs.ta.be.le.cer *vt.* Nomear como substituto.

subs.tân.cia *sf.* Essência; natureza de uma coisa; vigor.

subs.tan.ci.al *adj.* Nutritivo; essencial; fundamental; *sm.* o essencial.

subs.tan.ci.o.so *adj.* Nutritivo.

subs.tan.ti.vo *sm. gram.* Palavra com que se nomeia um ser ou um objeto; *adj.* substancial; fundamental.

subs.ti.tu.i.ção *sf.* Ato ou efeito de substituir; troca.

subs.ti.tu.ir *vt.* Colocar (pessoa ou coisa) em lugar de.

subs.ti.tu.to *adj.* e *sm.* (Indivíduo) que substitui outro ou se faz às vezes dele.

sub.ter.fú.gio *sm.* Evasiva.

sub.ter.râ.neo *adj.* Que fica ou se realiza debaixo da terra; *sm.* lugar ou compartimento subterrâneo.

sub.tra.ção *sf.* Diminuição.

sub.tra.ir *vt.* Furtar; diminuir; deduzir.

su.búr.bio *sm.* Arrabalde.

sub.ven.ção *sf.* Auxílio pecuniário, via de regra concedido pelos poderes públicos; subsídio dado pelo governo.

sub.ver.são *sf.* Ato ou efeito de subverter; revolta.

sub.ver.si.vo *adj.* Revolucionário; agitador.

sub.ver.ter *vt.* Desorganizar; perverter; revolucionar.

su.ca.ta *sf.* Material metálico imprestável; depósito de ferro velho, material metálico, plástico e vítreo e papéis para serem reciclados; restos de papel, arame, objetos plásticos, etc.

suc.ção *sf.* Ato ou efeito de sugar.

su.ce.dâ.neo *adj.* e *sm.* Diz-se de, ou aquilo que substitui.

su.ce.der *vi.* Acontecer; realizar-se; ser substituto.

su.ces.são *sf.* Herança; descendência; série; seqüência ininterrupta.

su.ces.si.vo *adj.* Contínuo; consecutivo.

su.ces.so *sm.* Acontecimento; bom êxito; resultado feliz.

su.ces.sor *adj.* e *sm.* Que, ou aquele que sucede a outrem.

sú.cia Bando; malta; corja.

su.cin.to *adj.* Resumido.

su.cu.len.to *adj.* Que tem suco, sustento; sumarento.

su.cum.bir *vt.* Vergar; dobrar-se; não resistir; *vi.* perecer.

su.cur.sal *sf.* Estabelecimento comercial dependente da matriz; filial; estabelecimento administrativo subordinado a outro.

sú.di.to *sm.* Vassalo.

su.do.es.te *sm.* Ponto do horizonte a igual distância do sul e do oeste.

su.do.rí.fe.ro ou **su.do.rí.fi.co** *adj.* Que faz suar.

su.el.to *sm.* Pequeno comentário de jornal.

su.es.te *sm.* Ponto do horizonte eqüidistante do sul e do este.

su.é.ter *sm.* ou *f.* Agasalho fechado, feito de malha de lã; blusa com essas características.

su.fi.ci.ên.cia *sf.* Aptidão bastante; habilidade.

su.fi.xo *sm.* Desinência.

su.flê *sm.* Iguaria de origem francesa, preparada com farinha de trigo, a que se adicionam outros ingredientes (queijo, camarão, legumes, frutas, etc.) reduzidos a purê, tudo ligado com gemas e claras batidas em neve, e assado ao forno.

su.fo.ca.ção *sf.* Ato ou efeito de sufocar.

su.fo.can.te *adj.* Que sufoca.

su.fo.car *vt.* Perder a respiração; deixar de respirar; matar por asfixia; reprimir; debelar; extinguir; abafar, atalhar.

su.fra.gar *vt.* Favorecer; eleger; orar pela alma de.

su.frá.gio *sm.* Voto; votação; apoio; adesão; oração pelos mortos; *sufrágio universal:* direito de voto a todos os cidadãos.

su.gar *vt.* Chupar; extrair; extorquir.

su.ge.rir *vt.* Indicar; inspirar; insinuar; lembrar.

su.ges.tão *sf.* Alvitre; inspiração; estímulo.

su.ge.ti.o.nar *vt.* Inspirar; estimular; sugerir.

su.ges.ti.vo *adj.* Que sugere.

sui.ci.dar-se *vp.* Matar a si mesmo.

sui.cí.dio *sm.* Ato ou efeito de suicidar-se, matar-se.

su.in.gue *sm.* Elemento rítmico do jazz, de pulsação sincopada, e que caracteriza esse tipo de música; gingado; facilidade e leveza para a dança.

su.í.no *adj.* Relativo a porcos; *sm.* porco.

su.í.te *sf.* Conjunto de peças musicais; nas residências, quarto com banheiro exclusivo; quarto com saleta e banheiro exclusivo, nos hotéis.

su.jei.ção *sf.* Submissão.

su.jei.tar *vt.* Submeter; subordinar.

su.jei.to *adj.* Escravizado; *sm. gram.* indivíduo indeterminado; assunto.

su.ji.da.de *sf.* Sujeira; imundície; porcaria.

sul *sm.* Ponto cardeal oposto ao norte.

sul.car *vt.* Fazer sulco em; navegar por.

sul.co *sm.* Rasgo; corte; vinco; ruga.

sul.fa *sf.* Forma reduzida de sulfanilamida.

sul.fa.ni.la.mi.da *sf.* Produto sintético empregado contra certas infecções bacterianas.

su.fi.te *sm.* Certo tipo de papel, sem pautas.

sul.fu.rar *vt.* Misturar ou preparar. com enxofre.

sul.fú.ri.co *adj.* Relativo ao enxofre.

su.li.no *adj.* e *sm.* Sulista.

su.lis.ta *adj.* e *s.2g.* Do sul do país.

sul.tão *sm.* Título de alguns príncipes maometanos e tártaros.

su.ma *sf.* Resumo; súmula

su.ma.ren.to *adj.* Que tem suco, sumo.

su.ma.ri.ar *vt.* Tornar sumário; sintetizar; resumir.

su.má.rio *adj.* Resumido; curto; *sm.* recapitulação sumária, resumo.

su.mi.ço *sm.* Desaparecimento.

su.mi.da.de *sf.* O ponto mais alto; pessoa muito importante

su.mi.dou.ro *sm.* Escoadouro; ugar onde desaparecem muitas coisas; sarjeta, valeta.

su.mo *sm.* Suco; *adj.* máximo, supremo.

su.mo.so *adj.* Sumarento.

sú.mu.la *sf.* Epítome; resumo.

sun.tu.o.so ou **sump.tu.o.so** *adj.* Magnificente; aparatoso.

su.pe.ra.bun.dan.te *adj.* Que superabunda; demasiado.

su.pe.ra.bun.dar *vi.* Sobejar; transbordar.

su.pe.rar *vt.* Vencer; exceder.

su.pe.rá.vit *sm.* A diferença a mais entre receita e despesa; saldo a favor.

su.per.cí.lio *sm.* Sobrancelha.

su.per.fi.ci.al *adj.* Relativo à superfície; leviano.

su.per.fí.cie *sf.* Parte exterior dos corpos; extensão considerada com o comprimento e largura.

su.per.fi.no *adj.* Muito fino.

su.pér.fluo *adj.* Desnecessário; inútil.

su.per-ho.mem *sm.* Indivíduo que se considera superior aos outros homens; homem de força física acima do normal.

su.pe.rin.ten.dên.cia *sf.* Ato de superintender; cargo ou funções de superintendente; lugar onde o superintendente exerce as suas funções.

su.pe.rin.ten.der *vt.* Dirigir (repartição, empresa, comissão, obras) na qualidade de chefe; inspecionar; supervisionar.

su.pe.ri.or *adj.* Muito elevado; de excelente qualidade; *sm.* aquele que exerce autoridade sobre outro.

su.pe.ri.o.ri.da.de *sf.* Qualidade do que é superior.

su.per.la.ti.vo *adj.* Que exprime uma qualidade em grau muito elevado; *sm. gram.* o grau superlativo.

su.per.por *vt.* Sobrepor.

su.per.sô.ni.co *adj.* Diz-se de, ou relativo à velocidade maior que a do som; que tem essa velocidade; *sm.* forma reduzida de avião supersônico.

su.pers.ti.ção *sf.* Crendice.

su.pers.ti.ci.o.so *adj.* Que tem ou em que há superstição.

su.per.ve.ni.en.te *adj.* Que sobrevém.

su.pe.tão *el. sm. da loc. de supetão*: subitamente, de improviso.

su.pim.pa *adj. fam.* Ótimo; excelente.

su.pi.no *adj.* Superior; elevado; grosseiro (erro, ignorância); *sm.* forma verbal latina.

su.plan.tar *vt.* Calcar; vencer; ser superior a.

su.ple.men.tar *adj.* Adicional; *vt.* dar suplemento a.

su.ple.men.to *sm.* Parte que se junta a um todo para o ampliar; aditamento.

su.plen.te *sm.* Substituto.

sú.pli.ca *sf.* Ação ou efeito de suplicar; prece; oração.

su.pli.car *vt.* Rogar; implorar.

su.plí.cio *sm.* Grande punição corporal; execução capital.

su.por *vt.* Conjecturar; imaginar; presumir.

su.por.tar *vt.* Sustentar; agüentar; resistir a.

su.po.si.ção *sf.* Hipótese.

su.pos.to *adj.* Hipotético.

su.pra.di.to *adj.* Sobredito.

su.pre.ma.ci.a *sf.* Superioridade.

su.pre.mo *adj.* Relativo a Deus; derradeiro; superior; máximo.

su.pres.são *sf.* Ato ou efeito de suprimir.

su.pres.si.vo *adj.* Que suprime.

su.pri.mir *vt.* Eliminar; anular; extingüir.

su.prir *vt.* Completar; prover; preencher; remediar.

su.pu.rar *vt.* Lançar (pus).

sur.dir *vi.* Sair da terra.

sur.do *adj.* Que não ouve ou ouve pouco.

sur.far *vi.* Praticar o surfe.

sur.fe *sm.* Esporte marítimo que consiste em equilibrar-se de pé sobre uma prancha que desliza à superfície da água, sob impulsão das ondas.

sur.gir *vi.* Apontar; despontar; aparecer de repente; *vt.* sair; lembrar.

sur.pre.en.den.te *adj.* Magnífico; admirável.

sur.pre.en.der *vt.* Apanhar de improviso; maravilhar; *vp.* espantar-se.

sur.pre.sa *sf.* Ato ou efeito de surpreender; sobressalto; sucesso imprevisto.

sur.re.a.lis.mo *sm.* Escola de literatura e arte iniciada em 1924 por André Breton, escritor francês, caracterizada pelo desprezo das construções refletidas ou dos encadeamentos lógicos e pela ativação sistemática do inconsciente e do irracional, do sonho e dos estados mórbidos, valendo-se freqüentemente da psicanálise. Visava, em última instância, à renovação total dos valores artísticos, morais, políticos e filosóficos.

sur.ru.pi.ar ou **sur.ri.pi.ar** *vt.* Furtar.

sur.tir *vt. e i.* Ter como conseqüência; produzir efeito.

sur.to *sm.* Ímpeto; arrancada; impulso; desejo intenso; aparecimento repentino; irrupção de epidemia; *adj.* ancorado.

su.ru.ru *sm.* Motim; conflito.

sus.ce.ti.bi.li.zar ou **sus.cep.ti.bi.li.zar** *vt.* Melindrar, ofender ligeiramente.

sus.ce.tí.vel ou **sus.cep.tí.vel** *adj.* Passível de melindres.

sus.ci.tar *vt.* Fazer nascer; causar.

su.se.ra.ni.a *sf.* Qualidade ou poder de suserano; território dominado por um suserano.

su.se.ra.no *adj.* Que possui um feudo, do qual outros dependem; referente aos soberanos que têm vassalagem de estados aparentemente autônomos; *sm.* senhor feudal.

sus.pei.ção *sf.* Desconfiança.

sus.pei.tar *vt.* Conjeturar; supor; desconfiar de; recear.

sus.pei.to *adj.* Que infunde suspeitas; duvidoso.

sus.pei.to.so *adj.* Que tem suspeitas; suspeito.

sus.pen.der *vt.* Suster no ar; interromper temporariamente; privar.

sus.pen.so *adj.* Pendurado; pendente; perplexo.

sus.pen.só.rio *adj.* Que suspende; *sm. pl.* alças para segurar as calças.

sus.pi.ra.do *adj.* Muito apetecido, desejado.

sus.pi.rar *vt.* Ter saudades de; *vi.* dar suspiros.

sus.pi.ro *sm.* Ânsia; gemido amoroso; doce de clara de ovos batida com açúcar; orifício de certos maquinismos que dá passagem aos vapores.

sus.pi.ro.so *adj.* Lamentoso.

sus.sur.ran.te *adj.* Que sussurra.

sus.sur.rar *vi.* Causar sussurro; zumbir; *vt.* segredar.

sus.sur.ro *sm.* Som confuso; murmúrio.

sus.tar *vt.* Fazer parar.

susten.ta.ção *sf.* Ato ou efeito de sustentar.

sus.ten.tá.cu.lo *sm.* Base; suporte; apoio.

sus.ten.tar *vt.* Suportar; alimentar; amparar; dar ânimo a; *vp.* viver; manter-se.

sus.ten.to *sm.* O que serve para sustentar; alimento.

sus.ter *vt.* Segurar por baixo para que não caia; sustentar; reprimir; conservar; *vp.* equilibrar-se.

sus.to *sm.* Medo repentino; sobressalto.

su.ta.che *sf.* Passamanaria de lã, seda ou algodão usada como adorno em roupas.

su.ti.ã *sm.* Peça de vestuário feminino que se ajusta aos seios.

su.til *adj.* Tênue; delicado; perspicaz.

sú.til *adj.* Cosido; costurado.

su.tu.ra *sf.* Operação que consiste em coser as partes de uma ferida.

su.tu.rar *vt.* Fazer a sutura de.

su.ve.nir *sm.* Objeto característico de um lugar e que é vendido como lembrança, em geral a turistas.

t *sm.* Décima nona letra do alfabeto.

ta.ba *sf.* Habitação comum dos indígenas da América do Sul.

ta.ba.ca.ri.a *sf.* Estabelecimento onde são vendidos cigarros, charutos e demais apetrechos para fumantes.

ta.ba.co *sm.* Gênero de plantas solanáceas cujas folhas servem para preparar charutos, cigarro, rapé ou para mascar.

ta.ba.réu *sm.* Soldado bisonho; *pop.* matuto; caipira.

ta.be.fe *sm. pop.* Soco; sopapo; bofetão.

ta.be.la *sf.* Pequena tábua, quadro ou papel, onde se registram nomes de pessoas ou de coisas; relação; rol; lista; relação de preços máximos de mercadorias, sujeita a controle oficial; registro ordenado de cálculos antecipadamente feitos, e que indica os respectivos resultados; índice; extremidade interna da mesa de bilhar; moldura fixada à parede, na qual há hastes verticais, com bolinhas enfiadas, que serve para marcar os pontos obtidos no jogo de bilhar; *fut.* jogada na qual dois ou mais jogadores, na corrida, trocam passes entre si; *por tabela:* indiretamente.

ta.be.lar *vt.* Fazer tabela; sujeitar a uma tabela de preços; *v. int. fut.* fazer tabela; *adj.* relativo a tabela; que tem forma de tabela.

ta.be.li.ão *sm.* Notário público.

ta.be.li.o.na.do ou **ta.be.li.o.na.to** *sm.* Ofício de tabelião.

ta.ber.na *sf.* Casa onde se vende vinho por miúdo; taverna.

ta.ber.nei.ro *sm.* Vendedor de vinho em taberna.

ta.bi.que *sm.* Parede fina que serve para dividir os quartos nas casas de habitação.

ta.bla.do *sm.* Estrado; palco.

ta.ble.te *sm.* Alimento ou medicamento solidificado, em placa, geralmente retangular.

ta.bli.ta *sf.* Espécie de tabela para cálculo de juros e amortizações.

ta.bli.tar *vt.* Fazer tablita.

ta.bu *sm.* Pessoa ou coisa de caráter sagrado, proibida de se tocar ou nomear.

tá.bua *sf.* Peça lisa de madeira.

ta.bu.a.da *sf.* Livrinho em que se ensinam as primeiras noções de aritmética.

ta.bu.a.do *sm.* Estrado; soalho.

ta.bu.la.dor *sm.* Nas máquinas de escrever, dispositivo para mover o carro e possibilitar o alinhamento vertical.

ta.bu.lar *vt.* Marcar o(s) ponto(s) em que deve parar o carro quando pressionado o tabulador; *adj.* relativo a, ou que tem a forma de tábuas, quadros, etc.

ta.bu.lei.ro *sm.* Bandeja.

ta.bu.le.ta *sf.* Tábua de madeira com letreiro; sinal; aviso; anúncio.

ta.ça *sf.* Vaso largo e pouco fundo, para beber.

ta.ca.da *sm.* Pancada com taco.

ta.ca.nho *adj.* Avaro; estúpido.

ta.cão *sm.* O salto do calçado.

ta.char *vt.* Notar defeito em; censurar.

ta.cho *sm.* Vaso de metal, largo e pouco fundo, geralmente com asas.

tá.ci.to *adj.* Silencioso; secreto.

ta.ci.tur.no *adj.* Tristonho; caladão.

ta.co *sm.* Pau com que se impelem as bolas do bilhar; pedaço de tábua de soalho.

ta.cô.me.tro *sm.* Instrumento para medir velocidades.

ta.ga.re.la *adj.* e *s.2g.* (Pessoa) que fala muito, sem discrição.

ta.ga.re.lar *vi.* Falar muito.

ta.ga.re.li.ce *sf.* Loquacidade.

tail.leur *sm.* Traje feminino composto de casaco e saia; costume.

tai.pa *sf.* Parede de barro.

tal *pron. indef.* Este; aquele; um certo; semelhante; isso; aquilo; *s.2g.* pessoa notável, batuta.

ta.la *sf.* Peça de madeira ou outro material para imobilizar uma parte do corpo.

tá.la.mo *sm.* Leito conjugal.

ta.lão *sm.* Calcanhar; parte do calçado ou da meia correspondente ao calcanhar; bloco de folhas picotadas, horizontal ou verticalmente, com dizeres impressos nas partes correspondentes.

ta.lar *vt.* Abrir sulcos em; destruir; devastar; *adj.* diz-se da veste que vai até o calcanhar.

ta.len.to *sm.* Aptidão natural; inteligência.

ta.lha *sf.* Corte; pote.

ta.lha.da *sf.* Porção que se corta de frutos; fatia; posta.

ta.lhar *vt.* Golpear; cortar; sulcar; cortar o pano (o alfaiate, a modista); coagular; talhar.

ta.lha.rim *sm.* Massa alimentícia em forma de tiras longas e finas; iguaria feita com talharim cozido em água e sal, servido com molho, geralmente de tomates e carne, e polvilhado com queijo parmesão ralado

ta.lhe *sm.* Feitio ou feição do corpo ou qualquer objeto; corte.

ta.lher *sm.* A reunião de garfo, faca e colher.

ta.lho *sm.* Ato de talhar; corte.

ta.li.ão *sm.* Pena de lei primitiva pela qual o delito era vingado com aplicação ao delinquente do mesmo mal ou dano que ele praticara (segundo a expressão "olho por olho, dente por dente").

ta.lis.mã *sm.* Peça que a se atribuem virtudes mágicas; amuleto.

Tal.mu.de *sm.* Doutrina e jurisprudência da lei mosaica com explicação dos textos jurídicos do Pentateuco e a Michna, *i.e.*, a jurisprudência elaborada pelos comentadores entre os sécs. III e o VI; livro com a lei e as tradições judaicas.

ta.lo *sm.* Caule.

ta.lu.do *adj.* Desenvolvido.

tal.vez *adv.* Acaso, porventura, quiçá.

ta.man.co *sm.* Calçado grosseiro com sola de madeira.

ta.ma.nho *sm.* Comprimento; altura; volume; grandeza.

tam.bém *adv.* igualmente, da mesma forma; outrossim, além disso; ainda; por outro lado; da mesma forma; com efeito; aliás.

tam.bor *sm.* Instrumento musical com pele tensa que se percute com baquetas; cilindro giratório de revólver em que se colocam os cartuchos.

tam.bo.re.te *sm.* Banco sem encosto com assento de pau.

tam.bo.ri.lar *vi.* Tocar com os dedos em qualquer superfície.

tam.pa *sf.* Peça com que se fecha vaso ou caixa.

tam.par *vt.* Pôr tampa em.

ta.na.do *adj.* Trigueiro.

ta.na.ju.ra *sf.* Fêmea da saúva; içá.

tan.ga *sf.* Espécie de avental com que os selvagens cobrem o sexo.

tan.gen.te *sf.* Linha que toca outra linha ou superfície num só ponto.

tan.ger *vt.* Tocar (instrumentos); guiar (gado); *vi.* soar.

tan.ge.ri.na *sf.* Fruto da tangerineira; mexerica.

tan.ge.ri.nei.ra *sf.* Árvore frutífera.

tan.gí.vel *adj.* Que se pode tocar, palpável.

tan.go *sm.* Música e dança argentina.

tan.no.ei.ro *sm.* O que faz ou conserta pipas, etc.

tan.que *sm.* Reservatório para água, etc.; carro de combate, blindado.

tan.tã *adj. fam.* Tonto.

tan.to *pron. indef.* Em tal quantidade; *sm.* quantidade; o dobro; *adv.* de tal modo.

tão *adv.* Tanto.

ta.o.ís.mo *sm.* Ensinamento filosófico-religioso desenvolvido principalmente por Lao-tsé (séc. VI a.C.) e Tchuang-tseu (séc. IV a.C.), filósofos chineses, cuja noção fundamental é o *Tao*, o caminho que nomeia o grande princípio do *Yin* e do *Yang*, ao qual se tem acesso por meio da meditação e da prática de exercícios físicos e respiratórios.

ta.pa *sm.* ou *f.* Bofetada.

ta.pa.da *sf.* Cerca.

ta.par *vt.* Tampar; fechar; entupir; encobrir.

ta.pe.ça.ri.a *sf.* Tecido bordado para móveis, paredes ou soalhos; loja onde são vendidos tapetes.

ta.pe.cei.ro *sm.* O que fabrica ou vende tapetes.

ta.pe.ra *sf.* Casa arruinada.

ta.pe.te *sm.* Peça de estofo para cobrir soalhos, etc.

ta.pir *sm.* Anta.

ta.po.na *sf. gír.* Pancada; tapa; bofetada.

ta.pu.me *sm.* Sebe; tabique.

ta.qua.ra *sf.* Bambu.

ta.qui.car.di.a *sf.* Pulsação anormalmente rápida do coração; pulsação acelerada, excessiva.

ta.qui.gra.fi.a *sf.* Estenografia.

ta.quí.gra.fo *sm.* Estenógrafo.

ta.ra *sf.* Falha; quebra; defeito físico ou moral; perversão; desconto no peso da mercadoria, correspondente ao peso do recipiente ou do veículo que o transporta.

ta.ra.do *adj.e* *sm.* (Indivíduo) desequilibrado (em sentido moral); *adj.* pesado com o desconto da tara.

ta.ra.me.la ou **tra.me.la** *sf.* Peça de madeira que gira em volta de um prego, para fechar porta ou postigo; pessoa faladora.

ta.ran.te.la *sf.* Dança popular napolitana, acompanhada pelo pandeiro e pelas castanholas e muito rápida; música para essa dança; composição instrumental e erudita, com as características dessa música.

ta.rân.tu.la *sf.* Espécie de aranha européia, cuja picada causa febre, delírio e, segundo a crença popular, singulares sintomas que levariam o doente a cantar e dançar; medicamento feito com o suco desse animal.

tar.dan.ça *sf.* Demora.

tar.de *adv.* Depois de passar o tempo ajustado; perto da noite; *sf.* tempo entre o meio-dia e a noite.

tar.di.o *adj.* Que vem fora de tempo.

tar.do *adj.* Preguiçoso; moroso; vagaroso.

ta.re.fa *sf.* Trabalho por obrigação ou castigo.

ta.rei.a *sf.* Tunda; sova.

ta.re.lar *vi.* Tagarelar.

ta.ri.fa *sf.* Tabela de direitos alfandegários; tabela de preços de transportes de cargas ou de correio; tabela que indica o valor especial de um gênero.

ta.rim.ba *sf.* Cama simples; estrado sobre o qual dormem os soldados no quartel; experiência; longa prática.

tar.ja *sf.* Cinta preta, nas margens do papel, indicando luto; ornato que contorna um objeto.

ta.rou.co *adj.* Idiota; desmemoriado pela velhice.

tar.ra.fa *sf.* Rede de pesca.

tar.ra.xa *sf.* Parafuso.

tar.so *sm.* Parte posterior do pé.

tar.ta.mu.do *adj.* e *sm.* (Indivíduo) gago.

tár.ta.ro *sm.* Inferno; incrustação que se forma nos dentes.

tar.ta.ru.ga *sf.* Réptil que possui carapaça e vive na água.

tar.tu.fo *sm.* Devoto falso; hipócrita.

tas.ca *sf.* Casa de pasto ordinária; bodega.

tas.quei.ro *sm.* Taberneiro.

ta.te.ar *vt.* Apalpar; pesquisar.

tá.ti.ca *sf.* Arte de combater.

tá.til ou **tác.til** *adj.* Relativo ao tato; que se pode tatear.

ta.to ou **tac.to** *sm.* O sentido através do qual recebemos as sensações de contato e pressão, as térmicas e as dolorosas; o ato de apalpar, de tatear; cautela; prudência; tino; habilidade; capacidade; vocação.

ta.tu *sm.* Mamífero desdentado; de corpo coberto de placas.

ta.tu.a.gem *sf.* Desenhos e pinturas na pele.

ta.tu.ar *vt.* Fazer tatuagens em.

tau.ma.tur.go *adj.* e *sm.* Que, ou o que faz milagres.

tau.rí.fe.ro *adj.* Lugar onde se criam ou pastam touros.

tau.ro.ma.qui.a *sf.* Arte de tourear.

tau.xi.a *sf.* Obra de embutidos de ouro, prata, etc. em aço ou ferro.

ta.xa *sf.* Imposto; tributo; razão do juro.

ta.xar *vt.* Estabelecer a taxa do preço de.

ta.xa.ti.vo *adj.* Que taxa; limitativo; restritivo; que não admite réplica ou contestação.

tá.xi *sm.* Automóvel que transporta passageiro, utilizando o taxímetro para cálculo do preço da viagem; *táxi aéreo* avião de aluguel pequeno, geralmente monomotor.

ta.xi.ar *vi.* Movimentar-se (aeronave) na pista.

ta.xí.me.tro *sm.* Aparelho que, nos táxis, registra a distância percorrida e o preço a ser pago.

ta.xi.o.no.mi.a *sf.* Ciência das classificações.

tay.lo.ris.mo *sm.* Sistema de exploração industrial devido a Frederich W. Taylor (1856-1915), engenheiro e economista americano, baseado nos princípios da psicotécnica e da organização racional no trabalho, e com o qual se procura alcançar o máximo de rendimento com o mínimo de tempo e de atividade.

tchau *interj.* Até a vista; até logo.

te *pron. pess.* A ti.

te.ar *sm.* Aparelho para tecer.

te.a.tral *adj.* Relativo a teatro.

te.a.tro *sm.* Edifício onde se representam obras dramáticas, óperas, etc.; arte de representar; conjunto de peças teatrais; encenação.

te.a.tró.lo.go *sm.* Indivíduo que escreve peças teatrais.

te.a.tro-re.vis.ta *sm.* Espetáculo de variedades.

te.bai.da *sf.* Retiro; solidão; ermo.

te.ce.du.ra *sf.* Ato de tecer.

te.ce.la.gem *ef.* Trabalho de tecelão; ou indústria de tecidos.

te.ce.lão *sm.* Operário que trabalha em teares.

te.cer *vt.* Entrelaçar regularmente os fios de; tramar.

te.ci.do *adj.* Que se teceu; *sm.* pano.

te.cla *sf.* Peça do piano, etc.; ponto fraco; assunto.

te.cla.do *sm.* Conjunto de teclas de um instrumento.

téc.ni.ca *sf.* A parte material ou o conjunto de processos de uma arte; maneira; jeito ou habilidade especial de executar ou fazer algo; prática.

tec.ni.cis.mo *sm.* Abuso da, ou apego excessivo à técnica.

téc.ni.co *sm.* O que é perito numa arte ou ciência; espec. treinador; *adj.* próprio de arte ou ciência.

tec.ni.co.lor *adj.* Diz-se de certo processo de cinema em cores, ou qualquer filme colorido; *sm.* esse processo, ou um desses filmes.

tec.no.cra.ci.a *sf.* Sistema de organização política e social baseado na predominância dos técnicos.

tec.no.cra.ta *s.2g.* Partidário da tecnocracia; político, administrador ou funcionário que procura soluções meramente técnicas e/ou racionais, desprezando os aspectos humanos e sociais dos problemas.

tec.no.lo.gi.a *sf.* Conjunto de conhecimentos, especialmente princípios científicos, que se aplicam a um determinado ramo de atividade; explicação dos termos concernentes às artes e ofícios; o vocabulário peculiar de uma ciência, arte, indústria, etc.

te.co-te.co *sm.* Avião pequeno, de um só motor de explosão, de reduzida potência, para trajetos curtos.

té.dio *sm.* Fastio; enfado.

tei.a *sf.* Tecido de linho; lã; seda, etc.; rede que as aranhas tecem; *fig.* intriga.

tei.ma *sf.* Teimosia.

tei.mar *vt.* Insistir.

tei.mo.si.a *sf.* Teima exagerada.

tei.mo.so *adj.* Que teima; obstinado; turrão.

tei.pe *sm.* Fita; gravação em fita.

te.la *sf.* Tecido; pano sobre o qual se pinta; quadro; pano sobre o qual se projetam filmes; tecido de arame para cercas.

te.le.co.mu.ni.ca.ção *sf.* Comunicação a distância por cabo, telégrafo, rádio ou televisão.

te.le.fo.nar *vi.* Usar o telefone.

te.le.fo.ne *sm.* Aparelho para transmitir a palavra a distância.

te.le.fo.ne.ma *sm.* Comunicação, conversa pelo telefone.

te.le.fo.nis.ta *s.2g.* Pessoa empregada em estação telefônica para receber e fazer ligações.

te.le.gra.far *vt.* Comunicar pelo telégrafo; *vi.* mandar telegramas.

te.le.gra.fis.ta *s.2g.* Pessoa empregada nas estações telegráficas para receber e passar telegramas.

te.lé.gra.fo *sm.* Aparelho que permite comunicações escritas a grande distância por meio de fios ou sem eles; edifício onde esse aparelho funciona; repartição encarregada dos serviços telegráficos.

te.le.gra.ma *sm.* Comunicação telegráfica.

te.le.jor.nal *sm.* Noticiário apresentado pela televisão.

te.le.pa.ti.a *sf.* Transmissão de pensamento.

te.les.có.pio *sm.* Instrumento para observação dos astros.

te.les.pec.ta.dor *adj.* e *sm.* Espectador de televisão.

te.le.vi.são *sf.* Transmissão de imagens animadas por meio de ondas eletromagnéticas; televisor.

te.le.vi.si.o.na.men.to ou **te.le.vi.sa.men.to** *sm.* Ato ou efeito de televisionar.

te.le.vi.si.o.nar ou **te.le.vi.sar** *vt.* Transmitir por televisão.

te.le.vi.sor *adj.* e *sm.* (Aparelho) que recebe imagens televisionadas.

te.le.vi.so.ra *sf.* Estação de televisão.

te.lex *sm.* Modalidade de serviço telegráfico que permite comunicação bilateral, realizada por meio de máquinas teleimpressoras, no qual a ligação entre correspondentes passa por uma ou mais estações comutadoras.

te.lha *sf.* Peça de barro cozido ou outro material para cobertura de edifícios.

te.lha.do *sm.* Parte exterior da cobertura de edifícios.

te.lha-vã *sf.* Telhado sem forro; telha que não leva argamassa.

te.ma *sm.* Assunto; exercício escolar.

te.men.te *adj.* Que teme.

te.mer *vt.* Recear; respeitar.

te.me.rá.rio *adj.* Imprudente; arriscado; perigoso.

te.me.ro.so *adj.* Que infunde temor, medo.

te.mí.vel *adj.* Que causa temor.

te.mor *sm.* Ato ou efeito de temer; susto.

têm.pe.ra *sf.* Ato ou efeito de temperar; valor; consistência dos metais; *fig.* caráter; fibra.

tem.pe.ra.men.tal *adj.* Relativo a temperamento; impulsivo.

tem.pe.ra.men.to *sm.* Constituição particular do corpo; constituição moral; índole.

tem.pe.ran.ça *sf.* Comedimento; sobriedade.

tem.pe.rar *vt.* Condimentar; deitar tempero em.

tem.pe.ra.tu.ra *sf.* Estado de frio ou calor, que impressiona os nossos órgãos.

tem.pe.ro *sm.* Condimento.

tem.pes.ta.de *sf.* Temporal.

tem.pes.tu.o.so *adj.* Sujeito a tempestade.

tem.plo *sm.* Edifício destinado a culto religioso; igreja.

tem.po *sm.* Duração das coisas; época; estado atmosférico.

tem.po.ra.da *sf.* Grande ou determinado espaço de tempo; época ou período de realização de certos espetáculos.

tem.po.ral *adj.* Relativo ao tempo; mundano; *sm.* tempestade.

tem.po.rão *adj.* Que vem fora do tempo próprio.

tem.po.rá.rio *adj.* Transitório.

têm.po.ras *sf. pl.* Partes laterais da cabeça.

tem.po.ri.zar *vt.* Adiar.

te.na.ci.da.de *sf.* Qualidade de tenaz, pertinaz.

te.naz *adj.* Pertinaz; muito aderente; *sf.* instrumento para segurar ferro em brasa.

ten.ção *sf.* Resolução; plano.

ten.ci.o.nar *vt.* Fazer tenção de; intentar.

ten.da *sf.* Barraca; cabana.

ten.dão *sm.* Feixe fibroso de ligação entre os músculos e ossos.

ten.dên.cia *sf.* Inclinação.

ten.den.ci.o.so *adj.* Parcial; em que há tendência oculta.

ten.der *vt.* Estender; ter vocação; inclinar-se; visar.

tên.der *sm.* Certo tipo de presunto, mais macio.

te.ne.bro.so *adj.* Escuro; terrível; medonho.

te.nen.te *sm.* Posto militar imediatamente inferior ao de capitão.

tê.nis *sm.* Esporte que se joga com raquete e bola apropriadas num campo dividido por uma rede; calçado de lona ou couro, com sola de borracha, usado em esportes.

te.nor *sm.* Voz de homem, mais alta que a de barítono.

ten.ro *adj.* Mole; brando.

ten.são *sf.* Estado de tenso; rigidez em certas partes do organismo; grande aplicação ou concentração física ou mental; diferença de potencial elétrico entre dois pontos de um circuito.

ten.so *adj.* Esticado; em estado de tensão mental.

ten.ta.ção *sf.* Desejo veemente.

ten.tá.cu.lo *sm.* Apêndice móvel que serve de órgão do tato ou de apreensão.

ten.tar *vt.* Tratar de conseguir; arriscar; experimentar; empreender; seduzir; induzir ao mal; pôr à prova.

ten.ta.ti.va *sf.* Experiência; ensaio; prova.

ten.te.ar *vt.* Sondar; tatear.

ten.to *sm.* Atenção; cuidado; ponto de jogo.

tê.nue *adj.* Delgado; sutil.

te.o.cra.ci.a *sf.* Forma de governo em que a autoridade, emanada dos deuses ou de Deus, é exercida por seus representantes na terra; o Estado com essa forma de governo.

te.o.lo.gi.a *sf.* Ciência que, estudando o Dogma e a Moral, tem por objetivo Deus.

te.or *sm.* Texto ou conteúdo de um escrito; proporção de uma substância no todo.

te.o.re.ma *sm.* Proposição que para que algo seja admitido precisa de demonstração.

te.o.ri.a *sf.* Conjunto de princípios fundamentais; hipótese; utopia.

te.pi.dez *sf.* Estado de tépido.

té.pi.do *adj.* Morno; temperado; débil; frouxo.

te.qui.la *sf.* Espécie de aguardente mexicana feita da destilação de uma planta da América Central, o *Agave tequilana*.

ter *vt.* Possuir; adquirir; julgar; haver.

te.ra.pêu.ti.ca *sf.* Tratamento das doenças.

te.ra.pi.a *sf.* Terapêutica.

ter.ça.do *sm.* Espada de folha curta; *bras.* facão grande.

ter.ça-fei.ra *sf.* Terceiro dia da semana começada no domingo.

ter.çar *vt.* Dividir em três partes; cruzar (lança, espada); brigar.

ter.cei.ro *num.* Número ordinário e fracionário correspondente a três.

ter.ce.to *sm.* Estrofe de três versos.

ter.ço *sm.* A terceira parte de qualquer coisa; terça parte do rosário.

ter.çol *sm.* Pequeno abscesso na borda das pálpebras.

te.re.bin.ti.na *sf.* Resina que se extrai de certas árvores.

te.res *sm. pl.* Posses; bens.

ter.gal *adj.* Relativo ao dorso; dorsal; *sm.* certo tecido de fibra sintética.

ter.gi.ver.sar *vi.* Usar evasivas, subterfúgios.

ter.mal *adj.* Designativo de certas águas medicinais.

ter.mas *sf. pl.* Estabelecimento onde se tomam banhos medicinais com águas termais; águas termais; balneário.

tér.mi.co *adj.* Relativo a termas ou a calor.

ter.mi.na.ção *sf.* Extremidade.

ter.mi.nal *adj.* Relativo a, situado ou colocado no termo, na extremidade; final; *sm.* estação final de linhas férreas ou rodoviárias ou metroviárias.

ter.mi.nan.te *adj.* Que termina; categórico; decisivo.

ter.mi.nar *vt.* Concluir; pôr termo a; *vi.* findar.

tér.mi.no *sm.* Fim; limite.

ter.mo *sm.* Limite; fim; marco; maneira; teor; palavra.

ter.mo.di.nâ.mi.ca *sf.* Parte da física que investiga os processos de transformação de energia e o comportamento dos sistemas nesses processos.

ter.mô.me.tro *sm.* Instrumento destinado a medir a temperatura de corpos.

ter.mo.nu.cle.ar *adj.* Diz-se de fenômeno ou sistema em que ocorre grande desprendimento de energia graças à fusão de núcleos leves para formar núcleos pesados.

ter.mos.ta.to *sm.* Dispositivo automático que mantém constante a temperatura de um recinto.

ter.no *sm.* Trio; vestuário masculino; *adj.* meigo.

ter.nu.ra *sf.* Meiguice.

ter.ra *sf.* O planeta que habitamos (inic. maiúsc.); solo; pátria; local.

ter.ra.ple.na.gem *sf.* Conjunto de operações de escavação, transporte, depósito e compactação de terras, necessárias à realização de uma obra.

ter.ra.ple.nar *vt.* Executar a terraplenagem; aterrar.

ter.rá.queo *adj.* Terrestre; *sm.* habitante da Terra.

ter.re.al *adj.* Terrestre.

ter.rei.ro *sm.* Espaço de terra livre, largo e plano; local de cerimônias de umbanda.

ter.re.mo.to *sm.* Tremor de terra; sismo.

ter.re.no *adj.* Terrestre; mundano; *sm.* espaço de terra; setor de atividade; assunto.

tér.reo *adj.* Que fica ao rés-do-chão; terrestre.

ter.res.tre *adj.* Relativo a, ou que vem da terra.

ter.ri.fi.car *vt.* Causar terror a.

ter.rí.fi.co *adj.* Terrificante, apavorante.

ter.ri.na *sf.* Vaso de louça ou de metal para sopa.

ter.ri.to.ri.al *adj.* Relativo a território.

ter.ri.tó.rio *sm.* Área de um país, província; cidade, etc.; área que, ainda não constituindo Estado, é administrada pelo governo federal.

ter.rí.vel *adj.* Que infunde ou causa terror; violento.

ter.ror *sm.* Grande medo; pavor; horror; assombro.

ter.ro.ris.mo *sm.* Uso da violência e da intimidação, espec. para fins políticos.

ter.ro.so *adj.* Que tem cor de terra.

ter.so *adj.* Limpo; puro.

ter.tú.lia *sf.* Assembléia literária; reunião familiar.

te.sar *vt.* Entesar.

te.se *sf.* Conclusão de um teorema; proposição; dissertação.

te.so *adj.* Tenso; rijo; *gír.* sem dinheiro.

te.sou.ra *sf.* Instrumento cortante de duas lâminas reunidas em eixo.

te.sou.rar *vt.* Cortar com tesoura; *fam.* talar mal.

te.sou.ra.ri.a *sf.* Cargo ou repartição de tesoureiro; contabilidade.

te.sou.rei.ro *sm.* Empregado superior da administração do tesouro público; encarregado de tesouraria.

te.sou.ro *sm.* Grande porção de dinheiro ou de objetos preciosos; riqueza; repartição pública onde se administra o dinheiro do Estado.

tes.si.tu.ra *sf.* Conjunto dos sons que abrangem uma parte da escala geral e convêm melhor a uma determinada voz ou a um determinado instrumento; o conjunto das notas mais freqüentes numa peça musical; organização; contextura.

tes.ta *sf.* Fronte; frente.

tes.ta-de-fer.ro *s.2g.* Indivíduo que se apresenta como responsável por empreendimento ou atos de outrem.

tes.ta.men.tá.rio *sm.* Herdeiro por testamento; *adj.* relativo a testamento.

tes.ta.men.tei.ro *sm.* Aquele que cumpre ou faz cumprir um testamento.

tes.ta.men.to *sm.* Última vontade de uma pessoa.

tes.tar *vt.* Deixar em testamento; legar; provar; experimentar.

tes.te *sm.* Prova ou exame para avaliar a inteligência, capacidade ou aptidão de estudantes, operários, candidatos, etc., ou para determinar a natureza, qualidade ou comportamento; método, processo ou meio de realizar essas avaliações.

tes.te.mu.nha *sf.* Pessoa que viu ou ouviu alguma coisa.

tes.te.mu.nhar *vt.* Confirmar; declarar ter visto, ouvido ou conhecido; ver.

tes.te.mu.nho *sm.* Depoimento; prova; indício.

tes.tí.culo *adj.* Cada uma das glândulas do escroto.

tes.ti.fi.car *vt.* Assegurar.

tes.ti.lha *sf.* Discussão.

te.su.ra *sf.* Qualidade do que é teso; vaidade.

te.ta *sf.* Glândula mamária.

té.ta.no *sm.* Doença infecciosa.

tê.te-à-tê.te *sm.* Palestra particular entre duas pessoas.

te.to *sm.* A face superior interna de uma casa ou aposento; *fig.* abrigo.

te.tra.ne.to *sm.* Filho do trineto ou trineta.

te.tra.vô *sm.* Pai do trisavô ou da trisavó.

té.tri.co *adj.* Muito triste; fúnebre; medonho.

teu *pron. poss.* De ti.

te.vê *sf.* Abreviatura de televisão.

têx.til *adj.* Que se pode tecer.

tex.to *sm.* Palavras citadas para demonstrar alguma coisa; mensagem verbal, completa, unitária.

tex.to-le.gen.da *sm.* Legenda mais desenvolvida, que, além de informar, comenta ou explica a fotografia.

tex.tu.al *adj.* Relativo ao texto; fielmente reproduzido.

tex.tu.ra *sf.* Ato ou efeito de tecer; tessitura; composição.

tez *sf.* Epiderme do rosto, cútis.

ti.a *sf.* Irmã dos pais em relação aos filhos destes.

ti.a.ra *sf.* Mitra de pontífice; espécie de arco usado na cabeça para enfeite ou para prender os cabelos.

tí.bia *sf.* O mais grosso e mais interno dos dois ossos da perna.

tí.bio *adj.* Tépido; frouxo; fraco.

ti.ção *sm.* Pedaço de lenha acesa ou meio queimada; pessoa muita preta.

ti.co *sm.* Pedacinho de qualquer coisa; naco.

ti.fo *sm.* Certa doença infecciosa.

ti.ge.la *sf.* Vaso de barro ou louça, em forma de xícara.

ti.gre *sm.* Felino asiático muito feroz; *fig.* homem sanguinário.

ti.gri.no *adj.* Relativo a tigre.

ti.jo.lei.ro *sm.* Fabricante de tijolos.

ti.jo.lo *sm.* Peça de barro cozido destinada a construções.

til *sm.* Sinal gráfico para nasalar vogais.

ti.mão *sm.* Barra de leme; *fig.* governo.

tim.ba.le *sm.* Tambor de cavalaria; tímpano; espécie de empada.

tim.bra.gem *sf.* Ato ou efeito de timbrar.

tim.brar *vt.* Marcar com timbre; qualificar.

tim.bre *sm.* Marca; sinal; honra; capricho; qualidade distintiva de sons.

ti.me *sm.* Quadro; equipe; grupo de pessoas; turma.

ti.mi.dez *sf.* Fraqueza; acanhamento; retraimento.

tí.mi.do *adj.* Acanhado; frouxo; débil.

ti.mo.nei.ro *sm.* Aquele que governa o timão das embarcações; dirigente.

tím.pa.no *sm.* Membrana delgada, limite entre o ouvido externo e o médio; espécie de tambor; timbale.

ti.na *sf.* Espécie de cuba; banheira.

tin.ção *sf.* Ato ou efeito de tingir; tintura.

ti.ne.lo *sm.* Compartimento onde criados fazem refeições.

tin.gi.du.ra *sf.* Tintura.

tin.gir *vt.* Mergulhar em tinta, alterando a cor; dar certa cor a.

ti.ni.do *sm.* Ato ou efeito de tinir, soar.

ti.nir *vi.* Soar (vidro ou metal); zunir (os ouvidos).

ti.no *sm.* Juízo; prudência; tato; sentido.

tin.ta *sf.* Líquido para escrever, tingir ou imprimir; vestígio; matiz.

tin.tei.ro *sm.* Pequeno vaso para tinta de escrever.

tin.tim *el. sm. da loc. adv. tintim por tintim:* em todos os detalhes; minuciosamente.

tin.to *adj.* Tingido.

tin.tu.ra *sf.* Ato de tingir; tinta; conhecimento superficial.

tin.tu.rei.ro *sm.* Aquele que tinge panos; dono de tinturaria; *pop.* carro de presos.

tí.pi.co *adj.* Característico.

ti.po *sm.* Caráter tipográfico; símbolo; modelo; qualquer indivíduo.

ti.po.gra.fi.a *sf.* Arte de imprimir; estabelecimento de imprimir.

ti.pó.gra.fo *sm.* Aquele que sabe ou exerce a arte tipográfica.

ti.pói.a *sf.* Tira de pano presa ao pescoço para descanso do braço ou mão doente.

ti.que *sm.* Hábito; cacoete.

tí.que.te *sm.* Pedaço de papel impresso que serve de ingresso, passagem, vale, etc.

ti.ra *sf.* Fita; *sm. gír.* agente de polícia.

ti.ra.co.lo *sm.* Correia que cinge o corpo, passando por cima de um dos ombros e por baixo do braço oposto; el da *loc. a tiracolo:* à maneira de tiracolo; como companhia.

ti.ra.gem *sf.* Número de exemplares impressos.

ti.ra-gos.to *sm.* Qualquer salgadinho com que se acompanham bebidas, coquetéis, etc., fora das refeições.

ti.ra.ni.a *sf.* Domínio ou poder de tirano; violência.

ti.ra.ni.zar *vt.* Tratar com tirania; oprimir.

ti.ra.no *sm.* Soberano injusto, cruel ou opressor; *adj.* mau; despótico.

ti.ran.te *adj.* Que tira ou puxa; *sm.* qualquer peça que serve para esticar ou puxar; *prep.* exceto.

ti.rar *vt.* Puxar; arrancar; auferir; copiar; excluir.

ti.re.ói.de ou **ti.rói.de** *adj.* e *sf.* Diz-se da, ou a glândula de secreção interna situada na frente da laringe; cartilagem situada na parte anterior e superior da laringe.

ti.re.oi.dec.to.mi.a *sf.* Cirurgia para extirpação da glândula tireóide.

ti.ri.tan.te *adj.* Que tirita.

ti.ri.tar *vi.* Tremer com frio.

ti.ro *sm.* O disparo de uma arma de fogo; explosão.

ti.ro.cí.nio *sm.* Aprendizagem; prática.

ti.ro-de-guer.ra *sm.* Centro de instrução militar e formação de reservistas do Exército, destinado aos cidadãos que, por qualquer motivo, não se incorporam às unidades e subunidades regulares.

ti.sa.na *sf.* Medicamento líquido.

tí.si.ca *sf.* Consumação pulmonar; tuberculose.

tis.nar *vt.* Queimar; macular; *vp.* enegrecer-se.

tis.ne *sm.* Fuligem.

ti.tâ.ni.co *adj.* Que revela grande força.

tí.te.re *sm.* Fantoche.

ti.ti.lar *vt.* Fazer cócegas a; *vi.* palpitar.

ti.tu.be.a.ção *sf.* Ato ou efeito de titubear.

ti.tu.be.ar *vi.* Vacilar; falar hesitando.

ti.tu.lar *adj.* Honorário; nominal; efetivo; *s.2g.* pessoa nobre; pessoa investida oficialmente de um cargo (por oposição a suplente); *vt.* dar título a.

tí.tu.lo *sm.* Designação que indica o assunto; fundamento; rótulo.

TO Sigla do Estado de Tocantins.

to.a *sf.* Corda com que uma embarcação reboca outra, reboque; *à toa:* ao acaso; a esmo; sem razão; por motivo frívolo; irrefletidamente; inutilmente; debalde; sem ocupação; sem ter o que fazer.

to.a.da *sf.* Ato ou efeito de toar; ruído; boato; cantiga; maneira.

to.a.le.te *sf.* Ato de se aprontar, lavando-se, penteando-se, maquilando-se, etc., para aparecer em público; *sm.* traje feminino requintado, próprio para cerimônias, bailes, etc., compartimento com lavatório e espelho, para as senhoras recomporem o penteado, a pintura, etc., que geralmente tem anexo um gabinete sanitário.

to.a.lha *sf.* Peça de linho ou de algodão para enxugar, ou estender sobre a mesa.

to.ar *vi.* Emitir som forte; trovejar; convir; condizer.

to.bo.gã *sm.* Espécie de trenó baixo para deslizar nas encostas cobertas de neve; rampa de grande altura com ondulações, para diversão coletiva; escorregador.

to.ca sf. Covil; refúgio.

to.ca.do adj. fam. Um tanto ébrio.

to.cai.a sf. Emboscada.

to.can.te adj. Que toca; relativo; comovente.

to.car vt. Pôr a mão em; apalpar; vi. executar instrumentos musicais.

to.ca.ta sf. Toque de instrumentos; serenata.

to.cha sf. Grande vela de cera; facho; archote.

to.chei.ra sf. ou **to.chei.ro** sm. Castiçal para tocha.

to.co sm. Parte de tronco vegetal; pedaço de vela ou tocha.

to.da.vi.a conj. Contudo; porém; entretanto.

to.do adj. Completo; íntegro; pron. indef. qualquer; cada; sm. conjunto; adv. totalmente.

to.do-po.de.ro.so adj. Onipotente; sm. Deus.

to.ga sf. Vestuário de magistrado; beca; a magistratura.

toi.ci.nho sf. ou **tou.ci.nho** sm. Gordura de porcos subjacente à pele.

tol.dar vt. Anuviar; tapar; vp. turvar.

tol.do sm. Cobertura, espec. de lona, para resguardar do sol e da chuva.

to.lei.ma sf. Tolice.

to.lei.ro adj. e sm. Pateta.

to.le.rân.cia sf. Ato ou efeito de tolerar.

to.le.ran.te adj. Que tolera; indulgente.

to.le.rar vt. Ser indulgente para com; suportar; permitir.

to.le.rá.vel adj. Que se pode tolerar; digno de indulgência.

to.lher vt. Embaraçar; paralisar; opor-se; proibir; privar.

to.li.ce sf. Qualidade de tolo; asneira.

to.lo adj. Disparatado; sm. idiota, pateta.

tom sm. Timbre, colorido; caráter; teor; maneira.

to.ma.da sf. Ato ou efeito de tomar; conquista; ramificação de instalação elétrica para uso de aparelhos elétricos; trecho de filme rodado ininterruptamente.

to.mar vt. Pegar em; apoderar-se de; tirar; assaltar; comer; beber.

to.ma.ra interj. Indica desejo, voto; oxalá.

tom.ba.di.lho sm. A parte mais alta de um navio.

tom.ba.men.to sm. Ato ou efeito de tombar.

tom.bar vt. Derrubar; vi. cair; declinar; inventariar.

tom.bo sm. Queda; inventário de bens de raiz devidamente demarcados.

to.mo sm. Volume de obra impressa ou manuscrita.

to.mo.gra.fi.a sf. Radiografia em série para fixar a um tempo o aspecto de vários planos de um órgão ou região.

to.na sf. Casca tênue; película; superfície.

to.na.li.da.de sf. Propriedade característica de matiz de uma cor.

to.nan.te adj. Que troveja; trovejante, forte.

to.nel sm. Grande vasilha para líquidos.

to.ne.la.da sf. Mil quilogramas.

to.ne.la.gem sf. Capacidade de um navio, trem, caminhão, etc.

tô.ni.ca sf. A primeira nota de uma escala; tom básico; assunto predominante.

tô.ni.co adj. Relativo a tom; que tonifica ou dá energia a certos tecidos; sm. medicamento revigorante.

to.ni.fi.car vt. Fortalecer.

ton.su.ra sf. Corte do cabelo, entre os clérigos, em forma de pequenos círculo ou coroa, hoje em desuso.

ton.te.ar vi. Disparatar; estar tonto; perturbar-se.

ton.tei.ra sf. Tontice; tontura.

ton.to adj. Atônito; perturbado; tolo; demente.

ton.tu.ra sf. Perturbação cerebral; vertigem.

to.par vt. Encontrar; gír. concordar, aceitar.

to.pá.zi.o sm. Pedra preciosa amarela.

to.pe sm. Encontro ou choque de objetos; cimo.

to.pe.tar vt. Bater com o topete ou a cabeça; tocar no ponto mais alto; encher até as bordas.

to.pe.te sm. Cabelo levantado na frente da cabeça; fig. atrevimento.

tó.pi.co adj. Relativo a lugar; sm. ponto principal; pequeno comentário de jornal.

to.po sm. Cume; tope.

to.pô.ni.mo sm. Nome próprio de lugar.

to.po.gra.fi.a sf. Descrição minuciosa de uma localidade; arte de representar graficamente a configuração do relevo de um terreno.

to.que sm. Contato; som; pancada; aperto de mão.

to.ra sf. Grande tronco de madeira; toro; (inic. maiúsc.) lei mosaica; o livro que a encerra; o Pentateuco.

to.ran.ja sf. Fruto comestível.

tó.rax sm. Peito; cavidade do peito.

tor.ço sf. Torcedura; cólica de certos animais; especialmente do cavalo.

tor.ce.de.la sf. Torcedura.

tor.ce.dor adj. Que torce; sm. instrumento para torcer.

tor.ce.du.ra sf. Ato ou efeito de torcer.

tor.cer vt. Entortar; inclinar; deslocar; vi. e vt. gritar e gesticular (o espectador de uma partida esportiva); vp. dobrar-se; anuir.

tor.ci.da sf. Pavio; ação ou efeito de torcer; conjunto de torcedores ou adeptos.

tor.men.ta sf. Temporal violento; borrasca.

tor.men.to *sm.* Tortura.

tor.nar *vt.* Voltar; responder; restituir; regressar.

tor.ne.a.men.to *sm.* Ato ou efeito de tornear.

tor.ne.ar *vt.* Arredondar; cingir; polir; aprimorar.

tor.nei.o *sm.* Competição esportiva; elegância no escrever ou no falar; ação ou efeito de tornear; justa.

tor.nei.ra *sf.* Tubo com uma espécie de chave para soltar líquidos.

tor.nei.ro *sm.* Artífice que trabalha em torno.

tor.ne.jar *vt.* Encurvar; *vi.* dar volta.

tor.no *sm.* Aparelho para lavrar ou arredondar uma peça.

tor.no.ze.lo *sm.* Saliência óssea na articulação do pé com a perna.

to.ro *sm.* Cepo; leito conjugal.

to.ró *sm.* Chuvarada.

tor.pe *adj.* Disforme; repugnante; ignóbil; imoral.

tor.pe.de.a.men.to *sm.* Ato ou efeito de torpedear.

tor.pe.de.ar *vt.* Lançar torpedos contra.

tor.pe.dei.ro *sm.* Navio de guerra lançador de torpedos.

tor.pe.do *sm.* Engenho de guerra submarino que explode ao bater contra um obstáculo.

tor.por *sm.* Entorpecimento.

tor.quês *sf.* Espécie de tenaz ou alicate.

tor.ra.ção *sf.* Ato de torrar.

tor.ra.da *sf.* Fatia de pão torrado.

tor.rão *sm.* Pedaço de terra endurecido; pedaço; solo; terra natal.

tor.rar *vt.* Secar muito; queimar ligeiramente; *pop.* vender por qualquer preço.

tor.re *sf.* Construção geralmente estreita e alta; peça do jogo de xadrez.

tor.re.fa.ção *sf.* Ato ou efeito de torrificar.

tor.re.fa.zer *vt.* Fazer torrar; torrificar.

tor.ren.ci.al *adj.* Caudaloso.

tor.ren.te *sf.* Curso de água muito rápido e impetuoso.

tor.res.mo *sm.* Toicinho frito em pequenos pedaços.

tór.ri.do *adj.* Muito quente; ardente.

tor.ri.fi.car *vt.* Tornar tórrido; torrar.

tor.so *sm.* Busto; *adj.* torcido.

tor.ta *sf.* Espécie de pastelão.

tor.to *adj.* Torcido; vesgo; errado.

tor.tu.o.so *adj.* Torto; sinuoso.

tor.tu.ra *sf.* Suplício.

tor.var *vt.* Perturbar.

tor.ve.li.nho *sm.* Redemoinho.

tor.vo *adj.* De aspecto carrancudo; iracundo.

to.sa *sf.* Operação de tosar a lã; tunda; pancadaria.

to.sar *vt.* Aparar a lã; tosquiar; cortar rente o cabelo.

tos.co *adj.* Informe; rude.

tos.qui.ar *vt.* Cortar rente (pêlo, lã ou cabelo).

tos.se *sf.* Expiração súbita e mais ou menos freqüente com ruído especial.

tos.sir *vi.* Ter tosse.

tos.ta.do *adj.* Levemente queimado; crestado; moreno.

tos.tar *vt.* Queimar superficialmente; torrar; crestar.

to.tal *adj.* Que abrange um todo; *sm.* soma.

to.ta.li.da.de *sf.* Conjunto das partes que constituem um todo.

to.ta.li.tá.rio *adj.* Diz-se do governo, país ou regime em que um grupo centraliza todos os poderes políticos e administrativos, não permitindo a existência de outros grupos ou partidos políticos.

to.ta.li.ta.ris.mo *sm.* Sistema de governo totalitário.

to.ta.li.zar *vt.* Avaliar na totalidade.

to.tem ou **tó.te.me** *sm.* Animal, vegetal ou qualquer objeto considerado como ancestral ou símbolo de uma coletividade, tribo, clã, sendo por isso protetor dela e objeto de tabus e deveres particulares; representação desse animal, vegetal ou objeto.

tou.ca *sf.* Cobertura para cabeça.

tou.ça *sf.* Grande vergôntea de castanheiro de que se fazem arcos para pipas; moita.

tou.ca.do *sm.* Conjunto dos ornatos da cabeça de mulheres.

tou.ci.nho ou **toi.ci.nho** *sm.* Gordura dos porcos subjacente à pele, com o respectivo couro.

tou.pei.ra *sf.* Mamífero que vive debaixo da terra, minando-a; *fam.* pessoa estúpida; ignorante.

tou.ra.da *sf.* Corrida de touros, em praças.

tou.re.ar *vt.* Correr ou lidar (touros) em praça.

tou.rei.ro *sm.* Aquele que toureia; toureador.

tou.ro *sm.* Boi reprodutor; marruá.

to.xi.car *vt.* Intoxicar.

tó.xi.co *adj.* Que envenena; *sm.* veneno.

to.xi.co.ma.ni.a *sf.* Vício de usar entorpecentes.

to.xi.dez ou **to.xi.ci.da.de** *sf.* Caráter do que é tóxico; o quociente, expresso em quilograma, da quantidade duma substância necessária para matar um animal.

to.xi.na *sf.* Substância venenosa segregada por seres vivos.

tra.ba.lhar *vi.* Exercer o seu ofício; *vt.* esforçar-se.

tra.ba.lhis.mo *sm.* As doutrinas ou opiniões sobre a situação econômica do operariado; doutrina dos partidos políticos dos trabalhadores.

tra.ba.lho *sm*. Aplicação da atividade física ou intelectual; serviço; feitiço.

tra.ça *sf*. Inseto roedor; *fig*. aquilo que destrói pouco a pouco.

tra.çar *vt*. Descrever; riscar; projetar; supor.

tra.ce.jar *vi*. Descrever ligeiramente; planejar.

tra.ço *sm*. Risco; linha; feição; parecença.

tra.ço-de-u.ni.ão *sm*. Hífen.

tra.di.ção *sf*. Transmissão oral de lendas, fatos, etc., de idade em idade; memória; costume.

tra.di.ci.o.na.lis.mo *sm*. Aferro a tradições ou usos antigos.

tra.du.ção *sf*. Ato de traduzir; obra traduzida.

tra.du.tor *adj*. e *sm*. Que, ou aquele que traduz.

tra.du.zir *sf*. Transpor de uma para outra língua; interpretar.

trá.fe.go *sm*. Transporte de mercadoria por ferrovia, aerovia, hidrovia ou rodovia; repartição ou pessoal que se ocupa desse transporte; trânsito de veículos em vias públicas.

tra.fi.car *vt. int*. Comerciar; fazer negócio desonesto, fraudulento.

trá.fi.co *sm*. Comércio; negócio desonesto, fraudulento; uso de prestígio junto a autoridade ou a órgão público a fim de conseguir vantagens, benefícios, favores ilegais ou irregulares; *tráfico de influência*: o aceitar oferecimentos e/ou receber presentes para obter de um governante ou de uma autoridade pública uma vantagem.

tra.gar *vt*. Devorar; beber; engolir de um trago.

tra.gé.dia *sf*. Acontecimento que desperta piedade ou terror; desgraça; peça teatral que termina com um acontecimento funesto.

trá.gi.co *adj*. Relativo a tragédia; funesto.

tra.gi.co.mé.dia *sf*. Peça teatral que pertence à tragédia pelo assunto e personagens, e à comédia pelos incidentes e desenlace; acontecimento tragicômico.

tra.gi.cô.mi.co *adj*. Relativo à tragicomédia; funesto, porém acompanhado de incidentes cômicos.

tra.go *sm*. Gole; sorvo.

trai.ção *sf*. Deslealdade; perfídia.

trai.ço.ei.ro *adj*. Enganador; traidor.

trai.dor *adj.* e *sm*. Que, ou aquele que atraiçoa.

trai.ler *sm*. Exibição de curtos trechos de um filme de próxima apresentação, com fito publicitário; reboque, tipo de casa, adaptado à traseira de um automóvel, utilizado em geral para prática de acampamento.

tra.ir *vt*. Atraiçoar; ser infiel a; denunciar.

tra.jar *vt*. Vestir-se (de certo modo); *vp*. vestir-se.

tra.je *sm*. Vestuário habitual.

tra.je.to *sm*. Espaço que alguém tem de percorrer; percurso.

tra.je.tó.ria *sf*. Linha descrita por corpo em movimento.

tra.ma *sm*. Intriga; ladroeira; barganha.

tra.mar *vt*. Tecer; maquinar; enredar; conspirar.

tram.bo.lhão *sm*. Queda com estrondo.

tram.bo.lho *sm*. Embaraço; estorvo.

tra.mi.tar *vt. e i*. Seguir os trâmites (processo, documento).

trâ.mi.tes *sm. pl*. Caminho ou atalho determinado; meio apropriado; via legal.

tra.mói.a *sf*. Intriga; enredo.

tram.po.lim *sm*. Prancha de onde os acrobatas tomam impulso para os saltos; meio de acesso.

tram.po.li.nei.ro *adj.* e *sm*. Velhaco; trapaceiro.

tran.ca.fi.ar *vt*. Prender; encarcerar.

tran.car *vt*. Prender; *vp*. fechar-se em lugar seguro.

tran.çar *vt*. Entrançar.

tran.co *sm*. Salto que dá o cavalo; abalo; empurrão.

tran.qüi.li.da.de *sf*. Paz; sossego; serenidade.

tran.qüi.li.zar *vt*. Tornar tranqüilo; sossegar.

tran.sa.ção *sf*. Combinação; operação comercial.

tran.sa.ci.o.nar *vi*. Fazer transações ou negócio.

tran.sa.tlân.ti.co *adj*. Situado além do Atlântico; que atravessa o Atlântico; *sm*. navio que faz a carreira da Europa para a América; grande navio, com instalações confortáveis e alta velocidade, destinado a transportar passageiros pelo oceano.

trans.bor.dar *vi*. Derramar; entornar.

trans.cen.der *vt*. Ser superior a; elevar-se acima de; exceder.

trans.cor.rer *vi*. Passar além; decorrer.

trans.cre.ver *vt*. Copiar textualmente.

trans.cri.ção *sf*. Ato ou efeito de transcrever.

trans.cur.so *sm*. Ato ou efeito de transcorrer.

tran.se *sm*. Momento crítico, perigoso ou difícil; crise de angústia; falecimento; êxtase.

tran.se.un.te *adj*. Transitório; *sm*. viandante; pessoa que vai passando ou andando pela rua.

trans.fe.rên.cia *sf*. Ato ou efeito de transferir.

trans.fe.ri.dor *sm*. Instrumento próprio para a medição de ângulos; *adj*. que transfere.

trans.fe.rir *vt.* Fazer passar; deslocar; *vp.* mudar-se.

trans.fi.gu.rar *vt.* Transformar; *vp.* mudar de figura; transformar-se.

trans.for.ma.dor *sm.* Aparelho que, recebendo a corrente elétrica lhe modifica a tensão; *adj.* que transforma.

trans.for.mar *vt.* Modificar; converter; *vp.* converter-se.

trâns.fu.ga *s.2g.* Desertor.

trans.gre.dir *vt.* Violar (a lei).

trans.gres.são *sf.* Ato ou efeito de transgredir.

tran.si.ção *sf.* Ato ou efeito de transitar, passar.

tran.si.gên.cia *sf.* Tolerância.

tran.si.gir *vi.* Condescender.

tran.sir *vi.* Ficar gelado de frio, dor ou medo.

tran.sis.tor ou **tran.sís.tor** *sm.* Dispositivo que pode funcionar como um amplificador de maneira análoga a uma válvula eletrônica.

tran.si.tar *vt.* Passar por; percorrer.

tran.si.ti.vo *adj.* Que passa; designativo de verbo que exprime uma ação que passa do sujeito a um objeto.

trân.si.to *sm.* Trajeto; afluência de veículos e pedestres; morte.

tran.si.tó.rio *adj.* Passageiro.

trans.la.ção *sf.* Transporte; movimento de um corpo.

trans.lú.ci.do *adj.* Transparente.

trans.lu.zir *vt.* e *i.* Luzir (através de algum corpo).

trans.mis.são *sf.* Ato ou efeito de transmitir.

trans.mis.sor *adj.* Que transmite.

trans.mi.tir *vt.* Fazer passar de um possuidor para outro; comunicar por contágio; propagar.

trans.pa.re.cer *vi.* Aparecer por meio de alguma coisa; revelar-se.

trans.pa.rên.cia *sf.* Diafaneidade.

trans.pas.sar *vt.* Traspassar.

trans.pi.rar *vi.* Exalar suor; revelar-se.

trans.plan.tar *vt.* Arrancar de um lugar para plantar noutro (planta); substituir um órgão por outro; traduzir.

trans.por *vt.* Ultrapassar.

trans.por.tar *vt.* Conduzir de um lugar a outro.

trans.por.te *sm.* Condução; soma passada de uma página para outra; êxtase.

trans.po.si.ção *sf.* Ato ou efeito de transpor.

trans.tor.nar *vt.* Alterar a ordem de; perturbar.

trans.tor.no *sm.* Contrariedade.

trans.subs.tan.ci.a.ção *sf.* Mudança de uma substância em outra; palavra adotada na Igreja Católica para explicar a presença real de Jesus Cristo no sacramento da Eucaristia, pela mudança da substância do pão e do vinho na de seu corpo e de seu sangue.

trans.su.dar *vi.* Transpirar.

trans.va.zar *vt.* Entornar; deitar fora.

trans.ver.sal *adj.* Colateral; que está disposto obliquamente.

trans.ver.so *adj.* Oblíquo.

trans.vi.ar *vt.* Extraviar; seduzir; corromper.

tra.pa.ça *sf.* Burla.

tra.pa.ce.ar *vi.* Fazer trapaças.

tra.pa.lha.da *sf.* Confusão.

tra.pé.zio *sm.* Quadrilátero de apenas dois lados paralelos; aparelho em que os atletas se exibem.

tra.pi.che *sm.* Armazém onde se guardam mercadorias importadas ou para exportar; pequeno engenho de açúcar movido por animais.

tra.po *sm.* Pedaço de pano; farrapo.

tra.quéi.a *sf.* Canal que comunica entre si a laringe e os brônquios.

tra.que.jo *sm.* Experiência.

tra.qui.nar *vi.* Fazer travessuras, diabruras.

tra.qui.nas *adj.* Travesso; *s.2g.* criança ou pessoa travessa.

trás *prep.* Atrás; após.

tra.san.te.on.tem ou **tra.san.ton.tem** *adv.* Dia anterior ao anteontem.

tra.sei.ra *sf.* Parte posterior.

tras.fe.gar *vt.* Limpar o sedimento de um líquido.

tras.la.da.ção ou **tras.la.da.ção** *sf.* Ato ou efeito de trasladar.

tras.la.dar ou **trans.la.dar** *vt.* e *i.* Mudar de um lugar para outro; transferir; transportar; traduzir; adiar; copiar; transcrever; delinear; esboçar; transferir a residência; mudar-se; retratar-se.

tras.la.do ou **trans.la.do** *sm.* Ato ou efeito de trasladar; cópia; transcrição; imagem; retrato; modelo; exemplo.

tras.pas.sar *vt.* Passar por meio de; penetrar; violar; ultrapassar.

tras.te *sm.* Utensílio velho.

tra.ta.do *sm.* Contrato internacional; convênio; *adj.* que se tratou.

tra.ta.dor *adj.* e *sm.* Que, ou aquele que trata de alguma coisa.

tra.ta.men.to *sm.* Processo de curar; modo de tratar; alimento; expressão pela qual se trata alguém.

tra.tan.te *adj.* e *s.2g.* Velhaco.

tra.tar *vt.* Manusear; cuidar; medicar; discorrer.

tra.tá.vel *adj.* Afável.

tra.to *sm.* Contrato; conversação; ajuste; *pl.* torturas.

tra.tor *sm.* Veículo motorizado que, deslocando-se sobre rodas ou esteiras de aço, é capaz de rebocar cargas ou de operar, rebocando ou empurrando, equipamentos agrícolas, de terraplenagem, etc.

trau.ma *sm.* Traumatismo.

trau.má.ti.co *adj.* Relativo a contusões ou a abalo mental.

trau.ma.tis.mo sm. Estado resultante de ferimentos ou contusões violentas; abalo mental ou emoção violenta que pode levar a uma neurose.

trau.ma.ti.zar vt. Machucar; provocar emoções violentas que podem levar a neuroses.

trau.te.ar vt. e i. Cantarolar.

tra.va sf. Ação ou efeito de travar; peça que serve para prender o movimento de algo.

tra.vão sm. Alavanca com que se trava ou prende o movimento de máquinas, rodas, etc.

tra.var vt. Prender; refrear (cavalgadura); segurar.

tra.ve sf. Viga.

tra.vés sm. Esguelha; flanco.

tra.ves.sa sf. Viga; rua transversal; prato oblongo.

tra.ves.são sm. Traço usado na escrita (—).

tra.ves.si.a sf. Ato de atravessar uma região, um oceano, etc.

tra.ves.so adj. Irrequieto.

tra.ves.su.ra sf. Ação de pessoa travessa, irrequieta.

tra.ves.ti sm. Disfarce no trajar; s.2g. indivíduo, espec. ator ou atriz, que se disfarça usando roupas do sexo oposto; homossexual que se veste com roupas do sexo oposto.

tra.vo ou **tra.vor** sm. Sabor amargo, adstringente de frutas, comidas ou bebidas.

tra.zer vt. Conduzir; guiar; manter.

tre.cho sm. Excerto de uma obra literária ou musical.

trê.fe.go adj. Traquinas.

tré.gua sf. Suspensão temporária de hostilidades; descanso.

trei.nar vt. Adestrar; vp. exercitar-se.

trei.no sm. Ato de se treinarem pessoas ou animais para torneios.

tre.jei.tar ou **tre.jei.te.ar** vi. Fazer trejeitos.

tre.jei.to sm. Gesto; careta.

tre.la sf. Correia para manter preso o cão de caça; conversa; prosa; confiança; intimidade.

trem sm. Mobília de uma casa; comboio de via férrea.

tre.ma sm. Sinal ortográfico (dois-pontos horizontalmente).

tre.me.dei.ra sf. Tremor.

tre.me.li.car vi. Tremer.

tre.me.li.que sm. Ato de tremelicar; tremedeira.

tre.men.do adj. Terrível; enorme.

tre.mer vt. Ter medo de; tremular.

tre.mor sm. Agitação convulsiva; vibração; abalo.

tre.mu.lar vt. Desfraldar; vi. cintilar.

trê.mu.lo adj. Que treme; hesitante.

tre.mu.ra sf. tremor.

tre.na sf. Fita métrica para medições de prédios, terrenos, etc.

tre.nó sm. Veículo para deslizar sobre gelo ou neve.

tre.pa.dei.ra adj. e sf. Diz-se de, ou planta que trepa.

tre.par vt. Subir a.

tre.pi.da.ção sf. Ato ou efeito de trepidar.

tre.pi.dar vi. Vacilar; estremecer.

tré.pli.ca sf. Resposta a uma réplica.

tre.pli.car v. int. Responder a uma réplica.

três num. Dois mais um.

três-es.tre.li.nhas sf. pl. Sinal (***) que se põe abaixo dum escrito quando o autor pretende se conservar anônimo, ou, em jornais, abaixo de notícias ou de artigos, para indicar tratar-se de matéria paga; sinal (***) que se usa em lugar de nome de pessoa, de lugar, etc., que se quer omitir.

tres.lou.ca.do adj. e sm. Louco.

tres.ma.lha.do adj. Desgarrado.

tres.noi.tar vt. Tirar o sono a.

tres.pas.sar vt. Traspassar.

tres.va.ri.ar vi. Delirar.

tre.vas sf. pl. Escuridão completa; ignorância.

tre.ze num. Número cardinal equivalente a uma dezena e três unidades.

tre.ze.na sf. Espaço de treze dias.

tre.zen.tos num. Número cardinal equivalente a três centenas.

tri.ân.gu.lo sm. Polígono de três ângulos e três lados.

tri.bo sf. Sociedade rudimentar, incipiente.

tri.bu.na sf. Lugar alto de onde falam oradores; lugar alto reservado a pessoas importantes, nos palanques; arquibancada; fig. a eloqüência.

tri.bu.nal sm. Casa onde se debatem e julgam questões judiciais.

tri.bu.no sm. Orador.

tri.bu.tar vt. Impor tributos a; vt. pagar como tributo.

tri.bu.to sm. Imposto; taxa; contribuição; tudo que é oferecido a alguém como devido ou merecido (homenagem, preito, sofrimento, etc.); estipêndio; paga; remuneração.

tri.ci.clo sm. Velocípede de três rodas.

tri.cô sm. Tecido executado à mão com duas agulhas onde se armam os pontos; o mesmo tecido feito à máquina, quer de fabricação caseira, quer produzido industrialmente; o ato ou ofício de fazer tricô, de tricotar.

tri.co.li.ne ou **tri.co.li.na** sf. Tecido de algodão sedoso e leve, de trama bem fechada.

tri.cro.mi.a sf. Processo gráfico de impressão em três cores.

tri.di.men.si.o.nal adj. Referente às três dimensões: comprimento, largura e altura.

trí.duo *sm.* Espaço de três dias sucessivos.
tri.e.nal *adj.* Que dura três anos.
tri.ê.nio *sm.* Espaço de três anos.
tri.fur.car *vt.* Dividir em três partes.
tri.gal *sm.* Campo de trigo.
tri.gê.meo *sm.* Cada um dos três indivíduos que nasceram do mesmo parto.
tri.glo.ta *adj.* e *s.2g.* Que, ou pessoa que conhece três línguas; trilíngüe.
tri.go *sm.* Planta de cujas sementes se extrai a farinha com que é fabricado o pão.
tri.guei.ro *adj.* Moreno.
tri.lar *vt.* e *i.* Gorjear.
tri.lha *sf.* Rasto; vereda.
tri.lhar *vt.* Debulhar (cereais) com o trilho; seguir (certa direção).
tri.lho *sm.* Utensílio de lavoura, próprio para debulhar cereais; caminho; barra de ferro sobre a qual deslizam as rodas de carros, trens, etc.
tri.lín.güe *adj.* Escrito ou falado em três línguas; *adj.* e *s.2g.* (pessoa) que fala três línguas.
tri.men.sal *adj.* Que se realiza três vezes por mês.
tri.mes.tral *adj.* Realizado de três em três meses; que dura um trimestre.
tri.mes.tre *sm.* Período de três meses.
tri.na.do *sm.* Gorjeio.
tri.nar *vt.* Cantar com trinos.
trin.ca *sf.* Conjunto de três cartas de jogo, do mesmo valor; rachadura.
trin.ca.da *sf.* Dentada.
trin.car *vt.* Cortar; partir com os dentes.
trin.char *vt.* Cortar em pedaços (a carne).
trin.chei.ra *sf.* Escavação do solo, fosso onde os combatentes se abrigam dos tiros dos inimigos.
trin.co *sm.* Tranqueta com que se fecham portas.
trin.da.de *sf.* Um só deus em três pessoas distintas.

tri.ne.to *sm.* Filho de bisneto ou bisneta.
trin.ta *num.* Três dezenas.
trin.ta-e-dois *sm.* Revólver de calibre 32.
trin.ta-e-oi.to *sm.* Revólver de calibre 38.
tri.o *sm.* Trecho musical para três vozes ou instrumentos.
tri.pa *sf.* Intestino.
tri.pa.nos.so.mí.a.se *sf.* Doença produzida pelo tripanossomo.
tri.pa.nos.so.mo *sm.* Designação comum às espécies de protozoários que originam numerosas doenças no homem e nos animais.
tri.pé *sm.* Tripeça.
tri.pe.ça *sf.* Banco de três pés.
trí.plex *adj.* e *sm.* Diz-se do, ou o apartamento composto de três pavimentos.
tri.pli.car *vi.* e *p.* Tornar-se triplo; multiplicar-se.
tri.pli.ca.ta *sf.* Segunda cópia.
trí.pli.ce *adj.* Triplo.
trí.plo *adj.* Que contém três vezes uma quantidade; *sm.* coisa triplicada.
trí.po.de *adj.* Que tem três pés.
tri.pu.di.ar *vi.* Sapatear; viver no vício ou no crime.
tri.pu.lan.te *adj.* e *s.2g.* Que, ou quem tripula; membro da tripulação.
tri.pu.lar *vt.* Prover (navio, avião) do pessoal necessário para as manobras e o serviço de bordo.
tri.sa.vô *sm.* Pai do bisavô ou da bisavó.
tris.sec.tor ou **tris.se.tor** *adj.* Que corta em três partes.
tris.si.lá.bi.co *adj.* Que tem três sílabas.
tris.sí.la.bo *sm.* Vocábulo de três sílabas.
tris.te *adj.* Que tem mágoa; sem alegria.
tris.te.za *sf.* Melancolia.
tris.to.nho *adj.* Melancólico.
tri.tu.rar *vt.* Reduzir a pequenos fragmentos; reduzir a pó; moer.

tri.un.fal *adj.* Relativo a, em que há triunfo.
tri.un.fan.te *adj.* Que triunfa.
tri.un.far *vi.* Conseguir triunfo, êxito, vitória.
tri.un.fo *sm.* Grande vitória.
tri.vi.al *adj.* Muito comum ou sabido de todos; vulgar; banal; corriqueiro; *sm.* os pratos simples de refeições familiares e cotidianas.
triz *sf.* Icterícia; estado mórbido em que o paciente apresenta cor amarela; *sm.* usado na *loc. adv. por um triz:* por um pouco; por pouco; por um fio; com grande custo; milagrosamente.
tro.ar *vi.* Trovejar.
tro.ca *sf.* Permuta.
tro.ça *sf.* Zombaria.
tro.ca.di.lho *sm.* Gracejo resultante de um jogo de palavras, que provoca equívocos.
tro.car *vt.* Permutar; confundir; cruzar.
tro.çar *vt.* Zombar de; escarnecer.
tro.co *sm.* Ação ou efeito de trocar; troca; dinheiro miúdo de valor igual ao de uma nota ou moeda; dinheiro que se recebe da pessoa a quem se pagou com quantia superior ao preço; revide; resposta.
tro.ço *sm.* Coisa; objeto; pedaço de madeira; porção de gente.
tro.féu *sm.* Despojo de inimigo vencido; objeto comemorativo da vitória.
tro.le *sm.* Pequeno carro descoberto que anda sobre os trilhos das ferrovias e é movido pelos operários por meio de varas ou paus ferrados; carruagem rústica que se usava nas fazendas e nas cidades do interior antes da introdução do automóvel.
tró.le.bus ou **tró.lei.bus** *sm.* Ônibus elétrico que dispensa trilhos, recebendo a corrente de dois cabos aéreos por meio de troles correspondentes.

trom.ba *sf.* Órgão do olfato e aparelho de preensão do elefante e do tapir; coluna de água; órgão sugador de alguns insetos.

trom.ba-d'á.gua *sf.* Massa de vapor de água erguida em coluna e animada de movimento circular e rápido, em geral acompanhada de tempestade e turbilhões de vento, ocorrendo no mar; chuva forte; pé-d'água.

trom.ba.di.nha *sm.* Indivíduo menor de 18 anos que comete delitos na rua, espec. furtos, ao trombar-se deliberadamente com a vítima.

trom.bar *vt.* e *i.* Dar trombada; colidir.

trom.be.ta *sf.* Instrumento de sopro.

trom.bo.ne *sm.* Instrumento musical de sopro.

tron.co *sm.* Caule das árvores; parte do corpo humano; *bras.* instrumento, lugar para castigo de condenados ou escravos.

tro.no *sm.* Assento que os soberanos ocupam nas ocasiões solenes; *fig.* poder; autoridade.

tro.pa *sf.* Conjunto de soldados; o exército; bando.

tro.pe.ça.men.to ou **tro.pe.ção** *sm.* Ato ou efeito de tropeçar.

tro.pe.çar *vt.* Cair; *vi.* dar tropeções.

tró.pe.go *adj.* Que anda com dificuldade.

tro.pi.cal *adj.* Relativo aos trópicos; situado entre os trópicos; referente ao clima daquelas regiões; abrasador; ardente; tecido leve.

tro.pi.car *vi. pop.* Tropeçar muitas vezes.

tró.pi.co *sm.* Círculo do globo terrestre paralelo ao Equador.

tro.tar *vi.* Andar em cavalo a trote; trotear.

tro.te *sm.* Maneira de andar das cavalgaduras entre o passo ordinário e o galope; zombaria, troça a que veteranos das escolas sujeitam os calouros; intriga, indiscrição, feita pelo telefone, por pessoa que não se identifica.

trots.kis.mo *sm.* Desenvolvimento, téorico e prático do marxismo, realizado pelo político soviético Lev Davidovitch Bronstein, (1879-1940), dito Trotski e que se baseia na tese da "revolução permanente", em oposição à tese do stalinismo; o conjunto dos métodos políticos, econômicos e sociais defendidos por Trotski; adesão ao trotskismo ou simpatia por ele.

trots.kis.ta *adj.* Que é praticante ou sectário do trotskismo; relativo ao trotskismo; *s.2g.* pessoa trotskista.

trou.xa *sf.* Fardo de roupa; *adj. gír.* tolo.

trou.xe-mou.xe *el. sm. us. na loc. adv. a trouxe-mouxe:* desordenadamente; às pressas; precipitadamente; atrapalhadamente.

tro.va *sf.* Cantiga; improviso cantado em desafio; quadra popular.

tro.va.dor *sm.* O que faz trovas; poe-ta medieval.

tro.vão *sm.* Ribombo produzido por descarga de eletricidade atmosférica.

tro.var *vt.* Fazer ou cantar trovas; poetar.

tro.ve.jar *vi.* Ribombar o trovão; trovoar.

tro.vo.a.da *sf.* Tempestade com trovões.

tro.vo.ar *vi.* Troar; trovejar.

tru.ão *sm.* Bobo; palhaço.

tru.ci.dar *vt.* Matar barbaramente; degolar.

tru.cu.lên.cia *sf.* Qualidade de quem é truculento; ferocidade; malvadeza.

tru.cu.len.to *adj.* Atroz; terrível; malvado.

tru.fa *sf.* Cogumelo subterrâneo.

trun.ca.do *adj.* Mutilado; incompleto.

trun.car *vt.* Separar do tronco; atrapalhar; confundir; mutilar; omitir (parte de uma obra); interromper.

trun.fo *sm.* Naipe, no jogo de cartas, que vale mais que os outros; indivíduo, coisa ou fato de valor; *fig.* recurso poderoso.

tru.que *sm.* Ardil.

trus.te *sm.* Associação financeira que realiza a fusão de várias firmas em uma única empresa; organização financeira que dispõe de grande poder econômico.

t-shirt *sf.* Camiseta; camisa de mangas curtas e sem gola.

tsé-tsé *sf.* Designação dada a diversas moscas africanas, capazes, quase todas, de transmitir protozoários do grupo dos tripanossomos, inclusive o causador da doença do sono.

tu *pron. pess.* Da segunda pessoa do singular.

tu.ba.rão *sm.* Peixe grande e muito voraz; *gír.* comerciante que aufere lucros excessivos.

tu.bér.cu.lo *sm.* Raiz ou caule que apresenta um espessamento, devido à presença de grande quantidade de reservas nutritivas; pequeno tumor arredondado.

tu.ber.cu.lo.se *sf.* Doença causada pelo bacilo de Koch, e que ataca sobretudo os pulmões, o intestino e as articulações.

tu.ber.cu.lo.so *adj.* Atacado de tuberculose.

tu.bo *sm.* Canudo; cano; canal do organismo humano.

tu.bu.la.ção *sf.* Colocação ou disposição de certos tubos; conjunto de tubos ou canos; encanamento.

tu.do *pron. indef.* A totalidade do que existe.

tu.fão *sm.* Vendaval.

tu.fo sm. Porção de plantas, flores, penas, etc.

tu.gú.rio sm. Choça; palhoça.

tu.ís.te sm. Espécie de *rock-and-roll* em que o dançarino, parado, move ritmadamente os braços e os quadris.

tu.le sm. Tecido leve e transparente de seda ou algodão.

tu.lha sf. Grande depósito para guardar cereais.

tum.ba sf. Pedra sepulcral; sepultura; túmulo.

tu.me.fa.ção sf. Inchação.

tu.me.fac.to ou **tu.me.fa.to** adj. Intumescido.

tú.mi.do adj. Inchado.

tu.mor sm. Infecção com saliência circunscrita; tumefação.

tú.mu.lo sm. Sepulcro.

tu.mul.to sm. Barulho; discórdia; motim.

tun.da sf. Sova; pancadaria.

tú.nel sm. Caminho, passagem subterrânea.

tun.gar vi. Porfiar; teimar; vt. bras. enganar; lograr.

tú.ni.ca sf. Vestuário antigo, comprido e ajustado ao corpo.

tu.pi sm. Uma das quatro principais famílias lingüísticas do Brasil.

tu.pi-gua.ra.ni sm. Importante família lingüística indígena da região tropical sul-americana, a qual inclui o guarani, o tupi e outras línguas; s.2g. indígena pertencente a essa família lingüística; adj. relativo aos tupis e guaranis.

tu.pi.ni.quim adj. Relativo aos tupiniquins, tribo indígena tupi-guarani do litoral de Porto Seguro (BA); próprio do Brasil; nacional; brasileiro; s.2g. indivíduo dos tupiniquins.

tur.ba sf. Multidão em desordem; povo.

tur.ban.te sm. Cobertura ou ornamento para a cabeça.

tur.bar vt. Tornar turvo; escurecer; perturbar.

tur.bi.lhão sm. Redemoinho de vento; voragem.

tur.bi.lho.nar vi. Remoinhar.

tur.bi.na sf. Roda hidráulica que gira debaixo da água.

tur.bo.é.li.ce sm. Veículo dotado de motor de combustão interna em que os gases acionam uma turbina que movimenta uma hélice e são empurrados para trás, fornecendo impulsão adicional ao veículo; o motor desse veículo.

tur.bor.re.a.tor sm. Motor à reação e de combustão interna no qual os gases são comprimidos num compressor acionado por tubina e empurrados para trás, fornecendo impulsão para o avanço do veículo.

tur.bu.lên.cia sf. Qualidade de turbulento; agitação, motim.

tur.bu.len.to adj. Rixoso; agitado.

tur.fa sf. O mais recente dos carvões fósseis.

tur.fe sm. Prado de corridas de cavalo; hipódromo; hipismo.

tu.ris.mo sm. Viagens de recreio.

tu.ris.ta s.2g. Pessoa que viaja para se recrear.

tur.ma sf. Grupos de pessoas ou de alunos; pessoal.

tur.nê sf. Viagem com itinerário determinado, em geral de um artista, de um conferencista, etc.

tur.ne.dô sm. Bife redondo e macio, servido com diferentes molhos e acompanhamentos.

tur.no sm. Cada uma das divisões do horário diário de trabalho; vez.

tur.que.sa sf. Pedra preciosa azul; adj. da cor da turquesa.

tur.rão adj. e sm. pop. Teimoso; caturra.

tu.ru.na adj. e sm. Forte; valente.

tur.va.ção sf. Ato ou efeito de turvar, perturbar.

tur.va.men.to sm. Turvação.

tur.var vt. Tornar opaco; escurecer; perturbar.

tur.vo adj. Opaco.

tu.ta.no sm. Medula.

tu.te.la sf. Encargo civil que se confere a alguém para dirigir os bens e proteger a pessoa do menor que se acha fora do pátrio poder, além de representá-lo nos atos da vida civil; defesa; sujeição vexatória.

tu.te.lar adj. Relativo a tutela; vt. exercer tutela sobre.

tu.tor sm. Indivíduo legalmente incumbido de tutelar alguém; protetor.

tu.to.ri.a sf. Cargo ou autoridade de tutor; proteção.

twe.ed sm. Tecido de origem escocesa, de lã, natural, áspero e geralmente sarjado com fios de duas ou mais cores.

u *sm.* Vigésima letra do alfabeto.

u.bá *sf.* Canoa escava em um só tronco de árvore, usada pelos índios das margens do Amazonas.

u.ber.da.de *sf.* Qualidade de úbere; fertilidade; abundância.

ú.be.re *adj.* Fértil; fecundo; abundante; *sm.* teta ou mama da fêmea de animais mamíferos.

u.bí.quo *adj.* Que está ou pode estar ao mesmo tempo em toda a parte; onipresente.

u.de.nis.mo *sm.* O ideário da UDN (União Democrática Nacional), agremiação política fundada em 1945, após a redemocratização do Brasil, e extinta em 1965.

u.de.nis.ta *adj.* relativo à UDN ou ao udenismo; *s.2g.* partidário ou simpatizante desse partido.

u.fa *interj.* Exprime admiração, cansaço, saciedade, alívio.

u.fa.nar *vt.* e *p.* Tornar ufano; envaidecer; orgulhar.

u.fa.ni.a *sf.* Qualidade de ufano; orgulho; envaidecimento; motivo de orgulho, de honra, de glória, etc.

u.fa.no *adj.* Orgulhoso; jactancioso; envaidecido; jubiloso.

u.ís.que *sm.* Aguardente feita de grãos fermentados de centeio, milho ou cevada.

ui.var *vi.* Dar uivos (o cão, o lobo e outros animais); chorar, gemer; berrar, ulular; *vt.* chorar lamentosamente; gritar, vociferar; berrar.

ui.vo *sm.* Voz lamentosa do cão ou do lobo.

úl.ce.ra *sf.* Perda de substância dos tecidos por processo endógeno; ferida, pústula, chaga; corrupção moral; pecado; vício.

ul.ce.ra.ção *sf.* Ferida causada por perda de substância da pele ou da mucosa, por processo endógeno.

u.le.má *sm.* Doutor da lei ou teólogo entre os muçulmanos.

u.li.gi.no.so *adj.* Pantanoso; lamacento; diz-se dos vegetais que se dão bem em terrenos pantanosos.

u.lo *sm.* Gemido; grito.

ul.te.ri.or *adj.* Situado além; que chega depois.

ul.ti.mar *vt.* Terminar; fechar; concluir; completar.

ul.ti.ma.to *sm.* Últimas exigências que um Estado apresenta a outro e cuja recusa implica declaração de guerra; exigência feita durante o estado de guerra, por um chefe militar, no sentido de conseguir a rendição imediata do inimigo, sob ameaça de alcançá-la por meios violentos; declaração final e irrevogável para satisfação de certas exigências.

úl.ti.mo *adj.* Que vem depois de todos; que vem depois do penúltimo; extremo; derradeiro; final; que fica de resto; remoto; decisivo; fatal; irrevogável; o mais perfeito até o momento atual; insignificante; gravíssimo; o pior de todos.

ul.tra.jar *vt.* Insultar; afrontar; difamar.

ul.tra.je *sm.* Afronta; ofensiva.

ul.tra.mar *sm.* Região de além-mar; o conjunto de países ou terras que ficam além do mar.

ul.tra.ma.ri.no *adj.* Situado no ultramar.

ul.tra.pas.sar *vt.* Passar além de; transpor; exceder o limite de; passar à frente de outro veículo; exceder a.

ul.tra-so.no.gra.fi.a *sf.* Método de diagnósico que permite a visualização de órgãos internos do corpo; por meio de aparelho de emissão de ondas de alta frequência.

u.lu.lar *vi.* Soltar gemidos, com voz plangente; uivar; ganir; gemer lamentosamente.

um *num.* O primeiro de todos os números inteiros; *art. indef.* qualquer; algum; certo; *adj.* uno, único.

um.be.la *sf.* Guarda-sol sombrinha.

um.bi.go *sm.* Cicatriz resultante do corte do cordão umbilical; *p. ext.* qualquer depressão ou saliência de aspecto umbilical; ponto central; ponto de convergência.

um.bi.li.cal *adj.* Relativo a umbigo; semelhante ao umbigo.

um.bral *sm.* Ombreira da porta; portal; limiar; *fig.* entrada, começo, extremidade inicial.

um.bro.so *adj.* Copado; sombrio; escuro.

u.mec.tar *vt.* Umedecer.

u.me.de.cer *vt.* Tornar úmido.

ú.me.ro *sm.* Osso do braço, do ombro ao cotovelo.

u.mi.da.de *sf.* Qualidade ou estado de úmido.

ú.mi.do *adj.* Levemente, ligeiramente molhado.

u.nâ.ni.me *adj.* Relativo a todos, em geral.

u.na.ni.mi.da.de *sf.* Qualidade de unânime; totalidade.

un.ção *sf.* Ato ou efeito de ungir ou untar; piedade; devoção; consagração; *unção dos enfermos:* sacramento mediante o qual enfermos ou moribundos são ungidos; extrema-unção.

un.gir *vt.* Untar com óleo; melhorar; purificar.

un.güen.to *sm.* Medicamento gorduroso que se aplica para uso externo.

u.nha *sf.* Lâmina córnea que reveste a extremidade dorsal dos dedos.

u.nha-de-fo.me *adj.* e *s.2g.* Avaro.

u.nhar *vt.* Ferir ou riscar com as unhas; arranhar.

u.ni.ão *sf.* Ato ou efeito de unir; adesão; aliança; casamento.

ú.ni.co *adj.* Que é só um; exclusivo; superior a todos os outros.

u.ni.cór.nio *sm.* Animal fabuloso, em geral representado por um cavalo com um chifre no meio da testa; certo tipo de rinoceronte; substância do chifre desse animal.

u.ni.da.de *sf.* Qualidade do que é uno, unido e único; o menor dos números primos absolutos; o número um.

u.ni.fi.car *vt.* Reunir num todo ou num só corpo; tornar uno; congregar.

u.ni.for.me *adj.* Que só tem uma forma; igual; idêntico; conforme; invariável; constante; regular; *sm.* farda.

u.ni.for.mi.zar *vt.* Tornar uniforme; fazer vestir o uniforme; *vp.* vestir o uniforme.

u.ni.gê.ni.to *adj.* e *sm.* Que não tem irmãos; único; diz-se de Jesus Cristo.

u.ni.la.te.ral *adj.* Situado de um único lado.

u.ni.pes.so.al *adj.* Relativo a uma só pessoa.

u.ni.po.lar *adj.* Que tem só um pólo.

u.nir *vt.* Juntar; conciliar; casar.

u.nis.sex *adj.2g.* e *2n.* Roupa, penteado, calçado, etc. que podem ser usados indistintamente tanto por homem como por mulher.

u.nis.so.nân.cia *sf.* Identidade de sons, melodia; monotonia.

u.nís.so.no *adj.* Que tem o mesmo som; unissonante.

u.ni.tá.rio *adj.* Da unidade ou a ela respeitante; partidário da unidade, em política.

u.ni.ta.ris.mo *sm.* Sistema unitário.

u.ni.val.ve *adj.* Que se abre de um só lado ou que se forma de uma só peça.

u.ni.ver.sal *adj.* Que tem o caráter de absoluta generalidade; mundial.

u.ni.ver.sa.li.da.de *sf.* Qualidade do que é universal.

u.ni.ver.sa.li.zar *vt.* Generalizar.

u.ni.ver.si.da.de *sf.* Centro de cultura superior.

u.ni.ver.si.tá.rio *sm.* Lente ou aluno de uma universidade; *adj.* relativo ou próprio de universidade.

u.ni.ver.so *sm.* O sistema solar; o mundo; a Terra; a sociedade.

u.ní.vo.co *adj.* Que só admite uma interpretação.

u.no *adj.* Um; único; singular.

un.tar *vt.* Engordurar.

un.to *sm.* Banha ou gordura de porco; óleo.

un.tu.o.si.da.de *sf.* Estado ou qualidade de untuoso.

un.tu.o.so *adj.* Lubrificado; escorregadio; *fig.* suave; amorável; *pej.* meloso.

un.tu.ra *sf.* Ato ou efeito de untar.

ur.ba.ni.da.de *sf.* Civilidade; cortesia; afabilidade.

ur.ba.nis.mo *sm.* Técnica e arte da construção, reforma ou embelezamento das cidades.

ur.ba.ni.zar *vt.* Tornar urbano; civilizar; polir.

ur.ba.no *adj.* Relativo a cidade; cortês; civilizado; educado.

ur.di.du.ra *sf.* Ato ou efeito de urdir; urdimento.

ur.dir *vt.* Enredar; tramar; maquinar; intrigar.

u.re.tra *sf.* Canal excretor da urina.

ur.gên.cia *sf.* Pressa.

ur.gen.te *adj.* Que urge; indispensável; iminente.

ur.gir *vi.* Não permitir demora; instar; apertar.

u.ri.na *sf.* Líquido excrementício segregado pelos rins; xixi.

ur.na *sf.* Caixão; esquife; recipiente de madeira, metal, vidro, etc. de formas variadas, usados em geral para repositório de alguma coisa preciosa (jóias; dinheiro, obras de arte; cinzas funerárias, etc.); recipiente em que se recolhem os votos nas eleições, etc.

ur.rar *vi.* Dar urros.

ur.ro *sm.* Berro.

ur.sa *sf.* Fêmea de urso; nome de duas constelações boreais.

ur.sa.da *sf. bras.* Traição, mau procedimento.

ur.so *sm.* Gênero de mamíferos carnívoros da família dos ursídeos; homem feio; *adj.* amigo falso.

ur.ti.ga *sf.* Planta que produz sobre a pele um ardor especial.

u.ru.bu *sm.* Gênero de abutres que se alimenta de carniça.

u.ru.cu ou **u.ru.cum** *sm.* Fruto de cuja polpa se extrai um corante vermelho (colorau) usado como tempero, e também utilizado na fabricação de bronzeador.

u.ru.cu.ba.ca *sf.* Caiporismo; mofina; azar.

u.ru.pê *sm.* Espécie de cogumelo; orelha-de-pau.

u.san.ça *sf.* Uso; hábito antigo e tradicional.

u.sar *vt.* Praticar; ter por costume; servir-se de.

u.si.na *sf.* Grande estabelecimento de fabricação industrial.

u.si.nei.ro *adj. e sm.* Dono de usina de açúcar.

u.so *sm.* Aplicação; serviço; exercício; moda.

us.tão *sf.* Combustão.

us.tó.rio *adj.* Que queima.

u.su.al *adj.* Habitual.

u.su.ca.pi.ão *sf.* Modo de adquirir propriedade móvel ou imóvel pela posse pacífica e ininterrupta da coisa durante certo tempo.

u.su.fru.ir *vt.* Ter uso e gozo de alguma coisa.

u.su.fru.to *sm.* Ação ou efeito de usufruir; coisa usufruída; *jur.* direito de usar algo e dele gozar, sem ter a verdadeira propriedade da coisa.

u.su.ra *sf.* Juro de capital; lucro exagerado; avareza.

u.su.rá.rio ou **u.su.rei.ro** *sm.* Agiota; avarento.

u.sur.pa.dor *adj. e sm.* Que, ou aquele que usurpa; intruso.

u.sur.par *vt.* Apoderar-se violentamente de; alcançar sem direito; assumir o exercício de, por fraude ou artifício.

u.ten.sí.lio *sm.* Qualquer instrumento de trabalho; ferramenta.

ú.te.ro *sm.* Órgão em que é gerado o feto dos mamíferos.

ú.til *adj.* Vantajoso; de trabalho (dia); que tem serventia.

u.ti.li.da.de *sf.* Serventia; vantagem; préstimo.

u.ti.li.zar *vt.* Tornar útil; aproveitar; fazer uso.

u.ti.li.zá.vel *adj.* Que pode ser utilizado, aproveitado.

u.to.pi.a *sf.* Projeto irrealizável; quimera; fantasia.

u.tó.pi.co *adj.* Que encerra utopia; fantasia.

u.va *sf.* Fruto da videira; cacho de uvas.

u.va.da *sf.* Conserva de uvas.

ú.vi.do *adj.* Úmido.

u.xo.ri.ci.da *sm.* Assassino da própria esposa; *adj.* que serve para praticar o uxoricídio.

u.xo.ri.cí.dio *sm.* Assassínio da mulher pelo próprio marido.

u.xó.rio *adj.* Relativo a mulher casada.

v *sm.* Vigésima primeira letra do alfabeto.

va.ca *sf.* Fêmea do touro.

va.ca-fri.a *el. sf. us. na loc. adv. voltar à vaca-fria:* retomar assunto já tratado.

va.can.te *adj.* Que está vago.

va.car *vi.* Estar vago; vagar.

va.ci.la.ção *sf.* Ato ou efeito de vacilar, hesitar.

va.ci.lan.te *adj.* Que vacila.

va.ci.lar *vi.* Não estar firme; enfraquecer; afrouxar.

va.ci.na *sf.* Humor ou vírus especial que se introduz no organismo para imunização de certas doenças.

va.ci.nar *vt.* Inocular vacinas em; imunizar.

vá.cuo *sm.* Espaço vazio.

va.de.ar *vt.* Passar ou atravessar a vau.

va.de-mé.cum *sm.* Designação comum a livros de conteúdo prático e formato cômodo.

va.di.a.ção *sf.* Ato ou efeito de vadiar; vida ociosa.

va.di.ar *vi.* Passar vida ociosa; não trabalhar.

va.di.o *sm.* Vagabundo; *adj.* diz-se do indivíduo pouco aplicado no trabalho ou estudos; preguiçoso.

va.ga *sf.* Grande onda; lugar vazio; cargo para preencher.

va.ga.bun.da.gem *sf.* Vida de vagabundo, de malandragem.

va.ga.bun.de.ar *vi.* Vadiar.

va.ga.bun.do *adj. e sm.* Que, ou aquele que vagabundeia; vadio.

va.ga.lhão *sm.* Grande vaga do mar.

va.ga-lu.me *sm.* Pirilampo.

va.gão *adj.* Carro de estrada de ferro.

va.gar *vi.* Andar sem destino; ficar vago; faltar; *sm.* ócio; lentidão.

va.ga.ro.so *adj.* Lento; demorado; tardo; moroso.

va.gem *sf.* Fruto das leguminosas; feijão verde.

va.gi.do *sm.* Choro de criança recém-nascida.

va.go *adj.* Indeciso; confuso; não preenchido; desabitado.

va.gue.ar *vi.* Andar ao acaso; boiar; flutuar.

vai.a *sf.* Apupo; zombaria.

vai.ar *vt.* Dar vaias em.

va.i.da.de *sf.* Ostentação; presunção; futilidade.

va.i.do.so *adj.* Presunçoso; presumido; jactancioso.

vai.vém *sm.* Movimento oscilatório; vicissitude.

va.la *sf.* Escavação longa e mais ou menos larga; sepultura comum a vários cadáveres.

va.la.do *sm.* Vala guarnecida de tapume.

val.de.vi.nos *sm. 2n.* Estróina.

va.le *sm.* Depressão entre montes; empréstimo de dinheiro.

va.len.te *adj.* Intrépido; enérgico; rijo; resistente.

va.len.ti.a *sf.* Força; façanha; coragem.

va.ler *vt.* Custar; merecer; auxiliar; significar.

va.le.ta *sf.* Pequena vala.

va.le.te *sm.* Carta de jogar.

va.le.tu.di.ná.rio *adj. e sm.* Diz-se do, ou indivíduo de compleição muito fraca, doentio.

va.li.a *sf.* Valor estimativo.

va.li.da.de *sf.* Qualidade de válido; legitimidade; valor.

va.li.dar *vt.* Tornar válido, legítimo, legal.

vá.li.do *adj.* Que tem validade; são; vigoroso.

va.li.men.to *sm.* Influência política ou econômica; poderio; proteção.

va.li.o.so *adj.* Que tem valor.

va.li.se *sf.* Maleta de mão.

va.lo *sm.* Fosso.

va.lor *sm.* Valentia; mérito; preço; préstimo.

val.sa *sf.* Dança em compasso de 3 por 4.

val.sar *vi.* Dançar valsa.

val.va *sf.* Concha.

vál.vu.la *sf.* Espécie de tampa que fecha hermeticamente um tubo.

vam.pe *sf.* Atriz que faz o papel de mulher fatal; mulher fatal.

vam.pi.ro *sm.* Entidade lendária que, de acordo com a superstição popular, sai das sepulturas à noite para sugar o sangue dos vivos; espécie de morcego, transmissor da raiva aos bovinos.

vân.da.lo *sm.* Aquele que nada respeita, que destrói objetos e coisas de valor.

van.gló.ria *sf.* Jactância; vaidade; presunção.

van.glo.ri.ar *vt.* Tornar vaidoso; *vp.* orgulhar-se.

van.guar.da *sf.* Parte do exército que vai à frente; dianteira; frente; atitude artística de renúncia às tradições recebidas através da livre experimentação de novas formas de expressão.

van.ta.gem *sf.* Primazia; lucro; proveito.

van.ta.jo.so *adj.* Lucrativo.

vão *adj.* Vazio; fútil; falso; oco; *sm.* intervalo.

va.por *sm.* Estado gasoso de uma substância; navio.

va.po.ri.zar *vt.* Converter em vapor; borrifar perfumes.

va.po.ro.so *adj.* Leve; transparente; fresco.

va.qui.nha *sf.* Diminutivo de vaca; certo besouro; coleta de dinheiro em um grupo para comprar alguma coisa.

va.ra *sf.* Cajado; pau direito; báculo; cargo de juiz; manada de porcos.

va.ral *sm.* Fio estendido para pendurar e secar roupa.

va.ran.da *sf.* Balcão; sacada.

va.rão *sm.* Indivíduo do sexo masculino.

va.ra.pau *sm.* Cajado; bordão; pau comprido.

va.rar *vt.* Bater com vara; atravessar; trespassar.

va.re.jão *sm.* Vara grande; vara comprida com que os barqueiros impelem os barcos; *pop.* local onde os alimentos, em especial os hortifrutigranjeiros, são vendidos a preços mais acessíveis.

va.re.jar *vt.* Agitar com vara; revistar; entrar de supetão em algum lugar.

va.re.jo *sm.* Venda a retalho, por miúdo.

va.re.ta *sf.* Pequena vara.

var.gem *sf.* Várzea.

va.ri.a.ção *sf.* Mudança.

va.ri.ar *vt.* Alterar; mudar.

va.ri.ce.la *sf.* Doença infecciosa e contagiosa.

va.ri.e.da.de *sf.* Diversidade.

va.ri.e.gar *vt.* Alternar; variar; matizar.

vá.rio *adj.* Diferente; múltiplo; *pron. indef.* algum.

va.rí.o.la *sf.* Doença infecciosa, contagiosa e epidêmica.

va.riz *sf.* Dilatação permanente de uma veia.

va.ro.nil *adj.* Enérgico; forte; viril.

var.re.du.ra *sf.* Ação de varrer; varrição; lixo que se acumula varrendo; ação de percorrer com radar um determinado setor a fim de localizar possíveis alvos.

var.rer *vt.* Limpar com vassoura; *fig.* expulsar.

var.ri.ção *sf.* Ato de varrer; varredura.

vár.zea *sf.* Terreno baixo e plano que margeia os rios; vargem.

vas.co.le.jar *vt.* Agitar.

vas.cu.lar *adj.* Relativo aos vasos, espec. sangüíneos.

vas.cu.lhar *vt.* Esquadrinhar; pesquisar minuciosamente.

va.sec.to.mi.a *sf.* Cirurgia que impossibilita o homem de engravidar a mulher, sem alterar o desempenho na relação sexual.

va.se.li.na *sf.* Substância gordurosa translúcida e incolor, usado em farmácia e indústrias.

va.si.lha *sf.* Vaso; barril.

va.si.lha.me *sm.* Conjunto ou quantidade de vasilhas, garrafas, etc.

va.so *sm.* Receptáculo; navio.

vas.sa.lo *sm.* No feudalismo, nobre que, por juramento de fidelidade e prestação de serviços militares, recebe parte de um território sob o controle de um senhor feudal, seu suserano; súdito; *adj.* e *sm.* indivíduo dependente, subordinado ou seguidor submisso.

vas.sou.ra *sf.* Utensílio destinado a varrer o lixo.

vas.ti.dão *sf.* Amplidão.

vas.to *adj.* Muito extenso.

va.ta.pá *sm.* Prato típico da Bahia, feito com farinha de mandioca, azeite-de-dendê, leite de coco, camarões, peixe ou galinha, tudo misturado e apimentado.

va.te *sm.* Poeta.

va.ti.ca.no *sm.* Palácio do Sumo Pontífice, em Roma, e sede da Cúria Romana (inic. maiúsc.); *adj.* relativo ao Vaticano.

va.ti.ci.nar Profetizar; prenunciar.

va.ti.cí.nio *sm.* Profecia.

vau *sm.* Lugar raso de um rio, que se pode atravessar a pé ou a cavalo.

vau.de.vil.le *sm.* Canção leve ou satírica, dos sécs. XV a XVIII; comédia leve, e muito movimentada, caracterizada pelos qüiproquós e pelas situações imprevistas.

va.za *sf.* Conjunto de cartas que os parceiros jogam de cada vez.

va.zan.te *adj.* Que vaza; *sf.* período em que um rio apresenta o menor volume de águas.

va.zão *sf.* Vazamento; escoamento; saída; pressão (de sentimento).

va.zar *vt.* Tornar vazio; esvaziar; escapar líquido; despejar (metal fundido) no molde.

va.zi.o *adj.* Desocupado; vago; *sm.* vácuo.

ve.a.do *sm.* Mamífero ruminante cervídeo; cervo; *bras.* homossexual masculino.

ve.da.ção *sf.* Ação de vedar, impedir, proibir, tapar; tapume.

ve.dar *vt.* Fechar; tapar; proibir.

ve.de.te *sf.* Atriz que se sobressai no teatro de revista; artista principal de um espetáculo teatral ou cinematográfico; estrela; pessoa que faz por aparecer, por sobressair.

ve.e.mên.cia *sf.* Impetuosidade; vigor; vivacidade; ênfase.

ve.e.men.te *adj.* Impetuoso; entusiástico; fervoroso; eloqüente.

ve.ge.ta.ção *sf.* Conjunto de plantas que cobrem uma região.

ve.ge.tal *adj.* Relativo a plantas; *sm.* planta.

ve.ge.tar *vi.* Desenvolver-se (planta); viver na inatividade.

vei.a *sf.* Canal que conduz ao coração o sangue; vocação; tendência.

ve.i.cu.lar *vt.* Transportar em veículo; difundir; propagar; transmitir.

ve.í.cu.lo *sm.* Qualquer meio de transporte de pessoas; carga, etc.; qualquer meio de difusão, propagação, transmissão.

vei.ga *sf.* Várzea; planície.

vei.o *sm.* Eixo de ferro; filão.

ve.la *sf.* Pano preso ao mastro de embarcações; círio; peça que produz ignição dos motores.

ve.la.do *adj.* Coberto com véu; oculto.

ve.lar *vt.* Cobrir com véu; encobrir; esconder; fazer velório a; *vi.* vigiar.

ve.lei.da.de *sf.* Leviandade; fantasia.

ve.lei.ro *sm.* Navio de vela.

ve.le.jar *vi.* Navegar à vela.

ve.lha *adj. e sf.* (Mulher) idosa.

ve.lha.ca.ri.a *sf.* Qualidade do que é velhaco; malandro.

ve.lha.co *adj. e sm.* (Indivíduo) devasso, ordinário, patife.

ve.lha.ri.a *sf.* Coisa antiga; costume antiquado.

ve.lho *adj.* Muito idoso; antigo; desusado; antiquado; *sm.* ancião.

ve.lho.te *sm.* Homem já meio velho; velho alegre e folgazão.

ve.lhus.co *adj. e sm.* Velhote.

ve.lo *sm.* Lã cardada; lã de ovino.

ve.lo.ci.da.de *sf.* Movimento veloz, rápido, ligeiro.

ve.lo.cí.pe.de *sf.* Aparelho com duas, três ou quatro rodas.

ve.ló.dro.mo *sm.* Pista para corridas de bicicletas.

ve.ló.rio *sm.* Sala onde ficam os mortos antes do sepultamento; ato de velar defunto.

ve.loz *adj.* Rápido; ligeiro.

ve.lu.do *sm.* Tecido macio e veloso.

ve.nal *adj.* Que tem veias; que se pode vender; subornável.

ven.ce.dor *adj. e sm.* Vitorioso; triunfante; ganhador.

ven.cer *vt.* Triunfar de; ganhar.

ven.ci.men.to *sm.* Ato ou efeito de vencer; prazo para pagamento; *sm. pl.* ordenado.

ven.da *sf.* Faixa com que se cobrem os olhos; empório.

ven.dar *vt.* Tapar os olhos de.

ven.da.val *sm.* Temporal.

ven.de.dor *adj. e sm.* Que, ou aquele que vende.

ven.dei.ro *sm.* Dono de venda.

ven.der *vt.* Negociar mediante preço certo; *vp.* aviltar-se.

ven.de.ta *sf.* Na Córsega, espírito de vingança entre famílias, provocado por um assassinato, uma ofensa; vingança.

ven.di.lhão *sm.* Vendedor ambulante; mascate; indivíduo que trafica com coisas de ordem moral.

ve.ne.no *sm.* Peçonha; tóxico; vírus; interpretação maliciosa.

ve.ne.no.so *adj.* Tóxico; nocivo.

ve.ne.ra.ção *sf.* Reverência.

ve.ne.ran.do *adj.* Venerável.

ve.ne.rá.vel *adj.* Respeitável.

ve.ne.ta *sf.* Impulso repentino; mania.

ve.ni.al *adj.* Que se pode perdoar facilmente; pecado leve.

ve.no.so *adj.* Relativo a veias, que corre pelas veias.

ven.ta *sf.* Cada uma das fossas nasais.

ven.ta.ni.a *sf.* Vento impetuoso e contínuo.

ven.tar *vi.* Soprar o vento com força.

ven.ta.ro.la *sf.* Espécie de leque; abano.

ven.ti.la.dor *sm.* Aparelho para ventilar; arejar.

ven.ti.lar *vt.* Arejar; discutir.

ven.to *sm.* Ar; atmosfera.

ven.to.sa *sf.* Sugadouro de certos animais aquáticos; vaso aplicado sobre a pele que provoca efeito revulsivo e local.

ven.to.si.da.de *sf.* Acúmulo de gases no estômago ou intestinos; flatulência; gases.

ven.tral *adj.* Relativo a ventre.

ven.tre *sm.* Barriga; pança.

ven.trí.cu.lo *sm.* Cavidade inferior do coração.

ven.trí.lo.quo ou **ven.trí.lo.co** *adj. e sm.* Que, ou aquele que sabe falar sem abrir a boca e mudando de tal modo a voz que esta parece sair de outra fonte que não ele.

ven.tru.do *adj.* Barrigudo.

ven.tu.ra *sf.* Fortuna; destino.

ven.tu.ro.so *adj.* Ditoso.

vê.nus *sf.* Deusa do amor; mulher muito formosa; nome de um planeta.

ver *vt.* Enxergar; distinguir; assistir a.

ve.ra.ci.da.de *sf.* Qualidade do que é verdadeiro.

ve.ra.ne.ar *vi.* Passar o verão em alguma parte; passear.

ve.ra.nei.o *sm.* Ato de veranear, passeio.

ve.rão *sm.* Estação do ano.

ver.ba *sf.* Parcela; quantia.

ver.bal *adj.* Oral; relativo a verbo.

ver.ba.li.zar *vt.* Tornar verbal.

ver.be.rar *vt.* Censurar; *vi.* reverberar.

ver.be.te *sm.* Conjunto dos significados de um vocábulo.

ver.bo *sm.* A segunda pessoa da Santíssima Trindade; palavra que exprime ação, estado, etc.; palavra.

ver.bo.so *adj.* Que fala muito.

ver.da.de *sf.* Exatidão; sinceridade; coisa verdadeira.

ver.da.dei.ro *adj.* Real; autêntico; sincero.

ver.de *adj.* Cor que resulta da mistura do azul e do amarelo; que não amadureceu; inexperiente; *sm.* a cor verde.

ver.de-a.ma.re.lo *adj.* Com cor verde e cor amarela; *sm.* a cor verde-amarela.

ver.de-pa.ris *sm.* Inseticida preparado com um pó verde-claro, altamente venenoso, cuja base é o arsênico.

ver.dor *sm.* Cor verde dos vegetais; viço.

ver.du.go *sm.* Carrasco.

ver.du.ra *sf.* Verdor; hortaliça.

ver.du.rei.ro *sm.* Quitandeiro.

ve.re.a.ção *sf.* Conjunto dos vereadores de uma Câmara Municipal.

ve.re.a.dor *sm.* Membro de Câmara Municipal.

ve.re.an.ça *sf.* Cargo ou jurisdição de vereador; tempo que dura esse cargo; vereadores.

ve.re.da *sf.* Senda; rumo.

ve.re.di.to ou **ve.re.dic.to** *sm.* Decisão proferida pelo júri, ou por outro qualquer tribunal judiciário, em causa submetida a seu julgamento; sentença; juízo pronunciado em qualquer matéria.

ver.ga *sf.* Barra delgada de metal.

ver.ga.lha.da *sf.* Chibatada.

ver.ga.lhão *sm.* Azorrague.

ver.gão *sm.* Vinco na pele.

ver.gar *vt.* Dobrar; sujeitar.

ver.gas.ta *sf.* Chibata.

ver.gel *sm.* Pomar.

ver.go.nha *sf.* Pudor; constrangimento.

ver.go.nho.so *adj.* Indigno; infame; obsceno.

ver.gôn.tea *sf.* Ramo de árvore; broto.

ve.rí.di.co *adj.* Exato; verdadeiro.

ve.ri.fi.ca.ção *sf.* Ato ou efeito de verificar.

ve.ri.fi.car *vt.* Averiguar.

ver.lai.ni.a.no *adj.* Relativo a Paul Verlaine, poeta francês (1844-1896); *sm.* admirador ou conhecedor da obra de Verlaine.

ver.me *sm.* Minhoca terrestre; larva; *fig.* coisa que corrói.

ver.me.lha.ço *adj.* Muito vermelho.

ver.me.lhão *sm.* Rubor da cara; tinta vermelha feita com óxido de chumbo.

ver.me.lhi.dão *sm.* Rubor.

ver.me.lho *adj.* Rubro; escarlate; *sm.* a cor vermelha.

ver.mí.fu.go *adj.* e *sm.* Que, ou aquilo que destrói os vermes.

ver.mi.no.se *sf.* Doença causada por infestação de vermes.

ver.mu.te *sm.* Vinho composto ao qual se adicionaram extratos de plantas aromáticas, usado em coquetéis ou como aperitivo.

ver.ná.cu.lo *adj.* Nacional; próprio da região em que está; sem mescla de estrangeirismo (linguagem); *sm.* idioma próprio de um país.

ver.nis.sa.ge *sm.* O dia da inauguração ou abertura de uma exposição de obras de arte.

ver.niz *sm.* Solução de resina em álcool, benzina, etc., usada para cobrir superfícies, preservando-as da umidade ou do ar; cortesia; polidez superficial; conhecimento superficial.

ve.ro *adj.* Verdadeiro.

ve.ros.sí.mil ou **ve.ros.si.mi.lhan.te** *adj.* Que pode ser ou parece verdadeiro; provável; possível; semelhante à verdade.

ve.ros.si.mi.lhan.ça *sf.* Qualidade de verossímil ou verossimilhante.

ver.ru.ga *sf.* Pequena excrescência cutânea.

ver.ru.ma *sf.* Broca.

ver.sa.do *adj.* Perito; prático.

ver.são *sf.* Tradução literal de um texto; interpretação.

ver.sar *vt.* Manejar; estudar; tratar (de assuntos); verter.

ver.sá.til *adj.* Volúvel.

ver.se.jar *vi.* Fazer versos.

ver.sí.cu.lo *sm.* Divisão de artigos ou parágrafos; parágrafo bíblico.

ver.si.fi.ca.ção *sf.* Metrificação.

ver.si.fi.car *vt.* e *i.* Versejar.

ver.so *sm.* Cada uma das linhas que forma uma estrofe; lado posterior; costas.

vér.te.bra *sf.* Cada um dos ossos que forma a espinha dorsal.

ver.te.bra.do *adj.* e *sm.* Que, ou aquele que tem vértebras.

ver.ter *vt.* Derramar; jorrar; traduzir; *vi.* brotar.

ver.ti.cal *adj.* Perpendicular ao fio de prumo.

vér.ti.ce *sm.* Cimo; cume; ápice; pináculo.

ver.ti.gem *sf.* Tontura; desmaio; delíquio.

ver.ti.gi.no.so *adj.* Que provoca vertigens; muito rápido; perturbador.

ver.ve *sf.* Calor de imaginação; vigor; exuberância.

ve.sa.no *adj.* Demente.

ves.go *adj.* Estrábico.

ve.sí.cu.la *sf.* Pequena bexiga ou cavidade; a bexiga da bílis.

ves.pa *sf.* Inseto semelhante à abelha.

vés.pe.ra *sf.* Dia que precede imediatamente aquele de que se trata.

ves.pe.ral *adj.* Relativo à tarde; *sm.* espetáculo, sessão realizada à tarde.

ves.per.ti.no *adj.* Da tarde.

ves.te *sf.* Vestuário.

ves.ti.á.rio sm. Lugar onde se troca de roupa (em campo de futebol, ginásio, clube, etc.).

ves.ti.bu.lan.do adj. e sm. Aluno que vai prestar exame vestibular.

ves.ti.bu.lar adj. Relativo a vestíbulo; adj. e sm. diz-se de, ou exame para ingresso no ensino superior.

ves.tí.bu.lo sm. Aposento na entrada de edifício ou casa; saguão; porta principal; pátio interno; uma das cavidades do ouvido interno.

ves.ti.do sm. Vestuário completo de senhora ou menina.

ves.tí.gio sm. Rasto; pegada; indício.

ves.ti.men.ta sf. Vestes sacerdotais; roupa para vestir.

ves.tir vt. Usar roupas.

ves.tu.á.rio sm. Conjunto das vestes que se usam; traje.

ve.te.ra.no adj. Envelhecido em qualquer serviço; sm. soldado reformado; aluno que passou do 1º ano; pessoa experiente num ofício.

ve.to sm. Proibição; suspensão; oposição; recusa de sanção a uma lei, por parte de chefe de Estado.

ve.tus.to adj. Muito velho; respeitável pela velhice.

véu sm. Tecido transparente.

ve.xa.me sm. Vergonha.

ve.xar vt. Envergonhar.

vez sf. Ensejo; turno.

vi.a sf. Caminho; exemplar de documento; meio de comunicação.

vi.a.ção sf. Transporte; conjunto de estradas ou caminhos; serviço de veículos públicos.

vi.a.gem sf. Ato de ir de um a outro lugar.

vi.a.jar vt. Fazer viagem.

vi.an.da sf. Qualquer espécie de alimento, especialmente carne.

vi.an.dan.te adj. e s.2g. Que, ou pessoa que viaja.

vi.a-sa.cra sf. Série de catorze quadros que representam as principais cenas da paixão de Cristo; orações que se rezam na frente desses quadros; visitar as igrejas na semana santa, principalmente na quinta e na sexta-feira; pop. ir à casa de todos os conhecidos a fim de obter alguma coisa.

vi.a.tu.ra sf. Veículo.

vi.á.vel adj. Que não oferece obstáculo.

ví.bo.ra sf. Cobra.

vi.bra.ção sf. Movimento extremamente rápido.

vi.brar vt. Agitar; mover; vi. pulsar.

vi.bra.tó.rio adj. Vibrante; que tem ou causa vibrações.

vi.bri.ão sm. Gênero de bactérias.

vi.çar vi. Vicejar.

vi.ce.jan.te adj. Que viceja.

vi.ce.jar vi. Ter viço.

vi.cê.nio sm. Espaço de vinte anos.

vi.ce-ver.sa adv. Em sentido inverso ou oposto; ao contrário; reciprocamente; mutuamente.

vi.ci.a.do adj. Que tem vício ou defeito; falsificado; estragado; sm. indivíduo viciado.

vi.ci.ar vt. Corromper.

ví.cio sm. Defeito (físico ou moral); hábito prejudicial.

vi.ci.o.so adj. Corrompido; imperfeito.

vi.cis.si.tu.de sf. Revés.

vi.ço sm. Exuberância de vida, vigor; frescura.

vi.ço.so adj. Que tem viço.

vi.da sf. Existência; modo de viver.

vi.de sf. Videira.

vi.dei.ra sf. Arbusto sarmentoso que produz as uvas.

vi.den.te adj. e s.2g. Diz-se de, ou pessoa que profetiza; clarividente.

ví.deo sm. Parte visual de uma transmissão de televisão ou de filme cinematográfico; num roteiro ou script, indicação da parte que descreve a imagem; num receptor de televisão, conjunto dos dispositivos indispensáveis à reprodução da imagem; tela de televisor; televisão; forma reduzida de videocassete.

vi.de.o.cas.se.te sm. Em televisão, fita gravada pelo sistema de videoteipe e acondicionada em cassete; o equipamento usado para reproduzir gravações registradas nessa fita.

vi.de.o.cli.pe sm. Vídeo (produção cinematográfica) para fins promocionais de uma música e de seu(s) intérprete(s).

vi.de.o.clu.be sm. Clube que, mediante pagamento de uma taxa, empresta aos associados filmes em videocassete.

vi.de.o.te.ca sf. Conjunto de filmes em videocassete; sala onde está esse conjunto.

vi.de.o.tei.pe sm. Em televisão, fita magnética usada para gravação e reprodução de imagens, em geral associadas com o som; sistema pelo qual as produções de televisão são registradas nessa fita.

vi.dra.ça sf. Caixilhos com vidros para janela.

vi.dra.do adj. Sem brilho; vitrificado; gír. apaixonado.

vi.drar vt. Embaciar; vitrificar; gír. apaixonar-se.

vi.dra.ri.a sf. Estabelecimento onde são fabricados ou vendidos vidros.

ví.dro sm. Substância frágil e transparente; frasco; garrafa.

vi.e.la sf. Rua estreita.

vi.és sm. Direção oblíqua.

vi.ga sf. Trave.

vi.gá.rio sm. Título do pároco de freguesias.

vi.gên.cia sf. Tempo durante o qual uma lei, um decreto ou um contrato ficam em vigor.

vi.gen.te *adj.* Que está em vigor; vigorante.

vi.ger *vi.* Estar em vigor; valer.

vi.gi.a *sm.* Sentinela.

vi.gi.ar *vt.* Espreitar; velar por; *vi.* estar atento.

vi.gi.lân.cia *sf.* Ato ou efeito de vigiar.

vi.gi.lan.te *adj.* Atento; *s.2g.* guarda.

vi.gí.lia *sf.* Insônia.

vi.gor *sm.* Robustez; vigência.

vi.go.ran.te *adj.* Que vigora.

vi.go.rar *vt.* Dar vigor a; *vi.* ter vigência, estar em vigor.

vi.go.ro.so *adj.* Robusto; expressivo.

vi.go.ta *sf.* Pequena viga.

vi.king *adj.* Relativo a viking; *s.2g.* designação empregada na Europa ocidental para indicar os normandos, povos escandinavos que saquearam o litoral europeu entre os sécs. IX e XI.

vil *adj.* Reles; ordinário; desprezível; infame.

vi.la *sf.* Povoação.

vi.lão *adj.* Que habita numa vila; *sm.* homem desprezível, mesquinho.

vi.li.pen.di.ar *vt.* Desprezar.

vi.li.pên.dio *sm.* Desprezo; grande humilhação.

vi.me *sm.* Vara tenra e flexível.

vi.mei.ro *sm.* Terreno onde crescem vimes.

vi.na.gre *sm.* Vinho azedo.

vin.co *sm.* Sulco ou vestígio.

vin.cu.lar *vt.* Prender com vínculos; sujeitar.

vín.cu.lo *sm.* Tudo o que ata, liga ou aperta.

vin.di.ma *sf.* Colheita de uvas.

vin.di.mar *vt.* Fazer vindima de; colher uvas.

vin.di.ta *sf.* Vingança.

vin.dou.ro *adj.* Futuro.

vin.gan.ça *sf.* Ato ou efeito de vingar; desforra; castigo.

vin.gar *vt.* Desforrar; *vi.* crescer.

vi.nha *sf.* Terreno onde crescem videiras.

vi.nha.tei.ro *sm.* Fabricante de vinho.

vi.nhe.do *sm.* Grande extensão de vinhas.

vi.nhe.ta *sf.* Pequena ilustração em livro; ornamento tipográfico; peça curta para televisão ou rádio, repetida várias vezes durante a programação.

vi.nho *sm.* Bebida alcoólica proveniente da fermentação do sumo de uvas.

vi.ní.co.la *adj.* Relativo à vinicultura.

vi.ni.cul.tu.ra *sf.* Fabrico de vinho.

vin.te *num.* Número cardinal equivalente a duas dezenas.

vin.tém *sm.* Antiga moeda brasileira, no valor de vinte réis.

vin.te.na *sf.* Grupo de vinte.

vi.o.la *sf.* Instrumento musical de cordas.

vi.o.lão *sm.* Instrumento musical com seis cordas.

vi.o.lar *vt.* Infringir.

vi.o.lên.cia *sf.* Ato violento.

vi.o.len.tar *vt.* Forçar; arrombar; estuprar.

vi.o.li.no *sm.* Instrumento musical de quatro cordas.

vi.o.lon.ce.lo *sm.* Instrumento musical com a forma do violino, de grandes dimensões.

vip *s.2g.* Pessoa muito importante; *adj.* especial; exclusivo; adequado.

vi.pe.ri.no *adj.* Relativo ou semelhante à víbora; ferino.

vir *vi.* Regressar; chegar; proceder; surgir.

vi.ra.ção *sf.* Aragem; brisa.

vi.ra-ca.sa.ca *s.2g.* Indivíduo que troca de partido ou de idéias, de acordo com as conveniências próprias.

vi.ra.do *adj.* Posto às avessas; *sm.* iguaria feita de feijão.

vi.rar *vt.* Pôr do avesso; dobrar; *vp.* voltar-se.

vi.ra.vol.ta *sf.* Volta completa; cambalhota; vicissitude.

vir.gem *sf.* Donzela; a Mãe de Cristo.

vír.gu.la *sf.* Sinal de pontuação (,).

vi.ril *adj.* Varonil.

vi.ri.lha *sf.* Ponto de junção da coxa com o ventre.

vir.tu.al *adj.* Suscetível de se realizar.

vir.tu.de *sf.* Boa qualidade moral.

vir.tu.o.so *adj.* Que tem virtudes; eficaz.

vi.ru.len.to *adj.* Que tem vírus; violento.

ví.rus *sm.* Agente transmissor de doença.

vi.são *sf.* Sentido da vista; espírito; fantasma.

vi.sar *vt.* Dirigir o olhar para; ter em mira um fim.

vis-à-vis *adv.* Em face; defronte; *s.2g.* pessoa sentada ou colocada na frente de outra à mesa, num bailado, numa quadrilha, etc.

vís.ce.ra *sf.* Qualquer órgão alojado em uma das três cavidades, craniana, torácica ou abdominal.

vis.co *sm.* Planta parasita; suco vegetal pegajoso.

vis.co.so *adj.* Pegajoso; grudento.

vi.si.o.ná.rio *adj.* Excêntrico.

vi.si.ta *sf.* Ato ou efeito de visitar; inspeção.

vi.si.tan.te *adj.* e *s.2g.* Que, ou pessoa que visita.

vi.si.tar *vt.* Ir ver (alguém) em casa.

vi.sí.vel *adj.* Que se pode ver; nítido.

vis.lum.brar *vt.* Entrever; conhecer mal; *vi.* começar a surgir.

vis.lum.bre *sm.* Pequeno clarão; idéia indistinta.

vi.son *sm.* Mamífero cuja pele é muito apreciada na confecção de vestimentas; essa pele.

vís.po.ra *sm.* Jogo de azar da mesma família do bingo, do loto e da tômbola.

vis.ta *sf.* Sentido da visão; os olhos; panorama.

vis.to.ri.a *sf.* Inspeção.

vis.to.so *adj.* Que dá na vista.

vi.su.al *adj.* Relativo à vista.

vi.tal *adj.* Essencial.

vi.ta.lí.cio *adj.* Vital; que dura toda a vida.

vi.ta.li.da.de *sf.* Força vital.

vi.ta.li.zar *vt.* Dar vida; revigorar.

vi.ta.mi.na *sf.* Nome de várias substâncias nutritivas e vitais, ministradas ao organismo pelos alimentos ou por produtos farmacêuticos; suco feito de frutas e leite batidos no liqüidificador.

vi.te.lo *sm.* Novilho.

vi.ti.cul.tu.ra *sf.* Cultura de vinhas.

ví.ti.ma *sf.* Pessoa que sucumbe a uma desgraça.

vi.tó.ria *sf.* Triunfo.

vi.to.ri.o.so *adj.* Triunfante.

ví.treo *adj.* Límpido.

vi.tri.fi.car *vt.* Converter em vidro.

vi.tri.na ou **vi.tri.ne** *sf.* Vidraça atrás da qual ficam expostos objetos destinados à venda.

vi.tu.a.lhas *sf. pl.* Mantimentos.

vi.tu.pe.rar *vt.* Difamar.

vi.tu.pé.rio *sm.* Ato vergonhoso; ultraje; insulto.

vi.ú.vo *sm.* Homem a quem morreu a mulher.

vi.va.ci.da.de *sf.* Atividade; brilho; viveza.

vi.vaz *adj.* Vivo, ativo, esperto.

vi.vei.ro *sm.* Lugar onde se conservam e se reproduzem animais; plantas; enxame.

vi.ven.da *sf.* Morada; casa imponente.

vi.ver *vi.* Ter vida; existir; habitar.

ví.ve.res *sm. pl.* Mantimentos.

ví.vi.do *adj.* Brilhante.

vi.vi.fi.car *vt.* Animar.

vi.vis.sec.ção ou **vi.vis.se.ção** *sf.* Operação feita em animais vivos para estudo de fenômenos fisiológicos.

vi.vo *adj.* Que vive; ativo; esperto.

vi.zi.nhan.ça Qualidade do que é vizinho.

vi.zi.nho *sm.* Aquele que mora perto de nós.

vo.ar *vi.* Sustentar-se no ar; *vt. rel.* explodir.

vo.ca.bu.lá.rio *sm.* Lista de vocábulos; dicionário.

vo.cá.bu.lo *sm.* Termo; palavra.

vo.ca.ção *sf.* Tendência; predestinação; pudor.

vo.cal *adj.* Relativo à voz.

vo.cá.li.co *adj.* De, ou relativo à vogal.

vo.ca.li.se *sf.* Exercício vocal; trecho vocal sem palavras.

vo.cê *pron.* Tratamento empregado para interlocutor com quem se tem intimidade, ou de superior para inferior.

vo.ci.fe.rar *vt.* Bradar.

vod.ca *sf.* Aguardente russa, feita de cereais.

vo.du *sm.* Designação comum às divindades do Daomé; culto de origem jejedaomeana, praticado nas Antilhas, principalmente no Haiti, e que tem semelhanças com o candomblé.

vo.e.jar *vi.* Esvoaçar.

vo.ga *sf.* Ato de vogar; divulgação; propagação; popularidade; grande aceitação; uso atual; moda; ação de remar; ritmo dado a uma atividade, a um trabalho; *sm.* remador que marca o ritmo.

vo.gal *adj.* Letra que com uma ou mais consoantes forma a sílaba.

vo.gar *vi.* Deslocar-se sobre a água com o auxílio de remos; navegar; flutuar; boiar; remar; deslizar; derivar com suavidade; correr; divulgar; circular; estar em uso; estar na moda; importar; valer; vigorar; prevalecer.

vo.lan.te *adj.* Que voa; móvel; que pode ser posto ou retirado com facilidade; inconstante; volúvel; efêmero; transitório; *sm.* roda de mão para dirigir o automóvel; direção; folha impressa para distribuição pública.

vo.lá.til *adj.* Que se pode reduzir a vapor.

vo.la.ti.li.zar *vt.* Reduzir a gás ou a vapor.

vô.lei *sm.* Red. de *voleibol*.

vo.lei.bol *sm.* Jogo entre duas equipes de seis jogadores, separadas por uma rede sobre a qual a bola é arremessada com a mão ou o punho.

vo.li.ção *sf.* Ato de querer; vontade.

vo.lo.vã *sm.* Pastelão de massa folhada, geralmente em tamanho individual, com recheio cremoso de ave, carne, camarão, etc.

volt *sm.* Unidade de medida de tensão ou diferença de potencial elétrico.

vol.ta *sf.* Regresso; giro; circuito.

vol.ta.gem *sf.* Tensão.

vol.tai.ri.a.no *adj.* Relativo a Voltaire, pseudônimo de François-Marie Arouet (1694-1778), escritor francês, ou próprio desse autor; *sm.* admirador ou conhecedor da sua obra.

vol.tar *vi.* Regressar; girar; *vt.* pôr do avesso.

vol.te.ar *vt.* Fazer girar.

vo.lu.bi.li.da.de *sf.* Inconstância.

vo.lu.me *sm.* Espaço ocupado por um corpo; tomo; tamanho.

vo.lun.tá.rio *adj.* Espontâneo.

vo.lun.ta.ri.o.so *adj.* Caprichoso; teimoso.

vo.lú.pia *sf.* Grande prazer sexual; voluptuosidade.

vo.lup.tu.o.so *adj.* Sensual.

vo.lú.vel *adj.* Inconstante.

vol._ver_ vt. Voltar; restituir; vi. decorrer.

vô.mer sm. Pequeno osso do nariz.

vo.mi._tar_ vt. Expelir pela boca; proferir vociferando; vi. ter vômitos.

vô.mi.to sm. Ato ou efeito de vomitar.

von.ta.de sf. Desejo.

vô.o sm. Movimento no ar sem contato com o solo.

vo.ra.ci._da._**de** sf. Qualidade de voraz.

vo.ra.gem sf. Sorvedouro; turbilhão.

vo._raz_ adj. Que devora; ávido; sôfrego.

vos pron. pess. Forma oblíqua da segunda pessoa do plural que funciona como objeto direto ou indireto.

vós pron. pess. De várias pessoas às quais se fala; segunda pessoa do plural do caso reto, que funciona como sujeito.

vos.so pron. poss. Relativo a vós.

vo.ta.ção sf. Ato ou efeito de votar.

vo._tar_ vt. Eleger por meio de votos.

vo.to sm. Promessa solene; juramento; sufrágio.

voz sf. Som produzido na laringe; rumor.

vo.zei.rão sm. Voz muito forte.

vul.ca.ni.za.ção sf. Tratamento de borracha com composto de enxofre para torná-la mais elástica, consistente ou mais resistente à ação de líquidos corrosivos.

vul.ca.ni._zar_ vt. Tratar a borracha com vulcanização; calcinar; entusiasmar; exaltar.

vul.cão sm. Conduto que põe em comunicação a superfície da Terra com um foco em ignição no interior da Terra.

vul.ga.cho sm. A arraia miúda; a plebe.

vul._gar_ adj. Comum.

vul.ga.ri._zar_ vt. Divulgar.

vul.ga.ta sf. Tradução latina da Bíblia feita no séc. IV, obra em parte de São Jerônimo, reconhecida oficialmente pela Igreja Católica.

vul.go sm. O povo; o comum ou a pluralidade das pessoas; adv. vulgarmente; na língua ou no uso vulgar.

vul.ne._rá._**vel** adj. Que pode ser ferido; ofendido; designativo do lado fraco.

vul.**to** sm. Rosto; aspecto; corpo; figura.

vul._to._**so** adj. De grande vulto; volumoso.

vul.tu.o.so adj. Congestionado, inchado (rosto, olhos, etc.).

w *sm.* Letra do alfabeto substituída na nossa ortografia, a partir de 1943, por *v* ou *u*, conforme o som que representa. Atualmente, só é empregada em abreviaturas e símbolos científicos, em derivados de nomes estrangeiros, em nomes estrangeiros, em nomes próprios com ela registrados.

wa.fer *sm.* Biscoito fino e quebradiço; geralmente servido com sorvete.

wag.ne.ri.a.no *adj.* relativo a Richard Wagner (1813-1983), compositor alemão.

wal.kie-tal.kie *sm.* Aparelho transmissor-receptor portátil.

wal.k ma.chi.ne *sm.* Espécie de patim motorizado.

wal.k.man *sm.* Aparelho com rádio e toca-fitas portátil.

wal.k-o.ver *sm.* Competição em que o adversário desiste, sendo dada a vitória ao outro.

war.rant *sm.* Recibo de mercadoria depositada em armazém geral, negociável como uma letra de câmbio.

war.ran.ta.gem *sf.* Ato ou efeito de warrantar.

war.ran.tar *vt.* Garantir, por meio de *warrant*, uma mercadoria depositada em armazém geral.

wa.ter-clo.set *sm.* Banheiro.

watt *sm.* Unidade de medida de potência.

wat.tí.me.tro *sm.* Instrumento de medida de potência elétrica.

week-end *sm.* Fim de semana.

wes.tern *sm.* Bangue-bangue; filme ambientado no Oeste dos Estados Unidos.

whig *adj.* e *sm.* O partido liberal, no Reino Unido da Grã-Bretanha; membro desse partido.

wil.di.a.no *adj.* Relativo a Oscar Wilde (1854-1900), escritor irlandês; *sm.* admirador ou conhecedor da obra desse autor.

wind.sur.fe *sm.* Esporte em que a uma prancha é acoplada uma vela.

x *sm.* Vigésima segunda letra do alfabeto; *adj.* designativo dos raios em que se funda o processo da fotografia através dos corpos opacos.

xá *sm.* Título de soberano da antiga Pérsia.

xá.ca.ra *sf.* Narrativa popular, em verso.

xa.drez *sm.* Jogo sobre um tabuleiro de sesenta e quatro casas, em que se fazem mover trinta e duas peças ou figuras; mosaico; *pop.* cadeia; prisão.

xa.dre.zis.ta *s.2g.* Jogador de xadrez; enxadrista.

xa.le *sm.* Resguardo feminino para os ombros.

xam.pu *sm.* Substância saponácea líquida para lavagem dos cabelos.

xan.to.fi.la *sf.* Substância corante amarela das folhas dos vegetais.

xan.tun.gue *sm.* Tecido de seda natural; qualquer tecido natural ou sintético que imite o xantungue.

xa.rá *s.2g. gír.* Pessoa que tem o mesmo nome de batismo que outra.

xa.ro.pa.da *sf.* Qualquer medicamento contra a tosse; *pop.* coisa enfadonha.

xa.ro.pe *sm.* Tisana; remédio caseiro; *s.2g.* pessoa maçante.

xa.ro.po.so *adj.* Que tem a consistência do xarope.

xa.ve.co *sm.* Barco pequeno e mal construído; certa embarcação mourisca; *fig.* pessoa ou coisa insignificante, sem importância; velhacaria.

xa.xim *sm.* Tronco de certas samambaias, usado em floricultura.

xe.lim *sm.* Moeda inglesa, que vale a vigésima parte da libra esterlina.

xe.no.fi.li.a *sf.* Amor a coisas ou pessoas estrangeiras.

xe.no.fo.bi.a *sf.* Aversão a coisas ou pessoas estrangeiras.

xe.no.ma.ni.a *sf.* Mania por tudo que é estrangeiro.

xe.pa *sf.* Comida de quartel; comida ruim; grude; papel usado que, recolhido, é vendido para as fábricas de celulose para ser reaproveitado; as mercadorias mais baratas e de qualidade inferior vendidas no final das feiras livres; sobra de verduras e alimentos perecíveis que as pessoas recolhem nos mercados e feiras.

xe.que *sm.* Jogada, no xadrez, em que o rei é acossado por peça adversária; chefe de tribo ou soberano árabe; *pôr em xeque:* duvidar do mérito, do valor, da importância de; ameaçar.

xe.que-ma.te *sm.* Lance no jogo de xadrez em que o rei fica em xeque, não podendo escapar, estando, pois, terminada a partida com a derrota de quem recebeu esse lance.

xe.re.ta *adj.* e *s.2g.* Pessoa bisbilhoteira, novidadeira.

xe.re.tar ou **xe.re.te.ar** *vt.* e *i.* Bisbilhotar.

xe.rez *sm.* Espécie de uva preta; certo vinho típico da Andaluzia (Espanha).

xe.ri.fe *sm.* Na Inglaterra e nos Estados Unidos, funcionário encarregado de manter a lei e a ordem em certas regiões.

xe.ro.car *vt.* Reproduzir por xerox.

xe.ró.fi.to *adj.* Designativo dos vegetais próprios dos lugares secos.

xe.rox ou **xé.rox** *sm.* ou *f.* Processo de cópia por meio da xerografia; cópia assim obtida; máquina empregada nesse processo.

xeu.ra *sf.* Bitola; escantilhão.

xe.xé *sm.* Mascarado carnavalesco; pateta; idiota.

xi.ca.ca *sf.* Balaio com tampa; cesto.

xí.ca.ra *sf.* Chávena pequena.

xi.fó.pa.gos *adj.* e *sm. pl.* Diz-se dos gêmeos que nascem ligados por qualquer parte do corpo.

xi.i.ta *adj.* e *s.2g.* Membro dos xiitas, partidários de Ali, primo e genro de Maomé; *fig.* indivíduo radical.

xi.lin.dró *sm. pop.* Cadeia, xadrez.

xi.ló.co.po *adj.* Que corta a madeira; xilótomo.

xi.lo.gra.fi.a *sf.* Arte de gravar em madeira.

xi.ló.gra.fo *sm.* Aquele que grava em madeira.

xi.lo.gra.vu.ra *sf.* Gravura em madeira.

xi.lo.lo.gi.a *sf.* Tratado das madeiras.

xi.ló.to.mo *adj.* Xilócopo.

xim.be.va *adj.* Diz-se da pessoa que tem o nariz pequeno e achatado.

xin.gar *vt.* e *i.* Dizer insultos, desaforos a.

xin.to.*ís***.mo** *sm*. Religião nacional do Japão, anterior ao budismo.

xin.*xim* *sm*. Prato típico baiano, guisado de galinha, ou de outra carne, com sal, cebola e alho, ralados, a que se adicionam camarões secos, amendoim e castanha de caju moídos e azeite-de-dendê.

xi.que.*xi***.que** *sm*. Cacto das caatingas do Nordeste.

xi.*rô* *sm*. Caldo de arroz temperado com sal.

***xis*.to** *sm*. Rocha de textura folheada.

xis.*to***.so** *adj*. Em que há xisto.

xi.*xi* *sm*. *fam*. Urina.

xi.*xi***.ca** *sf*. Gorjeta.

xo.*dó* *sm*. Amor, simpatia, queda por alguém.

***xu*.cro** *adj*. Diz-se do animal de sela ainda não domesticado.

y *sm.* Letra do alfabeto substituída na nossa ortografia, a partir de 1943, por *i*. Atualmente só é empregada em abreviaturas ou símbolos científicos, em derivados de nomes estrangeiros e em nomes próprios com ele registrados; *mat.* símbolo de uma segunda incógnita.

yang *sm.* O lado masculino, ativo, celeste, penetrante, quente e luminoso de um ser, conforme uma corrente filosófico-religiosa chinesa.

yin *sm.* O lado feminino, passivo, terrestre, absorvente, frio e escuro de um ser, segundo uma corrente filosófico-religiosa chinesa.

yin-yang *sm.* Na filosofia oriental, as duas forças de equilíbrio que se complementam e abrangem todos os fenômenos e aspectos da vida.

z *sm.* Vigésima terceira e última letra do alfabeto.

za.bum.ba *sm.* Tambor grande; bombo.

za.ga *sf.* Árvore de cuja madeira se fazem as azagaias; certa palmeira; *fut.* a posição dos dois jogadores de extrema defesa.

za.gai.a *sf.* Azagaia.

za.gal *sm.* Pastor; pegureiro.

za.guei.ro *sm.* Jogador que joga na zaga; beque.

za.gun.char *vt.* Ferir com zaguncho; censurar.

za.gun.cho *sm.* Dardo.

zai.no *adj.* Que tem o pêlo negro com pouco brilho.

zam.bo ou **zam.bro** *adj.* e *sm.* Diz-se do, ou o filho de preto e de mulher indígena.

zam.bro *adj.* Torto das pernas; cambaio.

zam.par *vt.* Comer muito, com avidez e à pressa.

zan.ga *sf.* Mau humor; aborrecimento; importunação.

zan.ga.do *adj.* Irritado.

zan.gão ou **zân.gão** *sm.* O macho da abelha.

zan.gar *vt.* Causar zanga a; molestar; afligir; *vp.* irritar-se.

zan.zar *vi.* Vaguear.

za.pe *sm.* Pancada.

za.ra.ba.ta.na *sf.* Arma indígena constituída de um tubo pelo qual se expelem setas.

za.ra.ga.lha.da *sf.* Alvoroto.

za.ran.zar *vi.* Andar à toa.

zar.cão *adj.* Tinta cor de laranja ou de tijolo, muito ativa, para evitar ferrugem.

zar.co *adj.* Que tem olhos azul-claros.

za.re.lhar *vi.* Intrometer-se em tudo; intrigar.

za.re.lho *sm.* Rapaz travesso.

za.ro.lho *adj.* Vesgo; caolho.

zar.par *vt.* e *i.* Levantar âncora; *bras.* fugir; partir.

zar.za *sf.* Salsaparrilha.

zás ou **zás-trás** *interj.* Usada para sugerir pancada ou movimento rápido.

ze.bra *sf.* Nome comum a vários eqüídeos mamíferos africanos.

ze.brar *vt.* Listrar, dando a aparência de pele de zebra.

ze.bu *sm.* Espécie de boi indiano com giba e chifres pequenos.

zé.fi.ro *sm.* Vento suave e fresco; aragem; brisa.

ze.la.dor *adj.* Que zela; *sm.* homem que toma conta de um prédio.

ze.lar *vt.* Administrar diligentemente; *vi.* ter zelos ou ciúmes.

ze.lo *sm.* Afeição íntima; desvelo; cuidado; *pl.* ciúmes.

ze.lo.so *adj.* Que tem zelo ou zelos; cuidadoso.

zen *sm.* Forma de budismo que se difundiu no Japão, a partir do séc. VI, e vem se difundindo no Ocidente, caracterizada por valorizar a contemplação intuitiva (em oposição à meditação racional abstrata) suscitada pelo amor à natureza e à vida; o que se exercita pela prática de toda espécie de trabalhos manuais e leva ao desenvolvimento da personalidade mediante o conhecimento próprio; budismo zen; zen-budismo.

zen-bu.dis.mo *sm.* Zen.

zé.ni.te *sm.* Ponto da esfera celeste cortado pela vertical erguida de algum ponto; auge; cume; ápice.

ze.pe.lim *sm.* Aeróstato dirigível, de armação rígida, em forma de charuto.

zé-pe.rei.ra *sm.* Tambor; bombo; certo ritmo carnavalesco executado no bombo; grupo carnavalesco que executa esse ritmo; conjunto que anima o carnaval, as festas locais e as romarias.

ze.ro *sm.* Cifra; algarismo em forma de 0, sem valor absoluto, mas que, à direita dos outros, lhes empresta valor décuplo; pessoa ou coisa sem valor; nada.

ze.ro-qui.lô.me.tro *adj.* automóvel novo, que ainda não foi rodado; máquina ou aparelho novo, sem uso; *sm.* automóvel zero-quilômetro.

zi.go.ma *sm.* Osso da maçã do rosto ou malar.

zi.gue.za.gue *sm.* Linha em ângulos salientes e reentrantes, alternadamente; modo de andar semelhante a essa linha; sinuosidade.

zi.gue.za.gue.ar *v. int.* Fazer ziguezagues; andar em ziguezagues; cambalear.

zim.bó.rio *sm.* Parte mais alta e exterior da cúpula.

zim.brar *vt.* Açoitar; vergastar; zurzir.

zim.bro *sm.* Genebra; orvalho; chuva miúda e persistente.

zi.mo.se sf. Fermento solúvel.

zin.co sm. Elemento químico de número atômico 30, metálico, branco-acinzentado, símbolo: *Zn*; folha desse metal própria para a cobertura de construções.

zin.ga.mo.cho sm. Cata-vento.

zín.ga.ro sm. Cigano.

zin.grar vt. Motejar de; burlar; iludir.

zí.per sm. Fecho articulado e flexível para bolsas, malas, roupas, etc.; fecho ecler.

zi.zi.ar vi. Zunir; sibilar.

zo.a.da sf. Zunido; zumbido atordoante.

zo.ar vi. Zunir.

zo.dí.a.co sm. Zona da esfera celeste, cortada ao meio pela eclíptica, dividida em doze seções, correspondentes aos signos zodiacais.

zo.ei.ra sf. Zoada.

zoi.lo sm. Mau crítico.

zoi.na sf. Mulher malcomportada; mundana.

zom.ba.dor adj. e sm. Que, ou aquele que zomba.

zom.bar vt. e i. Escarnecer; mofar; gracejar

zom.ba.ri.a sf. Ato ou efeito de zombar; mofa; escárnio.

zom.be.te.ar vt. e i. Zombar; troçar; caçoar.

zo.na sf. Banda; faixa; região; meretrício.

zó.o sm. Red. de *zoológico* (jardim zoológico).

zo.o.bi.o.lo.gi.a sf. Ciência da vida animal.

zo.o.fa.gi.a sf. Qualidade de zoófago.

zo.ó.fa.go adj. e sm. Diz-se do, ou animal que se alimenta de outros.

zo.ó.fi.lo adj. e sm. Que, ou aquele que gosta de animais.

zo.o.gra.far vt. Descrever ou desenhar animais.

zo.o.la.tri.a sf. Adoração de animais.

zo.ó.li.to sm. Animal fóssil.

zo.o.lo.gi.a sf. Parte da História Natural que se ocupa dos animais.

zo.o.tec.ni.a sf. Estudo científico da criação e aperfeiçoamento dos animais domésticos.

zo.te adj. e sm. Pateta; parvo; idiota.

zu.ar.te sm. Tecido de algodão azul, preto ou vermelho.

zum sm. Conjunto de lentes cujo alcance focal pode continuamente ser ajustado; o efeito de afastamento ou aproximação produzido por esse conjunto de lentes, em cinema e televisão.

zum.bai.a sf. Salamaleque.

zum.bar vi. Zumbir; zunir.

zum.bi sm. O chefe do quilombo dos Palmares, na sua fase final; fantasma que, segundo a crença popular afro-brasileira, vaga pela noite.

zum.bi.do sm. Ato ou efeito de zumbir.

zum.bir vi. Fazer ruído ao esvoaçar (insetos); sentir (o ouvido) ruído especial.

zu.ni.do sm. Ato ou efeito de zunir, zumbir, zinir.

zu.nir vi. Produzir som agudo e sibilante; zumbir.

zun.zum ou **zun.zun.zum** sm. Rumor; boato; diz-que-diz-que, falatório.

zu.par vt. Dar marradas em; bater; sovar.

zur.ra.pa sm. Vinho de má qualidade ou estragado.

zur.rar vi. Emitir zurros (o burro).

zur.ro vi. Voz de burro.

zur.zir vt. Açoitar; espancar; castigar; molestar; criticar com severidade; repreender asperamente.

Apêndice

Outras Abreviaturas e Siglas

A

- **A** = autor
- **AA** = autores
- **ABI** = Associação Brasileira de Imprensa
- **ABL** = Academia Brasileira de Letras
- **ABNT** = Associação Brasileira de Normas Técnicas
- **a.C.** = antes de Cristo
- **A/C** = ao(s) cuidado(s)
- **A.D.** = *Anno Domini* (no ano do senhor)
- **Adv.** = Advocacia; advogado
- **Agrim.** = Agrimensura
- **Agron.** = Agronomia
- **AIDS** = *Acquired Immune Deficiency Syndrome* (Síndrome de deficiência imunológica adquirida)
- **ALADI** = Associação Latino-Americana de Desenvolvimento Integrado (antiga ALALC)
- **alf.** = alfabeto; alferes
- **Álg.** = Álgebra
- **alm.** = almirante
- **alq.** = alqueire
- **Anat.** = Anatomia
- **Antôn.** = Antônimo
- **antr.** = antropônimo
- **Antrop.** = Antropologia
- **ass.** = assinatura
- **Av.** = Avenida

Outras Abreviaturas e Siglas

B

BB = Banco do Brasil
BC = Banco Central
Bel. = Bacharel
Bibl. = Biblioteca
bibliogr. = bibliografia
Biol. = Biologia
BNH. = Banco Nacional de Habitação
Bot. = Botânica
brig. = brigadeiro

C

C = carbônico ou carbono
Ca = cálcio
cap. = capitão; capítulo
CAN = Correio Aéreo Nacional
CBF = Confederação Brasileira de Futebol
c/c = conta corrente
cel. = coronel
CEP = Código de Endereçamento Postal
CIC = Cartão de Identificação do Contribuinte
Cia. = Companhia (comercial ou militar)
CIP = Conselho Interministerial de Preços
CLT = Consolidação das Leis do Trabalho
cm = centímetro(s)
CPF = Cadastro de Pessoas Físicas
CNE = Comissão Nacional de Energia
com. = comandante; comendador

Outras Abreviaturas e Siglas

côn. = cônego
Concine = Conselho Nacional do Cinema
CTA = Centro Tecnológico da Aeronáutica
CUT = Central Única dos Trabalhadores
cx. = caixa

D

D. = Dom, Dona
Da. = Dona
d.C. = depois de Cristo
DD = Digníssimo
DDD = Discagem Direta a Distância
Dersa = Desenvolvimento Rodoviário S.A.
DNER = Departamento Nacional de Estradas de Rodagem
Dr. = Doutor
Dra. = Doutora
Drs. = Doutores

E

EBN = Empresa Brasileira de Notícias
ed. = edição (em Bibliografia)
E.F.C.B. = Estrada de Ferro Central do Brasil
E.M. = Estado-Maior; em mãos
Embraer = Empresa Brasileira de Aeronáutica
etc. = *et cetera* (e outros)
ex. = exemplo

Outras Abreviaturas e Siglas

F

FAB = Força Aérea Brasileira
FEB = Força Expedicionária Brasileira
FGTS = Fundo de Garantia por Tempo de Serviço
FIFA = *Football International Federation Association* (Associação Internacional das Federações de Futebol)
fl. = folha
fls. = folhas
FMI = Fundo Monetário Internacional
Funai = Fundação Nacional do Índio
Funarte = Fundação Nacional de Arte

G

g = grama(s)
gen. = general

I

ibid. = ibidem (no mesmo lugar)
IBGE = Instituto Brasileiro de Geografia e Estatística
id. = idem (o mesmo; do mesmo autor)
INSS = Instituto Nacional de Seguridade Social
INAMPS = Instituto Nacional de Assistência Médica da Previdência Social
INCRA = Instituto Nacional de Colonização e Reforma Agrária

Outras Abreviaturas e Siglas

ip. lit. = ipsis litteris (letra por letra; literalmente)
IPT = Instituto de Pesquisas Tecnológicas
ip. v. = ipsis verbis (palavra por palavra; textualmente)
Ir. = Irmão, Irmã

J

J.C. = Jesus Cristo
Jr. = Júnior
Jrs. = Juniores

K

kg = quilograma(s)
kl = quilolitro(s)
km = quilômetro(s)
Kw = quilowatt(s)

L

l = litro(s)
L. ou E. = Leste (Este)
lb = libra(s)
LBA = Legião Brasileira de Assistência
Ltda. = limitada (comercialmente)

M

m = metro(s)
min = minuto(s)

Outras Abreviaturas e Siglas

Me = Madre; microempresa
mal. = marechal
MCE = Mercado Comum Europeu
MEC = Ministério da Educação
ml = mililitro(s)
mm = milímetro(s)
MM = Meritíssimo
Mobral = Movimento Brasileiro de Alfabetização

N

NE. = Nordeste
NGB = Nomenclatura Gramatical Brasileira
NO. ou **NW.** = Noroeste

O

O. ou **W.** = Oeste
OAB = Ordem dos Advogados do Brasil
ob. cit. = obra citada
obs. = observação
OEA = Organização dos Estados Americanos
ONU = Organização das Nações Unidas
op. cit. = opus citatium (obra citada)
OPEP = Organização dos Países Exportadores de Petróleo
ORTN = Obrigações Reajustáveis do Tesouro Nacional

P

pág(s) ou **p.** = página(s)
PCB = Partido Comunista do Brasileiro

Outras Abreviaturas e Siglas

PC do B = Partido Comunista do Brasil
PDS = Partido Democrático Social
PDT = Partido Democrático Trabalhista
Pe. = Padre
p.f. = próximo futuro
PFL = Partido da Frente Liberal
PIB = Produto Interno Bruto
PIN = Programa de Integração Nacional
PIS = Programa de Integração Social
PM = Polícia Militar
PMDB = Partido do Movimento Democrático Brasileiro
pp. = páginas
p.p. = próximo passado
Proc. Dados = Processamento de Dados
Prof. = professor
Profa. = professora
PT = Partido dos Trabalhadores
PTB = Partido Trabalhista Brasileiro
PUC = Pontifícia Universidade Católica
PVOLV = Pequeno Vocabulário Ortográfico da Língua Portuguesa

Q

Q.G. = Quartel-General
ql. = quilate(s)

R

R = Rua (toponimicamente)
Remte. = remetente
Revmo. = Reverendíssimo

Outras Abreviaturas e Siglas

S

- **S.** = Santo; São; Sul
- **S.A.** = Sociedade Anônima
- **SBPC** = Sociedade Brasileira para o Progresso da Ciência
- **séc.(s)** = século(s)
- **seg** = segundo(s)
- **seg.(s)** = seguinte(s)
- **Senac** = Serviço Nacional de Aprendizagem Comercial
- **Senai** = Serviço Nacional de Aprendizagem Industrial
- **SESI** = Serviço Social de Indústria
- **SNI** = Serviço Nacional de Informações
- **S.O.** ou **S.W.** = Sudoeste
- **Sudam** = Superintendência do Desenvolvimento da Amazônia
- **Sudene** = Superintendência do Desenvolvimento do Nordeste

T

- **t** = tonelada(s)
- **TBC** = Teatro Brasileiro de Comédia
- **TN** = Tesouro Nacional
- **TRE** = Tribunal Regional Eleitoral
- **TRU** = Taxa Rodoviária Única
- **TV** = televisão

U

- **UBE** = União Brasileira de Escritores

Outras Abreviaturas e Siglas

UNESCO = *United Nations Educational, Scientific and Cultural Organization* (Organização Educacional, Científica e Cultural das Nações Unidas)
UPC = Unidade Padrão de Capital
URSS = União das Repúblicas Socialistas Soviéticas
USP = Universidade de São Paulo

W

W. ou **O.** = Oeste
W.C. = *water-closet* (sanitário, banheiro)

Numerais Coletivos

casal : par composto de macho e fêmea
centena : de cem
década : período de dez anos
dezena : de dez
dúzia : de doze
grosa : doze dúzias
lustro : período de cinco anos
milênio : período de mil anos
novena : período de nove dias
quadriênio : período de quatro anos
quarentena : período de quarenta dias
qüinqüênio : período de cinco anos
quinzena : período de quinze dias
século : período de cem anos

Expressões de Tratamento Mais Comuns

PRONOME	ABREVIATURA	EMPREGO
VOSSA ALTEZA	V.A	• arquiduque • duque • príncipe
VOSSA EMINÊNCIA	V.EM.ª	• cardeal
VOSSA EXCELÊNCIA	V.EX.ª	• almirante • bispo • arcebispo • brigadeiro • deputado • embaixador • governador de Estado • general • juiz • marechal • ministro • prefeito • personalidades gradas • presidente da República • secretário de Estado • senhoras • senador • vereador
VOSSA MAGNIFICÊNCIA	V.MAG.ª	• reitor

Expressões de Tratamento Mais Comuns

PRONOME	ABREVIATURA	EMPREGO
VOSSA MAJESTADE	V.M.	• rei • rainha • imperador
VOSSA MERCÊ	V.M.cê	• pessoas de cerimônia
VOSSA PATERNIDADE	V.P.	• superior de convento • abade • prior
VOSSA REVERENDÍSSIMA	V.REV.ma	• sacerdote
VOSSA SANTIDADE	V.S.	• papa
VOSSA SENHORIA	V.Sa.	• tratamento formal usado na correspondência comercial • capitão • chefe de seção • coronel • diretor de repartição • funcionários inferiores a Ministro • Major • oficiais inferiores a coronel • pessoas gradas • tenente-coronel

Regras de Acentuação Gráfica

I – MONOSSÍLABOS TÔNICOS:

São acentuados quando terminarem em: **-a, -e, -o** (seguidos ou não de **s**).
Ex.: pá, pás, pé, pés, pó, pôs.

II – POLISSÍLABOS

1 – Proparoxítonas: todas são acentuadas.
   Ex.: metafísica, Ângela, quiséssemos.

2 – Paroxítonas: são acentuadas as terminadas em:
   a) **-l, -i(s), -us, -r, -x, -n, -ã(s), -ão(s), -um, uns, -ps, ditongo**.
   Ex.: lavável, táxi, lápis, vírus, revólver, látex, pólen, órfã, ímãs, órfão, órgãos, álbum, médiuns, fórceps, jóquei;

   b) **ditongo crescente**.
   Ex.: índio(s), vácuo(s), páreo(s), mágoa(s).

3 – Oxítonas: são acentuadas as terminadas em: **-a, -e, -o** (seguidas ou não de **s**), **-em, -ens**.
   Ex.: maracujá, cajás, amá-los, café, vocês, vendê-lo, vovô, xodó, repô-los; armazém, parabéns.

III – ENCONTROS VOCÁLICOS

1 – Ditongos abertos:
   éi, éu, ói (seguidos ou não de **s**) são acentuados. Ex.: européia, pastéis, troféu, céus, celulóide, faróis.

2 – Hiatos:
   a) são acentuados os hiatos **ôo(s), êe**.
   Ex.: vôo, vôos, crêem, dêem, lêem, vêem (e seus compostos revêem, descrêem ...).

   b) **i** e **u** tônicos dos hiatos:

Regras de Acentuação Gráfica

• são acentuados se vierem sozinhos na sílaba, ou seguidos de **s**.
Ex.: graúdo, saíste, retribuí-lo, gaúcho.

• não são acentuados se formarem sílaba com qualquer outra letra que não o **s**, ou se forem seguidos de **nh**.
Ex.: juiz, Raul, sairdes, rainha.

IV – TREMA:

Há trema nas seqüências **gue**, **gui**, **que**, **qui** quando o **u** for pronunciado e átono. Ex.: lingüiça, freqüente, tranqüilo, agüentar.

Obs: Se o **u** for tônico, receberá acento. Ex.: argúi, averigúes (s, m).

V – ACENTOS DIFERENCIAIS

a) **de número**. Ex.: ele tem, eles têm; ele vem, eles vêm (e derivados: tu provéns, ele provém, eles provêm, tu obténs, ele obtém, eles obtêm)

b) **de timbre**. Ex.:

    ele pode (pres.indic.)
    ele pôde (pret. perf.)

c) **de tonicidade**. Ex.:

    côa, côas (v.coar)
    pára (v. parar)
    péla, pélas (sf., v. pelar)
    pélo (v. pelar); pêlo(s) (sm.)
    pêra (sf.)
    pólo(s) (sm.); pôlo(s) (sm.)
    pôr (v.)

Quadro de Numerais

ALGARISMOS		NUMERAIS			
ROMANOS	ARÁBICOS	CARDINAIS	ORDINAIS	MULTIPLICATIVOS	FRACIONÁRIOS
I	1	um	primeiro	simples	
II	2	dois	segundo	duplo, dobro	meio
III	3	três	terceiro	triplo, tríplice	terço
IV	4	quatro	quarto	quádruplo	quarto
V	5	cinco	quinto	quíntuplo	quinto
VI	6	seis	sexto	sêxtuplo	sexto
VII	7	sete	sétimo	sétuplo	sétimo
VIII	8	oito	oitavo	óctuplo	oitavo
IX	9	nove	nono	nônuplo	nono
X	10	dez	décimo	décuplo	décimo
XI	11	onze	décimo primeiro	undécuplo	onze avos
XII	12	doze	décimo segundo	duodécuplo	doze avos
XIII	13	treze	décimo terceiro		treze avos
XIV	14	quatorze	décimo quarto		quatorze avos
XV	15	quinze	décimo quinto		quinze avos
XVI	16	dezesseis	décimo sexto		dezesseis avos
XVII	17	dezessete	décimo sétimo		dezessete avos
XVIII	18	dezoito	décimo oitavo		dezoito avos
XIX	19	dezenove	décimo nono		dezenove avos
XX	20	vinte	vigésimo		vinte avos

Quadro de Numerais

ALGARISMOS		NUMERAIS			
ROMANOS	ARÁBICOS	CARDINAIS	ORDINAIS	MULTIPLICATIVOS	FRACIONÁRIOS
XXX	30	trinta	trigésimo		trinta avos
XL	40	quarenta	quadragésimo		quarenta avos
L	50	cinqüenta	qüinquagésimo		cinqüenta avos
LX	60	sessenta	sexagésimo		sessenta avos
LXX	70	setenta	septuagésimo		setenta avos
LXXX	80	oitenta	octogésimo		oitenta avos
XC	90	noventa	nonagésimo		noventa avos
C	100	cem	centésimo	cêntuplo	centésimo
CC	200	duzentos	ducentésimo		ducentésimo
CCC	300	trezentos	trecentésimo		trecentésimo
CD	400	quatrocentos	quadringentésimo		quadringentésimo
D	500	quinhentos	qüingentésimo		qüingentésimo
DC	600	seiscentos	sexcentésimo		sexcentésimo
DCC	700	setecentos	septingentésimo		septingentésimo
DCCC	800	oitocentos	octingentésimo		octingentésimo
CM	900	novecentos	nongentésimo		nongentésimo
M	1000	mil	milésimo		milésimo

Além dos que aparecem no quadro básico classificam-se também como numerais: **ambos, ambas** e **zero**.

Símbolos Matemáticos

$+$	mais
$-$	menos
$\pm$	mais ou menos
$\times$	multiplicado por; vezes
$\div$	dividido por
$=$	igual a; igual
$\neq$	diferente de; não é igual a
$\equiv$	equivalente a
$<$	menor que
$\leq$	menor ou igual
$>$	maior que
$\geq$	maior ou igual
$\%$	por cento
∞	infinito
$\in$	pertence; é elemento de
$\notin$	não pertence; não é elemento de
$\{\ \}$	conjunto vazio
$\cap$	interseção
$\cup$	união
$\therefore$	portanto
$\exists$	existe ao menos um
$\exists!$	existe um e um só
$\log_e$	logaritmo natural
$\log_{10}$	logaritmo decimal
x^2	xis ao quadrado
x^3	xis ao cubo
x^4	xis à quarta potência
π	pi

Símbolos Matemáticos

r	raio de uma circunferência
πr^2	pi, erre ao quadrado (fórmula d área da circunferência)
$n!$	ene fatorial
°	grau
'	minuto (medida de ângulo)
"	segundo (medida de ângulo)
P	perímetro
D	diâmetro de uma circunferência
A	área
( )	parênteses
[ ]	colchetes
{ }	chaves
Σ	somatória
$C_{n,p}$	combinações de *n* a *p*
$A_{n,p}$	arranjos de *n* a *p*
P_n	permutações de n
sen	seno
cos	co-seno
tg	tangente
cotg	co-tangente
sec	secante
cossec	co-secante

Conjugações Verbais

Verbos Regulares –
1ª, 2ª e 3ª Conjugações
(Cantar, Bater, Partir)

Verbo Irregular (Pôr)

Verbos Auxiliares –
(Ser, Estar, Ter, Haver)

MODO INDICATIVO

PRESENTE

CANTAR	BATER	PARTIR	PÔR
canto	bato	parto	ponho
cantas	bates	partes	pões
canta	bate	parte	põe
cantamos	batemos	partimos	pomos
cantais	bateis	partis	pondes
cantam	batem	partem	põem

PRETÉRITO PERFEITO

CANTAR	BATER	PARTIR	PÔR
cantei	bati	parti	pus
cantaste	bateste	partiste	puseste
cantou	bateu	partiu	pôs
cantamos	batemos	partimos	pusemos
cantastes	batestes	partistes	pusestes
cantaram	bateram	partiram	puseram

Verbos Regulares e Verbo Irregular

PRETÉRITO IMPERFEITO

cantava	batia	partia	punha
cantavas	batias	partias	punhas
cantava	batia	partia	punha
cantávamos	batíamos	partíamos	púnhamos
cantáveis	batíeis	partíeis	púnheis
cantavam	batiam	partiam	punham

PRETÉRITO MAIS-QUE-PERFEITO

cantara	batera	partira	pusera
cantaras	bateras	partiras	puseras
cantara	batera	partira	pusera
cantáramos	batêramos	partíramos	puséramos
cantáreis	batêreis	partíreis	puséreis
cantaram	bateram	partiram	puseram

FUTURO DO PRESENTE

cantarei	baterei	partirei	porei
cantarás	baterás	partirás	porás
cantará	baterá	partirá	porá
cantaremos	bateremos	partiremos	poremos
cantareis	batereis	partireis	poreis
cantarão	baterão	partirão	porão

Verbos Regulares e Verbo Irregular

FUTURO DO PRETÉRITO

cantaria	bateria	partiria	poria
cantarias	baterias	partirias	porias
cantaria	bateria	partiria	poria
cantaríamos	bateríamos	partiríamos	poríamos
cantaríeis	bateríeis	partiríeis	poríeis
cantariam	bateriam	partiriam	poriam

MODO SUBJUNTIVO

PRESENTE

cante	bata	parta	ponha
cantes	batas	partas	ponhas
cante	bata	parta	ponha
cantemos	batamos	partamos	ponhamos
canteis	batais	partais	ponhais
cantem	batam	partam	ponham

PRETÉRITO IMPERFEITO

cantasse	batesse	partisse	pusesse
cantasses	batesses	partisses	pusesses
cantasse	batesse	partisse	pusesse
cantássemos	batêssemos	partíssemos	puséssemos
cantásseis	batêsseis	partísseis	pusésseis
cantassem	batessem	partissem	pusessem

Verbos Regulares e Verbo Irregular

FUTURO SIMPLES

cantar	bater	partir	puser
cantares	bateres	partires	puseres
cantar	bater	partir	puser
cantarmos	batermos	partirmos	pusermos
cantardes	baterdes	partirdes	puserdes
cantarem	baterem	partirem	puserem

MODO IMPERATIVO

AFIRMATIVO

—	—	—	—
canta (tu)	bate (tu)	parte (tu)	põe (tu)
cante (você)	bata (você)	parta (você)	ponha (você)
cantemos (nós)	batamos (nós)	partamos (nós)	ponhamos (nós)
cantai (vós)	batei (vós)	parti (vós)	ponde (vós)
cantem (vocês)	batam (vocês)	partam (vocês)	ponham (vocês)

NEGATIVO

—	—	—	—
não cantes	não batas	não partas	não ponhas
não cante	não bata	não parta	não ponha
não cantemos	não batamos	não partamos	não ponhamos
não canteis	não batais	não partais	não ponhais
não cantem	não batam	não partam	não ponham

Verbos Regulares e Verbo Irregular

FORMAS NOMINAIS			
INFINITIVO PRESENTE IMPESSOAL			
cantar	bater	partir	pôr
INFINITIVO PRESENTE PESSOAL			
cantar	bater	partir	pôr
cantares	bateres	partires	pores
cantar	bater	partir	pôr
cantarmos	batermos	partirmos	pormos
cantardes	baterdes	partirdes	pordes
cantarem	baterem	partirem	porem
INFINITIVO PRETÉRITO IMPESSOAL			
ter cantado	ter batido	ter partido	ter posto
INFINITIVO PRETÉRITO PESSOAL			
ter cantado	ter batido	ter partido	ter posto
teres cantado	teres batido	teres partido	teres posto
ter cantado	ter batido	ter partido	ter posto
termos cantado	termos batido	termos partido	termos posto
terdes cantado	terdes batido	terdes partido	terdes posto
terem cantado	terem batido	terem partido	terem posto

Verbos Regulares e Verbo Irregular / Verbos Auxilares

GERÚNDIO PRESENTE

cantando · batendo · partindo · pondo

GERÚNDIO PRETÉRITO

tendo cantado · tendo batido · tendo partido · tendo posto

PARTICÍPIO

cantado · batido · partido · posto

MODO INDICATIVO

PRESENTE

SER	ESTAR	TER	HAVER
sou	estou	tenho	hei
és	estás	tens	hás
é	está	ten	há
somos	estamos	temos	havemos
sois	estais	tendes	haveis
são	estão	têm	hão

Verbos Auxilares

PRETÉRITO PERFEITO

fui	estive	tive	houve
foste	estiveste	tiveste	houveste
foi	esteve	teve	houve
fomos	estivemos	tivemos	houvemos
fostes	estivestes	tivestes	houveste
foram	estiveram	tiveram	houveram

PRETÉRITO IMPERFEITO

era	estava	tinha	havia
eras	estavas	tinhas	havias
era	estava	tinha	havia
éramos	estávamos	tínhamos	havíamos
éreis	estáveis	tínheis	havíeis
eram	estavam	tinham	haviam

PRETÉRITO MAIS-QUE-PERFEITO

fora	estivera	tivera	houvera
foras	estiveras	tiveras	houveras
fora	estivera	tivera	houvera
fôramos	estivéramos	tivéramos	houvéramos
fôreis	estivéreis	tivéreis	houvéreis
foram	estiveram	tiveram	houveram

Verbos Auxilares

FUTURO DO PRESENTE

serei	estarei	terei	haverei
serás	estarás	terás	haverás
será	estará	terá	haverá
seremos	estaremos	teremos	haveremos
sereis	estareis	tereis	havereis
serão	estarão	terão	haverão

FUTURO DO PRETÉRITO

seria	estaria	teria	haveria
serias	estarias	terias	haverias
seria	estaria	teria	haveria
seríamos	estaríamos	teríamos	haveríamos
seríeis	estaríeis	teríeis	haveríeis
seriam	estariam	teriam	haveriam

MODO SUBJUNTIVO

PRESENTE

seja	esteja	tenha	haja
sejas	estejas	tenhas	hajas
seja	esteja	tenha	haja
sejamos	estejamos	tenhamos	hajamos
sejais	estejais	tenhais	hajais
sejam	estejam	tenham	hajam

Verbos Auxilares

PRETÉRITO IMPERFEITO

fosse	estivesse	tivesse	houvesse
fosses	estivesses	tivesses	houvesses
fosse	estivesse	tivesse	houvesse
fôssemos	estivéssemos	tivéssemos	houvéssemos
fôsseis	estivésseis	tivésseis	houvésseis
fossem	estivessem	tivessem	houvessem

FUTURO SIMPLES

for	estiver	tiver	houver
fores	estiveres	tiveres	houveres
for	estiver	tiver	houver
formos	estivermos	tivermos	houvermos
fordes	estiverdes	tiverdes	houverdes
forem	estiverem	tiverem	houverem

MODO IMPERATIVO

AFIRMATIVO

—	—	—	—
sê (tu)	está (tu)	tem (tu)	há (tu)
seja (você)	esteja (você)	tenha (você)	haja (você)
sejamos (nós)	estejamos (nós)	tenhamos (nós)	hajamos (nós)
sede (vós)	estai (vós)	tende (vós)	havei (vós)
sejam (vocês)	estejam (vocês)	tenham (vocês)	hajam (vocês)

Verbos Auxiliares

NEGATIVO

—	—	—	—
não sejas	não estejas	não tenhas	não hajas
não seja	não esteja	não tenha	não haja
não sejamos	não estejamos	não tenhamos	não hajamos
não sejais	não estejais	não tenhais	não hajais
não sejam	não estejam	não tenham	não hajam

FORMAS NOMINAIS

INFINITIVO PRESENTE IMPESSOAL

ser	estar	ter	haver

INFINITIVO PRESENTE PESSOAL

ser	estar	ter	haver
seres	estares	teres	haveres
ser	estar	ter	haver
sermos	estarmos	termos	havermos
serdes	estardes	terdes	haverdes
serem	estarem	terem	haverem

INFINITIVO PRETÉRITO IMPESSOAL

ter sido	ter estado	ter tido	ter havido

Verbos Auxiliares

INFINITIVO PRETÉRITO PESSOAL

ter sido	ter estado	ter tido	ter havido
teres sido	teres estado	teres tido	teres havido
ter sido	ter estado	ter tido	ter havido
termos sido	termos estado	termos tido	termos havido
terdes sido	terdes estado	terdes tido	terdes havido
terem sido	terem estado	terem tido	terem havido

GERÚNDIO PRESENTE

sendo	estando	tendo	havendo

GERÚNDIO PRETÉRITO

tendo sido	tendo estado	tendo tido	tendo havido

PARTICÍPIO

sido	estado	tido	havido

Principais Sufixos Nominais

SUFIXOS DE VALOR AUMENTATIVO

- **-ão** : paredão, salão
- **-alhão** : dramalhão, grandalhão
- **-aço, -aça** : ricaço, barcaça
- **-eirão** : vozeirão, boqueirão
- **-anzil** : corpanzil
- **-arra** : bocarra
- **-ázio** : copázio
- **-aréu** : fogaréu, povaréu
- **-(z)arrão** : homenzarrão

SUFIXOS DE VALOR DIMINUTIVO

- **-inho** : lapisinho, piresinho
- **-zinho** : cãozinho, pãozinho
- **-acho** : riacho
- **-icha** : barbicha
- **-ebre** : casebre
- **-eco** : livreco
- **-ejo** : lugarejo
- **-isco** : chuvisco
- **-ulo,-culo** : (diminutivos eruditos): glóbulo, grânulo, versículo, partícula

SUFIXOS QUE FORMAM SUBSTANTIVOS

A PARTIR DE OUTROS SUBSTANTIVOS

- **-ada** : boiada
- **-ado** : doutorado

Principais sufixos nominais

- **-agem** : folhagem
- **-aria** : livraria
- **-eiro** : barbeiro
- **-ia** : advocacia

SUFIXOS QUE FORMAM SUBSTANTIVOS

A PARTIR DE ADJETIVOS

- **-dade** : lealdade
- **-ez** : insensatez
- **-eza** : magreza
- **-ia** : alegria
- **-ice** : velhice
- **-ície** : calvície
- **-ura** : doçura

SUFIXOS QUE FORMAM SUBSTANTIVOS

A PARTIR DE VERBOS

- **-ança** : vingança
- **-ância** : tolerância
- **-ante** : estudante
- **-ente** : combatente
- **-dor** : jogador
- **-ação** : exportação
- **-são** : extensão
- **-douro** : babadouro
- **-tório** : lavatório

Principais Sufixos Nominais

-**ura** : formatura
-**mento** : ferimento

SUFIXOS QUE FORMAM ADJETIVOS

A PARTIR DE SUBSTANTIVOS

-**aco** : austríaco
-**ado** : barbado
-**ar** : escolar
-**ano** : corintiano
-**ês, -esa** : norueguês, norueguesa
-**estre** : campestre
-**oso** : horroroso

SUFIXOS QUE FORMAM ADJETIVOS

A PARTIR DE VERBOS

-**ante** : tolerante
-**ente** : resistente
-**inte** : constituinte
-**vel** : amável
-**ivo** : pensativo
-**iço** : quebradiço
-**ouro** : duradouro
-**ório** : preparatório

OUTROS SUFIXOS NOMINAIS

-**ismo** : realismo, subjetivismo, idealismo
-**ista** : realista, subjetivista, idealista

Principais sufixos nominais

ALGUNS SUFIXOS VERBAIS

- **-ear** : folhear
- **-ejar** : gotejar
- **-icar** : bebericar
- **-itar** : saltitar
- **-izar** : utilizar
- **-ecer, -escer** : amanhecer, florescer

Sufixos Formadores de Substantivos, Adjetivos, Verbos e Advérbios que Aparecem nos Subverbetes

aco : relativo a (**maníaco**); origem, naturalidade (**austríaco**)

ada : ação, efeito (**caçada**); golpe (**paulada**); conjunto (**criançada**)

agem : ação ou efeito (**decolagem**); coleção (**criadagem**)

al : relativo a (**carnal**) coleção (**areal**); plantação (**arrozal**)

ança, ância : ação ou resultado de ação (**matança**); qualidade ou estado (**constância**)

ano : relativo a (**serrano**); habitante ou natural de (**baiano**)

ar : relativo a (**capilar**); infinitivo dos verbos da 1ª conjugação (**agradar**)

aria : porção, quantidade (**livraria**)

ário : ofício, profissão (**bibliotecário**); lugar para guardar (**vestiário**); coleção (**vocabulário**)

ção : ação ou efeito (**abolição**)

dade : qualidade, propriedade (**lealdade**)

dela : ação leve ou rápida (**escovadela**)

do : paciente ou beneficiário da ação (**escalado**)

dor : agente (**adulador**); ofício ou profissão (**contador**)

douro : lugar em que se dá a ação (**matadouro**); ação ou efeito (**suadouro**)

dura : ação ou efeito (**mordedura**)

Sufixos Formadores de Substantivos, Adjetivos, Verbos e Advérbios que Aparecem nos Subverbetes

ear	freqüência, ação continuada (**cabecear**)
ecer, escer	início de ação (**anoitecer**); mudança de estado (**rejuvenescer**)
eiro	ofício ou profissão (**barbeiro**); lugar para guardar (**cinzeiro**); coleção (**braseiro**)
ejar	freqüência (**apedrejar**)
ento	cheio de (**barulhento**), que tem o caráter de (**cruento**)
eo	relativo ou semelhante a (**áureo**)
ês, esa	origem, naturalidade (**francês, francesa**); qualidade (**burguês, cortês**)
esco	relativo a (**carnavalesco**)
estre	relativo a (**campestre**)
ez, eza	qualidade ou estado (**altivez, surdez, pureza**)
ficar	tornar, fazer (**solidificar**)
ia	qualidade ou estado (**alegria, burguesia**); moléstia (**miopia**)
icar	ação repetida e pouco intensa (**bebericar**)
ice, ície	qualidade (**beatice**); estado (**calvície**)
ico	diminuição (**burrico**); relação (**acadêmico**); origem ou naturalidade (**britânico**)
iço	que é fácil de (**alagadiço**); natureza ou condição (**roliço**)

Sufixos Formadores de Substantivos, Adjetivos, Verbos e Advérbios que Aparecem nos Subverbetes

- **ino**: relativo a, próprio de (**canino**); origem, naturalidade (**filipino**); ofício ou profissão (**bailarino**)
- **ismo**: prática (**jornalismo**); conduta, doutrina (**fascismo**); anomalia doença (**reumatismo, estrabismo**); qualidade (**heroísmo**)
- **ista**: partidário (**fascista**); ofício (**jornalista**); naturalidade (**nortista**)
- **ivo**: qualidade ou estado (**impulsivo**)
- **izar**: tornar (**modernizar**)
- **nte**: agente (**pedinte, estudante**)
- **oso**: cheio de (**carinhoso**)
- **tório**: ação (**difamatório**); instrumento ou lugar de ação (**escritório**)
- **ura**: qualidade (**doçura**); ação (**abertura**)
- **vel**: capacidade ou possibilidade de praticar ou receber uma ação (**audível, solúvel**); qualidade ou estado (**miserável, vulnerável**)

Locuções Adjetivas: Expressões que Equivalem a um Adjetivo

de abdome : abdominal
de abelha : apícola
de abóbora : cucurbitácea
de absolvição : absolutória
de abutre : vulturina
de acampamento militar : castrense
de açúcar : sacarino
de Adão : adâmico
de advogado : advocatício
de água : aquática
de águia : aquilino
de alma : anímico
de aluno : discente
de amor : erótico
de andorinha : hirundino
de anel : anular
de anjo : angelical
de aquisição : aquisitivo
de aranha : aracnídeo
de árvore : arbóreo
de asas : alado
de asno : asinino
de astro : sideral
de audição : ótico
de ave de rapina : acipitrino
de avós : avoengo
de baço : esplênico
da bexiga : vesical
do baixo-ventre : alvino

Locuções Adjetivas: Expressões que Equivalem a um Adjetivo

de bílis :	biliar
de bispo :	episcopal
de boca :	bucal, oral
de bode :	hircino
de boi :	bovino
de borboleta :	papilionáceo
do braço :	braquial
de brejo :	palustre
de bronze :	brônzeo, êneo
de cabeça :	cefálico
de cabelo :	capilar
de cabra :	caprino
de caça :	venatório
da caça com cães :	cinegético
de cal :	calcário
de campo :	campestre, campesino
de campo :	agreste, rural
de cana :	arundináceo
de cão :	canino
de cardeal :	cardinalício
de Carlos Magno :	carolíngio
de carneiro :	arietino
de casa :	domiciliar
de casamento :	conjugal
de cavalo :	eqüestre, eqüino, cavalar, hípico
de cegonha :	ciconídeo
de chama :	flamejante
sem cheiro :	inodoro
de chumbo :	plúmbeo

Locuções Adjetivas: Expressões que Equivalem a um Adjetivo

de chuva	pluvial
de cidade	urbano, citadino
de cobra	colubrino, ofídico
de cobre	cúprico
de coelho	cunicular
de convento	monástico, monacal
do coração	cardíaco, cordial
do correio	postal
de coruja	estrigídeo
da costa	costeiro
das costas	lombar
de costume	consuetudinário
de cozinha	culinário
da coxa	crural
de criança	infantil, pueril
sem cultura	árido, inculto, estéril
de dança	coreográfico
de daltonismo	daltônico
de dedo	digital
de Descartes	cartesiano
de diabo	diabólico
de diamante	adamantino
de dinheiro	pecuniário
de Direito	jurídico
de éden	edênico
de eixo	axial
de embriaguez	ébrio
de enxofre	sulfúrico, sulfuroso
de erva	herbáceo

Locuções Adjetivas:
Expressões que Equivalem a um Adjetivo

do esôfago :	esofágico
de espelho :	especular
de muitos espinhos :	poliacanta
de esposa :	uxoriano
de esposo :	esponsal
de esquilo :	ciurídeo
de estômago :	gástrico, estomacal
de estrela :	estelar
de éter :	etéreo
de fábrica :	fabril
da face :	facial, genal
de fada :	feérico
de falência :	falimentar
de fantasma :	espectral
de faraó :	faraônico
de farelo :	furfúreo
de farinha :	farináceo
do fêmur :	femoral
de fera :	ferino, feroz
de ferro :	férreo, ferrenho
de fezes :	fecal
de fígado :	hepático
de filho :	filial
de fogo :	ígneo
de gado :	pecuário
de gafanhoto :	acrídeo
de gaivota :	larídeo
de galinha :	galináceo
de galo :	alectório

Locuções Adjetivas:
Expressões que Equivalem a um Adjetivo

de ganso	anserino
de garganta	gutural, jugular
de gato	felino, felídeo
de gelo	glacial
de gesso	gípseo
de guerra	bélico, marcial
de homem	viril
de idade	etário
da Idade Média	medieval
da Igreja	eclesiástico
de ilha	insular
do intestino	celíaco
de inverno	hibernal
de irmão	fraternal
do joelho	genicular
de juiz	judicial
de junho	junino
de lesma	limacídeo
de limão	cítrico
de lado	lateral
de lago	lacustre
de lágrima	lacrimal
de laringe	laríngeo
de leão	leonino
de lebre	leporino
de leite	lácteo, láctico
de linha	linear
de lobo	lupino
da lua	lunar

Locuções Adjetivas:
Expressões que Equivalem a um Adjetivo

de macaco :	simiesco
de macho :	másculo
de madeira :	lígneo, lenhoso
de madrasta :	novercal
de mãe :	materno, maternal
de manhã :	matutino, matinal
de mão :	manual
das margens dos rios :	ribeirinho
de mar :	marítimo, marinho
de marfim :	ebúrneo, ebóreo
de mármore :	marmóreo
de margem :	marginal
do maxilar inferior :	mandibular
de memória :	mnemônico
de mestre :	magistral
da minoria :	minoritário
de moeda :	monetário, numismático
de Moisés :	mosaico
de monge :	monacal, monástico
de morte :	letal, mortífero, fúnebre
de nádegas :	glúteo
de nariz :	nasal
de navio :	naval
de neve :	níveo
de norte :	setentrional, boreal
da nuca :	occipital
de olho :	ocular
de orelha :	auricular
de osso :	ósseo

Locuções Adjetivas:
Expressões que Equivalem a um Adjetivo

do osso do braço :	umeral
de ouro :	áureo
de ouvido :	auditivo
de ovelha :	ovino
de pai :	paterno, paternal
do pâncreas :	pancreático
de pântano :	palustre
de Papa :	papal
de paraíso :	paradisíaco
da Páscoa :	pascal
dos patrões :	patronal
de pedra :	pétreo
de peixe :	písceo
de cútis, pele :	cutâneo, epidérmico, epitelial
do pênis :	peniano
de perônio :	peroneal
de pesca :	pesqueiro, piscatório
de pescoço :	cervical
das pestanas :	ciliar
de pirata :	predatório
de Platão :	platônico
de plebe :	plebeu
de pombo :	columbino
de porco :	suíno
de prata :	argênteo, argentino
do prado :	pratense
de professor :	docente
de prosa :	prosaico
de proteína :	protéico

Locuções Adjetivas:
Expressões que Equivalem a um Adjetivo

de pulmão :	pulmonar
do pulso :	cárpico
de pus :	purulento
do quadril :	ciático
de raposa :	vulpino
de rato :	murino
de rei :	real, régio
de raio, relâmpago :	fulgural
de rim :	renal
de rio :	fluvial
de romance :	romanesco
de rocha :	rupestre
de sabão :	saponáceo
sem sal :	insípido, insulso, insosso
de sal :	salino
de selo :	filatélico
de sentido :	semântico
da sobrancelha :	supraciliar
de Sócrates :	socrático
de sol :	solar
de solo :	telúrico
de som :	fonético
de sonho :	onírico
de sul :	meridional, austral
de tarde :	vespertino
da Terra :	terrestre, terreno, terráqueo, telúrico
da testa :	frontal
de tirano :	tirânico
de tórax :	torácico

Locuções Adjetivas:
Expressões que Equivalem a um Adjetivo

de touro :	taurino
de trigo :	tritíceo
de umbigo :	umbilical
de unha :	ungueal
de vaso (sangüíneo) :	vascular
de veado :	cervino ou elafiano
de veia :	venoso
de velho :	senil
de vento :	eólico, eólio
de verão :	estival
de víbora :	viperino
de vida :	vital
de vidro :	vítreo, hialino
de vinagre :	acético
de virilha :	inguinal
de visão :	óptico
de vontade :	volitivo
de voz :	fônico, vocal

Exemplos:

Sentia dores no **ABDOME**.
Sentia dores **ABDOMINAIS**.

Tinha problemas nos **VASOS SANGÜÍNEOS**.
Tinha problemas **VASCULARES**.

Circulava na órbita **DA TERRA**.
Circulava na órbita **TERRESTRE**.

Quadro de Conjunções

aditivas :	e, nem, também etc.
adversativas :	mas, porém, contudo, todavia, etc.
alternativas :	ou, ou .. ou, ora, já .. já, etc.
conclusivas :	logo, pois, portanto, etc.
explicativas :	que, porque, pois, etc.
causais :	porque, já que, etc.
comparativas :	como, assim como, etc.
concessivas :	embora, ainda que, etc.
condicionais :	se, caso, etc.
conformativas :	segundo, conforme, etc.
consecutivas :	tal .. que, tão .. que, etc.
finais :	para que, a fim de que, etc.
integrantes :	que, se, como, onde
proporcionais :	à proporção que, à medida que, etc.
temporais :	quando, enquanto, etc.

Gêneros: Masculinos e Femininos que Normalmente Oferecem Dúvida

o abade	a abadessa
o aldeão	a aldeã
o alfaiate	a alfaiata
o anfitrião	a anfitrioa, a anfitriã
o aprendiz	a aprendiza
o asno	a asna
o ateu	a atéia
o bacharel	a bacharela
o barão	a baronesa
o búfalo	a búfala
o capiau	a capioa
o capitão	a capitã
o cavaleiro	a cavaleira, a amazona
o cavalheiro	a dama
o charlatão	a charlatã, a charlatona
o cidadão	a cidadã
o comandante	a comandanta
o conde	a condessa
o cônego	a canonisa
o cônsul	a consulesa (esposa), a cônsul (funcionária)
o coronel	a coronela
o czar	a czarina
o deputado	a deputada

Gêneros: Masculinos e Femininos que Normalmente Oferecem Dúvida

o deus	a deusa, a diva, a déia
o diabo	a diaba, a diáboa, a diabra
o duque	a duquesa
o elefante	a elefanta (elefoa e aliá são termos impróprios neste caso)
o embaixador	a embaixatriz (esposa), a embaixadora (funcionária)
o frade	a freira
o frei	a sóror
o garçom	a garçonete
o gereral	a generala
o governate	a governanta, a governante
o guri	a guria
o hebreu	a hebréia
o herói	a heroína
o hindu	a hindu
o hortelão	a horteloa
o hóspede	a hóspede, a hóspeda
o ilhéu	a ilhoa
o imperador	a imperatriz
o jaboti	a jabota
o judeu	a judia
o juiz	a juíza
o ladrão	a ladra, a ladrona (popular)

Gêneros: Masculinos e Femininos que Normalmente Oferecem Dúvida

o lavrador	a lavradeira
o lobo	a loba
o maestro	a maestrina
o marechal	a marechala
o mecânico	a mecânica
o mestre	a mestra
o ministro	a ministra
o moleque	a moleca
o monge	a monja
o músico	a música
o oficial	a oficiala
o papa	a papisa (uso figurado)
o papagaio	a papagaia (usa-se também como epiceno)
o pardal	a pardoca, a pardaloca, a pardaleja (em Portugal)
o parente	a parenta, a parente
o patriarca	a matriarca
o perdigão	a perdiz
o pgmeu	a pigméia
o piloto	a pilota
o pinto	a pinta
o píton	a pitonisa
o plebeu	a plebéia

Gêneros: Masculinos e Femininos que Normalmente Oferecem Dúvida

o poeta	a poetisa
o político	a política
o prefeito	a prefeita
o presidente	a presidenta, a presidente
o primeiro-ministro	a primeira-ministra
o príncipe	a princesa
o profeta	a profetisa
o rapaz	a rapariga
o réu	a ré
o rinoceronte	a abada
o sacerdote	a sacerdotisa
o sapo	a sapa
o sargento	a sargenta
o tabaréu	a tabaroa
o tabelião	a tabeliã
o tecelão	a tecelã, a teceloa
o técnico	a técnica
o tigre	a tigresa
o tribuno	a tribuna
o varão	a virago, a varoa (desusado)
o veado	a veada, a cerva
o vilão	a vilã, a viloa
o visconde	a viscondessa
o zângão (ou zangão)	a abelha

Gêneros: Masculinos e Femininos que Normalmente Oferecem Dúvida

PALAVRAS QUE SÃO SEMPRE DO GÊNERO MASCULINO	PALAVRAS QUE SÃO SEMPRE DO GÊNERO FEMININO
o açúcar	a agravante
o alpiste	a aguardente
o apêndice	a alcunha
o apetite	a alface
o avestruz	a apendicite
o bóia-fria	a atenuante
o champanha	a bacanal
o cola-tudo	a bicama
o diabetes	a bólide
o dó	a cal
o eclipse	a comichão
o formicida	a xerox, a xérox
o guaraná	a dinamite
o guarda-marinha	a ênfase
o lança-perfume	a entorse
o magazine	a fênix
o picape	a fruta-pão
o pijama	a ioga
o sabiá	a mascote
o saca-rolhas	a matinê
o suéter	a omoplata
o tamanduá	a puxa-puxa
o tapa	a sentinela
o telefonema	

Divisão Silábica

A divisão de qualquer vocábulo, assinalada pelo hífen, em regra se faz pela soletração, e não pelos seus elementos constitutivos segundo a etimologia.

FUNDADAS NESTE PRINCÍPIO GERAL, CUMPRE RESPEITAR AS SEGUINTES NORMAS:

1 – A consoante inicial não seguida de vogal permane-ce na sílaba que a segue: **cni-do-se, dze-ta, gno-ma, mne-mô-ni-ca, pneu-má-ti-co,** etc.

2 – No interior do vocábulo, sempre se conserva na sílaba que a precede a consoante não seguida de vogal: **ab-di-car, ac-ne, bet-sa-mi-ta, daf-ne, drac-a, ét-ni-co, nup-cial, ob-fir-mar, op-ção, sig-a-tis-mo, sub-por, sub-ju-gar,** etc.

3 – Não se separam os elementos dos grupos consonân-ticos iniciais de sílaba nem os dos digramas ch, lh e nh: **a-blu-ção, a-bra-sar, a-che-gar, fi-lho, ma-nhã,** etc.

Observação – Nem sempre formam grupos articulados as consonâncias **bl** e **br**: em alguns casos o **i** e o **r** se pronunciam separadamente, e a isso se atenderá na partição do vocábulo; e as consoantes **dl** a não ser no termo onomatopéico **dlim,** que exprime toque de campanhia, proferem-se desligadamente, e na divisão silábica ficará o hífen entre essas duas letras. Exemplo: **sub-lin-gual, sub-ro-gar, ad-le-ga-ção,** etc.

4 – O **sc** no interior do vocábulo biparte-se, ficando o **s** numa sílaba e o **c** na sílaba imediata: **a-do-les-cen-te, con-va-les-cer, des-cer, ins-ci-en-te, pres-cin-dir, res-ci-são**, etc.

Observação – Forma sílaba com o prefixo antecedente o **s** que precede consoante: **abs-tra-ir, ads-cre-ver, ins-cri-ção, ins-pe-tor, ins-tru-ir, in-ters-tí-cio, pers-pi-caz, subs-cre-ver,** etc.

5 – O **s** dos prefixos **bis, cis, des, dis, trans** e o **x** do prefixo **ex** não se separam quando a sílaba seguinte começa por consoante; mas, se principia por vogal, formam sílaba como esta e separam se do elemento prefixal: **bis-ne-to, cis-pla-ti-no, des-li-gar, dis-tra-ção, trans-por-tar, ex-tra-ir, bi-sa-vô, ci-san-di-no, de-ses-pe-rar, di-sen-té-ri-co, tra-sa-tlân-ti-co, e-xér-ci-to,** etc.

6 – As vogais idênticas e as letras **cc, cç, rr** e **ss** separam-se, ficando uma na sílaba que as precede e outra na sílaba seguinte: **ca-a-tin-ga, co-or-de-nar, du-ún-vi-ro, fri-ís-si-mo, ge-e-na, in-te-lec-ção, oc-ci-pi-tal, pror-ro-gar, res-sur-gir,** etc.

Observação – As vogais de hiatos, ainda que diferentes uma da outra, também se separam: **a-ta-ú-de, cai-ais, ca-í-eis, ca-ir, do-er, du-e-lo, fi-el, flu-ir, gra-ú-na, je-su-í-ta, le-al, mi-ú-do, po-ei-ra, ra-i-nha, sa-ú-de, vi-ví-eis, vo-ar,** etc.

7 – Não se separam as vogais dos ditongos – crescentes e decrescentes – nem as dos tritongos: **ai-ro-so, a-ni-mais, au-ro-ra, a-ve-ri-güeis, ca-iu, cru-éis, en-jei-tar, fo-ga-réu, fu-giu, gló-ria, guai-ar, i-guais, ja-mais, jó-ias, ó-dio, quais, sá-bio, sa-guão, sa-guões, su-bor-nou, ta-fuis, vá-rio,** etc.

Observação – Não se separa do **u** precedido de **g** ou **q** a vogal que o segue, acompanhada, ou não, de consoante: **am-bí-guo, e-qui-va-ler, guer-ra, u-bí-quo,** etc.

Regras Básicas da Boa Comunicação

Em nosso dia-a-dia, cometemos erros gramaticais e ortográficos que devem ser evitados. A seguir relacionamos e explicamos os mais comuns para você fugir deles.

1. Que "seje" feliz.

O subjuntivo de *ser* e *estar* é *seja* e *esteja*. Portanto o correto é:
Que *seja* feliz.

2. Aquele menino é "de menor".

Neste caso, o "de" não existe. O correto é:
Aquele menino *é menor*.

3. A gente "fomos" comprar aquele CD.

A concordância correta é:
A gente *foi* comprar aquele CD.

A gente *chegou* ontem e não, A gente *chegamos* ontem.

A mesma regra serve para O Pessoal, A Turma:

O pessoal foi ao cinema , A turma ganhou.

Regras Básicas da Boa Comunicação

4. A seleção do Brasil perdeu "por causa que" o juiz roubou.

Essa locução, *por causa que*, não existe. O correto é usar *porque*:
A seleção do Brasil perdeu *porque* o juiz roubou ou A seleção do Brasil perdeu *por causa* do juiz que roubou.

5. "Aluga-se" casas para temporada.

O verbo alugar deve concordar com o sujeito: casas.
Alugam-se casas para temporada.
Fazem-se consertos.

6. Este dinheiro é para "mim" comprar aquele vestido.

Nunca se usa mim antes do verbo no infinitivo. Mim não compra, porque não pode ser sujeito:
Este dinheiro é para *eu* comprar aquele vestido, para eu fazer, para eu dizer, para eu trazer.

7. "Fazem" três anos que ele morreu.

O verbo fazer quando exprime tempo, é impessoal:
Faz três anos que ele morreu. *Fazia* cinco meses que ele não vinha aqui.
Fez 15 dias que ele foi embora.

8. Comprei "duzentas" gramas de frios.

Grama, quando indicar peso é palavra masculina:
Comprei *duzentos* gramas de frios.

9. "Obrigado", Disse a menina.

Esta expressão deve concordar com a pessoa:
Obrigada, disse a menina. Pessoas do sexo feminino falam *Obrigada* e do sexo masculino, *Obrigado*.

10. Aquela menina era "meia" louca.

Meio é advérbio, não varia:
Aquela menina era *meio* louca, *meio* esperta, *meio* burra.

Comunique-se Corretamente

Aqui você encontrará, relacionados em ordem alfabética, esclarecimentos para suas dúvidas mais comuns.

1. Abaixo, a baixo

abaixo: em lugar menos elevado

Exs.: As árvores mais *abaixo* estão secas.
Na firma, Paulo está *abaixo* de Pedro.

a baixo – para baixo

Ex.: Olhou-o de cima a baixo

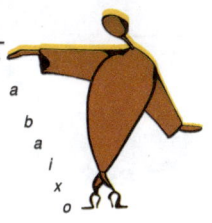

2. Acaso, caso

acaso: destino, fado; casualmente, acidentalmente, por acaso

Ex.: Ganhar tanto dinheiro foi um feliz *acaso*.

caso: acontecimento, fato; se

Exs.: Ninguém mais falou no *caso*.
Caso você possa, visite-me.

Comunique-se Corretamente

3. Acidente, incidente

acidente: acontecimento infeliz ou imprevisto, desastre

Exs.: No *acidente* entre dois trens, morreram 30 pessoas.

Vários operários foram afastados devido a *acidentes* de trabalho.

incidente: episódio, peripécia, atrito

Ex.: Um *incidente* fez com que rompessem relações.

4. Acima, a cima

acima: em lugar mais alto

Ex.: Papéis planavam *acima* de nossas cabeças.

a cima – para cima

Ex.: Olhou-o de baixo *a cima*.

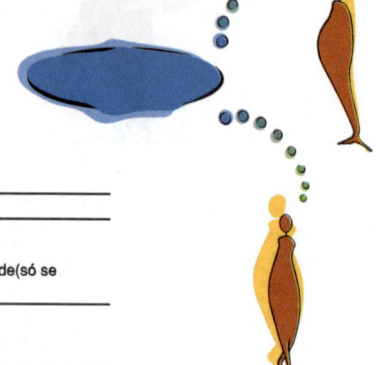

5. Afim, afim de, a fim de

afim: semelhante

Ex.: Temos idéias *afins*.

afim de: estar com vontade de (só se deve usar coloquialmente)

Ex.: Estou *afim de* dançar.

a fim de: para

Ex.: Gritou *a fim de* que a ouvissem.

Comunique-se Corretamente

6. Afora, a fora

afora: à exceção de, além de, para o lado de fora, ao longo

Exs.: *Afora* eu, todos são europeus.
Tem conta em sete bancos, *afora* os dólares que guarda em casa.
Saiu pela porta *afora*.
Viajou pelo litoral do Brasil *afora*.

a fora: opõe-se a dentro

Ex.: De dentro *a fora* da casa havia agitação.

7. Ao invés de, em vez de

ao invés de: oposição, situação contrária

Exs.: *Ao invés de* facilitar-lhe a vida, despediu-o
Ao invés de baixarem, os preços subiram.

em vez de: substituição, em lugar de

Ex.: Comprei uma bicicleta *em vez de* um carro.

8. Aonde, onde

aonde: usa-se com verbos de movimento

Exs.: *Aonde* você quer chegar com este raciocínio?
Aonde nos conduzirão essas medidas?
Aonde você vai?

onde: indica estaticidade, permanência

Ex.: *Onde* estão as fotos?

Radicais

DE ORIGEM LATINA
E
DE ORIGEM GREGA

Radicais

RADICAL	SENTIDO	EXEMPLO
RADICAIS DE ORIGEM LATINA		
agri	campo	agricultor, agricultura, agrícola
arbori	árvore	arborizar, arborícola
avi	ave	avicultura, avícola
beli	guerra	belicoso, beligerante
calori	calor	calorimetria, caloria
capiti	cabeça	decapitar, capital
cida	que mata	suicida, homicida
cola	que cultiva ou habita	vinícola, agrícola
cruci	cruz	crucifixo, crucificar
cultura	cultivar	apicultura, piscicultura
curvi	curvo	curvilíneo, curvicórneo
equi, eqüi	igual	equivalente, eqüidade
fero	que contém ou produz	aurífero, mamífero
fico	que faz ou produz	benéfico, frigorífico
fide	fé	fidedigno, fidelidade
forme	forma	uniforme, biforme
frater	irmão	fraterno, fraternidade
fugo	que foge	centrífugo, lucífugo
gero	que contém ou produz	lanígero, belígero
loco	lugar	localizar, localidade
ludo	jogo	ludoterapia, lúdico
mater	mãe	materno, maternidade
morti	morte	mortífero, mortificar
multi	muito	multinacional, multilateral
oni	todo	onipresente, onisciente
paro	que produz	ovíparo, multíparo
pater	pai	paterno, paternidade
pede	pé	pedestre, bípede
pisci	peixe	piscicultura, piscoso
pluri	vários	plurianual, pluricelular
pluvi	chuva	pluvial, pluviômetro
puer	criança	pueril, puericultura

Radicais de Orígem Latina e de Orígem Grega

RADICAL	SENTIDO	EXEMPLO
quadri	quatro	quadrilátero, quadrimotor
reti	reto	retilíneo, retiforme
sapo	sabão	saponáceo, saponificar
sesqui	um e meio	sesquicentenário, sesquipedal
silva	floresta	silvícola, silvicultor
tauru	touro	taurino, tauromaquia
umbra	sombra	penumbra, umbroso
uxor	esposa	uxoricida, uxório
vermi	verme	vermífugo, verminose
voro	que come	carnívoro, herbívoro

RADICAIS DE ORIGEM GREGA

RADICAL	SENTIDO	EXEMPLO
acro	alto	acrofobia, acrobata
aero	ar	aerofagia, aeronáutica
agogo	o que conduz	pedagogo, demagogo
agro	campo	agronomia, agrovila
algia	dor	nevralgia, cefalalgia
andro	homem	andróide, andrógino
anemo	vento	anemômetro, anemofilia
arqueo	antigo	arqueologia, arqueozóico
auto	de, por si mesmo	autobiografia, automóvel
baro	peso, pressão	barômetro, barógrafo
biblio	livro	biblioteca, bibliografia
bio	vida	biologia, biogênese
caco	mau	cacofonia, cacografar
cali	belo	caligrafia, calígrafo
cardio	coração	cardiologia, cardiovascular
cefalo	cabeça	cefalalgia, acéfalo
cino	cão	cinofilia, cinografia
cloro	verde	clorofila, cloroplasto
cosmo	mundo	cosmopolita, cosmonauta
cracia	governo	democracia, teocracia
cromo	cor	acromia, cromático
crono	tempo	cronômetro, cronologia

Radicais de Origem Grega

RADICAL	SENTIDO	EXEMPLO
datilo	dedo	datilografia, datiloscopia
demo	povo	democracia, demagogia
derma(to)	pele	dermatologia, dermite
dinamo	força	dinamômetro, dinamometria
dromo	(local de) corrida	hipódromo, autódromo
eco	casa	ecologia, economia
etimo	origem	etimologia, etimológico
etno	raça	etnologia, etnocêntrico
fago	que come	antropófago, hematófago
filo	amigo	filosofia, filógino
fito	vegetal	fitófago, fitologia
flebo	veia	flebite, flebotomia
fobia	medo ou aversão	nosofobia, hidrofobia
fone	som, voz	fonética, telefone
foto	luz	fotofobia, fotômetro
gamia	casamento	bigamia, poligamia
gastro	estômago	gastrite, gastrologia
geo	terra	geologia, geometria
gino	mulher	ginecologia, ginecocracia (gineco)
grafia	escrita	ortografia, paleografia
helio	sol	heliocêntrico, heliolatria
hema	sangue	hemorragia, hematofobia (hemato)
hetero	outro, diferente	heterônimo, heterossexual
hidro	água	hidrografia, hidrômetro
hiero	sagrado	hierografia, hierograma
higro	úmido	higrômetro, higrometria
hipno	sono	hipnose, hipnotismo
hipo	cavalo	hipódromo, hipomania
homo	mesmo, igual	homógrafo, homossexual
icono	imagem	iconoclasta, iconografia
lito	pedra	litografia, litogravura
logo	conhecimento,	etnólogo, geólogo estudo, palavra
macro	grande, longo	macrocéfalo, macrobiótica
mega	grande	megalomania, megalópole (megalo)

Radicais de Origem Grega

RADICAL	SENTIDO	EXEMPLO
metro	medida	cronômetro, dinamômetro
micro	pequeno	micróbio, microfilme
miso	que tem aversão	misogamia, misantropia
morfo	forma	morfologia, amorfo
necro	morto	necrologia, necrofobia
neo	novo	neologismo, neofobia
noso	doença	nosologia, nosocômio
odonto	dente	odontologia, odontite
oftalmo	olho	oftalmologia, oftálmico
oligo	pouco	oligarquia, oligopólio
ornito	pássaro	ornitologia, ornitorrinco
orto	direito, correto	ortografia, ortopédico
pan	tudo, todos	pan-americano, panteísmo
pato	doença, sentimento	patologia, patonomia
peda	criança	pedagogia, pedagogo
piro	fogo	piromania, pirotécnico
pluto	riqueza	plutocracia, plutocrata
poli	muitos	polissílabo, politeísta
potamo	rio	hipopótamo, mesopotâmia
proto	primeiro	protótipo, protomártir
pseudo	falso	pseudônimo, pseudofruto
psico	alma	psicologia, psicanálise
sofia	sabedoria	filosofia, filósofo
taqui	rápido	taquicardia, taquigrafia
teca	coleção	biblioteca, mapoteca
tecno	arte, ciência	tecnologia, tecnocrata
tele	longe	telefone, telescópio
teo	deus	teologia, teocracia
termo	calor, temperatura	termologia, termômetro
topo	lugar	topologia, toponímia
trofia	desenvolvimento	atrofia, hipertrofia
xeno	estrangeiro	xenofobia, xenomania
xero	seco	xerofilia, xerófito
zoo	animal	zoológico, zoologia

Prefixos

DE ORIGEM LATINA
E
DE ORIGEM GREGA

CORRESPONDÊNCIA ENTRE PREFIXOS GREGOS E LATINOS

PREFIXO	SENTIDO	EXEMPLO
PREFIXOS DE ORIGEM LATINA		
ab-, abs-	afastamento, separação	abdicar, abster
ad-, a-	aproximação, direção	adjunto, advogar, abeirar
ambi-	duplicidade; ao redor	ambidestro, ambiente
ante-	anterioridade	antebraço, antepor
bem-, bene-	bem	bendito, beneficente
bi-, bis-	dois	bienal, bisavô
circum-	movimento em torno	circunavegação, circunferência
cis-	posição aquém	cisalpino, cisplatino
com-, con-, co-	proximidade, companhia	combinação, contemporâneo, co-autor
contra -	oposição, ação contrária	contradizer, contra-ataque
des-, dis-	separação, negação	desgraça, discordar
em-, en-	movimento para dentro	embarcar, enterrar
ex-, es-, e-	movimento para fora	exonerar, escorrer, emergir
extra-	posição exterior, fora de	extra-oficial, extraordinário
im-, in-, i-	negação	imberbe, infeliz, ilegal
infra-	posição inferior, abaixo	infra-assinado, infravermelho
inter-, entre-	entre, posição intermediária	intercalar, entrelaçar
intra-, intro-, in-	posição interior, movimento para dentro	intravenoso, introvertido, injeção
justa-	posição ao lado	justapor, justalinear
mal-, male-	mal	malcriado, maledicente
multi-	muitos	multinacional, multicolorido
ob-, o-	posição em frente, oposição	objeto, opor
oni-	tudo, todo	onisciente, onipresente
pene-, pen-	quase	penumbra, península
per-	movimento através	percorrer, perambular
pluri-	pluralidade	pluripartidário, plurilíngüe

Prefixos de Origem Latina e de Origem Grega

PREFIXO	SENTIDO	EXEMPLO
pos-	posição posterior	póstumo, postergar
pre-	anterioridade	prefácio, preconceito
preter-	além de	pretérito, preternatural
pro-	movimento para frente	projetar, procrastinar
re-	movimento para trás, repetição	regredir, refazer
retro-	movimento mais para trás	retrocesso, retrospecto
semi-	metade, quase	semicírculo, seminu
soto-, sota-	posição inferior	sotopor, soto-capitão
sob-, so-, sub	inferioridade, posição abaixo	sobestar, soterrar, subsolo
super-, supra-, sobre-	posição superior	super-homem, supracitado, sobreloja
trans-	posição além de, através	transatlântico, transamazônico
tri-	três	tricampeão, triângulo
ultra-	posição além do limite, excesso	ultramarino, ultravioleta
vis-, vice-	substituição, no lugar de	visconde, vice-reitor

PREFIXOS DE ORIGEM GREGA

a-, an-	negação, privação	ateu, anarquia
ana-	inversão, repetição	anástrofe, anáfora
anfi-	duplicidade, dualidade	anfíbio, anfiteatro
anti-	ação contrária, oposição	antiaéreo, antipatia
apo-	afastamento, separação	apogeu, apóstata
arque-, arqui-, arce-	superioridade	arquétipo, arquiduque, arcebispo
cata-	movimento para baixo	cataclismo, catarata
dia-	movimento através	diagonal, diâmetro
dis-	dificuldade	dispnéia, disenteria
e-, en-	posição interna	elipse, encéfalo

Prefixos de Origem Grega

PREFIXO	SENTIDO	EXEMPLO
ec-, ex-	posição exterior, movimento para fora	eclipse, exorcismo
endo-	posição interior	endoscopia, endotérmico
epi-	posição superior	epitáfio, epiderme
eu-	bem, bom	eufonia, eufemismo
hemi-	metade	hemisfério, hemiciclo
hiper-	excesso, posição superior	hipertensão, hipertrofia
hipo-	deficiência, posição inferior	hipodérmico, hipoteca
meta-	mudança, transformação	metamorfose, metáfora
para-	ao lado de, proximidade	paralelo, parágrafo
peri-	em torno de	perímetro, periscópio
pro-	anterioridade	prólogo, prognóstico
sin-, sim-, si-	simultaneidade	simpatia, sincrônico

Correspondência Entre Prefixos Gregos e Latinos

PREFIXO	EXEMPLO	PREFIXO	EXEMPLO
GREGO		**LATINO**	
a-, an-	ateu, anarquia	des-, in-	desleal, infeliz
anfi-	anfíbio	ambi-	ambidestro
anti-	antiaéreo	contra-	contradizer
apo-	apogeu	ab-, abs-	abdicar, abster
dia-	diâmetro	per-	percorrer
e-, en-	elipse, encéfalo	in-	injeção
ec-, ex-	eclipse, exorcismo	ex-	exonerar
endo-	endoscopia	intra-, intro-	intravenoso, introvertido
epi-	epiderme	super-	supercílio
eu-	eufonia	bem-, bene-	bendito, beneficente
hemi-	hemisfério	semi-	semicírculo
hiper-	hipertensão	super-	supersensível
hipo-	hipodérmico	sub-	subsolo
meta-	metamorfose	trans-	transformar
para-	paralelo	ad-	adjunto
peri-	perímetro	circum-	circunferência
pro-	prólogo	pre-	prefácio
sin-	sincrônico	con-	contemporâneo

Adjetivos Pátrios

Acre	acreano	Chicago	chicaguense
Afeganistão	afegão, afegane	Chile	chileno
Amapá	amapaense	Chipre	cipriota
Aracaju	aracajuano, aracajuense	Coimbra	conimbricense, coimbrão
Argélia	argelino	Constantinopla	constantinopolitano
Assunção	assuncionenho	Córsega	corso
Atenas	ateniense	Curaçau	curaçalenho
Badajoz	pacense	Damasco	damasceno
Bagdá	bagdali	Egito	egípcio
Belém (Palestina)	belemita	El Salvador	salvadorenho
Belém (Pará)	belenense	Equador	equatoriano
Bélgica	belga	Eslováquia	eslovaco
Belo Horizonte	belo-horizontino	Espírito Santo	espírito-santense, capixaba
Bengala	bengali	Estados Unidos	norte-americano, estadunidense, ianque
Bogotá	bogotano		
Bolivar	bolivarense		
Boston	bostoniano	Estocolmo	holmiense
Braga	bracarense	Etiópia	etíope
Bragança	bragantino	Évora	eborense
Brasília	brasiliense	Fernando de Noronha	noronhense
Buenos Aires	bonaerense, buenairense, portenho		
		Filipinas	filipino
		Finlândia	finlandês
Bulgária	búlgaro	Flandres	flamengo
Cádis	gaditano	Florença	florentino
Cairo	cairota	Florianópolis	florianopolitano
Cálhari	caralitano	Formosa	formosano
Campinas	campineiro, campinense	Fortaleza	fortalezense
		Goiânia	goianiense
Campos	campista	Grécia	grego
Cápri	capriota	Groenlândia	groenlandês
Caracas	caraquenho	Guatemala	guatemalteco
Catalunha	catalão		
Ceilão	cingalês		

Guimarães	vimaranense	Mauritânia	mauritano
Haiti	haitiano	Milão	milanês
Havana	havanês -	Moçambique	moçambicano
Honduras	hondurenho	Mônaco	monegasco
Hungria	húngaro, magiar	Mongólia	mongol, mongólico
Ilhéus	ilheense	Montevidéu	montevideano
Índia	hindu, indiano	Moscou	moscovita
Irã	iraniano	Nápoles	napolitano
Iraque	iraquiano	Natal	natalense
Israel	israelense	Nicarágua	nicaragüense
Itu	ituano	Niterói	niteroiense
Jamaica	jamaicano	Nova York	nova-iorquino
Japão	japonês	Nova Zelândia	neozelandês
Jerusalém	hierosolomitano, hierosolomita	Oxford	oxoniano, oxfordiano
		País de Gales	galês
João Pessoa	pessoense	Palermo	panormitano
Jundiaí	jundiaiense	Panamá	panamenho
La Paz	pacense, pacenho	Parma	parmesão, parmense
Lima	limenho		
Lisboa	lisboeta, lisbonense	Patagônia	patagão
Londres	londrino	Paysandú	sanduceru
Macapá	macapaense	Petrópolis	petropolitano
Maceió	maceioense	Pisa	pisano
Madagascar	malgaxe	Porto	portuense
Madri	madrileno	Porto Alegre	porto-alegrense
Malásia	malaio	Porto Rico	porto-riquenho
Manaus	manauense	Porto Velho	porto-velhense
Mandchúria	mandchu	Quito	quitenho
Manchester	mancuniense	Recife	recifense
Maracaibo	maracaibano	República Tcheca	tcheco
Marajó	marajoara	Ribeirão Preto	riberopretano, ribeirão-pretano, ribeirão-pretense
Marrocos	marroquino		
Mato Grosso	mato-grossense	Rio de Janeiro (est.)	fluminense
Mato Grosso do Sul	mato-grossense do sul	Rio de Janeiro (cid.)	carioca
		Rio Branco	rio-branquense

Adjetivos Pátrios

Rio Grande do Norte	rio-grandense-do-norte, norte-rio-grandense, potiguar
Rio Grande do Sul	rio-grandense-do-sul, sul-rio-grandense, gaúcho
Romênia	romeno
Rondônia	rondoniense
Salamanca	salamanquino, salmantino, salmanticense
Salto	saltenho
San Fernando	fernandense
San José	maragato
Salvador	salvadorense, soteropolitano
Santa Catarina	catarinense, catarineta, barriga-verde
Santiago (RS)	santiaguense
Santiago (cap. do Chile)	santiaguino
São Paulo (est.)	paulista
São Paulo (cid.)	paulistano
São Vicente	vicentino
Sergipe	sergipano
Sertãozinho	sertanesino
Sofia	sofiano
Somália	somali
Tegucigalpa	tegucigalpenho
Teresina	teresinense
Terra do Fogo	fueguino
Tomar	nabantino
Três Corações	tricordiano
Tristão da Cunha	tristanita
Veneza	veneziano
Vitória	vitoriense
Zâmbia	zâmbio

ADJETIVOS PÁTRIOS CONTRAÍDOS

- África = **afro-**
- Alemanha = **teuto-** ou **germano-**
- América = **américo-**
- Ásia = **ásio-**
- Austrália = **australo-**
- Áustria = **austro-**
- Bélgica = **belgo-**
- Bolívia = **bolivo-**
- Brasil = **brasilo-**
- Cartago = **peno-** ou **puno**
- China = **sino-**
- Colômbia = **colombo-**
- Dinamarca = **dano-**
- Espanha = **hispano-**
- Europa = **euro-**
- Finlândia = **fino-**
- França = **franco-** ou **galo-**
- Grécia = **greco-**
- Holanda = **batavo-** ou **holando-**
- Índia = **indo-**
- Inglaterra = **anglo-**
- Itália = **ítalo-**
- Japão = **nipo-**
- Macedônia = **mácedo-**
- Malásia = **malalo-**
- Polônia = **polono-**
- Portugal = **luso-**
- Síria = **siro-**
- Suíça = **helveto-**
- Tibete = **tibeto-**
- Zâmbia = **zambo-**

EXEMPLO:

Conflito entre **A CHINA E A FRANÇA**.
Conflito **SINO-FRANCÊS**.